ISBN: 9781313721929

Published by:
HardPress Publishing
8345 NW 66TH ST #2561
MIAMI FL 33166-2626

Email: info@hardpress.net
Web: http://www.hardpress.net

HISTOIRE

DES JOYAUX

DE LA

COURONNE DE FRANCE

DU MÊME AUTEUR

— —

DEUX ÉVENTAILS DU MUSÉE DU LOUVRE, in-8°. Paris, Morgan et Fatout, 1882.

LE MUSÉE RÉTROSPECTIF DU MÉTAL, grand in-8°. Paris, Quantin, 1883.

INVENTAIRE DE MARIE-JOSÈPHE DE SAXE, grand in-4°. Paris, Lahure, 1883.

L'IMPRIMERIE ET LA RELIURE, grand in-4° avec planches. Paris, A. Quantin, 1883.

TESTAMENT DU ROI JEAN LE BON ET INVENTAIRE DE SES JOYAUX A LONDRES, in-8°.
Paris, Lahure, 1884.

ÉTUDES SUR LES MÉTAUX DANS L'ANTIQUITÉ ET AU MOYEN AGE. — L'ÉTAIN. —
Ouvrage récompensé par l'Académie des inscriptions et belles-lettres.
Concours des Antiquités de la France). Grand in-8°. Paris, G. Masson, 1884.

ÉTUDES SUR LES COUPES PHÉNICIENNES, grand in-4°. Paris, A. Quantin, 1885.

ÉTUDES SUR L'ORFÈVRERIE FRANÇAISE AU XVIII° SIÈCLE. — LES GERMAIN, ORFÈVRES-
SCULPTEURS DU ROI. Ouvrage couronné par l'Académie française). Grand
in-8° orné de plus de 100 gravures. Paris, Librairie de l'Art, 1887.

LES FOUILLES DE SIVERSKAÏA (CAUCASE), grand in-4°. Paris, A. Lévy, 1887.

16205. — Imprimerie A. Lahure, 9, rue de Fleurus, à Paris.

HISTOIRE

DE LA

COURONNE DE FRANCE

D'APRÈS

DES DOCUMENTS INÉDITS

PAR

OUVRAGE ORNÉ DE CINQUANTE GRAVURES

PARIS

79, BOULEVARD SAINT-GERMAIN, 79

1889

A LA MÉMOIRE

DE

MON PÈRE

JOAILLIER DE LA COURONNE DE FRANCE

PRÉFACE

Depuis cent cinquante ans, mes arrière-grands-pères, mon grand-père et mon père ont été mêlés à l'histoire des joyaux de la Couronne, que j'essaye d'écrire ici.

Lorsque à mon tour, comme l'aîné de ma famille, je fus appelé à succéder à mon père dans la maison de commerce qui s'est transmise de père en fils depuis neuf générations avec le titre de « Joaillier du Roi ou de la Couronne », je devins seul propriétaire des dossiers de papiers et de dessins concernant les diamants de la Couronne de France, documents dont un certain nombre n'existent plus dans les dépôts de l'État.

Au moment où les traditions de famille semblent s'affaiblir, j'ai tenu à continuer celles qui m'étaient léguées avec la vieille maison de commerce de ma famille. Aussi non seulement je refusai mon concours à la destruction de la collection nationale dont mes prédécesseurs avaient été les gardiens, mais encore je résolus d'en écrire l'histoire.

Ce travail me tentait d'autant plus que les pouvoirs publics, lors de l'étude du projet d'aliénation de ces joyaux, avaient fait paraître, sous le titre de *Rapport*, un historique des joyaux de la Couronne qui ne faisait remonter l'existence de ce trésor qu'à l'année 1661.

Or, c'est en 1530 que le roi François Ier créa le trésor des joyaux de la Couronne.

Comment l'État était-il devenu propriétaire de ces pierreries?

Était-ce par donation ou par acquisition?

A quelles conditions étaient-elles entrées dans le trésor de la Couronne?

Quelle en était l'origine?

Aucune de ces questions n'était tranchée par les documents parlementaires ou administratifs. Cependant elles étaient importantes, et, comme il était possible d'y répondre, je n'ai pas hésité à le faire.

D'abord la tâche m'apparut longue, difficile, aride. Aussi quel ne fut pas mon étonnement, lorsque je m'aperçus que cette étude me faisait approfondir les grands événements de notre histoire de France et me les montrait sous des aspects nouveaux et de nature à élucider des questions historiques encore sans solution.

N'y avait-il pas lieu d'être étonné, en effet, d'apprendre qu'au seizième siècle l'un des joyaux de la Couronne avait été estimé à la valeur de la possession de Calais! que l'histoire de ces joyaux constituait à elle seule, vers la même époque, l'histoire financière de la France, et que si Henri IV, dans les circonstances les plus difficiles, parvint à pacifier le pays et à en chasser les étrangers, il dut en grande partie, le succès de son œuvre aux ressources que lui procurèrent les pierreries de la Couronne!

Dans des temps plus modernes, je ne fus pas moins frappé de voir que l'histoire de ces joyaux m'initiait à

certains côtés ignorés de la Révolution, et donnait la solution de l'un des problèmes les plus controversés de cette
époque.

Enfin, on sera encore plus surpris de savoir que ces
pierres furent pour quelque chose dans nos victoires d'Arcole et de Marengo.

Ce seul titre à notre reconnaissance aurait dû les faire
épargner : elles seraient demeurées au milieu de nous
comme un souvenir de nos victoires passées et comme une
espérance pour l'avenir.

D'un autre côté, les joyaux de la Couronne avaient un
certain reflet de poésie et de charme qui attirait. Ils sont
de ces objets historiques tellement identifiés avec les
siècles et les milieux traversés, que leur vue, bien plus que
les livres, fait revivre dans les imaginations le souvenir
des temps disparus et des événements passés. Ils ont
toujours été l'objet de la curiosité universelle, et, chaque
fois que l'administration en a autorisé l'exposition, la
foule est venue, compacte, toujours renouvelée, toujours
avide, pleine d'un naïf respect du passé, les contempler.

Leur histoire était donc pleine d'inconnu et d'attrait,
et répondait à la curiosité de tous.

Voilà pourquoi paraît ce livre.

Paris, octobre 1888.

Lorsque les documents que nous citons sont en double dans un dépôt public ou privé et en même temps dans notre maison de commerce, nous nous contentons d'indiquer seulement le dépôt public ou privé sans citer la pièce conservée dans la maison. Ce n'est seulement que quand le document nous paraît n'exister que dans les papiers de l'ancienne maison Bapst, aujourd'hui Bapst et Falize, que nous donnons cette source.

HISTOIRE

DES

JOYAUX DE LA COURONNE

LIVRE PREMIER

ORIGINE DES JOYAUX DE LA COURONNE

CHAPITRE PREMIER

Création du trésor de la Couronne. — François Iᵉʳ. — Éléonore d'Autriche. — La dame de Châteaubriant — Henri VIII. — Les modes au commencement du seizième siècle. — La taille des diamants. — Mariage de Catherine de Médicis.

C'est après Pavie, à un moment d'accalmie et à l'aurore de la Renaissance, que fut créé le trésor des joyaux de la Couronne. Le traité de Cambrai, plus connu dans l'histoire sous le nom de *Paix des Dames*, venait de réconcilier François Iᵉʳ et Charles-Quint. Comme gage d'amitié, l'empereur abandonnait ses droits sur la Bourgogne, ouvrait la prison des fils de France enfermés à Madrid et accordait à son rival la main de sa sœur aînée, Éléonore d'Autriche, reine douairière de Portugal.

Aussitôt après la signature du traité, Éléonore, accompagnée du Dauphin et du duc d'Orléans, quittait Madrid et traversait l'Espagne pour se rendre à Paris en passant par

Bayonne. A son entrée dans cette dernière ville, la reine portait « sur son estomach un colleral garni triplement de perles plus grosses avec rubys, dyamans, grands, beaux et de grande valeur[1]. »

François Ier, qui était parti de Paris pour aller au delà de Bordeaux, au-devant d'Éléonore, la rencontra à Claye. Le mariage fut célébré tout de suite à l'abbaye des Clarisses de Beyries, près Mont-de-Marsan, « le septiesme de juillet 1530, à deux heures après minuict ». Vingt jours après, la nouvelle reine faisait avec les fils de France une entrée solennelle en la ville de Bordeaux.

En allant au-devant de sa femme, François Ier s'était arrêté pendant quelques jours à Bordeaux, et l'on connaît assez sa fastueuse galanterie, pour pouvoir affirmer que toutes les dispositions furent prises afin de recevoir la future reine de France avec un luxe partout ailleurs inconnu. On comprend que le prince qui venait d'être vaincu à Pavie devait tenir à éblouir par la richesse de ses cadeaux la sœur de son vainqueur, et à lui démontrer que la France possédait encore des trésors qui attestaient sa force et sa vitalité.

Le *Bourgeois de Paris* raconte ainsi, dans sa *Chronique*, l'entrée d'Éléonore à Bordeaux : « Lors, en la ville de Bourdeaulx, y eut grand triumphe pour recevoir la royne, car, à l'entrée de la porte, fut apprestée la lictière et muletz de la royne, tous couvers de drap d'or frizé; aussi les damoiselles, pages et laquays; et depuis ladicte porte jusques à la grande église de Sainct-André estoient les rues tendues; y furent joués mistères et y avoit trois grands théâtres élevés en hault, où estoient les armes du roy et de la royne. Messieurs les enfants de France y estoient aussi en bel ordre. Ladicte royne avoit sur elle un ciel d'or frizé, vestue à la mode espaignolle, aiant en

---

1 *La Prinse et Délivrance de François Ier, la venue de la Reyne et le recouvrement des Enfans de France*, par Sébastien Moreau (1524 à 1530), publié dans les *Archives curieuses de l'Histoire de France*, par Cimber et Danjou. Paris, 1835-1840, in-8, tome II.

sa teste une coiffe ou crespine de drap d'or frizé, faite
de papillons d'or, dedans laquelle estoient ses cheveulx
qui lui pendoient par derrière, jusques aux talons, entor-
tilléz de rubbens, et avoit un bonnet de veloux cramoisy en la teste, couvert de pierreries, où y avoit une
plume blanche, tenduë à la façon que le roy la portoit
ce jour. Aux oreilles de ladicte dame, pendoient *deux
grosses pierres, grosses comme des noix.* Sa robbe estoit
de veloux cramoisy, doublée de taffetas blanc, bouffant
aux manches, au lieu de la chemise, les manches de la
robbe couvertes de broderies d'or et d'argent. Sa cotte
estoit de satin blanc, à l'entour couverte d'argent battu,
avec force pierreries[1]. »

On voit déjà qu'à son entrée dans la ville de Bordeaux
la reine portait « force pierreries », et notamment deux
pierres « grosses comme des noix » ; elle les avait apportées d'Espagne.

Ce fut à son entrée à Bordeaux que François Ier remit à
Éléonore la collection des joyaux de la Couronne, qu'il
venait de constituer en trésor, un mois auparavant, par
lettres patentes du 15 juin 1530[2].

Par ces lettres patentes, François Ier avait déclaré qu'il
constituait ce trésor pour en faire don à la suite de ses successeurs, c'est-à-dire à l'État, et il ordonnait que, *à chacune mutacion d'iceulx joyaulx, leur appréciation, poix,
paincture, plomb[3], soient vériffiez, en leur présence, afin
qu'ils baillent leurs lettres pattentes obligatoires de les
garder à leurs successeurs à la Couronne.*

Ainsi, en donnant à l'État ces joyaux, qui étaient sa
propriété particulière avant le 15 juin 1530, François Ier
les constituait *propriété de l'État ;* mais à la condition
expresse *qu'ils ne seroient jamais aliénés.*

Il nous a paru intéressant de mettre en lumière ce docu-

---

1. Édition Ludovic Lalanne (Société de l'Histoire de France), Paris, 1864, p. 116
2. Inventaire des joyaulx de la Couronne de 1530. (Arch. nat., J. 947.)
3. On verra dans la suite l'explication de ce terme.

ment ignoré, aujourd'hui que les pouvoirs publics se sont
arrogé le droit de vendre une partie des *diamants de la
Couronne* comme étant propriété de l'État, tandis que
cette propriété n'existe qu'avec le caractère d'inaliénabilité.

A cette époque, le trésor de la Couronne ne représentait qu'une valeur totale de deux cent soixante-douze
mille deux cent quarante-deux écus soleil[1]; il contenait en
tout huit pièces.

La première consistait en un grand collier de onze
diamants, taillés indifféremment en tables ou en pointes.

Ces onze diamants étaient enchâssés dans des chatons
placés sur des festons de cordelière. Anne de Bretagne
avait mis à la mode les cordelières, insignes habituels des
veuves, en les introduisant dans ses armoiries.

Les onze festons étaient eux-mêmes séparés par dix
nœuds de cordelières d'or, semblables à ceux du collier de
Saint-Michel, et sur chacun de ces nœuds étaient fixées
quatorze perles.

Chaque diamant monté sur feston était donc séparé par
deux nœuds consécutifs, ornés de perles; le fermoir consistait en un nœud également rehaussé de perles.

Les diamants étaient placés dans l'ordre indiqué par
l'inventaire, comme le constatait « le pourtraict cy après
peint et désigné[2] », que nous n'avons pu malheureusement retrouver : nous aurions été heureux de reproduire
ce curieux monument de la bijouterie française. On peut
cependant se rendre compte de l'effet général du collier,
et le reconstituer en se reportant au portrait d'Éléonore,
conservé dans le recueil de Gaignières[3].

Sous François Ier, les colliers étaient fort grands; ils
s'étalaient sur la poitrine et sur les épaules. Dans la seconde

---

1. D'après nos calculs et les rapports des poids des monnaies anciennes et modernes, la valeur de l'écu soleil, qui était d'or fin, est aujourd'hui, au poids et sans
tenir compte de la plus-value de l'argent, de 13 fr. 50. Par conséquent 272 242 écus
soleil vaudraient environ 3 675 267 francs.

2. Inventaire de 1530, déjà cité.

3. Volume VIII, département des estampes (Bibl. nat.).

moitié du seizième siècle, ils furent remplacés par le carcan, destiné, comme son nom l'indique, à serrer étroitement le cou; mais on désigna quelquefois dans des documents le grand collier par le mot carcan et réciproquement.

RESTITUTION DU COLLIER DE CLAUDE DE FRANCE
(Gravure extraite du journal l'Art.)

Dans le collier de 1530 brillait une pierre plus belle que les autres, désignée sous le nom d'*Œil* ou *Fusée-de-Bretagne*[1]; ce bijou avait une valeur de cent huit mille deux cent quarante écus soleil. Nous croyons que l'auteur

1. M. Bonnaffé avait saisi, avec son sens fin et délicat, l'importance attachée à cette pièce et l'avait signalée dans les *Nouvelles Archives de l'Art français*, 1878, p. 18; mais, au lieu de lire le mot *fusée* qui est dans le texte, il avait lu et publié *féuane*.

devait en être Pierre Mangot ou Regnault Danet, deux de
nos prédécesseurs dont les noms se retrouvent à chaque
instant dans les quittances royales de l'époque[1].

A côté du collier, on remarquait les joyaux appelés
bagues. Au seizième siècle, ce mot n'avait pas la signification qu'il a aujourd'hui : tandis que *annel* ou *anneau*
voulait dire le jóyau ordinaire des doigts, *bague*, après
avoir été employé au quinzième siècle pour désigner les
joyaux, *habillements* ou *bagages*, c'est-à-dire tout ce qu'on
emportait avec soi[2], ne s'appliquait plus qu'aux *joyaux*
en général et plus particulièrement aux pendants de cou.

C'est ce que démontre cette mention d'Antoine du
Bourg, conseiller privé du roi : « La donner (cette pierre)
à son plaisir pour faire bague à meetre au col[3]. » Ajoutons que l'on trouve aussi ce mot employé pour désigner
des pierres montées ou non montées[4].

Les *bagues* proprement dites étaient, en 1530, au nombre de sept.

Deux d'entre elles étaient montées en forme d'A romain,
c'est-à-dire en triangle ; la première avait à son centre une
grande pointe de diamant de trente mille écus et un fort
beau rubis de vingt-cinq mille. Elle se portait autour du
cou, au moyen d'une chaîne à chaînons de fil d'or, simulant des cordes tournées comme les cordelières. La chaîne

---

ce qui ne signifie rien. (Inventaire de 1548. Bibl. nat., Ms. fonds fr. 40 640, fol. 6.)
— De ces noms de *Fusée* et *OEil-de-Bretagne*, sous lesquels est désignée cette pierre
dans les inventaires, il faut en conclure que le diamant en question avait une forme
allongée et amincie par les deux bouts.

1. Voir les acquits au comptant et les dépenses secrètes du règne de François Ier,
publiés par M. le marquis Léon de Laborde, dans les *Comptes des Bâtimens du roi*.
(Société de l'histoire de l'Art français, Paris, 1877, tome II. p. 199 et 358, et Arch.
nat., KK, 100.)

2. Marquis Léon de Laborde, *Glossaire français*. Paris, 1872. au mot BAGUE.

3. *Inventaire des pierreries appartenant personnellement au roi François Ier*, 18 février 1532.
(Bibl. nat., Ms. fonds fr., n° 7804 et Arch. nat., J. 947.)

4. *Correspondance du duc de Mantoue avec Nicolas de Harlay de Sancy et le sieur de la
Brosse* (Archives municipales de Mantoue. section France). Ces pièces, copiées par
M. Armand Baschet. le savant auteur du *Cabinet de Saint-Simon* et des *Ambassadeurs
vénitiens*. nous ont été communiquées par lui avec la plus parfaite obligeance.

était émaillée en noir, avec des épargnes formant des arabesques se détachant sur fond noir. Au centre de la seconde brillait un gros rubis balais de vingt mille écus: une chaîne composée de chaînons à double fil maintenait cette *bague* autour du cou.

On remarquait encore deux broches, dans le milieu desquelles se trouvait un diamant.

La pierre centrale de la première était historiquement connue sous le nom de *Pointe-de-Bretagne*[1]; la duchesse Anne en avait été propriétaire et, en l'année 1496, elle avait chargé le diamantier Jehan Cayon de « la passer sur son moulinet, pour la retailler[2] ».

La seconde broche avait à son centre une grande table de diamant carrée à hauts biseaux, assise au milieu d'un rouleau émaillé de rouge.

Toutes deux furent estimées chacune vingt-sept mille écus; au bout de l'une et de l'autre broche pendait une poire-perle.

Les deux pièces suivantes étaient deux rubis montés : le premier, appelé *la Côte-de-Bretagne*, fait encore partie de la collection des diamants de la Couronne, dont il est assurément la pierre la plus célèbre; l'autre, appelé, après le mariage de Catherine de Médicis avec Henri II, *la Fève-de-Naples*, était alors estimé vingt-cinq mille écus. Cette dernière pierre ne conserva pas longtemps son nom de *Fève-de-Naples;* elle prit celui d'*A-romain* en raison de la forme de la monture qu'on lui donna.

Il est important de remarquer que la *Côte-de-Bretagne*, en 1530 et pendant tout le seizième siècle, a conservé la valeur de cinquante mille écus; notons qu'elle était percée en trois endroits et suspendue au-dessous de trois chaînes maintenues par trois bélières ou anneaux qui servaient à la fixer, soit au corsage, soit au cou.

1. Chapitre iii de l'Inventaire de 1530, déjà cité.
2. Arch. nat., KK. 85, fol. 91 v°. pièce citée par M. Leroux de Lincy dans la *Vie de la reine Anne de Bretagne*, Paris, 1861, tome IV, p. 109.

Enfin restait une grande table d'émeraude, fixée en un chaton d'or et achetée par le roi François Ier de Mlle de Beauvoys; elle ne fut comprise dans l'inventaire[1] que par mégarde, car le roi la donna à la reine peu après l'entrée solennelle de Bordeaux[2].

Nous ne parlerons pas plus amplement des deux rubis la *Côte-de-Bretagne* et la *Fève-de-Naples*) dont nous venons de signaler l'existence, attendu qu'ils ont une histoire mouvementée, qui se déroule à travers les guerres civiles et étrangères du seizième siècle, et que nous avons cru plus intéressant de les mettre en lumière dans un chapitre spécial.

Éléonore pouvait donc se servir, pour sa parure, non seulement des bijoux qui lui appartenaient en propre, mais encore des *joyaux de la Couronne*, dont elle avait la jouissance pendant la vie de son mari.

François Ier n'avait pas constitué le trésor de la Couronne avec la totalité des joyaux qu'il possédait; il paraît même probable qu'il en conserva pour son usage particulier beaucoup plus qu'il n'en avait mis dans le trésor de la Couronne.

Il importe donc de bien distinguer, dès à présent, entre les bijoux de la Couronne qui appartiennent à l'État et qui sont inaliénables, et les bijoux personnels du roi, dont il use à son plaisir.

Les joyaux de la Couronne ne pouvaient être ni modifiés, ni vendus; la Chambre des comptes était responsable de leur disparition et demeurait comptable, ainsi que le roi, de toutes les opérations qui les concernaient : au contraire, l'usage et l'aliénation des joyaux du roi ne regardaient que le roi seul, et François Ier défendra bientôt aux conseillers des comptes de s'en inquiéter, et ordonnera de brûler tous les papiers les concernant.

Les joyaux de la Couronne, dont Éléonore avait la jouis-

---

1. Inventaire de la Couronne de 1530, déjà cité.
2. Inventaire des joyaux du roi de 1532, déjà cité.

sance, étaient sous la garde de Jeanne de Tombes, dame d'Arpajon, l'une de ses dames de chambre.

Les bijoux personnels de François Ier étaient à la garde du trésorier de l'épargne, Jehan de la Barre, chevalier, gouverneur et prévôt de la ville de Paris.

En même temps que le roi donnait à sa femme la jouissance des joyaux de l'État, il lui constituait avec d'autres joyaux, dont il avait hérité ou qu'il avait achetés, un trésor particulier qu'il lui donnait en propre.

C'étaient surtout des parures qu'il avait recueillies dans la succession de Claude de France; elles étaient enfermées. au dire du conseiller Jehan Breton, dans un coffre où l'on ne voyait que « des rubys, des dyamans et des bagues[1] ».

Ce troisième trésor, appartenant à Éléonore, fut confié à l'administration du trésorier de France, Babou de la Bourdaizière.

La reine, arrivée à Paris, fut couronnée presque immédiatement à Saint-Denis; ce jour-là sa coiffure, son corset brodé d'or et son surcot étaient garnis de perles, pierreries. diamants, rubis et émeraudes. « le tout de si grande excellence que la valleur et prix en étoit estimé à plus d'un million d'or[2] ».

François Ier aimait les libéralités; il était heureux de distribuer à titre de cadeaux les pierres de son trésor particulier. Les comptes royaux sont remplis de *quittances* relatives aux bijoux que le roi achetait, pour les donner à des envoyés étrangers ou à ses propres sujets, et surtout aux dames qu'il avait distinguées.

Il existe un inventaire des joyaux personnels du roi, en date du 18 février 1532, dont les notes marginales déterminent l'emploi que ce prince faisait de chacune de ses acquisitions. Déjà, avant 1532, François Ier avait acheté, moyennant la somme énorme de soixante-cinq mille

---

1. Inventaire des joyaux du roi de 1532, déjà cité.
2. *Le Cérémonial français*, par Godefroy, Paris, Cramoisy, 1619, tome Ier, p. 188. d'après la relation du notaire Bochetel.

écus, « une grande table de diamant, à plains fons, ung
peu longuet escornée de deux coings[1] ». — C'était au
seizième siècle une pierre de l'importance actuelle du
Régent. — Nous verrons, après la mort tragique de
Henri II, ce superbe diamant passer, avec d'autres parures
acquises par François Ier, du trésor des rois dans celui de
la Couronne.

Éléonore d'Autriche était surtout l'objet des libéralités de
son royal époux. Tantôt c'était à Saint-Cloud, à l'occasion
d'une légère indisposition, que le roi offrait à la reine quelques joyaux de prix : à un autre moment, c'était au Louvre,
à propos d'un incident quelconque, à en croire l'ambassadeur vénitien Giustiniano. « Les menus plaisirs coûtent
quatre-vingt-seize mille livres, cent mille et même cent
cinquante mille, car dans ce chapitre sont compris les
achats de bijoux, notamment de diamans, les présens
publics faits aux dames de la cour; et le roy de ces
choses-là n'est pas ménager[2]. »

Giustiniano le savait d'autant mieux que François Ier,
ainsi que le constate M. de Laborde dans son ouvrage
intitulé *les Comptes des Bâtiments du Roy*[3], lui fit don de
fort beaux bijoux.

1. Voir l'Inventaire des bagues de la Couronne de 1570. Arch. nat., Mémorial de
la Chambre des comptes. P. 2330. fol. 575. Lettres patentes du roi du 25 de février
1589. — Inventaire des bagues de la reine Marie d'Écosse, de 1560 (Bibl. nat., Ms.
fonds fr. n° 5898, chap. vii). — Inventaire du 12 novembre 1568. Arch. nat., J. 917.
Mémorial de la Chambre des comptes. P. 311 ï. fol. 177. chap. vii. — Inventaire
du 5 novembre 1570. Arch. nat., J, 917. Mémorial de la Chambre des comptes,
P. 318, fol. 161 et P. 2339. fol. 116. Bibl. nat. Ms. fonds fr. 7801. 5525, 19790. —
Bibl. nat., fonds Dupuy, 52. Bibl. nat., fonds Brienne, 117. Musée britannique. fonds
Serilly, n° 111.

2. Tommaseo, *Relation des Ambassadeurs vénitiens* (*Documents inédits de l'Histoire de
France*, tome Ier, p. 101).

3. On voit à la page 202 du tome II de cet ouvrage : « N 51. A Pierre Mangot,
orfèvre du roy, pour son payement d'une chesne d'or, que ledit seigneur a fait
donner à messire Sebastian Justynian, ambassadeur de Venise, comprins or, dechet
et façon. ii m. i liv.

« A luy, pour une autre chesne d'or, que le roi a aussi fait donner à messire
Jherosme Canal, secrétaire de ladite seigneurie de Venise, qui a esté en France, avec
ledit ambassadeur, comprins or, dechet et façon. . . . . xj° xv liv. »

La comtesse de Châteaubriant eut une large part dans les libéralités du roi ; Brantôme rapporte que, lorsque François Ier la congédia, il lui fit réclamer les bijoux et joyaux qu'il lui avait donnés et dont quelques-uns portaient de charmantes devises composées par Marguerite d'Angoulême. Le roi ayant envoyé un gentilhomme vers Mme de Châteaubriant, celle-ci prétexta une maladie et pria le messager de repasser dans les trois jours. Elle envoya ensuite quérir un orfèvre, auquel elle ordonna de faire fondre ces joyaux et de les convertir en lingots d'or. Puis, s'adressant au gentilhomme lorsqu'il revint : « Allez porter cela au roy, et dites-luy que puisqu'il lui a pleu me révoquer ce qu'il m'avoit donné si libéralement, que je luy rends et renvoye en lingots d'or. Pour quant aux devises, je les ay si bien empreintes et colloquées en ma pensée, et les y tiens si chères, que je n'ay peu permettre que personne en disposast, en jouist et en eust de plaisir que moi-mesme. »

Le roi lui renvoya les lingots, en déclarant qu'il ne lui avait réclamé ces bijoux qu'à cause des devises dont ils étaient ornés[1].

La belle comtesse considérait un peu d'ailleurs les diamants de la collection particulière du roi comme sa propriété personnelle, car, ayant eu besoin d'argent, elle engagea deux tables de diamant, estimées quatre mille cinq cents écus, qui appartenaient à son royal amant, et le tré-

---

1. Brantôme, *Vie des Dames galantes*, édition Lalanne, Paris, Renouard, 1876, p. 513. Dans ses *Études sur François Ier* (Paris, Techener, 1885, p. 168 et suiv.), M. Paulin Paris déclare que cette anecdote n'est pas digne de croyance. Nous ne demanderions pas mieux que de nous ranger à cette opinion, si M. Paris apportait quelques preuves à l'appui de sa thèse. Comme il ne se base sur aucun document pour infirmer l'autorité du récit de Brantôme, nous persisterons à le considérer comme exact. Il faut remarquer, d'ailleurs, que si Brantôme se trompe quelquefois dans les détails, le fond de ses historiettes demeure presque toujours inattaquable. Ce n'est pas seulement notre avis, c'est aussi celui de Ludovic Lalanne, son savant éditeur. On remarquera du reste que Brantôme avait connu un grand nombre de personnes qui avaient été témoins de la liaison de François Ier et de Mme de Châteaubriant

sorier de l'épargne fut obligé de les retirer des mains du prêteur[1].

Dans ses lettres patentes, jointes à l'inventaire de ses joyaux particuliers en 1532, le roi déclarait qu'il avait acheté de plusieurs marchands « ces belles et grandes pièces de dyamant » après en avoir fixé lui-même le poids et le marché, et en avoir ordonné le payement par le trésorier de l'épargne.

Il semble que François Ier se soit montré fort jaloux de la possession de ces joyaux et qu'il ait toujours tenu à ce que personne ne pût connaître l'emploi qu'il en faisait, car en 1537 il ordonnait à *ses amés et féaux les conseillers de la Chambre des comptes* de brûler toutes les pièces et inventaires concernant ses menus plaisirs et leur faisait défense expresse d'en rien connaître. C'est donc à un pur hasard que nous devons la conservation de l'inventaire de 1532[2], et c'est peut-être la rigueur de l'ordre ci-dessus rapporté qui nous a empêché d'en savoir plus long sur cet objet délicat[3].

Les mémoires comme les documents inédits ne nous ont point appris dans quelles circonstances Éléonore avait coutume de se parer des bijoux de la Couronne; mais il est pro-

---

1. Inventaire du 18 février 1532.

2. En effet, l'inventaire de 1532 est conservé dans le dossier d'un procès du Parlement concernant la famille de Jehan de la Barre, prévôt de Paris, qui avait eu la garde des diamants personnels du roi.

3. Cependant, il existe aux Archives nationales les trois cartons d'*acquits sur l'épargne*, signés de François Ier et relatifs aux dons, gratifications et pensions distribués jusqu'en l'année 1539. Ces cartons ne contiennent certainement pas toutes les pièces relatives aux dépenses de cette sorte; mais celles qui subsistent donnent une idée de l'importance des sommes que François Ier prélevait chaque année pour cet objet sur sa cassette. (Arch. nat., JJ, 960-963.) Outre les acquits au comptant, un de nos dépôts nationaux conserve un volume de comptes des menus plaisirs, pour dix-huit mois : on y voit cinquante quittances données par des *joailliers*, des lapidaires et autres marchands de l'époque, à des notaires et secrétaires du roy, pour le prix de différentes parures exécutées ou livrées par eux. Trente-huit de ces pièces sont relatives à des livraisons faites depuis le 12 décembre 1528 jusqu'au 21 décembre 1529, et s'appliquent à cent trente-deux parures diverses. Les douze dernières se rapportent à des commandes effectuées depuis le 7 janvier 1529 jusqu'au 30 juin 1530, et concernent quarante et une parures. (Arch. nat. KK, 100.)

bable que dans toutes les cérémonies importantes elle portait le collier de onze diamants monté sur cordelières.

ÉLÉONORE D'AUTRICHE
(Dessin de G. Profit, d'après le Recueil de Gaignières.)

La reine se plaisait à se montrer sous le costume espagnol; d'après le recueil de Gaignières, sa coiffure, à l'encontre de celle des dames françaises qui consistait dans la petite coiffe popularisée par les portraits si connus d'Anne de Bretagne, de Claude de France et de la dame de Châteaubriant, était une résille de perles.

D'après un des crayons du Louvre[1], Éléonore aurait légèrement sacrifié à la mode française, en substituant à la résille simple une résille intérieurement doublée d'étoffe, laissant tomber les bandeaux de ses cheveux de chaque côté des tempes. Ce dessin la représente avec deux boucles d'oreilles ayant la forme d'un triangle, à la base duquel se trouvent trois perles.

Elle ne portait pas de carcan, mais un grand collier s'étalant sur les épaules, et sur la bordure du corsage se voyait une cotoire : c'était une garniture en broderie dans les robes simples, et en pierres précieuses dans les toilettes d'apparat.

La cotoire de *pierreries* paraît avoir été peu employée dans le costume avant l'arrivée en France de Catherine de Médicis. Anne de Bretagne, Claude de France et Éléonore d'Autriche la portaient en broderie, si l'on s'en rapporte à tous leurs portraits peints, dessinés ou gravés. La broderie qui formait alors la cotoire s'appliquait sur le corsage, et à son centre pendait une broche ou bague, comme nous l'avons vu dans l'inventaire de la Couronne de 1530.

Le portrait gravé de Claude de France par Thomas de Leu, qui porte faussement sur le cadre le nom d'Éléonore d'Autriche, nous en donne la représentation.

Nous avons déjà vu dans l'inventaire de 1530 qu'il existait *deux bagues* en forme d'A romain ; d'autres inventaires nous révèlent également l'existence de nombreux bijoux en forme d'A, et nous n'en avons trouvé en France qu'un seul ayant la forme d'une autre lettre. Le prince Czartoryski possède un A que nous avons pu admirer en 1878 au Trocadéro ; l'inventaire d'un sieur de Lezigny[2] en décrit

---

1. Publié par M. Niel : *les Portraits au crayon au seizième et au dix-septième siècle*, par Henri Bouchot, p. 349. Paris, 1884.

2. Inventaire du 18 janvier 1563, découvert par M. le baron Pichon en l'étude de M. Meignen, notaire à Paris : « Le vendredi 18ᵉ de janvier 1563 a été inventorié et

un autre ; enfin, nous en avons trouvé la figuration dans

un tableau de l'ancienne collection Pourtalès, appartenant
actuellement à M. Mame. Ce
tableau, attribué à l'un des
Clouet, représente la duchesse
de Nevers ornée d'un collier
de pierreries et de perles, qui
retombent sur sa poitrine et
soutiennent le bijou en question[1].

Sur les manches, alors fort
larges, comme sur le corsage,
dans toutes les toilettes d'apparat, on plaçait des milliers de
pierres montées sur chatons.
Enfin, à l'extrémité du corsage, s'appliquait, sous forme
de ceinture, la *patenôtre*[2], qui,
en épousant la taille, venait,
de chaque côté des hanches, se
joindre sur le devant. Elle se

BIJOU EN FORME D'A
de la Collection du prince Czartoryski.
Gravure extraite du journal *l'Art.*

terminait par une longue chaîne ornée de pierreries, des-

prisé par ledict Marées, marchand orfèvre, une bague à pendre au col faicte en façon
de A à laquelle y a ung chaton ou y a une table de diamant faible prisée 300 liv. »

1. L'identité de la duchesse de Nevers nous est affirmée par le recueil de Gaignières et par le tableau que possède le musée de Versailles (tome VIII, et musée de
Versailles, tableau n° 3185). Le portrait de Clouet a donné lieu à des observations
de M. Paul Mantz, qu'il est curieux de rapporter ici (*Gazette des Beaux-Arts*,
tome XVIII, 1re série, p. 110) : l'éminent critique s'est demandé si cet A n'est pas la
première lettre du nom d'Éléonore, qu'on appelait quelquefois *Alienor*, ou celle du
nom d'Anne de Pisseleu, duchesse d'Étampes, et s'il ne faut pas voir dans le tableau
en question le portrait d'une de ces dames. Il ne nous semble pas utile de démontrer plus amplement le peu de fondement de la supposition de M. Mantz, étant
donné que la forme en A du bijou était, comme nous l'avons vu, sans signification et
seulement choisie en raison de son élégance et de sa commodité. Pour les portraits
de la duchesse de Nevers, voir Bibl. nat., cabinet des estampes, O° 16 fol., 100. Tableau n° 3185 au musée de Versailles, le même au musée de Blois. Voir Henri Bouchot déjà cité.

2. Dans l'origine, le mot *patenôtre* s'appliquait seulement aux chapelets. Au seizième

cendant jusqu'au bas de la jupe; au bout se trouvait un bijou composé d'une grande pièce centrale et de trois perles ou pendeloques.

Au-dessous de la *cotoire* était ordinairement une *berthe*, composée de deux rangées de perles, qui suivaient sur le corsage, en deux guirlandes, la forme du sein; ces deux guirlandes se réunissaient au centre de la poitrine, au-dessous de la bague de la cotoire, et retombaient ensuite jusqu'à la ceinture, en dissimulant l'ouverture du corsage.

Les femmes portaient alors dans les cérémonies de gala un manteau de velours ou d'hermine, dont le poids rappelait assez exactement celui des armures des chevaliers; au mariage d'une de ses nièces, le connétable Anne de Montmorency ne fut-il pas obligé de prendre la jeune mariée dans ses bras pour la porter à l'autel, parce que la lourdeur de son accoutrement était telle qu'il lui fut impossible de faire un pas dans l'église!

Marie Stuart avait à son manteau, le jour de son mariage, une queue de six toises de long, et c'est un gentilhomme qui la portait.

Des détails du costume il faut passer à ceux des bijoux et donner des indications sur la taille des pierres et sur les noms par lesquels on désignait chacune de ces tailles.

Il existait alors trois sortes de taille : la taille en pointe, la taille en table et la taille en dos d'âne[1].

Lorsqu'un diamant à l'état brut avait à peu de chose près la forme d'un octaèdre, ce qui, en raison des lois de la nature, est la forme de la cristallisation normale, on le taillait d'une façon régulière, en en polissant les parties rugueuses, en aplanissant ses faces, presque toujours convexes, en régularisant chacune de ses arêtes, et en lui don-

---

siècle, par suite d'une certaine similitude, les ceintures des dames prirent le même nom : c'est ce qui a fait supposer par erreur à M. Plon, dans son *Étude sur Benvenuto*, que le mot *patenôtre* ne concernait à cette époque que les chapelets.

[1] Voir *Mémoire de diamans, sur le dictamen du sieur Fernand Numiès*, etc. (Bibl. nat. Ms. fonds Dupuy, vol. 669, fol. 71.) Voir également : Marquis Léon de Laborde, *Glossaire français du moyen âge*, au mot DIAMANT.

nant enfin l'aspect rigoureusement géométrique d'un octaèdre, d'un dodécaèdre ou de tout autre corps solide à facettes, venant se terminer en pointe aux deux extrémités de son axe; quand le diamant était monté, une de ces deux pointes apparaissait en relief.

Si le diamant n'était pas encore taillé, et s'il avait

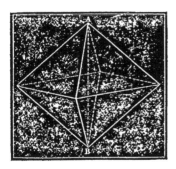

Octaèdre naturel.

Taille en forme de *table*.

Dodécaèdre   Dodécaèdre
régulier.   à arêtes curvilignes.

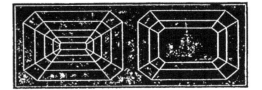

Taille en forme de *table*

DIFFÉRENTES FORMES DE DIAMANTS A L'ÉTAT NATUREL OU TAILLÉS.

naturellement la forme que nous venons de décrire, on lui donnait le nom de pointe naïve.

Le diamant brut, destiné à être taillé en table, avait beaucoup plus de surface que d'épaisseur. La partie supérieure, qui devait être vue, prenait la forme d'une table rectangulaire ou carrée, avec des coins équarris et des biseaux coupés à angle vif. La culasse se terminait en pointe au moyen de facettes dont les angles étaient généralement parallèles aux bords de la table. Telles étaient encore au dix-huitième siècle les pierres qui formaient le tour de la couronne de Louis XV, dont le fac-similé peut se voir au musée du Louvre.

La pierre qui se transformait en dos d'âne avait à l'état brut une forme se rapprochant de celle d'un cube fort allongé. Pour la mettre en valeur et lui donner du jeu, on transformait sa base en culasse, comme pour la table, et la partie qui se présentait à la vue prenait la forme d'une coque de navire renversé ou d'un dos d'âne : de là son nom.

On comptait encore plusieurs autres espèces de tailles, empruntant leur nom à la forme des diamants : la taille en œil, en fusée, en poire, en cœur, etc[1].

Dans ses lettres patentes de 1530, François Ier avait exprimé le vœu que lorsqu'un diamant changerait de forme, son *plomb* fût conservé. Ce mot demande une explication.

Un morceau de plomb pèse exactement le triple d'un diamant de même volume.

Lorsqu'on trouvait un gros diamant brut, on le figurait exactement avec un morceau de plomb, puis on faisait subir à ce plomb une taille identique à celle que l'on voulait appliquer au diamant. Ce résultat une fois atteint, on plaçait la pierre entre les mains du diamantaire, qui lui donnait une forme semblable à celle que venait de recevoir le plomb. Grâce à ce moyen, en pesant le plomb ainsi façonné à la lime, on savait avant la taille, en prenant le tiers du poids, quel serait le poids exact du diamant taillé. On gardait les plombs de chaque pierre; ils servaient de preuve de leur identité lorsque les pierres similaires étaient montées.

De 1529, date de la paix de Cambrai, jusqu'à 1536,

1. Dans tous les manuels se trouvent les fables les plus ridicules sur l'invention de la taille des diamants. Le rapporteur de la commission d'expertise des diamants de la Couronne a accueilli toutes ces erreurs grossières; nous ne les relèverons pas ici, et nous renverrons les lecteurs qui désireraient connaître à fond la question au *Glossaire* de M. le marquis de Laborde, au mot DIAMANT.

année où François Ier envahit de nouveau l'Italie, la France n'eut pas de guerre à soutenir.

Pendant ces sept années de calme, le roi ne resta pas inactif : en 1532, il eut à Calais une nouvelle entrevue avec le roi d'Angleterre Henri VIII, et l'année suivante il maria son fils Henri avec Catherine de Médicis.

L'entrevue de Calais eut lieu au mois d'octobre 1532. Il avait été convenu qu'elle serait aussi simple que celle du Camp du drap d'or avait été magnifique[1]. Parti de Boulogne le 21 octobre, François Ier rencontra Henri VIII près de Marquise, en un lieu appelé Sandingfield ?. Les deux souverains, accompagnés des seigneurs de leur cour, se rendirent à Boulogne, où ils logèrent à la maison abbatiale.

Henri VIII, qui voulait répudier Catherine d'Aragon, ne désirait pas être reçu par la reine Éléonore, dont le costume espagnol lui aurait rappelé celui de sa femme légitime; mais il avait fait manifester par le grand maître, Anne de Montmorency, l'espoir que la reine de Navarre lui ferait les honneurs du logis royal[2]; l'arrivée d'Anne de Boleyn, avec quelques *damoyselles* de sa suite, rendait impossible la présence de la sœur du roi de France.

Si les fêtes furent peu nombreuses, les rois n'en déployèrent pas moins une grande magnificence dans leurs costumes.

Henri VIII avait un pourpoint tout cousu de diamants et de rubis, estimé cent mille écus; il portait un collier de quatorze rubis, dont le moindre était gros comme un œuf, et de quatorze diamants moins gros; au milieu pendait une escarboucle grosse comme un œuf d'oie. Ce collier était estimé quatre cent mille écus.

1. Les fêtes qui eurent lieu à cette occasion ont été décrites dans une lettre non signée, ni datée, mais qui émane vraisemblablement de l'historiographe du roi d'Angleterre. (Bibl. nat., fonds Dupuy, n° 547, p. 104 et suivantes, et fonds Moreau, n° 737, p. 59.) Elle a été publiée dans Camusat et dans du Bellay.

2. Lettre d'Anne de Montmorency du 23 juillet 1532 (Bibl. nat., Ms. fonds 3003, fol. 23), citée par MM. H. de la Ferrière et L. Lalanne.

François Iᵉʳ s'habilla *triumphalment;* il portait sur
lui les plus beaux diamants « que l'on veist oncques,
et estoient estimés lesdicts diamans plus de cent mil
escus ».

Après trois jours de fêtes, les rois partirent avec leur
suite pour Calais, où les Français furent « défrayés »,
comme les Anglais l'avaient été à Boulogne.

Anne de Boleyn reçut François Iᵉʳ; elle eut même la joie
de causer et de danser sous le masque avec le roi de
France, qui lui fit découvrir cependant son joli visage. Le
lendemain le roi lui envoya par Jean de la Barre, prévôt de
Paris, qui avait la garde des bijoux royaux, un diamant
en forme de grande larme. Ce diamant, estimé quinze ou
seize mille écus[1], avait appartenu au surintendant de
Semblançay, et le roi le lui avait confisqué après sa
mort.

François remit également à son frère d'Angleterre un
« sépulchre en croix, monté en anneau et achapté de
George Welzer », diamantier ou plutôt célèbre brocanteur d'Anvers[2].

L'entrevue prit fin le 29 octobre 1532. La reine n'y ayant
pas assisté, les diamants de la Couronne n'y avaient pas
paru. Seuls ceux du roi y brillèrent. Mais l'année 1533
devait voir la célébration du mariage du duc d'Orléans
avec Catherine de Médicis, et les cérémonies qui eurent
lieu à cette occasion permirent à Éléonore de montrer
dans tout leur éclat les richesses du royaume.

Depuis longtemps François Iᵉʳ, cherchant à resserrer son
alliance avec le pape Clément VII, lui demandait avec
instance la main de Catherine de Médicis pour son second
fils Henri. Afin de s'attacher la jeune princesse, François Iᵉʳ
lui avait fait remettre par le duc d'Albany, son ambassadeur, un diamant de trois mille écus, monté en anneau
et ayant la forme d'un dos d'âne[3].

1. Inventaire de 1532. — 2. *Ibid.*
3. Inventaire de 1532. (Ce diamant n'y est estimé que quinze cents écus.) Voir

Après de longues négociations, la main de Catherine fut accordée au duc d'Orléans. Le mariage fut célébré à Marseille le 28 octobre 1533. Aux fêtes données à cette occasion, eurent lieu de nombreux échanges de cadeaux.

Tandis que le pape Clément VII offrait à François Ier un

CATHERINE DE MÉDICIS AVEC UN GARGAN AUTOUR DU COU
Dessin de A. de Neuville, d'après un crayon du Cabinet des estampes.

bois de licorne, qui devait longtemps figurer en tête de l'inventaire du cabinet des rois de France[1], celui-ci remettait à la jeune princesse une grande table de diamant.

aussi Hector de la Ferrière, *Lettres de Catherine de Médicis*, publiées dans les Documents inédits de l'Histoire de France, tome Ier, p. 14.

1. Bibl. nat., Ms. fonds fr. 4732. Manuscrit similaire, conservé à la bibliothèque de l'Arsenal. Il ne faut pas confondre le cabinet des rois de France avec le trésor de la Couronne, ni avec le trésor particulier du roi. Le cabinet du roi de France était composé de pièces d'art, dont quelques-unes font encore partie de la galerie d'Apollon.

Elle apportait de son côté, rapporte Brantôme, « avecque grande quantité de meubles, richesses et précieuses pierreries et joyaux, comme les plus belles et plus grosses perles qu'on ait veu jamais, que depuis elle donna à la royne d'Écosse sa nore que luy ay veu porter[1] ».

Ces perles devaient avoir une histoire curieuse : Marie Stuart, après les avoir portées en collier, comme reine de France, les emporta en Écosse, après la mort de François II. Elles furent prises par lord Morton à Bortwich Castle, au mois de mai 1567, et apportées à Londres. L'ambassadeur de France, M. de la Forest, suivait alors de très près la fortune de la reine Marie Stuart[2]. Il informa immédiatement Catherine de Médicis de l'arrivée des « bagues de la royne d'Escosse ». La reine mère pria M. de la Forest de s'informer si les perles qu'elle avait possédées autrefois étaient dans les coffres que l'on venait de prendre, et lui ordonna en outre de les recouvrer pour son compte[3], si elles venaient à être mises en vente.

Les perles étaient en effet arrivées à Londres, et voici en quels termes M. de la Forest répondit à la reine mère :

« Je me suis enquis particulièrement de ces bagues de la royne d'Écosse qui sont par deçà : j'ay sceu que les grosses perles dont m'escrivoit une fois Votre Majesté y sont, et comme on me les a spécifiées, il y a six cordons où elles sont enfilées comme patenostres, et oultre cela environ vingt-cinq à part et séparées les unes des aultres, encore plus belles et plus grosses que celles qui sont enfilées, la plupart comme noix muscades ; elles n'ont pas esté trois

---

1. *Recueil des Dames*, de Brantôme, édition Ludovic Lalanne, Paris, veuve Renouard, 1873, tome VII, p. 339.

2. Lettre de M. de la Forest à la reine mère, du 2 mai 1568, publiée par M. Teulet dans les *Relations politiques de la France et de l'Espagne avec l'Écosse*, tome II, p. 352. Lettre de M. de la Forest à M. de Fizes, du 2 mai 1568, extraite du même recueil.

3. Lettre de la reine mère à M. de la Forest, datée de mai 1568, recueil de Teulet, tome II, p. 367, et lettre du 21 mai de la même au même, p. 368 du même recueil.

jours icy qu'on les a fait apprécier par divers marchands, ceste reyne les voulant prendre pour la somme qu'elles seront évaluées : c'est à savoir à la raison que les prendroit ung marchand qui voudroit gaigner dessus à les revendre.

« Elles ont premièrement esté montrées à troys ou quatre orfèvres et lapidaires de ceste ville qui les ont estimées à trois mille livres sterlins qui sont dix mille escus, s'offrant d'en bailler ladicte somme si on vouloit : quelques marchands italiens qui les ont vues après, les ont prisées jusqu'à douze mille escus qui est environ le prix, ainsi qu'on me l'a dict, pour lesquels ceste reyne les prendra : il y a ung Genevois qui les a vues après tous les aultres qui les a estimées à seize mille escus, mais je pense qu'elles lui demeureront à douze....

« De Londres ce VIII⁰ jour de may 1568[1]. »

L'ambassadeur ne se trompait pas. Élisabeth[2], en effet, avec son avidité ordinaire, les acheta au prix de douze mille écus. Catherine dut renoncer, fort à regret, à recouvrer les perles qu'elle avait eues dans sa jeunesse et qu'elle avait apportées de Florence.

Lorsque, au moment du mariage de Catherine, on délivra au trésorier de France l'or et l'argent qui constituaient la dot de la princesse, il s'étonna de n'en point recevoir davantage. Le représentant du saint-père répondit : « Qu'oultre tout cela, pour faire le douaire digne d'un tel mariage, il lui avoit promis, par instrument authentique, trois perles d'inextimable valleur, de l'excessiveté desquelles les plus grands rois estoient fort anxieux et convoiteux qu'estoient Naples, Milan et Gênes[3]. »

1. Bibliothèque impériale de Saint-Pétersbourg, documents français, vol. XCI, F⁰. Cette lettre encore inédite nous a été communiquée de la façon la plus obligeante par M. le comte Hector de Laferrière, et sera publiée dans le troisième volume des *Lettres de Catherine de Médicis* que prépare cet historien.

2. Lettre de M. de la Forest à la reine mère, du 15 mai 1568, recueil de Teulet déjà cité p. 364.

3. Tome VII, p. 340, *Recueil des Dames*, de Brantôme, déjà cité.

Naturellement les trois villes promises ne furent pas
livrées à la France; mais, en souvenir de ce mot, trois des
plus beaux joyaux de la Couronne prirent le nom de
Pointe-de-Milan, de *Table-de-Gênes* et de *Fève-de-Naples*[1]; plus tard, cette dernière pierre abandonna son premier nom pour s'appeler *A-romain*, mais un rubis du
cabinet du roi donné par François II à la couronne per-
pétua alors le souvenir de l'anecdote par sa dénomination
d'*Œuf-de-Naples*.

Le jour des épousailles, la nouvelle duchesse d'Orléans
portait une couronne d'or[2] faite pour elle par Pierre Mangot,
sur l'ordre de François 1er. Elle avait ce même jour introduit dans sa parure deux grosses perles pucelles, en forme
« de poyres, l'une de quatre-vingt-douze et l'autre de
quatre-vingt-seize grains : royal présent de son beau-
père[3] ».

De 1533 à 1538, nous n'avons à signaler aucun événement remarquable se rapportant à l'histoire des diamants
de la Couronne.

Le 18 juin 1538, Charles-Quint et François 1er, qui
venaient de guerroyer l'un contre l'autre, s'étaient rendus à
Nice, et y avaient conclu une trêve de dix ans, par ambassadeurs, sans se rencontrer.

Éléonore, femme de François 1er et sœur de Charles-Quint.

1. Pour payer la dot de sa nièce, Clément VII avait été obligé d'engager dans la
banque Strozzi l'un des plus beaux joyaux de la tiare. (Voir la *Jeunesse de Catherine
de Médicis*, d'Armand Baschet, Paris, Plon, 1866, p. 177.)

2. « A Pierre Le Messier, serviteur de Mangot, orfèvre du roi, pour son payement
de la couronne d'or par lui faicte et qui a servi à Mme la duchesse d'Orléans le jour
de ses épousailles, comprins XX liv. pour la façon et dechept de l'or dont le roi a
faict don à ladicte dame. » (*Les Comptes des Bâtiments du roy*, par M. le marquis de
Laborde, tome II, p. 327.)

3. « A Léonard Spure (Spire), marchand florentin, demeurant à Lyon, pour son
payement de deux grosses perles pucelles et non percées, faictes en forme de poyres,
poissant chacune de XXIII à XXIV karatz que le roy a acheptéez de luy IX c. escus
d'or soleil et d'icelles faict don à Mme Katherine de Médicys, duchesse d'Urbin, pour
à prendre sur lesdicts deniers estre distribuez autour de la personne dudit seigneur,
cy IIm XXV liv.) (*Les Comptes des Bâtiments du roy*, par M. le marquis de Laborde,
tome II, p. 225.)

ne jugea pas cette négociation suffisante, et prépara entre
les deux souverains une entrevue, qui eut lieu à Aigues-
Mortes le 14 juillet 1538.

Le roi alla faire visite à l'empereur, qui était venu sur
une galère; le lendemain, Charles-Quint lui rendit sa visite
à terre; il fut reçu par François Ier, qui lui donna à dîner.

Après le festin, l'empereur se retira dans la maison
d'Archambaud de la Rivoire, qui avait été préparée pour
le recevoir, et se mit un instant au lit pour prendre du
repos.

Dans la soirée, François Ier alla dans sa chambre retrouver
Charles-Quint, qui s'entretenait avec la reine Éléonore, et
lui dit :

« Mon frère, je veux que vous croyiez que je veux et
entends que au pays auquel vous estes de présent, vous y
avez autant de puissance que si vous estiez en vostre pays
d'Espagne ou de Flandre, et que ce que luy commanderez,
soyez obéi comme moi mesme, et en signe de ce, voilà
ce que je vous donne. »

Et il lui présenta un diamant de trente mille écus,
monté en forme d'œil sur un anneau portant cette inscription : *Dilectionis testis et exemplum.*

Après l'avoir mis à son doigt, Charles-Quint fit cadeau
à François Ier de son collier de la Toison d'or, et celui-ci
lui offrit à son tour le cordon de Saint-Michel[1].

L'empereur remit en outre à la princesse Marguerite,
fille du roi, des pierreries estimées plus de cinquante mille
ducats, et des perles d'un grand prix[2].

L'année suivante, Charles-Quint, obligé d'aller réprimer
une révolte des Gantois, obtint de François Ier l'autorisation de traverser la France. Il fut reçu à Châtellerault,
à Amboise, à Blois, à Fontainebleau et à Paris avec une
grande magnificence.

---

1. *Histoire générale du Languedoc*, de dom Vaissette, Paris, 1745, p. 93 et 95 des
preuves dans le Mémoire manuscrit d'Archambaud de la Rivoire.
2. *Ibid.*

C'est ici que vient se placer une anecdote apocryphe, dans laquelle un diamant joue le principal rôle. Au cours d'un entretien qu'eurent les deux souverains au mois de janvier 1540, en présence de la duchesse d'Étampes, François Ier aurait dit à Charles-Quint en lui montrant la favorite :

« Voyez-vous, mon frère, cette belle dame, elle est d'avis que je ne vous laisse point sortir de Paris, que vous n'ayez révoqué le traité de Madrid. »

L'empereur, un peu étonné, répondit froidement : « Si l'avis est bon, il faut le suivre. »

Ses inquiétudes ne laissèrent pas d'augmenter, et, dès le lendemain, il eut recours à une galanterie pour mettre la duchesse dans ses intérêts. Comme il allait se laver les mains pour se mettre à table, il tira de son doigt un anneau, où il y avait un diamant d'un très grand prix, et le laissa tomber exprès à terre. La duchesse, qui présentait la serviette, le releva et voulut le lui rendre.

« Non, madame, lui dit-il, il est en trop belles mains pour le reprendre. Je vous prie de le garder pour l'amour de moi[1]. »

Le roi mourut le 31 mars 1547, au château de Rambouillet. Quelques jours après, le 5 avril, la reine Éléonore, ne conservant que les parures « dont le feu roi lui avoit fait don et présent », remit à messire Charles de Cossé Brissac, grand panetier de France et représentant du nouveau roi, Henri II, les bijoux de la couronne qu'elle

1. M. Paulin Paris démontre de la façon la plus claire, dans ses *Études sur François Ier*, déjà citées, qu'aucun historien ne reproduit ce fait avant Simon Dupleix, en 1627. Depuis, cette anecdote a été acceptée partout, même par Gaillard, et cependant le corollaire du cadeau de Charles-Quint à la belle duchesse fut la prétendue trahison commise par elle quelque temps après en faveur de l'empereur. Or, M. le baron de Ruble, dans le *Mariage de Jeanne d'Albret*, p. 68, cite une lettre de Bonvalot, ambassadeur de l'empereur, du 10 août 1540, dans laquelle il est dit, que Mme d'Étampes « conserve toujours contre le souverain (Charles-Quint) une rancune invincible ». Aussi n'avons-nous reproduit cette anecdote qu'après en avoir signalé la fausseté.

avait reçus seulement « en garde », comme estant affectez à la maison et couronne de France[1].

Pour son usage personnel, Éléonore avait changé seulement la bague, nommée *la Grande-Poincte ;* la chaîne qui l'attachait en était séparée. Les autres joyaux étaient restés dans les mêmes montures ; ils furent remis à Catherine de Médicis, la nouvelle reine, et Mme de Gauguier, l'une de ses dames d'atour[2], en fut constituée dépositaire.

1. Bibl. nat. Ms. fonds fr., n° 306 jo, fol. 6, reproduit avec quelques inexactitudes de texte d'après ce manuscrit, par M. Bonnaffé, dans les *Nouvelles Archives de l'Art français*, année 1878, Paris, Baur, p. 248. Une copie de cette pièce datant du dix-huitième siècle se trouve aux Archives nationales, P. 2308, fol. 219.

2. Elle s'appelait Claude de Beaulne, et tenait les livres de recettes et de dépenses de Catherine. Voir H. de la Ferrière, *Lettres de Catherine de Médicis*, et Bibl. nat. Ms. fonds fr., n° 10396.

APPENDICE

DU CHAPITRE PREMIER

Nous publions ici le premier inventaire des joyaux de la Couronne avec les lettres patentes qui en prescrirent la fondation. Nous le faisons suivre de l'inventaire des bijoux du roi, en 1532, des lettres patentes qui défendent à la Chambre des comptes de s'occuper de ses bijoux personnels, et en dernier lieu de la décharge donnée par Henri II à Éléonore d'Autriche, lorsque, après la mort de François Ier, elle remit au nouveau roi les bijoux dont elle n'avait eu que la jouissance.

I

INVENTAIRE

des bagues de la Couronne, que le Roy a faict estimer à Bourdeaulx le XIe jour de juing M. V^c. XXX¹.

Ce sont les bagues que le roy François Ier de ce nom a donné et donne à ses successeurs à la couronne de France et veult que à chascune mutacion, l'inventaire d'icelles ensemble leur apréciacion, poix, paincture, plomp soient vérifliez en leur présence, affin qu'ilz baillent leurs lettres patentes obligatoires de les garder à leurs successeurs à la couronne

Lesquelles lettres seront mises à la Chambre du trésor des Chartres et desquelles l'évaluacion et pièces sont cy après déclairées. Laquelle évaluacion a esté ce jourd'hui faicte par Jaques de Lynes, lapidaire, demeurant à Tours, et Jehan Mestyuvier, aussi lapidaire, demourant à Paris, après avoir faict le serment de bien et loyaulment les estymer ;es

---

1. Arch. nat., J, 947.

mains de Monseigneur le légat-chancelier et en la présence de Monseigneur le gouverneur de Paris, chevalier seigneur de Veretz, premier gentilhomme de la chambre du Roy, et de M. l'abbé de Sainct-Satur, maistre des requestes ordinaires dudict Seigneur, et de messire Philibert Babou, aussi chevalier trésorier de France.

Et premierement

C. I⁽ᵉʳ⁾. — Ung collier faict à dix neuz de cordellière enrichy chascun neu de quatorze perles et aux deux boutz et entre chascun desdits neuz y a unze festons à cordelières de canetille. En chascun desquels festons sont assis les dyamans cy après désignés.

Une poincte de dyament à quatre faces, prisée et estymée par les dessubs dicts, huict mil escus d'or soleil pesée et trouvée du poix de.

Ung triangle à poincte de dyament et plusieurs faces estymé six mil escus d'or soleil pesé et trouvé du poix de.

Une table de dyament estymée quatre mil escus d'or soleil pesée et trouvée du poix de.

Une grande poincte de dyament à douze faces estymée quinze mil escus d'or soleil pesée et trouvée du poix de.

Une aultre de dyament à poinctes et à plusieurs faces appelée l'*OEil* et autrement la *Fusée-de-Bretaigne* estymée dix mil escus pesée et trouvée du poix de.

Une grande table de dyament taillée à faces estymée quinze mil escuz soleil, pesée et trouvée du poys de.

Ung cueur de dyament tout plat estymé dix-huict mil escuz soleil pesé et trouvé du poix de.

Une aultre poincte de dyament taillée à faces estymée dix mil escus soleil pesée et trouvée du poys de.

Une table de dyament carrée estimée neuf mil escus pesée et trouvée du poys de.

Une aultre poincte de dyament ronde taillée à faces estymée six mil escus pesée et trouvée du poys de.

Une aultre table de dyament carrée et moindre de toutes les précédentes estymée cinq mil escus soleil, prisée et trouvée du poys de.

Toutes lesdictes pièces assises et attachées selon l'ordre contenu cy-dessus et asseurant de l'un bout jusques à l'autre selon le pourtraict cy après painct et désigné avec les dix neuz de cordelière enrichy chascun neu de quatorze perles estymée chascune perle xvj escus qui est pour chascun neu ij° xxiiij escus.

Somme toute du collier sans l'or : cent huict mil deux cent quarante escus soleil.

C. II. — Une grosse poincte de dyament nommée la *Prant-Poincte* avecq beau et excellent ruby à jour en perfection, enchassé en une lettre de A pendant à une petite chesne à chesnons ronds esmaillés de noir et cordelières espargnées d'or.

Estymée c'est assavoir : ladicte pointe trente mil escus, et le ruby vingt-cinq mil escuz qui est cinquante-cinq mil escus soleil. Pesée ladicte poincte et trouvée du poix de.... pesée semblablement ledict ruby et trouvé du poix de.

C. III. — Une poincte de dyament moyndre que la précédente appellée la *Poincte-de-Bretaigne* assise en ung rond de cordelière de cane-tille à laquelle pend une grosse perle en poyre, attachée ladicte bague à une coctoire de soye noire. Prisée ladicte poincte vingt et cinq mil escus, et la perle troys mil escuz : pesée ladicte poincte et trouvée du poix de.... et pesé ladicte perle et trouvée du poix de.

C. IV. — Une grande table de dyament carrée haultz bizeaux assise au melieu d'un rolleau esmaillé de rouge cler, à laquelle souloit pendre une autre grosse perle en poyre qui s'est trouvée à part en forme d'ung molynet assise sur un bassinet d'or. Estymée vingt-cinq mil escus et la perle deux mil escuz et pesée ladicte poincte et trouvée du poix de.... et ladicte perle du poix de.

C. V. — Ung gros balay tenant à trois beslyères d'or en forme de pompons estymé cinquante mil escus soleil pesée et trouvé du poix de.

C. VI. — Ung aultre gros balay assis sur un A d'or faict de canetille pendant à une chesne faicte à chesnons de double fil estymé vingt mil escus pesé et trouvé du poix de.

C. VII. — Ung aultre grand balay à jour taillé à faces percé d'une broche d'or faisant deux beslières par les deux boutz estymé dix mil escus pesé et trouvé du poys de.

C. VIII. — Une grande table d'esmeraulde en ung chaton d'or sans aultre enrichissement que le Roy a puis naguères achaptée de Mlle de Beauvoys de Normandie. Estymée par les dessubs diets six mil escus soleil pesée et trouvée du poix de.

Toutes lesdictes choses prisées et estymées comme dict est en la présence des dessus diets et de moy notaire et secretaire dudict Seigneur à Bourdeaulx, le xv° jour de juing l'an mil cinq cens trente.

CHAINE DE COU DE FRANÇOIS Ier
(Gravure extraite du journal l'Art.)

II

INVENTAIRE[1]

faict à Paris le dix-huitième jour de février mil cinq cens trente-deux des bagues et pierreries estans de presant es coffres du Roy

par nous, Anthoine du Bourg, conseiller dudict Seigneur en son privé .et secret conseil et maistre des requestes ordinaire de son hostel, et Jehan Breton, aussi conseiller dudict Seigneur et secrétaire de ses finances à ce commis et depputés, selon l'exhibicion qui par commandement et ordonnance d'icelluy Seigneur nous a esté faicte desdictes bagues par messire Jehan de La Barre, chevalier gouverneur prévost de Paris. Lesquelles bagues et pierreries nous avons mises et reddigées par escript et articles cy-après couchés. Et en teste de chascun article apposé les prix, valeur et estimacion d'icelles : en ensuyvant ce que nous en ont dict, affermé et attesté par leurs sermens, pour ce par nous prins, en leurs loyaultéz et conscience Pierre Gedoyn et maistre Regnault Dannet, orfebvres de ceste ville de Paris, et Jehan Mestivier, lappidaire, à ce par nous appelés.

Et premièrement

Les deux grandes tables de dyamens et le fer de lance en trois chattons garnys de canetilles que le Roy prinst de George Hampton.

> Les dessus nommés orphebvres et lappidaire ont estimé la grant table vingt mil escus et les deux aultres pierres l'une portant l'autre quinze mil escus soleil qui sont trente mil escus les deux.

La table, ung mirouer et l'œil que led. seigneur a achapté de George Welzer et de Jacques de Luynes à Saincte-Maure allant au devant de la

---

1. Arch. nat., J, 947, 18 février 1532. Inventaire des pierreries appartenantes au Roy François Ier (18 juil.), Bibl. nat., Ms. fonds fr. 7804.

Royne.... en trois chattons aussy garnys de canetilles. Lesquels ledict de Luynes a depuis taillés et rendus audict Seigneur.

> Ladicte table a esté estimée quinze mil escus et les deux aultres pierres l'une portant l'aultre quinze mil escus qui sont sept mil cinq cens escus la pièce.

Une table de dyaman grosse et carrée que ledict Seigneur a depuis achaptée dudict George Welzer aussy en chatton de mesme.

> Elle a esté estimée dix mil escus.

Ung aultre gros doz d'azue hault que le Roy a eu dudict George Welzer aussy en chatton semblable.

> Elle a esté estimée six mil escus.

Ung grand fer de lance de dyamant que le Roy achapta par excellence en chatton de mesme.

> Estimé huiet mil escus.

Ung aultre grand cuer de dyamen qu'il a achapté dudict George Welzer aussy en chatton de mesme.

> Estimé quinze mil escus.

La lozange que le Roy eut de feu M. de Persy aussy en chatton de mesme.

> Estimé six mil escus.

Le dos d'asne en anneau de quoy ledict Seigneur esponsa son royaulme.

> Estimé deux mil escus.

Une grant table de dyaman que M. de Villaudry feit avoir au Roy de Pierre Spine.

> Estimé deux mil cinq cens escus.

Une grant table de saphyr blanc que M. le Légat a baillé au Roy.

> Estimé deux mil cinq cens escus. Le Roy m'a commandé décharger le présent inventaire de la grant table de dyaman contenue en cest article. Laquelle il m'a dict avoir envoyée à Mme d'Urbin, mère du Pape, et lui en avoir faict présent. Faict à Avignon le trois^{me} jour de septembre mil v^c xxxiij. Ainsi signé (dans l'inventaire postérieur) : Bochetel.

Une grosse poincte de jacynte portugaloyse en anneau.

Estimée cinquante escus.

Une grosse spinelle en anneau et en cabochon.

Estimé quatre cens escus.

Une grant améthiste en table en anneau.

Estimé cent eScus.

Une faulce esmeraulde en anneau grande.

Estimé cent escus.

Quatre saphirs de coulleur dont l'ung est en poincte, les deux aultres en table et l'aultre est taillé à faces en quatre anneaulx.

Estimé cent cinquante escus.

Ung saphyr verd en anneau en table.

Estimé dix escus.

Une haulte pointe d'espinolle[1] en anneau.

Estimé vingt-cinq escus.

Plus un grand triangle de dyament taillé à faces en chatton garny de canetille qu'a baillé Mᵉ Hauer.

Estimé deux mil escus.

Deux grans tables de dyament en deux chattons garnis de canetille que Jehan Ingrant, compaignon de George Welzer, vendit à Nantes.

La plus grande six mil escus et la moindre quatre mil escus.

Plus deux tables de diamans en anneaux qui ont esté rachaptées à Paris lesquelles Mme de Châteaubriant avoit engaigées.

La plus grande troys mil et la moindre quinze cens escus.

Ung aultre dyament en dos d'asne que le roy achapta pour faire present à Mme d'Urbin estant en anneau.

Estimé quinze cens escus.

1. Par spinelle ou espinolle il faut entendre rubis spinel.

Toutes lesquelles bagues cy-dessus nommées spéciffiées et déclarées ont ce mesme jour esté remises es mains dudict de La Barre, gouverneur et prévost dessusdict, pour les rétablir et remectre où elles avoient esté prinses. Et pour vérifficacion et approbacion de ce que dessus, nous avons signé ledit présent inventaire de nos mains les jour et an dessus dicts.

Du Bourg.   Breton.

S'ensuyvent autres bagues et pierreries que ledict Seigneur de La Barre, gouverneur et prévost de Paris, a dict avoir esté ostées desdicts coffres du Roy.

Et premièrement.

Une esmeraulde fort grande et large que le Roy achapta que luy feit vendre M. l'Admiral.

> Ledict Seigneur l'a donnée à la Royne à Saint-Cloud au moys de may mil v° xxxj. Elle estant au lict.

Une grosse espinolle que ledict seigneur a achapté de George Welzer.

> Le Roy la donna à la Royne estant en son cabinet au Louvre à Paris ou mois de janvier mil v° xxxij.

Le sépulchre taillé en croix que le Roy a eu dudict George Welzer avec les aultres dyamens du collier de la Royne quand il l'espousa.

> Ledict Seigneur l'a donné en anneau au Roy d'Angleterre à Calais.

Une grant larme de dyament que le Roy a retiré de feu M. de Sainct-blançay.

> Ledict Seigneur l'a donné audict Calais en anneau à Mme la Marquise[1].

Quatre moyennes tables de dyamens que ledict Seigneur a achapté de M. le trésorier Babou.

> Ledict Seigneur les a données à son plaisir pour faire brodures

1. Anne de Boleyn.

Une grant table de ruby ballay qui estoit en bague qui fust prinse dudict feu Seigneur de Sainctblançay avec la larme de dyament cy-dessus escripte.

> Ledict Seigneur l'a donné à son plaisir pour faire bagues à pendre au col.

Une petite amatiste en table.

> Ledict Seigneur l'a donné à la Royne.

Une grande esmeraulde que le roi achapta de la vefve feu Beauvais, aussi grande que celle que feit bailler M. l'Admiral.

> Ledict Seigneur l'a baillée à la Royne avec les bagues du collier quand il l'alla espouser.

Donze boutons de rubys et dyamans que ledict Seigneur achapta d'ung nisse de Madame vingt escus la pièce.

> Ils tiennent aux robes du Roy.

Et au regard d'un coffre plein de rubys et dyamans et aultres bagues que bailla le trésorier Babou et celles de la feue Royne ledict Seigneur les a baillées toutes à la Royne qui à présent est.

> Ledict Seigneur a donné le tout à la Royne à Bourdeaux ou Angolesme.

Et au dessoubs est escript.

Nous approuvons et certiffions le contenu en ce présent cayer contenant quatre feuilletz de parchemin faict le xviiie jour d'aoust l'an mil cinq cens trente-trois.

Ainsi signé : FRANÇOIS

et au-dessous :   BRETON.

FRANÇOIS, par la grâce de Dieu, Roy de France, à tous ceux qui ces présentes lettres verront, salut. Comme nous avons par devant achapté, de divers marchands, à grosses sommes de deniers, certain nombre de pierreries, et entre aultres choses plusieurs belles et grandes pièces de diamans mentionnés et déclarés avec le pois et estime d'icelles en l'inventaire cy-attaché sous le contre-scel de notre chancellerie, dont nous-mesmes avons faict les pois et marchez avecque lesdicts marchands et d'iceulx les avons receues et prisées, et mises entre nos mains, les faisant payer par les trésoriers de nostre espargne, celuy de nos menus plaisirs et autres nos comptables. En vertu des mandements et acquitz que pour ceci en avons faict expédier, et d'autant que par nos commandements aucunes fois lesdictes pièces ont esté mises en nos coffres, et que d'icelles avons par cy-devant faict, et faisons encore dons et présens à ceulx que bon nous a semblé et semble ainsi que nostre plaisir a esté et que par cy-après par les comptes que tiendront lesdicts trésoriers de nos espargne, menus plaisirs et autres se pourra veoir en rapportant lesdits acquitz et mandemens des payemens par eulx sur ce faicts, les achapts et pris qu'en avons faict, semblablement les nombre, qualité et quantité d'icelles. Lesquelles on pourroit demander à nostre amé et féal conseiller et chambellan Jehan de La Barre, chevalier, gouverneur, prévost et bailly de Paris. Au moyen de ce qu'il est premier gentilhomme de nostre chambre. Ayant quand il est, les noms, les clefs de nosdicts coffres.

III

LETTRES PATENTES DU ROI

en forme de déclaration[1].

par lesquelles le Roy veut et n'entend que autre que luy aye la con- noissance du faict et administration de ses bagues, joyaux, distribution d'argent, mis en ses mains, de ses menus plaisirs et du jeu.

FRANÇOIS, par la grâce de Dieu, roy de France, à tous ceux qui ces présentes lettres verront, salut. Nous pour certaines bonnes causes, rai- sons et considérations, à ce nous mouvans que tenons cy spécifiées et déclarées. Et d'autant que le faict de nos bagues et joyaux et les deniers mis en nos mains pour nos menus plaisirs et qui proviennent du jeu sont choses desquelles nous ne voullons avoir autre que nous la connoissance, intelligence et visitation, avons de nostre propre mouvement, plaine puissance et auctorité royalle, dict, déclaré et ordonné, disons, déclarons et ordonnons, voulons et nous plaist que nos améz et féaux les gens de nos comptes à Paris ne autres nos juges et officiers quels qu'ils soyent, n'ayent aucune connoissance du faict, garde et administration de nos dictes bagues et joyaux, distribution d'argent mis en nos mains, de nosd. menus plaisirs et de jeu et laquelle tant pour le présent, passé que pour l'advenir leur avons interdite et deffendue. Interdisons et deffen- dons et réservons à nous et à nostre personne et sans ce qu'ils soient appellez ny faire venir par devant eux ceux qui en ont eu et en auront l'administration de par nous, tant pour le temps passé que pour l'advenir, ne iceux pour ce travailler, molester ny inquiéter en quelque façon ou manière que ce soit. Et quant à ce, avons auxdicts gens de nostre Chambre des comptes, procureur général en icelle et à tous autres qu'il appartiendra, imposé et imposons silence tant pour ledict passé que pour l'advenir et là ou en icelle nostre Chambre des comptes auroient esté par cy-devant quelques acquitz, papiers et inventaires touchans et concernans nosdictes bagues, joyaux, menus plaisirs et argent du jeu et

---

1. Arch. nat., P. 2537, fol. 233, 24 aoust 1537 (copie du dix-huitième siècle).

d'icelles faict registres pour ce. a esté cella faict sans nostre voulloir et intention. nous voulons et ordonnons iceux casser. rompre et lacérer sans rien en retenir ou réserver en quelque façon et manière que ce soit de sorte qu'en icelle Chambre n'en demeure plus aucune mémoire.

Sy donnons en mandement par cesdictes présentes à nos améz et féaux nosdicts gens des comptes et à nostre procureur général, présent et advenir, etc.

Donné à Fontainebleau le 24e jour du mois d'aoust, l'an de grâce mil cinq cent trente-sept et de notre règne le 23e.

Ainsi signé : FRANÇOIS.

et sur le reply :

Par le Roy en son Conseil :

BRETON.

Et scellées en double queue de cire jaune.

IV

ÉTAT

des bagues et joyaux rendus par la reine Éléonore[1].

Ce sont les bagues et joyaux que très haute, très excellente et très puissante princesse, Mme Éléonor, Royne douairière de France, a par Jehanne de Tombes, dame d'Arpajon, l'une de ses dames de chambre, qui les avoit en garde, faict donner et délivrer es mains de M° Charles de Cossé, chevallier de l'ordre du Roy, grand pannetier de France, envoié par ledict seigneur roy pour recevoir lesdictes bagues et joyaulx comme estant affectéz de la Maison Couronne de France, lesquelz avoient esté bailléz en garde à ladicte dame par feu de bonne mémoire le Roy François que Dieu absolve, son espoux, pour soy parer.

(Suit l'inventaire semblable à celui de 1530[2].)

En la présence de moy Jehan Duthier, conseiller du roy, et secrétaire de ses finances, ladicte de Tombes suyvant le commandement de ladicte dame Royne douairière, illec présente, a mis et délivré es mains dudict de Cossé, seigneur de Brissac, lesdictes bagues et joyaulx cy-dessus mentionnéz. Disant icelle dame qu'elle ne pense en avoir d'autres que celles-là, estans des anciennes bagues de la Maison de France, oultre celles dont le feu Roy, que Dieu absolve, luy a faict don et présent. Desquelles bagues ainsi délivrées audict sieur de Brissac qui a promis les porter es mains du Roy, icelluy seigneur de Brissac, pour et au nom d'icelluy seigneur Roy quicte et descharge ladicte dame de Tombes et tous aultres, n'entendant que plus ample acquit et descharge leur soit pour ce expédiée.

En tesmoing de ce j'ay, dessus nommé soubzsigné, envoié par le Roy avec ledict seigneur de Brissac pour assister à ladicte délivrance, et en ai baillé le présent récépissé, et icelluy signé de ma main, le cinquième avril l'an mil cinq cens quarante-sept[3].

1. Arch. nat., P. 2308, fol. 249, Bibl. nat., Ms. fonds fr. 20640, fol. 3, 5 may 1548.
2. Voir p. 29 ci-dessus.
3. 1547, nouveau style, Pâques était le 10 avril en 1547.

CHAPITRE II

Catherine de Médicis avait, comme nous l'avons vu, les *plus belles perles du monde;* durant la vie de Henri II, elle possédait des colliers dont les pierres étaient montées sur des OC entrelacés et des H couronnés. Elle avait l'habitude de se faire représenter dans ses portraits parée d'un collier de ce genre[1].

Nous avons déjà dit que Catherine fit présent de ses perles à Marie Stuart. Quant à ses autres parures, elle les fit entrer, au cours de sa régence, dans le trésor de la Couronne, toujours avec la clause connue d'inaliénabilité[2] : mais on ne sait si cette reine porta souvent les diamants de la Couronne.

A son entrée dans Paris, au lendemain de son sacre, elle avait sur la tête une couronne si lourde[3], qu'à chaque instant on était obligé de la lui ôter. Son manteau d'hermine était couvert de pierreries qui lui appartenaient en propre[4].

Le même jour, Henri II avait fait placer sur le manteau

---

1. Émail de Léonard Limosin, conservé dans la collection James de Rothschild.
2. Inventaire de 1570, déjà cité.
3. Cette couronne ne contenait point de pierres du trésor de la Couronne.
4. *Cérémonial français*, de Godefroy, déjà cité, tome 1er, p. 280.

royal qu'il portait, à la place de l'agrafe en forme de
fleur de lis d'or qui se trouvait sur l'épaule, « une
grande croix composée de neuf grands diamans, c'est assavoir cinq grandes tables faisant la croix au plus hault ; au-

CATHERINE DE MÉDICIS
Émail de Léonard Limosin, gravure extraite du journal l'Art

dessoubs un diamant quasi rond et trois aultres diamans
en larmes ou fers de lances taillés en faces, et faisant le
pied de la croix, auquel pied pend une perle en forme de
poire[1]. »

1. Cérémonial français, de Godefroy, déjà cité, tome 1ᵉʳ, p. 180

Cette pièce curieuse, que nous verrons entrer plus tard dans le trésor de la Couronne, avait fait partie du trésor particulier de François Ier, et appartenait encore en propre en 1547 à son successeur.

Il l'avait achetée quatre-vingt-dix mille écus[1]; les pierres de la croix étaient montées sur une sertissure d'or à fond plein; le tout émaillé d'arabesques, blanc, rouge, vert et couleur de paon[2].

Ce ne fut qu'à l'avènement de François II que cette parure entra dans le trésor national.

Catherine de Médicis eut bien certainement la jouissance de quelques-unes des pierres *personnelles* de son mari; mais Diane de Poitiers, plus particulièrement investie des bonnes grâces du roi, eut à sa disposition dès le commencement du règne les clefs du cabinet royal, et elle en profita pour se servir des joyaux de Henri II, dont elle se para dans les fêtes et surtout dans les triomphes qu'on lui fit durant ses voyages à travers la France.

C'était d'abord un grand collier fort large de diamants et de perles sur des nœuds de cannetille; puis un carcan serrant le cou, composé de diamants avec trois rubis cabochons au centre, chaque pierre séparée par quatre perles accotées; un autre carcan d'émeraude avec une perle en poire pendant au milieu et surtout trois pièces *inestimables* : la

---

1. Bibl. nat., Ms. fonds italien. Dépêche des ambassadeurs vénitiens, filza 6, p. 307, en date du 10 déc. 1568. (Dépêche de Correro.) Acte d'emprunt du 3 février 1569. *Archivio di Stato*, à Venise, Commemoriale, vol. XXIII, p. 139.

2. Commemoriale, dito. — Dans la collection des gravures de l'histoire de France conservées au Cabinet des estampes est un double portrait de Charles IX et de sa femme Élisabeth d'Autriche. Sur la poitrine de cette dernière est une croix de pierres précieuses qui peut être la représentation de la grande croix de quatre-vingt-dix mille écus — l'objet le plus cher du trésor de la Couronne au seizième siècle. — Malgré le peu de précision de la gravure, on peut restituer le genre de décoration de ce joyau; car même en supposant que l'auteur du double portrait de Charles IX et d'Élisabeth n'ait pas voulu représenter cet objet déterminé, on se trouve néanmoins en présence d'un objet similaire, dont la figuration, plus explicite que les descriptions d'inventaire, permet de représenter ce bijou aujourd'hui disparu. Comme on le verra dans la restitution que nous en donnons, la sertissure des pierres était rehaussée de parties d'or ciselées, de mascarons, d'arabesques et de rinceaux.

grande croix de neuf diamants que nous venons de voir sur le manteau du roi, le jour du sacre, et dont la belle Diane aimait plus tard à orner sa splendide poitrine: venait après la plus grande table de diamant de l'époque, montée avec une perle en poire et achetée par François Ier soixante-cinq mille écus; le fameux rubis nommé l'*OEuf-de-Naples*, le plus cher de tous les rubis de France puisqu'il était estimé soixante-dix mille écus[1]; une autre croix composée de six diamants avec trois perles en poire; une autre grande table de diamants avec une perle ronde, et enfin trois autres bagues de moindre importance.

En 1551, Henri II partit pour la campagne qui devait acquérir à la France les trois évêchés de Metz. Toul et Verdun et en assurer la conservation grâce à un siège mémorable où devait s'immortaliser le duc François de Guise. Décidé à ne point ménager sa vie, Henri II avait pris la précaution d'assurer à la Couronne la possession des joyaux de son cabinet, en cas de mort.

Il déclarait, au mois d'avril 1551, par lettres patentes, que les joyaux dont il faisait l'inventaire — que nous venons de signaler ci-dessus — étaient dignes de figurer parmi ceux de « la Maison et Couronne de France », et il ordonnait que s'il venait à mourir, ces bijoux seraient par le fait même propriété inaliénable de l'État.

Il revint la vie sauve de cette campagne, et les bagues en question n'entrèrent point encore dans le trésor de la Couronne. Ce ne fut qu'après sa mort, aussi imprévue pour lui que pour tous, que François II, en lui succédant au trône, réalisa ses intentions[2].

1. Inventaire du 2 juillet 1559. Arch. nat., *Mémorial de la Chambre des comptes.* P. 2377, fol. 1. — Bibl. nat., Ms. fonds fr. 7804. — fonds Dupuy, 52, fol. 123. — fonds Brienne, 147. — Musée britannique, fonds Scrilly, n° 111.

2. Nous donnons plus loin l'inventaire et les lettres patentes en question dont nous avons trouvé copie dans un des manuscrits de la collection Dupuy à la Bibliothèque nationale (n° 233, fol. 27). Au premier abord on pourrait croire que, par ces lettres patentes, Henri II avait donné sans conditions lesdits joyaux à la Couronne: nous inspirant plus de l'esprit que des termes mêmes de ces lettres patentes, nous

Au point de vue du costume, on voit par ce détail que le *carcan*, déjà connu en 1529, ainsi que nous l'avons constaté dans les *comptes des menus plaisirs du roi François Ier*, commençait à prendre faveur auprès des plus grandes dames; il aspirait à remplacer le long collier s'étalant sur la poitrine[1].

La mort de Henri II allait priver Diane de Poitiers de la libre disposition qu'elle avait eue des diamants appartenant au roi.

Voici ce que rapporte Brantôme à l'occasion de cet événement :

« Il fut dit et commandé à Mme la duchesse de Valentinois sur l'approchement de la mort du roy Henry et le peu d'espoir de sa santé, de se retirer en son hostel de Paris et n'entrer plus en sa chambre aultant pour ne le perturber en ses cogitations[2] à Dieu que pour inimitié qu'aucuns luy portoyent. Estant doncques retirée, on lui envoya demander quelques bagues et joyaux qui appartenoyent à la Couronne et les eust à rendre. Elle demanda soudain à M. l'harangueur : « Comment! le roy est-il « mort! — Non, madame, répondit l'aultre, mais il ne « peut guère tarder. — Tant qu'il luy restera un doigt de « vie donc, dit-elle, je veux que mes ennemis sachent que

n'avons pas cru admettre cette théorie et nous ne voyons dans cette pièce qu'une donation *conditionnelle* seulement valable en cas de mort du roi. Du reste, ce qui ne permet plus de douter du fait, c'est qu'à l'avènement de François II, de nouvelles lettres patentes du jeune roi font entrer la plupart de ces mêmes joyaux dans le trésor de la Couronne, ce qui prouve qu'ils n'y avaient pas été incorporés en 1551. Ajoutons encore que si l'on compare les lettres patentes de 1551 et celles de 1559 avec les inventaires de la Couronne de 1560, on verra qu'une partie des bagues destinées à entrer dans le trésor en cas de mort du Roi en 1551 ne figurèrent jamais dans les inventaires de la Couronne, et que Henri II, probablement de 1551 à l'époque de sa mort, en disposa selon son bon plaisir comme étant son bien personnel. Il serait inadmissible de supposer qu'après avoir déclaré en 1551 que ces joyaux étaient inaliénables et appartenaient à l'État, Henri II eût ainsi violé la propre loi qu'il édictait, et agi de son plein gré contre la volonté qu'il venait d'exprimer. Ces raisons nous paraissent suffisantes pour démontrer que les joyaux en question n'entrèrent dans le trésor de la Couronne qu'après la mort de Henri II.

1. Arch. nat., KK, n° 100.

2. Pensées.

« je ne les crains point et que je ne leur obéyrai tant qu'il
« sera vivant. Je suis encore invincible de courage. Mais
« lorsqu'il sera mort je ne veux plus vivre après luy, et
« toutes les amertumes qu'on me sçauroit donner ne me
« seront que douceurs au prix de ma perte. Et par ainsy,
« mon roy vif ou mort, je ne crains point mes ennemis. »

Rectifions d'abord une allégation erronée : c'est à tort
que Brantôme qualifie de *diamans de la Couronne* les
joyaux qu'avait possédés Diane, puisqu'ils n'entrèrent dans
le trésor que sous le règne de François II en vertu des
lettres patentes de ce prince du 6 août 1559.

Dans les *Princes de l'Europe au seizième siècle*, M. Armand Baschet raconte qu'après la mort de Henri II, Diane
avait dû quitter la cour devant des procédés dont la bru-
talité n'était égalée que par le scandale de son ancienne
faveur.

« L'ambassadeur vénitien Lippomano[2], dit-il, nous fournit à ce sujet d'assez curieux détails : « Le roy a envoyé
« dire à Mme de Valentinois qu'en raison de sa mauvaise
« influence *mali officii* auprès du roy son père, elle méri-
« teroit un grand chastiment, mais que, dans sa clémence
« royale, il ne vouloit pas davantage l'inquiéter; que
« néanmoins elle devoit luy restituer tous les joyaux que
« lui avoit donnés le roy son père[3]. »

La dépêche de Giovanni Michieli, alors ambassadeur de
Venise près la cour de France, diffère sensiblement de la
chronique de Lippomano; elle est ainsi conçue :

« Sa Majesté a fait entendre à la duchesse de Valentinois qu'elle avoit oublié et pardonné toutes les offenses et
injures faites à Sa Majesté et à la reyne, sa mère, et que
dorénavant elle pouvoit estre tranquille, se reposer et vivre

---

1. Brantôme. *Recueil de la vie des dames*, édition déjà citée, tome IX, p. 448.

2. La chronique de Lippomano est un manuscrit conservé à la Bibliothèque de
Saint-Marc, à Venise.

3. Armand Baschet. *Les Princes de l'Europe au seizième siècle*. Paris. H. Plon.
tome Ier, p. 194.

le plus loin de la cour qu'elle pourroit, jouissant en toute
sécurité de tous ses biens et revenus sans crainte d'estre
molestée en aucune manière. Mais il lui a demandé de lui

LA DUCHESSE DE VALENTINOIS (DIANE DE POITIERS)
(D'après une cire du musée de Breslau[1].)

rendre compte d'une liste de nombreux bijoux ou joyaux
qui se trouvoient chez le roy. A quoi elle a répondu avec
la plus grande humilité, que non seulement tous les bijoux

1. Nous avons reproduit un certain nombre de personnages d'après les cires qui
sont conservées au musée de Breslau, parce que d'abord ces cires, exécutées en
France au seizième siècle, sont encore inconnues dans notre pays, et ensuite parce
qu'étant faites au moment même où se portaient les bijoux dont nous parlons,

compris dans cette liste estoient à la disposition du roy
et de la sérénissime royne, mais aussi tous ceux dont Sa
Majesté lui avoit fait cadeau, ne voulant, ajouta-t-elle,
conserver pas mesme la vie sans les bonnes grâces de Leurs
Majestés. De cette façon, ladite duchesse n'en resta pas
moins considérée dans l'opinion publique comme chassée
et deshonorée quoique en possession encore d'une grande
richesse[1]. »

Diane de Poitiers eut cependant à souffrir les effets du
ressentiment de Catherine de Médicis, qui, malgré la parole
de François II, ne lui pardonna pas aussitôt d'avoir autrefois usurpé sa place dans les affections de Henri II, car
Régnier de la Planche confirme en ces termes la disgrâce
dont elle fut l'objet[2] :

« Diane fut chassée et luy fit-on rendre les clefs des
cabinets du roy, ensemble ses précieuses bagues, qui furent
mises en aussi bonnes mains, à sçavoir de la nouvelle royne
et du cardinal son oncle. » Cependant, par son habileté
d'abord, en cédant à Catherine le château de Chenon-
ceaux, et ensuite grâce au crédit de son gendre le duc
d'Aumale, elle parvint en partie à conjurer l'orage qui la
menaçoit.

De ce qui précède, on peut conclure que le récit de
l'ambassadeur Giovanni Michielli, corroboré par celui de
Régnier de la Planche, est la version exacte des événements qui se sont accomplis à la mort de Henri II, attendu

---

elles indiquent la manière dont on s'en servait d'une façon précise. (Voir au sujet de
ces cires les Mémoires que leur ont consacrés, dans le *Bulletin de la Société des Anti-
quaires de France*, MM. Conrajod et Molinier.)

1. *Dispacci degli ambasciatori veneziani*, Bibl. nat., Ms. fonds italien, filza III, p. 303.
Nous ajouterons que Lippomano ne fut ambassadeur de Venise en France que de
1577 à 1580, c'est-à-dire sous le règne de Henri III, et que ses dépêches, qui se
rapportent à l'époque où il exerça ses fonctions, ne contiennent aucune allusion
aux faits qu'on vient de relater. Le texte cité par Armand Baschet est un extrait de
la Chronique de Lippomano, c'est-à-dire d'un ouvrage que ce dernier a composé
sur des événements qu'il n'avait pas vus.

2. Régnier de la Planche, *Histoire de l'estat de la France, tant de la république que
de la religion, sous le règne de François II*. Paris, 1566, p. 13 et 14.

que l'événement est relaté dans une dépêche envoyée trois mois seulement après la mort du roi[1], c'est-à-dire au moment où les faits dont il est rendu compte à la sérénissime république venaient de se produire, et que les documents officiels en démontrent l'authenticité[2].

Il est d'ailleurs constant que les diamants prêtés par Henri II à Diane de Poitiers entrèrent dans le *trésor de la Couronne*, ainsi que le prouvent les lettres patentes du 2 juillet 1559. Diane, en effet, avait dû laisser dans les *cabinet et trésor du roi* tous ces bijoux, puisque François II déclare les y avoir trouvés au complet lorsqu'il monta sur le trône.

Voici le texte de ces lettres patentes ; elles sont assez curieuses pour que nous ayons cru devoir les rapporter presque intégralement :

« FRANÇOIS, etc.

« Comme après le déceds de feu notre très honoré sieur et père, nous avons trouvé en ses *cabinet et trésor*, certaines bagues et joyaulx et pierres précieuses, estant d'une grande valleur et estimacion, c'est assavoir :

« Ung grand collier faict de treize tables de diamans et quatorze nœuds chascun de six grosses perles assis sur ouvrage à cannetille.

« Ung grand carquan composé de deux tables de diamans de trois cabochons rubys et de six nœuds de quatre perles chascun.

« Ung aultre carquan composé de cinq esmeraudes de six couples d'esmeraudes moindres et d'une perle en poire au millieu.

« Une grande croix composée de neuf grands diamans

(celle dont nous avons fait la description lorsque nous avons parlé du couronnement de Henri II).

« Une fort grande table de diamant quarrée à laquelle pend une grosse perle en poire[1].

« Une aultre grande table de diamant pendant à une bague avecque une grosse perle quasi ronde, montée de la même façon que la précédente.

« Ung gros rubis ballay à jour percé d'une grosse perle en poire appelée l'*OEuf-de-Naples*.

« Sçavoir faisons, que nous désirant que lesdistes bagues, joyaulx et aultres perles précieuses, demeurent à tous jours en la *Maison et Couronne de France* comme dignes de ce lieu, avons dict et déclaré, disons et déclarons nos voulloir et intencion estre que lesdites bagues et joyaux et pierres précieuses demeurent en la *Maison et Couronne de France* comme meubles précieux de ladicte maison, à laquelle les avons laissées, données et affectées, laissons, donnons et affectons, pour y estre et demeurer perpétuellement au trésor comme les meubles précieux de ladicte *Maison et Couronne de France*, sans qu'elles en puissent, pour quelque cause et occasion que ce soit, estre distraictes, vendues ou aultrement aliénées, lesquelles vendition, aliénation et distraction, nous avons interdictes et deffendues, interdisons et deffendons par cesdictes présentes par lesquelles donnons en mandement, etc.

« Donné à Paris, le ij[e] jour de juillet de l'an de grâce 1559, et de nostre règne le premier.

« Signé : FRANÇOIS. »

---

1. Cette pierre passait encore longtemps après pour être la plus belle de la chrétienté. Elle était sertie en pendant de cou sur or; de chaque côté étaient deux saphirs émaillés, et les cuirs et les rinceaux qui forment la monture étaient décorés d'arabesques d'émail blanc et noir. (Dépêches des ambassadeurs vénitiens, Bibl. nat., Ms. fonds italien, filza 6, p. 307. Dépêche du 10 déc. 1568. Correro, ambassadeur.) « Ces trois pièces (la croix et les deux grandes tables de diamant suivantes) sont réputées et tenues pour les plus belles que possède cette Couronne. » (*Archivio di Stato*, à Venise. Commemoriale XXIII, p. 159.)

Cette première donation avait pour but, dans l'intention de François II, d'empêcher désormais les maîtresses royales de se parer de ces joyaux. En entrant dans le trésor de la Couronne, ces pierres n'étaient plus qu'en la jouissance des rois ou des reines. Cette permutation occasionna d'assez fréquentes confusions dans les lettres patentes et les arrêts de la Chambre des comptes, qui attribuèrent souvent au trésor de la Couronne des pierres appartenant en propre aux souverains ou inversement.

Ainsi, dans une *certification* donnée par le roi Charles IX à la reine Marie d'Écosse après la mort de François II, il est rapporté que Henri II délivra comme prix, dans une course de bagues, un rubis et une émeraude en forme de cœur ayant fait partie du trésor de la Couronne[1].

Le fait peut être exact pour le rubis, bien que nous n'en ayons trouvé aucune autre mention; quant à l'émeraude, elle faisait partie des joyaux personnels de Henri II, puisque les inventaires dressés à la mort du roi ne citent aucune émeraude dans le trésor de la Couronne.

Avant d'aborder le règne de François II, il nous faut retourner en arrière, parler de Catherine de Médicis et de son rôle artistique pendant le temps qu'elle fut reine de France.

Catherine de Médicis se para quelquefois des diamants de la Couronne, mais plus souvent encore de ses bijoux particuliers.

On ne saurait sans injustice, quoi qu'en aient dit quelques auteurs, reprocher à cette princesse d'avoir obéré le trésor public : les comptes de Catherine, que nous avons compulsés à la Bibliothèque nationale[1], démontrent son économie. Ils se rapportent surtout à l'époque où François II épousa Marie Stuart et où la reine fut obligée de

1. *Documents inédits : Négociations, lettres et pièces diverses, relatives au règne de François II*, par Louis Paris, Imprimerie royale, 1841, p. 470 et suivantes, papiers de Laubespine.

1. Bibl. nat., Ms. fonds fr., n° 10396.

faire des cadeaux d'un prix relativement élevé : à aucune
époque les comptes ne se montèrent en dépense à plus de
soixante mille livres par an.

Nous n'insisterons pas davantage sur la comparaison que
l'on pourrait établir entre la simplicité dont Catherine

MARIE STUART, D'APRÈS UN MÉDAILLON DE BRONZE.
La Reine est parée de la bordure de touret, de la bordure d'oreillette et du collier.

donna maintes preuves tant qu'elle fut reine de France, et
les prodigalités que Diane de Poitiers imposa au roi, notamment lorsqu'elle décida Henri II à consacrer des sommes
considérables à la réparation et à la reconstruction du château d'Anet.

Marie Stuart, à la cérémonie de son mariage avec le dauphin François (24 avril 1559) était vêtue « d'une robe de

velours perse, couverte de pierreries et d'enrichissemens
de broderie blanche, de cette façon si bien que c'estoit
une chose admirable de la voir[1] ».

Catherine de Médicis lui avait fait présent d'un carcan
composé « d'ung grand dyamant, taillé à faces, en forme
d'écusson, d'une grande table de dyamant enchassée en
ung anneau d'or, et d'ung rubis cabochon, également
enchassé en ung anneau d'or[2] ».

Après la mort de Henri II, arrivée le 10 juillet 1559,
François II son fils monta sur le trône. Il modifia entièrement les joyaux de la Couronne qu'il venait d'augmenter
des pièces du cabinet du roi.

Il garda seulement sans les changer quelques bijoux
célèbres tels que celui où était la *Côte-de-Bretagne*, la
Fève-de-Naples, connue désormais dans l'histoire sous le
nom d'*A-romain*, la *Grande-Croix*, et l'*OEuf-de-Naples*.
Ces trois derniers entraient dans le trésor par ses lettres
patentes. Ces parures continuèrent à être désignées sous
le vocable de bagues à pendre.

Mais la mode changeait, le collier que l'on portait sur les
épaules tendait à disparaître : le carcan serrant le cou

---

1. Godefroy, *Cérémonial français*, déjà cité, tome II, p. 7.
2. *Comptes de Catherine de Médicis* (Bibl. nat., Ms. fonds fr. 10396, fol. 29). « A
Pierre Vast et Michel Faure, marchants orfèvres, demourant à Lyon, la somme de trois
cens quatre-vingt-quatre livres, à eulx ordonnés pour leur payement d'un grant
dyamant, taillé à faces et faict en écusson, qu'ilz ont fourny et livré pour faire en
partie un carcan, dont la royne a faict don à la royne d'Écosse, le jour de ses épousailles, comme par l'ordonnance du controlleur de ladicte dame et quietz desdits
Vastz et Faure cy rendus appert iij* iiij** iiij liv. tz. »
« A Claude Héry, marchant orfèvre demourant à Paris, par sa quitz du jour 5e d'avril,
la somme de treize cens vingt livres, en v* l. écus soleil à XLVIij solz pièce, à lui ordonnée pour son payement d'une grande table de dyamant, enchassée en ung anneau
d'or qu'il a fourny et livré pour faire en partie le carcan, dont la royne a faict don à
la royne d'Écosse, le jour de ses espousailles, comme par ordonnance du controlleur
de ladicte dame des quitz cy rendus xiij* xx liv. tz. »
« A Jehan Joly, marchant orfèvre, demeurant à Paris pour ses quietz du vj avril
dernier, la somme de deux cens quatre-vingt-douze livres seize solz tz, à luy ordonnée
pour son payement d'un rubis cabochon, enchassé en un anneau d'or qu'il a fourny
et livré pour faire en partie le susdit carcan dont la royne a faict don à la royne
d'Écosse le jour de ses espousailles comme par ordonnance du controlleur de ladicte
dame et quietz dudict Joly, cy dessus appert, ij* iiij** xij liv. xvj s. »

allait le remplacer. On ne portait plus, en grande toilette, ni touret, ni résille sur les cheveux ; c'étaient des fils de perles ou des bandeaux en diadème qui ornaient la tête. Catherine de Médicis et Marie Stuart — pendant qu'elles furent reines — ne portèrent guère qu'un seul bandeau au-devant de la tête : on l'appelait alors bordure de touret.

François Dujardin, joaillier de la Couronne, élève et successeur de Pierre Mangot[1], reçut de François II la mission de transformer les parures de la Couronne. Il démonta les bijoux que François Ier avait donnés, et employa les différentes pierres qu'il en tira à faire une parure qui se composait d'une bordure de touret[2], de quarante perles et de neuf diamants taillés en table : le sixième était celui qui depuis le mariage de Catherine de Médicis avait pris le nom de *Table-de-Gènes*.

La parure entière était estimée soixante mille écus.

Le carcan dont nous avons déjà parlé était composé de trente perles et de cinq diamants taillés trois en table et deux en pointe. L'une de ces pointes s'appelait *la Pointe-de-Milan*, et l'autre était *la Pointe-de-Bretagne* que nous avons vue au temps de François Ier montée en forme d'A romain. Ce carcan était estimé trente-neuf mille écus.

Au-dessous du carcan s'étalait sur les épaules un collier beaucoup plus grand ; il était formé de cordelières séparées l'une de l'autre par quinze diamants et garnies chacune de

---

1. Pierre Mangot, qualifié orfèvre du roy en 1531 et 1542. (Arch. nat., Z, 2815, 3169. J, 9607.) D'après les registres et inventaires qui nous ont été conservés, il fit pour François Ier de nombreuses pièces de bijouterie et de joaillerie. Il eut comme apprenti, puis comme successeur immédiat, François Dujardin ou Desjardins, reçu maître en 1553. Dujardin est dit orfèvre de la reine en 1564, orfèvre et lapidaire du roi en 1566, 1570 et 1572. Il fut cette dernière année nommé garde du métier d'orfèvrerie. Il habitait alors rue des Mauvaises-Paroles. Son poinçon était « ung petit anneau et dedans icelluy ung F. » (Arch., nat. K, 1041, 2ᵉ liasse. J, 947. P. 2348, 2539. Z, 2815, 2832, 3119. 3169 : Bibl. nat., Ms. fonds fr. 5898 ; *Mercure Indien*, liste des gardes orfèvres.)

2. Le touret était un bonnet. Voir Quicherat, *Histoire du costume*, Paris, Hachette, 1875, p. 287, 310, 396, 408, 434, et surtout M. le marquis de Laborde : *le Palais Mazarin*, Paris, 1845, p. 314, note 367 ; et du même auteur, *Glossaire français du moyen âge*, p. 520.

quatorze perles rondes; sa valeur était estimée quarante-
neuf mille écus.

Chacune de ces grandes pièces était émaillée de rouge sur
fond d'or; chaque diamant se trouvait monté sur chatons
à biseaux séparés par des F couronnés.

Puis venait un autre collier rehaussé de pierreries de différentes couleurs sur des émaux également polychromes.

Enfin la dernière parure était une *bordure*, c'est-à-dire
une pièce qui se portait indifféremment en bandeau dans
les cheveux, en *carcan* autour du cou ou en *cotoire* sur la
robe. Elle se composait de douze émeraudes, enchâssées
dans des chatons; chaque chaton émaillé d'arabesques blanches ou rouges entourant des F couronnés[1].

Il importe de constater que pendant le seizième siècle on
remonta trois fois les joyaux de la Couronne : la première
fois à la création du trésor, la deuxième à l'avènement de
François II et la troisième au mariage de Charles IX avec
Élisabeth d'Autriche.

Sous François Ier le bijou le plus riche était une parure
de diamants; le collier ou carcan était la pièce principale de
cette parure. Les chatons à arceaux étaient montés sur des
festons de cordelières, et les entre-deux de ces chatons
étaient des nœuds de cordelières ornementés de perles.

A l'époque de Marie Stuart, la monture du collier se mo-
difie. Les chatons deviennent plus grands; on les appelle
canettes, et ils forment autour de la pierre un certain
nombre de plans que l'on nomme *biseaux*. Les entre-deux
ne sont plus des nœuds, mais des pompons de quatre ou
cinq perles ou des barrettes de deux perles. Quelquefois
encore ce sont des petites fleurettes à quatre pétales aux
extrémités desquelles un chaînon sert d'attache. Sur les
chatons au milieu de dessins, d'arabesques ou d'ornements exécutés en émail, sont généralement des chiffres

---

1. Pour la signification de *bordure*, voir l'inventaire de Catherine de Bourbon
du 22 décembre 1601 : « un collier en bordure », « un autre collier en bordure de
touret », (Bibl. nat., Ms. fonds fr. 7804, fol. 153.)

couronnés de l'un des rois de France, François II ou
Charles IX. Ces émaux délicats sont, selon leur couleur,
opaques ou transparents, et placés dans des gouttières faites
au burin dans le métal du chaton.

Les diamants de la Couronne allaient être portés par
une jolie reine[1] : les femmes qui jusqu'alors en avaient eu la
possession ou la jouissance n'avaient jamais été réellement
belles. Avec ses pommettes saillantes et le menton proémi-
nent de la maison d'Autriche, Éléonore ne pouvait être
citée pour sa beauté; les lèvres lippues et la taille grêle de
Catherine de Médicis lui enlevaient tout agrément. Quant
à Diane de Poitiers, malgré la réputation de beauté irrésistible qu'on lui avait faite, on pouvait lui reprocher ses
formes masculines et son port massif.

Au contraire, la nouvelle reine, de l'aveu de ses contemporains, était l'une des plus jolies femmes de son temps :
aussi séduisante par la régularité de ses traits et par les
grâces répandues en toute sa personne que par le charme
de sa conversation et par la connaissance parfaite qu'elle
avait des langues mortes et vivantes, elle se faisait aimer
de tous ceux qui l'approchaient.

Devenue reine de France, elle ne tarda pas à acquérir
une grande influence à la cour, quoiqu'elle n'eût pas de rôle
politique à jouer, car le pouvoir était exercé par ses deux
oncles, le cardinal de Lorraine et le duc François de Guise.
Elle n'en eut pas moins la direction de la mode et du goût.

---

1. Si l'on devait en croire les portraits que nous avons reproduits ici de Marie
Stuart, elle n'aurait jamais mérité ce renom de beauté que tous ses contemporains
lui donnent et que nous nous sommes plu à faire ressortir. Les deux portraits que
nous donnons de la reine, par leur nature même (l'un un médaillon de bronze, l'autre
un médaillon de cire) ne pouvaient reproduire exactement ses traits. Nous les
avons donnés parce qu'ils indiquaient la manière dont étaient portés les bijoux à son
époque. Si l'on veut se convaincre de la beauté incontestable de cette malheureuse
reine, on n'a qu'à regarder les deux crayons de couleur qui existent d'elle au Cabinet des estampes de la Bibliothèque nationale. A la façon dont sont traités ces deux
portraits, il est incontestable qu'ils sont l'œuvre d'un artiste de premier ordre (l'un
des Clouet, Corneille de Lyon ou un autre peintre de même talent) et devant qui la
reine a posé.

Mais l'infortunée reine eut à peine le temps de se faire
admirer dans les fêtes données à la cour et de montrer les
joyaux que le trésor de la Couronne mettait à sa disposi-

MARIE STUART
avec la bordure de touret, le collier et la bague de cottoire.
(D'après une cire du musée de Breslau.)

tion, car, après dix-huit mois de règne, François II mou-
rait, et Marie était obligée de reprendre le chemin de
l'Écosse, où l'attendait la mort.

Catherine de Médicis ne sut pas dissimuler la joie que
lui causa la fin de François II suivie du départ de Marie

Stuart. Peut-être n'avait-elle jamais pardonné à celle-ci d'avoir osé demander un jour si la reine mère ne descendait pas de « marchands ».

Sous le nouveau roi, âgé de neuf ans, la puissance de Catherine devenait prépondérante, tandis que l'influence des Guises était près de diminuer.

L'esprit politique de la reine mère, formé à l'école italienne, devait enfin se donner carrière[1] sans rencontrer d'obstacles. Elle se sentit alors la maîtresse des destinées de la France comme de toutes les richesses nationales. L'un des premiers actes de sa régence a trait aux diamants de la Couronne et mérite d'être consigné ici.

Pendant le règne de Henri II, Catherine avait été reléguée au second plan par la préférence marquée que le roi avait témoignée à Diane de Poitiers.

Sous François II, Marie Stuart avait joui sans conteste de l'empire dû à son rang et à sa beauté et s'était parée à son gré des bijoux de la Couronne et de ceux du roi.

Devenue régente du royaume, Catherine de Médicis put

---

1. L'anecdote suivante, quoique ne se rapportant qu'à un diamant qui ne faisait pas partie de la Couronne, donne cependant une idée de la nature de Catherine :

Le 3 mars, 1560, la reine mère écrivait à Claude de l'Aubespine : « Suyvant aussi votre advis, j'escris au prince d'Esvoly la lettre dont vous verrez le double, et ay baillé à ce porteur ung diamant pour sa femme, que vous lui présenterez de ma part, avecques une petite lettre que je luy escris aussy, afin que cela les tienne toujours tant mieux disposez à ce que j'en désire pour le bien et service de madite fille. » (Documents inédits : *Négociations, lettres et pièces diverses relatives au règne de François II*, par Louis Paris, Imprimerie royale, 1841, p. 819.)

Comme on le voit, elle ne négligeait aucun des moyens qui pouvaient attacher à sa cause et à celle de ses enfants les personnages les plus considérables de son temps.

La princesse d'Esvoly ou d'Éboli, au dire de M. Miguet, dans *Philippe II et Antonio Perez*, et de M. Canovas del Castillo, dans une lettre-préface écrite à M. Gaspard Muro, aurait été la maîtresse du roi d'Espagne Philippe II ; mais dans son livre intitulé : *la Princesse d'Éboli*, M. Muro établit que les relations de Philippe II avec Anne de Mendoza n'ont pas été aussi intimes qu'on l'avait cru jusqu'ici.

Toutefois, à l'époque où vivait Catherine, l'existence de ces prétendues relations ne faisait aucun doute pour personne en Europe : elles expliquent la libéralité de la reine mère.

On se souvient que c'était une fille de Catherine qui avait épousé Philippe II, et c'était à la femme qu'elle supposait être la rivale inavouée de sa fille qu'elle envoyait un diamant en souvenir.

enfin mettre la main sur ces précieux trésors dont nulle
femme n'allait oser lui disputer l'usage; aussi s'empressa-
t-elle de faire signer au nouveau roi un papier (daté du
27 avril 1561, que celui-ci, en raison de son âge, n'avait
sans doute pas lu) par lequel tous les diamants de la
Couronne étaient mis à la disposition de la reine mère.
A partir de cette époque, Catherine se plaisait, dit-on, à
rechercher et à toucher ces pierreries comme si elle avait
éprouvé dans cette contemplation une joie dont elle avait
été longtemps privée.

Dès lors, le rôle des diamants de la Couronne change :
jusqu'ici, ils n'avaient servi qu'à la décoration des femmes,
désormais ils aideront la France à sortir des crises les plus
funestes.

Les plus belles pièces du trésor seront dispersées dans
les caisses des principaux financiers de l'Europe, et quelques-unes seulement rentreront en France, où elles reste-
ront jusqu'en 1792.

Catherine de Médicis prenait le pouvoir dans des circonstances difficiles : la conjuration d'Amboise avait été
étouffée, mais la répression violente qui l'avait suivie avait
rempli de haine le cœur des huguenots : comme Agrippa
d'Aubigné, ils avaient juré de venger la mort de ceux de
leurs coreligionnaires dont ils avaient vu les cadavres san-
glants balancés par le vent au-dessous des créneaux du château royal.

La régente voulait la paix : elle essaya d'abord de concilier les querelles religieuses en décrétant le fameux col-
loque de Poissy, mais trop d'intérêts personnels étaient en
jeu pour qu'il fût possible d'obtenir un résultat pratique.
Il fallut en venir aux mains.

En arrivant aux affaires, sa première pensée avait été de
reprendre à François de Guise le pouvoir qu'il avait exercé

1. Bibl. nat., Ms. fonds fr. n° 5898. Nous le publions plus loin à la suite de l'inventaire de Marie Stuart.

sans contrôle sous le roi défunt : son caractère italien ne lui avait pas permis de voir sans ombrage l'immense popularité qu'avaient procurée au duc la prise de Calais et la défense de Metz. Mais, aussi habile diplomate que bon général, François de Guise avait formé un triumvirat avec le maréchal de Saint-André et le vieux connétable Anne de Montmorency, en sorte que Catherine fut obligée de le maintenir à la tête de l'armée royale et catholique pour faire face à celle des huguenots que Coligny et le prince de Condé venaient de réunir.

Sentant leur infériorité, les huguenots ne se bornèrent pas à se poser en rebelles vis-à-vis des forces royales : ils firent entrer en France des troupes allemandes et livrèrent le Havre à l'Angleterre, cette implacable ennemie de notre pays.

Les hostilités n'eurent pas une longue durée : à Dreux, François de Guise tomba à l'improviste sur les huguenots; dans la charge, les gendarmes du connétable furent rompus, mais le duc écrasa l'infanterie rebelle et fit Condé prisonnier.

Victorieux, il se porta devant Orléans, l'une des citadelles des réformés; il en commença le siège.

Cette place ne pouvait tenir longtemps : grâce à son activité, François de Guise voyait déjà la rébellion comprimée et le triomphe du catholicisme assuré, lorsqu'un assassin le tua d'un coup de pistolet, enlevant ainsi à la France le plus grand de ses hommes de guerre et à la royauté le plus ferme de ses défenseurs.

Catherine de Médicis ne dut pas longtemps pleurer un général qui avait été aussi heureux. Elle renoua aussitôt les négociations et profita de la captivité de Condé pour obtenir de lui le désarmement de ses troupes. Le rôle qu'elle s'imposa ne manquait pas de grandeur : malgré mille difficultés, elle allait rétablir en France la paix intérieure, assurer pour toujours la conservation de Calais et reprendre le Havre à Élisabeth.

Elle força d'abord les parlements à enregistrer l'édit de

pacification : quand l'ordre fut à peu près rétabli à l'intérieur, elle entama de nouveaux pourparlers pour contraindre l'Angleterre à lui restituer cette place.

Catherine avait besoin de toutes les forces de la France pour entrer en lutte ouverte contre l'Angleterre; elle mit en demeure Condé et Coligny de réclamer à leur alliée de la veille la reddition de la ville qu'ils lui avaient livrée. Ceux-ci ne purent l'obtenir : Catherine s'y attendait. Dans un accès de colère, Élisabeth, moins fine que la régente, s'était écriée au cours des pourparlers :

« La prise du Havre, c'est la revanche de Calais! »

Dès lors Condé, avec son caractère vraiment français, n'hésita pas à abandonner Élisabeth pour se ranger du côté de la France. Seuls, Coligny et d'Andelot ne participèrent pas au grand mouvement national qui entraînait le peuple à arracher à l'Angleterre notre port militaire de Normandie.

En peu de temps le Havre fut repris; Catherine n'en continua pas moins les négociations.

Un jour elle déclara à Smith et à Throckmorton, ambassadeurs d'Angleterre, que le traité de Cateau-Cambrésis, qui imposait à la France l'obligation de restituer Calais à l'Angleterre dans un délai de huit ans, avait cessé d'exister puisque les deux pays étaient en guerre; que par conséquent elle n'était plus tenue de l'exécuter et qu'elle ne rendrait jamais Calais. Elle offrait cependant à la reine de la Grande-Bretagne à titre d'indemnité une somme de cent vingt mille couronnes; mais elle ajoutait que, si l'on ne se hâtait d'accepter, elle garderait Calais, le Havre et l'argent.

Smith et Throckmorton refusèrent ces propositions et quittèrent la salle où était la reine. Le cardinal de Lorraine les suivit et leur proposa en échange le plus beau joyau de la couronne de France.

« Est-ce qu'un joyau peut être la compensation du traité de Cateau-Cambrésis? fit Throckmorton.

— Alors, acceptez les cent vingt mille couronnes! répondit le cardinal.

— L'offre d'un diamant était supérieure, répliqua l'ambassadeur. La reine en a dans ses coffres qui valent plus de cinq cent mille couronnes! »

Pour le déterminer à accepter, Catherine, qui était de nouveau intervenue, lui offrit en outre, comme cadeau personnel, le plus beau bijou du cabinet du roi : c'est du moins Throckmorton qui l'affirme dans sa correspondance.

Cette proposition ne fut pas agréée.

Peu après les deux ambassadeurs comprirent qu'ils avaient eu tort de refuser à la fois l'indemnité et le joyau. Furieux de se voir ainsi joués, ils s'accusèrent mutuellement de maladresse : un moment Throckmorton se mit tellement en colère qu'il tira sa dague et se précipita sur Smith. Celui-ci en fit autant, et ils allaient se battre et peut-être se tuer, lorsqu'un plénipotentiaire français accouru au bruit profita de l'occasion pour renouveler la proposition d'indemnité, qu'il parvint à faire accepter[1].

---

1. Suivant une autre version, rapportée par Froude dans son *Histoire d'Angleterre*, la reine mère aurait chargé l'évêque d'Orléans d'offrir aux ambassadeurs d'Élisabeth le plus beau joyau du cabinet du roi en échange du renvoi de quatre gentilshommes français, que la reine d'Angleterre détenait comme otages, garantissant la restitution de Calais dans un temps déterminé en vertu du traité de Cateau-Cambrésis.

Les négociations n'avançaient pas, Élisabeth réclamant quatre cent mille couronnes. Elle envoya alors à Paris John Somers avec des instructions écrites qu'il devait communiquer à Throckmorton et à Smith.

Throckmorton avait déclaré qu'il préférait de l'argent au diamant.

Le cardinal de Lorraine lui fit savoir que, dans ce cas, Catherine de Médicis ne lui donnerait pas plus de soixante mille couronnes.

Throckmorton se plaignit alors de ce qu'on ne tenait pas les promesses que lui avait faites l'évêque d'Orléans, au nom de la reine, car il était certain que le plus beau joyau du cabinet du roi valait plus de soixante mille couronnes. Il ajouta qu'un bijou estimé soixante mille couronnes n'en valait pas en réalité plus de quarante.

Smith vit ensuite le même cardinal qui lui déclara que la reine consentirait à payer cent vingt mille couronnes. Il en fit part à Throckmorton.

John Somers exhiba alors des pouvoirs cachetés qui autorisaient les deux ambassa-

Ainsi, grâce à l'habileté de Catherine, Calais et le Havre demeuraient à la France moyennant une faible somme d'argent. Le trésor national conservait le magnifique bijou qu'il avait failli perdre, et la gloire de la France brillait d'un nouvel éclat.

Il serait à désirer que l'on pût retrouver le fameux joyau qui fut sur le point d'être donné à Élisabeth pour assurer la conservation d'une de nos belles places fortes d'alors, Calais, cette clef de l'Angleterre.

Le plus beau diamant de la Couronne était à cette époque la *Grande Table de diamant* achetée par François Ier soixante-cinq mille écus ; si elle existe encore, quel est le Français digne de ce nom qui ne se révolterait pas à la pensée qu'au lieu de la con-

GRANDE TABLE DE DIAMANT
achetée par François Ier, donnée à la Couronne
par Lettres patentes de François II.
(Gravure extraite du journal *l'Art*.)

deurs à accepter cette humiliante transaction, et Smith ne cacha pas à Catherine qu'il espérait pouvoir conclure la paix moyennant l'accomplissement de cette condition.

Throckmorton reprocha à Smith d'avoir révélé à la reine mère le secret qu'avait apporté John Somers.

Il traita son collègue de « traître et de coquin » et le menaça de sa dague. Déjà Smith avait tiré son poignard, lorsque Somers se jeta entre les deux adversaires, qu'il sépara.

Bourdin, secrétaire de la reine, présent à cette scène, fit accepter le traité séance tenante, et les otages furent remis en liberté moyennant le payement d'une rançon de cent vingt mille couronnes, qui fut payée à Londres.

L'anecdote a été racontée dans les mêmes termes dans les *State papers*. C'est cette dernière version qui a été adoptée par M. le comte de Laferrière dans son travail sur Catherine de Médicis. (*Documents inédits de l'Histoire de France*, tome Ier, Introduction.) Pour notre part nous avons cru devoir vérifier les sources où avaient puisé Froude et Hector de Laferrière. Or, nous avons trouvé un certain nombre de pièces sur lesquelles est établi le récit qui est, comme on l'a vu, dans certains détails, en contradiction avec les deux auteurs précités. Comme pièces à l'appui de notre dire,

server dans nos musées, on l'a vendue à l'encan à quelque
courtisane ou à un banquier scandaleusement enrichi.

nous citerons les Instructions données le 16 mars 1563 à Sir N. Throchmorton et Sir
Thomas Smith, ambassadeurs en France (Archives du ministère des affaires étrangères d'Angleterre, à Londres), plus un Rapport très complet de Throchmorton
à la reine en date du 19 février 1564 au même dépôt. Dans les *Kalendar of State
papers*, qui ont servi de source à M. Hector de Laferrière, la lettre et le rapport précités sont inexactement résumés. On pourra facilement s'en rendre compte en com-
parant le texte avec les pièces originales (voir *Kalendar of State papers*, 1564, p. 63
et suivantes).

APPENDICE

DU CHAPITRE II

Nous reproduisons ici, d'abord l'Inventaire et les Lettres patentes de Henri II par lesquelles il entend, qu'en cas de mort, ses bagues personnelles désignées dans ledit inventaire feront partie de la Couronne.

La deuxième pièce est l'Inventaire et les Lettres patentes de François II par lesquelles les joyaux ci-dessus sont définitivement donnés à la Couronne.

La troisième et la quatrième pièce sont des inventaires détaillés des bijoux de la Couronne, tels que Marie Stuart les avait fait monter. Ces deux inventaires sont suivis des lettres patentes par lesquelles Charles IX décharge entièrement la reine Marie Stuart de la garde des joyaux, et ordonne que les bijoux de la Couronne seront remis entre les mains de sa mère, Catherine de Médicis, reine régente.

Enfin une certification signée de Charles IX portant décharge de certains joyaux qui ont été donnés par son ordre.

— — —

I.

INVENTAIRE

des bagues du Roi Henri II (1551 [1].

NOUS, Henry, par la grâce de Dieu Roy de France. Sçavoir faisons, à tous ceulx qui ces présentes verront, comme après le décedz de nostre tres honoré sieur et père que Dieu absolve, nous avons trouvé en ses

1. Inventaire des bagues du Roi, avril 1551. Bibl. nat., Ms. Collection Dupuy, 233, fol. 27 (r°. Cette pièce n'est qu'une copie de l'époque, et nous devons dire qu'elle est fort défectueuse.

Cabinetz et Trésors certaines bague, joyaulx et pierres précieuses estant d'une grande valleur et estimation, c'est assavoir :

Ung grand collier faict de treize tables de diamantz et quatorze neuz chacun de six grosses perles assis sur ouvraige de canetille.

Ung grand carcan composé de deux grandes tables de diamantz, ung grand cabochon de ruby au milieu avecque deux autres cabochons de ruby ung peu moindres entrelasséz de six neuz chascun de quatre grosses perles.

Ung grand carcan faict de cinq grosses esmerauldes dont il y en a deux feslées de casseure et de six couples d'autres esmerauldes moindres que les précédentes avec une grosse perle en poire pendant au milieu.

Une grande croix composée de neuf grandz diamantz. C'est assavoir cinq grandes tables faisant la croix au plus hault, au dessoubz ung diamant quasi rond et trois autres diamants en larmes ou fers de lance taillés à face, faisant le pied de la croix, auquel pied pend une perle en poire.

Une autre croix composée de six diamantz. C'est assavoir quatre au plus hault en fers de lance taillés à faces, ung plus long au dessoubz aussi taillé à faces, ung triangle bellong[1] avec trois perles en poire pendant à ladicte croix.

Une fort grande table de diamant carrée à laquelle pend une grosse perle en poire.

Une grande table de diamant plus espacieuse mais moings espesse pendant en une bague avec une perle quasi ronde.

Ung gros ruby ballay à jour percé d'une broche de fer avec une grosse perle pendant en forme de poire appellé l'*Œuf-de-Naples*.

Une bague composée d'une table de diamant de moienne grandeur et d'un cabochon de ruby gros et long avec une perle en poire qui y pend.

Une bague composée en forme de lettre H esmaillée de rouge clair.

---

1. Bellong signifie inégal : triangle bellong, triangle aux côtés de longueurs inégales.

enrichie d'une grande fusée de diamant taillée à faces avecques ung cabochon de ruby quasi rond qui pend à ladicte bague[1].

Une aultre bague pandant d'ung grand triangle de diamant taillé à faces assis sur une basse *sic* esmaillée de ronge clair avec une longuette perle en poire qui y pend.

Lesquelles bagues, joyaulx et pierres précieuses nous désirerions demeurer à tousiours mais en la Maison et Couronne de France comme digne de ce lieu sans que elles puissent estre vendues, aliénées ou distraictionnées aucunement, présentement nous en allant à la guerre que avons préparée en la Germanie du costé du Rhin contre l'empereur nostre ennemy. Avons dict et déclaré, disons et déclarons nostre voulloir estre que où Dieu nostre Créateur, au pouvoir et en la main duquel toute chose sont, feroit son plaisir de nous, et avans que mourir nous n'en aurions aultrement ordonné que lesdictes bagues demeurent en la Maison et Couronne de France comme meubles précieulx de ladicte Maison. A laquelle Maison et Couronne de France et tant que besoing est y avons laissé, donné et légué, laissons, donnons et léguons icelles bagues, joyaulx et pierres précieuses pour y estre et demeurer perpétuellement au Trésor, estre les meubles précieux de ladicte Maison et Couronne de France, et sans que lesdictes bagues, joyaux et pierres précieuses puissent pour quelque cause et occasion que ce soyt estre vendues, distraictes.

Ains avons icelle aliénation interdicte et deffandue, interdisons et deffandons, et pour plus grande déclaration desdictz voulloir et intention, nous avons signé ladicte présente déclaration de nostre voulloir, disposition et ordonnance de nostre propre main à Joinville, le ... jour d'avril mil cinq cens cinquante ung avant Pasque.

1. C'est dans cet inventaire qu'est cité le seul bijou en forme de lettre qui ne soit pas en A romain.

II

INVENTAIRE

de François II et donation de joyaux à la Couronne

2 juillet 1559 [1].

FRANÇOIS, par la grâce de Dieu, Roy de France, à tous ceux qui ces présentes lettres verront, salut.

Comme après le déceds de feu nostre très honoré sieur et père que Dieu absolve, nous avons trouvé en ses Cabinets et Trésors, certaines bagues et joyaulx et pierres précieuses estant d'une grande valleur et estimacion, c'est assavoir :

Ung grand collier faict de treize tables de dyamans et quatorze nœuds chascun de six grosses perles assis sur un ouvrage à canetille.

Ung grand carquan composé de deux grandes tables de dyamans, un grand cabochon de rubis au millieu avecq deux aultres cabochons de rubis un peu moindres, entrelacéz de six nœuds chascun de quatre grosses perles.

Ung grand carquan faict de cinq grosses esmeraudes dont il y a deux feslées de casseure et de six couples, d'aultres esmeraudes moindres que les précédentes avecq une grosse perle en poire pendant au millieu.

Une grande croix composée de neuf grands dyamans, c'est à sçavoir cinq grandes tables faisant la croix au plus hault, au dessoubs ung dyaman quasi rond et trois aultres dyamans en larmes ou fers de lances taillés en face faisant le pied de la croix auquel pied pend une perle en poire.

Une fort grande table de dyaman quarée à laquelle pend une grosse perle en poire.

---

1. Arch. nat., P. 2377, p. 1, 6 aoust 1559, *Bagues et joyaux*. — Bibl. nat., Ms. fonds fr. 7804. — Dupuy, vol. LII, fol. 123. — Brienne 147, et Musée britannique, fonds Sé cilly 111

Une aultre grande table de dyaman plus spacieuse mais moins espaisse pendant à une bague, avec une grosse perle quasi ronde.

Ung gros rubis ballay à jour percé d'une grosse perle pendante en forme de poire, appelé l'*Œuf-de-Naples*.

Sçavoir faisons que nous désirant lesdictes bagues, joyaulx et aultres perles précieuses demeurer à tousiours en la Maison et la Couronne de France comme dignes de ce lieu, avons dict et déclaré, disons et déclarons par ces présentes signées de nostre main, nos voulloir et intencion estre que lesdictes bagues, joyaulx et pierres précieuses demeurent en la Maison et Couronne de France comme meubles précieux de ladicte Maison à laquelle les avons laissées, données et affectées, laissons, donnons et affectons pour y estre et demeurer perpétuellement au Trésor, comme les meubles précieux de ladicte Maison et Couronne de France, sans qu'elles en puissent pour quelque cause et occasion que ce soient estre distraictes, vendues ou aultrement aliénées, lesquelles vendition, aliénation ou distraction nous avons interdictes et deffendues, interdisons et deffendons par cesdictes présentes par lesquelles donnons en mandement à nos amés et féaux les gens de nos comptes et à tous nos justiciers et officiers qu'il appartiendra que icelles fassent enregistrer sans souffrir ni permettre qu'il y soit contrevenu directement ou indirectement en quelque façon ou manière que ce soit, car tel est nostre plaisir, en tesmoing de ce nous avons faict mettre nostre scel à cesdictes présentes.

Donné à Paris le ij^e jour de juillet, l'an de grâce mil cinq cens cinquante neuf et de nostre règne le premier.

Signé : FRANÇOIS.
Par le Roy :
Robert.

Et scellées sur double queue du grand sceau de cire jaulne.
et sur ledict reply est escript :

Registrata, etc.

III

INVENTAIRE

des bagues de la Royne Marie d'Escoce[1]

du 26 février 1560.

Inventaire et estimacion des pierres précieuses tant en œuvres, brodures, carquans, colliers, chattons que aultres joyaux affectés à la Couronne de France que la Royne a après le trépas du feu Roy François deuxiesme de ce nom que Dieu absolve, remis es mains du Roy et qui ont esté baillés en garde à la Royne mère de Sa Majesté ayant esté lesdictes prisées et estimacions faictes par François du Jardin, orfèvre dudict Seigneur Roy, Pierre Redon, orfèvre, vallet de chambre du Roy de Navarre, en la présence de nous Jehan Babou sieur de la Bourdaizière, Tristan de Rostain sieur de Bron, gentilzhommes ordinaires de la chambre d'icelluy Seigneur, maistre Florimond Robertet sieur d'Alluys, conseiller secrétaire d'Estat et des commandemens et finances, Nicolas Legendre sieur de Villeroy, aussy secrétaire des finances, Charles de Pierrevive sieur de Lezigny, conseiller et maistre d'hostel ordinaire, et Charles Le Prevost sieur de Grantville, aussy conseiller et intendant des finances d'icelluy Seigneur, commis et depputez par ledict Seigneur pour cest effect suivant la commission qui pour ce nous en a esté expédiée, de laquelle la teneur est transcripte à la fin du dernier de ces deux inventaires. Ayant lesdites pierreries et tout le contenu en cestuy-cy esté remis dans le coffre duquel elles avoient esté tirées et le tout baillé en garde et mis entre les mains de Mlle du Gauguier, l'une des dames de la Royne par le commandement d'icelle Dame.

Et premièrement :

C. I. — Une brodure de touret faicte à canettes esmaillées de rouge

1. Bibl. nat., Ms. fonds fr. nº 5898, 26 février 1560. Des extraits de cet inventaire ont été publiés par M. Louis Paris dans les *Documents inédits*, à NÉGOCIATIONS, LETTRES ET PIÈCES DE FRANÇOIS II, p. 740 et suivantes.

et à tous les bizeaux y a des F couronnées, garnies de neuf tables de dyamans de plusieurs grandeurs et huict couplets de perles entre deux en chascun desquels y a des perles.

Le premier desquels dyamans de ladicte bordure estant un peu longuet et escorné des quatre coings a esté estimé ij^m écus.

Le second estant dyaman à plain fonds escorné d'un coing a esté estimé iiij^m v^c écus.

Le troisième estant dyaman foible et escorné d'un coing a esté estimé iiij^m écus.

Le quatriesme estant dyaman escorné de deux coings à demy fonds a esté estimé xvj^m écus.

Le cinquiesme estant dyamant taillé en lozanges pardessubs foible est ung poinct au millieu a esté estimé vj^m écus.

Le sixiesme estant dyaman longuet et escorné d'un coing a esté estimé viij^m écus.

Le septiesme estant dyaman à plain fonds escorné d'ung coing a esté estimé iiij^m écus.

Le huictiesme estant dyaman longuet à plain fonds a esté estimé iij^m écus.

Le neufviesme estant dyaman longuet escorné de trois coings a esté estimé ij^m v^c écus.

Les quarante perles estant en huite couplets ont été estimées l'une portant l'aultre v^c écus.

Et de la valleur de ladicte brodure sans l'or xlix^m v^c écus.

C. II. — Ung carquan de pareille façon auquel y a cinq dyamans, deux en grosse poincte, une grande table taillée à faces et deux petites tables dont y en a une rompue par la moitié et six coupplets de perles entre deux où y a chascun cinq perles.

Le premier dyaman desquels estant escorné d'un coing a esté estimé viij^c écus.

Le second estant à six poinctes a esté estimé x^m écus (cette pierre est la *Pointe-de-Milan*).

Le troisiesme estant en table longuette escorné d'un coing où y a ung lozange dessubs a esté estimé viij^m écus (*Pointe-de-Gênes*).

Le quatriesme estant à une grande poincte ung peu longuet a esté estimé xx^m écus la *Pointe-de-Bretagne*.

Le cinquiesme estant dyaman foible cassé en deux a esté estimé ij^c écus.

Et les perles de ladicte bordure en nombre de trente ont esté estimées ij^cl écus.

Et de la valleur dudict carcan sans l'or xxxix^m ij^cl écus.

C. III. — Ung grant collier d'or garny de unze grans dyamans avec des cordellières garnies chascune de xiiij grosses perles rondes.

Le premier desquels dyamans estant taillé en triangle a esté estimé iij^m v^c écus.

Le second estant un peu longuet à demy fonds a esté estimé ij^m écus.

Le troisiesme estant en poincte taillé à facettes a esté estimé iij^m écus.

Le quatriesme estant dyaman en façon de cueur plat dessus et taillé à facettes par dedans a été estimé iij^m écus.

Le cinquiesme estant en poincte longue et taillé à fasces a esté estimé iiij^m v^c écus.

Le sixiesme estant taillé en façon de fuzée a esté estimé iij^m écus.

Le septiesme estant taillé en poincte longue et taillé à faces a esté estimé viij^m écus.

Le huictiesme estant dyaman en poincte escorné par le bout a esté estimé ij^m écus.

Le neufviesme estant foible et en table a esté estimé ij^m v^c écus.

Le dixiesme estant une belle table escorné d'ung coing ayant le teint taché a esté estimé iij^m v^c écus.

Le unzième estant quarré escorné de deux coings a été estimé xx^c écus.

Et les perles estant en nombre de sept vingts ont esté estimées xiiij^c écus.

Et de la valleur dudict collier sans l'or xxxvij^m ix^c écus.

C. III *bis*. — Quatre autres tables de dyamans servant pour allonger ledict collier.

Le premier desquels estant longuet escorné d'un coing, taillé à faces, a esté estimé vj^m écus.

Le second estant quarré estimé ij^m écus.

Le troisiesme estant quarré escorné de deux coings a esté estimé xv^c écus.

Le quatriesme estant longuet a esté estimé ij^m v^c écus.

Et de la valleur desdicts quatre dyamans xij^m écus.

C. IV. — Ung aultre collier en grosse œuvre esmaillé de plusieurs coulleurs garny de cinq grosses esmeraudes dont y en a deux feslées de cassure, trois cabochons de rubby, ung beaucoup plus gros que les aultres et ung grenat et dix cordellières en chesne desquelles y a six perles.

La premiere desdictes esmeraudes estant rompue a esté estimée vj^c écus.

La seconde estant en cabochon rompue en troys a esté estimée viij^m écus.

La troisiesme estant grande esmeraude d'assez mauvaise façon à une petite vène au millieu a esté estimée xij^m écus.

La quatriesme estant en triangle a esté estimée iiij^m écus.

La cinquiesme estant longue et escornée d'un bout a esté estimée iij^m v^c écus.

Elle a été rompue. A l'entrevue de Bayonne elle fust prestée à Madame.

Et le premier cabochon de rubby glasseux a esté estimé iij^m écus.

Le second estant longuet a esté estimé ij^m v^c écus.

Le troisiesme en forme de triangle cabochon a esté estimé xv^c écus.

Le quatriesme qui est un grenat estimé c. liv.

Et les perles estant en nombre de soixante ont esté estimées xij^c écus.

Et de la valleur dudict collier sans l'or xxxvj^m iiij^c écus.

C. V. — Douze esmeraudes en chattons de canettes, les biseaux esmailléz de rouge et blanc avec des F couronnées pour faire une bordure.

La première carrée estimée vj^c écus.

La deuxiesme cabochon en triangle estimée iij^c écus.

La troisiesme aussi en cabochon platte dessus estimée v^c écus.

La quatriesme en cabochon plus petite que l'autre a esté estimée el écus.

La cinquiesme estant plus petite en triangle a esté estimée c. écus.

La sixiesme en façon de triangle ung peu plus petite a esté estimée c. écus.

La septiesme estant du haut eslevée a esté estimée ij^c écus.

La huictiesme estant en façon de table a esté estimée c. écus.

La neufviesme en table et longuette estimé ij^{c}l écus.

La dixiesme estant longuette, poinctue par ung bout, a esté estimée v^c écus.

La unziesme en façon de triangle platte estimée cl. écus.

La douziesme aussy en façon de triangle a esté estimée ij^c écus.

Et de la valleur desdictes douze esmeraudes iii^m cl. écus.

C. VI. — Une grande croix composée de neuf dyamans : assavoir cinq grandes tables faisant la croix au plus haut et dessoubz un dyaman quasi rond et trois autres dyamans en larmes ou fers de lance taillés en faces, faisant le pied de ladicte croix auquel pied pend une perle en poire, laquelle croix ainsy garnye a esté estimé l^m écus.

C. VII. — Une fort grant table de dyaman à plains fons ung peu longuet escornée de deux coings accompaignée d'une grosse perle en œuf qui est celluy que achepta le roy François 1er et luy cousta soixante-cinq mil escus sans la perle, laquelle a esté estimée xij^c liv., et par ainsi ladicte bague revient à lxvj^m ij^c écus.

C. VIII. — Une grant table de dyaman foible plus spacieuse que la précédente escornée de trois coings à laquelle pend une autre grosse perle quasi ronde, estimée le tout xxv^m écus.

C. IX. — Ung gros rubby ballay à jour percé d'une broche de fer appelé l'*Œuf-de-Naples* auquel pend une perle en forme de poire estimé lxx^m écus.

C. X. — Une bague d'un A romain garnye d'un gros rubby ballay mis en griffe estimée xxv^m écus.

C. XI. — Ung autre rubby ballay en façon de demi-œuf avecque une perle en poire estimé ij^m v^c écus.

C. XII. — Ung rubby sans fueille qui a esté osté de la poincte de Milan enchassé en or pour pendre estimé x^m écus.

C. XIII. — Ung grand rubby ballay faict en coste, percé en trois endroicts pendu à quinze perles au lieu de chesnes estimé l^m écus.

C. XIV. — Deux perles en poires estimées ij^m écus.

Somme tottale de la valleur des susdictes bagues perpétuellement affectées à la Couronne iiij^c lxxviij^m ix^c écus.

Faict à Fontainebleau le xxvj^e jour de février l'an mil cinq cens soixante.

JEHAN BABOU. ROBERTET.

LEGENDRE LE PREVOST.

DE PIERREVIVE.

IV

AUTRE INVENTAIRE[1]

et estimacion des anneaulx ou bagues trouvées en ung baguier pareillement affectées à la Couronne et qui ont esté aussy remises es mains du Roy comme les autres bagues du précédent inventaire et dont la prisée et estimacion a esté faite par les orfèvres et en la présence de nous soubz signés et cy-devant nommés suivant la commission à nous expédiée ainsi que dict est cy-devant, ayant lesdictes bagues ou anneaux, après ledict inventaire et prisée parfaicts, estre remis dans lesdictes bagues et au coffre duquel ils avoient esté tirées et le tout mis entre les mains de ladicte damoiselle de Gauguier par le commandement de la Royne.

Et premièrement :

C. I. — Une grosse poincte de dyaman garnye en ung anneau esmaillé de noir estimé vj^m écus.

C. II. — Ung dyaman à dos d'asne et en lozange estimé viij^e écus.

> Il a esté prins pour envoyer en Espaigne à la femme du prince de Evoly. Le iij^e mars mil v^e lx.

C. III. — Ung autre dyaman en table foible et escorné de deux coings estimé iij^e écus.

C. IV. — Ung autre dyaman en table escorné de deux petits coings esmaillé de rouge à fueillage estimé ij^e lx écus.

> Ung desdicts dyamans a esté aussi envoyé ledict jour à un docteur espagnol.

1. Bibl. nat., Ms. fonds fr. n° 5898 (suite).

C. V. — Ung autre dyaman aussi en table esmaillé rouge à feuillage estimé ij^l écus.

> Lesdictes douze tables de dyamans esmaillées de rouge ont été prinses pour monter à deux bagues à pendre dont le Roy à son sacre a faict don à Mmes de Lorraine le 20e may 1561.

C. VI. — Une grant table de rubbyz longuette esmaillée de noir, estimée ij^m v^e écus.

> Ladicte table de rubbyz prinse par le Roy xiij^e février 1565 pour donner à la Royne d'Espagne.

C. VII. — Ung rubbyz longuet en cabochon estant ou il y a des petits trophées estimé ij^e écus.

C. VIII. — Une petite table de rubbyz esmaillée de blanc alentour estimée xl écus.

C. IX. — Une chaufferette de rubbyz esmaillée de verd estimé xxx écus.

C. X. — Ung petit cueur de rubbyz esmaillé de verd estimé xv écus.

C. XI. — Une petite table de rubbyz esmaillée de noir estimée xv écus.

C. XII. — Une spinolle esmaillée de blanc estimée ij^e écus.

C. XIII. — Ung grenat esmaillé de noir estimé xv écus.

C. XIV. — Une amatiste orientale esmaillée de blanc et noir estimée xl écus.

C. XV. — Une autre amatiste aussi esmaillée de noir à huict pens estimée lxxij écus.

C. XVI. — Une autre amatiste en griffes esmaillée de blanc estimée xl écus.

C. XVII. — Une autre amatiste esmaillée de viollet estimée i écu $^1/_2$.

C. XVIII. — Une esmeraude en table esmaillée de blanc rouget estimée viij^c écus.

> Ladicte esmeraude a été prinse pour envoyer à la duchesse d'Alve. Le xj^e jour d'avril 1562.

C. XIX. — Une autre esmeraude longuette aussy esmaillée de blanc et rouge estimée l écus.

C. XX. — Une autre esmeraude sans émail estimée c écus.

C. XXI. — Une petite poincte de dyaman esmaillée de noir estimée xx écus.

C. XXII. — Une petite table de dyaman ayant alentour quatre petits rubbyz esmaillée de noir estimée viij écus.

C. XXIII. — Une grande table de saphir à une bague esmaillée de noir estimée cl écus.

C. XXIV. — Ung autre saphir esmaillé de blanc estimé lxx écus.

C. XXV. — Deux turquoises en deux bagues sans émail estimées xv écus.

C. XXVI. — Une bague où il y a ung cristal de une nunciation dedans estimée xx écus.

C. XXVII. — Une pierre bleue à une bague esmaillée de blanc estimée iij écus.

Somme totalle des susdites bagues xij^m xiiij écus et demy.

Ensuyet : *La teneur de la commission.*

CHARLES, par la grâce de Dieu, Roy de France, à nos amés et féaulx les sieurs de la Bourdaizière et de Rostaing, gentilhommes ordinaires de ma chambre, maistre Florimond Robertet, sieur d'Alluye, nostre conseiller, secrétaire d'Estat et de nos finances, salut. D'aultant que oultre l'inventaire, appréciation et estimacion que avons ordonné faire faire par nos conseillers cy-attachés sous le contre-scel de nostre chancellerie, des bagues, joyaulx, pierreries et choses précieuses de nostre cabinet de ce lieu de Fontainebleau.

Nous voullons aussi inventaire et estimacion et appréciation estre faicte des aultres bagues et pierreries affectées à nostre Couronne que nostre très chère très amée bonne sœur la royne d'Écosse douairière de France a remis en nos mains. A ces causes nous vous mandons, comectons et ordonnons par ces présentes que en la personne de nos amés et féaulx les sieurs de Lezigny, nostre conseiller et maistre d'hostel ordinaire, et de Grantville, maistre Charles Le Prevost, l'ung des intendants de nos finances, vous faictes faire inventaire desdictes bagues affectées à nostre dicte Couronne et icelles avalluées et estimées par nos chers et bons amés, François du Jardin, Pierre Redon et Henry du Boux, orfèvres par nous commis à faire estimacion des bagues de nostredict cabinet. Laquelle estimacion vous ferez adjouter sur ledict inventaire ainsi qu'il vous est mandé faire pour en regard desdictes aultres bagues. Et ledict inventaire faict et parfaict signé de vous ou de trois de vous et semblablement des sieurs de Lezigny et de Grantville, vous rapportez par devant nous pour le regard on en faire ce que nous adviserons. De ce faire, nous avons donné et donnons plain pouvoir puis sans aultre commission de mandement spécial.

Donné à Fontainebleau le xxviij° jour de fevrier l'an de grace mil cinq cens soixante et de nostre règne le premier.

Signé : CHARLES.

Et au dessoubs :

De par le roy :

DE L'AUBESPINE.

Et scellées en simple queue de cire jaulne.

Faict à Fontainebleau le xxvj° jour de feuvrier l'an mil cinq cens et soixante.

JEHAN BABOU.	ROBERT.
LE GENDRE.	DE PIERREVIVE.
LE PREVOST.	

Nous CHARLES, par la grace de Dieu, roy de France, certiflions à tous qu'il appartiendra que touttes les pierres précieuses tant en œuvres, brodures, carquans, chattons, anneaulx ou bagues que aultres joyaux affectés à nostre Couronne que très chère et très amée bonne sœur la royne d'Écosse douairière de France a après les trespas de feu nostre très cher Seigneur et frère le Roy François dernièrement décédé que Dieu absolve, remis entre nos mains et de nostre très honorée dame et mère la Royne cy-devant specifliés et déclarés par les deux inventaires et apprétiation qui en ont par nostre commandement et ordonnance esté faicts par nos amés et féaulx Jehan Babou sieur de la Bourdaizière, Tristan de Rostain sieur de Brou, gentilshommes ordinaires de nostre chambre, messire Florimond Robert sieur d'Alluye, nostre conseiller, secrétaire d'Estat et de nos finances, et Nicolas Legendre sieur de Villeroy, aussi nostre conseiller et secrétaire de nos finance en la présence de nos amés et féaulx, les sieurs de Lezigny, nostre conseiller et maistre d'hostel ordinaire, et de Grantville, l'ung des intendants de nos finances et appelés pour faire ladicte appréciation, François du Jardin, Pierre Redon et Henry de Boux, orfèvres, suivant nos lettres de commission cy-dessubs transcriptes, ont par les dessubsdicts esté remises ès mains de nostre très honorée dame mère, et de nous qui les avons baillées en la charge et garde de nostre chère et bien amée damoiselle Claude de Baulxe, veufve du sieur Duganguier, l'une des dame de nostre dame et mère.

Et touttes lesquelles pierres précieuses, brodures, carquans, colliers, bagues, anneaulx que aultres choses dessubs dictes et cy-devant specifliées. Nous avons iceulx sieurs de la Bourdaizière, de Rostain d'Alluye, Villeroy de Lezigny et de Grantville, et semblablement iceulx du Jardin, Redon, de Boux, autant que de besoin seroit, deschargés et deschargeons par ces présentes signées de nostre main.

Faict audict Fontainebleau, xxvij⁰ jour d'avril mil cinq cens soixante et un.

        CHARLES.

                          L'AUBESPINE.

Nous CHARLES, par la grace de Dieu, Roy de France, certiflions à tous qu'il appartiendra que lors de l'entrevue par nous dernièrement faicte à Bayonne avecque notre très chère et très amée sœur la Royne d'Espaigne, une esmeraude longue et escornée d'un bout contenue au premier de ces deux inventaires cy-devant transcripts, feuillet quatriesme, article troisiesme, a esté rompue ayant esté prestée à nostre très chère et très amée sœur Marguerite de France ainsi qu'il est cotté à la marge dudict article.

Aussi que le iiij⁰ jour de mars mil cinq cens soixante, nous avons prins ung dyaman à dos d'asne et en lozange estimé viij⁰ liv., contenu au

second inventaire article ij° et icelluy envoyé à la femme du prince
d'Évoly.

Plus avons prins ung aultre dyaman en table foible escorné de deux
coings estimé iij° liv. contenu au iiij° article dudict second inventaire et
icelluy envoyé à ung docteur espagnol.

Plus avons prins deux aultres dyamans contenus ès iiij° et v° article
dudict second inventaire. Le premier en table escornée de deux petits
coings esmaillée de rouge à feuillages, estimé ij° LX liv. Et iceulx faicts
présent lors de nostre sacre à nos cousines de Lorraine.

Plus avons prins une grant table de rubbyz longuet esmaillé de noir
contenu au xj° article dudict second inventaire, estimé ij^m v° liv., et
icelle envoyée à Madame la Royne d'Espaigne.

Plus avons prins une esmeraude esmaillée de blanc et rouge contenu
au second inventaire, article xviij°, estimée viij° liv., et icelle envoyée
à la duchesse d'Alve le xj° jour d'avril mil cinq cens soixante et deux.

CHARLES.

L'AUBESPINE.

NOTE RECTIFICATIVE

CONCERNANT LES BIJOUX AYANT FORME DE LETTRES.

———————

Au cours de l'impression de ce travail, M. le baron Pichon nous a communiqué un certain nombre de textes qui nous ont fait modifier nos idées sur les bijoux en forme de lettres. Aux pages 14 et 15, nous avons émis l'opinion qu'en France les seuls bijoux représentant des lettres avaient affecté la forme d'A ; depuis, dans l'inventaire de 1551, nous avons trouvé une bague en forme d'H (p. 68 du texte). Enfin M. le baron Pichon nous communique les mentions suivantes, retrouvées par lui, qui signalent des bijoux en forme de T et d'M :

1572. 14 octobre. Inventaire de Madeleine Briçonnet, veuve de feu Thibaut de Longuejoe, seigneur d'Yversy :

Bague façon de la lettre T :
Une autre pierre de la lettre M.

1579. Inventaire de Jehanne de la Ruelle, veuve de Savinian Mauray, et en second lieu de Pierre Corrard :

Une M d'or taillée et esmaillée de noir auquel y a un cœur de diamant, deux petits triangles de diamant, deux rubis cabochon, trois perles pendant au pied, prisé dix écus.

De ceci nous pouvons conclure que les lettres de forme régulière servaient souvent de dessin pour l'exécution de bijoux à pendre au col ou au corsage, mais les indications déjà données, comme ces dernières, nous amènent à dire que ces lettres n'avaient aucun rapport avec les initiales du nom de la personne qui portait ces bijoux : c'était une ornementation naturelle, un simple contour agréable à l'œil, que l'artiste reproduisait.

———————

LIVRE II

ROLE FINANCIER DES DIAMANTS DE LA COURONNE.
CATHERINE DE MÉDICIS, CHARLES IX ET HENRY III.

CHAPITRE PREMIER

Emprunts à Venise, Florence, Ferrare, en 1569. Emprunts des Protestants
en Angleterre

Au seizième siècle, jusqu'à l'avènement de Charles IX, l'histoire des diamants de la Couronne se confond avec celle des cérémonies de la cour. Dans la seconde partie du siècle, au contraire, on ne voit presque plus les diamants dans les fêtes ; ils servent de gage aux prêts d'argent qu'exige l'entretien des armées.

Les emprunts à l'étranger sont de tous les temps, mais jamais ils ne furent aussi fréquents qu'à partir de 1562, date de la première guerre de religion. En cette année, le crédit du roi de France était encore intact, et Charles IX put contracter auprès du pape, des ducs de Florence, de Ferrare et de la république de Venise, des emprunts sans intérêts et sans gages. Leur remboursement était assuré par les revenus des recettes générales ou par certains impôts désignés dans les contrats.

La guerre civile, qui venait d'éclater et qui allait durer un demi-siècle, couvait depuis longtemps. C'était une poussée formidable que le protestantisme, encore tout nouveau, tentait contre la vieille Europe catholique.

Aussi le roi d'Espagne, les princes italiens, et naturellement le pape le premier, comprirent que du succès ou de la défaite de la royauté française dépendait le maintien ou la destruction du catholicisme dans leurs États. Durant cette lutte de cinquante ans, Philippe II fournit continuellement des troupes et des armes au parti catholique; quant à l'argent, le pape s'efforça auprès des différents États italiens d'en faire procurer le plus qu'il fut possible.

Il restait encore au roi de France une ressource financière importante : les revenus des biens considérables du clergé; et il faut dire qu'en aucune circonstance ce corps privilégié ne refusa son concours à la royauté aux abois.

A chaque moment de crise les biens du clergé[1] formeront la part la plus considérable de numéraire qui entrera dans les caisses du roi; et ce ne sera qu'après avoir puisé à cette source si commode que le souverain s'adressera en second lieu à des États voisins ou à des particuliers.

Les diamants de la Couronne avaient déjà servi de rançon pour la conservation d'une place forte, maintenant ils serviront de garantie pour les emprunts.

Catherine de Médicis, avant même les négociations relatives à la possession du Havre, avait emprunté, en 1562[2], des sommes considérables à Florence, à Venise et à Ferrare pour faire face aux besoins de la guerre. La paix faite, on s'occupa de rembourser en 1565 et 1566 quelques-uns des États prêteurs, mais les annuités promises étaient loin

---

1. *De l'Amortissement des dettes de l'État*, par Maurice Roy, in-8, Imp. nat., p. 7.

2. *Archivio di Stato*, à Venise, Commemoriale XXIII, p. 99, des 22 juillet et 27 août 1562. — *Archivio di Stato*, à Ferrare, Registro del credito di S. A Sma con S. M. Christma. — Bibl. nat., Ms. fonds italien, *Dispacci degl' ambasciatori veneziani in Francia*, Filza 5. — Bibl. de l'Arsenal, Ms. n° 4537, p. 118 v°. Contract faiet pour le payement des cent mil escuz que la Sérénissime République a presté au roy, en date du 2 novembre 1562.

d'avoir été versées exactement aux dates fixées, lorsque, en 1567, la seconde guerre de religion éclata.

Charles IX venait d'être surpris à Meaux; mais, grâce aux efforts de la garde suisse, il avait pu échapper aux protes-

CATHERINE DE MÉDICIS
(D'après une cire du musée de Breslau.)

tants et arriver à Paris, où il se trouvait en sûreté. Il fallut soutenir une nouvelle guerre. Catherine, après avoir demandé au clergé des secours immédiats, s'adressa au pape, aux ducs de Florence, de Ferrare, et à Venise.

En janvier 1567, avant même l'ouverture des hostilités,

la reine mère avait envoyé M. de Montmorin[1] à Ferrare pour obtenir du duc, sinon de l'argent, au moins du temps pour le remboursement des sommes qu'elle lui devait.

Au même moment l'ambassadeur du duc de Ferrare à Paris était mandé par Catherine, qui lui déclarait que tous les engagements pris par elle seraient fidèlement remplis, mais que pour l'année présente elle priait le duc de patienter, parce que la situation était plus que précaire.

C'était un premier avertissement, qui devait prendre une forme plus énergique avec l'ouverture des hostilités.

Quinze jours à peine après la surprise de Meaux, la reine, déjeunant avec Gianella Ercole, ambassadeur du duc de Ferrare, le prit à part à la fin du repas et lui dit : « Nous comptons sur votre prince, il faut qu'il nous abandonne l'argent que nous lui devons encore sur les assignations qui ont été affectées au remboursement de sa créance. Sa parenté, l'affection qu'il porte au roi mon fils, l'obligent à agir ainsi dans un moment aussi grave. Si la pacification a bientôt lieu, le duc recouvrera l'intégralité de son argent[2]. »

L'ambassadeur se borna à répondre qu'il en référerait.

Le 10 novembre suivant, Francesco-Maria Novelli, successeur de Gianella Ercole, introduit devant le conseil que présidait Catherine, annonça à la reine que le duc lui donnait satisfaction et qu'il regrettait même beaucoup de ne pouvoir faire plus. A cette même date, le duc de Savoie envoyait douze mille écus et des chevaux à Charles IX[3].

Les négociations avaient commencé à Florence en même temps qu'à Ferrare. Catherine demandait à son cousin le prince François de Médicis deux cent mille écus. « Je suppose, dit l'ambassadeur Petrucci, qui transmet la requête

---

1. *Archivio di Stato*, à Modène. *Dispacci degl' ambasciatori del duca di Ferrare in Francia*, du 2[janvier 1567.

2. *Archivio di Stato*, à Modène. Dépêche de Gianella Ercole, ambassadeur du duc de Ferrare, en date du 7 octobre 1567.

3. *Archivio di Stato*, à Modène. Dépêche de François-Marie Novelli, ambassadeur du duc de Ferrare à Paris, en date du 7 novembre 1567.

de Catherine, que la reine demande deux cent mille écus pour en avoir cent mille, qui, avec les quatre-vingt mille déjà prêtés, seraient garantis par le produit d'une recette générale. »

Le lendemain, 11 octobre 1567, la reine mère reçut l'ambassadeur en audience, et le prenant aussitôt à l'écart : « Je désire, dit-elle, que le duc de Florence me prête deux cent mille écus; je lui en ferai une obligation de trois cent mille, bien qu'en réalité, avec les quatre-vingt mille déjà prêtés, ce nouvel emprunt n'élève ma dette qu'à deux cent quatre-vingt mille écus. Je lui assurerais alors le remboursement de cette somme sur la recette des douanes de Lyon[1]. »

Ces pourparlers n'eurent point un résultat immédiat, et la guerre, qui fut de courte durée, se termina sans que le duc eût répondu favorablement à sa parente.

C'était à Venise qu'avaient lieu les négociations les plus importantes, mais qui, pas plus que les autres, ne devaient aboutir immédiatement.

Au mois de septembre de cette année, Rucellaï, Romain de naissance, moitié homme d'affaires, moitié diplomate, était envoyé à Rome et à Venise. Il obtenait d'abord du pape un bref en faveur de la mission financière qu'il était chargé de remplir auprès du gouvernement vénitien[2]. Ainsi muni, il se présentait devant le Conseil des Dix en compagnie de Paul de Foix, le nouvel ambassadeur à Venise[3]. Aussitôt introduit, Rucellaï expose la situation terrible de la France; il annonce que les dépêches n'ont pu parvenir à Venise parce que les courriers ont été pillés par les rebelles, et déclare qu'il est nécessaire pour le salut de la

---

1. Canestrini. *Négociations diplomatiques de la France avec la Toscane*, tome III, p. 542 et 545. (Collection des documents inédits de l'Histoire de France.) Archivio Mediceo, à Florence. Filza 4726. (Communiqué par M. le comte de Laferrière.)

2. *Archivio di Stato*, à Venise, carte 244, vol. I, et *Esposizioni principi*. Secreta. Collegio III. Reg° 1541-1569, du 22 octobre 1567.

3. *Archivio di Stato*, à Venise. *Esposizioni principi*. Papiers secrets n°s 250 à 253, du 22 octobre 1567.

France et de la chrétienté de venir en aide au roi en lui
prêtant quatre cent mille écus. Au point de vue de la
situation politique de l'Italie, il démontre que, plus que
tout autre, la République de Venise a un vif intérêt à
empêcher le protestantisme de se propager, et il termine
en ajoutant que prêter au roi de France pour combattre
les rebelles, c'est défendre l'Italie.

Le Conseil répondit, par l'un de ses membres, que les
dépenses récentes que la Sérénissime République venait de
faire en Orient pour armer ses places fortes, la mettaient
dans l'impossibilité de disposer de sommes quelconques
pour le moment.

Alors Rucellaï, reprenant la parole, raconta ses entrevues
avec le pape : « Sa Sainteté, dit-il, vous demande ce
secours pour la France en son propre nom, car c'est la
papauté même que vous obligez en obligeant le roi très
chrétien. »

La négociation ne fut pas poussée plus loin : la paix
venait d'être conclue ; mais, à peine la deuxième guerre
était-elle finie, que la troisième éclatait, et il fallait à toute
force payer les troupes que commandait le duc d'Anjou.

Des deux côtés, protestants et catholiques cherchèrent à
se procurer de l'argent. Ce fut à Venise, sa fidèle alliée,
que s'adressa d'abord Catherine. Cette fois, elle ne demanda
que cent mille écus.

Elle entama les pourparlers simultanément à Paris auprès de l'ambassadeur de Venise, Giovanni Correro, et à
Venise auprès de la Sérénissime République par son ambassadeur, Paul de Foix.

Son premier négociateur à Paris fut Jean-Baptiste Gondi,
marchand florentin. Cet homme d'affaires, souvent employé par la reine mère, se présenta chez l'ambassadeur de
Venise, le 11 septembre 1568[1], muni d'une lettre de recom-

1. Bibl. nat., Ms. fonds italien. *Dispacci degl' ambasciatori veneziani in Francia*, filza 6, p. 268.

mandation du cardinal de Lorraine, dans laquelle il était fait grand éloge des capacités du porteur.

Gondi fut immédiatement reçu par Correro; il lui montra combien il était nécessaire pour la France de réprimer promptement la guerre civile qui venait d'éclater; que pour en finir il fallait dépenser des sommes considérables, que l'on n'avait pas; que si la rébellion n'était pas promptement étouffée, la France et tous les États catholiques seraient détruits; que la reine d'Angleterre avait déclaré qu'elle était prête à s'allier avec les huguenots et tous autres hérétiques; que l'occasion était belle pour la Sérénissime République de montrer, en même temps que sa puissance, son attachement à la religion et son amitié pour la France; enfin, que l'emprunt demandé et celui de 1562 seraient garantis par un impôt sur le vin particulièrement affecté au remboursement de la République, et qu'on remettrait en outre à la Seigneurie autant de joyaux de la Couronne qu'Elle le désirerait.

L'ambassadeur répondit que si la Sérénité était en possession de sommes suffisantes, il était probable qu'elle s'efforcerait d'être agréable à la reine mère[1].

Un mois après, le 11 octobre 1568, Paul de Foix, qui avait pu recevoir des instructions précises de Catherine, demanda une audience secrète au Conseil des Dix[2]. Ces audiences ne manquaient pas de solennité; ce n'était pas sans une certaine émotion qu'un ambassadeur ou tout autre personnage pénétrait dans ces salles si belles, à la décoration orientale, du palais des Doges, où les dix souverains de la Sérénissime République, assis en demi-cercle, drapés dans leurs longues robes rouges, ressemblaient plutôt à des juges implacables qu'à des financiers chargés de traiter une affaire d'argent.

Reçu en audience solennelle, comme il l'avait été un an

1. Bibl. nat., Ms. fonds italien. *Dispacci degl' ambasciatori Veneziani*, filza 6, p. 293.

2. *Archivio di Stato*, à Venise. *Esposizioni principi*, Papiers secrets. nᵒˢ 290 à 294.

auparavant en compagnie de Ruccllaï, il présenta au Sérénissime Prince les lettres du roi Charles IX et de la reine
mère adressées à la Seigneurie et à l'Illustrissime Collège[1].

Il les lut à haute voix, en remit l'original aux intéressés, et aussitôt après il prononça un long discours dont
les archives secrètes de Venise[2] nous ont conservé le
texte :

« Profondément attaché au service de mon roi et de
mon pays, la nouvelle de nouveaux troubles m'a plongé
dans une profonde douleur. La première sédition m'avait
causé une grande affliction qu'avait augmentée l'apparition
de la seconde, enfin la troisième a fait déborder la douleur
de mon cœur. »

Puis, s'étendant sur les événements, il annonce que
ce n'était pas une forte somme, mais seulement cent mille
écus, qu'il est chargé de demander au nom de son souverain, qui promet, foi de roi, de les faire rendre, ainsi
que les cent mille prêtés antérieurement, dans les délais
qui seraient déterminés. Il conjure l'Excellentissime Collège
de prendre en considération cette demande, car, ajoute-
t-il, « il s'agit de l'honneur de Dieu et de la conservation
de la religion dont le roi s'est fait dans son royaume le
vaillant défenseur au mépris des plus grands périls. C'est le
devoir de la chrétienté de nous secourir. Il ne s'agit pas
seulement de querelles religieuses, il existe surtout un
esprit de révolte qui entraîne les sujets contre leurs gouvernants; en cas de succès dans un pays, la révolte apparaîtrait dans les autres États, chez ceux-là même où les
gouvernements paraissent le plus solides. »

Après une réponse du Sérénissime Prince et une réplique
pressante de l'ambassadeur, le Conseil fut d'avis de rendre
service au roi très chrétien. Il désigna deux sages du Con-

---

1. *Archivio di Stato*, à Venise, *Esposizioni principi*. Papiers secrets. Lettres du roi
Charles IX et de la reine mère à la seigneurie de Venise, datées de Saint-Maur-les-
Fossés, le 26 septembre 1568.

1. *Archivio di Stato*, à Venise, *Esposizioni principi*. Papiers secrets, nos 290 à 294.

seil[1], Vincent Moresini et Jean-Baptiste Foscarini, pour entrer en pourparlers directs avec Paul de Foix et établir les bases de l'emprunt à leur satisfaction commune.

Le 13 suivant, les deux sages se rendaient, *après déjeuner*, au domicile de l'ambassadeur et lui demandaient quelles seraient les conditions et les cautions de l'emprunt.

Paul de Foix leur dit que le roi avait décidé de demander à tous ses créanciers un versement en argent comptant d'une somme égale à celle qui leur était due. Comme le roi[2] de France devait un million deux cent mille écus, il en toucherait ainsi un million deux cent mille autres et resterait devoir deux millions quatre cent mille écus qu'il rembourserait au bout de six ans à raison de quatre cent mille par an. Ces payements annuels seraient garantis par un impôt spécial sur le vin[3]; et enfin, pour plus de sûreté, on remettrait en gage aux créanciers des joyaux de la Couronne.

Sur une observation de l'un des deux Vénitiens, Paul de Foix répondit que si la Seigneurie l'exigeait, on lui allouerait une recette spéciale, celle de Lyon par exemple, en dehors des quatre cent mille écus de remboursement annuel.

Les deux sages demandèrent si les joyaux de la Couronne seraient remis en gage conjointement avec la garantie spéciale de la recette générale de Lyon. L'ambassadeur répondit affirmativement, néanmoins les deux membres du Conseil se retirèrent en déclarant que les offres faites directement à l'ambassadeur de la Seigneurie à Paris étaient plus avantageuses que celles qu'ils venaient d'entendre.

Le surlendemain 15 octobre[4], Paul de Foix retourna au

---

1. Pour toutes les dignités de Venise et les détails sur l'organisation du gouvernement vénitien, voir Yriarte : *la Vie d'un patricien à Venise*, et Armand Baschet, *les Archives de Venise*, p. 665.

2. *Archivio di Stato*, à Venise. *Esposizioni principi*. Papiers secrets, nᵒˢ 296 à 298.

3. Suivant l'instruction du roi en date du 15 septembre 1568. Bibl. nat., Ms. Vᵉ de Colbert, nᵒ 544, fol. 83.

4. *Archivio di Stato*, à Venise. *Esposizioni principi*. Papiers secrets, nᵒˢ 294 et 295, déjà cités.

Conseil des Dix et insista de nouveau pour une prompte
résolution en disant que l'envoyé du roi attendait leur décision pour la porter à Sa Majesté. Enfin, le 17 dans la matinée, introduit de nouveau au Conseil, la délibération par
laquelle le Sénat se déclarait favorable à la demande du roi
lui fut lue. Une discussion s'ouvrit entre l'un des membres
présents et Paul de Foix : l'ambassadeur, en donnant en
gage les joyaux de la Couronne, n'avait point entendu les
faire sortir de France, mais les déposer à Paris entre les
mains d'une personne sûre ; cependant, si le Conseil en
exigeait le dépôt à Venise, cela ne ferait point difficulté,
quoique l'on pût considérer le transport d'objets d'un
pareil prix comme dangereux par le temps présent.

L'ambassadeur n'insista pas davantage, à en croire les
papiers secrets de Venise[1] ; il était trop heureux de la décision du Sénat et ne voulait soulever aucun incident. Un
mois après la nouvelle, cet avis favorable parvenait à Catherine, qui faisait reprendre à Paris, non plus par Gondi,
mais par un personnage plus considérable, Jean de Morvillier, garde des sceaux[2], les pourparlers qui avaient déjà
abouti à Venise.

Morvillier, abordant la question avec Correro sur la
base établie entre le Sénat et Paul de Foix, demanda
d'abord s'il était d'usage, lorsqu'on remettait des joyaux
en consignation, de les déposer cachetés. L'ambassadeur
répondit affirmativement, déclarant que son gouvernement préférerait les avoir scellés parce que leur conservation serait ainsi assurée.

Morvillier proposa alors à Correro, au nom du roi, de
choisir dans les coffres de la Couronne, en lui disant que le
roi insistait sur la rapidité de l'envoi de l'argent. Mais le
Vénitien répondit qu'il ne connaissait pas les pierres et

1. *Archivio di Stato*, à Venise. *Esposizioni principi. Secreta*. Collegio III, vol. I, déjà cité.

2. Bibl. nat., Ms. fonds italien. *Dispacci degl' ambasciatori veneziani in Francia*, filza 6, p. 393, dépêche de Correro en date du 19 novembre 1568.

qu'il n'était pas en son pouvoir de conclure définitivement.

Morvillier, le pressant davantage, lui représenta que les réponses de Venise exigeaient du temps, qu'à l'heure actuelle il fallait en gagner, et que c'était un service particulier qu'il lui demandait. A cela Correro objecta qu'il était convaincu que son gouvernement ferait tout son possible pour satisfaire le roi.

L'entretien en resta là pour cette fois; mais, le 4 décembre suivant, la reine, étant à Melun[1], manda l'ambassadeur vénitien auprès d'elle et le reçut en présence des cardinaux de Bourbon et de Lorraine. Elle invita de suite ce dernier à prendre la parole en son nom.

Le cardinal parla de la nécessité d'un versement unique et rapide. L'ambassadeur, arrêtant le cardinal, lui répondit qu'il avait déjà écrit dans ce sens à Venise.

Le cardinal de Lorraine lui demanda alors s'il avait les pouvoirs nécessaires pour choisir les joyaux. Sur la réponse négative de l'ambassadeur, le Cardinal proposa de faire de ces joyaux six paquets cachetés et scellés destinés à être restitués au roi l'un après l'autre, au fur et à mesure des payements. « Nous ne traitons pas, fit Correro, d'affaires de commerce entre particuliers pour attribuer à l'un des avantages au détriment de l'autre; nous cherchons au contraire à nous rendre mutuellement service. »

La reine parut satisfaite de cette réponse et annonça à l'ambassadeur que Monseigneur de Morvillier serait chargé de traiter les conditions de l'emprunt.

Le lendemain, 5 décembre, Morvillier se rendit chez Correro et lui dit qu'il apporterait incessamment le texte des conditions de l'emprunt pour les examiner et les modifier d'un commun accord, avant de les soumettre au Parlement, qui devait les ratifier. Il renouvela ses instances pour

---

1. Bibl. nat., Ms. fonds italien. *Dispacci degl' ambasciatori veneziani*, filza 6, dépêche de Correro datée de Melun, le 6 décembre 1568.

obtenir le versement des cent mille écus en une seule
fois et le plus rapidement possible.

Il fit remarquer que la remise de bijoux d'un prix si
considérable était non seulement une garantie, mais une
démonstration de bons procédés qui ne pouvaient qu'exci-
ter la Sérénissime République à agir de même vis-à-vis de la
France.

Le lendemain de cette conversation[1], Morvillier et l'ambassadeur vénitien eurent de nouveau une conférence dans
laquelle ils lurent les conditions de l'emprunt détaillées par
chapitres.

Les impôts de la recette générale de Paris étaient donnés
en garantie. L'ambassadeur informait confidentiellement
son gouvernement que cette recette produisait un rende-
ment annuel de deux cent quatre-vingt-neuf mille livres,
au dire des différents affidés auxquels il avait donné mission de prendre des renseignements[2].

M. de Morvillier lui avait du reste fourni officiellement
les mêmes chiffres. La recette générale de Paris avait été
proposée au gouvernement de Venise par le cardinal de
Lorraine, parce que l'ambassadeur, séjournant souvent
dans cette ville, était à même de pouvoir surveiller de plus
près le recouvrement de l'argent.

La veille de cette entrevue définitive, la reine s'était
rendue à Paris et avait convoqué pour le lendemain,
au Louvre, les quatre principaux orfèvres de Paris, les
sieurs Pierre Hotman[3], grand'garde de la corporation des

---

1. Bibl. nat., Ms. fonds italien. *Dispacci degl' ambasciatori veneziani*, filza 6, dépêche
du 6 décembre 1568.

2. Bibl. nat., Ms. fonds italien. *Dispacci degl' ambasciatori veneziani*, filza 6, dépêche du 6 décembre 1568, déjà citée.

3. Hotman (Pierre) l'ainé, ou autrement dit Haulement, était d'une famille d'orfèvres
originaire du pays de Clèves. Les Hotman étaient venus en France avec Engilbert de
Clèves vers 1466. Le 5 mars 1495, Lambert Hotman ainsi que son frère Guillaume
étaient déjà orfèvres à Paris. On les trouve sur le livre des taxes de l'emprunt fait en
cette année par la ville de Paris pour payer les frais de la guerre de Naples. Des
lettres de naturalité furent accordées à Lambert Hotman en juin 1506. Il fut maître
d'hôtel du comte de Nevers et mourut le 24 décembre 1514. Son fils, Jean Hotman,

fèvres; François Dujardin[1], joaillier du roi et de la cour; Jean Beaucousin[2], tailleur des monnaies, et Claude Marcel[3], graveur général des monnaies et conseiller de ville.

également orfèvre, habitait au pont au Change. Il fut garde de l'orfèvrerie en 1515 et de 1520 à 1539, et trésorier des Chevaliers de Saint-Jean de Jérusalem. Il était né en 1479 et mourut en 1555. Voir à l'appui de ces dates les pièces suivantes : Bibl. nat., Cabinet des titres, Reg. n° 1835; Arch. nat., K, 1401, 2° liasse; *ibidem*, n° 60, Z, 2813, 2818, 3156, 3164, 3166, 3169 et 3173.

Pierre Hotman, celui dont nous avons à nous occuper, fut reçu maître orfèvre en 1542, fut garde de 1549 à 1560, juge du consulat en 1568 et de nouveau garde en 1572, 1582 et 1587. Il fournit continuellement des bijoux et des pièces d'orfèvrerie à la cour, entre autres en 1544, on trouve dans les quittances royales qu'il fit payer un service de vaisselle d'or dix mille écus. Il habitait comme son père au pont au Change. Il fut trésorier du cardinal Charles de Lorraine, et « *appelé le duc des Deux-Ponts par sobriquet à cause qu'il demeuroit sur le pont au Change* ». Un de ses fils, Jean Hotman, fut conseiller du Roi, trésorier de l'Épargne et enfin ambassadeur en Suisse, où il mourut en 1600, à Soleure. Sa fille, Jacqueline Hotman, épousa, le 22 juin 1586, Claude Marcel, ancien orfèvre, intendant général des finances, sur lequel on trouvera des détails dans la note ci-dessous. (Bibl. nat., Cabinet des titres, Reg. n° 1535, série 35064, pièces n°⁵ 8, 35 et 239. — Arch. nat., Z, 2818, 2840, 2844, 2855, 3169, 3171, 3173. — K, 1041. — Leroy, *Statuts des orfèvres*, liste, p. 2. — *Mercure Indien*, liste.)

1. Dujardin (François) était membre d'une nombreuse famille d'orfèvres parisiens. Reçu maître orfèvre en 1563, il fut orfèvre de la reine en 1569, et en cette qualité il reçut un poinçon formé « d'une fleur de lys à deux grains sous les deux fleurons et ung petit anneau et dedans IF ». Il fut nommé garde orfèvre et lapidaire du Roi en 1570; il habitait alors rue des Mauvaises-Paroles, où il mourut en 1575. On verra dans le texte le rôle considérable que Dujardin joua à la cour à propos des diamants de la Couronne. C'est à lui que la reine écrivait la lettre du 27 septembre 1571 avec le croquis que nous avons reproduit. Son frère, Charles Dujardin, reçu maître orfèvre en 1574, fut également orfèvre du roi en 1585. (Arch. nat., S, 7203; K, 1036, 1041; J, 947; Z, 2815, 2832, 2846, 3119, 3169; P, 2318 et 2539; et *Mercure Indien*, liste.)

2. Beaucousin (Jehan) était lui aussi membre d'une famille d'orfèvres du quinzième siècle. Il fut reçu maître orfèvre en 1539, tailleur de la monnaie en 1553, garde de l'orfèvrerie en 1561, élu consul en 1577. Il mourut en 1579. Il avait comme poinçon « une image de saint Michel ayant un diable sous les pieds ». Son fils Jean, reçu maître orfèvre en 1578, lui succéda comme tailleur de la monnaie. Il fut également garde de l'orfèvrerie pendant dix ans, consul et juge, et tailleur héréditaire de la monnaie en 1608. Il habitait au pont au Change, *à l'Écu de France*. (Arch. nat., Z, 2816, 1819, 2845, 2846, 2847, 3119, 3171. — K, 1041. — Leroy, *Statuts des orfèvres*, catalogue, p. 2. — *Mercure Indien*, liste.)

3. Marcel (Claude) appartenait à une nombreuse et ancienne famille d'orfèvres parisiens. (Voir sur cette famille : Bibl. nat., Ms., cabinet des titres, registre 1836, série 42459, pièce 159.) Il était fils de Mathieu Marcel, orfèvre du roi François Ier en 1545, mort en 1548 et habitant à cette époque sur le pont au Change (Bibl. nat., Ms., cabinet des titres, registre 1835, série 42459, pièce 18); probablement aussi de la famille d'Étienne, prévôt des marchands (du moins à en croire Augustin Thierry, *Histoire du Tiers État*, p. 41). Claude fut reçu maître orfèvre en 1544. Il fut

Tous quatre se réunirent au Louvre le 6 décembre et, en présence de Catherine, examinèrent un certain nombre de bijoux dont ils donnèrent une estimation détaillée " qu'ils déclarèrent avoir faicte en leur loyauté et conscience et à la plus juste valeur qu'il fût possible de leur donner. »

Ces bijoux étaient :

1° La grande croix achetée par François Iᵉʳ que nous avons vue ornant le manteau de Henri II le jour de son sacre, portée ensuite par Diane de Poitiers et entrée dans le trésor de la Couronne par lettres patentes de François II. Elle était comprise dans l'estimation présente pour une somme de quatre-vingt-dix mille écus[1];

garde du métier d'orfèvrerie en 1553 (par arrêt du Parlement), 1560 et 1565. Il avait été nommé monnayeur en la Monnaie de Paris en 1548, puis essayeur général des monnaies en 1553. Nous le trouvons conseiller de la ville de Paris en 1554, échevin en 1557 et 1562, juge du consulat en 1566 et enfin prévôt des marchands en 1570. En 1577, il était conseiller du roi et surintendant des finances. Il avait alors quitté le métier d'orfèvre : nous le verrons dans nombre d'emprunts sur des joyaux représenter les intérêts financiers du roi et traiter les grandes questions d'intérêt du royaume. L'Estoile, dans son *Journal du règne de Henri III*, raconte en ces termes le mariage de sa fille, auquel assistèrent le roi et une partie de sa cour : « Le mardy dixiesme de décembre (1577), Claude Marcel, naguières orfèvre du pont au Change, lors conseiller du roy et l'un des surintendans de ses finances, maria l'une de ses filles au seigneur de Vicourt. La nopce fut faicte en l'hostel de Guise, où disnèrent le roy, les trois roynes, monsieur le duc et messieurs de Guise. Après souper le roy y fust, luy trentiesme, masqué en homme avec trente que princesses, que dames de la cour, masquées en femmes, tous et toutes vestus de drap et toile d'argent et autres soyes blanches enrichies de perles et pierreries en grand nombre et de grand prix. Ces masquarades y apportèrent confusion, pour la grande suite qu'elles avoient que la pluspart de ceux de la nopsce furent contraincts de sortir, et les plus sages dames et se retirèrent damoiselles et surtout sagement : car la confusion y apporta tel désordre et vilainie que si tapisseries (derrière lesquelles se donnèrent maints bons coups) et les murailles eussent peu parler, elles eussent dit beaucoup de belles choses. » (L'Estoile, *Mémoires-Journaux*, tome II, p. 224, édit. Brunet-Halphen, etc., Paris, 1875.) Nous n'avons pu retrouver la date de la mort de Claude Marcel : son poinçon était « deux visaiges portant barbe, ayant chacun un bonnet et entre lesdicts deux visaiges une petite croix double. » (Arch. nat., K, 1036, 1041 (2ᵉ liasse); Z, 2819, 2857, 3156, 3163, 3165, 3169, 3171, 3172, 3173; P, 2318, 2539. J, 947. — *Mercure Indien.* — Leroy, *Statuts des orfèvres-joailliers de Paris.* — Voir aussi *Étude de Mᵉ Meignen*, notaire à Paris, l'acte passé, le 11 septembre 1581, par Mᵉ Du Nesme.)

1. Nous la restituons telle que nous la décrivent les inventaires et surtout le double portrait de Charles IX et d'Élisabeth d'Autriche, déjà publié par M. Henri Bouchot dans sa Revue *les Lettres et les Arts*.

LA GRANDE CROIX DE DIAMANTS
D'après un portrait d'Élisabeth d'Autriche et de Charles IX.

2° Le pendant de cou formé de la grande table de diamant qui avait été achetée par François Ier soixante-cinq mille écus, estimé, dans sa monture d'or émaillé avec une perle pendeloque, soixante-douze mille écus;

3° Une autre table de diamant plus longue également dans une monture d'or émaillé avec une perle pendeloque, estimée quarante mille écus.

Le tout faisait un total de deux cent deux mille écus, et les quatre orfèvres, avant de signer, avaient déclaré que cette évaluation était faite « d'après les connaissances et l'expérience qu'ils avaient acquises dans le négoce des joyaux ». « Jamais, disaient-ils, ils n'avaient eu l'occasion de s'occuper d'objets d'une pareille importance, mais le commerce journalier de pierres plus petites leur permettait d'évaluer ces trois joyaux qu'ils considéraient comme uniques en grosseur et en beauté. »

L'estimation terminée, la reine était repartie de Paris pour Melun, emportant avec elle les coffres de la Couronne[1].

Le 10, Correro vint la trouver et lui présenta, de la part de son gouvernement, les lettres les plus affectueuses. Aussitôt Catherine fit appeler les cardinaux de Bourbon et de Lorraine et ordonna que l'on apportât les joyaux.

Puis, prenant elle-même les bijoux un à un, elle mit ensemble la croix et les deux diamants estimés l'avant-veille; d'un autre côté, elle plaça cinq rubis montés de différentes grandeurs; et, s'adressant à l'ambassadeur, elle le pria de choisir lequel des deux lots il désirait, tous deux étant d'égale valeur.

L'ambassadeur, ne voulant point avoir la responsabilité du choix, déclara s'en rapporter à la reine. Le cardinal de Lorraine, s'approchant : « Moi aussi, dit-il, je suis gentilhomme vénitien et je veux, comme membre de cette

---

1. Bibl. nat., Ms. fonds italien. *Dispacci degl' ambasciatori veneziani*, filza 6, dépêche du 10 décembre 1568.

Seigneurie, choisir le premier lot » la croix et les deux
diamants'.

Catherine de Médicis eût préféré, par amitié pour la
République de Venise, voir l'ambassadeur choisir lui-même
l'un des lots, car elle désirait que le meilleur fût attribué
à la Sérénissime République, et ce fut parce que l'ambassadeur ne se décidait pas, que le cardinal de Lorraine,
pénétrant la pensée de la reine, fit choix du premier lot,
considéré comme supérieur au second.

Aussi Correro s'applaudit-il du choix du cardinal dans
la dépêche qu'il s'empresse d'adresser à son gouvernement : « Ces trois diamants, dit-il, sont connus et réputés
comme les plus beaux de cette couronne, et l'on sait combien François Ier les paya. Quand le poids des diamants
dépasse un certain nombre de carats, la beauté des pierres
peut bien être jugée, mais la valeur n'en saurait être
estimée, parce qu'il faut toujours tenir compte de l'appétit
des acheteurs, qui veulent avoir ce qui est unique'. »

D'abord il avait été convenu que les remboursements
devaient se faire en un seul versement chaque année. L'ambassadeur jugea finement qu'il valait mieux diviser chaque
annuité en deux payements de six mois en six mois, vu
qu'il est toujours plus difficile de payer une somme en
une seule fois que de la payer par moitié en deux fois.

Dans le courant de décembre, le Parlement ratifia l'emprunt; le contrat ne parlait point de la garantie des
bijoux, mais un traité privé réglait la question.

A peine les pièces étaient-elles échangées, que la reine
supplia encore l'ambassadeur d'obtenir l'argent le plus
rapidement possible : « Nous sommes si pressés, disait-
elle, que nous avons déjà escompté pour les avoir quinze
jours plus tôt les cinquante mille écus que le pape doit nous
payer à Lyon le 20 du présent mois. »

---

1. Bibl. nat., Ms. fonds italien, *Dispacci degl' ambasciatori veneziani*, filza 6, dépêche
de Correro datée de Melun le 10 décembre 1568.

En même temps, Catherine faisait partir immédiatement le neveu du garde des sceaux, M. de Morvillier, avec les joyaux destinés à la Seigneurie de Venise, et, le 24 janvier 1569, l'ambassadeur Paul de Foix, annonçant au Conseil des Dix la présence de Morvillier, demanda son entrée immédiate. Aussitôt introduit, Morvillier exprima au Conseil toute la gratitude du roi de France et de sa mère envers la Sérénissime République; puis il annonça qu'il était porteur des joyaux qui devaient être remis en gage.

Après un long exposé des derniers événements militaires survenus en France, il présenta à la Sérénité les lettres patentes signées du roi et approuvées par le Parlement en demandant que l'on voulût bien les vérifier de suite et faire en même temps le récolement des joyaux afin qu'on pût au plus tôt lui remettre l'argent[1].

Le 3 février suivant, toutes les formalités étant terminées[2], l'ambassadeur de France, Paul de Foix, après avoir signé en séance solennelle, reçut les cent mille écus. Les bijoux reconnus valables pour une somme de deux cent mille écus furent enfermés dans une caisse de noyer à deux serrures.

En présence de l'ambassadeur, l'un des seigneurs appliqua sur les trous des serrures des bandelettes qui furent scellées des sceaux de la Sérénité et de ceux de l'ambassadeur de France, et, le 23 du même mois[3], l'ambassadeur vénitien à Paris annonça à Catherine que toutes les formalités avaient été remplies et que le versement était fait.

Déjà, sans attendre l'envoi de Venise, la reine mère avait conclu avec divers particuliers, des présidents, des marchands et autres, un emprunt de deux cent cinquante

---

1. *Archivio di Stato*, à Venise. *Esposizioni principi.* Papiers secrets, nos 300 à 303. Exposé de l'ambassadeur de France au Conseil des Dix.

2. *Archivio di Stato*, à Venise. Commemoriale, vol. XXIII. p. 139 à 141. — Bibl. nat., Ms. fonds fr., no 10397. Emprunt de cent mille écus conclu à Venise en 1569, par Paul de Foix.

3 Bibl. nat . Ms. fonds italien. *Dispacci degl' ambasciatori Veneziani*, filza 6, dépêche de Correro du 23 février 1569.

mille écus, qui avaient été immédiatement envoyés au duc d'Aumale, dont les troupes menaçaient de se révolter parce qu'elles ne recevaient pas leur solde[1].

Du côté de Florence, les choses ne s'étaient pas passées avec la même courtoisie et avec la même facilité qu'à Venise. Malgré ses demandes réitérées, Catherine n'avait pu obtenir de son parent ce que la République de Venise avait fait de si bon cœur.

Le 20 décembre 1568, la reine mère avait envoyé le seigneur de Louye à Florence muni de lettres les plus pressantes pour son cousin. Elle lui demandait cent mille écus : avec les quatre-vingt mille prêtés autrefois par le duc, c'était cent quatre-vingt mille écus que la France allait lui devoir.

M. de Louye était chargé de remettre en gage cinq rubis balais, l'*Œuf-de-Naples*, la *Côte-de-Bretagne*, le rubis de vingt-cinq mille écus que nous connaissons déjà et deux autres moins importants. Mais le prince François de Médicis, en faisant préparer les cent mille écus, fit estimer les cinq rubis ; ses experts lui déclarèrent, chose assez bizarre, que ce n'étaient pas des rubis d'Orient, mais des balais, pierres d'une valeur bien moindre, dont l'estimation ne s'élevait pas à beaucoup près aux cent quatre-vingt mille écus auxquels ils devaient servir de gage[2].

Aussi François de Médicis écrivit-il au roi le 30 janvier 1569 : « Comme je dois me dépouiller, il me faut garantir contre toute perte par des joyaux de valeur suffisante pour que je puisse retrouver les cent quatre-vingt mille écus que j'aurai prêtés ; d'autant que Votre Majesté étant dans l'intention de les reprendre, elle ne peut éprouver aucun désagrément à en donner pour une somme encore plus considérable que la créance, dans la certitude où elle est

1. Bibl. nat., Ms. fonds italien. *Dispacci degl' ambasciatori veneziani*, dépêche du 10 décembre 1568 (datée de Melun).

2. *Archivio Mediceo*, à Florence. *Carteggio del principe Don Francesco de Medici*, Minutari registro, n° 231. Lettre du duc de Florence au roi de France, en date du 30 janvier 1569.

qu'ils seront conservés et rendus. Il me faut suffisamment
de bijoux pour que le prix de leur vente puisse me couvrir de la totalité de ma créance, car je vous aurai prêté
une somme considérable pendant douze ou treize ans sans
vous en demander aucun intérêt. C'est en raison de ces
considérations que l'argent préparé n'a pas été versé, et
j'ai prié le sieur de Louye de vous faire parvenir les
observations ci-dessus[1]. »

Écrivant ensuite à la reine mère, il lui exposait les mêmes
raisons : « Je me plains que les cinq balais aient été
estimés à plus de cent quatre-vingt mille écus tandis que
mes experts ne leur donnent qu'une valeur beaucoup
moindre. Il a été entendu entre Votre Majesté et mon
ambassadeur qu'on me remettrait des bijoux d'une valeur
égale à la somme que je vous prête; en conséquence, j'ai
dû arrêter le versement des cent mille écus, jusqu'à ce que
j'aie reçu un supplément de bijoux. »

Cette lettre exaspéra Catherine de Médicis, qui ne put
s'empêcher de manifester hautement son mécontentement.
Le jour même où elle apprenait la décision favorable de
Venise, elle prenait Correro à part et lui disait[2] : « Écrivez
à votre gouvernement qu'aucun prince, même parent, n'a
montré autant d'intérêt à nos affaires que la Sérénissime
République; assurez bien la Seigneurie que nous ne serons
jamais ingrats envers elle »; et le même jour, au milieu
d'un grand dîner, en présence de tous les ambassadeurs,
faisant allusion aux difficultés que soulevait le duc de Florence, elle dit : « Je lui ai écrit dans une forme telle qu'il
me comprendra. » En effet, ajoute l'ambassadeur vénitien,
le grand-duc avait voulu examiner « les joyaux qu'on lui
avait donnés en gage, et ne verser aucun argent avant
de les avoir fait estimer. Aussi la reine mère montrait

1. *Archivio Mediceo*, à Florence, registre n° 231. Lettre du duc de Florence à
Charles IX et à la reine mère en date du 30 janvier 1569, déjà citée.
2. Bibl. nat., Ms. fonds italien. *Dispacci degl' ambasciatori veneziani*, filza 6, dépêche du 23 février 1569.

autant d'indignation pour ce prince qu'elle témoignait de
satisfaction envers la Sérénité[1]. »

Rien ne pourra mieux donner une idée de l'aigreur de
Catherine de Médicis que la lettre qu'elle écrivit au duc de
Florence, en date du 21 février 1569 :

« Mon cousin, j'ay receu la lettre que vous m'avez
escripte, par laquelle j'ay veu la difficulté que faistes de
prester l'argent au roy mon filz, par vostre ambassadeur
luy avoit esté asseuré et par moy, de quoy suis plus
marrie de m'estre tant promise de vous, estant de ma
Maison, que a ceste heure le roy mon dict filz et son conseil congnoissent le peu de compte que faistes de m'auoir
faist asseurer une chose que ne voliez faire, veu que toutes
les seuretés que vous demandiez vous estoient données,
et que, ne vous contentant de celles-là, ayez encore fait
tellement estimer les bagues que non seulement les avez
meprisées, mais seront decriées par toute chose que je ne
puis que je ne trouve estrange et que, avecques la pri-
vauté que je dois pour m'estre parent, je ne vous en mande
mon opinion et vous dise que j'en ay grand honte et que
les bagues ne sont pas telles qu'elles vous ayent destourné
d'avoir guières de parole, qui est cause qu'il ne savoit ce
qu'elles valent, si vostre ambassadeur vous a mandé qu'il
y en avoit sept, les deux que j'ay retintes ce fut pour
estre bien loin de la valeur de la somme et luy en mons-
trasmes tout ce que nous avions, affin qu'il choisist et ne
l'ayant voleu faire, je fis comme pour moy mesme, vous
priant croire que j'ay vostre conservation en toute chose
en telle recommandation que doibt avoir celle qui désire
la grandeur de ceulx qui portent son nom et pense ne
pouvoir mieux montrer combien je désire vostre bien et
grandeur que vous donner moyen de faire service au roy
mon filz et à ceste couronne, ce que debvez chercher et

---

1. Bibl. nat., Ms fonds italien. *Dispacci degl' ambasciatori veneziani*. filza 6, dépêche du 23 février 1569.

vous employer à tout ce qui peult faire cognoistre à ce
royaulme comme estes désirant de le servir et si ne trouvez
assez de seuretés aux dictes bagues, j'ay du bien de quoy
Madame de Parme jouy sa vie durant, comme vous sçavez
très bien, lesquels je vous obligeray en cas que la somme
de l'argent que prestez ne vous soit rendue au terme qui
vous sera promis, et vous prie m'en faire une responce de
vostre volonté sans que après la changiez[1].

« De Nancy, le xxi° jour de fevrier 1569.

« Vostre bonne cousine,

« CATERINE. »

La difficulté avec Florence ne devait pas s'aplanir facilement. Le 2 mars[2], l'ambassadeur du duc eut un long entretien avec la reine, dans le but de lui expliquer la conduite
de son prince.

Catherine de Médicis l'écouta sans l'interrompre, puis
quand il eut fini, laissant déborder son exaspération, elle
s'écria, qu'elle était honteuse de savoir que le roi eût appris
les difficultés soulevées par le prince François de Médicis ;
qu'elle regrettait de s'être adressée à lui ; que l'infériorité
de la valeur des bijoux était une question ridicule puisque ses biens personnels en Italie garantissaient entièrement l'emprunt. Elle déclarait dès à présent que tous ses
biens appartiendraient de droit à son cousin si le remboursement ne se faisait pas à l'époque indiquée ; le refus
du prince de reconnaître aux cinq balais qui lui avaient
été envoyés la valeur à laquelle ils étaient estimés dans les
inventaires de la Couronne avait pour résultat de déprécier

1. Extrait des Archives de Médicis à Florence, copié et communiqué par M. le
comte de Laferrière. Cette lettre figurera dans le troisième volume du *Recueil des
Lettres de Catherine de Médicis*, que M. Laferrière publie dans la Collection des documents inédits de l'Histoire de France.

2. *Archivio Mediceo*, à Florence, *legazione di Francia*, filza 4598, fol. 4. L'ambassadeur de Toscane en France, Jean-Marie Petrucci, au prince François de Médicis,
dépêche datée de Metz le 2 mars 1569. (Communiquée par M. le comte de Laferrière.)

les joyaux du roi de France. « Si on les présentait de nouveau à un souverain, terminait-elle, on ferait observer que mes propres parents les ont estimés bien au-dessous de la valeur qu'on leur donne en France. »

S'excitant encore davantage : « Vos experts n'y entendent rien, dit-elle, et n'ont jamais vu de pièces semblables. »

Il lui paraissait absurde que le grand-duc n'eût pas compris que pour l'honneur du roi il était impossible de laisser ces joyaux en gage, et qu'à n'importe quel prix il faudrait les racheter un jour.

Le 6 mars[1], Catherine revint à la charge auprès de son cousin par une longue lettre, dans laquelle elle réclame avec instance les cent mille écus qui lui avaient été promis. Ses arguments enlevèrent la décision du duc de Florence, et, le 14 avril 1569[2], un contrat fut signé entre le duc et l'ambassadeur, Claude d'Angennes, seigneur de Louye et conseiller du Parlement, en vertu duquel une somme de cent mille écus était prêtée au roi de France. Ces cent mille écus ajoutés aux quatre-vingt mille déjà prêtés en 1562 formaient une somme totale de cent quatre-vingt mille écus, en garantie de laquelle le duc de Florence recevait en gage les cinq rubis cités plus haut[3].

Les remboursements devaient avoir lieu en cinq ans, à raison de trente-six mille écus par an assignés sur la recette générale de Lyon.

Les relations des deux cours devinrent par la suite plus cordiales. Nous en trouvons le témoignage dans l'offre gracieuse que fit en 1571 le grand-duc de Toscane au roi Charles IX, de lui rendre, en signe de bonne amitié et sans attendre le remboursement intégral des cent quatre-vingt

1. *Archivio Mediceo*, à Florence, filza 4756, nuova numerazione, dépêche du 6 mars 1769. (Communiquée par M. le comte de Laferrière.)

2. *Archivio Mediceo*, à Florence. Contrat dudit emprunt. Filza 7 et 8 della Legazione in Francia. (Renseignement communiqué par M. Guasti, intendant royal des Archives de Florence.)

3. *Archivio Mediceo*, à Florence (section diplomatique). Contrat d'emprunt dressé le 14 avril 1569 par Francisco de Giovani, notaire officiel du duc de Florence.

écus prêtés, les joyaux de la Couronne qu'il avait en sa possession[1]; mais nous verrons aussi qu'il s'était largement remboursé d'un autre côté.

Quant aux négociations à Ferrare, elles n'amenèrent point un nouvel emprunt, mais elles eurent pour résultat l'abandon des créances que le duc avait sur le gouvernement français.

Les remboursements par annuités de l'emprunt fait à la République de Venise eurent lieu régulièrement aux époques fixées. Les deux versements de trente trois mille trois cent trente trois écus un tiers formant ensemble soixante-six mille six cent soixante-six écus deux tiers, c'est-à-dire le tiers de la somme empruntée, étaient effectués déjà depuis longtemps lorsque, le 21 octobre 1571, Charles IX écrivit de Blois à son ambassadeur, M. du Ferrier, pour lui recommander de retirer des coffres de la Seigneurie le plus petit des diamants, qui d'après les conventions devait être restitué aussitôt le payement du premier tiers effectué. En même temps, le roi confiait à l'un des seigneurs de sa cour, M. du Blancmesnil, la mission d'aller à Venise porter les instructions et les pouvoirs nécessaires pour retirer ce diamant et le rapporter à Paris[2]; mais, en raison des formalités cérémonieuses du gouvernement vénitien, l'envoyé royal ne put acquitter cette dernière partie de sa mission. Il était aussi chargé de se rendre à Florence pour y reprendre les bijoux que le grand-duc avait offert de rendre en signe de bonne amitié, et, pressé d'accomplir cette dernière mission, il dut se diriger sur Florence[3].

Ce ne fut que le 25 octobre de l'année suivante (1572, après un troisième versement de trente trois mille trois cent

---

1. Bibl. nat., Ms. fonds fr., n° 3899, p. 301, lettre du roy au grand-duc de Toscane, du 6 octobre 1571.

1. Bibl. nat., Ms. fonds Brienne, n° 289, p. 5. Instruction pour le sieur de Blancmesnil allant en Italie.

3. *Archivio di Stato*, à Venise. *Commemoriale*, vol. XXIII, p. 183.

trente-trois écus, soit en tout cent mille livres, que le diamant fut remis à M. du Ferrier, et le 28 décembre suivant, dans une grande cérémonie, en présence du doge, des membres de l'Excellentissime Collège et de deux notaires chargés de dresser les actes, l'ambassadeur de France donna décharge du bijou et reçut en échange une quittance de cent mille écus versés à la République de Venise[1].

Dans le courant de l'année 1573, Charles IX faisait savoir à l'ambassadeur de Venise à Paris combien il serait heureux de recouvrer les bagues encore détenues en gage pour les cent mille écus restant dus. Aussitôt l'avis transmis à la Sérénité, les seigneurs de Venise se réunirent en conseil[2] et délibérèrent conformément au désir de Charles IX, quoique la seconde moitié de l'emprunt n'eût pas été remboursée, et que le roi eût fait part de son intention d'en retarder de six mois les annuités[3].

Le sieur Forget, secrétaire des finances du roi, muni de lettres de créance, fut chargé de recevoir les joyaux et de les rapporter à Paris[4]. Il accomplit sa mission le 14 janvier 1574, et reprit les deux diamants restant sur les trois qui avaient été engagés en 1569[5]. Quant aux cent mille écus, il paraît certain que la France ne les paya jamais à son alliée et que la République dut les passer dans ses comptes de profits et pertes.

A Florence, le grand-duc avait pris ses précautions; il se remboursa de la portion principale de ses avances, comme Catherine le lui avait proposé, en se rendant acquéreur des biens dont la reine mère était héritière en Toscane; mais le compte ne fut définitivement réglé que le 28 sep-

---

1. *Archivio di Stato*, à Venise. *Commemoriale*, vol. XXIII, p. 183.

2. Bibl. nat., Ms. fonds fr., n° 3767, fol. 35. lettre de du Ferrier, ambassadeur de France à Venise au roi. *Ibid.*, V° de Colbert, n° 366, fol. 398.

3. *Ibid.*, ms. V° de Colbert, n° 366, fol. 289. Lettre du roi à du Ferrier, en date du 3 août 1573.

4. *Ibid.*, fol. 369 et fonds fr., n° 3967, fol. 60. Lettre du roi à du Ferrier, en date du 17 décembre 1575.

5. *Ibid.*, n° 366, fol. 523 et 475. Lettres de du Ferrier au roi, en date du 15 janvier 1574 et du duc d'Alençon à du Ferrier du 16 février 1574.

tembre 1588, au mariage de Ferdinand Ier de Médicis avec Christine de Lorraine[1].

Les quelques remboursements qui avaient déjà eu lieu n'avaient pu s'effectuer qu'au moyen de nouveaux emprunts que l'on contractait un peu partout. Ainsi, en 1571, Charles IX emprunta au bourgmestre du canton de Bâle soixante mille écus, et il lui remit en gage un gros collier d'or garni de neuf gros rubis[2]. Dans l'inventaire de 1570, il n'est pas question de carcan de neuf rubis, mais d'une bordure d'oreillette de neuf rubis ne représentant pas une valeur suffisante pour permettre de croire que cette pièce ait pu servir de gage à un emprunt de soixante mille écus. La parure en question devait donc appartenir personnellement au roi ou à Catherine de Médicis.

Telles avaient été les mesures financières du parti catholique durant la troisième guerre de religion. Les protestants, de leur côté, avaient eu d'abord, sur les catholiques, l'avantage de ne pas manquer d'argent. En septembre 1568, Élisabeth avait mis à la disposition de Condé, cent mille angelots, six canons et des munitions de guerre[3]. Mais tout était épuisé après la défaite de Jarnac : le parti huguenot se trouvait à la fin de 1569 dans une situation des plus précaires.

Il fallait agir et pour cela trouver de l'argent.

Le jeune prince de Condé, devenu chef de parti par suite de la mort de son père, venait d'arriver à la Rochelle. Il y avait retrouvé Jeanne d'Albret, Henri de Navarre et Coligny. « Le premier acte pour lequel on réclama la signature de Condé et son intervention était un sacrifice. On lui demanda de livrer à la reine d'Angleterre ses

---

1. *Archivio di Stato*, à Florence, *Diplomatico, provenenzia Medicee*, acte dressé par Zenobius de Pascalis et Mattens Riccuis, notaires à Florence.

2. Arch. nat., P, 2540, fol. 423. *Mémoriaux* de la Chambre des comptes. Lettres patentes portant descharge au sieur de Fleury, chargé par le Roy d'un remboursement au canton de Basle.

3. Duc d'Aumale, *Histoire des Princes de la Maison de Condé*, tome II, p. 43. *Gaspard de Coligny*, par le comte de Laborde, tome III, p. 81. De Thou, *Histoire universelle*, tome IV, p. 160. D'Aubigné, *ibid.*, tome I, livre V, chap. x.

bagues et pierreries, qui constituaient alors à peu près son seul héritage. Il y consentit sans mot dire[1]. »

Jeanne d'Albret et l'amiral se dépouillèrent aussi; on forma un lot ainsi composé :

« Un collier où il y a douze grands diamans, celui du milieu en pointe, les onze en table, dont l'ung pend au bout dudict collier avec trois grosses perles en poires et douze complets de cordellières d'or, garnie chacune cordellière de huict perles, dont il a défaut de trois perles sur le tout. »

Des orfèvres français l'avaient estimé cent soixante mille écus (somme invraisemblable . Un autre carcan estimé quarante-cinq mille écus, dont nous n'avons pu avoir la description, complétait l'apport de Jeanne d'Albret.

Le prince de Condé avait apporté des « bordures de tourets, des oreillettes et un vase d'agathe estimé le tout en France trente-cinq mille écus. »

Le lot de l'amiral se composait d'un « vase d'agathe estimé quinze mille écus; une coupe d'agathe, dix mille écus; une croix, quatre mille écus; une oreillette deux mille »; enfin M. du Vijean apportait « une bague à pendre d'un gros rubis ballai et une grosse perle en poire qui pend au bout », plus un autre bijou sans importance[2].

Le cardinal de Chatillon et d'autres agents protestants partirent de la Rochelle, apportèrent ces bijoux à Londres à la reine Élisabeth, qui ne put retenir sa curiosité. Elle demanda à les voir, et fit appeler un certain nombre d'orfèvres anglais pour les estimer. Ceux-ci prisèrent le tout soixante mille livres sterling, c'est-à-dire deux cent mille écus.

La reine refusa d'abord de faire un prêt sur ces objets,

1. Duc d'Aumale, *Histoire des Princes de la Maison de Condé*, t. II, p. 44.
2. *Correspondance diplomatique de Bertrand de Salignac de la Mothe-Fénelon*, 1838, tome II, p. 94, 104, 222. *Le Seizième siècle et les Valois*, par M. le comte Hector de Laferrrière, d'après un registre du Musée britannique, collection Cotton, *Transacta inter Angliam et Franciam*, 1567-1576, p. 245. Duc d'Aumale, *Histoire des Princes de la Maison de Condé*, déjà cité, tome II, p. 90 Comte de Laborde, *Gaspard de Coligny*, déjà cité, tome III, p. 549.

mais le joaillier particulier d'Élisabeth, le sieur Gressen, se
fit fort d'offrir un prix de trente mille livres sterling, soit
cent mille écus.

Revenant sur sa première décision, Élisabeth consentit à

JEANNE D'ALBRET
(D'après une cire du musée de Breslau.)

donner une somme de vingt mille livres sterling en ne
prenant en gage que deux objets, le grand collier de Jeanne
d'Albret et le pendant de cou de M. du Vijean.

Elle délivra aux protestants français un reçu de leurs
bijoux qui n'était pas régulier et que d'Andelot fut obligé
d'échanger contre un second signé et scellé régulière-

ment[1]. Peut-être la reine espérait-elle se fonder sur l'irrégularité de cette pièce pour nier la réception du gage. Au surplus, il est probable qu'elle ne fut jamais remboursée, et que les joyaux en question restèrent dans le trésor de la couronne d'Angleterre.

Au moment où la troisième guerre de religion venait de se terminer, et où Catherine s'occupait de rembourser l'argent qu'on lui avait prêté de différents côtés, elle fit conclure à Charles IX un mariage avec la fille de l'empereur Maximilien.

Aussitôt cette union décidée, Catherine fit remonter les diamants de la Couronne, au moins celles des pièces qui n'étaient point engagées à Venise ou à Florence.

La reine mère comme son fils Charles, dans son amour pour les joyaux, avait sans cesse trouvé le moyen, malgré la pénurie de ses ressources, d'augmenter le trésor de la Couronne, et y avait accumulé des perles, des rubis, des émeraudes et même des saphirs.

Nous avons déjà vu combien elle aimait à manier les joyaux. On trouve dans un manuscrit de la Bibliothèque nationale[2] la preuve que cet amour n'était pas platonique : elle dessinait elle-même les objets d'art qu'elle commandait à Dujardin[3], à Mathurin Lussaut[4] ou à Hérondelle[5]. Elle

---

1. *Gaspard de Coligny*, par le comte de Laborde, tome III. (Pièces justificatives, p. 549, lettre de Walsingham à Burleigh, en date du 23 septembre 1571, et dans le même ouvrage, testament de Coligny : dispositions concernant ses bagues engagées en Angleterre, également Pièces justificatives, tome III, p. 556.)

2. Bibl. nat., Ms. fonds fr. n° 894, p. 72.

3. Pour Dujardin, voir la note le concernant, p. 97.

4. Mathurin Lussaut, orfèvre de la reine mère, demeurant rue Saint-Germain, près du Miroir. Il était protestant et fut massacré le jour de la Saint-Barthélemy. (Voir *Histoire des martyrs*, Genève, 1619, in-folio, plus connu sous le nom de martyrologe protestant, et *Archives de l'Art français*, tome III des documents, p. 183, et tome V, p. 363. Voir aussi dans l'étude de Mᵉ Meignen un inventaire fait après le décès de Mathurin Lussaut, pièce relevée et communiquée par M. le baron Pichon.) C'est à Mathurin Lussaut que le duc d'Anjou vola une montre toute couverte de diamants après qu'il fut assassiné dans la nuit du 24 août 1572.

5. Hérondelle ou l'Arondelle. Famille d'orfèvres qui compte le plus grand nombre de maîtres à Paris au seizième siècle. Onze maîtres orfèvres de ce nom nous sont signalés par les pièces de la cour des monnaies, et celui qui nous intéresse particu-

n'était pas du reste plus artiste que calligraphe, et ce n'était que les idées de ce qu'elle voulait qu'elle mettait sur le papier. Nous reproduisons ici le fac-similé d'un croquis in-

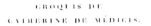
CROQUIS DE
CATHERINE DE MÉDICIS.

CROQUIS CORRIGÉS
PAR FRANÇOIS DUJARDIN.

forme de Catherine et la correction de la main de Dujardin.

En 1570, elle avait chargé ce joaillier « d'accommoder les joyaux de la Couronne aux accoustremens qui étaient

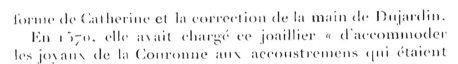

lièrement ici s'appelait Jean. (Arch. nat., K, 1041 (2ᵉ liasse); Z, 2882, 3165, 3169, 3171, 3172, 3175, 3177, 3180.) Il fut reçu vers 1563 comme maître orfèvre. Il était fils d'un orfèvre portant le même prénom que lui, mort en 1555. Son poinçon était « un cœur dedans un croissant ». Il fut successivement graveur du Roy en 1555, essayeur de la monnaie en 1662, garde de la corporation des orfèvres pendant plusieurs années. Il demeurait au pont au Change et travaillait pour le compte de Catherine de Médicis, témoin la pièce suivante retrouvée par M. le baron Pichon dans l'étude de M. Meignen, dont nous donnons les extraits les plus intéressants :

Le 23 août 1572, le lendemain de la Saint-Barthélemy, comparurent devant Mᵉ Comtesse, notaire à Paris, Georges du Frou et deux serviteurs d'Érondelle. « Le premier serviteur déclara que « travaillant chez lui il avoit aidé à fère 15 pièces d'un « carquan, 19 autres d'un touret, 11 autres pièces en diamant qui fait une oreillette, « lesquelles pièces cy-dessus détaillées, défunt Érondelle avoit entrepris faire pour « défunt Mathurin Lussaut, quand il vivoit orfèvre de la Royne mère du Roy, » et que « le lundi dernier 18 de ce présent mois lesdictes pièces furent livrées à dé- « funct Laurent Lussaut, fils dudict orfèvre Mathurin Lussaut, » et que « en lui déli- « vrant icelles, ledit Laurent Lussaut écrivit sur un petit morceau de papier les prix « d'icelles 15 pièces, des 19 et des 11 aultres en sa présence et la boutique dudit « Érondelle.

Dans une autre pièce, retrouvée également par M. le baron Pichon dans la même étude, sous la date du 1ᵉʳ septembre 1572, on constate « que Léon Foucaut, maitre orfèvre du Roy, a vu George du Frou bezoignant et faisant plusieurs chatons d'or et pièces de carean d'or que ledict du Frou, disoit estre pour Mathurin Lussaut orfèvre de la Royne. »

Il ne faut pas confondre Jean Hérondelle, orfèvre de Catherine de Médicis, avec son oncle, Guillaume Hérondelle, à l'image saint Pierre, qui habitait au coin du pont aux Musniers en 1553 et au bout du pont au Change, à la Croix d'or, en 1549. Ce dernier,

préparés pour servir aux noces de la royne Élisabeth[1]. »

Clouet a immortalisé les traits de cette reine, mariée à seize ans, veuve à vingt-deux, dont la courte apparition en France se distingue à peine derrière un nuage de sang.

Princesse ignorante des horreurs qui furent commises pendant son séjour à Paris, on voit ses traits si frêles dans le grand salon carré du Louvre : sous les nombreux bijoux dont elle est parée, on croirait voir une idole couverte d'offrandes, ou quelque madone dans sa châsse, tant la jeune princesse, malgré son air sympathique, paraît souffreteuse. Devant une physionomie si délicate, on ne peut s'empêcher de faire un rapprochement entre elle et son mari, mort phtisique quatre ans après son mariage.

Le peintre a probablement exagéré la pâleur et la maigreur de la jeune reine, car dans le dessin du Cabinet des estampes qui paraît avoir été fait d'après nature et avoir servi de modèle au tableau, la reine a une apparence de santé et de vie qui fait défaut à la peinture[2].

Ce tableau, mieux que tout autre document, donne une reproduction de la joaillerie au seizième siècle, et en particulier des joyaux de la Couronne remontés spécialement pour Élisabeth.

Nous y voyons figurer chaque partie de l'accoutrement. La tête est ornée d'un premier diadème ou bordure de touret, et du bandeau de perles ou diadème du second plan appelé « bordure d'oreillettes », que l'on exécutait aussi quelquefois identique à la bordure du touret. Un carcan s'applique sur la fraise autour du cou. La guimpe est parsemée de perles montées sur de petits fleurons. Sur le devant du corsage

non moins connu, fut valet de chambre de la reine de Navarre. (Arch. nat. K, 1041, 2ᵉ liasse) ; Z, 2815, 3169, 3173 ; Z¹², 639.)

Jean Hérondelle eut un fils également orfèvre, qui fut garde en 1591 et qui mourut vers 1607. Il habitait au pont au Change.

1. Inventaire du 5 novembre 1570 à Saint-Germain des Prés.

2. Pour le tableau et le dessin de la reine Élisabeth exécuté par Clouet, voir l'article de M. Gruyer, *Charles IX et François Clouet*, dans le numéro du 1ᵉʳ décembre 1885 de la *Revue des Deux Mondes*, p. 578.

s'étale un grand collier ou cottoire ayant au centre une
bague à pendre retenue par des chaînes en guirlandes.

ÉLISABETH DE FRANCE

(D'après le tableau de Clouet, au musée du Louvre. Gravure extraite du *Journal de la Jeunesse*.

En 1570, la collection de la Couronne comptait autant
de parures différentes qu'il y avait de sortes de pierres de
couleur; en un mot, il y avait la parure de diamants, la

parure d'émerandes, la parure de saphirs, celle de perles
et celle de rubis. Chaque parure se composait de la série
complète des bijoux que nous représente le tableau d'Élisabeth peint par Clouet.

La première parure, celle de diamants, contenait les
pierres que nous connaissons déjà, la *Pointe-de-Bretagne*,
la *Table-de-Gênes* et la *Pointe-de-Milan*. C'était, comme
nous l'avons déjà fait remarquer, de tous les accoutre-
ments de beaucoup le plus riche. La présence des pierres
historiques que nous venons d'indiquer suffirait amplement
à justifier l'importance de sa valeur.

On voyait aussi dans cette parure une ceinture faisant le
tour du corsage mais qui n'avait pas, comme sous François Ier,
une longue patenôtre tombant jusqu'au bas de la robe.

Chaque pierre montée était sertie sur un chaton rehaussé
d'émail rouge, noir ou blanc. Cinq, quatre ou deux perles,
montées sur des carcasses en cannetille d'or, séparaient
les pierres. Souvent sur les chatons se trouvaient des
lettres couronnées F. K. et C. en émail.

Il serait superflu d'entrer dans un plus long détail de chacune de ces parures; les curieux pourront se reporter à l'inventaire qui les décrit si minutieusement. Quant aux pièces
que nous connaissons déjà, elles étaient engagées au loin, et
par conséquent elles n'avaient pas changé de monture.

A cette nomenclature il faut ajouter la série des huit chapitres nouveaux que la reine venait de faire incorporer à la
couronne de France, et par conséquent « inaliénables
d'icelle ». Les huit chapitres contenaient chacun une
parure de perles ou de pierres de couleur, et la série des
boutons de perles que le portrait d'Élisabeth nous fait voir
sur sa guimpe. A ce moment le trésor des joyaux de la
Couronne formait un total de cinq cent soixante-dix mille
deux cent soixante-dix-huit escus soleil[1].

1. Bibl. nat., Ms. fonds fr., nos 7804, 5525, 19790; fonds Brienne, n° 147; fonds
Dupuy, n° 52. — Inventaire des bagues de la Couronne du 5 novembre 1570. —
Arch. nat., P, 2318, fol. 161 en double; P, 2539, fol. 416, et J, 947.

Il importe de signaler un fait qui étonnera peut-être : on suppose généralement que les bijoux de la Renaissance ont été en France semblables à ceux que l'on faisait en Italie et en Allemagne, c'est-à-dire que les bagues à pendre ou les colliers étaient composés de motifs représentant des sujets mythologiques ou religieux avec des figures humaines.

Pour notre part, quelque invraisemblable que puisse paraître cette théorie, nous croyons pouvoir dire que ce genre de bijoux, qui avait été fort répandu dans les Flandres et en Bourgogne au quinzième siècle, n'existait plus en France au seizième. Les figures ciselées en ronde bosse sur or émaillées ou non ne servaient que d'ornementation pour rehausser ou encadrer l'éclat des pierres précieuses qui étaient toujours la partie centrale des joyaux. Au contraire, en Italie comme en Allemagne, les figures étaient la partie principale du bijou, et les pierres n'étaient que l'accessoire ornemental.

Pendant que le Primatice et le Rosso introduisaient chez nous le style italien dans la peinture, le style de notre industrie demeurait national sans se laisser influencer par le mauvais goût d'aucun autre pays. Nous ferons suivre cette opinion des raisons qui nous ont amené à l'émettre.

Si l'on parcourt les dessins de bijoux français tels que ceux de Du Cerceau, on verra que toutes les parties centrales, et par conséquent importantes des joyaux, sont faites de pierres précieuses, et que les figures moins employées que les cuirs ou rinceaux ne sont que des parties d'encadrement. D'un autre côté, quittant les monuments figurés pour arriver aux textes, ceux assez nombreux que nous avons cités pour tout ce qui est relatif à la Couronne et aux rois de France nous ont confirmé le même fait. Enfin, on pourra encore s'en rendre compte en compul-

---

1. Voir l'inventaire des bagues et joyaux de Madame Claude de France du 29 mars 1593 (Bibl. nat., Ms. fonds de Lorraine, n° 183, fol. 15 et suivants) : « Une bague d'or à pendre façon d'Allemaigne représentant la figure de Jésus-Christ mis au sépulcre, à laquelle bague n'y a aucune pierre pour en avoir été ostée. » — « Une autre bague d'or à pendre façon d'Allemaigne représentant l'histoire de Pirame et Thisbée, icelle enrichie d'*un beau rubis* en table de hault feu et paragon, avec quatre tables de

sant l'inventaire considérable de Claude de France[1], sœur de Henri IV, qui est le plus curieux des inventaires de bijoux de la fin du seizième siècle, en raison de ses détails et de sa précision. Les bijoux dont les pierres forment les parties principales y sont inscrits comme ayant été exécutés par des joailliers français, et, au contraire, les bijoux représentant des scènes à personnages, ciselés et émaillés, sont suivis de la mention suivante : *A façon d'Allemaigne.*

Ajoutons à ces réflexions que souvent on a cru que les bijoux de forme extraordinaire que l'on voyait dans les portraits allégoriques du seizième siècle avaient réellement existé. Ainsi les diadèmes ou les attaches d'écharpes que l'on voit sur les portraits vrais ou faux de Diane de Poitiers, représentée dans le costume léger de nymphe ou de Diane, sont de pure invention autant que le costume léger sous lequel on la représente à l'imagination des artistes. La duchesse de Valentinois ne portait pas plus les bijoux en question qu'elle ne se promenait nue, avec un carquois sur le dos, dans le parc de Fontainebleau.

Le portrait d'Élisabeth par Clouet, qui nous a amené à émettre ces considérations, fournit probablement la dernière et peut-être la seule occasion à Élisabeth de porter les joyaux de la Couronne[1].

La maladie de Charles IX et l'espèce de dégoût et de crainte générale dans laquelle la Saint-Barthélemy avait plongé la cour empêchèrent les fêtes. Les diamants étaient rentrés dans leurs coffres, et la douce Élisabeth ne devait point avoir la manie de sa belle-mère, de les remuer et de les examiner sans cesse.

---

diamans à demy fonds et à laquelle bague il y manque cinq pierres que l'on a tyrées hors d'œuvre dont l'une est bien grande que la demoiselle de l'Isle a dit estre une esmeraude, laquelle feue Madame a employée avec ses brodures et au bout de laquelle bague y a une perle d'Escosse fort ronde de bonne grosseur pendante.

1. Voir l'article sur Élisabeth d'Autriche, par M. Henri Bouchot, dans la *Revue des Lettres et des Arts.*

.

CHAPITRE II

Au moment où le duc d'Anjou venait de recevoir, par
suite des intrigues de sa mère, la couronne de Pologne,
son frère Charles IX lui concéda le 26 novembre 1573, un
certain nombre de joyaux, carcans, bagues à pendre, ceintures, épées, dagues, cimeterres, fleurs de lis en diamant,
boucles d'oreilles, chaînes, etc., mais aucun de ces objets
n'avait été distrait des joyaux de la Couronne. C'étaient
des orfèvres de Paris, Claude Mallart[1], Simon Langlois[2],
Joseph Lichany[3](?), Claude Doublet[4] et Richard Toutain[5],

1. Claude Maillart était un orfèvre renommé ; nous n'avons pu retrouver son nom
dans les papiers de la Cour des monnaies, mais en 1568 c'est lui qui, avec Dujardin
et Denis Gilbert, fit l'inventaire des joyaux de la Couronne.

2. Simon Langlois fut reçu maître orfèvre en 1558 ; il fut garde de l'orfèvrerie en
1572, 1577, 1581, 1585, 1587, 1589 et 1594. Son poinçon était : « S. L. » en lettres
romaines entrelacées. Voir Arch. nat., S, 7203 ; Z, 2827, 2832, 2859, 2853, 2855,
2860, 3194, 3198 ; et *Mercure indien*, liste.

3. Joseph Lichany. Malgré tout le soin que nous avons mis à lire cette pièce,
nous sommes convaincu que le copiste a écorché le nom de l'orfèvre, que nous
n'avons pu identifier dans cette circonstance.

4. Claude Doublet, reçu maître orfèvre en 1556, avait comme poinçon « une tête
d'aigle couronné et au bout un cœur ». C'est tout ce que nous avons pu retrouver
sur lui. (Arch. nat., Z. 3173 et 3177.)

5. Richard Toutain, orfèvre célèbre du seizième siècle, appelé souvent à la cour
en toutes espèces de circonstances, était fils d'un orfèvre du même prénom que lui.
Reçu maître orfèvre en 1540, il fut garde de l'orfèvrerie en 1558, 1562, 1564, 1566,
1570, 1572, 1573 et 1574, consul en 1578. Il avait comme poinçon « un ours et un
croissant ». Il habitait au pont au Change, à l'enseigne *au Sagittaire*. Ce fut lui qui

qui avaient fourni les différents objets[1]. Il s'agissait de bijoux d'une valeur inférieure à celle des moindres bijoux de la Couronne : on se demande à quel usage étaient destinées les parures de femmes de ce lot, puisque Henri n'était point encore marié. Ce ne pouvait être que des cadeaux qu'il se proposait d'offrir aux dames de la Pologne.

L'année suivante, Charles IX mourut. A cette nouvelle Henri III s'enfuit précipitamment de sa capitale et arriva en France après un long voyage à travers l'Europe avec des séjours à Vienne, à Venise et à Turin, où il fit montre non de son incapacité, car ce prince ne manquait pas d'intelligence, mais de la faiblesse de son caractère, de ses goûts fastueux et dépravés et surtout de son manque de patriotisme.

Rien ne coûtait à ce faux vainqueur de Jarnac et de Moncontour, quand il s'agissait de satisfaire ses plaisirs. Sous le règne de ce personnage hideux, la France tombera dans la situation la plus basse qu'elle ait jamais eue. Les débauches du roi coûteront plus cher que toutes les guerres du commencement du siècle; et lorsque ce prince assassin tombera à son tour frappé par un fanatique, il faudra tout le génie de Henri IV, à la figure si sympathique et si française, pour relever le pays et la dignité royale.

Déjà, en 1573, au moment où Charles IX s'efforçait de rembourser les avances que lui avaient faites ses alliés d'Italie[2], le futur Henri III, que la Saint-Barthélemy avait eu l'occasion de montrer comme un voleur[3], faisant ses coups à la sourdine et sans danger, trouvait encore des sommes assez

---

exécuta pour le compte des prévôt et échevins de la ville de Paris les divers cadeaux d'orfèvrerie que la Ville offrit à la reine Elisabeth d'Autriche lorsqu'elle fit son entrée à Paris. Il mourut en 1579. Voir Arch. nat., reg. du bureau de la ville de Paris à la date du 20 août 1570, H, 1786 A, fol. 88; H, 1786 B, fol. 247; K, 1041, 2ᵉ liasse, Z, 2837, 2840, 2841, 2842, 2847, 3119, 3177, 3185 et 3188. Voir également Le Roy, *Liste des orfèvres*, et *Mercure indien*, liste.

1. Bibl. nat. Ms. fonds fr., nᵒ 3193, fol. 198. Inventaire du 26 décembre 1573.

2. Bibl. nat., Ms. Vᵉ Colbert, nᵒ 366, p. 289. Lettre du roi à du Ferrier, en date du 3 août 1573.

3. *Archives de l'Art français*. Documents, vol. III, p. 182 et 183.

considérables pour demander à l'ambassadeur de France à Venise, du Ferrier, d'acheter pour vingt mille écus de perles[1].

Dans une de ses lettres, il exprimait tout le regret d'avoir manqué l'achat de quelques-uns de ces joyaux.

Pour le dernier des Valois, peu importait la France : ses désirs, même les plus futiles, passaient avant tout.

Catherine l'avait toujours préféré à ses autres enfants ; elle n'avait rien à refuser à ce fils adoré ; pour lui, elle disposait du trésor de l'État et empruntait à n'importe quel taux, sans s'occuper de savoir comment elle rembourserait. Elle persécutait sans cesse le malheureux du Ferrier, son ambassadeur à Venise, pour obtenir de l'argent ; mais nous verrons avec quelle diplomatie du Ferrier, par sa temporisation, parvint à empêcher Catherine de créer de nouvelles dettes à la France[2].

En janvier 1574, au moment où son fils se rendait à Cracovie, la reine lui faisait remettre en Italie cent mille écus qui avaient été demandés et promis au roi de France[3], puis elle donnait en même temps l'ordre formel à du Ferrier de faire parvenir en Pologne[4] deux cent mille écus à provenir d'emprunts faits à Venise. Elle insistait de la façon la plus pressante auprès de son ambassadeur, et celui-ci répondait que la situation était telle, qu'il était impossible d'obtenir une pareille somme, que les banquiers manquaient d'argent ; d'ailleurs on n'aurait pu se procurer de l'argent à moins du denier douze, c'est-à-dire huit trente-trois pour cent. Et

1. Bibl. nat., Ms. Ve Colbert, n° 366, p. 28. Lettre de la reine mère, du 12 janvier 1573, p. 58 du même recueil. Lettre de Monseigneur, frère du roi, du 23 janvier 1573, p. 44. Lettre de du Ferrier à la reine mère, du 7 février 1573, p. 79. Lettre de du Ferrier au duc d'Anjou, du 6 mars 1575, p. 255. Lettre de Du Ferrier à la reine mère, du 10 juillet 1573.

2. Voir Édouard Frémy : Un Ambassadeur libéral sous Charles IX et Henri III, Paris, 1880, Ernest Leroux, éditeur, p. 298 et suiv.

3. Bibl. nat., Ms. Dispacci degl' ambasciatori veneziani, déjà cités, filza 8, dépêche de Sigismond de Cavalli, en date du 15 août 1573.

4. Bibl. nat., Ms. Ve Colbert, n° 366, p. 487 et 526. Lettres de la reine mère à du Ferrier, datées de Saint-Germain-en-Laye, les 6 et 25 janvier 1574.

enfin l'envoi de cet argent en Pologne aurait encore coûté plus de six mille écus en frais, commissions, etc.[1].

Si ces deux cent mille écus avaient pu être envoyés, c'était la France qui en aurait été responsable.

Devant les dépêches de du Ferrier, Catherine dut se tourner d'un autre côté. Elle s'adressa à quelques marchands, leur vendit une forêt du domaine royal que ceux-ci devaient couper en quatre ans pour se rembourser de leurs avances; mais elle ne considérait sans doute pas ces prêteurs comme suffisamment sérieux et elle continuait ses instances auprès de du Ferrier, cette fois pour qu'il trouvât des bailleurs de fonds destinés à remplacer les marchands acheteurs de la forêt. Un intérêt de cinquante mille livres par an environ huit et demi pour cent leur était promis[2].

Le 14 mai 1574, la reine mère redemandait encore à du Ferrier un prêt de cent mille écus, à raison de dix pour cent d'intérêt. Cette demande n'eut pas plus de succès que les autres, et, lorsque le nouveau roi de France arriva à Vienne, Catherine lui fit passer cent mille écus par les soins de Gondi[3].

Ce premier envoi ne solda pas les dépenses de Henri III.

Au mois de juillet suivant, du Ferrier fut sollicité de deux côtés à la fois. Il reçut d'abord le sieur de Beauvillé, qui lui apportait de la part de Catherine les pouvoirs nécessaires pour un nouvel emprunt, puis peu de temps après M. de Pibrac se présentait au nom de Henri III resté à Vienne pour donner l'ordre à du Ferrier de prendre de l'argent dans l'une des quatre grandes banques florentines[4]; ces deux tentatives furent infructueuses : personne ne se souciait de faire des avances à Henri III.

1. Bibl. nat., Ve Colbert, n° 366, p. 492 et 501. Lettres de la reine mère à du Ferrier, en date des 6 et 14 février 1574.

2. Bibl. nat., Ms. Ve Colbert, n° 366, p. 617. Lettre de la reine mère, en date du 30 avril 1574.

3. Bibl. nat., Ms. Ve Colbert, n° 369, p. 620 et 636. Lettres de la reine mère à du Ferrier, en date des 14 mai et 6 juin 1574.

4. Bibl. nat., ms. Ve Colbert, n° 366. Lettre de la reine mère à du Ferrier, du 24 juin 1574, p. 566. Lettre de du Ferrier à la reine, du 9 juillet 1574, et Ms. fonds fr., n° 3967, fol. 86, même lettre du 9 juillet 1574.

Le roi quitta bientôt Vienne pour se rendre à Venise. A
son arrivée, il fut reçu par l'ambassadeur, qui lui déclara
que de Beauvillé lui avait bien remis ses lettres le pressant
de trouver de l'argent, mais, malgré toute la diplomatie que
lui du Ferrier avait déployée depuis un an, il lui avait été
impossible de rien conclure[1].

Henri III cependant emprunta à Venise douze mille écus
par les soins de du Ferrier, qui, sans fortune et n'ayant
pas touché ses appointements depuis bien longtemps, en
resta responsable envers les prêteurs[2].

En quittant le territoire de la République, le roi chargea
encore du Ferrier de distribuer[3] aux différents personnages
de la Seigneurie de nombreux bijoux, sans lui laisser un sou
vaillant, sachant bien que chacune de ses dépenses serait
payée par de nouveaux impôts qui frapperaient les sujets
de son royaume. Puis, parti pour Turin, il fut reçu par le
duc de Savoie, qui lui donna les plus belles fêtes ; il ne put
payer sa dette de reconnaissance à ce prince qu'en lui
cédant Pignerol, Pérouse et Savigliano[4]. Comme par déri-
sion, il écrivait de cette même ville à du Ferrier, qu'il avait
personnellement endetté : « J'espère vous envoyer le nécessaire d'argent et de seureté pour les perles que j'avais mar-
chandées à Venise, cependant avisez d'entretenir les marchands afin qu'ils ne se dessaisissent point de ces perles[5]. »

Il arriva en France en mai 1575. Son premier soin fut de
s'occuper des joyaux de la Couronne. Il appela Dujardin,
l'orfèvre qui avait été chargé de les monter en 1570, et en

1. En même temps du Ferrier écrivait à la reine qu'il était plus facile d'obtenir un
résultat en France, en s'adressant aux banques tenues par des Florentins, que de
tenter de nouvelles négociations financières à l'étranger. Bibl. nat., Ms. V⁰ Colbert,
n° 366, p. 680. Lettres des 8 et 9 juillet 1574.

2. Voir E. Frémy : Un ambassadeur libéral sous Charles IX et Henri III, p. 358 et 367.

3. Dans un volume du fonds Gaignières. Bibl. nat., Ms. fonds fr., n° 20979, fol. 183,
se trouve le détail exact des bijoux que du Ferrier fut chargé de distribuer ; les noms
des favoris sont également indiqués.

4. Brantôme, Vie des grands capitaines : Philibert, duc de Savoie, tome II, p. 146 et
147, édition Ludovic Lalanne.

5. Bibl. nat., Ms, V⁰ Colbert, n° 366, p. 703.

sa présence il constata avec sa mère que les joyaux de l'État remis par la reine Élisabeth entre les mains de Catherine de Médicis aussitôt après la mort de Charles IX, le 1er août 1574, étaient au complet. Il promulgua alors des lettres patentes pour décharger la responsabilité de la jeune reine douairière de la garde de ces joyaux.

Ces lettres patentes nous ont paru d'un intérêt particulier. Nous y avons vu une déclaration établissant de nouveaux droits de succession au trône, qui montre que Catherine de Médicis et Henri III, à son retour de Pologne, désiraient abolir la loi salique. Quelque invraisemblable que soit cette hypothèse, elle nous paraît assez positive pour que nous n'hésitions pas à la proposer.

Nous allons citer le texte de ces lettres patentes et nous expliquerons comment leur interprétation nous amène à conclure que Henri III se proposait d'abolir l'hérédité au trône, de mâle en mâle. Si cette théorie paraît trop hasardée, qu'on nous pardonne notre audace; nous ne pouvions passer sous silence cette hypothèse qui peut amener un autre auteur à une nouvelle découverte. Si l'on n'osait pas en histoire, la science ne ferait aucun progrès. Du reste nous présentons au lecteur les pièces du procès, il jugera lui-même.

Voici d'abord les lettres patentes[1] : « Voullant ladicte dame Royne-mère du Roy qu'elles les bagues de la Couronne soient inaliénables d'icelle Couronne, tant qu'il y aura enfans masles yssus d'Elle et du feu Roy Henri son espoux ou descendans d'eux. Y ayant aussy esté mises plusieurs aultres pierreries par ledict Seigneur Roy Henry à présent régnant qui seront cy-après déclairées, lesquelles luy appartenoient auparavant qu'estre Roy, lesquelles il a pareillement données à tous ses enfants masles succédans à la Couronne de France, et à tous les masles qui viendront d'eux et succéderont à ladicte Couronne. Voullant aussy

---

1. Arch. nat., J, 947 ; et P, 2540, fol. 25. Inventaire et Lettres patentes du Roy du 12 mai 1575.

qu'advenant que luy et eulx n'eussent que filles, veult et
entend que ce tout demeure auxdictes filles qui viendront
de Luy et en cas qu'il n'eust point d'enfans, veult que le
tout revienne à luy pour en disposer à sa volonté. » Et plus
loin : « Lequel Roy a de nouveau et par ces présentes
déclaré et voulu icelles pierreries et bagues estant anciennement de la Couronne, y estre incorporées à perpétuité et
celles que la Royne sa mère y a données y estre aussy inaliénables selon les volontés de ladicte dame tant qu'il y
aura Roys de France yssus du Roy Henry deuxiesme son
Seigneur et Espoux et Elle, ou descendans d'eulx, et celles
qui y sont mises et données par le Roy Henry troisiesme
à présent régnant à condition comme il est cy-dessus déclaré qui est tant qu'il y aura enfans masles descendans de
Sa Majesté succeddant à la Couronne de France et aux
masles qui viendront d'eulx et succedderont à ladicte Couronne. Et en cas que Sadicte Majesté et eulx n'eussent que
des filles, veult et entend Sadicte Majesté, que le tout demeure auxdictes filles qui viendront de luy. Et advenant
qu'il n'eust point d'enfans veult que le tout revienne à luy
pour en disposer à sa volunté, ne voullant aussy ladicte
Majesté que toutes lesdictes bagues et pierres puissent estre
changées d'œuvre ou autre façon pour quelque occasion
que ce soit si ce n'est par son commandement et de ses successeurs Roys; et que l'ung des quatre secrétaires d'Estat
aura mentionné à la fin de cet inventaire comme elles estoient
en œuvre et du changement qui y sera faict et l'occasion pour laquelle on aura changé ladicte œuvre affin que
pas une desdictes pierres ne se puissent latiter ny desguizer. »

Cette déclaration paraît être contraire à l'affectation que
François Iᵉʳ avait donnée à ces bijoux, lorsqu'il avait créé
le trésor de la Couronne, en le déclarant « inaliénable »
et devant « estre à tous jours » à ses successeurs, c'est-à-
dire à l'État : et Henri III, dans cette déclaration, semble
au premier abord avoir voulu reprendre ces bijoux à l'État

pour les donner à ses filles ou à l'un de ses favoris « à sa volonté » ; mais, en approfondissant l'étude de ce texte, on arrive à une autre conclusion.

Ces lettres patentes renouvellent l'inaliénabilité du trésor de la Couronne, et la défense de changement dans les parures. Henri III, qui les promulguait, ne désirait donc pas détruire le trésor ni changer les conditions de sa constitution. Impossible par conséquent d'accepter l'idée de donation du trésor de la Couronne à des iers. En effet, nous allons voir que Henri III ne songeait pas à changer la propriété du trésor, qui devait toujours rester à l'État, car aux termes des lettres patentes de leur fondation, les joyaux de la Couronne appartenaient à la suite des rois de France se succédant à la Couronne. En indiquant l'ordre des possesseurs de ces joyaux, Henri III indique les successeurs à la Couronne qu'il désire avoir. Les faits viendront démontrer la véracité de cette explication.

A ce moment Henri III venait de se marier; son frère le duc d'Alençon était son successeur immédiat : on le voit désigné dans ces lettres patentes en ces termes : « ensfans masles issus de Henri deuxiesme et de la Royne Catherine ». Si Henri III était mort sans avoir d'enfants, les diamants de la Couronne passaient à son frère, lui succédant comme roi de France et partant représentant l'État. Mais Henri III prévoyait que la mauvaise santé du duc d'Alençon lui enlèverait bientôt ce successeur et que lui-même n'aurait pas d'enfants mâles ou même point d'enfants du tout, et alors il prenait ses dispositions pour empêcher un prince protestant de monter sur le trône.

Henri III, en 1575, était pris d'un accès violent de fanatisme religieux. Il venait d'abolir tous les édits d'apaisement qu'il avait trouvés en vigueur, et ces mesures devaient amener une nouvelle guerre. C'est pour empêcher l'arrivée au trône d'un protestant qu'il voulait faire régner ses filles sur la France, si le duc d'Alençon était mort et si lui n'avait point de fils, et désigner lui-même son successeur à la Couronne s'il n'avait aucun enfant. De cette façon il empêchait Henri de Navarre d'arriver au trône.

Qu'on étudie ces lettres patentes, qu'on en pèse chaque terme, nous croyons qu'il est impossible de les expliquer autrement.

Les déclarations constantes des rois de France, et particulièrement celles contenues dans ces dernières lettres patentes, qui ordonnent que les joyaux de la Couronne seront biens meubles inaliénables de la Couronne de France, sont une preuve de la véracité de notre dire.

Les événements devaient modifier les idées du Roi, et aux derniers moments de son existence il fera le contraire de ce qu'il prescrivait en 1575, et il le fera en faveur de Henri IV pour le plus grand bien de la France.

Henri III eut d'abord à supporter une nouvelle guerre. Henri de Condé venait de signer avec Jean Casimir, comte palatin, un traité que le duc d'Aumale, dans son *Histoire des princes de Condé*[1], a justement qualifié d' « accord odieux quand il n'eût pas été absurde et inexécutable, » par lequel, en échange du concours des reîtres allemands, Condé promettait à Casimir les trois évêchés : Metz, Toul et Verdun, que trente ans auparavant François de Guise avait sauvés. Cette fois, ce fut Henri de Guise qui au passage de la Marne surprit une partie des troupes allemandes et les écrasa. Il reçut dans cette journée une large blessure à la figure qui lui valut le surnom de *Balafré*. Mais d'autres troupes allemandes, passant plus au sud, avaient rejoint les forces de Condé et du duc d'Alençon, qui avait trahi son frère.

La paix dite *de Monsieur*, qui termina cette guerre, fut signée le 6 mai 1576[2]. Outre les conditions politiques ou religieuses qu'il serait trop long d'énumérer ici, le roi devait

---

1. Duc d'Aumale, *Histoire des Princes de Condé*, tome III, p. 112.

2. Bibl. nat. *Recueil des choses iour par iour advenues d'octobre 1575 au mois de may suivant*, p. 162. Bibl. nat., Ms. fonds italien. *Dispacci degl' ambasciatori veneziani*, filza 9, dépêche de Moresini, ambassadeur, en date du 9 mai 1576.

payer à Jean Casimir, comme prix de sa retraite, une somme
d'environ six millions de livres[1].

Il nous faut rechercher comment Henri III se procura
de l'argent durant cette guerre pour lever des troupes,
comment la paix une fois conclue il put payer Jean Casimir, et enfin comment il solda les reîtres qui étaient à son
service.

Les finances allaient tomber dans un gâchis épouvan-
table ; les guerres et les plaisirs les plus coûteux devaient
amener les dépenses les plus folles. Successivement tous
les diamants de la Couronne seront engagés ; les impôts ne
rentreront qu'avec peine ; et cependant, au milieu d'un
pareil état de choses, le roi n'hésitera pas à sacrifier pour
un de ses mignons, lorsque l'occasion s'en présentera, les
sommes les plus considérables. Pour se les procurer, il
fera argent de tout, contractera des emprunts aux taux
les plus usuraires, créera des charges vénales, aliénera
les biens du clergé ; il devra coûte que coûte et n'importe
comment trouver de l'argent.

Nous allons tâcher, au milieu de cette dislocation des
finances, de rechercher dans les différents documents
échappés au temps l'histoire de chacun de ces emprunts.
Nous la trouverons dans les dépêches des ambassadeurs,
dans les arrêts de la Chambre des comptes, dans la correspondance royale et dans les actes conservés encore dans les
études de notaires à Paris et à l'étranger.

Nous tâcherons de suivre chaque fois et pas à pas la
sortie des diamants de la Couronne, de constater leur
rentrée lorsqu'ils reviennent au Trésor, ou de signaler leur
disparition en indiquant le dernier moment où l'on trouve
la trace de leur existence.

---

1. Bibl. nat., Ms. fonds français n° 15890, fol. 156. Bibl. nat., Ms. fonds italien,
Dispacci degl' ambasciatori veneziani, filza 9. Dépêche de Moresini, en date du
15 mai 1576. Le chiffre indiqué par cette dépêche n'est que de cinq millions de livres,
mais nous verrons plus loin qu'on y a ajouté le solde restant dû à Casimir dans la
campagne de 1567.

Henri III commençait ses opérations financières de vente ou d'engagement de bijoux en faisant enlever, le 23 février 1576, des reliquaires de la Sainte-Chapelle du Palais où se trouvaient conservés le saint clou et la sainte couronne, les rubis qui les ornaient; il en disposait, pour faire de l'argent, sans que nous ayons pu trouver exactement de quelle façon[1].

A Venise, du Ferrier, qui continuait les négociations d'emprunt, sentant qu'il était impossible de trouver de l'argent auprès du gouvernement, déclarait à la reine mère qu'il n'avait plus qu'une ressource : celle de s'adresser aux juifs du pays; mais cette tentative n'aboutissait pas plus que les autres[2].

Les échecs subis à Venise déterminèrent Henri III à s'adresser à Charles de Lorraine, dont il venait d'épouser la cousine Louise de Vaudemont. Le Roi demanda au duc un prêt de cent mille écus[3].

Charles II, voulant satisfaire le roi de France, mais n'ayant pas de numéraire, lui fit remettre des bagues de la couronne ducale de Lorraine, d'une valeur de cent mille écus, au moyen desquelles Henri III pourrait se procurer la somme demandée.

Ce fut le baron Africain d'Haussonville, maréchal de Barrois, qui apporta les bagues à Paris.

Les experts du roi, François Dujardin, Richard Toutain, et François Guyart[4] ne trouvèrent pas exactement la valeur

1. « Dans la nuit du 10 may 1575, on vola la vraie croix estant à la Saincte Chapelle du Palais; il en résulta une émeute. L'on disoit dans le peuple que c'estoit par les menées et par les manœuvres pratiquées par la reine mère que le peuple avoit tellement en horreur, que tout ce qui advenoit de malencontre lui estoit imputé. L'on disoit qu'on l'avoit envoyée en Italie pour gage d'un grande somme de deniers. » (*Mémoires de Pierre de l'Estoile*, tome Ier, p. 58. Arch. nat., L., 616. Procès-verbal du 23 février 1576.)

2. Bibl. nat., Ms. Ve Colbert, n° 366. p. 745, 750, u° 367. p. 9, 17 et 39. Lettres de du Ferrier au roi, en date des 13 et 28 mai, 8 et 22 juillet et 1er août 1575.

3. Arch. nat., P, 2540, fol. 38.

4. François Guyart, reçu maître orfèvre en 1542, était orfèvre du Roi en 1572 et avait pour poinçon : « une F et ung G en lettres romaines ». Il mourut en 1575. (Arch. nat., K, 1636, 1041. 2e liasse, Z, 2835, 2840, 2847, 3119, 3169, 3185 et 3188.

de cent mille écus. Le roi en fit l'observation au sieur d'Haussonville, mais celui-ci répondit que les bagues avaient été estimées cent mille écus et que le roi devait les prendre pour ce prix, sinon il avait l'ordre de rompre l'affaire[1].

Henri III céda, et le sieur du Nesmes[2], notaire à Paris, passa un contrat par lequel il était dit : que le duc de Lorraine prêtait à son cousin cent mille écus en pierreries de la couronne ducale de Lorraine « inaliénables d'icelle[3] » comme les pierreries de la couronne de France; que les bijoux prêtés par le duc seraient rendus intégralement dans deux années : pour en garantir la restitution, le roi donnait en gage au duc de Lorraine quatre mille arpents de bois de haute futaie de la forêt de Compiègne.

Comme on devait s'y attendre, le remboursement n'eut pas lieu à l'époque fixée. Les pierres n'ayant pas été rendues, le duc de Lorraine s'occupa de faire vendre les bois de la forêt de Compiègne qu'il avait reçus en gage, et de remplacer dans son trésor les bijoux qui y manquaient.

Il fit avec Michel Bacler[4], joaillier à Paris, un contrat dans lequel il était stipulé que ce dernier devait lui livrer dans le plus bref délai, moyennant une somme de soixante mille écus, les joyaux suivants :

1° Un grand collier contenant neuf grandes tables de diamant espacées et huit autres pour l'enrichissement de la pierre du milieu, plus seize grosses perles à boutons.

2° Un autre collier garni de sept grandes tables de diamant, et quatre diamants espacés pour enrichissement de la table du milieu, et seize grosses perles autour.

1. Bibl. nat., Ms. fonds de Lorraine, n° 183.
2. Arch. nat., P, 2540, fol. 38. Contrat passé, le 23 juin 1576, devant M⁰ˢ Pharaon de Hin et Jacques du Nesmes, notaires du roi.
3. Voir les lettres patentes du duc Antoine touchant l'union des bagues et leur incorporation à la couronne ducale de Lorraine. (Bibl. nat., Ms. fonds de Lorraine, n° 183, fol. 1.) Renouvellement des mêmes lettres patentes le 12 novembre 1545, même source, fol. 2. Donation de Claude de France, duchesse de Lorraine, en date du 10 octobre 1573, même source, fol. 12.
4. Bibl. nat., Ms. fonds de Lorraine, n° 183. Contrat du 24 novembre 1581.

3° Une grande bague avec un grand diamant faible enrichi de huit tables de diamant.

4° Une autre grande bague garnie d'un grand rubis cabochon enrichi de huit diamants en table.

5° Une croix de Lorraine contenant neuf grands diamants, savoir : six pointes, une grande table et deux autres diamants taillés à faces.

Le même joaillier s'engageait en outre à recouvrer par tous les moyens qu'il jugerait à propos « une grande pointe de diamants pesant dix-huit carats dans laquelle il y a un petit point et l'eau un peu triste », appartenant à la couronne ducale de Lorraine, et que le roi de France avait remise à Jean Casimir.

Dans le cas où le sieur Baeler ne pourrait rentrer en pos-

CARCAN DE LA COURONNE, MONTÉ PAR DUJARDIN EN 1570
Dessin de M. Hirtz, d'après le portrait d'Élisabeth d'Autriche, par François Clouet

session de cette pierre dans le courant de l'année suivante, il devait en fournir une identique, de mêmes poids, grandeur et beauté; sinon il aurait à supporter une diminution de dix mille écus sur le prix de soixante mille ci-dessus fixé.

Il était convenu dans ce contrat que les soixante mille écus seraient payés comme suit : trente mille comptant, les autres trente mille étaient assurés sur le produit de la vente de la forêt de Compiègne, que le roi avait cédée en garantie au duc de Lorraine.

Cette dernière rentrée ne put s'exécuter, et le sieur Baeler, ayant satisfait à toutes les clauses de son contrat avec le duc, mourut quelque temps après, sans avoir pu recouvrer les trente mille écus qui lui restaient dus. Sa veuve, alors mère de cinq enfants en bas âge, se trouva dans une situation fort précaire.

Poursuivie par les créanciers de son mari, elle réclama longtemps avec les plus vives instances les trente mille écus qui lui revenaient et avec lesquels elle aurait pu éteindre ses dettes : l'argent ne lui fut pas rendu, mais un jugement du Châtelet de Paris la fit enfermer en prison.

Nous n'avons pu retrouver si cette malheureuse veuve fut plus tard entièrement désintéressée de sa créance.

Henri III, qui avait quitté la Pologne dans des conditions ridicules, avait conservé on ne sait quelle idée sur ce pays. Dans un but indéfinissable, il s'efforçait d'y envoyer deux cent mille écus, et il avait chargé, comme toujours, l'ambassadeur du Ferrier de trouver cette somme[1].

Après une correspondance de plus d'un an, du Ferrier parvint non sans peine à dissuader le roi de faire une pareille dépense[2].

Les lettres de l'ambassadeur du Ferrier fournissent des renseignements curieux sur l'état des finances de la France, mais aucune n'est plus saisissante que celle dans laquelle il dépeint la situation, qui depuis s'est renouvelée souvent durant les crises politiques.

« Il se trouvera en vingt-quatre heures, écrit-il le 22 juillet 1575, plus de cinq cent mille escus qui sont dans cette ville de Venise attendant leur placement à la Zecca. » Par ce mot on entendait la maison de ville, où se plaçait l'argent, qui rapportait comme de nos jours un intérêt déterminé. « Et si je disois, Sire, que quatre cent mille et beaucoup plus de ces escus ont esté envoyés de France et appartiennent à vos sujets, je dirois la vérité. Telle est aujourd'hui la frayeur des riches Français de tous estats, que, semblables aux rats, ils fuient naturellement une maison proche de sa ruine. Et si dirois-je davantage qu'il sont catholiques, car s'ils estoient d'une autre religion ils seroient confisqués[3]. »

1. Bibl. nat., Ms. Ve Colbert, no 367, dépêche du 8 juillet 1575.
2. Bibl. nat., Ms. V Colbert, no 367, fol. 17, dépêche du 22 juillet 1575.
3. Bibl. nat., Ms. Ve Colbert, no 367, fol. 17, dépêche du 22 juillet 1575.

Le maréchal de Bellegarde devait prendre à Venise ces deux cent mille écus et les porter en Pologne[1]. Il était chargé également de s'arrêter à Turin et d'y prendre pour cinquante mille écus de bagues que le duc de Savoie prêtait à son neveu le roi de France.

Le maréchal de Bellegarde n'ayant pas réussi, ce fut un sieur Despesse qui reprit l'affaire dans le courant du mois d'août 1575[2].

Nous ne savons s'il parvint à porter à Venise les cinquante mille écus de bagues que le duc de Savoie avait promis, et pour l'engagement desquelles Catherine et le roi de France avaient échangé une si longue correspondance.

Toujours est-il que, la guerre devenant plus pressante, Henri III renonça à l'envoi de cet argent en Pologne et pria du Ferrier, cinq mois après, en février 1576[3], de tenter un emprunt plus sérieux destiné à subvenir aux besoins réels de la France.

Mais dans l'intervalle était survenue la trève conclue le 22 novembre 1575 par le duc d'Alençon avec son frère, aux termes de laquelle le roi de France garantissait aux reîtres de Casimir le payement immédiat de leur solde, s'élevant à cinq cent mille livres[4].

Au cours des pourparlers, le 13 du même mois, Henri III avait écrit à Condé pour lui annoncer la conclusion prochaine de la trève et lui en faire connaître les clauses. Il l'informait, en outre, qu'il priait son cousin le duc de Lorraine, et son beau-père le comte de Vaudemont, de répondre pour lui de ladite somme de cinq cent mille

---

1. Bibl. nat., Ms. V⁰ Colbert, n° 366, p. 750. Lettre de du Ferrier au roi, du 28 mai 1575.

2. Bibl. nat., Ms. fonds Brienne, n° 289, p. 163. Instructions données au sieur Despesse envoyé par le roi en Savoie.

3. Bibl. nat., Ms. V⁰ Colbert, n° 367, p. 157. Lettre du roi à du Ferrier, en date du 28 février 1576.

4. Bibl. nat., L⁵ 34. *Recueil des choses iour par iour advenues d'octobre 1575 à may 1576*, p. 19.

livres, et à cet effet il leur envoyait en gage ses meilleures bagues de la Couronne[1].

Le lendemain[2], François Dujardin, orfèvre du roi, dressait un inventaire de plusieurs parures que nous connaissons déjà et dont la valeur représentait deux cent quatre-vingt-sept mille sept cents écus. C'étaient :

« La grande croix faite de neuf diamants estimée cinquante mille écus. » On lui faisait subir une diminution notable puisqu'elle avait été achetée et estimée jusqu'alors quatre-vingt-dix mille écus.)

« Un grand diamant acheté par François Ier avec une perle pendeloque estimé soixante-six mille deux cents écus.

« Un autre grand diamant faible, plus spacieux que le précédent, auquel pend une grosse perle quasi ronde, estimé le tout vingt-cinq mille écus. »

Ces trois pièces avaient servi de gage pour l'emprunt de 1569 à Venise.

« Un gros rubis balais à jour, appelé l'*Œuf-de-Naples*, auquel pend une perle en forme de poire, estimé soixante-dix mille écus.

« Une bague d'un A romain que fait un gros rubis balais en forme de griffe, estimé vingt-cinq mille écus, plus une grosse perle qui est pendante, quinze cents écus.

« Un grand rubis balais fait en coste pendu à quinze perles au lieu de chesne, estimé, le tout ensemble, cinquante mille écus. »

C'étaient les trois fameux rubis de la Couronne engagés à Florence en 1569.

Le tout fut immédiatement envoyé à Nancy.

Sur les instigations de Condé, la trève ne fut pas maintenue[3] et les hostilités recommencèrent; néanmoins le roi laissa les bagues entre les mains du duc de Lorraine.

1. Bibl. nat., Ms. Ve Colbert, n° 399. p. 272.
2. Arch. nat. O¹ 3326. Maison du roi, meubles et joyaux.
Bibl. nat. Ms. Ve Colbert, n° 7, p. 639. Inventaire du 11 novembre 1575.
3. *Mémoires de la Huguerie*. Édition de la Société de l'*Histoire de France*, tome I, p. 358.

Les armées royales et protestantes étaient presque exclu-
sivement composées d'étrangers, qui aimaient mieux piller
que de se battre. Aussi Henri III, persuadé qu'une paix,
quelque coûteuse qu'elle fût, serait encore plus profitable
que la continuation d'une guerre qui se traduisait par la
destruction totale de son royaume, parvint à renouer les
négociations par l'intermédiaire de son frère. Celui-ci lui
fit savoir que les prétentions de Casimir seraient encore
plus élevées que celles qu'il lui avait proposées au mois de
novembre précédent.

En effet, Casimir exigea d'abord le payement d'une
somme de huit millions de livres[1], qu'à force d'instances
on parvint à réduire à six millions[2].

Cette somme était justifiée : 1° par les frais d'entretien
de l'armée allemande pendant la campagne, plus deux mois
de solde à partir de la signature du traité; 2° par le remboursement des avances faites par la reine Élisabeth à
Casimir; et enfin, 3°, par le restant de la contribution de
guerre promise, en 1567, au même Casimir, et encore
impayée. Le tout s'élevait exactement en monnaie allemande à trois millions trois cent quatre-vingt-huit mille
cinq cent quarante-neuf florins[3].

Le premier versement comptant était fixé à trois cent
mille livres en argent et neuf cent mille en joyaux. Cette
somme payée, Casimir devait se retirer, avec ses reîtres,
sur les frontières du royaume et y séjourner jusqu'au 6 juin,
date à laquelle un nouveau payement de deux millions de
livres devait lui être fait. Ce n'est qu'après avoir reçu ce

---

1. Bibl. nat., Ms. fonds italien. *Dispacci degl' ambasciatori veneziani*, déjà cité, filza 9,
p. 108, dépêche de Juan Francesco Moresini, en date du 30 avril 1576.

2. Bibl. nat., Ms. fonds italien : *Dispacci degl'ambasciatori veneziani*, déjà cité. Dépêche
de l'ambassadeur Moresini en date du 15 mai 1576, filza 9. Cette dépêche ne porte
que cinq millions de livres, mais, avec le restant dû de la campagne de 1567, le
compte s'élevait à cinq millions neuf cent quarante-cinq mille trois cent cinquante
et une livres.

3. Bibl. nat., Ms. fonds français, nᵒˢ 15890, p. 456, et 20153, p. 213. Contrat passé
entre Henri III et le duc Casimir pour le « payement des reistres et des vieilles
debtes du passé pour le mesme faict ».

deuxième versement qu'il promettait de rentrer dans son pays, emmenant avec lui quatre otages qu'il exigeait pour garantir le solde de la contribution de guerre[1].

En cas d'inexécution de l'une de ces conditions, Casimir déclarait vouloir rester sur le territoire royal et y entretenir ses troupes au moyen de pillages. Il n'hésiterait pas ensuite, disait-il, à mettre le feu dans toutes les villes qu'il rencontrerait sur son passage[2].

Le roi se mit immédiatement en quête pour réunir les sommes exigées. Nous n'avons pas à parler du parti qu'il tira, comme toujours, des biens du clergé, ni de l'emprunt forcé qu'il imposa aux bourgeois de Paris.

Dès les premiers pourparlers de la paix, d'Abain de la Rocheposay avait été envoyé auprès du duc de Savoie pour obtenir la garantie que nous avons indiquée plus haut; de Turin il devait se rendre à Mantoue, à Ferrare, à Rome et à Venise[3]. Dans chacune de ces villes, il devait tâcher d'émouvoir le souverain et d'obtenir des sommes considérables contre la remise en gage des joyaux de la Couronne et probablement des rubis de la Sainte-Chapelle.

De tous ces beaux projets, un seul, qui n'avait point été prévu, réussit : le duc de Parme et son frère le cardinal Farnèse prirent en gage un certain nombre de joyaux, sur lesquels ils avancèrent quarante mille écus.

Le duc de Lorraine et le comte de Vaudemont[4] fournirent à Casimir la garantie du payement des sommes que le roi devait lui payer par suite du traité.

Grâce aux emprunts forcés et à l'aliénation des rentes du clergé, le premier payement de trois cent mille livres

1. Bibl. nat., Ms. fonds italien, *Dispacci degl' ambasciatori veneziani*, déjà cités, filza 9. Dépêche de Jean-François Moresini, du 15 mai 1576, et fonds français n° 15890, fol. 156, et fonds français, n° 20153, fol. 213, r°.

2. Brantôme, *les Grands Capitaines étrangers*, édition Ludovic Lalanne, tome I⁰⁰, p. 324.

3. Bibl. nat., Ms. fonds Dupuy, n° 350, fol. 8. Instructions données le 31 mars 1576 au sieur d'Abain de la Rocheposay, pour se rendre auprès du duc de Savoie.

4. Bibl. nat., Ms. fonds français n° 20153, p. 212 r°.

comptant avait pu être effectué[1]; mais on était encore loin
d'avoir les deux millions promis pour le 6 juin. Le roi
alla jusqu'à faire saisir tout l'argent des recettes générales
et de l'Hôtel de ville qui était destiné à être servi en intérêts aux personnes qui lui avaient fait des avances. Cette
mesure souleva une telle réprobation parmi les créanciers
qu'il en résulta une émeute. Elle fut bien vite réprimée et,
malgré les plaintes des pauvres gens qui avaient placé là
toutes leurs économies, Henri III maintint sa décision[2].

Le 31 mai, cinq jours avant la date fixée pour le second
payement (celui de deux millions de livres) qui devait être
fait à Casimir, le roi envoyait auprès de lui, à Bar-sur-
Seine, M. de Bellièvre avec quelque argent et des joyaux
pour le prier de vouloir bien se contenter pour le moment
de ce qu'il lui remettait. En même temps il faisait les plus
vives démarches auprès du prince de Condé pour le prier
d'intervenir afin d'éviter au royaume la plus affreuse cata-
strophe. Mais Condé répondit en insistant pour l'exécution
intégrale du traité.

Le 2 juin, le roi n'avait encore réuni que six cent mille
livres, environ le tiers de la somme qu'il avait à payer
le 6. Or, d'après le traité, chaque mois de retard se traduisait par une nouvelle contribution de cinq cent mille
livres[3].

Ce même jour, une dépêche du 13 mai, parvenue de
Turin seulement à cette date du 2 juin[4], faisait connaître
au roi le résultat des pourparlers de son ambassadeur
d'Abain de la Rocheposay avec le duc de Savoie. Ce souverain déclarait qu'il n'avait point d'argent et conséquem-

1. Bibl. nat., Ms. fonds italien. *Dispacci degl' ambasciatori veneziani*, filza 9, dépêche
de l'ambassadeur Moresini, du 30 mai 1576.

2. Bibl. nat., ms. fonds italien. *Dispacci degl' ambasciatori veneziani*, filza 9, dépêche
de l'ambassadeur Moresini, en date du 30 mai 1576.

3. Bibl. nat., Ms. fonds italien. *Dispacci degl' ambasciatori veneziani*, filza 9, dépêche
de l'ambassadeur Moresini, du 2 juin 1576.

4. Bibl. nat., fonds Dupuy, n° 351, fol. 2. et fonds français, n° 17992. Lettre de
M. d'Abain de la Rocheposay au roi.

ment il ne pourrait en avancer sur les joyaux qui lui avaient
été remis, mais il se chargerait de négocier avec des banques le prêt qu'il regrettait de ne pouvoir faire lui-même ;
il conseillait toutefois de renoncer à ce moyen d'emprunt,
qu'il considérait comme très onéreux, et de vendre simplement les bagues à des particuliers, ce qui lui paraissait
plus facile et plus productif[1]. Le duc refusait également de
garantir la rente de cinquante mille écus que le roi avait
proposé de faire à Casimir, mais ce refus n'avait plus d'importance, attendu que depuis le départ de d'Abain on avait
renoncé à la constitution d'une rente.

Cette démarche n'avait donc eu aucun résultat.

A Paris, on était dans les plus grandes craintes de voir
les menaces de Casimir se réaliser. Le pape venait de refuser une nouvelle aliénation de biens ecclésiastiques ; heureusement dans ces circonstances délicates le clergé de
France ne s'arrêta pas à la défense, et le Parlement put
enregistrer l'édit du roi concernant cette nouvelle vente
qui devait procurer le capital de deux cent mille livres de
revenu, soit environ cinq millions de livres[2] : puis, pour
régulariser la situation avec Rome, Gondi, évêque de Paris,
se rendit immédiatement auprès du pape[3] pour lui faire
prendre en douceur la décision du roi et la lui faire autoriser postérieurement. De son côté, le clergé de France
expédiait en son nom un ambassadeur auprès du saint-
père, pour le presser non moins vivement de se rendre
aux objurgations du roi.

Quant à Casimir, il avait accepté les propositions de
Bellièvre ainsi que les six cent mille livres en espèces et
les bijoux qu'il lui avait apportés ; mais comme le prince

---

1. Bibl. nat., Ms. fonds italien. *Dispacci degl' ambasciatori veneziani*, filza 9, dépêche
du 2 juin 1576.

2. Bibl. nat., Ms. fonds italien. *Dispacci degl' ambasciatori veneziani*, filza 9, dépêche
du 14 juin 1576. Le roi exigeait l'aliénation de trois cent mille livres de revenus de
biens ecclésiastiques. On finit par tomber d'accord sur le chiffre de deux cent mille livres.

3. Bibl. nat., Ms. fonds français, n° 17530, p. 7, r°. Instruction de l'évêque de
Paris allant à Rome, 19 juin 1576.

allemand n'avait que deux otages sur les quatre qui lui
avaient été promis, il s'empara des deux plénipotentiaires,
Bellièvre et Harlay, et les garda malgré leurs protestations.
Il se retira ensuite en pillant le territoire qu'il traversait
et en emmenant des troupeaux de bœufs, moutons, chevaux, etc., jusqu'à Heidelberg, où il fit une entrée triom-
phale. Le bétail provenant de ses razzias était poussé en
tête du cortège.

Casimir avait fait construire des chars d'une forme spéciale, espèce d'estrade-vitrine, sur lesquels s'étalaient les
joyaux de la Couronne de France qu'il montrait ainsi à
toutes les populations accourues sur son passage[1]. Derrière
venaient les deux otages et les plénipotentiaires Bellièvre et

---

1. Bibl. nat., Ms. fonds fr. 15890. — Fol. 424. Lettre de M. de Bellièvre au roi
en date du 25 juin 1576. — Fol. 425. Lettre du même à la reine, même date. —
Fol. 427. Lettre du même au roi, du même jour; nous en extrayons le passage
suivant :

« Sire, j'escrivy à Vostre Majesté de Chasteauvillain et luy envoyai la lettre que
m'avoit escritte le sieur de Harlay touchant l'émotion advenue entre les reistres du
duc Casimir, en somme ça a esté un villain désordre, en sa présence ils ont outragé
le docteur Veyer et Solegre, ils ont assailly le fils de M. Descars, pensant que ce
fust moy, et faict tant d'indignitez que j'ay honte de l'escrire....

« Vous sçavez, Sire, que je vous remontrai que m'envoyant iey sans argent et
moyens on m'exposoit en danger de ma vie et à recevoir toute injure et malignité
de ces gens, et que je craignois de gaster plus tost voz affères que de les accommoder.
Vostre Majesté verra ce qui est arrivé le xxj de ce moys. Le xxij j'ay envoyai le
jeune Praillon par lequel j'escrivis à Mgr le duc Casimir le priant d'obvier à telles
esmotions. M. du Harlay qui est près de luy y a faict pour vostre service ce que
peult un sage et prudent ministre. Ledict sieur Duc m'envoya ce jour mesme un
gentilhomme des siens avec un trompette me priant de l'aller veoir, ce que j'ay fais
et fus avec luy tout le jour de sabmedy dernier. Je luy fis la plainte de l'indignité
qu'avoit reçeu M. Descars et du tort que l'on me faisoit de chercher ma vie n'ayant
fait tort à personne; que si les ministres du Roy sont tellement traictés près de luy,
que l'on a rien plus à fère que à se retirer, et luy en dys librement tout ce que m'en
sembloit, il me respondit que la nécessité et l'inobservation des promesses avoit mis
ces soldats à ce désespoir et dict beaucoup de choses à l'allemande qu'ils avoient
résolus entre eulx, que par cy après il seroit obvié à tels désordres, que les étrangers
M. du Harlay et moi serions avecques eulx en toute seureté. Sur ce me dict qu'il
avoit entendu que l'argent estoit arrivé, que le moyen d'apaiser ceste sédition estoit
que je le luy deslivrasse, que cela donneroit occasion aux soldats de croire que on
ne les veult point tromper. Je luy dict que j'estois prest à faire deslivrer l'argent
que j'avois, pourveu qu'il me déclara qu'il se contenteroit de six cens mil livres que
nous luy pouvions bailler, et qu'il me déclara aussy qu'il se contenteroit des respon-
dans et seuretez telles que je luy avois desjà dict et luy pouvions offrir. »

Harlay, retenus prisonniers au mépris du droit des gens[1].

Certes, ce n'était pas une mince insulte que ce brigand d'outre-Rhin faisait à la France en exposant ainsi à la risée de la population tudesque les joyaux de la Couronne, symbole de la royauté, et les ambassadeurs du roi qu'il avait faits prisonniers !

Cent ans plus tard, les soldats de Turenne et de Duras pénétreront victorieux dans le palais de Jean Casimir, à Heidelberg ; à leur tour ils détruiront ce monument dans l'exaltation de leur victoire ; les eaux du Neckar refléteront au loin dans les vallées les lueurs de l'incendie du Palatinat, et les échos répercuteront les cris d'allégresse annonçant que l'insulte faite à la France est vengée par le sang et le feu.

Enfin Henri III avait pu débarrasser le royaume de la présence des troupes étrangères, mais il restait encore à licencier les reîtres de l'armée royale, qui n'étaient pas moins exigeants ni moins pillards que ceux de Casimir.

C'était encore sur l'Italie que comptait Catherine de Médicis. Le sieur Despesse n'avait probablement pas pu remplir sa mission et apporter à du Ferrier, comme il lui avait été ordonné, les bagues du duc de Savoie, s'élevant à environ cinquante mille écus.

En juin 1576, d'Abain n'avait pas non plus réussi à Turin, quoiqu'il pût disposer d'un nombre considérable de joyaux. Du Ferrier avait transporté son ambassade à Ponte-di-Brenta, à cause de la peste qui régnait à Venise. D'Abain, n'ayant pu arriver jusque-là, lui donna rendez-vous dans la ville de Padoue, où il lui remit une bordure d'oreillettes[2] et plusieurs rubis, le tout estimé à la somme de cent cinquante mille écus. Les rubis démontés ne faisaient point

---

1. Bibl. nat., Ms. fonds italien, *Dispacci degl' ambasciatori veneziani*, filza 9, dépêche du 7 septembre 1576.

2. Portant le n° 3 du chapitre de l'Inventaire de 1572. — Bibl. nat., Ms. fonds Dupuy, n° 351, fol. 3 et 21. Lettre de d'Abain au roi et à la reine du 26 mai 1576. Il lui en restait pour cent vingt mille écus environ. Les mêmes lettres se trouvent aux Archives du ministère des affaires étrangères. *Correspondance de Rome*, vol. n° 7.

partie des joyaux de la Couronne; ils venaient probablement du reliquaire de la Sainte-Chapelle, d'où Henri III les avait fait arracher.

Le moment n'était guère propice pour trouver de l'argent; d'Abain s'était adressé à des marchands, à des seigneurs, mais partout infructueusement; il avait même été jusqu'à s'aboucher avec des usuriers juifs pour obtenir une somme de trente mille écus; mais, à chaque proposition qu'il faisait, ces industriels répondaient que ces bagues étaient d'une valeur trop considérable pour qu'un simple particulier pût s'en rendre acquéreur.

Aussitôt que du Ferrier eut les bagues en sa possession, il n'osa pas les garder par devers lui à Ponte-di-Brenta; il se rendit à la Seigneurie, à Venise. Sur son parcours, il vit les villes et les campagnes dans la désolation : partout la peste enlevait des centaines d'habitants; le pays était tellement ravagé qu'il semblait dépeuplé et ruiné. Introduit devant l'Excellentissime Collège, encore ému des tableaux saisissants qui s'étaient déroulés sous ses yeux dans la course qu'il venait de faire pour arriver à Venise, au lieu de demander de l'argent sur les bijoux qu'il apportait il ne put s'empêcher, sous le coup de l'émotion, de les offrir au gouvernement vénitien[1] qui, depuis si longtemps, était l'allié de la France, pour l'aider à soulager son peuple au milieu de si grands malheurs. Le doge le remercia avec effusion, mais n'accepta pas l'offre; alors du Ferrier déposa les joyaux[2] dans l'une des caisses de l'État fermée au moyen de trois clefs confiées à trois personnages différents.

Bientôt après un sieur Dujardin reçut l'ordre du roi de se rendre à Venise pour retirer ces joyaux, mais il fut arrêté à la frontière, en raison de la peste.

D'Abain, de son côté, en quittant Padoue, se rendit successivement à Ferrare et à Mantoue, où il n'obtint que

---

1. *Archivio di Stato*, à Venise. Collegio III. Secreta. Reg. 8. Carte 156. Séance du 10 juillet 1576.

2. *Ibid.*, carte 158. Même séance.

de bonnes paroles. Dans cette dernière ville, il dut réaliser un prêt insignifiant, de trois à quatre mille écus, car il laissa en gage un rubis qui fut rendu quelques années après. Enfin, à Rome, il eut bien des offres du pape, mais à des conditions tellement onéreuses que le roi les refusa[1].

C'est alors que Rucellaï, en véritable courtier qu'il était, consentit, au nom du roi, en faveur du cardinal Farnèse, une vente à réméré des joyaux de la Couronne que d'Abain avait entre les mains. Si, dans six ans, à dater de la signature du contrat, le Roi n'avait pas racheté les bagues, elles devenaient la propriété du cardinal Farnèse et de son frère le duc de Parme. Le roi de France devait depuis longtemps au cardinal et au duc une somme de vingt-quatre mille écus ; aussi ces derniers acceptèrent-ils avec empressement l'offre qui leur était faite de prêter au roi quarante mille écus, car avec les vingt-quatre mille dus antérieurement leur créance s'élèverait à soixante-quatre mille écus, dont ils seraient couverts et remboursés au delà au moyen des joyaux qu'on leur remettait et qui représentaient une valeur de cent vingt mille écus[2].

C'était un carcan estimé cent mille écus, portant les plus beaux diamants de la Couronne : la *Table-de-Gênes*, la *Pointe-de-Milan* et la *Pointe-de-Bretagne*, et en outre la bordure de touret de cette parure.

Il nous faut maintenant résumer la situation et indiquer où se trouvait, à la fin de 1576, chacune des principales parures de la couronne ; puis, avant d'aborder l'étude des emprunts réalisés dans la seconde partie du règne de Henri III, nous raconterons comment les différentes parures que nous venons de voir dispersées rentrèrent au Trésor ou furent définitivement perdues.

---

1. Bibl. nat., Ms. fonds Dupuy, n° 351, fol. 17, et Archives du ministère des affaires étrangères. *Correspondance de Rome*, vol. n° 7.

2. Bibl. nat., Ms. fonds Dupuy, n° 351, fol. 10, et fonds fr., n° 17992. Archives du ministère des affaires étrangères. *Correspondance de Rome*, vol. n° 7. — Dépêche de d'Abain de la Rocheposay au Roi du dernier jour de juin 1576 de Rome.

La parure complète de diamants, celle qui contenait les vieilles pierres de la Couronne, la *Table-de-Genes*, la *Pointe-de-Milan* et la *Pointe-de-Bretagne*, formant une suite de bordure d'oreillette et de bordure de touret pour la tête, ainsi que le carcan, étaient les unes vendues au cardinal Farnèse, les autres déposées par du Ferrier dans les coffres de la Seigneurie de Venise avec les rubis de la Sainte-Chapelle.

Les parures qui avaient été achetées par François Ier et qui étaient entrées dans le trésor de la Couronne par lettres patentes de François II, étaient, avec la *Côte-de-Bretagne* et l'*A-romain*, entre les mains du duc de Lorraine et du comte de Vaudemont.

Casimir devait avoir emporté avec lui, d'abord les bagues remises par d'Haussonville de la part du duc de Lorraine[1], et probablement en outre la presque totalité des parures de saphirs et de perles de la Couronne qui avaient été montées en 1572 et dont la plupart provenaient de dons faits par Charles IX, Catherine de Médicis et Henri III.

Les parures qui étaient entre les mains de du Ferrier passèrent, comme nous le verrons plus loin, entre celles de Rucellaï pour ne jamais rentrer dans le trésor de la Couronne. Celles qui avaient été vendues à réméré au cardinal Farnèse ne sortirent de ses mains que six ans après : nous dirons dans quelles circonstances.

Quant aux rubis de la Sainte-Chapelle, il nous a été impossible de retrouver leur trace.

Les joyaux que le duc de Lorraine et le comte de Vaudemont avaient reçus ne leur servirent pas seulement de caution pour les garanties qu'ils avaient dû donner à Casimir, mais, sur la demande du roi, le duc de Lorraine les remit, en août 1576[2], au sieur Burekart de Barby, colonel des reîtres royaux, qui, conformément aux ordres qu'il

1. Bibl. nat., Ms. fonds de Lorraine, n° 183.
2. Bibl. nat., Ms. Ve Colbert, n° 8, p. 269. Mémoire du comte de Barby sur l'engagement des bagues de la Couronne pour le recouvrement des sommes demandées par le roi.

avait reçus, se rendit aussitôt à Cobourg, et de là à Ratisbonne, pour emprunter de l'argent sur lesdits joyaux, soit auprès du duc de Bavière, soit auprès de tout autre prince ou banquier.

Le colonel ne put réussir dans sa mission financière, et, le 7 avril 1578[1], il rapporta les bagues au trésor de la Couronne. Le roi en fit donner une décharge complète conjointement au duc de Lorraine et à Burckart de Barby, quoique l'un des joyaux, le rubis appelé la *Côte-de-Bretagne*, eût été remis par le duc de Lorraine, sur l'ordre du roi, à plusieurs colonels de reîtres royaux pour sûreté de l'arriéré de solde de leurs troupes. Cependant nous constatons que ce rubis était, en 1581, rentré à son tour dans le Trésor.

Il restait encore un collier de neuf rubis que nous ne connaissons qu'imparfaitement et qui avait été engagé, en 1571, entre les mains du bourgmestre de Bâle; mais il fut rendu le 24 octobre 1582[2], par les soins du sieur de Fleury, ambassadeur de France en Suisse, lorsque la créance, qui était de soixante mille écus, fut entièrement soldée. Un arrêt de la Chambre des comptes, en date du 2 septembre 1586, certifie le fait.

Quant aux bijoux remis à Casimir, comme on doit le supposer, ils ne rentrèrent jamais dans le trésor de la Couronne[3].

A ce moment 1577, le crédit du roi de France était ruiné, aucun État ne devait plus consentir à lui prêter une somme quelconque : c'était à des particuliers qu'il allait désormais s'adresser.

---

1. Bibl. nat., Ms. fonds Brienne, n° 9, et V° Colbert, n° 9, p. 117. « Certification donnée à M. de Lorraine, le 7 avril 1578, pour luy servir de descharge comme au comte de Barby, des bagues de la Couronne qui luy avoient esté mises entre les mains. »

2. Arch. nat., P. 2540. « Lettres patentes portant descharge au sieur de Fleury, chargé par le roi d'un remboursement au canton de Bâle. »

3. Le procès de Baeler et les pièces concernant son affaire, reproduites plus haut par nous, démontrent que l'on ne put rentrer en possession des bijoux emportés par Casimir. (Bibl. nat., Ms. fonds de Lorraine, n° 183.)

Jusqu'ici nous avons pu étudier, avec une grande abondance de documents, les emprunts contractés avec des États, parce que, dans les dépêches des ambassadeurs ou dans les dépôts publics des pays prêteurs, nous avions trouvé des pièces qui nous faisaient connaître chaque opération. Comme à partir de cette date de 1577 les contrats ne se feront plus qu'avec des banques privées ou de simples particuliers, nos recherches seront beaucoup moins fécondes.

Si les papiers de la Chambre des comptes n'avaient pas été détruits dans l'incendie de 1737, nous aurions pu trouver dans les dossiers de la comptabilité tout ce qui concerne ces opérations financières. Nous avons dû, par suite, diriger nos recherches d'un autre côté, et c'est dans les dépôts privés, dans les études de notaires, etc., que nous avons pu découvrir les emprunts sur gages qui vont être signalés.

Nous avons déjà vu, en 1576, le sieur Rucellaï prêter au roi trois cent mille livres, en garantie de laquelle somme il avait sans doute conservé entre ses mains les joyaux que l'ambassadeur du Ferrier avait déposés dans les coffres du gouvernement vénitien. Nous retrouverons Rucellaï dans toutes les opérations financières importantes qui eurent lieu à cette époque.

Henri III avait engagé, le 12 juillet 1580[1], à un sieur Sébastien Zamet, banquier à Lyon, par l'intermédiaire de MM. de Mayenne et de Mandelot, la grande table de diamant achetée par François Ier, et une seconde grande table plus faible, pour la somme de six cent trente mille écus. Ces bagues, on s'en souvient, avaient été rendues par Burckart de Barby en 1578. Elles restèrent entre les mains de Zamet jusqu'au 25 février 1589, époque à laquelle il les rendit au roi après avoir été probablement remboursé des quatre-vingt-sept mille écus que Henri III restait lui devoir.

Le même jour il lui en était donné décharge[2] authen-

---

1. Arch. nat., P. 2330, fol. 16.
2. Arch. nat., P. 2330, fol. 16. Le même acte porte décharge desdites bagues à

tique, et ces bagues étaient à l'instant même remises à Rucellaï, que le roi chargeait, avec le sieur de la Clielle, de contracter un emprunt de deux cent mille écus à Florence. Ce nouvel emprunt fut en effet réalisé, mais les deux cent mille écus en provenant furent, selon les ordres du roi, versés entre les mains du duc de Florence, Ferdinand Ier, en payement de pareille somme promise par Henri III sur la dot de la princesse de Lorraine, avec laquelle le grand-duc venait de se marier.

En 1589, Rucellaï n'était pas seulement détenteur des parures de du Ferrier, il avait aussi entre ses mains la bordure de touret où se trouvaient les diamants, la *Table-de-Gênes*, la *Pointe-de-Bretagne* et la *Pointe-de-Milan*, qui avaient été remises au cardinal Farnèse en 1576, en vertu d'une vente à réméré, dont le terme était expiré en 1581. A ce moment il avait été question d'obtenir du cardinal Farnèse un sursis de trois années; mais ce dernier ne voulut accorder qu'un délai d'un an, au terme duquel, s'il n'était pas complètement remboursé des soixante-quatre mille écus qui lui étaient dus ainsi que des intérêts à cinq pour cent[1], les cent vingt mille écus de joyaux qu'il détenait deviendraient sa propriété.

Ce dernier sursis étant expiré, Rucellaï avait probablement remboursé le cardinal et s'était substitué à lui vis-à-vis du gouvernement français. Il semble que ce soit la meilleure façon d'expliquer la possession par ce banquier de la grande bordure de touret.

La seconde parure que Rucellaï possédait était la croix de neuf diamants que Burckart de Barby avait rapportée à Henri III en 1578. Une lettre de Rucellaï prouve que

Zamet, et constate leur remise à Rucellaï, procureur du duc de Toscane, pour tenir lieu d'assurance de la somme de deux cent mille écus faisant partie de la dot de la princesse de Lorraine.

1. Bibl. nat., Ms. fonds du Puy, vol. CL, fol. 119, fonds français 17992 et 16011, fol. 19. Lettre de d'Abain de la Rocheposay au roi en date du 22 février 1580. — Fonds français 16011, fol. 73. Lettre du sieur de Foix au roi en date du 22 novembre 1582. — Même vol., fol. 75. Lettre du même du 6 décembre 1582.

des arrangements particuliers d'argent avaient eu lieu entre lui et Henri III postérieurement à 1577.

Le 1er août 1589, il réclamait à de Maisse, alors ambassadeur à Venise, « une somme de quatre vingts tant de mil escus pour le prest qu'il a faict au roy sur les parures en question », et il ajoute qu'à défaut de payement il usera de la faculté qui lui a été accordée dans son contrat, « de vendre lesdites bagues sans autre formalité que d'en prevenir le roy quatre mois à l'avance[1] ».

Nous nous trouvons donc en présence d'une vente à réméré comme celle qui avait été consentie au cardinal Farnèse, ce qui ne laisse plus aucun doute sur la supposition que nous avons émise que Rucellaï avait dû se substituer au cardinal.

De Maisse s'efforça de calmer Rucellaï, et parvint à l'empêcher de vendre les bagues de la Couronne, ce que ce dernier, en raison de son contrat, était en droit de faire. Il lui conseilla d'envoyer lesdites bagues à Venise, où il allait faire des démarches pour contracter un emprunt de deux cent mille écus[2]. L'ambassadeur s'engageait à employer les premiers fonds de ces deux cent mille écus à rembourser intégralement le prêteur de ses avances[3]. Henri III mourut sur ces entrefaites et Henri IV envoya à de Maisse les pouvoirs nécessaires pour faire ce nouvel emprunt[4] et pour

---

1. Bibl. nat., Ms. fonds Brienne, n° 11, fol. 39, et V° de Colbert, n° 369, fol. 23.

2. Bibl. nat., Ms. fonds Brienne, n° 11. Lettre du roi du 26 décembre 1589 et V° Colbert, n° 369, fol. 66, fonds fr., n° 10738, p. 573. Lettre du roi aux seigneurs de Venise. Henri III avait d'abord demandé, le 17 février de l'année précédente, deux cent mille écus, mais, devant les difficultés qu'il rencontrait auprès de la Seigneurie, il abaissa sa demande d'emprunt à cent mille écus, et il offrit en gage les diamants que Rucellaï avait en mains. Outre cela, Henri III proposa à la Seigneurie de lui rembourser les soixante-six mille six cent soixante-six écus restant dus sur l'emprunt réalisé en 1569, ce qui aurait élevé la somme due à cent soixante-six mille six cent soixante-six écus payables en trois ans par trois payements égaux; les produits des recettes générales de Lyon, Paris et Rouen auraient été donnés en garantie. (Fonds français, n° 10738, p. 614.)

3. Bibl. nat., Ms. fonds Brienne, n° 11, p. 42, et V° de Colbert, 9, fol. 66, n° 36.

4. Commission contenant pouvoir du roi envoyée à M. de Maisse du camp d'Alençon le xxvj° jour de décembre 1589. Bibl. nat., Ms. V° de Colbert, vol. n° 369, fol. 67.

remettre en gage aux prêteurs les bagues qui étaient entre les mains de Rucellaï[1]. Le roi faisait remarquer à de Maisse que Rucellaï avait peut-être reçu des acomptes sur sa créance par mandement du trésorier de l'épargne, qu'il fallait faire établir son compte et examiner le contrat qui avait été passé avec lui, afin de ne pas lui payer plus qu'il ne lui était dû.

Dans ses lettres des 7 mars et 8 avril 1590[2], Henri IV pres crivait à de Maisse de dégager les bagues des mains de Rucellaï et de les engager ailleurs pour une somme plus considérable. Leur valeur, disait-il, représente plus que la somme pour laquelle elles sont en nantissement, et une fois le prix de ce nouvel engagement touché, vous désintéresserez d'abord Rucellaï et vous enverrez le surplus à mon ambassadeur en Suisse, qui l'emploiera pour le bien de mon service.

Malheureusement de Maisse ne put réussir; il répondit à Henri IV le 15 mars 1590 : « Mais la difficulté est de trouver à qui engager lesdites bagues ny qui en veuillent tant bailler. Si bien elles vallent beaucoup davantaige, Vostre Maiesté ne doit pas doubter que je n'y aye faict et n'y face tout ce qu'il m'est possible, mais j'ay tant de contrariétez et d'oppositions à tout ce que je veux entreprendre, tant par le nonce du pape que par les ambassadeurs d'Espaigne et Savoye, qu'il m'est malaisé de faire ce que je désire. Ilz me mettroient volontiers à l'inquisition et attenteroyent à ma vie s'ilz pouvoient.... Ces gens-là (dis-je) empeschent que je ne puis trouver argent sur lesdictes bagues ny faire ce que je

1. Bibl. nat.. Ms. fonds Brienne, vol. XI, fol. 42, et V⁰ de Colbert, vol. CCCLXIX, fol. 66. Lettre du roi du 25 décembre 1589. « Au demeurant La Clielle m'a parlé de bagues dont vous m'avez cy-devant escript qui sont es mains du sieur Rucellaï pour la somme de soixante mille escus et sur lesquelles néantmoings il a opinion que oultre icelle somme, vous pouvez encores trouver jusques à cent mille escus ce qui me viendroyt très à propos aux besoings que j'ay d'argent et en ce cas je seroys content d'en employer une partie à apaiser la crierie des Suisses. »

2. Bibl. nat.. Ms. fonds Brienne, vol. 11, fol. 50. Mémoire envoyé au roi en juillet 1589.

3. Bibl. nat.. Ms. fonds Brienne, n° 11, fol. 42, et V⁰ de Colbert, n° 369, fol. 62,

pourroys bien en autre temps, sy bien j'y travaille tous les
jours ne voullant faillir de dire à Votre Maiesté que le sieur
Rucellay est tellement affectionné à son service qu'il m'a
donné parolle, sy nous les pouvons engaiger, que non
seullement le surplus sera pour Vostre Maiesté, mais qu'il
luy prestera très vollontiers quarente mil escuz qui luy
appartiennent en ladicte somme de iiij^{xx} V^m escuz., et lui
offriroit le tout si le tout luy appartenoit : dont il me
semble que par une lectre qu'Elle m'envoyera Vostre
Maiesté le doibt asseurer de son amitié en son endroyct
non moindre que n'estoit celle du feu roy.... Et quant aux
susdictes bagues, Elle sera incontinent advertye de ce qui
en succédera[1]. »

Il est vraisemblable que la proposition de Rucellaï fut
acceptée, et qu'il avança une somme de quarante mille écus
que le roi employa en partie à payer les Suisses[2].

Enfin le 14 décembre 1592, Henri IV parle encore du
rachat des bagues et de la croix de diamants qui sont entre
les mains de Rucellaï, par le moyen « d'un nouveau engaigement advisant surtout aux seuretez du gage qu'il ne remettra en aultres mains que au moins pour vingt mille
escuz[3] ».

Ce furent probablement les derniers essais de rachat
tentés par Henri IV, et Rucellaï dut garder les bagues et
vraisemblablement les réaliser à son profit.

Antérieurement à 1586, à une date que nous n'avons pu
retrouver, Henri III avait encore remis à un sieur Cenamy,
banquier italien, quatorze diamants enchâssés, d'une valeur de soixante mille écus, comme gage d'un prêt de
trente-cinq mille écus, auxquels il était ajouté cinq mille
écus pour les intérêts. Il faut voir dans cette parure de

---

1. Bibl. nat., Ms. fonds Brienne, nº 11, fol. 142, et Vᵉ Colbert, nº 369, fol. 62.

2. Bibl. nat., Ms. fonds Brienne, nº 11, fol. 158. Vᵉ de Colbert, nº 369, fol. 71.
Lettre du roi du 8 avril 1590. Fonds Brienne, nº 11, fol. 200. Lettre de de Maisse
au roi, du 15 juin 1590. Même volume, fol. 212. Lettre de de Maisse au roi, du
8 août 1590. Même volume, fol. 232. Lettre du roi, du dernier de juillet 1590.

3. Bibl. nat., Ms. fonds Brienne, nº 12, fol. 188.

quatorze diamants probablement le collier de diamants qui figure au chapitre v de l'inventaire de 1570.

Cet emprunt de quarante mille écus devait être remboursé en 1587 ; non seulement il ne le fut pas, mais encore le roi réussit à se faire prêter par son créancier une nouvelle somme de quarante mille écus en promettant de lui rembourser les premiers quarante mille l'année suivante. Aucun remboursement n'eut lieu à la date fixée, et la même opération dut encore se renouveler puisque la créance de Cenamy avait atteint cent soixante mille écus en 1589.

Le collier resta entre les mains de Cenamy jusqu'au 26 octobre 1596[1], époque à laquelle son compte, qui s'était encore compliqué, fut définitivement réglé par un arrêt du Conseil des finances présidé par Henri IV, et par suite les quatorze diamants rentrèrent dans le trésor de la Couronne.

Henri III n'était pas seul à cette époque occupé à chercher de l'argent au moyen des bijoux : sa sœur faisait de même ; à Venise on crut un instant que les diamants de la reine Margot étaient ceux de la Couronne.

En effet, le 2 mai 1588[2], deux Français recommandés par les Ricardi, banquiers à Lyon, arrivaient à Venise : au dire de de Maisse, alors ambassadeur, ils étaient porteurs d'environ trois cent quatre-vingt mille écus de joyaux qui devaient appartenir à la Couronne et sur lesquels ils cherchaient à emprunter de fortes sommes d'argent. Ces deux personnages étaient M. Arnault de Foissac et M. Chardon de la Roche.

De Maisse semble, dans sa dépêche du 2 mai 1588, être fort inquiet de la mission de ces deux individus.

Il les interroge et même les menace. Ceux-ci répondent que les bijoux sont à eux, et cependant les marchands de

1. Arch. nat., E 1, fol. 57.
2. Bibl. nat., Ms. fonds français, n° 10738, p. 684, et Archives du ministère des affaires étrangères. *Correspondance de Venise*, vol. XXXIV, p. 286.

Venise prétendent que dans les perles que ces individus désirent vendre il s'en trouve qu'ils ont eux-mêmes vendues au feu roi Charles IX, et que certainement ce sont des bagues de la Couronne. L'ambassadeur continue son enquête sur la provenance desdits joyaux, et il apprend enfin qu'ils appartiennent à Marguerite de Valois, femme de Henri de Navarre et sœur du Roi, qui a chargé deux seigneurs dévoués à ses intérêts de les vendre au mieux.

Les deux agents de la reine de Navarre demandaient de ces joyaux un prix énorme, et chacune de leurs propositions était tournée en ridicule par les marchands de Venise, qui estimaient le tout trente-sept mille écus[1].

Le 23 août suivant[2] (1588), de Maisse, rassuré sur l'origine des joyaux, informe Henri III que le grand-duc de Toscane a acheté les diamants pour quinze à vingt mille écus; le « duc de Mantoue a les rubis et les balais et est sur le point de les acheter »; enfin que les petites perles ont été vendues pour les frais et pour payer quelques petites dettes; les grosses perles sont encore à Venise, et quelques gentilshommes vénitiens veulent les acheter.

Vers la même époque, de Maisse avait reçu de MM. de

---

1. Bibl. nat., Ms. fonds français, n° 10738, p. 690, et Archives du ministère des affaires étrangères. *Correspondance de Venise*, vol. XXXIV, p. 291 et 306.

Ces bijoux se composaient de :

Un grand anneau diamant triangle à facette en anneau estimé 3000 écus	3000 écus,
Un autre diamant en table en un anneau également 3000 écus. .	3000 écus.
Un autre diamant en table autour vingt diamans et un chaton 5000 écus	5000 écus.
Un autre diamant en poincte et ung chaton 2500 écus	2500 écus.
Un autre diamant table en un chaton	2500 écus.
Sept diamants, ci-ensemble	2500 écus.
Neuf rubis estimés ensemble	2000 écus.
Et enfin 123 perles enchâssées, dont 43 grosses et 80 moindres, estimées ensemble	17 000 écus.
Total	37 000 écus.

2. Bibl. nat., Ms. fonds français, n° 10738, p. 783.

Sillery et Sancy[1], qui, eux, agissaient au nom du roi, un certain nombre de bagues sur lesquelles il employait tous ses efforts pour trouver à emprunter quelque argent. Malgré les lettres pressantes qu'il recevait du roi à cet égard, il n'obtenait pas de résultat favorable[2].

A ce moment l'empereur et le duc de Savoie adressaient des requêtes identiques à la Sérénissime République; et le pape, profitant de cette situation, insistait auprès du sénat de Venise pour l'engager à ne pas fournir d'argent à un prince hérétique comme Henri IV. Que les seigneurs vénitiens aient obtempéré ou non aux désirs de Sa Sainteté, ils refusèrent ce qu'on leur demandait.

Malgré les mises en gage dont nous venons de parler si longuement, quelques parures de diamants de la Couronne avaient pu, sous Henri III, servir de temps en temps dans les cérémonies, et la reine Louise de Vaudemont, dont la figure est demeurée aussi touchante que celle d'Élisabeth d'Autriche, s'en para à de rares intervalles. Le portrait au crayon qui existe d'elle semble montrer que, lorsqu'elle posa devant le peintre, elle s'était parée, pour la circonstance, d'une des bordures de parures de saphirs ou de rubis de la Couronne qu'elle avait placée en cotoire en haut de son corsage.

Henri III lui avait donné des perles superbes, que nous aurons l'occasion de revoir sous le règne de Henri IV. Lorsqu'elle monta sur le trône, le roi lui avait aussi donné par lettres patentes la jouissance de tous les bijoux de la Couronne, mais nous avons vu qu'elle avait dû peu en user, et, le 1er octobre 1588, Henri III crut devoir la décharger entièrement de la responsabilité attachée à la garde de ces bijoux par de nouvelles lettres patentes, dans lesquelles,

1. Bibl. nat., Ms. fonds Brienne, n° 11, p. 20. Lettre de de Maisse au Roi, en date du 10 juin 1589.

2. Bibl. nat., Ms. fonds Brienne, n° 11, fol. 150 et 158. V* Colbert. n° 369, fol. 68 et 71. Lettres du roi à M. de Maisse, en date des 7 mars et 10 mai 1590.

3. Bibl. nat., Ms. fonds fr., 7804, p. 40, v°.

LOUISE DE VAUDEMONT

(D'après le crayon du cabinet des Estampes à la Bibliothèque nationale.)

il déclare « qu'il les a employés pour garantir des emprunts faits par son commandement. »

Henri III ne s'était pas contenté d'engager les bijoux de la Couronne, il en était arrivé à mettre en gage jusqu'aux objets du cabinet royal, tels que la fameuse licorne[1] que le pape Clément VII avait donnée à François Ier lors du mariage de Catherine de Médicis[2].

Quant à ses dettes personnelles, telles que celles contractées pour des achats de bijoux faits lors de son séjour en Pologne, ou au commencement de son règne en 1575, il ne les paya jamais, et plusieurs fournisseurs royaux ne purent rentrer dans leurs fonds qu'en 1600 ou 1601, c'est-à-dire vingt-cinq ans après[3]. Veut-on savoir où disparaissaient en grande partie ces sommes énormes que le roi se procurait par n'importe quels moyens?

L'ambassadeur vénitien Giovanni Moro nous donnera la clef de ce mystère. Le 25 mai 1584, il écrit à son gouvernement :

« Le roi est venu ici passer toute une semaine chez le duc d'Épernon pour s'entretenir avec lui de son départ

---

1. Arch. nat., E[1b], fol. 192. « Il est ordonné au trésorier de l'Espargne, M. Balthazard Gobelin, d'assigner sur les cens mil escus employés en l'Estat pour le payement des debtes des Suisses, le mareschal de Bouillon, de la somme de dix mil escus pour pareille somme due à la dame de Chamerolles (probablement de Chemerault) dont elle auroit faict prest au Roy, pour seureté de laquelle luy auroit esté baillée par le commandement de Sa Majesté, par ledict sieur mareschal, d'ung diaman à luy appartenant au lieu de la licorne de la Couronne qu'il rendra moyennant l'acquittement de x[m] escus.

2. Elle est ainsi décrite dans l'inventaire du Cabinet du roi, du 20 février 1560 : « Une grande licorne émorcée par le bout, garnie d'or et soustenue sur trois testes de licorne d'or par le pied, pesant ladite licorne seullement dix-sept mares une once et demy et ayant de longueur cinq pieds trois poulces, en ce non comprises une petite garniture qui est au bout laquelle avec l'autre garniture des troys testes de licorne poisent ensemble vingt-troys mares et demy estimée quinze cens quatre escus. (Bibl. nat., Ms. fonds français 4732.)

3. Arch. nat., KK. 146, fol. 20. (Dettes de Henri IV.) Fol. 25. (Remboursement au sieur de Gaumont, marchand joaillier à Paris, des sommes à lui dues de l'année 1574.) Arch. nat., E, 4e, fol. 90. Conseil des finances du 16 février 1602, à l'effet de faire rembourser Thibaut Haultement, fils et héritier de Pierre Haultement, son père vivant marchand orfèvre, ayant fourni une lampe d'argent sur la commande du roi Henri III.

pour la Gascogne. Sa Majesté veut subvenir à tous les besoins de son favori et désire que ce voyage se fasse avec toute la majesté royale, en grande pompe, au milieu des grandeurs les plus élevées et entouré des nombreux gentilshommes qui désireraient l'accompagner, et pour qu'il puisse faire face à ces dépenses et montrer à tout le monde sa munificence, Sa Majesté lui a donné une grande quantité de joyaux, d'autres objets de grande valeur, cent mille écus en argent comptant et autant en lettres de change[1]. »

Deux ans après, le 31 janvier 1586[2], Dolfin, ambassadeur de Venise à Paris, annonçait ainsi le retour du duc d'Épernon : « Le roi a envoyé à sa rencontre e plus grand nombre des seigneurs de la cour avec tous les gentilshommes présents de sa maison. Sa Majesté l'a reçu avec les plus vives démonstrations d'honneur et d'affection, et comme il n'était pas ici le jour de l'an, Sa Majesté a voulu néanmoins lui donner ses étrennes et lui a fait présent de plus de cinquante mille écus de pierres précieuses. »

À une époque encore plus prospère, en 1569, il fallut six mois de pourparlers pour obtenir d'un allié une somme moindre que celle que Henri III sans raison donnait d'un seul coup à l'un de ses mignons.

On voit qu'il était temps que le gouvernement de notre pays tombât en de meilleures mains.

Heureusement, pour l'aider dans son relèvement, la France, dont la vitalité et le ressort sont si puissants, devait trouver dans le successeur de Henri III un grand prince et un grand patriote, celui auquel l'histoire a laissé le nom si populaire de Henri IV.

---

1. Bibl. nat. Ms. Fonds italien. *Dispacci degl' ambasciatori veneziani*, filza 13. Giovanni Moro, ambassadeur, dépêche du 25 mai 1584.

2. Bibl. nat. Ms. fonds italien. *Dispacci degl'ambasciatori Veneziani*, filza 14. Gio. Dolfin, ambassadeur, dépêche du 31 janvier 1586.

APPENDICE

DU CHAPITRE II

Nous n'avons pas publié l'Inventaire daté de Paris des 22 octobre et 12 novembre 1568, que nous avons cité plusieurs fois dans le texte, parce qu'il est en tout semblable à celui de Marie Stuart, de 1560, publié au chapitre précédent. (Ledit inventaire se trouve dans les *Mémoriaux de la Chambre des comptes*, Arch. nat., P. 2315, fol. 1577 et J. 947.)

Nous reproduisons l'inventaire de 1570, qui donne le détail des parures montées pour le mariage d'Élisabeth d'Autriche et la liste des pièces achetées par Charles IX et par Henri III.

I

INVENTAIRE

des bagues de la Couronne du 5 novembre 1570[1].

Cejourd'huy cinquiesme jour de novembre 1570 le Roy Charles neuf-viesme estant logé en l'abbaye de Saint-Germain des Prés, lès Paris, en regardant par la Royne Catherine mère de Sa Majesté, si les deux inventaires des bagues affectées à la Couronne et lesquelles elle a eu en garde depuis la mort du feu Roy François second dernier déceddé aussy son

1. Arch. nat., P. 2318, fol. 161, en double; P. 2539, fol. 116, et J. 947. — Bibl. nat., Ms. fonds français, 7804, 5525, 19790, fonds Brienne 147. — Musée britannique, à Londres, fonds Scrilly, 111.

fils, à sçavoir le premier desdicts inventaires faict à Fontainebleau le vingt sixiesme jour de février mil cinq cens soixante et l'autre en ceste ville de Paris le vingt deuxiesme jour de novembre mil cinq cens soixante huict, estoient complets et que rien n'en défaillant, a ladicte Dame trouvé que les deux inventaires estoient entièrement complets tant des bagues anciennes de ladicte couronne que de celles qui ont esté depuis augmentées, mises et acheptées, et aussy de celles que ladicte Dame Royne mère du Roy y a données des siennes, de toutes lesquelles bagues et pierreries mises ensemble, après touctefois les avoir premièrement les unes après les aultres veues et vériffiées sur chascun article dudict dernier inventaire d'icelluy Seigneur, a voullu et ordonné en estre de nouveau faict ce présent inventaire et nouvelle prisée par Claude Marcel, à présent prévost des marchands de la ville de Paris, et François des Jardins, orfebvre et lapidaire de la ville de Paris et de Sa Majesté, selon l'ordre et ainsi qu'elles ont esté mises et accomodées aux accoustremens qui sont préparés pour servir, aux nopces de Sa Majesté, à la Royne Elisabeth sa future espouse; voullant Sadicte Majesté que icelles pierreries et bagues soient si soigneusement gardées qu'aucusne chose ne s'en puisse perdre ou esgarer ny seulement changé d'œuvre ou en aucusne façon que ce soit, sans qu'il le face par son authorité et en la présence de deux des conseillers en son conseil privé et ung de ses quatre secrétaires d'Estat afin d'en faire mémoire au bout de ce présent inventaire : duquel Sa Majesté a aussy voullu et commandé en estre faict quatre semblables qu'elle a signés de sa main l'ung qui demeurera ès mains d'icelle Dame et Royne sa mère pour sa descharge, l'aultre qui sera mis dedans les coffres desdictes bagues et pierreries et l'aultre au thrésor des Chartres de France en la Saincte-Chappelle du pallais Royal à Paris et l'aultre pour estre mis en sa Chambre des Comptes et à son Procureur général et icelle pour mettre par eux ou faire mettre leurdict inventaire avecq les aultres Chartres et papiers du domaine de cette Couronne : affin que touttes lesdictes bagues et pierreries qui seront incorporées censées et faict propres de ladicte Couronne, soient si soigneusement gardées qu'aucusne chose ne s'en puisse perdre ny esgarer et que le contenu de cedict inventaire authorisé du seing de Sa Majesté soit toujours pour confirmer et affecter lesdictes pierreries et bagues à icelle Couronne et par conséquent inaliénables d'icelle.

Le vingt-sixiesme jour d'avril 1571, lesdictes bagues et pierreries ont esté de rechef veues et vériffiées sur ce présent Inventaire et toutes trouvées en l'ordre cy après déclaré en la présence de Leurs Majestés qui ont voullu cedict inventaire estre baillé et délivré ainsi qu'il est déclaré cy devant.

Et premièrement

C. I. — Une bordure de touret[1] levé faict à canettes esmaillé de rouge et à trois bizeaux y ayant des F couronnées garnies de cinq tables et deux poinctes de dyaman de plusieurs grandeurs, avecq huict couplets de perles entre deux et à chascun desquels couplets il y a cinq perles.

Assavoir :

Ung dyaman en table foible escorné d'ung coing qui a cy devant esté estimé à quatre mil escus soleil iiij^m escus

Une autre table de dyaman escornée de deux coings à deux fons cy devant estimée à xvj^m escus.

Une grande poincte de dyaman appelée la poincte de Bretaigne y est estimée à xx^m escus.

Ung aultre dyaman appelé la table de Gennes longuet escorné d'ung coing à deux fons y est estimé à viij^m escus.

Ung dyaman à six poinctes appelé la poincte de Millan et cy devant estimé à x^m escus.

Ung dyaman taillé en lozange pardessus foible a ung poinct au millieu cy devant estimé à vj^m escus.

Ung dyaman à plain fons escorné d'ung coing cy devant estimé iiij^m escus.

Mis au collier au lieu duquel a esté mis à ce touret levé, une table de dyaman acheptée par le présent Roy Charles IX. vj^m escus.

Les quarante perles estant en huict couplects de perles garnys chascun de cinq dyamans ont esté données par la Royne mère du Roy et cy devant estimées ensemble la somme de v^c escus.

Et de la valleur de ladicte bordure sans l'or et façon lxx^m escus.

---

1. Cette bordure de touret fut faite pour Élisabeth d'Autriche. Remise d'abord à Boivin de Villars le 31 mars 1576, à d'Abain ensuite, et enfin à Rucellaï en 1589.

C. II. — Ung carquan de pareille façon[1] auquel il y a aussi cinq dyamans et six couplects perles en chascun desquels il y a cinq perles.

Ung dyaman escorné d'un coing cy devant estimé à huict cens escus viij^c escus.

Ung dyaman foible cassé en deux cy devant estimé à ij^c escus.

(Au lieu duquel il a esté achepté ung par le feu Roy Charles de la valleur de x^m escus. cy après inventorié, cy x^m escus.)

Ung dyaman longuet à plein fons cy devant estimé iij^m escus.

Ung dyaman en table longuet escorné d'un coing où il y a ung lozange dessus, a esté estimé cy devant viij^m escus.

Ung dyaman un peu longuet escorné de quatre coings, estimé cy devant ij^m escus.

Les trente perles dudict carquan estimées présentement environ à iij^c escus.

Et de la valleur dudict carquan sans comprendre l'or et la façon, xxiiij^m iij^c escus.

C. III. — La bordure d'oreillettes[2] garnye de sept dyamans enchassés en canettes dont y en a six chiffres de la Royne mère, ung du Roy et ung aultre à FF couronnés avecq six couplects de perles de la mesme façon des aultres cy-devant escripts[3].

L'ung desquels qui est une table de dyaman à deux fons estimé à iij^c escus.

Une belle table de dyaman escornée d'un coing ayant le teinct taché estimée à iij^m v^c escus.

Ung grand dyaman longuet foible estimé présentement à iij^m escus.

Ung dyaman longuet taillé en faces estimé présentement à ij^m v^c escus.

Une aultre table de dyaman escornée foible estimée présentement à iiij^m escus.

Une aultre table de dyaman plus longuette estimée présentement à viij^c escus.

1. Remis a d'Abain le 31 mars 1576. — 2. Remis à d'Abain en1576 et à du Ferrier.
3. Les chiffres des reines et rois se trouvent sur les bijoux, ce qui n'infirme en rien ce que nous avons dit sur la forme des lettres A et H donnée à des bijoux. Il n'y avait que certaines lettres à contours réguliers qui pouvaient servir de forme à des joyaux tandis que toutes les lettres pouvaient être inscrites ou gravées.

Une aultre plus petite table longuette estimée présentement à iij^c l escus.

Les six couplects de perles en chasteaux garnys de chascun cinq perles revenant à trente perles estimées présentement iij^c l escus.

Et de la valleur dudict carquan sans comprendre l'or et façon xiiij^m viij^c escus.

C. IV. — Une ceinture garnye de quatorze dyamans dont il y en a quatre taillés à faces, et les aultres ce sont tables de dyamans garnyes chascune de pièces d'or à canettes et à chascun chaton ung chiffre de la Royne Catherine, mère du Roy, prisés lesdicts quatorze dyamans cent cinquante escus l'un portant l'aultre qui font ensemble ij^m l escus.

A ladicte ceinture y a seize couplects de perles à chacun desquels y a cinq perles prisées lesdictes pièces chascune l'une portant l'aultre xxv escus qui font ensemble iiij^c escus.

Et de la valleur de ladicte ceinture ij^m v^c escus.

C. V. — Ung grand collier garny [1] de quinze grands dyamans avecq dix cordelières garnyes chascune de quatorze grosses perles cy-après inventoriées au chapitre de ce qui a esté achepté par le Roy Charles.

(Y a esté depuis cinq cordelières garnyes chascune de quatorze perles cy-après inventoriées au chappitre de ce qui a esté achepté par le Roi Charles.)

L'ung desquels est une table de dyaman quarrée escornée de deux coings estimée à xv^c escus.

Une table de dyaman quarrée escornée à ij^m escus.

Ung dyaman longuet estimé ij^m escus.

Une table de dyaman quarrée estimée à iij^m escus.

Ung dyaman longuet taillé à fuzée estimé à iij^m escus.

Ung dyaman façon de cueur estimé à iij^m escus.

Ung dyaman en poincte longuet et taillé à faces estimé iiij^m v^c escus.

Ung dyaman taillé en poincte long et taillé à faces estimé vj^m escus.

Ung dyaman longuet escorné d'ung coing taillé à faces estimé à viij^m escus.

---

1. A Cenamy, qui a prêté quarante mille écus en 1586 et qui en prêta dix mille en 1596.

Une aultre table de dyaman escornée d'ung coing ayant le teinct taché estimé iij^m v^c escus.

Il y avoit :

Ung aultre dyaman taillé en triangle estimé à trois mil cinq cens escus au lieu duquel a esté mis un dyaman à plain fons escorné d'un coing estimé à iiij^m escus.

Ung aultre dyaman en façon de cueur plat par dessus et taillé à facettes par dedans estimé à ij^m escus.

Ung aultre dyaman foible et en table estimé à ij^m v^c escus.

Ung aultre dyaman foible et en table estimé à ij^m v escus.

Ung aultre dyaman longuet estimé à ij^m v^c escus.

Ung aultre dyaman tout quarré estimé ij^m v^c escus.

Et les perles estant en quinze cordelières à raison de quatorze chascune revenant au nombre de ij^c x perles estimées à ij^m c escus.

Et de la valleur dudict collier lvij^m vj^c escus.

C. VI. — *Esmeraudes, rubis et perles.* — Une croix en grosse œuvre esmaillée de rouge garnye de cinq grosses esmeraudes dont y en a deux feslées de cassure avecq une perle en poire.

L'une desquelles esmeraudes cy devant rompue estimée à vj^c escus.

Une aultre en cabochon rompue en trois endroicts estimé cy devant à viij^m escus.

La troisiesme estant grande esmeraude d'assez mauvaise façon et une petite veisne au millieu a esté estimée cy devant à xij^m escus.

La quatriesme estant en triangle a esté cy devant estimée à iiij^m escus.

La cinquiesme estant longue escornée d'ung bout estimée cy devant à iiij^m v^c escus.

Une grosse perle en poire non percée ayant ung petit trou à costé par le hault estimée xvj^c escus.

Et de la valleur desdictes pierreries et perles de ladicte croix sans comprendre l'or et la façon xxix^m vij^c escus.

C. VII. — Quarante-cinq esmeraudes enchassées en canettes les chattons esmaillées de rouge faict à F et à R couronnés d'esmail blanc desquelles a esté faict en accoustrement ainsi qu'il s'ensuyt.

Assavoir :

La bordure de touret levé en laquelle y a onze esmeraudes avecq dix pièces de deux perles chascune servant entre deux, prisées présentement, assavoir lesdictes onze esmeraudes à iij^m v^c escus.

Et lesdictes vingt perles ensemble à ij^m escus.

La bordure d'oreillettes garnye de onze esmeraudes de mesme façon avecq dix pièces servant entre deux, chascune de deux perles prisées ensemble présentement.

Assavoir :

Lesdictes onze esmeraudes à xiij^c escus.

Et lesdictes vingt perles v^c l escus.

(Y a aussy esté augmenté deux pièces de perles y a dedans à chascune pièce deux perles qui sont perles estimées... et cy-apres inventoriées au chappitre du Roy Charles.)

Ung carquan mesme façon garny de dix esmeraudes et de neuf pierres entre deux chascune garnye de deux perles présentement ensemble assavoir :

Lesdictes esmeraudes à la somme de iij^m escus.

Et les dix-huict perles à ij^m iiij^c escus.

Ung collier de semblable façon garny de treize grosses esmeraudes et de quatorze pierres servant entre deux garnye chascune de six perles assises sur canettes à demy-jour esmaillées de rouge entre deux, prisées présentement ensemble assavoir lesdictes grosses esmeraudes iiij^m escus

Et lecdictes perles à iiij^m v^c escus.

Somme de ce que monte lesdicts accoustremens d'esmeraudes et de perles sans comprendre l'or et façon xix^m ij^c l escus.

C. VIII. — *Accoustrement de perles.* — Ung touret[1] levé et trente-cinq grosses perles enfilées vallant quatre cens escus la pièce l'une portant l'aultre revenant à xiiij^m escus.

1. Bandeau de perles comme dans les portraits déjà vus.

Des oreillettes de quarante perles enfilées de soixante escus chascune perle l'une portant l'aultre, revenant à ij^m iiij^c escus.

Ung carquan de soixante et unze perles enfilées à cinquante escus pièce revenant à iij^m v^c l escus.

Et desdictes perles xix^m ix^c l escus.

C. IX. — *Accoustrement de rubis.* — Une bordure de touret garnye de neuf tables de rubys ballays mis en œuvre en façon de canettes esmaillées de blanc auxquels il y a des K couronnés et des fleurettes rouges avecq huit pièces de perles chascune garnyes de quatre perles mises en œuvre à bassinets et canettes, prisée :

Assavoir :

Lesdicts neuf rubys ballays ensemble iij^c l escus.
Lesdictes huict pièces faisant ensemble trente deux perles à vj^{xx} escus.

C. X. — Une bordure d'oreillettes garnye de neuf rubys ballays et huict pièces, chascune de quatre perles, le tout mis en œuvre de la façon déclarée au prochain précédent article, prisée :

Assavoir :

Lesdicts neuf rubys ballays ensemble à c escus.
Et lesdictes trente deux perles ensemble à c escus.

C. XI. — Ung collier garny de trois grands rubys ballays et une grande table d'espinolle, deux grenats et ung ruby incarnat, et huict pièces entre deux faictes à jour chascune garnye de cinq perles et quatre petits grains de rubys, prisé :

Assavoir :

Lesdicts quatre gros rubys ballays et espinolles à ij^m v^c escus.
Les deux grenats ensemble à xl escus.
Lesdictes quarantes perles et trente-deux petits grains de rubys à ij^c lxxij escus.

C. XII. — Ung carquan de sept rubys ballays avecq six pièces de perles en chascune desquelles y a quatre perles, estimé le tout ensemble ij^e escus.

(Le roy estant à Bloys au mois de février 1571, allant en masque, perdit ung rubys dudict carquan ainsy que Sa Majesté a déclaré lors, donc est aussy faict mention cy après pour diminucion.)

C. XIII. — Une cottouère garnye de quatorze gros rubys ballays percés à jour avecq treize pièces de perles à chascune desquelles il y a quatre perles, estimé :

Assavoir :

Lesdicts quatorze rubys à iiij^m ij^e escus.

(Y a esté augmenté une pièce de perles à laquelle il y a quatre perles estimées dont aussy est faict mention au chappitre du Roy Charles cy après.)

Et lesdictes cinquante-deux perles à c escus pièce montant à la somme de v^m ij^e escus.

C. XIV. — Une chesne faicte à dix-neuf rubys ballays et dix-neuf saphirs percés à jour garnye de fleurs d'or entre deux estimée à v^e escus.

(Plus ung gros grenat achepté par le Roy Charles, depuis cest inventaire arresté, qui sera employé en la dernière somme totalle pour ij^m escus a quoi il a esté estimé.)

Et de ce que montent les pierreries dudict accoustrement sans y comprendre l'or et façon d'aucusnes xiij^m v^e iiij^{xx} ij escus.

Plus ung gros ruby qui suivra au collier des rubys ballays.

C. XV. — *Accoustrement de saphirs.* — Ung collier de quinze saphirs mis en œuvre à canettes à fil rouge et les chatons de blanc auxquels il y a des K couronnés et quatorze pièces de trois perles chascune eu tresfle pour mettre entre deux, prisé :

Assavoir :

Les quinze saphirs à xij^e escus.
Et les quarante-deux perles à iij^e escus.

(Ledict Roy Charles a perdu au mois de fevrier 1571 estant à Bloys, en courant la bague, ung desdicts saphirs ainsy que Sa Majesté déclara; lors il en a esté remis ung autre audict lieu du perdu.)

C. XVI. — La bordure de tourect levé faicte de dix saphirs en œuvre comme dessus, et de neuf pièces de perles aussy tresflées et prisée :

    Assavoir :

Les deux saphirs à viij^e escus.
Et les vingt-sept perles à ij^e escus.

C. XVII. — La bordure d'oreillettes faicte de neuf saphirs et de huict pièces de perles le tout de semblable façon estimée :

    Assavoir :

Lesdicts neuf saphirs à cl escus.
Et lesdictes vingt-quatres perles à c escus.

C. XVIII. — Le carquan faict de neuf saphirs et huict pièces de perles le tout de mesme façon, prisé :

    Assavoir :

Lesdicts neuf saphirs à c escus.
Et lesdictes vingt quatre perles à cl escus.

C. XIV. — Une ceinture de dix-huict saphirs moyens et de dix-sept pièces de trois perles chascune estimée environ v^e escus.

C. XX. — Une croix de cinq saphirs mis en œuvre, les dessubs dicts dont il y en a quatre gros et ung moyen, estimée présentement à iiij^e escus.

C. XXI. — Une grosse perle pendante à ladicte croix estimée présentement à la somme de iiij^e escus.
Et de ce que montent les pierreries dudict accoustrement sans comprendre l'or et façon viiij^m iij^e escus.

C. XXII — *Autres grosses pièces.* — Une grande croix faicte de neuf diamans : assavoir cinq grandes tables faisant la croix au plus hault, au dessoubs ung dyaman quasi rond et trois aultres dyamans en larmes ou fers de lances taillées en faces, faisant le pied de ladicte croix auquel pied pend une perle en poire non percée. Laquelle croix ainsy garnye a esté estimée tout ensemble l^m escus.

C. XIII. — Une fort grande table de dyamans à plein fons ung peu longuette, escornée de deux coings et accompagnée d'une grosse perle en œuf, qui est celui qu'achepta le Roy François premier de ce nom et luy consta lxv^m escus sans la perle, laquelle a esté estimée xij^e escus et par ainsy revient ladicte bague à lxvj^m ij^e escus.

C. XXIV. — Une grande table de dyaman foible plus spacieuse que la précédente escornée de trois coings à laquelle pend une autre grosse perle quasi ronde estimée le tout à xxv^m escus[4].

C. XXV. — Ung gros ruby ballay à jour percé d'une broche de fer appelé l'Œuf de Naples auquel pend une perle en forme de poire cy-devant estimé à lxx^m escus.

C. XXVI[2]. — Une bague d'un A romain qui faict ung gros ruby ballay mis en grille estimé à xxv^m escus.

C. XXVII. — Plus une perle pendante estimée xve escus.

C. XXVIII[3]. — Ung ruby sans feuille qui a esté osté de la poincte de Milan enchassé en or avecq une perle pendante estimé :

Assavoir :

Ledict ruby à x^m escus.
Et ladicte perle à ij^m escus.

1. Ces trois articles ont été engagés d'abord à Venise en 1569 puis en Lorraine, puis confiés à Burkars de Barby, etc.
2. Entre les mains de d'Abain en 1576, qui l'a remis à du Ferrier la même année et chez Rucellaï en 1589.
3. Chap. vii de l'inventaire de 1530(?) Chap. xi de 1569 (*Fève-de-Naples*)? *Poincte-de-Bretagne*, chap. ii de l'inventaire de 1547.
4. *Côte-de-Bretagne*, en Lorraine, en 1576.

C. XXIX. — Ung grand ruby ballay[1] faict en coste percé en trois endroicts pendu à quinze perles au lieu de chesne estimé le tout ensemble à l^m escus.

C. XXX. — Ung fort riche carquan faict des pièces qui ensuyvent :

Assavoir :

Le ruby ballay en demy œuf cy-devant estimé la somme de ij^m v^e escus.

Ung gros triangle de dyaman accompagné de trois poinctes aussy de dyaman taillées à faces, acheptés par le présent Roy Charles neufviesme ij^m escus.

Ung aultre triangle de dyaman qui a esté pris au collier de dyaman de la Royne estimé à iij^m v^e escus.

Avecq trois petites tables de dyaman présentement estimées à cent escus pièce, cy iij^e escus.

Un gros ruby cabochon en façon de cueur donné par la Royne Catherine sa mère, estimé à iij^m escus.

Ung gros ruby cabochon longuet présentement estimé à ij^m v^e escus.

Douze grosses perles dont il y en a huict vallant cent escus pièce et les quatre autres xxv pièce qui est ixe escus.
Somme desdictes grosses pièces iij^c xiiij^m iiij^e escus.

Parmi toutes lesquelles pierreries et bagues cy-devant déclarées sont comprises celles qui seront cy-après spéciffiées que icelle dame Catherine, mère du Roy, a données à Sa Majesté et mises avecq les bagues de la Couronne pour estre censées et incorporées à ladicte Couronne et par conséquent inaliénables d'icelle.

Assavoir :

C. XXXI. — Avecq les quatorze grandes esmeraudes, œuvre esmaillée de blanc et garnye de K couronnés et de canettes, à l'entour y a treize chatons et perles rondes à deux, lesquelles ont esté données au Roy par la Royne sa mère, cy-devant prisées comme il a esté déclaré par ledict

1. La *Côte-de-Bretagne*.

inventaire du vingt-deuxiesme novembre 1568 par François Dujardin, Claude Mallart et Denis Gilbert[1], orphebvres, en présence de la Royne sa mère et du sieur de Lansac à douze escus la pièce desdictes perles l'une portant l'aultre qui font iij^c lxxv escus.

C. XXXII. — Avecq les sept esmeraudes grosses mises en œuvre avecq des K couronnés esmaillés de blanc et rouge y a six couplects de perles à deux dont ladicte Royne mère de Sa Majesté a donné lesdictes perles estimées par lesdicts orphebvres lesdicts six couplects de perles et lesdictes perles vj^c xxx escus.

C. XXXIII. — Avecq les treize grosses esmeraudes, pour faire ung collier, mises en œuvre avecq des K couronnés esmaillés de blanc et rouge y a quatorze couplects de perles donnés par ladicte Royne sa mère à quinze perles pour couplects pour mettre entre lesdictes esmeraudes estimées six escus chascune l'une portant l'autre.

C. CXXXIV. — Plus ung ruby cabochon en façon de triangle qui est à présent au collier de la Royne aussy donné au Roy par la dame Royne Catherine sa mère estimée à la somme de ij^m v^c escus.

C. XXXV. — Plus huict tables de dyamans enchassés avecq des chiffres de double C et H esmaillés de rouge et huict couplects de petits ronds à cinq pour couplects, le tout donné par ladicte Dame sa mère pour faire une oreillette à l'accoustrement de dyamans : estimé le premier dyaman en table escorné d'un coing et foible de bizeau iij^m v^c escus.

Le second dyaman longuet taillé à faces ij^m v^c escus.

Le troisiesme en table un peu escorné d'un coing et foible de bizeau iij^m escus.

Le quatriesme en table, pierre foible ij^m v^c escus.

Le cinquiesme dyaman longuet en table vj^c escus.

Le sixiesme dyaman ung peu jaulne en table iiij^c escus.

Le septiesme dyaman en table ij^c l escus.

Le huictiesme dyaman longuet iij^c escus.

Et les cinquante perles qui sont aux couplects estimées à vij^c l escus.

Qui est en tout perles et dyamans xiij^m v^c escus.

---

1. Denis Gilbert, ou Guilbert, fut reçu maître orfèvre en 1546. Il habitait en 1570 rue des Lombards, à l'enseigne du *Cœur en larmes*. Il avait pour poinçon « D. G. en lettres romaines entrelassant ensemble et au-dessous une pensée ». Il mourut en 1582. Il était vraisemblablement fils d'un orfèvre du nom d'Éloi Gilbert qui travaillait rue Quincampoix en 1505. (Voir Arch. nat., Z, 2836, 2850, 3119, 3171, 3177 et 3190.)

C. XXXVI. — Plus quinze dyamans avecq couplects de perles à cinq pour faire une ceinture audict accoustrement le tout donné par ladicte Royne mère du Roy Charles neufviesme estimée à ij^m ij^c lx escus.

C. XXXVII. — *Anneaux.* — Une grande poincte de dyaman[1] duquel les Roys Henry et François second ont espouzé ce royaulme xij^m escus. Et par soy xij^m escus.

Somme totalle de la valleur des susdictes bagues perpétuellement affectées à la Couronne v^c lxvij^m viij^c iiij^xx escus.

C. XXXVIII. — Plus a esté mis dedans ledict coffre des bagues de la Couronne deux cens six boutons de dyamans enchassez en or sans esmail, prisés l'ung portant l'aultre à six escus pièce, cy xij^c xxxvj escus. Et par soy xij^c xxxvj escus.

A laquelle somme monte la valleur desdictes bagues et pierreries sans comprendre l'or et la façon de la plus part d'icelles suivant les estimacions qui en ont esté cy-devant présentement faictes par commandement du Roy, lequel a de nouveau par ces présentes déclaré et veult icelles pierreries et bagues cy dessus spéciffiées estre affectées et incorporées à la Couronne sans qu'elles en puissent estre jamais alliennées, ne voullant aussy Sadicte Majesté qu'elles puissent estre changées d'œuvre et façon pour quelque cause et occasion que ce soit, sy ce n'est par son commandement et de ses successeurs Roys, en la présence de deux conseillers au conseil privé et de l'ung des quatre secrétaires d'Estat qui fera mencion à la fin de ces inventaires de la façon de laquelle elles estoient mises en œuvre et l'occasion pour laquelle on aura changé ledict œuvre affin que pas vne desdictes pierreries ne se puisse latiter ny déguiser, lequel présent inventaire et ordonnance quy a esté faict quadruple, Sadicte Majesté pour le tesmoignage de sa volonté a voullu authoriser de son seing comme il est plus amplement déclaré dans l'intitulacion de cedict présent inventaire à Paris, le vingtiesme jour d'avril 1571.

Signé : CHARLES.

Et au dessoubs :

       PINART.

---

1. « Ladicte poincte a esté depuis mise au carquan des grands rubys et dyamans en triangle. »

Pièces[1] acheptées par le Roy Charles depuis cest inventaire.

C. XXXIX. — Ung dyaman long à plain fons ayant tous ses coings estimé x^m escus.

CXL. — Une espinolle pour pendre à l'A de Bretaigne ; une aultre espinolle pour enchasser en or : prisées toutes les deux ensemble xxx^m escus.

C. XLI. — Ung ruby en triangle estimé xv escus ayant ledict ruby une grosse perle pendant au bout, cy xv escus.

C. XLII. — Trois rubis mis en œuvre d'anneaux estimés chacun ij^m escus, l'ung portant l'aultre, cy vj^m escus.

C. XLIII. — Ung ruby en cabochon hors œuvre estimé vj^m escus.

C. XLIV. — Deux rubys cabochons mis en œuvre comme les aultres pièces viij^c escus.

CXLV. — Lesdictes pierreries acheptées par le feu Roy Charles lxvij^m viij escus.

C. XLVI. — Plus ung gros grenat qui servira au collier de rubys ballays dont est faict mention au chappitre achepté par ledict deffunct Roy estimé à ij^m escus.

Et par soy ij^m escus.

Le premier jour d'aoust mil cinq cens soixante-quatorze, la Royne mère du Roy régente, a faict en sa présence et de MM. de Morvilliers, de Limoges, de Lanssac et de Saint-Sulpice, conseillers au conseil privé du Roy, et de la Guesle, aussy conseiller audict conseil privé et procureur général en la cour de parlement de la ville de Paris, veoir et vériffier par

1. Arch. nat., P. 2540, fol. 21.

François du Jardin, orphebvre lapidaire du Roy, les bagues de la Couronne qui estoient ès mains de la Royne Élizabeth, veusve du feu Roy Charles neufviesme que Dieu absolve. Laquelle les a entièrement rendues selon ledict inventaire, ayant lesdictes bagues esté mises en présence des dessubs dicts au coffre où elles ont accoustumées d'estre enfermées quy est demeuré aveeq les clefs d'icelluy ès mains de ladicte Royne mère de Sa Majesté.

Et en est par ce moyen ladicte dame Royne Élizabeth, deschargée ensemble la dame de Froze, sa dame d'atour qui en avoit la charge soubz ladicte dame Royne : faict audict Paris au mois et jour dessubsdict

Ce qui a esté augmenté desdictes bagues depuis cest inventaire faict.

C. XLVII. — Au grand collier de dyaman a esté mis cinq cordelières garnyes chascune de quatorze perles estimées à xij escus l'une portant l'aultre, ey viij⁰ escus.

C. XLVIII. — A la bordure d'oreillettes d'esmeraudes y a esté augmenté deux pièces de perles ayant à chascune pièce deux perles qui sont quatre perles estimées à lx escus pièce, ey ij⁰ xl escus.

Accoustrement de rubys. — Le Roy Charles neufviesme estant à Bloys perdit au mois de février 1571 allant en masque ung ruby de carquan de l'accoustrement desdicts rubys ainsi que Sa Majesté a déclaré alors.

A esté augmenté à la cottouère desdicts rubys une pièce de perles à laquelle il y a quatre perles estimées à xx escus pièce iiij^xx escus.

Accoustrement de saphirs. — Le Roy Charles neufviesme estant audict Bloys au mois de février 1571 perdit ung saphir du collier de l'accoustrement de saphir, en courant la bague, ainsy déclara lors.

Faict les jour, mois et an comme dessubsdict.

Somme totalle v⁰ lxx^m ij⁰ lxxviij escus soleil.

Pièces acheptées depuis cet inventaire par le Roy Charles neufviesme[1].

Premièrement :

Ung dyaman long à plain fond ayant tous ses coings estimé la somme de dix mille escus, mis au caveau des dyamans, au lieu d'un cassé comme il est déclaré au chapitre des accoustrements des dyamans pour cecy, ladicte somme de x^m escus.

Une espinolle pour pendre à la Poincte de Bretagne, une autre espinolle pour enchasser en or, toutes deux montantes ensemble à la somme de xxx^m escus.

Ung rubys en triangle estimé dix mil escus ayant ledict rubys une fort grosse pierre au bout, cy x^m escus.

Trois rubys mis en œuvre d'aneaux estimez l'ung portant l'aultre, chacun deux mille escus, revenant ensemble à la somme de vj^m escus.

Ung rubys en cabochon hors œuvre, estimé la somme de six mille escus, cy vj^m escus.

Deux rubys cabochons mis en œuvre comme les autres du carquan de rubys, lesdicts deux rubys vallant l'ung six cens escus et l'aultre deux cens escus revenants ensemble à la somme de viij^e escus.

Somme desdictes pièces acheptées par ledict feu Roy Charles neufviesme, cy lxvij viij^e escus.

Plus un gros grenat qui servira au collier des rubys ballays dont est fait mention audit chapitre achepté par ledict deffunt Roy Charles neufviesme, estimé la somme de deux mille escus, cy ij^m escus.

Le premier jour d'aoust 1574, la Royne mère du Roy régente, a faict en sa présence, et de MM. de Morvilliers, de Limoges, de Lansac, et de Saint-Sulpice, conseillers au conseil privé du Roy, et de la Guesle, aussy conseiller audict conseil privé et procureur général de la cour de parlement de cette ville de Paris, voir et visiter et vérifier par François Desjardins, orfèvre et lapidaire du Roy, les basgues de la Couronne, qui estoient es mains de la Royne Élisabeth, veuve du feu Roy Charles

---

1. Arch. nat., P. 2319, fol. 1083. *Inventaire et recollement des joyaux de la Couronne,* 1er août 1574.

neufviesme (que dieu absolve, laquelle les a entièrement rendues selon ledict inventaire, ayant esté lesdictes bagues mises en présence des dessusdits au coffre où elles ont accoutumé d'estre ènfermées qui est demeuré avec les clefs d'iceluy es mains de ladicte dame Royne mère du Roy et en a ladicte dame Royne Élizabeth esté par ce moyen deschargée ensemble la dame de Froze sa dame d'atour, qui en avoit la charge sous icelle dame Royne Élisabeth, faict audict Paris, les an et jour que dessus.

Ce qui a esté augmenté depuis cet inventaire fait.

Premièrement.

A la bordure d'oreillete d'esmeraudes y a esté augmenté deux pièces de perles ayant à chascune pièce deux perles, qui sont quatre perles, estimées ij^c xl escus.

Au grand collier de dyaman a esté mis cinq cordelières garnyes chascunes de quatorze perles, estimée chascune perle la somme de douze escus, revenant le tout ensemble à la somme de viij^c xl escus.

Somme de ladicte augmentation j^m iiij^{xx} escus.

Accoustrement de rubys. — Le Roy Charles neufviesme estant à Blois au mois de février mil cinq cent soixante et onze, allant en masque, perdit un rubys de carquan de l'accoustrement desdits rubys, ainsy qu'a Sa Majesté declaré dès lors.

A esté augmenté à la cottoire desdicts rubys une pièce de perles à laquelle il y a quatre perles estimées iiij^{xx} escus.

Accoustrement de saphirs. — Ledict Seigneur Roy Charles neufviesme de ce nom estant audict Blois audict mois de fevrier m^c lxxj, perdit ung saphyr du collier de l'accoustrement de saphyrs, en courant la bague, ainsy qu'il déclara lors, fait les an et jour que dessus.

II

*Lettres patentes de descharge pour la Reine Élisabeth d'Autriche,
et remise des joyaux à la Reine Louise de Vaudemont.*

Cejourd'hui douziesme jour de may 1575. Le Roy Henry troisiesme
estant au Louvre à Paris, a faict en sa présence et aussy en la présence
de la Royne sa mère et de la Royne Loyse sa femme, veoir et vériffier
par du Jardin, orfebvre et lapidaire de Sa Majesté, l'inventaire des bagues
de la Couronne qui avoient esté remises par la Royne Élisabeth, veusfve
du Roy Charles neufviesme dernier, décedé que Dieu absolve, ès mains
de ladicte dame Royne, mère du Roy, le premier jour d'aoust que l'on
compte mil cinq cens soixante-quatorze.

Et ayant esté trouvé ledict inventaire entièrement complaict, tant des
bagues anciennes de ladicte Couronne, que de celles qui ont esté depuis
augmentées, mises et achaptées : et aussy de celles que icelle dame
Royne mère du Roy y a cy-devant données des siennes et celles qu'elle
a encore après données à la Couronne comme il sera cy-après déclaré.

Voullant ladicte dame Royne mère du Roy qu'elles soyent inaliénables d'icelle Couronne tant qu'il y aura enfans masles yssus d'elle et
du feu Roy Henry son Seigneur et espoux ou descendants d'eulx. Y
ayant aussy esté mises plusieurs autres pierreries et perles par ledict
Seigneur Roy Henry à présent régnant qui seront cy-après déclarées,
lesquelles lui appartenoient auparavant qu'estre Roy. Lesquelles il a
pareillement données à tous ses enfans masles succédans à la Couronne
de France et à tous les masles qui viendront d'eulx et succèdderont à
ladicte Couronne. Voullant aussy qu'advenant que lui et eulx n'eussent
que filles, veult et entend que ce tout demeure auxdictes filles qui
viendront de luy et en cas qu'il n'eust point d'enfants, veult que le tout
revienne à luy pour en disposer à sa volonté. Toutes lesquelles pierreries et bagues mises ensemble et après les avoir toutes les unes après
les aultres veues et vériffiées sur chascun article, Icelluy Seigneur a
deschargé ladicte dame Royne sa mère et a voullu que sur ledict présent
inventaire avec celles ayant esté baillées et déclarées à ladicte dame
Royne Loyse son espouse pour s'en servir à parer quand il luy plaira et

les faire si soigneusement garder qu'aucusne chose ne s'en puisse perdre ou esgarer ny seulement changer d'œuvre ou inventer en quelque aultre façon que ce soit sans que Sa Majesté l'entende. Ayant voullu Sadicte Majesté qu'il en soit faict mention ès quatre livres des bagues de ladicte Couronne qu'elle a pour ce signés de sa main; l'ung qui demeurera ès mains d'icelle dame Royne mère pour servir de descharge, l'aultre qui sera mis ès coffres desdictes bagues et pierreries ès mains de ladicte Royne son espouse, l'aultre au thrésor des Chartres de France en la Saincte Chappelle du Pallais Royal à Paris, et l'aultre pour estre mis en sa Chambre des comptes à Paris comme l'avoit ordonné et faict faire Sadicte Majesté Roy Charles, affin que toutes les bagues et pierreries qui sont incorporées et censées faictes propres de ladicte Couronne soient si soigneusement gardées qu'aucusne chose ne s'en puisse perdre ou esgarer et que le contenu dudict inventaire authorisé du seing de Sadicte Majesté soit pour confirmer et affecter lesdictes pierreries et bagues à icelle couronne selon ces conditions et intentions de Nosdictes Majestés ainsy qu'il a esté déclaré cy-devant.

III

Pierreries données par le Roy Henry troisiesme de nom, à présent régnant, et la Royne sa mère aux conditions cy-dessoubs déclarées[1].

C. I. — Onze esmeraudes enchassées avec chappeaux de triomphe et douze rubys enchassés de mesme qui sont enfillées assavoir : cinq esmeraudes et six rubys lesquels sont donnés par la Royne Catherine, mère du Roy, avecq quatre-vingt-quatre perles qui y ont esté mises et données par le Roy Henry troisiesme de ce nom, avecq aussy six esmeraudes et six rubys ballays semblablement par ladicte dame Royne mère du Roy enfillées avecq cent deux perles données par le Roy qui sont en tout lesdictes pièces onze esmeraudes, douze rubys cent quatre-vingt-seize perles.

Lesdictes esmeraudes et rubys estimés à la somme de xvij^m escus.

Et lesdictes perles à la somme de ixe iiij^{xx} escus.

C. II. — Six perles à cottonerre à pendre, dont y en a deux grosses.

L'une estimée mil escus, m escus.

L'aultre cinq cens escus v^e.

Et les quatre aultres estimées trente escus chascune l'une portant l'aultre ; aussy données par ladicte dame Royne mère du Roy xvj^e xx escus.

C. III. — Une chesne faicte de vingt et quatre bouttons de dyaman y ayant à chascun boutton trois dyamans et de vingt et quatre coupplects, enfilés à trois rangs chascun couple et y en a à chascun desdicts coupplects dix-sept perles que rondes, que baroques données par le Roy Henry troisiesme de ce nom à présent régnant, estimée à ij^m ij^e lvj escus.

C. IV. — Trente-sept perles enfillées par ung touret de quarante et une perles pour oreillettes qui sont soixante et onze perles dont y en a quarante-huict à trois cens escus chascune l'une portant l'aultre et le reste de deux cens escus la pièce xix^m escus.

1. Même source que l'inventaire précédent de 1570.

C. V. — Plus cent deux perles pour carquan de cent escus pièce l'une portant l'aultre cy x^m ij^c escus.

C. VI. — Une cottonère de quatre cens vingt-deux perles enfillées à trois rangs y ayant à chascun desdicts trois rangs quatre perles estimées à v escus chascune deux petites estant au bout desdicts trois rangs estimées chascune v escus et vingt-neuf qui sont les.... de ladicte chesne estimées?....

Touttes cesdictes perles ensemble audict nombre iiij^c perles estimées toutes ensemble à iiij^m viij^c lxv escus.

Somme totalle de toutes les bagues et perles contenues en ce présent inventaire vj^c iiij^{xx} xv^m ix^c iiij^{xx} xix escus.

A laquelle somme montent la valleur desdictes pierreries et perles sans comprendre l'or et façon de la pluspart d'icelles suivant l'estimacion qui en ont esté cy-devant et présentement faictes par commandement du Roy lequel a de nouveau et par ces présentes, déclaré et voullu icelles pierreries et bagues estant anciennement à la Couronne, y estre incorporées et affectées à perpétuité et celles que la Royne sa mère y a données y estre aussy inaliénables. selon la volonté de ladicte dame, tant qu'il y aura Roys de France, yssus du Roy Henry deuxiesme son Seigneur et espoux d'elle ou descendans d'eulx, et celles qui y sont mises et données par ledict seigneur Roy Henry troisiesme, à présent régnant à conditions comme il est cy-dessubs déclaré qui est tant qu'il y aura enfans masles descendans de Sa Majesté succèddant à la Couronne de France, et aux masles qui viendront d'eulx et succèdderont à ladicte Couronne.

Et en cas que Sadicte Majesté n'eust que des filles veult et entend Sadicte Majesté que le tout demeure auxdictes filles qui viendront de luy, et advenant qu'il n'eust point d'enfant veult que le tout revienne à luy pour en disposer à sa volonté, ne voullant aussy Sadicte Majesté que toutes lesdictes bagues et pierreries ne puissent estre changées d'œuvre ou aultre façon pour quelque occasion que ce soit. Si ce n'est par son commandement et de ses successeurs Roys, et que l'ung des quatre secrétaires d'Estat et commandement aura mentionné à la fin de cest inventaire comme elles estoient œuvrées et du changement qui y sera faict et occasion pour laquelle on aura changé lesdictes œuvres affin que par ce, lesdictes pierres ne se puissent lattiter ni desguizer.

Lequel présent inventaire et ordonnance qui a esté commis il est cy-devant déclaré quadruple par Sadicte Majesté pour tesmoignage de sa volonté a voullu authoriser de son seing comme il est plus amplement déclaré en l'intitulacion de cedict inventaire, les an, mois, jour que dessubs.

IV

Lettres patentes du 1er octobre 1588, par lesquelles Henri III donne décharge à la Reine Louise de Vaudemont, sa femme, des bagues de la Couronne[1].

Cejourd'huy premier d'octobre mil cinq cent quatre-vingt-huit, le roi Henry III, étant logé en son chasteau de Blois, bien mémoratif que toutes les bagues et perles contenues en l'Inventaire ci-dessus collationné à l'original de celuy qui en fust faict en la présence de Sa Majesté le 12e jour de decembre 1575, revenant toutes ensemble selon l'apréciation qui dès lors en fust faicte comme bien particullièrement et par le mesme. Il est spéciffié en chacun article dudict inventaire, à la somme de 570 278 escus sol, et lesquelles bagues et perles furent au même temps mises ès mains de la Reyne Louise, son épouze, pour s'en servir et parer quand il luy plairoit. Toutes lesdictes pierreries, bagues et perles, excepté celles qui sont cottées à la marge d'aucuns articles perdus, ont esté depuis retirées à plusieurs et diverses fois des mains de ladicte dame Reyne son épouze et engagées par le commandement et pour le service dudict Seigneur Roy, aux personnes et pour les sommes contenues aux lettres qui en ont esté de ce faictes et passées comme chose très certaine, Sa Majesté en a deschargé et descharge ladicte dame Reyne son épouze ensemble la dame de Combaut, cy-devant sa dame d'atour, et toutes les autres personnes qui en pourroient avoir eu la garde et administration soubz et au service de ladicte dame Reyne. Et ne veult point Sadicte Majesté, que jamais il leur en puisse estre demandé aucune chose. Faict les an et jour dessus dicts. Signé Henry et plus bas Ruzé, et au-dessous est escript : Collationné à l'original par moy conseiller secrétaire du Roy, signé Duhamel.

1. Bibl. nat., Ms. fonds français nᵒˢ 7804, page 40 vᵒ.

LIVRE III

CHAPITRE PREMIER

Henri IV au pouvoir. — Nicolas Harlay de Sancy; son diamant. — La légende du
Sancy. — Charles le Téméraire. — Antoine de Crato. — Vincent de Gonzague. —
Jacques Ier d'Angleterre.

A la nouvelle de la mort de Henri III, Givré était venu
saluer Henri IV par ces mots : « Vous êtes le roi des
braves », et Sancy lui avait amené les Suisses qu'il commandait. Mais si une partie de l'armée se dévouait au
service du nouveau roi, et si le pouvoir passait de droit
entre ses mains, il lui fallait encore conquérir presque
entièrement son royaume.

Henri IV n'avait aucune fortune personnelle; le domaine
royal était presque entièrement aliéné; les caisses étaient
vides; et le crédit du nouveau roi, nul. Les joyaux de la
Couronne étaient engagés; le cabinet du roi, resté à Paris,
avait été pillé par les ligueurs; c'est à peine si quelques
bribes des richesses qui le composaient purent être arra-
chées à la populace par le conseiller à la cour des aides
Devetz, qui dans la journée du 18 mai 1591 s'enfuit de
Paris sous un déguisement. Ce magistrat emportait les
débris du Trésor royal, et parvenait le même jour à

Mantes, où se trouvait Sully. Il lui remit ce qu'il avait pu sauver[1], relativement peu de chose.

Proclamé roi par quelques-uns, il fallait à Henri IV des troupes pour soumettre ses sujets rebelles et de l'argent pour les entretenir. Secondé par Sillery et Sancy, ce dernier surtout, il passa avec des banquiers, des marchands et toutes sortes de gens, français ou étrangers, les traités les plus divers, et, grâce à son habileté, il réussit, aussitôt son royaume pacifié, à rembourser ses prêteurs et à mettre dans les finances l'ordre qu'il avait donné au pays.

Durant les premières années de son règne, au milieu des crises, il dut, — lui ou ses lieutenants, — employer des moyens quelquefois bizarres. Il trouva chez ses ministres un entier dévouement, et Sancy, celui auquel il dut le plus, consacra au service de son maître la totalité de son énorme fortune.

LE SANCY

(Fig. extraite de la *Biblio-thèque des Merveilles*)

A l'œuvre financière de Sancy se mêle l'histoire du diamant célèbre qui porte son nom et qui fut l'ornement du trésor de la Couronne pendant deux siècles. En racontant cette histoire nous aurons l'occasion d'exposer quelques-uns des procédés financiers de Henri IV et de ses serviteurs, et en même temps de suivre un diamant qui est, sinon la plus historique et la plus belle de toutes les pierres, à coup sûr la plus légendaire.

Ouvrez un dictionnaire ou un traité sur les pierres précieuses : vous y trouverez, à propos du *Sancy*, avec des variantes, un roman dont les faits sont de pure fantaisie. En démontrer la fausseté et rétablir la vérité à l'aide de documents peu ou point connus, tel sera notre but.

Le *Sancy* fut perdu, d'après certains écrivains, par Charles le Téméraire en 1476, à la bataille de Granson selon les uns, à celle de Morat selon les autres. Après des

[1]. Bibl. nat., Ms. fonds français n° 3419, fol. 3.

achats successifs, il serait passé à la couronne de Portugal,
et Antoine de Crato, en défendant l'indépendance de son
pays contre l'Espagne, l'aurait vendu à Nicolas Harlay de
Sancy, surintendant des finances. M. Baudrillart va plus
loin : il affirme que le *Sancy* passa entre les mains du pape
Jules II, de Charles-Quint, de Henry VIII, appartint à la
maison d'Autriche, puis enfin au prince Demidoff, qui
l'acheta un demi-million en 1835[1].

On trouve aussi dans d'autres écrits que Sancy l'engagea
à des banquiers juifs de Metz, en 1588 ou en 1589, pour
lever une armée de Suisses, et qu'ensuite il le vendit
à Henri IV; puis, sans autre explication, on ajoute qu'il
passa à Jacques II, roi d'Angleterre, qui en fit cadeau à
Louis XIV : il serait entré ainsi dans le trésor de la Couronne.

Une encyclopédie fort en vogue prétend qu'un jour
Sancy, désirant faire parvenir ce diamant à un de ses amis,
l'aurait confié à un homme sûr; mais que celui-ci, ayant été
attaqué par des brigands, avala la pierre, et fut ensuite tué
et enterré. Sancy, ayant appris la mort de son messager, aurait retrouvé le diamant dans l'estomac du défunt, après
avoir fait exhumer le cadavre. Cette fable est empruntée à
l'*Histoire de Henri III*, par Varillas[2], d'où nous extrayons
ce qui suit :

« Sancy dut partir sans argent, le Trésor étant vide, pour
aller contracter en Suisse un emprunt, gagé sur son diamant.

« Dans la crainte de se voir dépouiller par les ligueurs, il
partit par la Franche-Comté, après avoir confié le diamant
à un domestique, qui prit le chemin de Strasbourg.

« Arrivé dans cette ville, cet homme tomba malade et
reçut d'un ministre calviniste l'avis d'avoir à se préparer
à la mort.

---

1. *Histoire du Luxe*, Paris, Hachette, 1878, tome III, p. 389.
2. Paris, 1689, tome III, livre XI, p. 307.

« Pendant ce temps-là, Sancy l'attendait à Genève.

« Sentant approcher sa dernière heure, le domestique mit le diamant dans sa bouche et expira. On l'enterra.

« Sancy, n'obtenant aucune nouvelle, accourut à Strasbourg, où on lui apprit la mort de son serviteur. Il se fit autoriser à exhumer le cadavre et, après en avoir fait pratiquer sans succès l'autopsie, il eut l'idée de fouiller dans la bouche, où il trouva le diamant, ce qui lui permit de l'engager et de lever les troupes dont la France avait alors besoin. »

Varillas n'était pas un historien véridique, mais un romancier fécond. A la suite d'une discussion littéraire, qui eut un grand retentissement au dix-septième siècle, il fut constaté que la plupart des faits articulés par lui, dans ses ouvrages, étaient faux, et qu'il indiquait comme sources des documents qu'il savait ne pas exister. Pour se convaincre de l'erreur commise par Varillas, il suffirait de lire la note suivante de Le Duchat :

« Rien n'est plus touchant que le récit des services de M. de Sancy ; on en trouve le narré dans les mémoires de M. de Villeroy ; mais Varillas y mêle, *à son ordinaire*, des circonstances fabuleuses, surtout au sujet de ce *beau diamant*, connu encore aujourd'huy sous le nom de *Sancy*, que ce seigneur avoit eu d'Antonio, roy de Portugal[1]. »

Mais arrêtons là ces récits fantastiques : les lignes qui précèdent auront suffi pour démontrer à quel point notre diamant a excité la verve de certains chroniqueurs.

Pour détruire les inventions de ces écrivains, nous reprendrons un à un les textes et nous verrons à quelles conclusions ils peuvent amener.

MM. de Muller[2], de Barante[3] et Baudrillart[4] ont raconté

1. Mémoires-journaux de Pierre de l'Estoile, édition de 1744, par Langlet Dufrénoy, tome II, p. 293 et suiv.

2. De Muller, *Histoire de la Confédération suisse*, livre V, ch. 1er.

3. De Barante, *Histoire des ducs de Bourgogne*, Paris, Garnier frères, 7e édit., tome X, p. 316-317.

4. Baudrillart, *Histoire du Luxe*, déjà cité, Paris, Hachette, 1878, tome III, p. 389.

que Charles le Téméraire perdit *trois gros diamants* à la bataille de Granson. L'un de ces trois diamants était, au dire de ces auteurs, le *Sancy* : MM. de Barante et Baudrillart n'indiquent aucune source; M. de Muller, au contraire, en cite plusieurs, que nous allons étudier successivement.

La *Chronique des Dominicains de Guebwiller*[1] et la *Chronique des Carmes déchaussés de Thann*[2] s'accordent pour raconter qu'à la bataille de Morat les Suisses trouvèrent dans le camp du duc de Bourgogne un gros diamant, d'abord rejeté, puis ramassé de nouveau et donné pour une couronne à un prêtre, qui le revendit le double. Il serait arrivé de main en main jusqu'au Bernois Bartholomé Mey. Des Génois l'auraient acheté sept mille florins; ceux-ci l'auraient vendu onze mille florins à Ludovic le More, et enfin le pape Jules II en serait devenu acquéreur pour vingt mille ducats. Petermann Etterlin raconte que le duc perdit à la bataille de Granson « son précieux diamant, qu'il estime une province[3] ». Michaël Stettler, s'appuyant sur Commines, parle « d'un diamant gros comme la largeur d'un pouce » perdu par le duc à la bataille de Granson, diamant qui aurait eu le sort que lui assignent les *Chroniques de Guebwiller et de Thann*[4]. Birken, décrivant le butin fait à *Granson*, cite « le joyau célèbre dans toute la crétienté » et reproduit ensuite les détails empruntés aux *Chroniques alsaciennes*[5]. Quant à Commines[6], il dit, en racontant la déroute de Granson, qu'un Suisse trouva « un gros diamant, qui estoit un des

1. Mossmann, 1844. Guebwiller, à l'année 1476. p. 86.

2. Merklen, Colmar, 1864, dans *Annalen oder Jahresgeschichte*, tome Ier, année 1476, p. 643.

3. Petermann Etterlin, *Kronika der leblichen Eidgenossenschaft*, 2ᵉ édition, par Spreny, Bâle, 1752. p. 204.

4. Michaël Stettler, *Schweizer Chronik*, nouvellement revue et continuée jusqu'en 1631. in-fol., p. 247-248.

5. Birken, *Spiegel der Ehren der* ERZHAUSES OESTREICH, in-fol., Nuremberg, 1686, chez Endeteren.

6. Édition de Mlle Dupont (*Société de l'Histoire de France*). p. 20, 21, 22.

plus gros de la crétienté, où pendoit une grosse perle ». Mézeray[1] et le père Daniel[2] ont reproduit Commines. Olivier de la Marche[3] et Monstrelet[4] sont muets. Du Haillan[5] ne signale que des *richesses* et des *bagues* perdues par Charles sur le champ de bataille de Granson.

On voit que tous les historiens anciens ne parlent que d'un seul diamant, qui, après avoir été acheté une couronne, serait venu orner la tiare des papes, grâce à la munificence de Jules II, qui l'aurait payé vingt mille ducats. Les uns soutiennent qu'il a été trouvé à Granson; les autres, à Morat.

Existe-t-il d'autres sources? Nous l'ignorons.

Il résulte de cet exposé qu'un diamant inconnu fut perdu à Granson ou à Morat; mais il est difficile d'aller plus loin et de reconnaître dans « le diamant le plus gros de la crétienté » le *Sancy* de la couronne de France. Nous ne voyons aucune indication qui puisse faire identifier le gros diamant perdu à Morat ou à Granson avec celui dont nous nous occupons. Le plus ancien auteur qui attribue à Charles le Téméraire la possession du *Sancy* est Duclos 1745, dans son *Histoire de Louis XI*[6]. Il ne le fit que pour flatter Louis XV, qui possédait alors ce diamant.

Au moment où Duclos écrivait son *Histoire de Louis XI*, Pouget[7] affirmait, sur la foi de Robert de Berquen[8], que Sancy avait acheté à Constantinople, quand il était ambassadeur, le diamant auquel il donna son nom. Il y aurait

---

1. *Histoire de France* de Mézeray, Paris, 1646, tome II, p. 169.
2. *Histoire de France* du père Daniel, Paris, 1713, tome II, p. 1390.
3 *Mémoires d'Olivier de la Marche* (Société de l'Histoire de France), Paris, 1883 et 1885, tome III, livre II, chap. VI, p. 209 et suivantes.
4. Monstrelet, *Chroniques*, tome II, Gustave Chaudière, Paris, 1572, p. 186.
5. *Histoire de France* de du Haillan, Paris, 1629, tome II, p. 93.
6. *Histoire de Louis XI*, par Duclos, Paris, 1745-1746 (4 vol.), tome II, livre VIII, p. 215.
7. Pouget, *Traité des Pierres précieuses*, Paris, 1762, p. 8.
8. Robert de Berquen, orfèvre parisien, auteur d'un Traité sur les pierres précieuses, Paris, 1679, petit in-4 : *les Merveilles des Indes orientales*, dédié à Mademoiselle.

donc contradiction ; mais l'achat du *Sancy* à Constantinople
n'est pas plus vrai que sa trouvaille à Morat ou à Granson, car Nicolas de Sancy ne représenta jamais la France
en Turquie. Robert de Berquen et Pouget le confon-
dent avec Achille de Harlay, le second de ses fils, qui fut
évêque de Lavaur et de Saint-Malo et ambassadeur à Constantinople.

Enfin, en même temps que Duclos et Pouget émettaient
les opinions précitées, Fontanieu, contrôleur général du
Garde-meuble, en émettait une troisième, à laquelle sa
situation donnait une certaine importance[1]. D'après lui,
le *Sancy* appartenait à la Couronne lorsque Henri III,
ayant eu besoin d'argent, chargea Harlay de Sancy de
l'engager en Suisse, et c'est à partir de ce moment que
le diamant aurait gardé le nom de *Sancy*.

Nous avons vu dans les chapitres précédents que le
Sancy ne faisait point partie, sous Henri III, des pierres
de la Couronne, dont nous avons donné la liste détaillée;
nous verrons du reste que, de 1593 à 1604, Sancy en fut
propriétaire, et que par conséquent il ne pouvait appartenir à l'État.

Du reste, si l'on doit en croire le catalogue de la
collection du trésor de l'empereur d'Autriche[2], le gros
diamant perdu par Charles le Téméraire, après avoir été
pris pour un morceau de verre, appartint à Ludovic le
More. Les Fugger l'achetèrent et le revendirent pour le
trésor des Médicis. Par le fait du mariage de François-
Étienne de Lorraine, grand-duc de Toscane, avec l'impératrice Marie-Thérèse, ce diamant est passé à la couronne
d'Autriche, où il existe encore sous le nom du *Florentin*. Nous n'approfondirons pas cette version donnée
officiellement par le ministre de l'empereur d'Autriche[3],

1. Bibl. nat., fonds Fontanieu, nᵒˢ 709 à 712.
2. Catalogue des collections du trésor de la maison impériale et royale d'Autriche,
p. 115, armoire 22, nᵒ 38.
3. Notons seulement que le *Florentin*, actuellement à Vienne, pèse cent trente-trois

mais on voit que l'origine du *Sancy* a toujours été dis-
cutée. Contentons-nous d'admettre que Nicolas de Sancy
acheta ce diamant, ainsi que beau-
coup d'autres, à un marchand demeuré inconnu.

LE FLORENTIN
Gros diamant de l'empereur
d'Autriche.

(Fig. extraite de la *Bibliothèque
des Merveilles*.)

Nicolas Harlay de Sancy était un
homme singulier : habile diplomate,
financier retors, peu convaincu en
matière religieuse, très dévoué à son
pays, surtout à Henri IV, homme de
guerre à certaines heures, mais quelquefois malheureux et prompt au
découragement[1]; il joua, au commencement du règne de Henri IV,
un rôle considérable. Il sauva la mo-
narchie après l'assassinat de Saint-Cloud, en conduisant au
roi ses douze mille Suisses.

Il était peu scrupuleux dans ses moyens lorsqu'il s'agissait
du bien de l'État, témoin ce vol à main armée qu'il commit
étant ambassadeur à Bâle[2]. Ayant appris que le duc de Savoie

carats; que ce poids est considérable et constitue un fait assez rare parmi les diamants
pour donner à une pierre, lorsqu'elle atteint une pareille grosseur, une valeur et une
renommée considérables; que ce fait tendrait à démontrer la vraisemblance de l'assi-
milation du *Florentin* avec le diamant de Charles le Téméraire, « le plus gros de la
crétienté », tandis qu'il serait difficile d'appliquer ce qualificatif donné par les historiens au *Sancy*, qui ne pèse que cinquante-trois carats.

1. Voyez *Mémoires de la Huguerie*, publiés dans la collection de la Société de l'Histoire de France, par M. le baron de Ruble, tome III, p. 330 : « Sancy fut tant irrité
qu'il en pleura comme un enfant. »

2. Archives du ministère des affaires étrangères. Suisse, vol. XIII. (Pièce communiquée par M. Rott, secrétaire de la légation du gouvernement fédéral à Paris.)

Sancy n'était pas le seul à conseiller et même à user de pareils procédés; la lettre
de de Maisse, du 14 décembre 1590, que nous reproduisons ici, en est une preuve :

« Venise, le 14 décembre 1590.

Au Roy.

« Il est arrivé un million d'or à Gennes depuis quinze jours sur les gallères d'Espaigne. Ils se portent par hommes de cheval de quinze iours en quinze iournées peu à
peu en passant par l'Allemaigne, que j'en ay ia donné advis à Vostre Majesté de les
prendre au passage qui voudroit, comme l'on dit que près de Basle, l'on a pris cens
mille escus ces iours passés. » (Bibl. nat., Ms. fonds Brienne. n° 11. p. 297.)

faisait passer non loin de cette ville un convoi dans les
bagages duquel se trouvaient soixante mille écus d'or, il
partit avec un certain nombre de ses serviteurs, attendit au
passage les hommes du duc de Savoie, les rossa, s'empara
de l'argent et le fit parvenir intégralement au roi de France.

Il rendit encore d'autres services d'une façon plus hon-
nête : chargé de contracter un peu partout des emprunts [1]
pour le compte du roi de France, et de vendre en détail les
perles [2] que Henri IV reçut de Louise de Vaudemont, en
échange des terres qu'il lui avait cédées [3], il se frotta constamment aux usuriers célèbres de l'époque, et acquit à leur
fréquentation une parfaite connaissance de leur commerce
et de leurs ruses. Ses changements divers de religion déterminèrent Agrippa d'Aubigné à écrire la satire : *Confes-
sion de M. de Sancy*. Longtemps malade, il mourut dans
un âge avancé, après avoir, non sans peine, obtenu de
Louis XIII le remboursement d'une partie des avances qu'il
avait faites pour la cause royale [4].

Dans le *Discours sur l'occurrence de ses affaires* [5], il
raconte qu'il a vendu, en différentes circonstances, pour
cent cinquante mille écus de bagues à Henri III et à
Henri IV. Marie de Médicis et Sully lui en ont acheté,
l'une pour soixante-quinze mille livres, l'autre pour vingt-
cinq mille. Lors du mariage du roi avec Marie de Médicis,
il en vend pour quarante mille livres [6]. Enfin, il en cède

1. Archives des Affaires étrangères. Suisse, vol. XIII, p. 96. Le 17 décembre 1589.
Promesse de Sancy aux sieurs de Bâle. Emprunt de quatre mille écus rembour-
sables en quatre mois avec la cense de 5 pour 100; « pour asseurance leur avoir
gaigé et ypothéqué ung dyamant en table enchassé en or pesant la bague et la
pierre tout ensemble 3 escus. »

2. Bibl. nat., Ms. fonds italien. *Dispacci degl' ambasciatori veneziani*, filza 25. Dépêche du 18 avril 1596.

3. Bibl. nat., Ms. fonds italien. *Dispacci degl' ambasciatori veneziani*, filza 25, p. 58.
Dépêche du 29 juin 1596. Bibl. nat., Ms. V⁵ de Colbert, vol. XIX, p. 44 et 74. *Mémoires
d'Estat de Villeroy*, 1re édition, tome III, p. 128 et suivantes.

4. Voir Bibl. nat., Cabinet des titres. Dossier Harlay de Sancy et Ms. fonds Dupuy, vol. CCXXVII, fol. 299.

5. *Mémoires d'estat de Villeroy*, 1re édition, tome III, p. 147 à 191.

6. Voir la quittance que possède M. le baron Pichon, en date du 10 octobre 1600.

encore à la sœur de Henri IV (la duchesse de Bar, ainsi qu'à beaucoup d'autres.

Dans ses lettres, datées de Londres, où il est en mission, et de Mantes, où il est de la suite de Henri IV, il parle continuellement à Sillery de la vente de ses bagues, des sommes prêtées sur ses bijoux mis en gage et surtout de la difficulté qu'il a de les retirer des coffres des prêteurs tels que Balbani ou Roderiques[1].

Ces emprunts, où il met en gage ses propres bagues, il les fait, avec un complet désintéressement, pour le compte du roi, non seulement sans qu'ils lui rapportent un écu, mais au détriment de sa fortune personnelle.

Le plus fameux de ses emprunts nous est indiqué par un brevet sans millésime, daté du 31 janvier, signé Révol[2], qui est de l'année 1589[3]; le roi achetait à Sancy :

« Ung grant dyamant net, taillé à fasses, du poix de trente-sept à trente-huit caratz ou environ, mis en œuvre dans ung cercle d'or, au bout duquel pent une grosse perle ronde, nette et parfaicte, d'environ vingt caratz; aussi ung

et aux termes de laquelle Nicolas de Sancy reconnaît avoir reçu dix mille écus pour la vente faite à Henri IV d'un diamant donné par le roi au cardinal Aldobrandini.

1. Révol fut pourvu de la charge de secrétaire d'État, le 15 septembre 1588 et mourut en exercice le 24 septembre 1594. Le brevet nous a été communiqué par M. le comte de Kermaingant. Il provient des archives de M. le baron d'Hunolstein.

2. Ce brevet se rapporte à l'année 1589, et ne pourrait pas être de 1588, puisque Révol n'était pas encore secrétaire d'État le 31 janvier de cette année. On lit en outre dans un *Discours d'Estat*, de M. de Sancy (Extrait des *Mémoires du duc de Nevers*, Paris, 1665, 2ᵉ partie, p. 590) : « Ce fut le vingtiesme de juillet (1589) que ie fis voir mon armée d'estrangers au roy Henry III. Chacun sçait l'honneur et la bonne chère que ie reçus de luy iusques à sa mort. »

Simon Dupleix, dans son *Histoire de Henri III* (Paris, 1630, p. 288, § 21, année 1589), confirme en ces termes les renseignements précédents :

« Jamais homme ne fut plus loué de son roy que Sancy de Henry; lequel sans doute eust recogneu ce grand service par de très signalés bienfaits, si le malheur de la France n'eut si tost tranché le fil de sa vie. »

3. Sancy, dans le *Discours sur l'Occurrence de ses affaires*, déjà cité, dit que c'est pour lever une armée de Suisses qu'il engagea ses bagues, et qu'il quitta Blois pour se rendre à Genève, le 3 février 1589, ce qui correspond bien à la date du brevet (31 janvier 1589).

Depuis nous avons retrouvé une copie datée de cette pièce dans les V. de Colbert, vol. XIX, fol. 75 à la Bibliothèque nationale, manuscrit.

grand rubis faict en cueur, enchassé en or, au bas duquel pent une grosse perle en poire, pour le prix de quatre-vingt mil escuz, lesquelles bagues ont esté par Sa Majesté baillées et mises ès mains dudict sieur de Sancy pour les engaiger en Suisse, Allemagne, ou ailleurs, à la charge que si elles sont moins engaigées que pour la somme de quatre-vingt mil escuz, Sa Majesté n'en paiera audict sieur de Sancy que le prix qu'elles auront esté ainsi en-gaigées [1]. »

Cette même année, il fait aussi un emprunt au bourg-mestre de Bâle [2], pour une somme de quatre mille écus, garanti par le dépôt d'un diamant en table. Le 29 août 1593, il parvient à dégager un certain nombre de joyaux qu'il avait engagés pour douze mille écus [3].

---

1. Sancy était chargé de porter ces bagues pour négocier des emprunts et des levées de troupes en Suisse. On retrouve les instructions qu'il reçut de Henri III à ce sujet (Bibl. nat., Ms. V° de Colbert, vol. XIX, p. 44). D'autres instructions à Sillery et à Sancy, tous deux ambassadeurs en Suisse (même volume, p. 74 et suiv., et fonds Fr. 23650, fol. 83 ; et 16942, fol. 262 et suiv.).

2. Archives du ministère des affaires étrangères. Suisse, vol. XIII.

3. Nous donnons ci-dessous huit lettres de Sancy concernant le dégagement de ses bagues :

1° Archives du ministère des affaires étrangères. Genève, vol. I, p. 98. *Sancy à Sillery* (25 décembre 1590) : « Il nous fault tous les quatre mille (escuz) et partant il vous plaira donner ordre que les mille de Mons. Balbany ne nous manquent, dont il sera remboursé de l'argent de Strasbourg ou sur mes bagues. »

2° Archives du ministère des affaires étrangères. Suisse, vol. X : *Sancy à Sillery* (de Mantes, 4 juin 1593) : « Monsieur de Gondy m'ha promis de vous faire tenir pour tout le mois d'aoust, vingt-cinq mille escuz pour retirer mes bagues, ie vous supplie cependant m'envoyer un plomb du diamant et des pendans et me faire le bien de m'envoyer les lectres de Wasserhou dont cy-devant ie vous ay escript pour retirer de Mrs de Luxembourg et de Schomberg ce qu'ilz luy doibvent, ie l'ay faict saysir entre leurs mains et ne le payeront jamais à aultre qu'à moy, mais ie ne puis les presser de me payer sans lesdictes lectres. »

3° *Ibid.*, fol. 195. *Sancy à Sillery* (Mantes, 10 juillet 1593) : « Je vous envoye la plus ample procuration dont je me suis peu adviser, laquelle je vous supplie estendre si avant qu'à quelque prix que ce soit je sorte hors des mains du sieur Balbany. Car je ne puis avoir pire condition en quelque part que ce puisse estre et pour en sortir si vous recevez quelques menues parties ne les luy point bailler. Ains les réserver à part jusques à ce que vous ayez tout ce qu'il luy faut pour le luy bailler tout à un coup et retirer de luy ce qu'il me doibt rendre. Car moings je luy debvray et plus il pensera avoir davantage sur moy pour par où il vouldra, je ne désire pas vendre les pendants moings de cinq mil escus, j'en ay refuzé beaucoup de fois dix en

En juin 1595, Gondi lui fournit vingt-cinq mille écus pour retirer des mains d'un prêteur une autre partie de ses joyaux gardés en dépôt. Au mois de juillet suivant, Sancy cherchait par tous les moyens possibles à se dégager vis-à-vis du sieur Balbany, auquel il devait des sommes considérables. Il y avait plus d'un an qu'il s'efforçait de régler son compte avec cet usurier célèbre, et dans toutes les foires des villes libres d'Allemagne Sancy s'était occupé de trouver l'argent nécessaire pour solder son créancier.

En 1596, Henri IV demanda de l'argent à la reine douairière Louise de Vaudemont. Il reçut d'elle une somme considérable de joyaux, entre autres des perles[1] qu'elle tenait de son mari et dont nous avons parlé lors des négociations de du Ferrier à Venise. Ce fut en-

France. Toutesfois je ne désavoueray jamais ce que vous en aurez faict vous priant faire comme pour vous. »

4° *Ibid.*, fol. 205. *Sancy à Sillery* (10 juillet 1593) : « Je vous prie par mesme moyen m'envoyer la promesse que j'ay de Rodrigues pour le tiers du diamant....

« J'espère faire en sorte que vous aurez à ceste foyre de Francfort, si Dieu plaist, dix mil escus pour bailler à Balbany. Si j'avois moyen d'envoyer toute la partie pour sortir du tout hors de ses mains je le feray fort volontiers j'y travailleray tant que je pourray à ce que j'en puisse sortir pour toute ceste année.... »

« Mais le roy me donne si peu de repos que je n'ay pas loisir de faire ce que je désire. »

5° *Ibid. Sancy à Sillery* (Melun, 29 août 1593) : « Ledit sieur de la Verrière m'ha promis de vous faire dellivrer au moins douze mille escus pour le dégaigement de mes bagues. »

6° *Ibid.*, fol. 189 : *Sancy à Sillery* (Dieppe, 10 décembre 1593) : « Je vous remercie bien humblement du soing qu'il vous plaist avoir de mes bagues qui n'ont esté conservées jusques icy que par vostre seul moyen cela et le reste. »

7° *Ibid.*, fol. 211. *Sancy à Sillery* (Melun, 11 avril 1594). Il le prie de faire patienter les prêteurs, les sieurs Calendrin : « J'ay advis d'Allemaigne qu'ils font estat de porter mes bagues à la diète de Ratisbonne et les exposer là en vente; si ilz le font ils me ruinent du tout. Je sçay bien que vous y ferez ce qui se pourra. »

8° *Ibid.* (Melun, 22 avril 1594) : « Monsieur, ce mot est seulement pour vous dire que j'ay receu de Monsieur Faure mon pannache de diamantz que vous luy aviez envoyé, pour me délivrer, dont je vous remercie bien humblement. »

(Documents communiqués par M. Rott, secrétaire de la légation du gouvernement fédéral à Paris.)

1. Bibl. nat., Ms. fonds italien. *Dispacci degl'ambasciatori veneziani*, filza 25. Dépêche du 18 août 1596.

core Sancy qui fut chargé de les transformer en numéraire.

Nous avons fait voir dans cet exposé que Nicolas de
Sancy faisait, pour le compte de l'État, le commerce de
pierres autant que la banque, et qu'en second lieu le
fameux diamant portant son nom n'était pas le seul qui
fût en sa possession; il nous reste maintenant à démontrer que le *Sancy* n'a pas l'origine historique qu'on lui a
attribuée.

Si ce diamant avait appartenu à Charles le Téméraire,
Harlay de Sancy, qui, dans toutes ses lettres, et notamment
dans le *Discours sur l'occurrence de ses affaires*, se montre
un homme d'une adresse consommée, n'aurait pas manqué
de faire valoir cette particularité historique auprès du duc
de Mantoue, qui le marchanda, de 1600 à 1604.

Nous possédons quatorze lettres de Nicolas de Sancy au
duc de Mantoue, ou du sieur La Brosse, représentant du
duc, adressées à ce prince. Dans toutes ces lettres, il est
question du *Sancy*; on en fait régulièrement l'éloge, mais
aucune d'elles ne contient d'allusion à son caractère historique. Une lettre, où Henri IV parle d'acheter cette pierre,
est également muette sur ce point.

Comment supposer que Harlay de Sancy, pressé du besoin d'argent, n'aurait pas songé, lorsqu'il cherchait à s'en
procurer par la vente de son grand diamant, à mettre
en relief son origine princière, et qu'avec sa vanité fort
connue il n'aurait pas pensé à associer son nom à celui
d'un personnage tel que le duc de Bourgogne? D'un
autre côté, si ce diamant avait appartenu à Charles et à
Sancy, on lui aurait laissé le nom du premier, le plus
célèbre de ses possesseurs. N'est-il pas encore fort singulier
qu'on se soit seulement aperçu, à la fin du dix-huitième
siècle, de l'identité d'un diamant perdu en 1476 avec une
autre pierre appelée en 1604 *le Sancy?*

Il serait assez surprenant que les différents détenteurs
de ce diamant, c'est-à-dire Harlay de Sancy, Jacques Ier,

Charles Ier et les rois de France, eussent toujours ignoré quel en avait été, avant eux, le possesseur. Cependant, l'anecdocte relative à la perte du diamant de Charles le Téméraire à la bataille de Granson ou à celle de Morat était aussi connue aux quinzième, seizième et dix-septième siècles, que de nos jours. On considérait alors comme tellement invraisemblable l'identité du *Sancy* avec cette pierre, que personne n'a jamais songé à y accoler le nom du duc de Bourgogne. Ne voyons-nous pas tous les jours des *brocanteurs* mettre en vente, comme anciens et historiques, des objets qu'ils ont eux-mêmes fait fabriquer, et leur attribuer des noms de possesseurs qu'ils inventent à plaisir? N'a-t-on pas vu dernièrement, dans la collection du baron Gustave de Rothschild, un miroir exécuté en 1863 par le ciseleur Legros, attribué par un directeur général des beaux-arts à la garde-robe de Louise de Vaudemont?

De ce qui précède, on peut donc conclure : que le *Sancy*, avant d'être en la possession du colonel général des Suisses, n'avait pas d'histoire. Nous verrons plus tard par suite de quelle confusion on lui a attribué, au dix-huitième siècle, une histoire antérieure à l'époque où Sancy le possédait.

Avant de raconter l'histoire du *Sancy* depuis le moment où nous le trouvons d'une façon certaine, nous croyons utile de faire connaître en quelques mots sa forme et sa qualité.

Le *Sancy* ne rentre, par sa taille, dans aucune des séries désignées par nous dans notre premier chapitre. Il est en forme de poire aplatie, presque ronde, en pendeloque; mais sa double convexité prononcée ne permet pas de lui appliquer le mot de « Fer de lance ou larme ». « Il est faceté en dessus et en dessous, avec une très petite table en dessus. Les rayons entrant par les diverses facettes du dessus vont se refléter sur les facettes du dessous et reviennent en s'irisant repasser par les diverses facettes du dessus. »

Le savant auquel nous empruntons ces lignes ajoute :
« Plusieurs stras taillés ainsi m'ont donné d'admirables
effets ; et je crois que c'est d'après ce modèle qu'on aurait
dû tailler, sans grande perte de poids, et le diamant royal
d'Angleterre, et le beau diamant brut désigné sous le nom
d'*Étoile-du-Sud*[1]. »

Nous ignorons à quel moment Nicolas de Sancy acquit
ce diamant, mais il en était possesseur le 22 juillet 1593.
A cette date, le *Sancy* était déjà engagé pour un tiers entre
les mains d'un sieur Rodericques, prêteur de son état. Le
6 avril 1594, Harlay de Sancy passait, devant Thibert et
Davoux, notaires à Paris, un acte[2] par lequel le sieur Barthélemy Cénamy, gentilhomme lucquois, « désengaigeait »
des mains du sieur Charles Rodericques « le grand dyamant
appartenant audict sieur de Sancy, qui estoit engaigé
ès dictes mains dudict Rodericques, pour la somme de
trente-trois mil quatre cens écus sol ». Suivant autre acte
passé devant les mêmes notaires, le 4 février 1595, Harlay de Sancy reconnaissait avoir reçu de Cénamy le diamant en question. Il en déchargeait Cénamy, Rodericques,
et « Horatio Balbani, qui avoit négotié ledict désengaigement ».

On a aussi admis, comme nous l'avons vu, que ce diamant servit à lever l'armée des Suisses, que Sancy amena
à Henri III en 1589, et qu'il rangea sous les drapeaux de
Henri IV[3].

Nous avons donné, dans le brevet du 31 janvier 1589,
la liste des *bagues* engagées par Sancy dans ces circonstances : le gros diamant n'y figure point.

---

1. Babinet, *Études sur les sciences*, tome III, p. 25.

2. Archives des Affaires étrangères — Suisse. — Vol. X, communiqué par M. Rott.

3. Cette erreur a été propagée par Charles le Laboureur, qui, connaissant l'engagement de diamants entre les mains des Suisses par Nicolas de Sancy, a supposé à
tort que le *Sancy* avait été compris dans les objets donnés en nantissement.
Édition de 1744 de l'Estoile, par Lenglet Dufrénoy, tome II, p. 168 et 298.
Reproduit également par Charles le Laboureur, dans les *Mémoires* de Castelnau,
p. 297.

Il résulte d'ailleurs d'un brevet du 20 février 1595[1], signé Henry et de Neuville, que les pierres engagées pour la levée des troupes suisses n'étaient pas encore recouvrées, et de l'acte du 4 février 1595[2], déjà cité, que Sancy avait retiré à cette date son grand diamant des mains du banquier Cénamy. L'engagement du *Sancy*, pour lever les Suisses qui sauvèrent Henri IV en 1589, est donc une légende qui doit disparaître.

Harlay de Sancy, en 1596, était rentré en possession de sa pierre, et, antérieurement au 19 juin de cette année, il l'envoya à Constantinople pour tâcher de la vendre, car il était pressé d'argent, et la possession d'un objet de valeur si considérable était onéreuse pour sa situation de fortune. Le roi s'intéressait à l'affaire, car le porteur était muni d'une lettre de recommandation de Henri IV pour le sultan : on ne trouva pas d'amateur[3].

Sancy se retourna d'un autre côté. Le 16 octobre 1599, il entame avec le duc de Mantoue des pourparlers que nous avons pu étudier jusque dans les moindres circonstances. Une note écrite de sa main nous apprend que son grand diamant pèse soixante carats et qu'il en demande quatre-vingt mille écus; il en a un second plus petit qui pèse trente-quatre carats, il en veut soixante mille écus. Il tient à l'argent comptant; si M. de Mantoue lui demandait du temps, il n'accorderait pas plus de trois ans[4].

Nous ne pouvons mieux faire connaître l'acquéreur qui se présentait qu'en empruntant quelques lignes au portrait si remarquable qu'en a fait autrefois notre regretté ami Armand Baschet :

---

1. Extrait des archives de M. le baron d'Hunolstein, communiqué par M. le comte de Kermaingant.

2. *Ibid.*

3. Bibl. nat., Ms. fonds italien. *Dispacci degl'ambasciatori veneziani*, filza 25, p. 58, dépêche du 29 juin 1596.

4. Archives municipales de Mantoue. Maison de Gonzague, série *Francia*, du 16 octobre 1599.

« Vincent Ier de Gonzague, duc de Mantoue, était un prince doué d'une remarquable beauté physique, et les succès dans les plaisirs lui furent faciles. Beau joueur, il était d'une dépense et d'une somptuosité sans limites.

« Habile diplomate, il acquit en outre, dans trois expéditions contre le Turc, une réputation de valeur et de façons chevaleresques ; esprit curieux, il fit de grands déplacements, et jamais il ne faisait de retour à Mantoue sans avoir augmenté son cabinet. »

« Il secourait le Tasse dans ses malheurs ; prenait sous son patronage Porbus et Rubens ; demandait à la Hollande ses tulipes, à Crémone ses instruments de musique, à Anvers ses tapisseries, et à toute l'Europe ses pierres précieuses, qu'il prisait au plus haut point. Esprit bizarre, aimant la contradiction, en même temps qu'il négociait l'achat de peintures de Raphaël ou de marbres antiques, il faisait partir un moine pour le Pérou à la recherche d'un insecte doué du privilège indiscret de réveiller la vigueur chez les vieillards. »

Pendant qu'il essayait de traiter avec Sancy, il écrivait à son ambassadeur en Espagne de lui procurer à la fois les portraits de toutes les Madones du pays et ceux des grandes dames en renom de beauté[1].

Tout en cherchant à vendre ses diamants au duc de Mantoue, Sancy n'avait pas perdu l'espoir de traiter avec Henri IV. Mais, le 26 juin 1600, le roi de France avait acheté au duc d'Épernon un diamant qu'il avait payé trente mille écus : cela ne l'avait pas empêché de faire offrir à Nicolas de Sancy, par M. de Rosny, soixante-dix mille écus comptants de ses deux pierres[2]. Le 5 novembre 1600, le duc de Mantoue offre à Sancy de lui donner en payement plusieurs châteaux du Montferrat : cette

---

1. Tous ces détails sont empruntés à des articles publiés, sous le titre d'*Études sur Rubens*, en 1866. Ce travail est une des plus belles pages de la littérature contemporaine.

2. Ce renseignement est confirmé par une dépêche de l'ambassadeur de Venise

proposition n'est pas acceptée. Le 17 novembre 1602, Sancy envoie à M. de Mantoue les cristaux représentant les deux diamants, qu'il est prêt à laisser pour cent mille écus, dont la moitié *payable comptant*.

Le duc ne se décidant pas, La Brosse lui écrit :

« Ledict sieur de Sancy s'en va fort maladif, et sa femme lui va persuadant de vendre ses bagues, pour payer ses debtes, qui sont grandes, affin que, s'il venoit à mourir, il laissast les affaires de sa maison éclaircies ; et lui-mesme a bonne volonté de le faire. »

Sancy essaya encore de vendre les diamants au grand-duc de Toscane, qui en avait offert cent mille écus, dont soixante mille en espèces et le surplus en créances. Sancy, qui n'avait pas confiance dans la solidité des créances, refusa.

Le 14 juin 1603, nouvelle lettre de Sancy au duc de Mantoue, pour lui proposer d'échanger ses deux diamants contre d'autres plus petits[1]. Le 20 octobre 1603, Sancy veut bien laisser les deux diamants pour quatre-vingt mille écus, mais à la condition qu'on donnera *une chesne* à sa femme.

Marie de Médicis désirait ardemment posséder le gros diamant et Henri IV paraissait disposé à le lui acheter ;

du 29 mai 1600 (Bibl. nat., Ms. fonds italien. *Dispacci degl'ambasciatori veneziani*, filza 29, p. 52), et une lettre de Henri IV à Sully, du 16 avril 1601 (*Correspondance de Henri IV*. Documents inédits de l'Histoire de France, tome V. p. 403).

1. Lettre de La Brosse à M. de Mantoue du 16 novembre 1602. Sancy fait à ce propos une estimation des diamants, selon leur poids ; nous croyons devoir la rapporter :

Le diamant parfait

De 1 carat vaut	40 écus.	De 6 carats vaut	1440 écus.
De 2	— 160 —	De 7	— 1960 —
De 3	— 360 —	De 8	— 2540 —
De 4	— 640 —	De 9	— 3240 —
De 5	— 1000 —	De 10	— 4000 —

Et ainsi de suite.

« A ce compte, ajoute-t-il, son grand diamant de soixante carats vaudrait cent quarante mille écus, et le petit de trente-cinq, quarante-deux mille écus. Et il jure que ce dernier luy a coûté quarante mille écus payés comptant. »

mais, sous main, le roi chargeait Sully « de traverser le marché et de trouver quelque difficulté, comme il a faict, continue La Brosse, il y a huict jours en ça, à Fontainebleau, en rompant l'accord qu'il avoit faict pour les deux diamans à cent mille escuz, d'où M. de Sancy est resté presque fou de cette rupture.

« Je suis intervenu pour la seconde fois, appelé par la femme et le frère. M. de Sancy m'a dit sans préambule :

« Ce chien de traistre me contrecarre en toutes choses et particulièrement dans la vente de mes diamans, mais je suis résolu à les laisser plutost à nonante à monseigneur le duc qu'à cent à Sa Majesté[1], et il me prie d'en donner advis à Votre Altesse. »

Sans attendre la réponse de Mantoue, il expédie pour la seconde fois ses diamants à Constantinople par les soins d'un joaillier du nom de Georges; il espère les vendre cent cinquante mille écus et il compte pour le seconder sur l'ambassadeur de France, qui lui a des obligations; il tente ensuite de nouvelles démarches auprès du roi, qui vient d'acheter pour la reine un brillant de seize mille écus. Au commencement de 1604, désespérant de traiter à Mantoue, à Constantinople ou à Paris, il se met en rapport avec « le grand-duc de Moscovie[2] ». Tout d'un coup, à la fin de mars 1604, on apprend que M. de Montglat (Paul de Beaumont), ambassadeur de France à Londres et frère de Nicolas de Sancy, a vendu le gros diamant au roi Jacques Ier, moyennant soixante mille écus, « c'est-à-dire vingt mille comptant à la main, vingt mille au 10 de septembre et le reste au 10 de mars de l'an prochain ».

Voici le texte du traité intervenu entre le premier ministre du roi d'Angleterre et M. de Beaumont, au sujet du *Sancy* :

« Nous sommes d'accord Mons de Beaumont (ou Mons

---

1. Il ne faut pas oublier que, à l'instigation de Gabrielle d'Estrées, Sully remplaça Sancy en 1597 comme surintendant des finances.

2. Lettre de La Brosse du 20 janvier 1604.

Monglat, frère de M. de Sancy, de me bailler un diamant poisant cinquante-trois carattz ou environ pour soixante mil escus, desquels en sera paié vingt mil escus présentement, vingt mil escus dans six mois, et les vingt mil restant dans un an après la livrée de la pierre.

> « Ro : Cécyll, Monglat[1]. »

L'acquéreur de notre diamant, Jacques Iᵉʳ, était peu guerrier; il se piquait de connaître la théologie et les pierres précieuses. Il collectionnait les diamants et souvent il s'enfermait dans son cabinet avec un joaillier, pour contempler amoureusement ses richesses.

Le 22 mars 1605, Jacques Iᵉʳ fit faire l'inventaire de ses parures. On y trouve, sous le n° 51 :

« Item un grand et riche joyau d'or appelé *le Miroir-de-la-Grande-Bretagne*, contenant une très jolie table de diamant, une très jolie table de rubis, deux autres larges diamans taillés en losange, l'un d'eux appelé *la Pierre de la lettre H d'Écosse*, deux perles rondes et un beau diamant taillé à facettes, acheté de *Sauncey sic*[2]. »

Il est impossible de ne pas voir que *Sauncey* est le nom de *Sancy*, écorché.

C'est ainsi que le diamant fut acheté par Jacques Iᵉʳ, roi d'Angleterre, mais nous verrons plus loin que Jacques II, quoi qu'on en ait dit, n'en fut jamais propriétaire. Au moment où ce roi montait sur le trône, le *Sancy* était depuis longtemps à la couronne de France.

---

1. *State papers : domestic*, année 1604, pièces annexes. Record Office. Londres. James 1. Vol. V, n° 28.

2. *The Ancient Kalendars and Inventories of the Treasury of His Majesty's Exchequer*, by sir Francis Palsgrave. K. H. Printed by command of His Majesty King William IV (imprimé par ordre de Sa Majesté Guillaume IV). 1836, vol. II, p. 305.

CHAPITRE II

Révolution d'Angleterre. — Vente des joyaux de la couronne de la Grande-Bretagne.
— Le *Miroir-de-Portugal*. — Difficultés financières d'Henriette-Marie. — Prêts d'argent à elle faits par le duc d'Épernon. — Intervention de Mazarin. — Achat du
Sancy et du *Miroir-de-Portugal* par le Cardinal. — Entrée du *Sancy* et du *Miroir-de-Portugal* dans le trésor de la couronne de France.

Des mains de Jacques Ier, le *Grand Sancy* passa en celles
de Charles Ier, son fils, et fit ainsi partie des parures d'Henriette-Marie de France, fille de Henri IV. Ce bijou ne pouvait être mieux porté que par cette princesse, car « il
y avait dans son visage quelque chose de si aimable,
qu'elle se faisait aimer de tout le monde ; elle avait infiniment d'esprit, de cet esprit brillant qui plaît aux spectateurs[1] ».

Van Dyck nous l'a représentée toute couverte des parures de la couronne d'Angleterre, avec cette beauté et cet
esprit que lui attribue, non sans quelque malice, Mme de
Motteville.

La révolution menaçant le trône, et le parlement refusant au roi des subsides, la reine partit pour la Hollande
avec tous ses diamants personnels. Elle en emporta aussi
quelques-uns appartenant au roi, afin de se procurer,
en les vendant ou en les engageant, l'argent qui faisait
défaut à la cause royale. Le 16 avril 1642, elle mande de
la Haye à Charles Ier que l'on ne veut rien prêter sur les

1. Mme de Motteville, édition Charpentier, tome Ier, p. 222.

rubis du roi, mais qu'elle va mettre en gage toutes ses pierreries. Un mois après, elle écrit à son mari[1] :

« Après beaucoup de peine, nous avons trouvé de l'argent, mais peu encore, car la peur des marchands n'est pas encore tout à fait passée. L'on avoit escrit de Londres que j'avois emporté mes pierreries en cachette et contre vostre volonté, et que si l'on ne prestoit de l'argent là-dessus, il n'y auroit point de seureté pour eux.... A la fin il a fallu monstrer le pouvoir, signé de vostre main[2].

Retournée en Angleterre, Henriette dut abandonner encore une fois son pays d'adoption, en 1644, pour se rendre en France, où elle arriva, probablement nantie de toutes les pierres de la couronne d'Angleterre[3].

En 1646, la reine était à Paris et possédait encore une partie des pierreries de la couronne. Elle en para la grande Mademoiselle dans une fête célèbre qui eut lieu sur la fin de l'hiver[4], mais la fille de Gaston, dans ses Mémoires, ne donne aucun détail sur les parures.

On sait combien, durant la Fronde, la cour eut à endurer de privations : Henriette-Marie, restée à Paris, ne touchait plus de pension de sa belle-sœur, et Retz a popularisé, dans la narration de la visite qu'il lui fit, la misère profonde dans laquelle était tombée la fille de Henri IV. La reine fut contrainte d'engager successivement ses bijoux, soit pour soutenir les partisans de Charles Ier, soit pour subvenir à ses propres besoins. Elle contracta, auprès du

1. *Henriette-Marie de France, reine d'Angleterre*, par le comte de Baillon. Paris, Didier, 1877, p. 373 et 376.

2. Nous avons trouvé aux archives du ministère des affaires étrangères, vol. LXI (Angleterre), la liste des joyaux engagés à cette époque par la reine d'Angleterre, entre les mains de Cletstex, de la Banque lombarde de Rotterdam.

Les sommes prêtées, à raison de huit pour cent l'an, s'élèvent au total à un million six mille deux cent soixante-quinze livres onze sols huit deniers, monnaie de Hollande.

Me Chevillard, notaire, nous a permis de prendre copie du pouvoir donné par le roi à la reine, en date du 19 mai 1642, annexé à l'acte du 11 novembre 1646, dont il sera ci-après parlé.

3. *Mémoires de Mlle de Montpensier*, édition Chéruel, tome Ier, p. 138.

4. *Mémoires de Mlle de Montpensier*, ibid.

duc d'Épernon[1], des emprunts s'élevant à la somme totale
de quatre cent vingt-sept mille cinq cent cinquante-six
livres tournois. Le premier de ces emprunts, fait par acte
passé devant notaires, le 11 novembre 1646[2], était de deux
cent trente mille livres. Il fut cautionné par plusieurs officiers de la maison de la reine[3].

Henriette-Marie remit en gage au mandataire du duc
d'Épernon : « ung carcan d'or massif, couvert de cent
soixante perles rondes d'environ trois caratz pièce, entre-
meslées, de seize en seize, de rubis au nombre de dix de
plusieurs grandeurs et fassons; ung fort gros rubis d'O-
rient en cabochon; quatre balets dont deux en table et
deux en cabochons; de cinq espinelles aussy en cabochon;
ledict carcan estant dans son estuy de velours vert doublé
par le dedans de satin blanc, estimé à la somme de cent
trente mille livres. »

Suivant autre acte du 4 décembre 1647, la reine remit
au duc « pour seureté et nantissement des sommes prestées, deux grands dyamans, l'ung en forme de cœur appelé
le Grand Sancy, et l'autre en table appelé le *Miroir-du-
Portugal*[4] ».

Par un troisième acte en date du 23 mars 1654[5] la reine
d'Angleterre et le roi son fils reconnaissaient devoir au duc
d'Épernon cent quatre-vingt-dix-sept mille cinq cent cin-

1. Fils de Louis de la Vallette, duc d'Épernon, en premier lieu mignon de
Henri III.

2. Extrait des minutes de Mᵉ Chevillard, notaire à Paris.

3. Henry Jermyn, milord d'Angleterre, conseiller et grand écuyer de la Reine;
Henry Wood, chevalier, conseiller général, et noble Richard Forestier, trésorier général de ladite reine.

4. La minute de cet acte, qui aurait dû se trouver parmi celles qui sont en la
possession de Mᵉ Chevillard, notaire à Paris, successeur de Mᵉ de Beaufort, ainsi
qu'il résulte de l'inscription qui figure sur le répertoire de cet officier public, paraît
avoir été brûlée dans un incendie. Il nous a donc été impossible de la voir.

Il est probable que le carcan décrit plus haut fut retiré des mains du duc d'Épernon par la reine d'Angleterre, en même temps que le *Sancy* et le *Miroir-de-Portugal*
étaient donnés en nantissement. On peut s'en convaincre par la mention apposée en
marge de la minute (de 1646) d'une quittance dressée par les notaires Le Fouyn et de
Beauvais, du 19 mai 1657, dont il sera ci-après parlé.

5. Au rang des minutes dudit Mᵉ Chevillard.

quante-six livres, prêtées en diverses fois, et exigibles à première réquisition.

Mais le duc d'Épernon craignait de ne pas être remboursé.

Par une belle matinée de printemps 18 mai 1657, un sergent à verge au Châtelet de Paris, le sieur Larmonnier, se présentait, une feuille de papier timbré à la main, à la porte du Palais-Royal, par la rue Saint-Honoré, et requérait les gardes de l'introduire sur-le-champ auprès de la reine de la Grande-Bretagne et d'Irlande. Un planton mena le sergent dans la chambre où se tenait la reine, et Larmonnier somma Henriette-Marie, en lui remettant l'exploit, de payer le principal et les intérêts.

« Ladicte dame royne respondit qu'Elle n'estoit pas en pouvoir de ce faire, ayant depuis longtems faict son possible pour emprunter deniers sur lesdicts diamants donnés en gage, lesquels elle n'a pu vendre ni trouver personne qui les pust achester à cause de leur grant prix et désirant se libérer des intérests desdictes sommes principales ; icelle dame Royne a adjouté qu'elle avoit proposé audict duc d'Épernon de lui abandonner lesdicts diamans pour la somme de trois cent soixante mille livres, à laquelle ils ont esté prisés et estimés par joailliers et aultres personnes à ce connoissant, auxquelles elle les a faict voir et estimer. »

Le duc d'Épernon accepta la proposition et garda les deux diamants, dont la vente lui fut consentie, suivant acte passé le 19 mai 1657, moyennant trois cent soixante mille livres[1].

Le *Sancy* était monté sur un simple cercle d'or, qui ne

---

1. Un grand nombre d'actes relatifs à l'engagement et à la vente du *Sancy* et du *Miroir-de-Portugal* nous ont été obligeamment indiqués par M. Auguste Vitu et communiqués avec une bonne grace parfaite par M. Philéas Vassal, notaire à Paris.

Liste des actes concernant la vente du *Sancy* et du *Miroir-de-Portugal*, conservés dans l'étude de Me Philéas Vassal, notaire à Paris :

1° Reconnaissance d'une dette de trente mille livres et d'une autre de trente-cinq mille six cent quarante livres, ensemble soixante-cinq mille six cent quarante livres, faite par la reine Henriette-Marie, au profit du duc d'Épernon, le 3 juillet 1645.

2° Acte passé par de Beaufort et de Beauvais, notaires, le 11 novembre 1646, por-

pesait pas deux grammes; le poids de la pierre et de
sa monture ne s'éle-
vait qu'à cinquante-
neuf carats et demi.

Le *Miroir-de-Portu-
gal*, qui apparaît pour
la première fois, était
une table de diamant
de trente carats, montée
dans un chaton d'or,
émaillé, avec des fleurs
tout autour. La parure
entière pesait quatre-
vingt-douze carats.

LE MIROIR-DE-PORTUGAL.

D'après le portrait d'Henriette-Marie, par Van Dyck,
musée de l'Ermitage, à Saint-Pétersbourg.

Jusqu'à présent il a-
vait été admis, sur l'autorité de Froude, que cette pierre,
comme l'indique son nom, avait fait partie du trésor de la

tant reconnaissance par la reine d'Angleterre, Henriette-Marie, d'une dette de deux
cent trente mille livres au profit du duc d'Épernon, et constatant la remise en nantissement d'un caveau d'or massif de cent soixante perles et de dix rubis par ladite
reine au même duc.

3° Acte passé devant les mêmes notaires le 4 décembre 1647, par lequel le *Sancy* et
le *Miroir-de-Portugal* sont remis en gage au duc d'Épernon pour une somme de deux
cent trente mille livres à lui due, suivant acte du 11 novembre 1646.

4° Déclaration faite par le duc d'Épernon le 20 mars 1654 par lequel il décharge
la reine Henriette-Marie de toutes hypothèques sur ses biens immeubles ou sur ceux
de son fils, en considération des nantissements qui lui ont été remis par acte du
4 décembre 1647 confirmé par le présent, et qui consistent en deux diamants, le *Sancy*
et le *Miroir-de-Portugal*.

5° Reconnaissance du 23 mars 1654 par la reine Henriette-Marie et par son fils le
roi Charles d'une nouvelle dette de cent trente et un mille neuf cent seize livres au
profit du duc d'Épernon, et affectation des deux diamants déjà en gage entre les
mains de ce dernier, à la garantie de cette dette.

6° Renouvellement du 23 mars 1654 de la reconnaissance de la dette de soixante-
cinq mille six cent quarante livres due au duc d'Épernon depuis le 3 juillet 1645, suivant acte ci-dessus indiqué.

7° Procuration en date du 27 mars 1654 donnée par le cardinal Mazarin à Colbert
pour traiter avec le duc d'Épernon et la reine Marie-Henriette au sujet du *Sancy* et du
Miroir-de-Portugal.

8° Exploit du sieur Larmonnier, sergent à verge au Châtelet, en date du 18 mai
1654, réclamant à la reine Henriette-Marie le principal de sa dette avec le duc d'Épernon et les intérêts, s'élevant à soixante et onze mille cent soixante livres seize sols.

couronne de Portugal. C'est cette version qui avait été adoptée par M. Forneron dans son livre sur *Philippe II*. Tous les faits venaient corroborer cette théorie, et nous l'avions acceptée, lorsque M. Ignacio de Vilhena Barbosa, de l'académie des sciences de Lisbonne, nous fit parvenir des documents qui nous ont montré que le *Miroir* venait sans doute du Portugal, mais n'avait point appartenu à la couronne de ce pays. Nous reproduisons cependant les deux opinions, en commençant par celle de Froude.

9° Nouvelle procuration, datée du 14 décembre 1654, donnée par le cardinal Mazarin pour négocier l'achat du *Sancy* et du *Miroir-de-Portugal*.

10° Procuration, du 6 septembre 1655, donnée par le roi Charles II à sa mère la reine Henriette-Marie d'Angleterre, pour traiter avec le duc d'Épernon de la cession du *Sancy* et du *Miroir-de-Portugal*.

11° Acte, du 5 octobre 1655, par lequel la reine Henriette-Marie délègue au sieur Jacques Michel, conseiller et secrétaire du roi, tous les pouvoirs contenus dans la procuration de son fils Charles II en date du 6 septembre 1655.

12° Quittance, en date du 19 mai 1657, des intérêts de la somme de deux cent trente mille livres payés au duc d'Épernon, et restitution par ce dernier des deux diamants, le *Sancy* et le *Miroir-de-Portugal*, qu'il tenait en gage.

13° Quittance (même date) de la somme de cent trente et un mille neuf cent seize livres remboursée au duc d'Épernon, et restitution par ce dernier des deux diamants le *Sancy* et le *Miroir-de-Portugal* qui garantissaient sa créance.

14° Acte de vente, du 19 mai 1657, des deux diamants le *Sancy* et le *Miroir-de-Portugal*, au duc d'Épernon, pour la somme de trois cent soixante mille livres à lui due, et sans préjudice de celle de cent trente-huit mille sept cent seize livres seize sols dont il reste créancier de la reine Henriette-Marie.

15° Quittance donnée le même jour par le duc d'Épernon de la somme de trois cent soixante mille livres ci-dessus à la Reine d'Angleterre.

16° Obligation (même date) de trois cent soixante mille livres par la reine d'Angleterre au profit d'Hervart et déclaration que ces trois cent soixante mille livres ont servi à rembourser pareille somme due au duc d'Épernon.

17° Reconnaissance (même date) par Hervart que la reine lui a remis en nantissement les deux diamants, le *Sancy* et le *Miroir-de-Portugal* avec la quittance de trois cent soixante mille livres délivrée par le duc d'Épernon à la reine.

18° Promesse faite par la reine d'Angleterre (même date) de vendre les deux gros diamants, le *Sancy* et le *Miroir-de-Portugal*, à Hervart, conseiller du roi de France et intendant de ses finances.

19° Déclaration (même date) par ledit Hervart que l'obligation de trois cent soixante mille livres dues par la Reine ne doit profiter qu'à Mazarin, et remise par le même au cardinal Mazarin, qui lui en donne décharge, des deux diamants ci-dessus avec la promesse de vente consentie par la reine Henriette-Marie en sa faveur.

20° Vente par la reine Henriette-Marie à Hervart des deux grands diamants, le 30 mai 1657.

21° Déclaration faite le même jour, par Hervart, que la vente des deux diamants ci-dessus consentie en sa faveur ne peut profiter qu'à Mazarin.

Antoine de Crato était fils naturel de l'infant don Luis. Après la mort du cardinal-roi Henrique, il se fit proclamer roi (1580, mais il eut à lutter contre Philippe II, roi d'Espagne, qui, ne reconnaissant pas les droits du prétendant, envoya contre lui le duc d'Albe à la tête d'une armée; ce général défit Antoine sous les murs de Lisbonne, le chassa du pays et annexa le Portugal à l'Espagne. Antoine de Crato, vaincu, fugitif et dépossédé, n'avait plus d'autre ressource, pour combattre son rival, que les diamants de la *Couronne-de-Portugal* qu'il avait emportés. Arrivé à Londres en 1581, il s'efforça d'intéresser à sa cause la reine Élisabeth. Celle-ci, avec sa perfidie ordinaire, promit tout ce qu'il voulut; elle demanda, en échange des secours qu'elle allait procurer, la cassette d'Antoine de Crato, qui s'empressa de donner satisfaction à sa protectrice; mais aussitôt que la reine fut en possession des joyaux portugais, elle arrêta tous les préparatifs commencés et empêcha même ses sujets de fournir des subsides. Antoine, découragé, dut, un an après, se retirer en France.

Ainsi, d'après Froude [1], les diamants de la couronne de Portugal auraient été emportés par Antoine de Crato et accaparés par la reine Élisabeth. Si ce fait était prouvé, le

1. Voici ce que rapporte textuellement Froude dans son *Histoire d'Angleterre* (Bibl. nat. Froude's *History of England*, London, Longmans, Green and Cᵒ, 1886, vol. XI, p. 424, nᵒ 95) :

« Don Antonio avait emporté avec lui les bijoux royaux, dont il voulait disposer pour équiper une flotte.

« Les diamants de Portugal, qui auraient dû appartenir au roi d'Espagne, étaient appelés à faire excellente figure à côté de ceux de la reine Élisabeth. De plus, il aurait fort convenu à la reine de laisser à la charge du prince exilé le prix de la flotte qu'elle s'était engagée à lui fournir.

« D'un autre côté, le fait de permettre à don Antonio d'user des vaisseaux et des marins anglais, pour combattre l'Espagne, constituait un acte dont la reine ne pouvait éviter la responsabilité, et qui même était susceptible d'être considéré par Philippe II comme équivalent à une déclaration de guerre.

« On permit à Antonio de venir à Londres : le 1ᵉʳ juillet 1581, il sollicita d'Élisabeth la permission d'acheter des vaisseaux, mais il lui fut répondu d'une manière équivoque.

« En quelques jours, par une manœuvre adroite, les bijoux de Portugal entrèrent

Miroir aurait été certainement du nombre de ces diamants; de là le qualificatif de *Portugal* qu'il portait dans le trésor de Jacques Ier d'Angleterre, et sous lequel il est désigné dans les actes des ventes consenties par la reine Henriette-Marie à Mazarin.

Le principal argument à l'appui de la théorie de Froude est un jugement rendu en 1583 contre don Antonio : par la sentence, le prétendant était condamné à mort, pour avoir notamment enlevé les diamants de la couronne de Portugal[1]. Mais cette preuve est moins sérieuse qu'elle ne le paraît.

M. de Vilhena Barbosa, après des recherches effectuées avec une complaisance dont nous le remercions ici, nous a fait observer que, pour lui, l'enlèvement des diamants de la couronne de Portugal était un fait impossible, malgré la condamnation à mort prononcée, sur l'ordre de Philippe II, à raison de cette prétendue soustraction.

dans le Trésor britannique. A l'aide d'une somme qui avait été prêtée sur ces diamants, Antonio acheta ce dont il avait besoin. » Tel est le texte de Froude.

Il existe :

Au British Museum, une lettre de don Antonio à la reine Élisabeth (collection Cotton, Ms. Nero B. 1, fol. 201); deux lettres de Walsyngham, datées de Greenwich (papiers d'État privés, Eliz., vol. CXLIX, n°s 62 et 64); une lettre du grand trésorier Burghley à la reine (collection Cotton, Ms. Nero B. 1, fol. 295); deux lettres d'Antonio du 5 mai et du 10 septembre 1582, au grand trésorier Burghley (collection Lansdowne, Ms. n° 35, fol. 169 et 180); une lettre d'Edward Prinne à lord Burghley de 1582 (collection Lansdowne, Ms. n° 35, fol. 197).

Aux Archives nationales à Paris, deux dépêches de Tassis, ambassadeur de Philippe II des 25 et 31 janvier 1582 (Archives de Simancas, K. 1560, n°s 7 et 8).

A la Bibliothèque nationale, de nombreuses dépêches de l'ambassadeur de Venise, du 21 avril 1581 au 15 juin 1588 (Ms. filza 11 et 12); enfin, au British Museum, une lettre adressée en 1595 par le prétendant, peu de temps avant sa mort, à la reine Élisabeth (collection Cotton, Ms. Nero B., fol. 211).

Ces pièces constatent qu'il est intervenu entre Élisabeth et Antonio un contrat de vente des diamants emportés de Portugal et en même temps elles prouvent aussi l'existence d'un engagement d'Élisabeth de procurer des vaisseaux et des troupes pour la conquête du Portugal.

1. Le jugement du 9 juillet 1583 porte que don Antonio est condamné à mort pour avoir pris de force les objets précieux de certaines confréries, notamment de celle de Saint-Antoine, de Lisbonne, une grande partie de l'argent déposé dans certaines églises et dans plusieurs monastères de la même ville, plus les objets précieux, les pièces riches, les joyaux *et autres pierreries du Trésor*, qui appartenaient audit Seigneur, le roi d'Espagne et de Portugal.

Le trésorier de la maison royale et les gouverneurs du royaume avaient eu le temps de mettre ces bijoux en lieu sûr, avant l'arrivée d'Antonio à Lisbonne : ces personnages étaient dévoués à la cause de Philippe II. Le roi, qui ne leur aurait jamais pardonné d'avoir fourni à son rival le moyen de faire valoir ses droits au trône de Portugal, les combla au contraire d'honneurs et de dignités; on peut en conclure que ce monarque n'eut point à leur reprocher d'avoir laissé enlever le trésor confié à leur vigilance. Il est permis, au contraire, de soupçonner de complaisance envers Philippe II les membres du tribunal qui avaient condamné Antonio sans l'entendre.

Enfin, comme dernier argument, on peut citer ce fait significatif : la maison royale de Portugal possède encore de nombreuses pièces de vaisselle d'or et d'argent, des vases ornés de pierres précieuses, d'une époque antérieure à Antoine de Crato. Comment supposer que le trésorier de la maison royale et les gouverneurs auraient seulement pris soin de cacher la vaisselle et les vases précieux, en oubliant les diamants, plus faciles à dissimuler? Nous concluons donc, avec M. de Vilhena Barbosa, qu'Antoine de Crato n'a point emporté les diamants de la couronne de Portugal.

Son nom de *Portugal* nous fait cependant supposer qu'il vient de ce pays, et cette origine paraît être exacte.

Antoine de Crato avait emporté lors de sa fuite nombre de pierres précieuses et d'objets de valeur pillés dans les couvents et les églises, ou que ses partisans lui avaient apportés pour l'aider dans son entreprise. Étant à Londres, il avait confié à un certain Alvaro Mendès[1] financier juif portugais qui opérait tantôt pour le compte de Philippe II, tantôt pour celui du prétendant, des diamants estimés plus de deux cent mille écus; parmi ceux-ci, il s'en trouvait un

1. Alvaro Mendès, qui nous paraît avoir été un traître, se retrouve en 1591, intriguant à Constantinople. Voir Arch. nat., papiers de Simancas, K. 1560, dépêches de Tassis, ambassadeur de Philippe II à Paris. en date des 25 et 31 janvier 1582.

« d'une grande valeur », sur lequel Mendès avait personnellement prêté vingt mille écus. D'autres documents signalent des pierres précieuses entre les mains d'Antoine de
Crato lorsqu'il se trouvait en Angleterre, cherchant à intéresser Élisabeth à sa cause. Il fit même nombre de cadeaux
à des seigneurs anglais pour se les attacher.

On voit qu'il est vraisemblable qu'Antoine avait pris dans
un couvent ou ailleurs, en Portugal, les joyaux dont il se
laissa déposséder par Élisabeth ou qu'il donna à des courtisans. Il est donc croyable, comme le dit Froude, que
l'adresse de la reine avait fait passer ces bijoux, d'origine
inconnue, mais apportés de Portugal, des mains du prétendant dans les coffres du trésor d'Angleterre.

Tel est le résultat de nos recherches sur l'existence du
Miroir-de-Portugal avant le dix-septième siècle.

Cinquante ans plus tard, une seconde pierre, conservée
dans le trésor de la couronne d'Espagne, aurait également
porté le même nom. Mlle de Montpensier raconte dans ses
Mémoires[1] qu'au mariage de Louis XIV avec Anne d'Autriche, le roi d'Espagne Philippe IV portait un diamant

---

1. A ce propos, dans ses *Mémoires* (tome III, p. 159, édition Chéruel), Mlle de
Montpensier rapporte que dans une des cérémonies du mariage de Marie-Thérèse
d'Autriche avec Louis XIV, en 1660, Philippe IV portait à son chapeau un diamant
en table, d'où pendait une perle en poire. On nommait le diamant : *le Miroir-de-
Portugal*, et la perle : *la Pèlegrine*.

Ces lignes n'infirment en rien ce que nous avons raconté sur la pierre de la couronne de France connue sous le nom de *Miroir-de-Portugal* : les actes notariés que
nous avons cités et les mentions des inventaires de la Couronne jusqu'en 1792 ne permettent aucune discussion. Si l'on admet comme vraie l'assertion de la grande Mademoiselle, on peut supposer que Philippe IV avait donné à une grosse pierre le même
nom que celui du plus beau diamant de la couronne de France. Cependant, il est
à noter que Mademoiselle a pu donner d'elle-même à la pierre de Philippe IV le
nom de *Miroir-de-Portugal*, car à l'entrée de la reine d'Espagne à Madrid, vingt ans
après le mariage de Marie-Thérèse, le *Mercure de France*, février 1680, p. 218, parlant de la toilette de la jeune reine, la décrit en termes semblables à ceux qu'avait
employés la fille de Gaston. Seulement, il ne donne aucun nom au grand diamant
du roi. On pourrait donc supposer que ce nom fut donné par Mademoiselle, qui
avait souvent entendu parler du *Miroir-de-Portugal* et qui l'avait même porté, alors
qu'il appartenait à Henriette de France. En tous cas, nous laissons au lecteur le soin
de trancher cette question, qui du reste n'entre que par incidence dans notre travail.

qu'elle appelle *le Miroir-de-Portugal*[1]. Aujourd'hui, nul ne sait ce qu'est devenu ce second *Miroir-de-Portugal*, porté par Philippe IV. Quant au premier, entré dans le trésor de la Couronne avec la dénomination qu'Henriette-Marie lui avait attribuée dans les contrats de vente, il y demeura jusqu'en 1792.

Il entrait, comme les autres diamants emportés par Antonio, dans la collection la plus riche qui existât alors.

Puisque nous avons parlé des diamants d'Antoine de Crato, nous reviendrons sur une opinion que nous avons déjà signalée, et qui tendrait à faire croire que Sancy aurait acheté son grand diamant au prétendant au trône de Portugal. A cela nous répondrons que lorsque Sancy put se mettre en rapport avec Antoine de Crato (rien ne prouve du reste qu'ils se soient jamais rencontrés) ce dernier ne pouvait lui livrer aucun diamant de cette importance, puisque tous ceux de grande valeur qu'il avait possédés avaient été laissés en Angleterre. Ajoutons que les diamants de don Antonio ne sont nulle part assez clairement désignés pour qu'il soit possible d'en constater l'identité soit avec le *Sancy*, soit même avec le *Miroir-de-Portugal*. On ne saurait donc attribuer au *Sancy* une origine portugaise, puisque, malgré de nombreuses recherches faites à Paris et à Londres, il a été impossible de retrouver la trace d'aucun document authentique établissant cette origine.

Élisabeth, qui vraisemblablement, d'après ce que nous venons de voir, était entrée en possession de notre diamant, avait pour les joyaux un goût qui allait jusqu'à la passion. Elle aimait à se couvrir de pierres précieuses : il lui était facile de satisfaire ce goût, puisqu'elle avait à sa disposition, outre les joyaux de la couronne d'Angleterre et les diamants apportés de Portugal par Antoine de Crato,

---

1. Ces bijoux provenaient des maisons de Navarre et de Condé ; ils avaient été portés à Élisabeth en 1569.

ceux de Marie Stuart et tous les bijoux engagés entre ses mains soit par les États-Unis de Hollande, soit par les protestants français.

Le *Miroir-de-Portugal* passa naturellement des mains d'Élisabeth dans celles de Jacques Ier, et ce fut dans le trésor de ce prince, en 1603, que le *Sancy* vint le rejoindre[1].

A partir du moment où le duc d'Épernon les prend en nantissement, les deux pierres sont destinées à ne plus se quitter jusqu'à la Révolution. Nous les verrons passer dans le trésor du cardinal Mazarin ; celui-ci les léguera à Louis XIV. Elles figureront à la tête de ces dix-huit *Mazarins* dont personne jusqu'ici n'avait connu l'histoire. Toutes deux seront volées en 1792, et demeureront séparées.

Le *Sancy* existe encore, loin de France. Quant au *Miroir-de-Portugal*, il demeure complètement ignoré. Peut-être était-il dans le trésor de la Couronne lors de la vente, peut-être son possesseur actuel apprendra-t-il par ces lignes sa valeur historique.

Nous avons vu le duc d'Épernon, par l'acte du 18 mai 1654, devenir propriétaire de ces deux diamants ; mais, à côté de cette cession, il existait une contre-lettre reconnaissant que la vente n'était que fictive et qu'elle avait seulement pour but d'assurer le remboursement des trois cent soixante mille livres dues par la reine à Bernard de la Valette. En effet, par un nouvel acte[2], la reine, tant en son nom que comme *procuratrice* de son fils Charles II[3], reconnaissait devoir à messire Barthélemy Hervart, intendant des finances, la somme de trois cent soixante mille livres tournois. Dans le même acte, la reine déclarait que ces trois cent soixante mille livres étaient destinées : 1° à

---

1. L'inventaire de Jacques Ier, fait en 1605, que nous avons déjà cité, décrit ainsi ce diamant, sous le n° 40 : « Item, une fleur avec une grande table de diamant, serti en or, appelée *le Miroir*. »

2. Passé devant Mes de Beauvais et Le Fouyn, notaires à Paris, le 19 mai 1657.

3. Acte passé devant Me Bouwens, notaire à Bruxelles, le 25 mai 1654.

rembourser semblable somme par elle due au duc d'Épernon en vertu des actes de 1646, de 1647 et de 1651;
2° à obtenir le retrait des deux grands diamants, qu'elle
lui avait donnés en nantissement. Henriette-Marie promettait en outre de remettre en gage ces mêmes diamants à
Hervart et de subroger ce dernier dans tous les droits du
duc d'Épernon.

Aux termes d'un autre acte[1], Hervart déclarait « qu'en
cores qu'il ayt accepté l'obligacion faicte aujourd'huy à son
proffict par la royne, la vérité est qu'il n'a et ne prétend
aucune chose tant en ladicte somme de trois cent soixante
mille livres qu'en la vente qui sera faite de deux grands
diamants, le tout estant et apartenant à monseigneur l'émi-
nentissime Julles cardinal Mazarini et des deniers duquel,
qu'il lui avait faict remettre par messire Jean-Baptiste
Colbert, intendant général de ses maisons et affaires. » En
conséquence, Hervart transportait à Mazarin tous ses
droits. Mais, comme l'affaire était passablement embrouil-
lée, il avait fallu multiplier les actes. Aussi le même jour[2],
la reine promettait de vendre à Hervart les deux diamants moyennant trois cent soixante mille livres. Le 25
du même mois, cette promesse était réalisée et Hervart
cédait à Mazarin tous les droits résultant de cette vente.

Mazarin avait une collection superbe d'objets d'art et de
bijoux : la plus grande partie provenait de Charles Ier.
Cromwel, une fois au pouvoir, avait ordonné la vente de
toutes les collections de ce prince, et Mazarin avait fait
racheter nombre d'objets du roi par ses agents. Le cardinal s'amusait souvent, comme les amateurs de pierres, à
prendre celles de sa collection, à les agiter pour les faire
miroiter et en admirer les feux.

On sait qu'il était devenu propriétaire de l'hôtel du président Tubeuf (aujourd'hui la Bibliothèque nationale) :

---

1. Passé devant les mêmes notaires de Beauvais et Le Fouyn, le 19 mai 1657.
2. Contrat passé toujours devant Me Beauvais et Le Fouyn le 19 mai 1657.

selon quelques-uns, celui-ci le lui aurait vendu moyennant une somme insignifiante ; selon d'autres, il l'aurait galamment perdu, en jouant avec Mazarin, afin de s'assurer ses bonnes grâces. Lors de l'exil du ministre, le président Tubeuf, toujours désireux de lui être agréable, aurait déclaré au Parlement, qui mettait en vente les biens du cardinal, qu'il était créancier de six cent quatre-vingt mille livres sur cet hôtel.

On voit que le cardinal n'avait pas à se plaindre des procédés du président : celui-ci, du reste, n'était ni moins avare ni moins âpre au gain que son illustre obligé. Un soir, Tubeuf était assis à côté de Mazarin, qui contemplait les pierreries les plus diverses, entassées dans sa cassette. Tout à coup, le cardinal, relevant la tête et prenant les pierres à pleines mains, dit en regardant le président :

« Je donne à madame la présidente.... »

Tubeuf, à la fois anxieux et joyeux, tendit la main.

Mazarin répéta plusieurs fois, en secouant les bijoux :

« Je donne à madame la présidente.... »

Enfin, se décidant, il ajouta :

« Je donne à madame la présidente... le bonsoir[1]. »

A ses derniers moments, le cardinal institua le roi son légataire universel. Louis XIV refusa. Alors Mazarin disposa de ses biens en faveur de sa famille[2] et fit un testament dont nous extrayons le passage suivant :

« Son Éminence ayant réussi au dessein qu'elle a faict de mettre ensemble dix-huict grands diamants des plus beaux qui soient dans l'Europe, mondict seigneur les donne et lègue à la Couronne, Sa Majesté l'ayant approuvé et qu'ils soient appellés LES DIX-HUICT MAZARINS[3]. »

Le premier des *Mazarins* était le *Sancy* et le troisième le *Miroir-de-Portugal*. Tant que le *Sancy* était resté entre les mains du cardinal, sa monture n'avait point été chan-

---

1. Mémoires de Brienne.
2. Par acte passé devant Mes de Beauvais et Le Fouyn, notaires à Paris, le 3 mars 1661.
3. Bibl. nat., Ms. Mélanges de Colbert n° 74.

gée, car, lorqe le cavalier Bernin vint à Paris en 1665, Colbert lui montra toutes les pièces du trésor de la Couronne, entre autres le *Sancy* et le *Miroir-de-Portugal*[1].

Le premier de ces diamants « n'estoit tenu que d'un filet d'or qui l'entouroit en toute sa longueur ». C'était la même monture qu'il avait en 1647, lorsqu'Henriette-Marie le vendit au duc d'Épernon.

On retrouve une pierre dans une monture identique sur un portrait d'Élisabeth, reine d'Espagne, par Van Dyck, au Louvre. Nous reproduisons ce bijou d'après le tableau.

En 1683, le *Sancy* et six autres grands diamants probablement des *Mazarins* étaient conservés dans la cassette du roi, pour être montés en agrafes de chapeau et renfermés dans « un estuy de chagrin noir[2] ». Dans l'inventaire des diamants de la Couronne, rédigé, le 10 septembre 1691, par

BIJOU DE CENTRE DE CORSAGE
(Dessin de G. Profit,
d'après le portrait d'Élisabeth de France,
reine de France.)

Louis Alvarez et Pierre Montarcy, joailliers du roi, il est ainsi décrit au n° 1 du chapitre 1er [3] :

« Vn très grand diamant fort épais, appelé *le Sancy*, donné à la couronne par feu M. le cardinal Mazarin ; taillé à facettes des deux côtés de forme pendeloque, de fort belle

---

1. Inventaire du 9 juillet 1691 et du 10 septembre 1691.
2. Journal du cavalier Bernin, publié par Ludovic Lalanne.
3. Compte des pierreries de la Couronne de 1683 à 1684. Bibl. nat., Ms. fonds Clairambault 499, fol. 425.)

eau, blanche et vivre, net et parfait, pesant cinquante-trois karats trois quarts, lequel, n'ayant pas son pareil, est d'un prix inestimable et qui, pour suivre la forme de l'inventaire, a été estimé la somme de six cent mille livres. »

Le *Miroir-de-Portugal* figure au chapitre II (n° 4), où il prend rang comme troisième *Mazarin*. Il est ainsi décrit :

« Un grand diamant, appelé *le Miroir-de-Portugal*, donné à la Couronne par feu M. le cardinal Mazarin, taillé en forme de table carrée, un peu longuet, qui a fort peu de fond, haut de bizeau, qui manque de pierre en trois coins, à l'un desquels il y a une petite glace et un éclat au-dessus et au bout une égrisure, au surplus net et de belle eau, pezant cinquante-cinq k. trois huitièmes, estimé cent cinquante mille livres. »

« Les personnes de qualité ne gardent les pierreries jamais deux ou trois ans, sans les faire changer de figure. »

C'est ainsi que le *Mercure*[1] pose en axiome les habitudes de la cour de Louis XIV, habitudes qui se continuèrent durant le dix-huitième siècle : à chaque fête, à chaque cérémonie, nos deux pierres changeaient de monture. Les journaux du temps et les inventaires sont loin de nous indiquer toutes leurs transformations. Nous ne parlerons donc ici que de celles que nous aurons retrouvées.

Une première modification eut lieu en 1713, lors du mariage de la duchesse de Berry. Cette princesse portait le jour de ses noces pour plus de dix-huit millions de livres de diamants de la Couronne[2].

En 1721, le jeune roi, recevant l'ambassadeur de Turquie, « portait à son chapeau une agrafe de gros diamans, parmi lesquels brilloit celui qu'on nomme le *Cancy* (*sic*) »[3].

En 1722, aux bals que le Régent donna les 12 et 14 mars, Louis XV portait également le *Sancy* à son chapeau ; « de

1 *Mercure de France*, année 1672. Tome III, p. 294.
2. *Id.*, année 1713, juillet, p. 73.
3. *Id.*, année 1721, mars, p. 137.

même qu'au *Te Deum* célébré en actions de grâces pour l'heureuse alliance entre l'Espagne et la France. Au dire du *Mercure*, le *Sancy*, qui est un diamant de un million huit cent mille livres, venait d'être effacé par le fameux diamant que Philippe d'Orléans avait acheté et auquel l'histoire a conservé le nom de *Régent*[1]. Au sacre de Louis XV, le *Sancy* surmontait la couronne que Rondé avait fait exécuter, dans ses ateliers, par Duflos, le plus habile des ses ouvriers[2]. Lorsque la reine fit son entrée à Paris, le 4 octobre 1728, elle portait ce diamant dans les cheveux. Durfort, comte de Cheverny, raconte que Madame Infante, fille aînée de Louis XV[3], parut un jour dans le cabinet de son père « avec une robe ornée de tous les diamants de la couronne : le *Pitt*, le *Sancy*, le *Régent*[4] ». En 1739[5], à un bal donné à Versailles, de même qu'au mariage d'Élisabeth de France, la reine Marie Leczinska portait un collier avec le *Sancy* en pendeloque. Lorsque Marie-Antoinette devint reine de France, elle le porta en diverses parures et sans monture, pour pouvoir en changer plus facilement[6].

Le *Miroir-de-Portugal* fut compris dans le travail de taille accompli avant l'inventaire de 1774, car son poids n'y figure plus que pour vingt et un carats au lieu de vingt-cinq carats trois huitièmes[7]. Le *Sancy*, au contraire, ne fut pas modifié : il a encore la taille bâtarde de pende-

1. *Mercure de France*, année 1722, mars, p. 148.

2. Poujet, *Traité des pierres précieuses*, préface, p. VI ; et *Mercure de France*, année 1722, novembre, p. 145 et suiv.

3. Arch. nat., nouvel inventaire de 1774.

4. Mémoires de Durfort, comte de Cheverny, introducteur des ambassadeurs sous Louis XV, p. 238.

5. Durfort semble ignorer que le *Pitt* et le *Régent* ne faisaient qu'un seul et même diamant.

6. *Mercure de France*, 1739, février, p. 385.

7. Voir le même inventaire. En 1788, le *Sancy* et le *Miroir-de-Portugal* faisaient partie de l'article 18, « concernant les diamants, brillants, roses et demi-brillants de la Couronne, employés dans les parures de la reine ». Mais l'inventaire en question, comme celui de 1791, ne nous donne aucune indication sur l'emploi de ces brillants, qui avaient dû être d'ailleurs souvent modifiés.

loque à facettes qu'il avait du temps où le colonel général des Suisses le vendit.

Avec la Révolution, les diamants de la Couronne sont dispersés : ce qu'une assemblée a voté, une bande de brigands se charge de l'exécuter, à main armée, au centre de Paris, pendant huit jours consécutifs. Le *Sancy* et le *Miroir-de-Portugal* sont volés : le premier se retrouve en 1809, en Espagne, pour passer dans la famille Demidoff, et ensuite retourner dans l'Inde aux mains d'un rajah. Le *Miroir-de-Portugal* disparaît complètement, et hier encore les membres de la Commission des diamants de la Couronne semblaient ignorer jusqu'à son nom.

APPENDICE

DU LIVRE III

———

I

BREVET D'ACHAT DE PIERRES[1]

Aujourd'huy dernier jour de janvier[2] le roy estant en son conseil a résollu, pour la commodité de ses affaires et service, d'achepter du sieur de Sancy les bagues cy-après déclarées, assavoir ung grand dyamant net taillé à fasses, du poix de trente-sept à trente-huit caratz, ou environ, mis en œuvre dans ung cercle d'or, au bout duquel pend une grosse perle ronde, nette et parfaicte, d'environ vingt caratz, pour le prix de soixante mil escuz; aussy, ung grand rubis faict en cœur enchassé en or, au bas duquel pend une grosse perle en poire, pour le prix de vingt mil escuz; lesquelles bagues ont esté par Sa Majesté baillées et mises ès mains dudict sieur de Sancy, pour les engaiger en Suisse, Allemaigne ou ailleurs, à la charge que, si elles sont moings engaigées que pour ladicte somme de quatre-vingtz mil escuz, Sa Majesté n'en payera audict sieur de Sancy que le prix qu'elles auront esté ainsi engaigées; le payement desquelles bagues Sa Majesté veult estre faict audict sieur de Sancy des premiers deniers qui proviendront des assignations baillées, ceste présente année, au trésorier des ligues des Suisses pour le payement desdicts Suisses; lesquelles assignations seront mises ès-

———

1. Bibl. nat., 31 janvier (1589). Vᵉ de Colbert, vol XIX, fol. 75, etc.

2. Archives de M. le baron d'Hunolstein. Communiqué par M. le comte de Kermaingaut.

mains dudict sieur de Sancy, pour sa seuretté pour se rembourser sur icelles, après toutes fois le remboursement faict au sieur Zamet des vingt-cinq mil escuz par luy advancéz sur ladicte assignation. En tesmoing de quoy Sa Majesté a vollu le présent brevet en estre expédié audict sieur de Sancy, qu'elle a signé de sa propre main et à moy, son conseiller et secrétaire d'Estat, commandé de contre-signer.

HENRY.

REVOL.

II

PIÈCES

concernant l'engagement de pierres appartenant à Sancy[1].

Messire Nicollas de Harlay, sieur de Sancy, conseiller du roy en son conseil d'Estat et premier maistre d'hostel de Sa Majesté, a recongnu et confessé, recongnoist et confesse que, suyvant le contract faict et passé entre luy et le sieur Barthélemy Cenamy, gentilhomme lucquois, par-devant les notaires soubz-signéz, le sixiesme jour d'apvril mil cinq cens quatre-vintz-quatorze dernier passé, ledit sieur Cenamy a désengaigé des mains du sieur Charles Rodericgues, au nom et qualités portés par ledict contract, le grand dyamant appartenant audict sieur de Sancy, qui estoict en gaige èsdictes mains dudict Rodericgues, pour la somme de trente-trois mil quatre cens escuz sol, et lequel dyamant ledict sieur de Sancy confesse avoir receu dudict sieur Cenamy, dès sont troys moys ou environ, dont ledict sieur de Sancy le quicte et descharge, ensemble ledict Rodericgues, le sieur Horatio Balbany, qui a aussy traicté et né-gotié ledict désengaigement, et tous aultres; plus recongnoist et con-fesse ledict sieur de Sancy que ledict sieur Cenamy luy a rendu les pièces cy-après mentionnées, qui ont esté retirées tant dudict Roderic-gues que du sieur Targer demeurant à Anvers, assavoir : coppye de l'association faicte entre ledict sieur de Sancy, feu maistre Anthoine Fachon et feu Rodericgues, en fin de laquelle coppye est la déclaration faicte par ledict feu Fachon, le vingtiesme jour de juing mil cinq cens quatre-vingtz-six, au proffict de feu Monsieur d'O; coppye non signée du compte arresté avec ledict feu François Rodericgues, par lequel luy estoit deu vingt-cinq mil neuf cens trente-deux escus, cinquante-quatre solz, dacté du vingt-cinquiesme mars mil cinq cens quatre-vingtz-dix; l'obligation passée double par maistre Abel Cramoisy audict Roderic-gues, le neufviesme décembre mil cinq cens quatre vingt treize, biffée comme acquittée; le compte faict entre lesdictz Cramoisy et Rodericgues,

1. 7 février 1595. En original dans les archives de M. le baron d'Hunolstein.

ledict neufviesme décembre mil cinq cens quatre-vingtz-treize, montant ladicte somme de trente-trois mil quatre cens escuz comme ladicte obligation, estans aussy les signatures dudict compte biffées et
rayées; coppie non signée du récépissé et déclaration, avec la quictance
passée par ledict Charles Roderiegues de ladicte somme de trente-trois
mil quatre cens escus sol, par-devant Rombout de Bacquere, notaire et
tabellion publicq ès conseilz privé et de Brabant, à Anvers, le vingt-
cinquiesme may audict an mil cinq cens quatre-vingtz-quatorze dernier
passé; desquelles pièces ledict sieur de Sancy s'est aussy tenu pour
contant et en descharge ledict sieur Cenamy, qui a néanlmoins promis
et promect faire rendre audict sieur de Sancy aultant desdictz compte et
obligation desdictz trente-trois mil quatre cens escus signée dudict
Cramoisy et qui ont par luy esté laissées ès-mains dudict Charles Roderiegues, d'aultant que celles cy-dessus mentionnées sont celles que
ledict Cramoisy avoiet retirées et laissées ès-mains dudict Targer, ayans
esté faictes doubles et réciproques. Plus rendra ledict sieur Cenamy
audict sieur de Sancy la promesse de cinq cens escus, faicte par ledict
Cramoisy au sieur Gaspar Van Nispan, mentionnée audict contract du
dict sixiesme apvril dernier, et le fera tenir quicte envers ledict sieur
Horatio Balbany de la somme de cinq mil escuz sol, convenue par ledict contract pour le port, change et aultres fraiz dudict désengaigement, recognoissant, et confessant ledict sieur de Cenamy, par ces
mesmes présentes, avoir esté payé et satisfaiet par ledict sieur de Sancy
de la somme de trente-huict mil neuf cens escuz sol, à luy promise par
susdict contract pour ledict désengaigement et payement des parties
et fraiz susdictz, assavoir par le moyen de la promesse du sieur receveur
général Garrault mentionné par icelluy contract de la somme de dix mil
escuz sol, par le moyen de la certiffication de maistre Nicollas Parent
aussy mentionné audict contract et par les mains du sieur d'Argouges,
compaignon d'office dudict Parent, de la somme de dix-huict mil trois
escuz, trente-neuf solz tournois, et par le moyen d'une promesse et
déclaration de maistre Philbert Chassaigne, fournye audict sieur
Cenamy, au lieu de la rescription de maistre Charles Moreau mentionnée
aussy audict contract, et laquelle rescription ledict sieur Cenamy au-
roiet rendue audict Moreau, la somme de dix mil huict cens quatre-vingtz-
seize escuz vingt-ung solz, revenans lesdictes trois partyes à ladicte
somme de trente-huict mil neuf cens escuz sol. de laquelle ledict sieur
Cenamy se tient pour contant et bien payé et en a quicté et quicte ledict sieur de Sancy et tous aultres, comme ledict sieur de Sancy quicte
et descharge icelluy sieur Cenamy du surplus de ce à quoy il estoit tenu
par ledict contract rendant lesdictz compte, obligation et promesse
dessus déclairées, demourant aussy ledict sieur de Sancy garend de la

somme de cinq mil escuz restant à payer de ladicte promesse dudict Garrault, au cas qu'ilz ne fussent acquitéz dans le dernier jour d'apvril prochainement venant. Et ont lesdictz sieurs de Sancy et Cenamy accordé que ledict contract dudict sixiesme apvril et mynutte d'icelluy soyent deschargéz du contenu en la présente promectans, etc., obligeans, etc., renonçans, etc.... Faict et passé au logis où ledict sieur de Sancy est de présent logé, seiz rue d'Orléans, paroisse Sainct-Eustache, l'an mil cinq cens quatre-vingtz-quinze, le quatriesme jour de febvrier après midy; et ont lesdictz sieurs de Sancy et Cenamy signé la mynutte des présentes, estant par devers Thibert, l'un des notaires soubz-signéz.

DAVOUS.　　THIBERT.

BREVET EN FAVEUR DE SANCY[1].

Aujourd'huy xxe jour de febvrier mil cinq cens quatre-vingtz et quinze, le roy estant à Paris et se désirant par tous les moyens à luy possibles acquitter de plusieurs notables sommes de deniers, desquelles Sa Majesté est redevable envers le sieur de Sancy, conseiller en son conseil d'Estat et cappitaine de cinquante hommes d'armes de ses ordonnances, pour luy donner de quoy se descharger de l'obligation desdictes sommes, à laquelle il s'est d'un zelle singulier à la conservation de cest estat constitué en son nom privé simplement envers divers particuliers et républicques de Suisse et Allemagne, comme il a esté employé par le feu roy et Sa Majesté régnante à leur dresser des forces, estans presséz de celles des ennemis de ce dict estat, et ainsi faciliter le recouvrement de plusieurs diamantz et aultres pierreries de grand prix par ledict sieur de Sancy engagées èsdicts pais, pour seuretés d'icelles sommes; selon que les très grandz et signaléz services, qu'au moyen de ce il a rendus à Leurs Majestéz, méritent à l'endroict de Sadicte Majesté régnante, qui en a principallement receu le fruict, iceulx dicts services ayans de beaucoup aydé à son establissement en ce royaume, icelle Sa Majesté a accordé audict sieur de Sancy que sur et tant moings de ce dont, ainsi que dict est, elle luy est redevable, il puisse prendre jusques à la somme de dix mille escus sol des deniers qui proviendront du supplément que,

1. 20 février 1595. En original dans les archives de M. le baron d'Hunolstein.

par son édict du. . . . . . jour de. . . . . . . dernier, les receveurs et contrerolleurs généraulx, receveurs particuliers et aultres contables et officiers de ses finances sont tenus faire du prix de leurs offices, à la raison du denier huict. En tesmoing de quoy Sa Majesté m'a commandé en expédier toutes lettres nécessaires et cependant, le présent brevet qu'elle a voulu signer de sa propre main et estre contresigné par moy, son conseiller d'Estat et secrétaire de ses commandementz.

HENRY.

De Neufville.

III

CORRESPONDANCES CONCERNANT LE « SANCY »[1].

M. DE SANCY AU SIEUR LA BROSSE.

Paris, le 16 octobre 1599.

L'un de mes deux diamants poise soixante carras, l'autre trente et quatre. Je ne veux rien moins que de quatre-vingt mille escuz du grand et soixante mille du petit. S'il plaist à S. A. en prendre un ou toutz les deux, je les luy venderay, mais je veux mon argent comptant ou la plupart en caution, pour le reste dans Venize ou en France, et ne veuix point de termes qui pour le plus excèdent trois ans.

SANCY.

(Communiquée par M. Armand Baschet.)

LE SIEUR LA BROSSE AU DUC DE MANTOUE.

Chambéry, le 5 novembre 1600.

Je n'ay non plus receu les lettres par lesquelles S. A. me faisoit entendre sa volonté touchant les diamants du sieur de Sancy. Mais par une lettre du sieur Filippo Perseo j'ay eu advertissement qui a esté cause qu'à mon arrivée à Lion, j'ay recherché le sieur Paolo Lardo pour sçavoir de luy ce que V. A. luy en avoit donné décharge. Il m'a dit qu'il n'en avoit pas encore parlé au sieur de Sancy, lequel est allé en Suisse pour le service du roy, mais qu'à son retour il en traiteroit avec luy selon l'ordre qu'il en avoit de V. A. duquel il ne me voulut déclarer que

1. Archives municipales de Mantoue, maison de Gonzague, série Francia. Les lettres suivantes, provenant de ce dépôt, ont été copiées par M. Armand Baschet en 1862 ; c'est lui qui nous les a communiquées.

fort peu de choses qui est que V. A. offroit quelques châteaux de Mont-ferrat en payement.

LA BROSSE.

Nota. — Il est arrivé à Lyon le 24 octobre.

(Communiquée par M. Armand Baschet.)

LE SIEUR LA BROSSE AU DUC DE MANTOUE.

Paris, 16 septembre 1602.

Monsieur de Sancy m'a aujourd'huy demandé s'il n'auroit point de réso-lution de l'intention de V. A. touchant ses diamans. Je n'ay sceu que luy respondre, sinon que depuis quatre mois je n'avois point receu de lettres de Mantoue. Ledit sieur de Sancy s'en va fort maladif et sa femme lui va persuadant de vendre ses bagues pour payer ses debtes qui sont grandes afin que s'il venoit à mourir il laissast les affaires de sa maison esclaircies et lui-mesme a bonne volonté de le faire. Et croy que si V. A. continue en l'intention d'en entrer en marché avec luy il pourra accepter les vingt-cinq mil escuz deuz au comte Marcel en partie de paye-ment, qui est une partie d'autant plus incertaine que nous sommes peu certains de la jouissance d'une longue paix en ce royaume, car encore que S. M. ne désire rien tant que la concorde avec ses voisins, il semble qu'eux au contraire facent tout leur pouvoir pour lui donner de la def-fiance par les préparatifs de guerre qu'ils font de toutes parts.... Espa-gne, Savoie.

LA BROSSE.

(Communiquée par M. Armand Baschet.)

LE SIEUR LA BROSSE AU DUC DE MANTOUE.

Paris, le 17 novembre 1602.

Je vous ai écrit encore plusieurs fois pour savoir votre résolution au sujet des diamants de Monsr de Sancy, que l'on peut avoir bon marché en donnant la moitié comptant. Ledit Monsr de Sancy m'en a donné les cristaux pour faire voir la forme et la grandeur des diamants. Le der-

nier prix, en ne lui payant que la moitié comptant, est de cent mille écus.
Pour le payement de l'autre partie, il consent à prendre la créance de
vingt-cinq mille et des terres pour le reste à quatre pour cent. Si V. A. se
résout à acheter les pierres, elle peut se contenter de m'envoyer le nom
du château. Dans le cas contraire j'enverrai les cristaux et ne pourrai
faire autrement. Je crois que celui qui auroit la commodité de payer le
tout au comptant obtiendroit encore un rabais de dix à douze mil écus.
Quant à la créance je ne crois pas qu'on la paye facilement, si la reine
ne s'y emploie pas avec plus de chaleur qu'elle n'en montre en d'autres
choses, et plus on insistera pour demander ce payement, plus on tardera
à le recouvrer. Ces dernières conditions de Monsr de Sancy sont fort
modérées, et plus V. A. prendra des renseignements plus elle en demeurera convaincue.

                                                          LA BROSSE.

(Communiquée par M. Armand Baschet.)

LE SIEUR LA BROSSE AU DUC DE MANTOUE.

Paris, le 16 décembre 1602.

Le 9 du courant me sont parvenues en mains les lettres qu'il a plu
à V. A. de me faire écrire le 23 d'octobre, ensuite desquelles j'ai parlé à
Monsr de Sancy, qui m'a répondu que s'il avoit voulu accepter la première offre qui lui a été faite de la part de V. A. par Paolo Lardo, celle-
ci étoit plus avantageuse pour lui de trente mille écus que la dernière
proposition de V. A.; parce que V. A. voudroit lui donner la créance du
comte Marcel pour argent comptant, ce qui est une valeur aléatoire et
difficile à recouvrer, il aurait alors moins de difficulté et moins de perte
à prendre le tout en terres. S. M. lui a fait offrir soixante-dix mille comptant par Monsr de Rosny en l'an 1600, et il avoit pu en avoir soixante
mille écus comptant et quarante de dettes du Grand-Duc : ce dont V. A.
peut s'informer sur-le-champ. Il montre peu d'envie de les donner à
acheter, parce que chaque jour on lui en offre moins. Cela connu, je l'ai
prié de vouloir nous faire la faveur d'envoyer d'une manière sûre les cristaux à Venise sous le couvert de Monsr de Fraisne Canaye, ambassadeur
de S. M., parce qu'il a l'intention de les envoyer à Constantinople au
printemps. Je suis très fâché de vous dire qu'il n'a pas voulu accepter
cette condition. Mais il a besoin de deniers comptants et ne veut pas se
départir de cette résolution de cent mille, moitié au comptant, moitié

en terres. C'est tout ce que j'ai pu obtenir de lui. Et sur ce je salue très humblement.

LA BROSSE.

(Communiquée par M. Armand Baschet.)

——— ———

LE SIEUR LA BROSSE AU DUC DE MANTOUE.

Paris, 14 juin 1603.

Je profite du retard du courrier pour vous communiquer le dernier entretien que j'ai eu avec M. de Sancy. Je lui demandois de recevoir en payement de ses diamants d'autres diamants plus petits avec la créance de vingt-cinq mille écus. Il accepte volontiers, disant qu'il est plus facile de vendre les petits diamants que les grands. Dans le mémoire qu'il m'a envoyé à ce sujet, il dit qu'il acceptera des diamants parfaits de netteté et d'eau, taillés en table ou en cœur du poids d'un carat jusqu'à dix ou douze carats, et un ou deux de quinze carats. Il est manifeste que la nécessité ou le besoin d'argent sont cause qu'il accepte ces arrangements. Il y a une autre raison encore plus sérieuse, c'est sa maladie qui le tourmente beaucoup. Il est pris fréquemment d'étourdissements d'une telle violence que l'on diroit un coup de foudre, et il craint d'être enlevé d'un moment à l'autre. La récente maladie du roi est cause aussi que chacun pense ici à ses propres affaires. M. de Sancy s'est occupé avec Sa Majesté de l'enquête sur les financiers, et il espère ainsi pouvoir se faire rembourser les vingt-cinq mille écus auxquels se monte la créance que vous lui offrez en payement. Telles sont les raisons qui le font consentir à l'arrangement proposé. Votre Altesse jugera que l'occasion est favorable, mais aussi qu'elle peut échapper d'un instant à l'autre. En acceptant le marché à quatre-vingt mille écus au plus, le remboursement des vingt-cinq mille écus de votre créance seroit ainsi réalisé.

LA BROSSE.

(Communiquée par M. Armand Baschet.)

——— ———

LE SIEUR LA BROSSE AU DUC DE MANTOUE.

Paris, 30 octobre 1603.

Je me suis entretenu avec M. de Sancy pour lui faire les offres que V. A. m'avoit chargé de lui transmettre. Il n'y a rien à faire avec lui con-

cernant le grand diamant, et il veut avoir dix mille écus comptant plus la
créance, pour le petit diamant. Je crois cependant que le marché des
deux diamants ensemble sera définitivement conclu, car il tient à quatre-
vingt-dix mille écus, mais son frère intéressé dans cette affaire et Madame
de Sancy m'ont affirmé que l'on vous céderoit les deux diamants à quatre-
vingt mille si on lui donnoit à elle une chaîne, si la somme étoit payée en
deux ans et si le payement en étoit garanti par une banque de Lyon. La
reine brûle d'envie d'avoir les deux diamants et le roi fait semblant, devant elle, de vouloir satisfaire ses désirs, mais sous main il charge M. de
Rosny de brouiller les choses. Il y a huit jours encore le marché étoit
conclu à cent mille et M. de Rosny fit tout rompre. M. de Sancy est resté
presque fou de cette rupture. Je me suis alors présenté auprès de lui, appelé par son frère et sa femme, et en me voyant M. de Sancy s'est écrié
sans préambule : « Ce chien de traître me contrecarre en toutes choses,
mais surtout dans la vente de mes diamants, aussi je suis résolu à les
laisser plus tôt à quatre-vingt-dix mille à S. A qu'à cent mille à Sa Majesté ; je vous prie d'en donner avis à S. A. »

Il a envoyé il y a deux jours à Constantinople un joaillier du nom de
Georges pour s'efforcer de les vendre ou de les échanger. Ce dernier,
grand trafiquant du Levant, lui a promis d'en faire une valeur de plus de
cent cinquante mille écus. Si V. A. tient toujours à conclure cette affaire,
il faut se presser, car ce joaillier fera ses efforts pour réussir, M. de Sancy
lui ayant promis par-devant notaire trois pour cent sur l'affaire, etc.

LA BROSSE.

(Communiquée par M. Armand Baschet.)

LE SIEUR LA BROSSE AU DUC DE MANTOUE.

Paris, le 27 octobre 1603.

M. de Sancy laisse à V. Altesse les diamants à quatre-vingt mille écus,
aux conditions suivantes : il recevra la créance de vingt-cinq mille écus
comme deniers comptants si V. Altesse veut écrire au roi de France
pour le prier de régler cette dette ; cette démarche en facilitera le recouvrement à M. de Sancy. Les cinquante-cinq mille écus restants seront
payés en deux ans comme suit : cinq mille comptant, vingt-cinq mille dans
un an et vingt-cinq mille dans deux ans. Des marchands de Lyon garan-
tiront les deux derniers payements. Quand on considère le prix des diamants, seul le petit diamant de M. de Sancy vaut les quatre-vingt mille
écus ; le grand est sans pareil jusqu'à présent. V. A ne déboursera que

cinquante-cinq mille écus, et en échange, elle aura deux pierres qui sont réellement deux gages portatifs sous un petit volume, avec lesquels on peut trouver partout et à tout moment, une somme plus considérable à emprunter....

LA BROSSE.

(Communiquée par M. Armand Baschet.)

M. DE SANCY AU DUC DE MANTOUE.

Paris, 19 janvier 1604.

Monseigneur,

Il y a près d'un an et demy que Monsieur de la Brosse estoit en traicté avec moy de la part de Vostre Altesse pour la vente de deux diamants que j'ay sur le prix desquelz je luy avois promis de prendre en payement les vingt et ung mille escuz que V. A. a cy-devant prestéz au Roy, dont j'esperoys m'accommoder sur un moyen que j'avoys en main qui depuis un mois en ça m'ha esté osté, tellement que je ne scauroys plus que faire de ceste debte. V. A. s'en fera mieux payer que moy. Je la supplye très humblement de croire que j'en ay un extresme desplaisir non tant pour le marché rompu de mes bagues, que pour n'avoir peu en ceste occasion rendre à V. A. le service que j'ay voué de longtemps à son mérite, encores que je n'aye pas l'honneur d'estre cogneu d'elle. Mais ses vertus cognues de tout le monde m'ont donné ce désir qui au moins me fera demeurer toute ma vie.

SANCY.

(Communiquée par M. Armand Baschet.)

LE SIEUR LA BROSSE AU SIEUR BONIN PRÈZ LE DUC DE MANTOUE.

Paris, 20 janvier 1604.

Monsieur, j'escritz à S. A. touchant ses diamantz mais je n'ai ozé lui mander librement que sa longueur à se résoudre est cause que le marché n'a pas esté conclu. Je luy escrys il y a six mois qu'il se hâte et que le temps lui pourroit faire perdre l'occasion qui se présentoit. Il n'y a pas voulu entendre quand il en estoit temps. Maintenant les moiens de faire proffit de cette dette de vingt-cinq mil escuz sont ostéz à Monsr de Sancy de sorte qu'il n'en veut plus ouïr parler. D'ailleurs on luy a baillé espérance de vendre bien chèrement son grand diamant au grand-duc de Moscovie où il a envoyé homme exprez auquel il a baillé quatre cents livres pour son voyage et promis récompense de quatre pour cent de la moitié de la somme qu'il sera vendu par-dessus cinquante mil escuz. Il a aussi envoyé un autre homme en Turquie avec pareilles conditions de sorte qu'il ne veut plus traitter avec S. A. pour le grand diamant. Quant au petit il m'a dit qu'il en conviendra à vingt-huit mil escuz argent contant et rien moins. Et si S. A. peut tant faire avec S. M. quelle veuille bien bailler assignation de la dette des vingt-cinq mil livres sur ce que je luy mende, il la prendra en payement de vingt mil et poursuivra l'assignation à ses fraiz. Mais quand S. A. ne voudroit plus entendre au marché des diamantz elle ne doit pas pourtant laisser de faire instance à Leurs Majestés pour estre payée et l'assignation dont je lui donne avis est telle quelle n'en doit pas laisser perdre l'occasion. Je vous en ai voulu escrire afin que vous le luy remonteriez pour ce que cette occasion sera passée dans six semaines et je sçais qu'en ce temps de carnaval S. A. ne prend pas la peine de lire mes lettres. Faittes donc qu'il les lise incontinent et qu'il envoye promptement des lettres affectionnées à Leurs Majestés pour avoir assignation de sa debte et que Madame la Duchesse escrive au sieur Concini et à sa femme afin qu'ils sollicitent la Reine qui peut tout en cet affaire. Mais il ne faut pas que dans les lettres il soit fait mention de Monsr de Sancy.

Mandez-moi en quel estat est la sépulture de Mons. Gobelin, Mons. d'Évreux m'en demande des nouvelles.

LA BROSSE.

(Communiquée par M. Armand Baschet.)

LE SIEUR LA BROSSE AU DUC DE MANTOUE.

Paris, 20 janvier 1604.

Durant ces derniers mois M. de Sancy a été fort travaillé par les événements intérieurs et extérieurs, et il est très difficile de dire exactement ce qu'il veut. Sa Majesté a renoncé à acquérir les diamants. Elle en a acheté un de seize mille écus pour la Reine. M. de Sancy a cherché plusieurs fois à savoir si la créance que V. A. lui donneroit seroit facilement recouvrée. Il s'est ouvert à ce sujet à M. de Rosny qui lui a répondu qu'il seroit mal venu étant conseiller d'Etat de S. M. de seconder les besoins des princes étrangers; que les affaires pendantes entre S. M. et V. A.

étoient d'une tout autre importance et que le recouvrement d'une créance
ne méritoit pas grande attention. Cette réponse a décidé M. de Sancy à ne
plus vouloir accepter cette créance pour payement de ses diamants.

Que V. A. use de toute diligence auprès du Roi pour obtenir l'assignation des vingt-cinq mille écus à M. de Sancy. Il y a là une occasion qui
ne se retrouvera point. En vue de faciliter les choses, que V. A. écrive
audit sieur de Rosny en lui donnant les titres de : « marquis de Rosny, conseiller d'État, d'Excellence, de grand-maître de l'artillerie, de gouverneur
de Poitou ». Le reste comme la lettre précédente. »

LA BROSSE.

(Communiquée par M. Armand Baschet.)

LE DUC DE MANTOUE A SANCY.

Mantoue, le 11 février 1604.

Par votre lettre du 19 du mois dernier, vous m'informez, en ce qui
concerne les diamants, des difficultés que vous craignez d'éprouver dans
le recouvrement de la créance que M. de la Brosse vous a proposée en
mon nom. Il n'est pas dans ma pensée de vous créer le moindre ennui à
cet égard, mon désir étant au contraire de vous être agréable. Je vous
prie de ne pas disposer du petit diamant avant que je n'aie eu quelques
renseignements positifs au sujet de la réalisation de cette créance.

.   .   .   .

DUC DE MANTOUE.

(Communiquée par M. Armand Baschet.)

LE SIEUR LA BROSSE AU DUC DE MANTOUE.

Paris, le 11 février 1604.

Je crois que V. A. aura reçu le dernier avis que je lui ai donné touchant
les diamants, auquel était annexée une lettre de Monsr de Sancy à V. A.
par laquelle il s'excusoit de ne pouvoir recevoir la créance du comte
Marcel pour les raisons qu'il vous a développées plus amplement. Maintenant il est en traité pour ces diamants avec Giacometti pour soixante-
quinze mille écus comptant, comme M. de Sancy me l'a dit, et comme

d'autres disent pour soixante-dix mille seulement, ce qui me paroît plus vraisemblable. Ledit Giacometti avant d'en traiter a supplié S. M. de pouvoir lui déclarer si elle en avoit envie. Et S. M. lui a répondu qu'elle doutoit si elle n'auroit pas bientôt l'occasion de dépenser son argent à autre chose qu'à des joyaux....

LA BROSSE.

(Communiquée par M. Armand Baschet.)

LE SIEUR LA BROSSE AU DUC DE MANTOUE.

Paris, le 17 mars 1604.

..... Quant aux diamants Monsr de Sancy a envoyé M. de S.-Aubin son frère en Angleterre avec le grand et avec le plomb, et le cristal du petit pour voir s'il pourroit les vendre à S. M. ou les échanger contre de petits diamants ou des marchandises. Mais au cas où il ne les vendroit pas ce sera chose facile que le marché entamé avec Zametti se poursuive. Son frère à qui il donne trente m. presse beaucoup la vente desdits et Zametti et Senami auxquels il doit encore vingt-cinq m. et avec un sieur de Corte (?) entrent encore dans ce marché chacun pour un tiers. Mais s'il avoit une bonne réponse de S. M. et s'il donnoit un bon ordre pour l'affaire, Monsr de Sancy pourra changer d'idée....

LA BROSSE.

(Communiquée par M. Armand Baschet.)

LE SIEUR LA BROSSE AU DUC DE MANTOUE.

Paris, le 3 avril 1604.

Depuis ma lettre et pendant que l'on pressoit la réponse de S. M. à M. de Sancy est venu un courrier mandé en poste d'Angleterre avec des lettres de son frère qui lui fait savoir que le Roy d'Angleterre a acheté le grand diamant soixante mille écus, c'est-à-dire, vingt mille comptants à la main, vingt mille au 10 de septembre prochain et le reste au 10 de mars de l'an prochain 1605. Le sieur de Sancy m'a montré non seulement les lettres de son frère, mais encore celles de Monsr de Beaumont son cousin, ambassadeur résidant en Angleterre pour S. M., lequel a été celui qui a traité l'affaire. Et en outre des susdites lettres il m'a montré encore le contrat soussigné par le notaire public de mylord Howard comte de Suffolk, grand chambellan du Roy d'Angleterre, de milord Cecil secrétaire d'État de Sadite Maj. et du chancelier d'Angleterre et trésorier d'Écosse, tous obligés solidairement et en nom propre et de donner encore de bons marchands à Londres pour garantie de cette somme avant (?) le 6 du présent avril. Des lettres de Monsr de Sancy V. A. connoîtra son intention touchant le petit diamant. Il se tient très obstinément à son premier prix et comme il est poussé par le grand désir non sans raison de trouver facilement et promptement des acheteurs pour le petit (il faudra que) V. A. fasse donc prompte résolution, car sans doute le joyau tardera peu à être vendu après l'expédition (?)....

LA BROSSE.

(Communiquée par M. Armand Baschet.)

M. DE SANCY AU DUC DE MANTOUE.

Paris le 3 avril 1604.

Depuis la lettre quil ha pleu a V. A. mescripre du xi feuvrier, j'ay vendu au Roy d'Angleterre mon grand diamant soixante et dix mille escuz d'or sol, il me recherche encor pour avoir le petit et m'en offre trent et cinq mille escuz qui est le prix qu'il ha entendu que je le voulois vendre néantmoins parce que par la lettre qu'il ha pleu à V. A. m'escripre elle tesmoigne quelle désire le recouvrer, je ne luy ai pas voulu faire responce jusques à ce que j'aye eu la résolution de V. A. Je ne bailleray jamais à rien moins de trente et cinq mille escuz que V. A. me payera à sauoir dix mille escuz d'or comptant et vingt-cinq mille escuz sur le Roy dont V. A me demeurera garant pour me les payer dans la fin de l'année prochaine sy le Roy ne les paye. Je ne doubte point qu'il ne paye, mais il aura plus d'esgard à l'instance que V. A. luy en fera que ma poursuite. Je supplie très humblement V. A. me faire sçavoir entre cy et la fin du mois de may prochain sy ces conditions luy seront agréables, parce que ce terme passé je l'envoyerai en Angleterre, et l'usse désia faict sans le désir que j'ay eu de donner en cette occasion quelque arre à V. A. du désir que j'ay de demeurer toute ma vie.

SANCY.

(Communiquée par M. Armand Baschet.)

IV

INVENTAIRE

concernant les pièces du cabinet ou des bijoux personnels du Roi remises à Sully à Mantes le 18 mai 1591[1].

L'an mil cinq cens quatre-vingtz-unze le samedy dix-huictième jour de may à nous Nicolas Viel conseiller du Roy son lieutenant général civil et criminel au bailliage de Mante et Meullent et siège présidial dudict Mante. Le seigneur de Rosny gouverneur pour Sa Majesté en ceste ville de Mante nous a dict que par lettres de monseigneur d'O, gouverneur pour Sa Majesté à Paris et ysle de France à luy ce jourd'huy avions esté prié et luy recommandé de faire par nous procéder à l'inventaire des bagues et joyaux que luy seigneur de Rosny avoiet arrêstéz aux jours passéz entre les mains du sieur Devetz, conseiller du Roy en sa cour des Aydes à Paris.

Ce que nous luy avons accordé, et à ceste fin sommes transportéz en son hostel en la grande rue de ceste ville de Mante, où en la présence dudict sieur Devetz et de Guillaume le Mestayer, marchand orfevre juré en la ville de Paris, réfugié et à présent demeurant en ceste ville, nous ont esté, par ledict seigneur de Rosny gouverneur, sur la table de sa chambre, représentés les bagues et joyaux cy-après désclaréz qu'il a tiréz d'un petit coffret estant au pied du lict de sa chambre.

Premièrement cinq douzaines et quatre boutons d'or ronds esmaillés de turquyn verd fasson de branche de lorier.

Item deux douzaines de boutons d'or rond esmaillés de turquyn auxquels y a enchassé à chacun vingt-six diamants en forme de petit soleil autour desquels y a pour devise *sol sole renascitur illo*, en la totallité desquels boutons s'est trouvé manquer douze ou treize petits diamants.

1. Bibl. nat. Ms. français 3449, fol. 3. 18 may 1591.

Item ung petit livre de prièrre escript à la main couvert d'or sur chascun des deux couvelestat [1](*sic*) duquel livre sont ung diamant en triangle, autour duquel livre manque six rubis n'en restant que vingt-deux sur les deux costés.

Item une enseigne en forme de plume à laquelle y a enchassé trois grands cabochons de rubis, unze grands diamants et le reste couvert de petits diamants et rubis, au plumache de laquelle enseigne manque ung petit diamant.

Item cinquante-deux boutons d'or persés à jour esmaillés de blanc et de noir à chacun desquels y a, aux ungs ung diamant et aux autres ung rubis.

Item six boutons esmaillés de blanc verd rouge et asur. Ausquels y a enchassé six petits chatons et à chacun chaton y a ung diamant et au mitan ung autre chaton auquel y a ung cabochon de rubis au meilleu et six perles : à l'un desquels six boutons manque deux perles, en ung autre une perle et en ung autre encore une perle.

Item neuf boutons persés à jour esmaillés blanc rouge et asur à chacun desquels boutons y a sept perles dont y en manque deux perles.

Item une pièce persée à jour esmaillée blanc rouge et asur en laquelle y a six perles en poire et une demye perle au mitan.

Item une enseigne esmaillée blanc verd rouge et asur en laquelle sont enchassés sept diamants en triangle et huict petits diamants au mitan, ung cabochon de rubis et dix-neuf perles allentour.

Item une autre enseigne d'or esmaillée de blanc au meilleu de laquelle est enchassée une esmeraude en cabochon, huict petites esmeraudes et plusieurs petits rubis allentour.

Item une autre enseigne esmaillée blanc rouge verd et asur, en laquelle y a allentour sept diamants en chaton de mitan de garny.

Item une autre enseigne d'or esmaillée blanc, rouge, verd et gris en laquelle sont enchassés plusieurs petits diamants.

---

1. Pour *couvercle*

Item un petit tombeau d'or auquel est assise une femme, esmaillé de blanc, verd et rouge, plusieurs rubis et huict petites perles.

Item un aigneau[1] d'or auquel est enchassé un safir de coulleur en table.

Ung autre aigneau d'or auquel est enchassé une turquoise.

Item la garniture d'un serre-teste à femme, auquel il y a quinze pièces persées à jour esmaillées blanc rouge et verd, sept pièces où y a à chacun autre une table de diamant en chaton hault élevé, et à la pièce du mitan il y a quatre petits diamants allentour et huict pièces, chascune pièce y a deux perles en potance.
A l'une desquelles pièces y manque une perle.

Item ung autre serre-teste à femme garny de huict pièces à perle à chacune desquelles y a deux perles en potance, quatre tables de rubis allentour. Manquant en trois des pièces quatre tables de rubis plus sept pièces esmaillées blanc verd et azur rouge, à six desquelles y a ung grand diamant au mitan et quatre petits diamants allentour, à l'une des pièces y manque un grand chaton et le diamant et huict petits diamants.

Item un autre serre-teste persé à jour, esmaillé de blanc rouge verd et asur, garny de neuf pièces à perles et huict perles à chaton dont à chacune pièce y a ung grand diamant au mitan. Et quatre petits diamants allentour, ausquelles huict pièces y manque huict diamants. Et aux pièces à perle chacune pièce y a deux perles *à potance* et quatre petits diamants allentour.

Item ung pappier où il y a cinq cordes de perles cottées en nombre cinq cens.

Ung aultre pappier où il y a cinq cordes de perles cottées cinq cens.

Ung aultre pappier où il y a cinq cordes aussy de perles cottées cinq cens.

Ung aultre pappier où il y a sept cordes aussy de perles cottées sept cens.

1. Un anneau.

Ung aultre pappier où il y a six cordes aussy de perles cottées six cens.
Ung aultre pappier où il y a cinq cordes cottées cinq cens.

Ung aultre papier où il y a cinq cordes en nombre de cinq cens.

Ung corde et demy de perles ou y a cent perles.

Tous lesdicts pacquets cachettéz de cire d'Espagne et scellés par derrière du cachet et armes de Baternay.

Plus a esté trouvé parmy lesdictes bagues une recongnoissance de Marie de Baternay en date du dix-huictiesme novembre mil cinq cens quatre-vingts-neuf : par laquelle ladicte dame espouze de messire Guillaume de Joyeuse mareschal de France, confesse que la demoiselle Maupeau a remis en ses mains trois paquets de perles du nombre de celles qu'elle avoit baillées en nantissement au sieur Maupeau, l'un desdicts pacquets contenant 'dix-huit 'cens perles, lesquelles elle promect remettre entre les mains de ladicte demoiselle sy elles ne sont vendues.

Après laquelle description et inventaire par nous faict des bagues joyaux et choses cy-dessus mentionnés nous a esté dict par ledict sieur Devetz luy-mesme dès dimenche dernier sur les sept heures de soir estant nouvellement arrivé en ceste ville de Mante ledict seigneur de Rosny gouverneur auroict arresté et saisy entre ses mains, par aduertissement que luy en avoict esté donné, toutes lesdictes bagues et joyaulx et icelles bagues et joyaux dès lors entre eulx couchés par inventaire qu'ilz signèrent ensemble et sur lequel ce présent a esté recollé que ne se sont trouvéz qu'un.

Signé : De Bethune-Rosny, Devetz, Le Mestayer.

Faict les an et jour que dessus.

Roblastre.

Ce présent inventaire a esté vériflié en la présence du Roy. Et par le commandement de Sa Majesté tout le contenu en icelluy a esté remis par M. de Rosny dans les coffres de Sadicte Majesté soubz la charge du sieur de Langerac, premier varlet de chambre à Mantes le cinquième jour de juing 1591.

Ruzé.

V

PIÈCES DIVERSES

*concernant la vente du « Sancy » et du « Miroir-de-Portugal »
par la reine d'Angleterre au cardinal Mazarin.*

---

*Quittance de trois cent mille livres donnée le 19 mai 1657 par le duc
d'Épernon à la Reine Henriette-Marie d'Angleterre.*

Fut présent hault et puissant prince Mgr Bernard de Foix de la Valette
duc d'Épernon, etc., etc., lequel a recogneu et confessé avoir receu de
très hault, très puissant et très excellent prince Charles par la grâce de
Dieu, Roy de la Grande-Bretaigne et d'Irlande, et de Madame la princesse Henriette-Marie, Reyne de la Grande-Bretaigne et d'Irlande, ladicte
dame Royne à ce présent luy a faict bailler, payer, compter, nombrer et
dellivrer par.... aussy à ce présent en la présence des notaires soubsignéz, en louis d'or et d'argent et monnaye, le tout en bon argent ayant
cours, la somme de trois cent soixante mille livres ts. Pour demeurer quiete
par Leursdictes Majestés Britanniques de semblable somme, tout en
estang moing de ladicte somme de quatre cent vingt-sept mil cinq cent
cinquante-six livres ts. en principal par Leursdictes Majestés sollidaire-
ment deue audict Seigneur duc d'Épernon, savoir deux cens trente mil
livres ts. par contract passé par-devant Mᵉˢ de Beaufort et de Beauvais
l'un des notaires soubsignés le unziesme novembre mil six cens quarante-six d'une part; cent trente-un mille neuf cent seize livres par obligacion passée par-devant lesdicts notaires le 23ᵉ mars mil six cent cinquante-quatre d'autre, portant ratification dudict contract du unziesme
novembre mil six cens quarante-six par ledict Seigneur Roy de la Grande-
Bretaigne, soixante-cinq mil six cens quarante livres et par autre contract
passé par devant lesdicts notaires ledict jour vingt-trois mars mil six cens
cinquante-quatre encore d'autre.

Pour les causes portées auxdicts contract et obligacion pour seureté et namptissement desquelles sommes ladicte dame Royne auroit faict mettre ès-mains dudict Seigneur Duc deux grands diamants, l'un en forme de cœur appelé *le Grand Sancy* taillé à facettes des deux costez, et mis en œuvre à fond avec un fil d'argent autour, poisant ensemble cinquante-neuf caratz et demy que l'on dict estre de cinquante caratz séparé de son enchassure, et l'autre en table appelé *le Miroir-de-Portugal*, qui est en œuvre dans un chatton d'or esmaillé avec plusieurs fleurs. poisant, avec son enchassure, quatre-vingt-douze caratz et demy, que l'on dict estre de trente caratz séparé de son enchassure, comme de ce appert par autre contract passé par-devant lesdicts notaires, le quatriesme décembre mil six cens quarante-sept; que des intérests desdictes sommes de deux cens trente mil livres d'une part et soixante-cinq mil six cens quarante livres d'autre selon l'exploit de demande faict d'iceux, à raison de l'ordonnance par Larmonnier sergent, le huitiesme may mil six cens cinquante-quatre, montant jusque ce huy à compter du jour de ladicte demande à la somme de trois cent soixante mil livres présentement payées et imputées.... (Suit le détail des contrats et obligations à l'appui de ladite somme.)

« Et sont demourés ès-mains dudict Seigneur Duc lesdicts contracts et obligacions susdictes en leur force et vertu pour l'effect et conservation desdictes hypothèques, après que sur iceux mention a esté faicte par lesdicts notaires soubsignéz autres premiers requis, en vertu et à la seulle exhibition des présentes, sans que sa présence y soit requise. Le tout ne formant ensemble que d'une seulle et mesme offre et acquit à descharge et moyennant ces dictes présentes ledict Seigneur Duc a rendu et mis ès-mains de ladicte dame Royne ès-dicts noms, les deux diamans, l'un appelé *le Sancy*, et l'autre *le Miroir-de-Portugal* devant déclarez, dont icelle dame s'est contentée et en descharge ledict Seigneur Duc d'Épernon, et promect l'en acquitter à descharge envers ledict Seigneur Roy son filz, et tous autres; consentant aussy qu'il en soit faict mention par lesdicts notaires, sur les minuttes et grosses desdicts contracts et obligacions, en vertu des présentes, sans que sa présence y soit requise, déclarant ladicte dame Royne que ladicte somme de trois cens soixante mil livres, présentement payée en la mesme somme et deniers qu'Elle a esdict nom cejourd'huy empruntée de Mᵉ Barthélemy Hervart conseiller du Roy en ses conseils, et intendant de ses finances, par obligacion passée par devant lesdicts notaires. Pour justifier l'emploi d'icelle somme, et pour la plus grande seureté dudict sieur.... (*sic*) icelluy Seigneur Duc d'Espernon, à la réquisition de ladicte dame Royne, a déclaré qu'il ne prétend plus rien auxdicts diamants, prix et valleur d'iceux. à présent ou à l'advenir, se désistant de toucts droicts qu'il pourroit avoir à prétendre en conséquence dudict namptissement, ou autrement sans aucune exception ny réserve.

Duquel droict en tant que besoin est ou seroit, il faict cession et transport audict sieur... (sic) sans néantmoings aucune autre garantie que de ses faicts et promesses seullement. Et pour l'exécution des présentes et dépendances ladicte dame Royne ès-noms, a esleu son domicile solidaire et irrévocable en ceste ville de Paris, etc....

Et ont signé :

HENRIETTE-MARIE.   DUC D'ÉPERNON.
DE BEAUVOIS.   LE FOUYN.

Acte de vente des diamants « le Sancy » et « le Miroir-de-Portugal »
à Hervart, le 30 mai 1657, par la Reine Henriette-Marie.

Fut présente très haulte, très puissante et très excellente princesse Madame Henriette-Marie, Royne de la Grande-Bretagne, etc., etc.

Laquelle a recogneu et confessé avoir vendu, ceddé, quitté et délaissé du tout à tousjours en propriété, et promect ès-dicts noms, garantie de toutes revendications et troubles quelconques, à M⁰ Barthélemy Hervart, conseiller du Roy en ses conseils, intendant de ses finances, à ce présent et acceptant, deux grands diamans, dont l'un en forme de cœur appelé *le Grand Sancy*, taillé à facettes des deux costez, mis en œuvre à jour avec un fil d'argent à l'entour, poisant le tout ensemble cinquante-neuf caratz et demy, qu'on dist estre de cinquante caratz séparé de son enchassure, et l'autre en table appelé *le Mirouer-de-Portugal*, estant en œuvre dans un chaton d'or esmaillé avec plusieurs fleurs, poisant, avec son enchassure, quatre-vingt-douze caratz et demy, quand est osté trente caratz séparé de son enchassure ; lesquels deux diamans ledict sieur Hervart recognoit avoir en sa possession, et lui avoir estés dellivrés par ladicte dame Royne dès le dix-neufviesme de présent mois et an, comme appert par acte estant ensuitte et obligacion dont sera cy-après parlé ; et desquels deux diamants ledict sieur Hervart se contente pour en faire et disposer par icelluy sieur Hervart et ses ayants cause en plaine propriété, ainsy qu'ils adviseront bon estre, comme luy appartenant au moyen des présentes. Ceste vente et délaissement ainsy faicts moyennant et pour demourer par ladicte dame Royne ès-dicts noms, quicte envers ledict sieur Hervart qui l'a acquitté et l'acquitte par ces présentes de la somme de trois cent soixante mil livres tournois qu'Elle, ès-susdict nom, luy debvoit par obligacion passée par-devant de Beauvois et Le Fouyn l'un des notaires soubsignéz, ledict jour dix-neufviesme desdits présents mois et an, sur la minutte et grosse de laquelle ledict sieur Hervart consent et accorde mention estre faicte du contenu en ces présentes en vertu d'icelluy par les notaires premiers requis sans que sa présence y soit requise. Le tout ne servant ensemble que d'un seul et mesme acquit et descharge, et pour l'exécution des présentes et dépendances ladicte dame Royne ès-dict nom, a éleu son domicile irrévocable à Paris, etc., etc.

Faict et passé à Paris l'an mil six cens cinquante-sept, le trentiesme jour de may après midy et ont signé.

HENRIETTE-MARIE.   HERVART.
DE BEAUVOIS.   LE FOUYN.

Déclaration faite par Hervart le 30 mai 1657, que la vente à lui faite des deux diamants « le Sancy » et « le Miroir-de-Portugal » ne peut profiter qu'à Mazarin.

Le trentiesme jour dudict mois de may mil six cens cinquante-sept après midy est de rechef comparu par-devant les notaires soubsignéz, ledict sieur Hervart devant nommé, lequel a dict et déclaré que présente vente luy a esté faicte en propriété par ladicte dame Royne de la Grande-Bretaigne, tant en son nom que comme fondée de procuracion spécialle à l'effect de ladicte vente, dudict Seigneur Roy de la Grande Bretaigne son filz, desdicts deux diamans l'un appelé *le Grand Sancy* et l'autre *le Mirouer-de-Portugal*, moyennant et pour demourer ès-dicts noms, quiete envers luy de ladicte somme de trois cens soixante mil livres ts., de ce appert par le contract de ladicte vente cejourd'huy passé par-devant de Beauvois et Le Fouyn l'un des notaires soubsignez.

Et d'aultant que ladicte somme de trois cens soixante mil livres ts. appartient audict Seigneur Cardinal ainsy qu'il appert par la déclaration cy-dessus, icelluy sieur Hervart, en tant que besoin est ou seroit déclaré surabondant (*sic*) qu'il ne prétend aucune chose sur icelle somme n'y en la vente ou propriété desdicts deux diamans; le tout estant et appartenant à Son Éminence auquel il n'a faict que prester son nom en ceste affaire. Consentant pour que ledict Seigneur Cardinal fasse et dispose desdicts deux diamans ainsy qu'il advisera bon estre propriétaire d'iceux, luy faisant à ceste fin toute déclaracion de transport de ladicte vente,

sauve néantmoings aucune garantie, ce qui a esté accepté pour Son Éminence, par ledict sieur Colbert à ce présent, lequel au nom et comme
fondé de procuracion généralle dudict Seigneur Cardinal, a promis et
promect audict sieur Hervart de l'acquitter et l'ind... (*sic*) de l'advenir
de ladicte vente, circonstances et despendances, en sorte qu'à l'advenir
il n'en soit recherché ny inquiété en façon quelconque à peyne, etc.; faisant à cest effect pareille élection de domicille que celle portée en ladicte
obligacion et déclaration cy-devant.

Faict et passé à Paris ès-maisons desdicts sieurs Hervart et Colbert et
declaré les jour et an.

Les susdicts soubsignéz.

<table>
<tr><td>COLBERT.</td><td>HERVART.</td></tr>
<tr><td>DE BEAUVOIS.</td><td>LE FOUYN.</td></tr>
</table>

LIVRE QUATRIÈME

LES RUBIS DE LA COURONNE.

LA « CÔTE-DE-BRETAGNE », L' « A-ROMAIN » ET L' « OEUF-DE-NAPLES ».

CHAPITRE PREMIER

Origine des rubis. — Leur entrée à la Couronne. — Leurs engagements à Florence et en Lorraine. — Les rubis de la Sainte-Chapelle. — Zamet et Legrand. — Les rubis de nouveau mis en gage donnent lieu à une série de procédures durant cinquante ans. — Leur retour à la Couronne. — On les taille. — Leur monture au dix-huitième siècle.

Nous avons vu l'histoire des diamants de la Couronne de France se dérouler dans son ensemble jusqu'au commencement du règne de Henri IV. A cet endroit, nous avons interrompu notre récit pour raconter les aventures multiples de deux pierres qui eurent à l'époque du grand roi, grâce à leur beauté, la place prépondérante dans le trésor de la Couronne.

Avant de reprendre dans son ensemble l'histoire des joyaux de la Couronne là où nous l'avons laissée, nous parlerons d'un rubis aujourd'hui ignoré, auquel nous tâcherons de rendre la renommée dont il jouissait aux seizième, dix-septième et dix-huitième siècles.

La *Côte-de-Bretagne*, tel est le nom de cette pierre, a cela de particulier et d'unique qu'elle demeure le seul survivant des joyaux qui formèrent le trésor de la Couronne lorsque François Iᵉʳ le créa en 1530. Elle a résisté au temps et aux hommes, et tout dernièrement encore, menacée de disparaître, elle échappait par méprise, sinon par hasard, aux destructeurs de notre collection nationale. Aujourd'hui on peut la voir au musée du Louvre, au milieu des richesses de la galerie d'Apollon.

LA « CÔTE-DE-BRETAGNE »

Restitution d'après les descriptions d'inventaires.
Dessin de Hirtz. (Réduit d'un cinquième.)

Nous raconterons l'histoire de la *Côte-de-Bretagne* d'aussi loin que nous pourrons remonter. On pourra juger par les événements multiples auxquels cette seule pierre a été mêlée, combien l'ensemble des joyaux composant le trésor de la Couronne a tenu de place dans l'histoire de notre pays.

La *Côte-de-Bretagne* affectait une forme bizarre ; elle avait trois pointes et était percée en trois en-

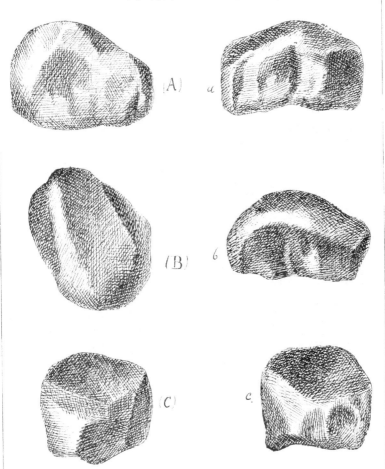

Voisi la forme des trois Rubis balés qui sont a sa Maiesté chaqun se voit de deux costés

A a, l'OEuf-de-Naples; — B b, la Côte-de-Bretagne; — C c, l'A-romain.

droits ; elle pesait deux cent six carats. Marguerite de Foix l'avait eue dans son trésor, et sa fille la duchesse Anne, qui posséda la plus belle collection de bijoux de son temps, l'avait conservée avec nombre d'autres rubis dont trois ont un nom que l'histoire nous a rapporté : « le rubis *de la Caille*, le rubis *d'Estampes* et celui appelé *les Deux-Frères*[1]. » Mais tandis que ces trois derniers rubis disparaissaient pour ne plus jamais être retrouvés, Anne de Bretagne cédait la *Côte* à sa fille Claude de France, en lui donnant le nom de son duché désormais français[2].

En 1530, François Ier en avait hérité de Claude de France, sa première femme, et lorsqu'en créant le trésor de la Couronne il devança la législation moderne qui veut la propriété des joyaux à l'État et l'usufruit seul au souverain, la *Côte-de-Bretagne* fut désignée comme devant faire partie des joyaux de la France.

Elle était alors montée en « bague à pendre » ou plutôt en « cottoire », et l'inventaire de 1530 la décrit ainsi[3] : « Ung gros balay tenant à trois beslières d'or en forme de pompons, estimé cinquante mille escus soleil. » Il serait difficile de dire exactement quelle était la forme du joyau d'après la description qui en est faite ci-dessus ; pour nous le rubis était enchâssé ou appliqué sur un fond en forme de cercle. C'est ainsi que nous expliquerons le mot *pompon ;* le rubis encerclé pendait à trois chaînes qui venaient se réunir à une bélière.

Un second rubis, entré en même temps que la *Côte-de-Bretagne* dans le trésor, était monté dans un bijou en forme d'A et pesait cent vingt et un carats. Il figure dans le même

---

1. Bibl. nat. Ms. fonds Fontanieu, n°s 593 et 594. Quittance du 10 mai 1494.

2. Dans un inventaire fort curieux, portant « declaracion des bagues, joyaulx, perles, saffirs, balaiz et autres espèces estant en la trésorerie de l'Épargne en la tour du chasteau de Nantes, qui ont esté prins et emportez par le seigneur d'Albret le deix-neuffiesme jour de mars 1490 », on trouve : « Une bague en ung fermail garnye d'un gros ruby et ung gros dyamant pointu et y a trois feilles blanches renversées. » (Archives de la Loire-Inférieure. E, 216.)

3. Arch. nat., J. 947.

inventaire sous cette mention : « Ung gros balay assis sur un A d'or faict de cannetille, pendant à une chesne faicte à chesnons de double fil, estymée vingt mille escus. »

Nous ignorons son origine antérieure.

Éléonore d'Autriche et Catherine de Médicis portèrent ces deux joyaux dans leurs premières montures.

Lorsque Marie Stuart monta sur le trône, la mode de 1530 avait changé, et nos deux rubis durent subir une nouvelle monture ainsi décrite dans l'inventaire de 1560[1] : « Une bague à pendre où il y a un gros ruby nommé *la Coste-de-Bretagne* pendant à un triangle de perles au nombre de quinze, estimée L.m escus. — Une bague à pendre d'un *A-romain* garnye d'un gros ruby balay mis en griffe estimé XXV.m escus. »

Un troisième rubis, l'*OEuf-de-Naples*, pesant deux cent quarante et un carats, vint se joindre à la *Côte-de-Bretagne* et à l'*A-romain* à l'avènement de François II. Ainsi réunis, ces trois rubis, sous le nom des *trois rubis de la Couronne*, eurent une destinée commune jusqu'au milieu du dix-huitième siècle[2].

D'où ce dernier arrivant venait-il et pourquoi son nom d'*OEuf-de-Naples*? Les deux anecdotes suivantes nous l'apprendront.

Durant le règne de Henri II, Diane de Poitiers s'était parée des bijoux personnels du roi. François II voulut éviter qu'à l'avenir les maîtresses royales pussent jouir de cette liberté, et au début de son règne il ordonna par lettres patentes[3] l'entrée des plus beaux bijoux du cabinet du roi dans le trésor de la Couronne. Il en réservait ainsi la jouissance exclusive à la reine.

1. Bibl. nat. Ms. fonds français, n° 5898. Inventaire des bagues de la reine Marie d'Écosse.

2. Nous en donnons la figuration d'après le dessin qu'en fit Tavernier, dessin qu'il a reproduit dans son livre : le rubis A est la *Côte-de-Bretagne*, le B l'*OEuf-de-Naples*, le C l'*A-romain*.

3. Arch. nat. P. 2377, p. 1. Bibl. nat. Ms. fonds français n° 7804. Fonds Dupuy, n° 52, et fonds Brienne, n° 147.

Le nom d'*OEuf*, que portait ce rubis, lui venait de sa forme ; on y avait ajouté *de Naples*, à la suite de l'anecdote rapportée par Brantôme, à propos du payement de la dot de Catherine de Médicis :

Au moment du mariage de cette princesse avec Henri II, alors duc d'Orléans, lorsque l'ambassadeur de Clément VII versa entre les mains du trésorier du roi l'argent de la dot, ce dernier eut l'air de trouver que la somme était peu considérable. Le représentant du pape répondit malicieusement : « Mais il y a aussi trois perles d'inestimable valeur, *Gênes*, *Milan* et *Naples*. » C'était une gasconnade : les trois villes n'appartenaient pas au pape et ne furent pas livrées au roi de France. Mais, en souvenir de ce mot, deux pierres de la Couronne s'appelèrent, comme nous l'avons déjà vu, l'une *Table-de-Gênes*, l'autre *Pointe-de-Milan*, et notre rubis, qui faisait alors partie du cabinet du roi, reçut le nom de la troisième ville (Naples). L'inventaire de 1560 le décrit ainsi : « Ung gros rubby ballay percé d'une broche de fer, appelé *l'OEuf-de-Naples*, auquel pend une perle en forme de poire, estimé soixante-dix mille escus. »

En 1569, les trois rubis réunis jouent un rôle financier. Tour à tour ils décorent la poitrine des reines de France, et le lendemain des fêtes ils se transforment en valeurs mobilières, servant de gage aux emprunts, de solde aux régiments ou de rançon pour la libération du territoire.

Nous les suivrons dans les coffres des différents États qui les eurent momentanément en leur possession entre les mains des banquiers ou de simples particuliers auxquels ils furent remis en gage ; nous raconterons les disputes judiciaires auxquelles ils ont été mêlés, et l'acharnement déployé contre eux par la procédure, pendant plus de trois quarts de siècle[1]. Nous trouverons dans cette étude des

---

1. Voici la nomenclature des diverses pièces de procédure auxquelles ces rubis ont donné lieu de 1611 à 1697 :

1° Requête de la veuve Legrand à Sully, en date du 20 octobre 1611, requête

détails nouveaux concernant l'administration financière, l'économie politique, la justice et la législation de l'ancienne France.

Nous avons déjà raconté que Catherine de Médicis, en 1569, étant à court d'argent, s'était adressée à son cousin

ayant pour but la réintégration entre les mains de la veuve Legrand des trois rubis confiés par elle à Sully en 1602.

2° Lettre de la reine mère à la veuve Legrand, en date du 19 février 1612, par laquelle la reine reconnaît avoir reçu des mains de Sully les trois rubis ci-dessus.

3° Acte passé le 1er mars 1616 par-devant les notaires de Paris Motelet et Drouyn, constatant la remise des trois rubis à la veuve Legrand.

4° Inventaire fait en 1621 après la mort de la veuve Legrand, par les notaires Thibert et Hauldessus, qui ont constaté l'existence des trois rubis parmi les objets provenant de ladite succession.

5° État et partage des sommes dues aux héritiers Legrand, en date du 4 février 1627.

6° Estimation des trois rubis faite, le 7 mai 1633, par les joailliers Lemercier, Morier et Terve, s'élevant à la somme de trois cent quarante-sept mille livres.

7° Arrêt du conseil du 10 mars 1635, rendu sur la requête des héritiers Legrand, et autorisant ces derniers à vendre les rubis et à en toucher les deniers en payement de ce qui leur est dû, à charge par eux de rendre le surplus au Roi.

8° Nouvelle estimation des trois rubis faite le 24 mai 1635, par laquelle leur valeur ne s'élève plus qu'à deux cent quatre-vingt-dix mille livres.

9° Lettres patentes du Roi, en date du 30 janvier 1641, ordonnant de procéder à la vérification des créances de Pierre Legrand.

10° Arrêt de la Chambre des comptes en date du 20 avril 1641, ordonnant qu'il sera procédé à la vérification des sommes dues aux héritiers Legrand et nommant MM. Claude Despinoy et Charles Faydeau conseillers-maîtres à la vérification de la dette royale.

11° Procès-verbal du 3 septembre 1641, par lequel lesdits conseillers-maîtres fixent à la somme de trois cent cinquante-cinq mille huit cent dix livres deux sols onze deniers la créance des héritiers Legrand.

12° Arrêt de la Chambre des comptes, en date du 23 octobre 1641, par lequel les titres de la créance Legrand sont renvoyés au second bureau pour être soumis à une nouvelle vérification.

13° Procès-verbal du 4 juin 1642 par lequel le second bureau confirme la somme de trois cent cinquante-cinq mille huit cent dix livres deux sols onze deniers à laquelle s'élève la créance des héritiers Legrand.

14° Brevet du Roi en date du 28 décembre 1642, ordonnant l'exécution de l'arrêt du conseil du 10 mars 1635, qui autorise la vente des trois rubis au profit des héritiers Legrand.

15° Opposition mise le 12 mars 1643 par le procureur général de la Chambre des comptes à la vente des trois rubis, qu'il prétend être la propriété de la Sainte-Chapelle et par conséquent du domaine royal.

16° Arrêt du Conseil d'État en date du 7 mai 1643, par lequel il ordonne qu'il sera passé outre à l'opposition du procureur général, et qu'il sera procédé à la vente des trois rubis conformément au brevet du roi du 28 décembre 1642.

17° Arrêt de la Chambre des comptes en date du 5 octobre 1643, ordonnant que

le duc de Florence[1], et lui avait remis en gage les trois rubis auxquels elle en avait ajouté deux autres de moindre importance, pour garantir un emprunt de cent mille écus, augmenté de quatre vingt mille écus antérieurement prêtés par le même prince. A ce moment la reine mère fit faire une estimation en règle des trois rubis ci-dessus désignés, par des joailliers parisiens, qui les évaluèrent à la somme de cent quarante-cinq mille écus. Nous avons raconté aussi les détails des négociations et du remboursement de cet emprunt.

Nos rubis rentrèrent dans le trésor deux ans après leur sortie, en 1571, et furent portés par Élisabeth d'Autriche, cette jeune reine dont Clouet a immortalisé les traits[2].

les trois rubis seront vendus au plus offrant et que la somme provenant de cette vente devra être payée aux héritiers de Legrand jusqu'à concurrence de celle de trois cent cinquante-cinq mille huit cent dix livres deux sols onze d. qui leur est due.

18° Arrêt de la Chambre des comptes en date du 30 mai 1646, par lequel elle reçoit une opposition à la vente des rubis, faite par les sieurs La Vergne et de Murat, et elle ordonne que lesdits rubis seront déposés au greffe de la Chambre.

19° Arrêt de la Chambre des comptes en date du 26 juin 1646, par lequel elle s'oppose à la vente des trois rubis en s'appuyant sur ce que les héritiers de Legrand sont intéressés dans les comptes de cinq grosses fermes, non encore apurés.

20° Arrêt de la Chambre des comptes en date du 19 novembre 1646, déboutant les sieurs La Vergne et de Murat de leur opposition, les justifications produites par eux n'ayant pas été reconnues valables.

21° Requête des chanoines de la Sainte-Chapelle du 19 novembre 1646, demandant à être reçus comme intervenants et opposants à la vente des trois rubis, et se fondant sur ce que ces trois pierres avaient été enlevées au reliquaire de la Sainte-Chapelle en 1576 par Henri III.

22° Arrêt du Conseil d'État en date du 8 janvier 1670, ordonnant au sieur Daurat, dépositaire des trois rubis, de les remettre entre les mains du garde des meubles de la Couronne, et invitant les héritiers de Legrand à produire les brevets, états et tous autres titres justifiant l'engagement desdits rubis afin d'obtenir le remboursement des sommes qui leur sont dues.

23° Acte du 5 mars 1670 par lequel le notaire Beaudoix refuse de délivrer copie des pièces dont il est en possession relativement aux trois rubis, par la raison que ces pièces sont détériorées et en partie rongées par les rats.

24° Procès-verbal du 21 août 1697, constatant que l'ouverture des chatons des rubis de la Sainte-Chapelle est beaucoup plus grande que le volume des trois rubis de la succession Legrand, et que par suite ces rubis ne peuvent être les mêmes que ceux que Henri III fit enlever en 1576 du reliquaire de la Sainte-Chapelle.

1. Bibl. nat. Canestrini. *Négociations diplomatiques de la France avec la Toscane*, tome III, p. 542 et 543 (documents inédits), et *Archivio Mediceo*, à Florence. Filza n° 1726.

2. Crayon à la Bibliothèque nationale et Tableau du grand salon du Louvre.

Bientôt Charles IX mourut, et les rubis, après avoir servi quelque temps de parure à la nouvelle reine Louise de Vaudemont, allèrent de nouveau courir à l'étranger. En effet, la guerre entre protestants et catholiques avait recommencé.

Les reîtres allemands, sous le commandement du comte palatin Jean-Casimir, occupèrent alors la moitié du royaume. Pour obtenir la retraite de ces pillards, Henri III promit des sommes considérables qu'il n'avait pas ; il dut s'adresser à son cousin le duc de Lorraine, et à son beau-père le comte de Vaudemont, pour avoir de l'argent. Ces princes lui firent quelques avances et garantirent en outre les promesses faites à Casimir.

En retour, Henri III leur remettait en gage une grande partie des joyaux de la Couronne, entre autres les trois rubis.

A la même époque se passait un fait qui devait avoir sur le sort des trois pierres une grande influence. Catherine, toujours à court d'argent, faisait enlever du trésor de la Sainte-Chapelle cinq rubis qui ornaient le reliquaire de cette église privilégiée des rois de France.

Voici en quels termes le procès-verbal d'enlèvement relate cet événement[1] :

« Le vingt-troisième jour de février 1576, en la présence de la reine mère du roy, de Mgr le cardinal de Guise, de M. Nicolay, conseiller du roy en son conseil privé et premier président de la Chambre des comptes, et du sieur Marcel, conseiller du roy et intendant de ses finances, a esté pris par l'exprès commandement du roy, cinq gros rubis balais. Les quatre premiers étaient autour du vase qui contient la couronne d'épines, et le cinquième au-dessus du sang de Notre-Seigneur.

« Le premier, en forme de rocher et percé en trois endroits, était apprécié soixante-dix mille écus ; le second ap-

---

1. Arch. nat. L. 616. Bibl. nat. — Ms. Mélanges de Clairambault, n° 356, pièce n° 6725.

prochant de la couleur spinelle, percé d'outre en outre, apprécié trente mille écus; le troisième cabochon rond percé et apprécié quarante mille écus; le quatrième cabochon en forme d'œuf, apprécié quarante mille écus; le cinquième cabochon apprécié soixante-dix mille écus[1]. »

Ces rubis, autant que nous avons pu le constater, furent confiés aux ambassadeurs d'Abain de la Rocheposay et du Ferrier, pour être engagés en Italie. Là nous les perdons de vue, mais il est certain qu'ils ne rentrèrent jamais à la Sainte-Chapelle ni au trésor de la Couronne. Il nous faut donc laisser là les rubis de la Sainte-Chapelle et nous occuper de ceux de la Couronne.

Les bijoux que le duc de Lorraine et le comte de Vaudemont avaient en gage ne restèrent pas longtemps entre leurs mains. Henri III avait prié son cousin et son beau-père de les remettre en son nom à un de ses colonels de reîtres, le sieur Burckart de Barby[2]. Ce colonel avait l'ordre, aussitôt en possession des trois joyaux, de les porter aux principales foires d'Allemagne pour emprunter sur leur valeur. Mais ses pérégrinations dans le pays d'outre-Rhin furent infructueuses, et en 1578 les bijoux rentrèrent dans le trésor[3]. Un seul manquait : c'était la *Côte-de-Bretagne*.

Burckart de Barby l'avait conservée en garantie d'un arriéré de solde considérable dû à lui-même et à d'autres colonels de reîtres royaux. Il la rendit peu après, contre le remboursement des sommes dues, et en 1581 la *Côte-de-Bretagne* était rentrée dans le trésor royal[4].

Le 29 juin de cette même année, le roi, étant à Saint-Maur-les-Fossés, manda à son château le cardinal de Birague, le garde des sceaux Hurault de Cheverny, René de

---

1. Bibl. nat. Ms. V⁰ de Colbert, vol. n° 8, p. 269.

2. Bibl. nat. Ms. V⁰ de Colbert, vol. n° 9, p. 117, et fonds Brienne n° 9. La décharge porte la date du 7 avril 1578.

3. Extrait des minutes de M⁰ Meignen, notaire à Paris.

4. Bibl. nat. Ms. fonds Fontanieu, n⁰ˢ 709 à 712. Rapport de Fontanieu, intendant général et contrôleur général des meubles, sur les trois rubis.

Villequier, Wydeville, président de la Chambre des comptes, et deux notaires de Paris, M⁰ˢ Dunesmes et Carrel. A peine ces personnages étaient-ils réunis à Saint-Maur, que le sieur Sébastien Zamet, banquier, fut introduit devant eux, et qu'un contrat[1] rédigé par les deux notaires fut lu et signé par tous les assistants. Aux termes de cet acte, Zamet prêtait au roi la somme de cent vingt mille écus contre la remise en garantie de nos trois rubis.

Le remboursement de cette somme devait avoir lieu à la fin de 1583; les intérêts pour les deux années étaient fixés à vingt mille écus. Une clause du contrat autorisait Zamet, s'il n'était remboursé à la date fixée, à vendre ou à engager lesdits rubis, partout où cela lui conviendrait; mais, si le produit de la vente dépassait le chiffre des sommes à lui dues, Zamet devait rapporter le surplus au roi.

Puis, aussitôt le contrat signé, Zamet déclarait par une contre-lettre, devant les mêmes notaires, que tous les engagements stipulés en son nom audit contrat n'étaient pris que pour l'agrément du sieur Legrand, secrétaire du roi, dont il n'était que le prête-nom[2].

Pierre Legrand ne fut pas remboursé, et même jusqu'en 1590, époque de sa mort, il fournit à plusieurs reprises de l'argent à Henri III et à Henri IV, toujours, on ne sait pourquoi, sous un prête-nom. Ses héritiers prétendirent, en 1635, que les prêts qu'il avait faits s'élevaient à la somme de quatre cent onze mille trois cent vingt-huit livres[3].

1. Extrait des minutes de M⁰ Meignen, notaire à Paris, et Bibl. nat., Ms. fonds Fontanieu, n⁰ˢ 709 à 712 déjà cité.

Il s'en est fallu de peu que ces détails ne nous aient point été conservés, car les rats ont dévoré la partie supérieure du papier sur lequel est écrit le contrat original; fort heureusement ils ont arrêté leurs ravages à l'endroit où l'écriture commence, et l'on peut encore, quoique avec difficulté, en déchiffrer le texte, bien que le successeur immédiat de M⁰ Dunesmes, M⁰ Baudoix, ait refusé le 5 mars 1670 de donner copie de ces pièces, « parce que, disait-il, elles sont en partie pourries et deschirées par caducité, humidité et vieillesse, et qu'on ne peut plus lire les extrémités d'en haut. »

C'est cependant sur des pièces encore plus maltraitées qu'il faut souvent étudier l'histoire. Combien est-on heureux, même, quand les documents ne sont pas complètement détruits!

2. La longue énumération des sommes prêtées par Pierre Legrand à diverses épo-

Sa veuve, Marguerite Forget, déposa en 1602[1] les trois rubis entre les mains de Sully, espérant par ce moyen être remboursée plus rapidement.

A la mort de Henri IV, Sully les remit à Marie de Médicis[2], et en 1611 la reine rendit les rubis à la veuve Legrand, en lui promettant l'acquittement intégral de ce qui lui était dû. En même temps, la reine déchargeait Sully de la garde des rubis.

La veuve Legrand mourut en 1616[3], ayant encore en sa possession les trois joyaux que ses héritiers conservèrent. Résolus à obtenir le remboursement de leur créance ils commencèrent alors une série de procès, qui n'eurent, malgré leur nombre et leur durée, aucun résultat. Il fallut qu'une ordonnance royale tranchât la difficulté cinquante ans après l'ouverture des procédures.

D'abord les héritiers Legrand réclament le remboursement intégral de leur créance, ou le droit de vendre les rubis sous la promesse de rapporter ce que la vente produira en plus de ce qui leur était dû.

Le 10 mars 1635[4], un arrêt du conseil leur donne satisfaction, en déclarant que trois brevets délivrés par le roi au sieur Legrand les 5 juin, 13 septembre 1589 et 23 mars 1590, prouvent le bien fondé de la créance ; qu'en conséquence les héritiers sont autorisés à vendre les trois rubis estimés le 7 mai 1633, trois cent quarante-sept mille livres par les sieurs Le Mercier, Morier et Terve, orfèvres à Paris[5].

ques se trouve dans les lettres patentes du 5 octobre 1643, auxquelles nous renvoyons ceux qui voudraient les étudier. (Arch. nat. *Mémorial de la Chambre des comptes*, 5 octobre 1643, P. 2369 fol. 339.

1. Sauveur-Jérôme Morand, *Histoire de la Sainte-Chapelle du Palais*, p. 195.

2. Sully, *Économies royales*, tome VIII, p. 477. Collection Petitot, et Arch. nat., O¹, 3326, *Histoire des trois grands rubis de la Couronne*.

3. Arch. nat. P. 2369, fol. 339. — 4. Arch. nat. E, 122ᵉ, p. 122.

5. Lemercier (Antoine), reçu maître orfèvre en 1608. Nous le retrouvons dans divers documents en 1609, 1612, 1619, 1622, 1639 et 1642. Voir Arch. nat. S, 7203; Z, 2885, 2886, 2897, 2900, 3122 et 3219; K, 1037. — Morier ou Morien (Jehan), reçu maître orfèvre en 1621; il habitait rue Saint-Honoré, *A la Croix-d'Or*, en 1632, 1634, 1637, 1638, 1639, 1640, 1642. Voir Arch. nat. Z, 2899, 2911, 2919, 2922, 3124, 3125, 3214 et 3217. — Terve était probablement un lapidaire qui n'avait pas été reçu

A la suite de la publication de cet arrêt, une nouvelle estimation fut faite le 24 mai 1635[1]; elle ne donnait plus aux trois rubis qu'une valeur de deux cent quatre-vingt-dix mille livres.

L'affaire en resta là pendant cinq ans, jusqu'au 30 janvier 1641. A cette date le roi ordonna, par lettres patentes[2], à la Chambre des comptes, de procéder à la vérification des sommes dues aux héritiers Legrand. La Chambre chargea Claude Despinoy et Charles Faydeau[3], conseillers-maîtres, d'exécuter les ordres du roi. La créance fut alors fixée, par procès-verbal des deux conseillers-maîtres, à trois cent cinquante-cinq mille huit cent dix livres deux sols onze deniers, et, le 23 octobre 1641, la Chambre, par un nouvel arrêt, renvoya la vérification des comptes au second bureau qui, par procès-verbal du 4 juin 1642[4], confirma l'établissement du chiffre de la créance à trois cent cinquante-cinq mille huit cent dix livres deux sols onze deniers.

Forts de cette décision, les héritiers Legrand s'adressèrent de nouveau au roi et obtinrent, le 28 décembre 1642[5], un brevet ordonnant l'exécution de l'arrêt du Conseil du 10 mai 1635, par lequel la vente des trois rubis à leur profit était autorisée jusqu'à concurrence de la somme qui leur était due.

Mais le procureur général de la Chambre des comptes forma opposition[6] à cette vente, sous prétexte que les rubis étaient du nombre des cinq qui avaient été enlevés par Catherine de Médicis, en 1576, du reliquaire de la Sainte-Chapelle; en conséquence, concluait-il, ils appartenaient à l'Église et à la Couronne, et ne pouvaient être engagés ni aliénés. Il terminait en demandant la remise des trois pierres entre les mains du premier président, qui

---

dans la corporation des orfèvres, car nous ne le trouvons nulle part dans les papiers de la Chambre des comptes.

1. Arch. nat. P. 2369, fol. 339. — 2. Ibidem.
3. Arch. nat. Ibidem, et P. 2682, p. 32.
4. Arch. nat. Ibidem. — 5. Ibidem.
6. Histoire de la Sainte-Chapelle, déjà citée, p, 197.

aurait à les réintégrer dans le trésor de la Sainte-Chapelle.

Les héritiers eurent alors recours au roi, qui déclara, par un arrêt de son conseil 'du 7 mai 1643[1], que le brevet du 28 décembre 1642 était exécutoire.

Aussi la Chambre des comptes rendit le 5 octobre 1643[2], « un arrêt ordonnant, conformément aux lettres patentes précédentes, que les trois rubis y mentionnés seront venduz et adjugés séparément ou ensemble, ainsi qu'il sera advisé pour le mieulx au plus offrant et dernier enchérisseur en la manière et place accoutumée par maistre François Le Fèvre, conseiller et maître rapporteur ; que lors de laquelle vente sera déclarée la faculté baillée à l'adjudicataire de pouvoir transporter lesdits rubys hors le royaume et en faire ainsi qu'il advisera bon estre.... Ordonne laditte Chambre, qu'avant de procedder à laditte vente, seront faites publications aux prosnes des principales paroisses de ceste ville de Paris par trois dimanches consécutifs, et affiches mises en places publiques et carrefours d'icelle et ez portaux des églises Nostre-Dame, Saint-Germain de l'Auxerrois et Saint-Barthélemy, esquelles sera fait mention de la qualité, forme et poids desdits rubys, mesme seront lesdittes affiches signifliées au clerc des orphèvres, dont sera rapporté acte, pour après laditte vente, estre les deniers en provenant, en vertu de l'ordonnance dudit commissaire, portéz ez mains du Tresorier de l'Espargne en charge, et par lui payéz auxdits impétrans jusques à la concurrence de laditte somme de trois cent cinquante-cinq mille huit cent dix livres deux sols onze deniers, à eulx deüe, et à la charge jusqu'au jugement du compte dudit Espargne, auquel ledit remboursement sera employé : et sera fait mention d'icelluy sur les partyes de recette faicte ez comptes mentionnés audit advis. »

L'affaire paraissait être terminée, les gens des comptes

1. Arch. nat. P. 2369, fol. 339. Lettres patentes du 7 mai 1643.
2. Arch. nat. P. 2369. *Mémorial*, 5 octobre 1643, fol. 339.

étaient d'accord avec les créanciers, et le roi ordonnait le remboursement des sommes dues.

Les héritiers Legrand n'avaient plus qu'à faire vendre les rubis; mais deux héritiers par alliance, les sieurs La Vergne et de Murat[1], firent opposition à cet arrêt, et, le 26 juin 1646, la Chambre des comptes elle-même s'opposa par un nouvel arrêt à la vente des rubis. Les héritiers Legrand, disaient les considérants, étaient intéressés dans les comptes de cinq grosses fermes, qui n'étaient pas encore apurés; en conséquence, la vente des rubis était ajournée à six mois pour laisser aux liquidateurs le temps de terminer leur vérification.

Mais, avant l'expiration de ce délai, la Chambre des comptes avait reconnu les prétentions des sieurs La Vergne et de Murat mal fondées, et avait rendu, le 19 novembre 1646, un arrêt les déboutant de leur opposition[2].

C'est alors seulement qu'intervinrent directement les chanoines de la Sainte-Chapelle. Reprenant l'opposition à la vente, formée par le procureur de la Chambre des comptes le 12 mars 1643, et se basant sur les mêmes considérants, ils demandèrent que les trois rubis, qui, suivant eux, faisaient partie des cinq enlevés à la Sainte-Chapelle, « leur fussent rendus sans tenir compte des droits des héritiers Legrand, et sans attendre l'arrêt qui devait être prononcé sur l'instance pendante de la vérification des comptes des fermes, attendu que rien ne pouvait justifier l'enlèvement desdits rubis, qui étaient propriété inaliénable de l'Église et de la Couronne[3] ».

La Chambre reçut comme intervenants les chanoines, et les héritiers eurent à produire les preuves de la fausseté des prétentions du chapitre.

Les documents avaient été fournis à l'appui de leurs dires par les deux parties; toutes deux étaient assignées

---

1 Arch. nat. P. 2683, p. 55 — 2. Arch. nat., P. 2683, p. 108.
3. *Histoire de la Sainte-Chapelle*, déjà citée, p. 198.

devant la Chambre pour plaider, et l'affaire devait être jugée au fond incessamment, lorsque les troubles de la Fronde éclatèrent, et tout resta en suspens.

Les rubis étaient encore entre les mains de l'un des héritiers de Legrand, le sieur Daurat, conseiller à la cour des aides, lorsqu'en 1670 Colbert, déjà depuis longtemps au ministère, fut averti du dépôt existant chez le conseiller Daurat[1]. Le ministre fit commettre M. de Lamarguerie, conseiller d'État, pour reconnaître l'état et la justification du dépôt. Un procès-verbal fut dressé dans lequel les justifications fournies par Daurat étaient tout au long expliquées[2]. Colbert apprit alors la procédure engagée et le permis de vente des trois rubis donné par arrêt du conseil et de la Chambre des comptes aux héritiers de Legrand[3].

En même temps ceux-ci présentaient une nouvelle requête au roi « pour obtenir que les sommes qu'il plairait à Sa Majesté leur accorder pour le prix de l'engagement des rubis par Henri III à Pierre Legrand, seraient délivrées par le garde du trésor royal au receveur des con-

---

1. Bibl. nat. Ms. fonds Fontanieu, n° 709 à 712. Rapport de Fontanieu, déjà cité.

Dans les *Merveilles des Indes orientales*, de Robert de Berquen (Paris 1669), au chap. IV p. 25, il est dit : « Monsieur Dorat, conseiller (d'équité) au parlement de cette ville de Paris, a trois rubis dont ce roy, s'il les eût eus en sa possession, auroit tiré une bien plus grande vanité. L'un auroit esté en œuvre dans une couronne d'or toute remplie de pierreries, dont le pape Estienne cinquiesme, qui vint en France en 817 couronna à Reins Louis le Débonnaire, Roy de France et Empereur; cérémonie qui ne s'est point faite en cette ville-là depuis Clovis, et ce rubis estoit en forme de lozange, du poids de six gros et demy. L'autre, qui est en forme ronde demy plat par le dessous et percé par le bas, pezant une once, cinq gros, quatre grains, revenant à deux cent quarante-quatre carats et trois quarts, fust donné par les Napolitains en 1264 du temps de saint Louis, à Charles, duc d'Anjou, frère du Roy après qu'il eut chassé Mainffroy hors de la Sicile. Et le troisiesme en forme de coste pezant une once trois gros douze grains, revenant à deux cent neuf carats, vient d'Anne duchesse de Bretagne qui fut mariée au Roy Charles VIII en 1491, laquelle apporta ce rubis entre autres bagues et joyaux. »

Il n'y a pas lieu de tenir compte de l'opinion de Robert de Berquen ; les pièces publiées par nous suffiront pour démontrer l'inexactitude de son dire. Ajoutons, pour ceux qui voudraient s'édifier sur la valeur de cet écrivain, qu'ils peuvent lire ce qu'a écrit sur lui le marquis de Laborde dans son Glossaire archéologique, au mot DIAMANT.

2. Arch. nat. O¹ 3326, *Histoire des trois grands rubis de la Couronne*.

3. Arch. nat. O¹. 14, p. 55.

signations du parlement de Paris, pour être distribuées
entre les cohéritiers....En conséquence ils demandaient que
lesdits rubis fussent mis par le sieur Daurat, dépositaire
d'iceux, entre les mains du garde du trésor royal, qui lui
en donnerait décharge en lui remettant les sommes dues[1]. »

A la suite de cette requête le président du Metz, intendant et contrôleur général des meubles de la Couronne,
réclama ces pierreries et demanda qu'elles lui fussent délivrées. Le roi nomma alors des commissaires pour « qu'il
fût procédé à la liquidation desdites prétentions, et n'estant pas raisonnable que pendant la contestation des parties qui pourroient tirer en longueur, lesdits rubis qui
sont pierreries de la Couronne, demeurent plus longtemps
déposés entre les mains d'un tiers », un arrêt du conseil
d'État, rendu le 8 janvier 1670, prescrivait aux héritiers de
Legrand de présenter dans huitaine pour tout délai « par-
devant les sieurs d'Aligre, Colbert, Lamarguerie, Pussort,
Hotman et Bonnard de Rezé, qui étoient les commissaires
nommés à cet effet, les brevets, estats et autres tiltres jus-
tificatifs de l'engagement desdits rubis, et déclaroit, en
outre, que Sa Majesté ordonnoit que les trois rubis seront
remis par Daurat au sieur de Lamarguerie, qui devra les
déposer entre les mains du garde des meubles de la Couronne, après en avoir dressé procès-verbal. »

Au dire de Fontanieu[2], les commissaires, après avoir interrogé les héritiers Legrand, constatèrent qu'ils soutenaient
que les rubis étaient le gage de deux créances, mais qu'ils
reconnaissaient en même temps que la première avait été
remboursée. Ils auraient pu vérifier la validité de la seconde,
mais ils crurent que cela ne rentrait point dans leur mandat, et ils proposèrent au roi de trancher la question par
un arrêt du 31 mars 1670. Par ce dernier arrêt, celui du
8 janvier précédent devait être exécuté nonobstant « op-

---

1. Bibl. nat. Ms. fonds Fontanieu, n° 709 à 712. Rapport de Fontanieu, déjà cité.
2. Arch. nat. O¹ 1 j, fol. 55 v°.

position ou appellation quelconques, et sans préjudice d'icelles, dont, si aucunes interviennent, Sa Majesté s'est réservé la connoissance, et à son conseil, et icelles interdit à tous les autres juges[1]. »

En conséquence, par provision le sieur Daurat était tenu dans les trois jours de remettre les rubis. Procès-verbal de la remise devait être dressé par les sieurs Courtet et Pitau[2], joailliers, et le garde général de la Couronne devait en prendre charge en présence des sieurs Du Metz et Daurat.

La remise eut lieu le 3 mai 1670, conformément aux prescriptions de l'arrêt, et le procès-verbal rédigé par le sieur Cosquino, alors garde général du garde-meubles, en fait mention en ces termes[3] :

« J'ay aporté de chez M. de la Margrie, conseiller d'État, trois gros rubis qui étoient en dépôt entre les mains de M. Daurat, conseiller de la cour, suivant l'arrêt du conseil du 31 mars dernier, et autres précédens, et procès-verbal en conséquence d'iceux, au bas duquel je m'en suis chargé, après le rapport qui a été fait des trois rubis par le sieur Pitau. » (Suit la description que nous connaissons.)

C'est ainsi que les rubis furent remis au mobilier de la Couronne, où ils restèrent jusqu'au milieu du règne de Louis XV. Ils étaient alors inscrits dans les inventaires aux trois premiers articles du premier chapitre.

Leur rentrée à la Couronne n'avait pas éteint les revendications des chanoines de la Sainte-Chapelle, et, en 1691, M. Du Metz recevait un mémoire rédigé par les chanoines dans lequel ils établissaient que les rubis remis par le sieur Daurat au mobilier de la Couronne faisaient partie des cinq enlevés par Henri III; ils en demandaient la restitution et priaient en outre les autorités compétentes de faire les recherches nécessaires pour retrouver les deux autres.

Le premier président de la Chambre des comptes, M. de

---

1. Nous donnerons dans le chapitre suivant des renseignements que nous avons retrouvés sur Pitau.

2. Arch. nat. O¹, 3326, déjà cité. — 3. Invent. de 1709. Bibl. du Mobilier national.

Nicolaï, semble même avoir accueilli favorablement la demande des chanoines[1], car il eut à ce sujet plusieurs entretiens avec le président Du Metz, et il fut probablement décidé entre eux d'en référer au roi.

Louis XIV, pour satisfaire au désir des chanoines et vraisemblablement sur l'avis de M. de Nicolaï, ordonna au président Du Metz de vérifier l'exactitude de leurs dires. Le 21 août 1697, le président, accompagné du sieur Montarsis, joaillier de la Couronne[2], fit ouvrir la châsse du reliquaire en présence du trésorier, des chanoines et du premier président de la Chambre des comptes, M. de Nicolaï.

On prit dans la grande châsse le reliquaire de la Sainte Couronne, on approcha chaque rubis des chatons vides et l'on trouva, dit le procès-verbal[3], « que l'ouverture de ces chatons était considérablement plus grande que la grosseur des rubis; et Montarsis, joaillier du Roy, dit qu'il ne croyoit pas que ces trois rubis fussent ceux que le roy Henri III en avoit fait oster ». Devant cette déclaration on referma la grille de la châsse, et le président Du Metz rapporta les rubis dans les caisses du roi.

Les revendications des chanoines de la Sainte-Chapelle étaient réduites à néant par cette démonstration.

Nos rubis étaient au mobilier de la Couronne lorsque, le 29 décembre 1749, la *Côte-de-Bretagne* fut remise, par ordre du ministre de la Maison du Roi, à Jacquemin, joail-

---

1. En effet, on lit dans *Morand*, p. 199, une note de M. le premier président conçue en ces termes :

« Ce 3 février 1691, j'ai vu avec M. du Metz l'inventaire des meubles de la Couronne, dont le gardien qui est sous lui est chargé; qu'il y a trois rubis des cinq contenus en ce Mémoire, qui se trouvent compris dans cet inventaire, et qui ont été retirés de la famille de M. Daurat : savoir celui qui est percé en trois endroits, celui qui n'est point percé du tout. Il m'a dit qu'il y avoit à la Chambre un grand arrêt sur tous ces rubis, qu'il faudra chercher pour avoir éclaircissement de ce que sont devenus les deux autres, etc. *Signé :* NICOLAY. »

2. L'abbé Morand, chanoine, *Histoire de la Sainte-Chapelle royale du Palais*, p. 199. Arch. nat. LL, 620, fol. 157. Mémoire pour servir à l'histoire de la Sainte-Chapelle du Palais de Paris, recueillis par M. Gilles Dongois, prêtre chanoine en la même église, année 1719. (Extrait du plumitif de la Chambre des comptes.)

3. On trouvera plus loin des renseignements sur Montarsis.

lier de la Couronne, en lui enjoignant de la monter dans la décoration de la Toison d'or.

Cet insigne devait être un chef-d'œuvre de joaillerie autant qu'un objet de grand prix. On joignit à la *Côte-de-Bretagne* une des plus belles pierres de la Couronne, qui mérite qu'on dise ici son origine.

Lorsque le voyageur Tavernier revint en France, après avoir parcouru la Perse et l'Asie centrale, il fut l'objet de la curiosité générale, et Louis XIV se le fit présenter.

Tavernier rapportait de ces pays des pierres précieuses dont l'éclat semblait encore plus resplendissant en raison de leur origine lointaine et quelque peu mystérieuse.

Le roi fut séduit par la pureté des diamants que Tavernier lui montra. Il chargea Colbert d'acheter un certain nombre de ces diamants[1] : le plus beau était un brillant bleu de cent douze carats. Le prix de deux cent vingt mille livres proposé et accepté, le diamant entra dans le Trésor, où il fut désormais connu sous le nom de *Diamant bleu de la Couronne*. Il était d'une taille qui de nos jours porte encore le nom du pays où on la pratique : « taille de l'Inde ».

Cette taille, en raison de son irrégularité et surtout de sa grossièreté, ne donne pas à la pierre tout l'éclat qu'elle peut avoir. Aussi le *Diamant bleu*, malgré l'éclat qu'il avait alors, était susceptible de devenir encore plus resplendissant. Le sieur Pitau[2], diamantier du roi, fut chargé, en 1673, de le recouper; il lui donna alors la forme en cœur, qu'il conserva jusqu'au moment où il fut coupé en deux.

Une fois retaillée, cette pierre figura à diverses reprises dans les costumes de Louis XIV et de Louis XV, simplement attachée sur un chaton. Elle était dans cette monture au moment où la Toison d'or fut commandée.

Jacquemin chargea Gay, le graveur sur pierres dures, employé souvent par Mme de Pompadour, de tailler la

---

1. Bibl. nat. Ms. *Mélanges de Colbert*, n° 281, année 1669. Achat à Tavernier du grand *Diamant bleu* au prix de deux cent vingt mille livres.

2. Bibl. nat. Ms. *Mélanges de Colbert*, année 1673, tome CCXCI.

Côte-de-Bretagne en forme de dragon, et de faire disparaître les trois trous qui la déparaient. L'ordre fut exécuté, mais de deux cent six carats le poids du rubis tomba à cent cinq.

La taille réussit; le rubis passa dès lors pour un des plus beaux monuments de la glyptique. Suivant le goût mis à la mode par Mme de Pompadour, Gay donna à son œuvre un caractère de sécheresse qui rappelle le style de l'extrême Orient[1].

Le rubis et le *Diamant bleu* furent alors sertis l'un au-dessus de l'autre dans la plaque de la Toison d'or. Le rubis formait le corps et la tête d'un dragon dont la queue composée de petits diamants s'enroulait autour d'un brillant hexagonal, et venait s'attacher par ses replis à la bélière où passait le cordon de l'ordre. Les ailes du dragon, faites en joaillerie, étaient ornées de diamants.

Le dragon était entouré de palmes en brillants; de sa gueule sortaient des flammes d'or rehaussées de topazes, et la toison pendait au-dessous. Au milieu des flammes d'or

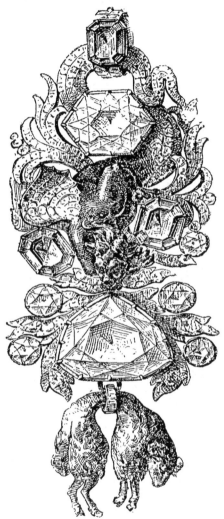

LA TOISON D'OR (FACE)
montée par Jacquemin.
Grandeur réelle. — Dessin de Hirtz.

1. Le ciseleur Honoré, qui vit ce rubis, crut à première vue que sa taille était japonaise.

et des topazes, brillait le *Diamant bleu*, dont l'éclat d'acier resplendissait par toutes ses facettes.

La Toison d'or ainsi montée est reproduite dans les *Pierres précieuses*, ouvrage de M. Pouget[1], mais, comme dans tous les dessins et reoductions des objets d'art du dix-huitième siècle, la planche de l'ouvrage précité n'est qu'une calomnie gravée. Malgré tous les détails donnés par les papiers de la Maison du Roi, nous n'aurions pu arriver à en présenter une reproduction exacte ; heureusement que, conformément aux principes indiqués plus haut par nous sur les modèles des pierres conservés en plomb, les joailliers de la Couronne du dix-septième et du dix-huitième siècle faisaient exécuter également en plomb le surmoulé des bijoux montés. Bien que la Toison d'or soit détruite, le plomb conservé par les joailliers successifs de la Couronne existe encore. Les dessins ci-contre la représentent exactement[2].

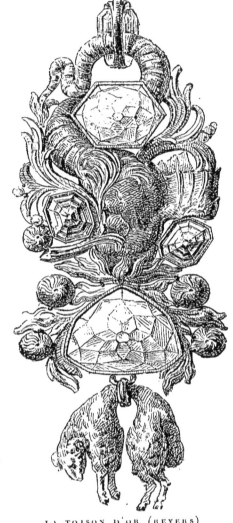

LA TOISON D'OR (REVERS)
montée par Jacquemin.
Grandeur réelle. — Dessin de Hirtz.

Les deux autres rubis, l'*Œuf-de-Naples* et l'*A-romain*,

1. Pouget fils. *Traité des pierres précieuses.* Paris, 1762. Planches, p. 69.
2. Le plomb en question est la propriété de M. Charles Bapst. Son père, M. Fré-

compagnons ordinaires de la *Côte-de-Bretagne*, eurent
une destinée presque identique. Huit ans après la trans-
formation du premier rubis, le 4 mai 1757, ils furent à
leur tour remis à Jacquemin pour servir de centre à une
plaque de l'ordre du Saint-Esprit[1].

Jacquemin fit tailler l'*OEuf-de-Naples* en forme de colombe, et scia en plusieurs morceaux l'*A-romain*. Les
morceaux, lapidés et gravés en manière de flammes, furent
sertis autour de la colombe pour servir de fond au centre
de la plaque. L'entourage et les fleurs de lis étaient en diamants dont plusieurs peints et montés sur paillons de
différentes couleurs, suivant le goût du temps[2].

Cette façon de lapidairerie avait fait perdre à l'*OEuf-de-
Naples* et à l'*A-romain* une partie de leur valeur, et dans
l'inventaire de 1791 ils n'étaient plus estimés conjointement que quinze mille livres[3].

En 1792, lorsque les joyaux de la Couronne furent
réunis, les décorations royales étaient encore intactes et
se trouvaient placées dans une boîte, sur une commode,
dans une salle du Garde-meubles. Lors du fameux vol de
septembre, elles furent, en raison de leur place, les premières enlevées.

La Toison d'or fut prise par un nommé Cadet Guillot,
qui l'emporta à Londres, où il la cassa. Le *Diamant bleu*
fut vendu et coupé en deux morceaux d'une inégale grandeur. Cette mutilation était évidemment destinée à empêcher la reconnaissance de la pierre et à parer à une récla-

---

déric Bapst, et lui dirigèrent la fabrication de tous les objets de la Couronne depuis
1815 jusqu'en 1870. C'est à son père qui est due la couronne de Charles X et c'est
lui qui exécuta les principales parures du dernier Empire.

1. Le dessin de la grande croix du Saint-Esprit telle qu'elle fut montée à cette
époque existe encore dans les papiers de notre maison de commerce. Nous le reproduisons ci-contre à moitié de la grandeur réelle.

2. Voir l'enseigne de G.-F. Stras, gravée par Cochin. Voir aussi l'inventaire de
Marie-Josèphe de Saxe.

3. Arch. nat. O¹, 3326. *Histoire des trois grands rubis de la Couronne*, déjà cité ; c'est
dans une pièce manuscrite conservée dans les papiers du Garde-meubles, que sont
tous les détails sur la monture de la Toison et de la plaque du Saint-Esprit.

mation postérieure. La fraction la plus considérable est encore aujourd'hui à Londres, dans la collection laissée par feu Mme Hope; l'autre, plus petite, a figuré dans la vente du duc de Brunswick.

Quant à la *Côte-de-Bretagne*, devenue dragon-rubis, Cadet Guillot la garda longtemps et la confia en 1796 à un

LA CROIX DU SAINT-ESPRIT
montée par Jacquemin en 1657.
Moitié grandeur réelle. — Au centre les rubis. (Dessin de M. Hirtz.)

émigré nommé Lancry, qui la porta à Hambourg, peut-être pour la vendre, mais plus probablement encore avec l'intention de la restituer au gouvernement français moyennant récompense[1].

Les pourparlers entamés entre le représentant de la République française à Hambourg et Lancry n'aboutirent pas,

1. Ces détails sur le vol et la restitution des objets volés, ainsi que les pourparlers auxquels a donné lieu plus particulièrement la réintégration de la *Côte-de-Bretagne*, sont plus amplement décrits plus loin au chapitre spécial du vol des diamants de la Couronne. On trouvera là toutes les sources auxquelles nous avons puisé.

et nous ne saurions dire quand ni comment la *Côte-de-Bretagne* rentra dans le Trésor. Mais, ce qui est certain, c'est que, retrouvée aujourd'hui, son histoire est encore ignorée de ceux qui, dernièrement, ont été chargés de l'étudier, à tel point qu'il fut d'abord question de la reléguer au Muséum du Jardin des plantes, avec cette mention mise sur l'enveloppe : *Pierre sans importance.*

Malgré cette décision, la *Côte-de-Bretagne* viendra reposer au Louvre, dans la galerie d'Apollon, ce mausolée des reliques de l'histoire de France, où chaque objet est le souvenir d'une gloire nationale.

APPENDICE

DU LIVRE IV

———

I

Acte d'engagement des trois rubis de la Couronne entre les mains de Zamet,
signé de Henri III[1].

Furent présents Monseigneur illustrissime cardinal de Birague, chancelier, messire Philippe Hurault, sieur de Cheverny, garde des sceaux
de France, chevallier de ses ordres, René de Villequier, sᵉ dudict lieu,
et d'Escoubleau, premier gentilhomme de la chambre du Roy, gouverneur de Paris et Isle de France, tous conseillers au conseil d'Estat dudic
Seigneur, Benoist Mylon, seigneur de Vydeville, conseiller en sondict
conseil, intendant et controlleur général de ses finances et président en
sa Chambre des comptes. Lesquels pour et en sa présence, lequel considérant le besoing et nécessité qu'il a de donner secours aux affaires qu'il
a maintenant à supporter tant à l'occasion des guerres estant présentement pour la conservation dudict Estat que pour aider affaires impor-
tans grandement à son service, et auxquelles il ne pouvoit satisfaire de
ses moyens tous espuisés et consumés pour la continuation desdictes
guerres, auroit faict venir devant eux en la présence dudict Seigneur le
sieur Sébastien Zamet, Piedmontois, auquel ils auroient fait entendre ce
que dessus et requis secourir ledict seigneur de ses moyens ou de ceulx
de ses amis jusques à la somme de six vingtz mil escus et la fournir pré-

1. Étude de Mᵉ Meignen.

sentement ès-mains du trésorier de son espargne. M⁰ Pierre Molin, pour
l'employer en l'effect susdict à la charge d'en avoir le paiement en
remboursement en l'année mil cinq cens quatre-vingtz-trois de receptes
géneralles de Rouen, Orléans et Poictiers, ladicte année esgallement par
chacun quatre d'icelle assavoir : en celle de Rouen soixante mil escuz,
à Orléans trente mil escuz et à Poictiers pareille somme de trente mil escuz,
et lui faire don au lieu d'intérest à raison du denier douze pour deux
années, la présente y comprinse, pour deux années seullement de revenu
à la somme de vingt mil escuz, lequel Zamet pour le zèle et affection
qu'il porte au bien des affaires de Sa Maiesté et pour l'assurance de
laquelle en vouldra recongnoistre en autre occasion et qu'il sera satis-
faict et payé de ladicte somme au temps susdits auroit accordé faire
ledict prest pourveu aussy que
il lui soyt baillé des bagues de la couronne
vouldra et qu'il pourra transporter
pour en rendre après le
et au prorata de ce que sera payé[1].

Lequel Seigneur Roy avec les dessusdicts nommés, considérant le
notable service dudict prest en l'urgente nécessité desdictes affaires, auront accordé l'engaigement des bagues estimées aux sommes cy-après,
assavoir :

Un gros rubys ballay à jour percé d'une broche de fer appelé l'*Œuf-
de-Naples*, auquel pend une perle en forme de poyre estant par l'inventaire des bagues de la couronne estimé soixante-dix mil escus.

Une bague d'un A romain que faict un gros rubys ballay mis en griffe
estimé vingt-cinq mil escuz ; plus une perle qui est pendante à quinze
cens escuz.

Ung grand rubys ballay faict en coste percé en trois endroicts pendu
à quinze perles au lieu de chesnes, estimé ensemble à cinquante mil
escuz. Le tout revenant selon ladite estimacion escripte audict inventaire
desdictes bagues à la somme de sept vingt-six mil cinq cens escuz.

Et ledict seigneur oudict nom a promis et promect audict Zamet, à ce
présent et acceptant, de le faire payer et rembourser d'icelle somme de
six vingt mil escuz et dudict don revenant pour ledict temps à la sus-
dicte somme de vingt mil escuz par le trésorier de l'espargne du Roy qui
sera lors en charge ou receveurs généraulx de ses finances desdictes trois
receptes génerales de Rouen, Orléans et Poictiers, ainsi que cy-dessus est
dict, et ce des deniers tant échus par extraordinaire pour lesdictes trois
receptes durant ladicte année ᴍ vᶜ iiijˣˣ iij. Le fond desquelles jusques à

1. Ces lignes se trouvaient sur la partie supérieure de l'original, que les rats ont
dévorée.

ladicte somme de vij^{xx} m. liv. tz. comme aussi celle des receptes généralles de Tours et Lyon de ladicte année lesdicts seigneurs oudict nom
y ont affecté bagues et ypothèques sans que
puissent estre ailleurs divertys ne employé
toute la seureté dudict seigneur
. A faict fournir   dessusdict Zamet
pour en disposer et les vendre au désir
dudict preneur[1]

après ladicte année expirée et passée et ne pourront faire retirer sinon
au prorata desdicts paiements et déboursements dud. principal et don au
lieu d'intérests ce sera et sans que ladicte assignacion puisse en quelque
sorte que ce soit estre aucunement recogneu ny changé et faire le trésorier desdictes espargnes tenir bailler si ledict sieur Zamet le requiert ses
mandements sur lesdictes receptes ou bien lui en sera expédié acquit
patent à son choix et option pour prendre ces sommes sur plusieurs desdictes receptes généralles cy-dessus déclarées ou autres que ledict sieur
Zamet vouldra nommer. Et par vertu de qui les receveurs généraulx
pourront leur ordonner ledict sieur faire les paiemens audict Zamet ou à
ses procureurs ou autres porteurs à l'acquit dudict sieur endossant led.
présent contract comme aussi lesdictes lettres patentes qui leur serviront
pour tous acquit ou descharge des sommes que chacun d'eulx aura payé
sinon le mandement endossé et ne serviront lesdicts endossements que
pour un seul paiement de par le moyen des acquits dessus. Ledict Zamet
a promis et promect audict Seigneur Roy et de tous dessus nommez fournir et payer comptant ès-finances dudict trésorier de l'espargne par forme
de prest ladicte somme de vij^{xx} m. livres tz. dedans le premier jour de
juillet prochainement venant par vertu de ladicte quictance dudict trésorier de l'espargne lequel Zamet a promict et promect et se oblige
rendre lesdictes bagues au fur et à mesure que les paiemens se feront et
affin que la seureté soit d'autant plus certaine et qu'il n'advienne aucun
retardement ne fault au paiemens desdictes vij^{xx} m. livres tz.. etc.

HENRY.   Cardinal DE BIRAGUE.
CHEVERNY.   VILLEQUIER.
VIDEVILLE.   ZAMET.
DUNESME.   CARREL.

---

1. Ces lignes se trouvaient, comme celles déjà citées, sur la partie supérieure de
l'original, que les rats ont dévorée.

II

Déclaration de Zamet constatant qu'il n'agit que comme prête-nom du sieur Legrand[1].

Aujourd'huy, en la présence des notaires du Roy nostre sire au Chastellet de Paris soubzsignés, est comparu le sieur Sébastien Zamet, gentilhomme piémontais, demeurant à Paris, rue des Balays, lequel a déclaré et déclare combien que par certain contract ce jourd'huy faict et passé à Saint-Maur-des-Fossés, par-devant les notaires soubzsignés, entre messeigneurs le révérentissime cardinal de Birague chancellier, messire Philippe Hurault, sieur de Cheverny, garde des sceaulx de France, René Villequier, seign. dudict lieu, et d'Escoubleau, premier gentilhomme de la chambre du Roy, et Benoist Mylon, seigneur de Wydeville, conseiller dudict seigneur et intendant et controlleur général de ses finances et président de sa Chambre des comptes, en la présence dudict Seigneur Roy d'une part et ledict sieur Sébastien Zamet d'autre.

Il appaire ledict Zamet avoir accordé et promis faire prest à Sadicte Majesté de la somme de six vingt mil escuz soleil, et icelle somme bailler et délivrer à Monsieur le trésorier de l'espargne à la charge de n'avoir le paiement et remboursement d'icelle somme en l'année mv^c iiij^{xx} iij des receptes génóralles de Bourges, Orléans et Poictiers durant ladicte année, également par chacun quartier d'icelle. Ce que Sadicte Majesté auroit accepté et accordé audict Zamet et pour plus grande sûreté dudict remboursement ledict Seigneur lui auroit baillé pour engaigement des bagues de la couronne cy-ensuyvant.

Assavoir :

Ung gros ruby ballay à jour percé d'une broche de fer appelé l'*Œuf-de-Naples*, auquel pend une perle de forme de poyre, estimée lxx ^{m}écus.

---

1 Étude de Me Meignen.

Une autre d'un A romain qui faict un gros ruby ballay mis en grilles, estimé xxv^m écus.

Plus une perle qui est pendante prisée xv^c écus.

Plus un autre ruby ballay faict en coste percé en trois endroicts pendu à quinze perles au lieu de chesnes estimé L^m écus.

Le tout revenant par l'estime qui en a esté faict à xij^{xx} vj^m v^c écus.

Et sur ce lesdicts seigneurs oudict nom auroient promis audict Zamet de le faire payer et rembourser d'icelle somme de vj^{xxm} écus en seubs du don que Sadicte Majesté luy auroit faict ou lieu d'intérest à raison du denier douze pour deux années la présente y comprise, le tout selon et ainsi qu'il est plus au long retenu et déclaré par ledict contract.

Néaumoings la vérité seroit et est telle que ce que ledict sieur Zamet en a promis, faict et accepte ledict contract cy-dessus n'a esté et n'est que pour faire plaisir à honorable homme Pierre Legrand, marchand, fournissant l'argenterie du Roy qui l'auroit pryé et requis de ce faire et luy prester son nom seullement.

A cette cause voullant par ledict sieur Zamet user de bonne foi envers ledict Legrand a déclairé et déclare qu'il n'a prétendu et ne prétend d'aucun droit part ni portion en icelle somme de six vingtz mil écus et au don à luy faict par Sadicte Maiesté pour raison d'icelle ainsi est de appartenir du tout audict Legrand auquel en tems que....
est ou luy en seroit faict cession et transport sans aucune garantye ni restitution de deniers.

Pour en faire et disposer par icelluy Legrand ainsy comme bon luy semblera et par au mesmes à icelluy Legrand déclaré recogneu et confessé que lors dudict contract il a prins receu, lesdictes bagues cy-après déclarées desquelles ensemble de ladicte somme de vj^{xxm} écus qui doibt estre fournie audict seigneur. Et a promis et promect de garantir le sieur Zamet de acceptant ou cas que icelluy Zamet en fust poursuivi et inquiété soyt par Sadicte Maiesté, soit par un autre, parce que comme dict est ce que ledict sieur Zamet en a faict n'a esté que pour luy faire plaisir et lui prester son nom seullement.

Promettant obligeant chacun au droict soy et renonçant, faict et passé à Paris, à Saint-Maur-des-Fossés, le Roy y estant, le jeudy vingt-neuviesme jour de juing après midy.

L'an mil cinq cens quatre-vingtz-un.

SEBASTIEN ZAMET.   LEGRAND.
CARREL.   DUNESME.

III

Constatation faite à la Sainte-Chapelle, en présence du premier président de la Chambre des comptes, par laquelle il est reconnu que les trois rubis de la Couronne n'ont point été enlevés du reliquaire de cette église[1].

En 1697, le 21 aoust, sur l'ordre donné par le Roy au Président du Mets, garde des Diamants de la Couronne, de confronter trois gros rubis balais avec les chatons des rubis balais que le Roy Henry III avoit fait oster en 1576 du reliquaire de la couronne d'épines, et mis entre les mains du grand trésorier de son argenterie et des mêmes en nantissement des sommes qu'il luy avoit prestées pour les nécessitéz de l'État, la châsse des saintes reliques fut ouverte en présence du trésorier et de deux chanoines et du P. Président de la Chambre des comptes qui avoit apporté les clefs de la châsse, du Président du Mets, et autres. On présenta ensuitte proche les chatons du reliquaire de la sainte couronne, les trois rubis dont le Président du Mets étoit porteur. On trouva que l'ouverture de ces chatons estoit considérablement plus grande que la grosseur de ces rubis, et Montarsis, joyaillier du Roy, dit qu'il ne croyoit pas que ces trois rubis fussent ceux que le Roy Henry III en avoit fait oster. Les rubis furent rendus au Président du Mets. On remit ensuite la grille de fer qui en avoit esté ostée en 1694, pour la dorer au feu, lorsque le Roy et la Reyne d'Angleterre les vinrent visiter, et on ferma la châsse dont les clefs furent rendues au P. Président de la Chambre des comptes.

1. Arch. nat., LL 620, fol. 457. Mémoires pour servir à l'histoire de la Sainte-Chapelle du Palais de Paris, recueillis par M. Gilles Dongois, prêtre-chanoine en la même église, licencié en théologie et conseiller en la chambre du clergé et en celle du diocèse de Paris, année 1719.

IV

Observations vraisemblablement rédigées par Fontanieu, garde général du Garde-Meuble, dans le service duquel était placée l'administration des joyaux de la Couronne. Cette pièce a une certaine importance en raison des fonctions de son auteur. Elle contient des détails concernant le Sancy et relate l'opinion qu'on avait en France au dix-huitième siècle sur la taille des diamants [1].

Que Henry III en 1581 ait été réduit à mettre en gage les rubis de la Couronne, ce n'est par sur cela que peut tomber une observation raisonnable. Les exemples de souverains réduits à de pareilles extrémités ne sont que trop fréquents, et le désordre dans lequel les affaires de Henry III étoient tombées est trop connu pour qu'il soit nécessaire de le prouver.

Le plus gros diamant de la Couronne, je parle de celui qui étoit le plus estimé avant l'acquisition faite pendant la minorité de Louis XV, de celui qu'on nomme *le Pitt*, étoit aussi engagé chés les Suisses dans le même temps; il en fut retiré sous Henry IV par M. de Sancy, dont il prit le nom, parce qu'il fut son libérateur. Ce diamant, à son retour, éprouva une aventure que je n'écris ici que parce que je n'aurois pas occasion de la placer ailleurs. Je ne la donne que comme une tradition qui passe pour constante dans la maison du Roy.

M. de Sancy, après avoir retiré le diamant, le remit à un courrier pour le rapporter en France, et ce courrier fut assassiné sur sa route. Avant d'expirer, il eut la précaution d'avaler le diamant, et son cadavre fut enterré sans qu'on s'en aperçût; on fut longtemps sans découvrir les auteurs du meurtre, ni même savoir que le mort fût un courrier de M. de Sancy, et on peut juger de l'inquiétude dans laquelle il fut d'un effet si précieux. Enfin il apprit le malheur de son homme, et le lieu de sa sépulture. Ce qu'il y a de singulier est que, sur la certitude de sa fidélité,

---

1. Bibl. nat., Ms. fonds Fontanieu, nᵒˢ 709 à 712. Finances.

il se douta de ce qu'il avoit fait pour sauver le diamant. Il le fit déterrer, et le diamant fut retrouvé.

Je reviens aux rubis. Il seroit curieux de savoir comment ils ont appartenu à la Couronne, et tout ce que la pièce nous apprend est qu'ils ont été à la branche de Valois. La tradition avoit longtems été qu'ils avoient appartenu à la maison de Navarre originairement, et qu'ils étoient devenus des effets de la couronne de France par l'avènement de Henry IV. L'acte détruit de fond en comble cette tradition.

Sébastien Zamet, qui presta sur le gage des rubis, est le même qui fut depuis si célèbre par ses richesses, et qui l'étoit peut-être déjà. Elles le mirent au rang des plus grands seigneurs, et lui acquirent la familiarité de Henry IV, qui alloit quelquefois souper chez lui à Paris. Il prenoit, à ce qu'on dit, dans les actes la qualité de seigneur de dix-sept cens mille écus. On le trouve icy Piedmontois, mais il étoit originaire de Lucques.

Le prest de cent vingt mille écus paroist fait dans l'acte ci-dessus par Zamet, mais on a découvert depuis, par des actes certains, que ce ne fut point lui qui fournit cette somme, ce fut un nommé Le Grand, secrétaire du Roy, conjointement avec Jacqueline Forget, sa femme. Ce Le Grand étoit déjà créancier du Roy d'une somme de cinquante mille écus qu'il avoit fournie à M. de Sancy pour les employer au payement des gens de guerre que M. de Sancy avoit levés pour le Roy en Suisse, et Henry III, pour son remboursement, lui avoit abandonné les droits de gabelles crues et augmentations et autres deniers qui s'élevoient sur le sel outre le prix du marchand, dans dix généralités du royaume.

Le Grand avoit peut-être des raisons pour ne vouloir pas paroistre prêter une plus grosse somme, et Zamet lui prêta son nom ; mais ce qui ne permet pas de douter que ce fut Le Grand qui fournit la somme, est qu'en 1670 les rubis se trouvèrent entre les mains de ses héritiers et créanciers déposés chez M. Daurat, conseiller au Parlement, l'un d'eux. M. Colbert, en ayant été averti, fit commettre par arrest du conseil M. de Margrie, conseiller d'État, pour les reconnoître, ce qu'il fit par un procès-verbal dans lequel M. Daurat déclara les raisons pour lesquelles ces pierreries lui avoient été confiées. On apprit par cette procédure que les rubis avoient été estimés à différentes fois, et que les héritiers Le Grand avoient obtenu, en 1633 et 1642, la permission de les vendre, mais que la vente en avoit été arrestée par les oppositions des créanciers. M. Du Metz, intendant et contrôleur général des meubles de la Couronne, réclama ces pierreries et en demanda la délivrance, mais il falloit auparavant faire liquider les créances de la succession de Le Grand. On nomma des commissaires à cet effet, et on ne voit pas qu'ils aient approfondi autre chose qu'une seule question. Les créanciers et héritiers Le Grand prétendoient que les rubis étoient le gage des deux créances, et on voit qu'ils ont reconnu que la première étoit entièrement payée, en sorte qu'il ne reste à constater que la seconde, ce qui n'a point encore été fait.

Enfin, par arrest du conseil du 31 mars 1670, il fut ordonné que les rubis seroient estimés de nouveau pour, après l'estimation, être remis entre les mains du garde général des meubles de la Couronne, sauf aux parties intéressées à poursuivre la liquidation et le payement de leur créance.

C'est ainsi que les trois rubis de la Couronne sont rentrés entre les mains du Roy. On trouve au nombre des pièces visées dans l'arrest du conseil que le plus ancien inventaire des meubles de la Couronne dans lequel ils soient énoncés est du 5 novembre 1570, sous Charles IX, onze ans avant qu'ils fussent mis en gage.

Ils étoient alors, comme ils sont encore aujourd'huy, percés de part en part en deux ou trois endroits en plusieurs sens. On prétend qu'aux Indes, lorsque ces effets précieux passent d'une génération à l'autre, l'usage est de les percer ainsi pour marquer le nombre des générations.

Je croirois plutôt que c'étoit pour y passer des broches d'or ou de fer auxquelles on attachoit des perles, et il y en avoit à ceux-ci lorsqu'ils ont été retirés, mais elles n'y sont plus.

Les estimations des rubis énoncées dans l'arrest sont différentes. L'une, du 7 may 1633, en porte la valeur à trois cent quarante-sept mille livres, y compris les perles; l'autre, du 24 may 1635, la réduit à deux cent quatre-vingt-dix mille livres. Je ne trouve point celle de 1670, lors de la remise au Garde-Meuble, mais la tradition est que des juifs en ont offert un million huit cent mille liv. tz. : on met a des morceaux extraordinaires le prix que l'on veut. L'estimation du temps de Henry III étoit de cent vingt-six mille cinq cents écus en tout.

Les trois rubis ont leur nom et leur poids :

Le premier, appelé l'*Œuf-de-Naples*, pèse deux cent quarante et un karats.

Le second, l'*A-romain*, cent vingt et un karats.

Le troisième, la *Coste-de-Bretagne*, pèse deux cent six karats trois quarts.

Ce dernier n'existe plus comme il étoit : le Roy l'a fait tailler en dragon pour servir à sa Toison, ce qui en a changé la forme et le poids, mais en a fait le plus beau bijou du monde. Le Garde-Meuble en a été déchargé par arrest du conseil du 29 octobre 1749.

LIVRE V

PREMIÈRE MOITIÉ DU DIX-SEPTIÈME SIÈCLE

CHAPITRE PREMIER

Henri IV. — Pénurie du Trésor. — Difficultés des recherches. — Henri IV protecteur
des arts. — Achat de joyaux. — Parures données à Marie de Médicis

En montant sur le trône, Henri IV trouvait la moitié
du royaume en guerre contre l'autre moitié, la fortune
publique détruite, et l'étranger en armes sur la frontière,
prêt à profiter des événements pour se jeter au cœur de la
France. Sûr du dévouement de ses partisans, il se tourna
d'abord contre ses adversaires de l'intérieur, qu'il écrasa
par d'éclatantes victoires, et força ainsi la plupart des Français à l'acclamer pour roi; puis, agissant autant par l'adresse
que par la force, il acheta à beaux deniers comptants la
soumission des derniers récalcitrants.

Aussitôt la France pacifiée, il attaqua les Espagnols. La
guerre devint alors nationale, et les plus ardents ligueurs,
ses ennemis de la veille, vinrent se ranger autour de lui.
La guerre civile et religieuse, qui durait depuis cinquante
ans, était désormais terminée; aussi Henri IV eut-il bientôt raison de l'étranger, et la paix de Vervins, signée

avec l'Espagne, suivit de près la pacification intérieure.

Pour obtenir cette double paix, pour lever des armées et acheter les rebelles, il avait fallu de l'argent. Henri avait vu, depuis longtemps déjà, son patrimoine employé par sa mère, Jeanne d'Albret, à l'entretien des troupes protestantes, et il ne lui restait aucune fortune à son avènement au trône. Le Trésor ne contenait pas un écu, et les impôts n'étaient plus payés. En finances, comme en politique, Henri montra une habileté qui peut se juger par les résultats qu'il obtint.

Les diamants de la Couronne engagés par Henri III furent l'objet de ses préoccupations. Il s'efforça plusieurs fois, comme nous l'avons vu, de renouveler les engagements de pierres faits par son prédécesseur, dans le but de les rengager plus avantageusement[1].

Malheureusement il nous sera difficile d'étudier cette période de notre histoire: par suite de circonstances spéciales, les papiers de la maison du Roi, comme les pièces financières de la Chambre des comptes depuis l'avènement de Henri IV jusqu'au milieu du dix-septième siècle, n'existent pour ainsi dire plus. L'incendie en a détruit une partie au dix-huitième siècle, le reste a probablement servi à la confection des gargousses de l'artillerie durant les guerres de la Révolution et de l'Empire. Les monuments ont aussi disparu, et leur figuration

COLLIER DE BRILLANTS ET PERLES.

(D'après le portrait d'Élisabeth de France, par Van Dyck, au Louvre.)

---

1. Bibl. nat., Ms. fonds Brienne, n° 11, fol. 42, et V° de Colbert, n° 369, fol. 62. Lettres de Henri IV à de Maisse, ambassadeur de France à Venise, lui prescrivant de dégager les bagues qui sont entre les mains de Rucellaï. — Fonds Brienne, n° 11,

n'a parfois jamais été faite. Les peintures, principalement les portraits, demeureront nos principales sources de recherches sur les joyaux durant les règnes de Henri IV, de Louis XIII, et pendant la minorité de Louis XIV.

Nous donnerons d'abord, dans l'ordre chronologique, les renseignements épars échappés à la destruction des hommes et du temps. Leur suite paraîtra peut-être insignifiante, mais le lecteur nous excusera : là où la récolte est rare, on recueille jusqu'au moindre grain.

Les documents conservés nous ont appris que, dans son œuvre de relèvement de la France, Henri IV n'avait point oublié les arts. Pour ne parler que de ce qui nous occupe, il reconstitua le trésor des joyaux de la Couronne, ainsi que le cabinet du Roi.

Que l'on regarde les portraits de Henri IV exécutés d'après nature : on retrouvera dans sa physionomie les traits du caractère français avec ses défauts comme avec ses qualités. Aucun roi, peut-être, n'a personnifié plus que lui notre type national, et c'est probablement une des causes de sa popularité.

Spirituel jusqu'à la gouaillerie, lançant à tout propos ces bons mots si goûtés du peuple et du soldat, l'amour des arts ne pouvait manquer à cette intelligence si complètement française. Mais, par suite d'une anomalie des choses de ce monde, la légende ne nous a point représenté Henri IV comme le protecteur des arts; cependant ce titre lui revenait avec plus de justice qu'à François Ier et à

fol. 142, et Vᶜ de Colbert, nº 369, fol. 62. Réponse de de Maisse au roi l'informant que Rucellaï propose de faire une nouvelle avance de quarante mille écus afin de conserver les bijoux qu'il a engagés. — Fonds Brienne, nº 11, fol. 158, et Vᶜ de Colbert, nº 369, fol. 71. Nouvelle lettre du roi. du 8 avril 1590, insistant pour le dégagement. — Fonds Brienne, nº 11, fol. 200 et 212. Lettres de de Maissé au roi, des 15 juin et 8 août 1590, et même volume, fol. 232. Lettre du roi à de Maisse, du dernier de juillet 1590, sur la même question. — Fonds Brienne, nº 12, fol. 188, nouvelle lettre du roi à de Maisse, en date du 14 décembre 1592 au sujet du dégagement des bagues que détient Rucellaï.

Arch. nat. E¹ᵇ, fol. 57. Le 26 octobre 1596. Dégagement des mains de Cénamy d'un collier de quatorze diamants évalué cinquante-sept mille six cent écus, que ce dernier avait reçu en gage de Henri III depuis plus de dix ans.

Louis XIV. La gloire militaire et politique attachée au nom de Henri IV est si considérable, que les autres côtés de ses œuvres, moins saillants, ont été en quelque sorte noyés devant le grand fait de la France sauvée et rendue par lui heureuse et fière, lorsqu'il l'avait trouvée si abattue.

Henri IV, comme François Iᵉʳ et Louis XIV, sut créer des établissements et encourager les arts, mais il eut sur ces deux rois le double avantage de rester Français dans son goût et de respecter les œuvres d'art existant avant lui ; il les conserva sans sacrifier au goût du jour ; tandis que trop souvent François Iᵉʳ et Louis XIV, soit par vanité, soit par engouement de la mode de leur époque, firent détruire des chefs-d'œuvre antérieurs à leur règne ou favorisèrent des artistes italiens, au détriment de l'art français, toujours plus naturel et plus simple que celui de l'étranger.

Pour refaire la collection du cabinet du Roi, Henri appela à lui nombre d'orfèvres parisiens dont les noms sont restés encore inconnus, et il fit exécuter une collection dont la galerie d'Apollon et le Musée de Madrid[1] ne nous donnent plus aujourd'hui qu'une partie.

Que l'on examine ces différents chefs-d'œuvre et l'on aura la preuve que l'orfèvrerie française était à cette époque supérieure à celle des autres pays, et que le goût et le style français n'avaient rien à envier à personne. C'est par une aberration du jugement qu'en France on a sans cesse attaqué nos industries et nos œuvres d'art pour exalter celles de l'étranger. Peut-être reconnaîtra-t-on un jour, pour ne parler que de l'orfèvrerie, que les plus beaux monuments de cette industrie qui subsistent en France sont des œuvres nationales, et que leur grande beauté vient surtout de ce qu'ils n'empruntent aucun détail au goût ou au style étranger.

1. On sait que lorsque le duc d'Anjou partit pour l'Espagne pour prendre possession du trône, Louis XIV lui fit cadeau de la moitié du cabinet du roi. Ces pièces superbes, dues à Henri IV, sont encore à Madrid.

Avant le mariage de Marie de Médicis, en 1596, Henri IV
avait recouvré une partie des pierres de la Couronne; par
un arrêt du conseil des finances en date du 26 octobre[1],
il ordonna le remboursement au sieur Cénamy d'une
créance, en garantie de laquelle ce dernier reçut un certain
nombre de joyaux. Le sieur Cénamy remit en échange au
roi quatorze grands diamants représentant une valeur de
cinquante-sept mille écus. Ce fut le premier fonds de
reconstitution du Trésor.

Une autre partie du Trésor fut retrouvée d'une façon
plus originale, à en croire la dépêche de l'ambassadeur vénitien Piero Duodo, en date du 5 avril 1597[2] :

« Lors de l'entrée des troupes royales à Rouen, écrit-il à
son gouvernement, le colonel Balthazar, qui commandait
un régiment de Suisses, a fait savoir au roi qu'il ne pourrait maintenir ses soldats sous son obéissance si on ne
leur payait la solde qui leur était due. Le conseil se réunit
aussitôt pour étudier les moyens par lesquels on pourrait
distribuer de l'argent aux troupes. Au cours de la délibération, on vint informer le Roi qu'un trésor était caché
dans une maison habitée par une vieille dame noble de la
ville. Cette maison avait été autrefois occupée par le surintendant des finances Wideville, auquel elle appartenait, et,
disait-on, il y avait laissé des sommes considérables et des
joyaux de la Couronne.

« A cette nouvelle, le Roi ordonna immédiatement une
visite domiciliaire, et dans un cabinet dissimulé derrière
des tentures en tapisserie on trouva douze mille écus en or
et nombre de joyaux, habilement cachés sous des étoffes,
dans le bas d'une armoire. La dame cria tellement qu'on
dut lui rendre les douze mille écus, mais le conseil du roi
s'empara des joyaux, et rendit un arrêt par lequel des fonds
étaient assignés pour rembourser le prix de ces joyaux, dans

1. Arch. nat., E¹ᵇ, fol. 57.
2. Bibl. nat., Ms. fonds italien. *Dispacci degli ambasciatori veneziani*, déjà cité,
filza 26.

le cas où il serait reconnu qu'ils avaient été donnés en gage pour un prêt d'argent non encore restitué. »

Quels étaient ces joyaux? L'ambassadeur ne le dit point. Wideville, que nous avons vu mêlé aux opérations financières de Henri III, particulièrement dans le prêt fait par Zamet, le 29 juin 1581, contre le dépôt en gage des trois rubis de la Couronne, avait dû prêter de l'argent au roi, et avait sans doute exigé en garantie les joyaux retrouvés chez la dame de Rouen, probablement sa veuve.

Les arrêts du conseil des finances actuellement existants nous donnent aussi des détails sur des achats de joyaux faits par Henri IV.

En juin 1591, il acheta de François Mallard, joaillier, « une enseigne d'or faicte en pannache, et enrichie de plusieurs dyamans, et le pannache au bout de ladicte enseigne aussy enrichy de plusieurs dyamans de prix, pour xiiij écus[1].

« Et pour un petit rubiz taillé et gravé pour servir de cachet xxv écus[2]. »

---

1. Arch. nat. KK 147, fol. 187. Dettes de Henri IV.

2. En outre des pièces citées par nous dans le texte, les arrêts du conseil des finances nous font connaître un certain nombre d'achats ou d'opérations concernant des bijoux qui n'ont aucun rapport avec les joyaux de la Couronne. Quoiqu'ils se rapportent à des faits d'ordre privé, nous en donnons ci-dessous le détail complet :

A la même époque, Mathurin Vardet, marchand joaillier fournissait au roi « une boëte d'or esmaillée de griz, enrichie de plusieurs diamens et rubis servant à mettre painctnre, prix faict par Sa Majesté à xjᶜxxx écus.

« Et une paire de pendans d'oreille à chacun desquelz il y cinq beaux diamants et neuf petitz à l'entour et trois perles rondes, de prix faict par Sadicte Majesté à ijᵐ écus. »

En 1597, le Roi acheta à du Carnoy, Courtet et Josse Langerac, marchands orfèvres, des bagues pour la somme de vingt-deux mille écus. La décision du conseil d'État du 28 mars 1597 porte « qu'il est ordonné au sieur Ridis, conseiller du Roy, en sa cour de Parlement de Paris, de mettre présentement ès-mains de Mᵉ Balthazar Gobelin, conseiller du Roi en son conseil d'Estat, et trésorier de son espargne, la somme de douze mille escus par la quittance concédée en prest soubz le nom du sieur Christophe, maître des requestes ordinaires du Roy, et de dame Marye de Crèvecœur sa femme, des deniers trouvéz en leur maison et saisiz par ledict Ridis en vertu de la commission de Sa Majesté, auquel sieur Ridis est aussi ordonné de remettre ès-mains ès-dits sieur et dame Christophe, toutes les bagues, joyaulx et aultres meubles par luy arrestéz fors en excepter six grands saphirs et deux grands rubis qui demeu-

En 1595[1], le procureur du collège des jésuites, le sieur Pierre de Varny, remit au lieutenant général de la prévôté, représentant le roi, « ung gros rubis balais, deux gros saphirs et huict esmeraudes appartenant à Sa Majesté ». On ne sait comment ce jésuite avait eu ces joyaux, et s'ils appartenaient à la Couronne ou personnellement au Roi.

Voilà ce que l'on connaît sur les joyaux durant les dix premières années du règne de Henri IV. Encore ces faits ne se rapportent-ils pas, d'une façon positive, aux joyaux de la Couronne.

A l'occasion de son mariage avec Marie de Médicis, Henri IV acheta alors nombre de pierres à divers personnages, mais particulièrement à Sancy[2] et au duc d'Éper-

reront entre ses mains jusques à ce que aultrement en soit ordonné par le Roy. (Bibl. nat., Ms. fonds français, n° 18160, p. 20.)

A la date du 8 mars 1599, à la suite d'une requête présentée au conseil d'État par le sieur de la Cave, maître des requêtes de l'hôtel du roi, « Henri IV donna assignation d'une somme de quatre mille deux cent quatorze livres quarante sols restant de la somme de huit mille sept cent quatorze livres à luy deue comme exécuteur testamentaire de defuncte dame Françoise Robertet, femme du sieur mareschal d'Aumont, pour achapt de pierreries, bagues et perles qui auroient été dellivrées à Sa Majesté en la ville de Tours en l'année 1593. » (Bibl. nat. Ms. fonds français, n° 18164, p. 98.)

Le 12 mars suivant, c'est à Mme la duchesse de Beaufort que le roi achète « un bracelet contenant trois pièces d'or garnyes de deux cens dyamans de plusieurs grandeurs, pour le prix de quatre mille escus sol. » (Bibl. nat. Ms. fonds Clairambault, n° 653, p. 319.)

Enfin Henri IV, dans le règlement des joyaux qu'il est obligé de faire, satisfait à une requête assez bizarre. Un sieur Badouer, orfèvre joaillier allemand, avait reçu l'ordre de Charles IX et de Catherine de Médicis d'apporter d'Allemagne un certain nombre de joyaux, dont le prix avait été fixé à l'avance à la somme de deux cent cinquante mille écus, et qui étaient destinés à servir de cadeaux au mariage de Henri avec Marguerite de Valois. Or, le jour de la Saint-Barthélemy, tout avait été pillé avant d'être entré dans le Trésor royal.

Le sieur Thierry Badouer mort, sa veuve réclama à plusieurs reprises le remboursement de ce qu'il avait perdu. Henri IV lui accorda, le 4 octobre 1597, un brevet par lequel sa créance était reconnue valable, et un arrêt du conseil des finances du 18 mars 1600 lui alloua le quart de la somme réclamée « en récompense des pertes faictes par ledict deffunct Badouer, de tous ses biens, le jour de la Saint-Barthélemy de l'année 1572 ». (Arch. nat. E 2ᵇ fol. 111 v°.)

1. Bibl. nat., Ms. fonds français, n° 10841, fol. 58. Conseil d'État du roi, séance du 2 mars 1595.

2. Bibl. nat., Ms. fonds italien. *Dispacci degl' ambasciatori veneziani*, déja citée, filza 29. Dépêches des 29 mai et 26 juin 1600.

non[1], et il mit le trésor de la Couronne sur un pied digne de la nouvelle reine de France. Les achats du Roi s'élevèrent à la somme de cent cinquante mille écus[2].

Le contrat de mariage[3] nous apprend « que le Roi donne à sa femme bagues et joyaux selon qu'il convient à sa qualité et à la qualité d'une Reyne de France; que ces bagues et joyaux devront lui demeurer propres, pour ladicte Princesse pouvoir en disposer, comme de chose à elle appartenant, en cas qu'elle survive, et non autrement comme il est dict cy-après.

« En cas de dissolution de mariage par la mort de ladicte sérénissime Princesse sans aucuns enfans, ledict seigneur Roy fera rendre et restituer audict seigneur Grand-Duc (oncle de la Princesse) ou à qui il sera par luy ordonné, les bagues et joyaux à elle bailléz suivant l'inventaire qui en sera faict, en cas toutesfois qu'elle n'en ait disposé, ensemble la somme de quatre cent mille écus qui sont les deux tiers des six cent mille payéz pour la dot.

« Mais en cas que la dissolution dudict mariage fust advenue par la mort et prédécèz dudict Seigneur Roy, soit qu'il y ait enfans ou non dudict mariage, ladicte Princesse future espouze reprendra entièrement tout sondict dot, bagues et joyaux par elle portéz, et outre, celles qui luy auroient esté donnés par ledict Seigneur Roy, *hormis touttes fois les bagues de la Couronne, qui se baillent comme en garde et dépost aux Roynes de France.* »

Henri IV, en reconstituant le Trésor, lui rend ses anciennes traditions. La propriété des joyaux de la Couronne reste à la France, c'est-à-dire à l'État, le souverain ne peut jamais les aliéner, et les reines ne les portent que comme

1. Bibl. nat., Ms. fonds italien. *Dispacci degl' ambasciatori veneziani*, filza 29. Dépêche du 26 juin 1600.

2. Bibl. nat., Ms. fonds italien. *Dispacci degl' ambasciatori veneziani*, filza 29. Dépêche du 22 mai 1600.

3. Arch. nat. P. 2341, fol. 195. Contrat de mariage de Henri IV avec Marie de Médicis, en date du 25 avril 1600.

PORTRAIT DE MARIE DE MÉDICIS.

D'après une gravure du département des Estampes, à la Bibliothèque nationale.

souveraines et doivent les rapporter lorsque le roi leur époux meurt.

Quelles étaient les parures que Henri IV venait de donner à sa femme? Le *Cérémonial françois*[1] nous répondra vaguement, mais les tableaux compléteront cette réponse.

« La reine portoit, dit le *Cérémonial françois*, le jour de son entrée à Lyon, une couronne à l'impériale, le tour d'en bas de laquelle estoit à trois rangs de grosses perles, et tout le reste enrichy de gros diamans et rubis; sur la fleur d'en haut, il y avoit un gros diamant taillé en plusieurs faces, estimé à plus de cinquante mille écus, et cinq perles à poire très belles qui pendoient à ladite fleur. »

En second lieu elle portait « un grand carcan que le Roi lui avoit envoyé par M. de Roquelaure, le jour de devant, et qui estoit estimé cent cinquante mille écus ».

Nous ne savons rien sur le carcan, mais nous connaissons la couronne, grâce au tableau[2] de Porbus (Louvre). Le soubassement est formé d'une ligne de perles en quinconce dont la perle du centre est légèrement au-dessus des quatre qui la bordent. Ce soubassement sert de base à quatre montants, à la jonction desquels se trouve la grande pierre dont parle Godefroy. Entre le soubassement et la jonction des montants est un cercle semblable au soubassement, mais plus étroit, formé de pierres et de perles alternées. Au croisement de chaque montant avec ce cercle est une perle poire; les autres perles paraissent être rondes. Les montants sont également couverts de perles et de pierres alternées.

C'est la première couronne de joaillerie que nous rencontrions.

Quelques reines, Catherine de Médicis entre autres, avaient une couronne de métal plein : c'était un ornement, insigne de la royauté, qu'elles ne portaient que pendant quelques minutes, à cause de sa pesanteur.

---

1. *Cérémonial français*, par Godefroy, tome II, p. 52.
2. Voir le portrait que nous reproduisons ici.

Au contraire, les couronnes plus petites, en joaillerie et non en or, inaugurées par Marie de Médicis, sont des parures. On les portera dans les fêtes aux dix-septième et dix-huitième siècles, jusqu'au moment où, la mode se simplifiant encore, Marie Leczinska, après avoir mis une couronne le jour de son sacre, ne la gardera plus que comme un objet d'ornement.

Si nous ne connaissons pas le collier de cent cinquante mille écus que M. de Roquelaure avait remis à la reine la veille de son entrée à Lyon, nous en connaissons deux autres que le Roi ordonnait de remettre à Marie de Médicis, le 22 décembre 1601, pour son usage. Avant de les donner, il en faisait faire l'estimation par deux orfèvres lapidaires de Paris, les sieurs Ducarnoy[1] et Pierre Courtet[2]. Cette estimation nous a été conservée[3] :

1. Ducarnoy, ou Carnay, ou Ducarnet, membre d'une famille d'orfèvres célèbres à la fin du seizième siècle.

Jean avait une boutique devant la grande boucherie de la porte de Paris, et ensuite au bout du Pont-au-Change. Il avait été reçu maître en 1564. (Arch. nat., Z, 2850 et 3180.)

Jules, reçu en 1579, habitait rue Saint-Honoré et avait pour enseigne : *Au pressoir d'or*.

Julien habitait sur la tournée du Pont-au-Change, à l'enseigne du *Heaume*, en 1582.

Gilles, rue Jean-Pain-Molet, près Saint-Bon, près des *Trois Corbillons*.

Aubin ou Albin, celui qui nous occupe, fut reçu en 1596. En 1598, il est qualifié d'orfèvre du roi; en 1611, d'orfèvre et valet de chambre du roi. Il était neveu de François Desjardins, qui avait été orfèvre de Charles IX. C'est à Aubin Ducarnoy que fut dédiée l'œuvre gravé de René Boyvin, consistant en dix-huit planches de modèles de bijouterie et d'orfèvrerie. (Bibl. nat., cabinet des titres, carré de d'Hozier. n° 3053, pièce n° 7. — Arch. nat., S, 7203, Z, 2870, 2871, 2874, 2875, 2882, 3119, 3121, 3192, 3194, 3196, 3199, 3202.)

2. Courtet ou Courtois (Pierre), d'une famille d'orfèvres dont deux frères, du même prénom de Pierre, furent l'un après l'autre orfèvre et valet de chambre de la reine, et habitèrent tous deux aux galeries du Louvre. Le plus jeune demeurait, en 1610, au Louvre, sur la rue Saint-Honoré, et avait pour enseigne : *Aux trois Roys*. L'aîné avait reçu un logement au Louvre, en 1608, lors de la première distribution qui fut faite aux artistes. A sa mort, arrivée en 1611, il occupait deux appartements avec deux boutiques : l'un d'eux fut donné à son frère Pierre Courtois et le second à son compagnon Marc Bimby. On est souvent exposé, en raison de l'identité des prénoms et de la similitude des fonctions occupées par les deux Courtois, à confondre le premier avec le second. (Arch. nat. Z, 2870, 2883, 2885, 2886, 2887, 3926, 3122, 3190, 3194, 3196, 3207. S, 3203, et 7212, *Anciennes archives de l'Art français*, tome III, p. 190.)

3. Bibl. nat., Ms. fonds français, n° 7804, p. 153.

« Ung collier ou bordure garny de sept grands diamans avecq huit cordellières garnies chacune de quatorze grosses perles rondes.

« Les sept diamans estimés xliiij™ v° escuz.

« Les huict cordellières chascune de quatorze perles revenant à cent douze perles, chascune perle estimée à dix escuz ey xi°xx escuz.

« Somme de la valleur dudict collier xliiij™ vi°xx escus.

« Ung autre collier ou bordure de touret levé faict à cannettes, esmaillé de rouge, y ayant des F couronnées, des H et doubles C, garny de cinq tables de diamans et six couplets de chascun cinq perles.

« Les cinq diamans estimés xvi™ escuz.

« Les six couplets de perles en chasteaux garnis chascun de cinq perles reviennent à trente perles, estimés à la somme de iii° escuz.

« Somme de la valleur dudict collier xvi™ iii° escuz.

« Lesquels deux colliers estiméz et appréciéz, comme dict est, à ladicte somme de lx™ ix°xx escuz, le Roy a faict mettre ès-mains de ladicte Dame Reyne, son espouze.

« Faict audict chasteau du Louvre cejourd'huy vingt-deuxiesme de décembre mil six cens et ung.

« *Signé :* Ruzé. »

La monture des pierres et la facture des joyaux — on le voit par la description ci-dessus — n'avaient pas été changées depuis Charles IX. Tels qu'ils sont décrits, ces deux colliers sont assez identiques à ceux montés à l'occasion du mariage d'Élisabeth d'Autriche pour qu'on les puisse supposer avoir été exécutés sous Charles IX, et Henri IV les aurait alors retirés des mains des prêteurs qui les détenaient; mais si l'on compare chaque joyau de l'inventaire de 1570 avec les deux colliers ci-dessus, on verra que ces derniers n'existaient pas dans le trésor de la Couronne à l'avènement de Henri III, et que les pierres qui les composaient n'étaient pas non plus dans le trésor en 1570. Henri IV, par suite de la tradition, les a fait exécuter semblables à ceux existant autrefois, et même il y a fait reproduire les chiffres de Catherine de Médicis et de François Ier. Dans le premier collier, les chatons sont séparés par des cordelières. Sous Henri III ce genre de travail de bijouterie semble avoir disparu. C'est une tradition de la Couronne, au moyen de laquelle Henri IV a semblé vouloir rattacher le trésor qu'il reconstitue à celui qui avait existé sous ses prédécesseurs.

Le second collier est à cannettes, c'est-à-dire à chatons, avec les chiffres couronnés en émail[1]. Les chatons, qui, sous Charles IX, formaient une espèce de cône, au sommet duquel était sertie la pierre, prenaient, sous Henri IV, une forme beaucoup plus aplatie[2]. Ils ne subsistèrent pas longtemps, car quelques années après l'arrivée en France de Marie de Médicis la mode changea totalement, et la joaillerie prit le pas sur la bijouterie.

Les joyaux n'eurent plus de parties émaillées; le dessin ou plutôt l'effet pour l'œil était formé par des pierres groupées d'une certaine façon, dont la monture cherchait à se rendre presque invisible. C'était, on le voit, l'opposé de ce que l'on avait fait au seizième siècle : à cette époque la pierre n'était que le point central du bijou et autour de chacune d'elles s'étendait un espace considérable de métal précieux rehaussé d'émail.

La monture de la joaillerie avait changé; les parures aussi se modifièrent : la bordure de touret disparut, et la couronne la remplaça; d'autres joyaux disparurent aussi, et les modes nouvelles en firent créer de nouveaux.

L'aigrette fut probablement portée pour la première fois

1. On peut voir de ces chiffres sur le bouclier de Charles IX, à la galerie d'Apollon.

2. Voir la reproduction du genre de chaton de l'époque de Henri IV sur le portrait d'Henriette d'Entraygues, gravé par Wierix.

CROIX DE DIAMANTS.

(D'après les portraits de Marie de Médicis et d'Anne d'Autriche.)

par Marie de Médicis. Elle la plaçait sur le côté de la tête lorsqu'elle ne mettait pas la couronne. Aux chatons ou quinconces de perles, elle substitua de véritables broches en diamant, semblables, comme genre, aux broches d'aujourd'hui. Celles que les gravures nous ont fait connaître avaient la forme de fleurs de lys et étaient faites de diamants taillés en rose, comme on le voit dans la gravure précédente[1].

Mais si la mode faisait disparaître certaines parures ou en créait de nouvelles, il en est qui, par leur simplicité, résistèrent et subsistent encore aujourd'hui : tel le bijou en forme de croix.

Une croix de diamants fut montée sur l'ordre de Henri IV, et demeura longtemps au trésor de la Couronne[2].

A un chaton serti à filet droit pend la croix de six diamants également sertis à filet droit. Au croisement de chaque branche, un chaton plus petit, et à l'extrémité des quatre branches, un diamant en triangle; trois perles en poire donnent à la ligne générale de l'objet une forme ellipsoïdale qui doit toujours être, avec le losange, la ligne d'internement d'une broche ou d'un pendant.

Cette croix, qu'Anne d'Autriche porta après Marie de Médicis, nous indiquera, mieux que tout autre bijou, la révolution qui s'était opérée. On voit que les diamants sont séparés les uns des autres et sertis par des plaques de métal qui n'ont plus rien de commun avec les larges rebords et les rinceaux qui ornementaient la grande croix de la Couronne, achetée quatre-vingt-dix mille écus par François Ier, et qui avait été si souvent donnée en gage pour des emprunts sous Charles IX ou Henri III. Ces sertissures de métal tendirent dès ce jour à devenir de plus

---

1. La gravure que nous reproduisons, œuvre d'un artiste inconnu, est conservée à la Bibliothèque nationale, cabinet des Estampes. En raison de la défectuosité des épreuves, elle n'a pu être mieux reproduite.

2. A en croire les tableaux du Louvre représentant Marie de Médicis ou Anne d'Autriche.

en plus imperceptibles, et l'adresse des joailliers, qui consistait à les ornementer au seizième siècle, n'aura plus à partir de cette époque d'autre préoccupation que de faire disparaître complètement la monture, pour créer aux yeux l'illusion de masses de pierres rassemblées sans aucun appareil de métal destiné à les contenir : ainsi on produira un éclat de lumière sans le secours d'autres corps étrangers que le diamant lui-même.

Les colliers, également sertis dans des chatons à rebords étroits, seront séparés les uns des autres par deux perles accotées et percées, maintenues sur un double filet attaché d'un chaton à l'autre. Nous en voyons une reproduction dans le portrait d'Élisabeth de France, fille de Marie de Médicis.

Enfin Porbus reproduit les parures sur le costume de cour. Les crevés des manches sont remplis de boutons ou pompons de pierres entourés de perles. La bordure du corsage existe toujours, et la croix que nous venons de décrire y pend au milieu comme la bague à pendre du seizième siècle. Les buses du corsage sont décorés par une suite de diamants et de perles formant des chaînes montées comme des colliers semblables à celui d'Élisabeth de France. La pointe du corsage est terminée par une décoration en forme de nœud, toute recouverte de chaînes en diamants et de perles.

Ce dernier joyau s'appelle une *busquière.*

Sous Marie de Médicis les boucles d'oreilles augmentent; malgré les dessins de Woeriot, reproduisant des objets qui semblent n'avoir existé que dans l'imagination de l'artiste, les boucles d'oreilles, jusqu'à l'époque de Henri IV, s'étaient composées d'une simple poire-perle. Avec Marie de Médicis la pendeloque se borde de deux autres pendeloques plus petites, le tout réuni par une ornementation qui fait du pendant d'oreille un bijou considérable.

D'abord peu porté au commencement du dix-septième siècle, ce bijou deviendra d'un usage universel sous

Louis XIV, pour ne céder la place à une boucle d'oreille plus légère qu'à l'arrivée au pouvoir de Mme de Pompadour.

Les jupes décorées par la patenôtre, au commencement du seizième siècle, ne portaient plus de bijoux sous le règne de Henri IV ; mais, par une nouvelle révolution de la mode, sous Louis XIII elles deviendront une vague résille où s'enfileront des milliers de perles[1].

On le voit, les modes continuent leur évolution dans le domaine de la joaillerie, comme les idées dans le domaine de l'intelligence, et, dans l'art comme dans l'ordre intellectuel, la France reste à la tête du mouvement.

---

1. On peut, sur les différents portraits et planches de ce chapitre, suivre chacune de ces descriptions de modes ou de bijoux.

CHAPITRE II

Après la mort de Henri IV, Louis XIII n'était pas en âge de se servir des joyaux de la Couronne, et la reine sa mère, étant en grand deuil, ne s'en parait plus. Ce ne fut qu'à la majorité du roi, célébrée le 2 octobre 1614, que les diamants de la Couronne furent tirés des coffres où ils étaient enfermés, dans les caves du Louvre, pour rehausser les vêtements d'apparat du roi.

A partir de ce moment, les cérémonies se multiplient : l'année suivante, les mariages simultanés d'Élisabeth de France avec l'infant héritier du trône d'Espagne, et celui de Louis XIII avec Anne d'Autriche, furent l'occasion d'une modification totale des parures de la Couronne que la reine Anne porta durant le règne de Louis XIII.

Jusqu'à présent, les recherches que nous avons faites, et auxquelles nous avons associé le lecteur en l'initiant à nos découvertes comme à nos déconvenues, ont fait voir que certaines époques pouvaient être reconstituées entièrement, tandis que les suivantes restaient dans la nuit, rien de ce qui aurait pu les éclairer n'ayant subsisté[1].

1. L'étude des documents du règne de Louis XIII nous a fait retrouver dans un des fonds de la Bibliothèque nationale la suite des quittances royales pour une pé-

Sous Louis XIII, nous saurons peu de chose sur les diamants de la Couronne : les fournitures et le remontage des diamants, lors du mariage d'Anne d'Autriche, quelques anecdotes, que nous ont conservées les dépêches des ambassadeurs vénitiens, les renseignements sur l'administration du trésor de la Couronne, que des pièces de famille nous fournissent, enfin les donations du cardinal de Richelieu, voilà tout ce que nous connaissons.

Au moment du double mariage de la fille de Henri IV avec le fils du roi d'Espagne, et de Louis XIII avec Anne d'Autriche, Marie de Médicis commanda au joaillier de la Couronne, Corneille Rogier[1], des parures pour les deux futures reines.

Les joyaux destinés à Anne d'Autriche furent montés avec les pierres de la Couronne, auxquelles Rogier en ajouta d'autres fournies par lui[2]. La parure principale était une

riode de trois ans, de 1612 à 1615, c'est-à-dire à une époque où la reine Anne d'Autriche n'était point encore sur le trône et où Marie de Médicis était en deuil. Ces quittances ne se rapportent donc pas aux diamants de la Couronne, qui à cette époque ne furent ni modifiés ni probablement même portés. On se trouve par conséquent en présence d'achats de joyaux faits pour être donnés en cadeau à des ambassadeurs ou à des personnages de distinction. (Ms., collection Dupuy : N° 825, fol. 46, 47, 53, 67, 105, 123, 131, 162, 181, 190, 220, 256, 275, 284, 292, 312, 327, 343, 360, 373, 402, 418. — N° 826, fol. 13, 41, 90, 131, 199, 200, 249, 250, 269, 270, 295, 338, 339, 386. — N° 827, fol. 129, 130, 157, 158, 191, 211, 219, 220, 269 et 289.)

1. Corneille Rogier était orfèvre-joaillier du roi et de la reine régente et valet de chambre de la reine Anne d'Autriche. Comme on le voit dans le texte des quittances, il fut chargé d'exécuter les montures pour le mariage de cette reine. Il était le frère de Nicolas Rogier, qui paraît avoir été son aîné et qui fut nommé le 18 décembre 1604 (comme nous le verrons plus loin) valet de chambre ordinaire de la reine Marie de Médicis, « ayant la charge et garde de son cabinet du Louvre ». Les deux frères Nicolas et Corneille sont souvent confondus en raison de la similitude de leurs fonctions. Ils étaient d'une famille qui, à en croire les papiers de la Cour des Monnaies ou de la corporation des orfèvres, avait longtemps exercé le métier à Paris. On trouve un sieur Gal Rogier exerçant la profession d'orfèvre en 1568; Pierre Rogier, également orfèvre, mort en 1564; un Nicolas Rogier, aussi orfèvre, reçu maître en 1542, ayant comme poinçon R. L. en lettres romaines. Corneille et son frère avaient acquis au commencement du dix-septième siècle une réputation considérable, et Tallemant des Réaux a consacré à la belle-fille de l'un des deux Rogier une anecdote curieuse (tome VI, p. 149 de l'édition de Monmerqué et Paulin Paris). Il résulte du texte de Tallemant des Réaux que l'un des deux Rogier, sans désignation de prénom, était mort peu avant 1635.

2. Les renseignements que nous donnons sur ces parures sont extraits du fonds

couronne dont nous ne connaissons ni la forme ni la composition. Nous savons qu'elle était émaillée (probablement d'arabesques de couleur noire). La façon coûtait huit cents livres, et nombre de pierres appartenant antérieurement au Trésor entraient dans sa décoration[1].

Les divers portraits de la reine avant son veuvage la représentent avec une couronne fermée[2] et rehaussée de pierreries, probablement celle exécutée par Corneille Rogier, mais dans les peintures comme dans les quittances royales les détails de cette couronne sont peu indiqués : si nous en ignorons la composition, nous savons au moins qu'elle fut apportée au Louvre pour la première fois dans un étui de maroquin vert doublé à l'intérieur. Cet étui avait coûté soixante livres.

Anne d'Autriche reçut en outre « une grande chesne d'or esmaillée » de différentes couleurs[3] l'émail devait être placé sur le dessous des chatons[.] Cette chaîne se composait de vingt-neuf grandes pierres entourées chacune de diamants; les unes étaient taillées en table, les autres en forme de cœur. Vingt-huit diamants plus petits servaient d'entre-deux à chacun des vingt-neuf gros. Celui du milieu, le plus gros de tous, était alors le plus beau diamant de la Couronne. Henri IV l'avait acheté au duc d'Épernon[.] Les

Clairambault, vol. DCCCLII, fol. 430, 612 et 629, conservé à la Bibliothèque nationale, Ms. Ce sont des copies des registres de la Chambre des comptes aujourd'hui détruits.

1. Le poids de cette couronne était de quatorze onces : on voit donc que ce n'était plus une pièce d'apparat, mais une parure facilement supportable sur la tête.

2. Tandis que les reines portaient des couronnes fermées, les princesses en portaient d'ouvertes.

3. Ce collier est ainsi décrit dans les papiers de Clairambault, vol. DCCCLII, fol. 430 :

« Une grande chesne d'or esmaillée de diverses couleurs contenant vingt-huit grandes pierres et vingt-huit petites servant pour accrocher laditte chesne, lesquelles grandes pierres sont vingt-huit diamans tantôt à facettes, tantôt en cœur, enrichies du grand diamant de la Couronne au mitan qui a esté baillé par le Roy. »

Par pierre pour accrocher ladite chaine, il ne faut point entendre un fermoir, mais la suite des parties de la chaine qui se reliaient les unes aux autres par des crochets ou par des fils.

4. Bibl. nat., Ms. fonds italien. *Dispacci degl' ambasciatori veneziani*, filza 29, p. 52. Dépêche du 29 mai 1600.

vingt-huit autres gros diamants et les vingt-huit de séparation, plus les diamants d'entourage des vingt-huit gros
diamants, avaient été fournis par Rogier; les vingt-
huit gros avaient coûté chacun quatre mille huit cents
livres[1].

D'autres joailliers de la Couronne, comme Josse de Langerac[2] ou François Dujardin[3], fils de celui qui avait monté
les parures pour Élisabeth d'Autriche, firent d'autres montures, car les diamants de la Couronne étaient déjà nombreux dans les premières années du règne de Louis XIII,

---

1. C'est par suite de la négligence de Marie de Médicis que nous avons connaissance des détails que nous venons de signaler sur la couronne et le grand collier
d'Anne d'Autriche. Nous n'avons trouvé ces renseignements que dans les papiers qui
ont servi à la liquidation des dettes de Marie de Médicis. Cette reine ne paya point
le joaillier de la Couronne qui avait fait ces fournitures, comme, du reste, nombre d'autres fournisseurs dont on voit les réclamations continuelles suivre celles de Corneille
Rogier. C'est en raison de ces réclamations que la Chambre des comptes, pour liquider les dettes de la reine, établit un dossier concernant les créances produites par
ces fournisseurs. Une partie de ce dossier nous a été conservée, tandis que les autres
pièces comptables de l'époque ont été détruites. Comme on le voit, si Marie de Médicis avait administré régulièrement sa maison, ces pièces n'eussent point été établies
et nous n'aurions eu aucun renseignement sur les parures qu'elle commanda pour sa
belle-fille.

2. François Dujardin, orfèvre et valet de chambre du Roi, né vers 1565, était fils
de Barbe Lamy et de François Dujardin, orfèvre de Charles IX et de Henri III. (Bibl.
nat., cabinet des titres, registre 1570, n° 101.) Reçu maître orfèvre en 1610, il habitait au coin du pont des Marchands en 1619 et rue de l'Arbre-Sec en 1633. Sa sœur
Marie épousa Paul Lemercier, orfèvre et valet de chambre du roi. Quant à lui, il fit
de nombreuses fournitures à la cour, ainsi que le constatent certaines quittances,
entre autres celles de la corbeille de Madame, sœur aînée du roi (Bibl. nat., comptes de
l'argenterie, fonds Clairambault, n° 601, fol. 622 et suivants), et les comptes d'appa-
rement de la Chambre des comptes vérifiés par Brulart et Bouteillier. (Bibl. nat., Ms.
fonds français n° 11181, et une quittance d'objets d'art du 13 février 1621, reproduite d'après les pièces originales appartenant à M. Benjamin Fillon, dans les Nouvelles
Archives de l'Art français, 2ᵉ série, tome I, année 1879, p. 224.)
D'après les deux premières pièces, François Dujardin, Josse de Langerac et les
frères Rogier prêtèrent souvent de l'argent à la reine Marie de Médicis, et l'on voit
par leurs réclamations constantes qu'il leur était difficile d'obtenir le payement intégral de leurs créances. Nous ignorons à quelle date François Dujardin mourut, mais
en 1669 Charles Dujardin était reçu orfèvre et habitait quai du Grand-Cours-d'Eau,
et plus tard quai de l'Horloge. (Bibl. nat., cabinet des titres, reg. 1836, n° 101. Contrat de mariage, Ms. fonds Dupuy, n° 825, fol. 162. — Arch. nat., S. 7203 et 7212,
Z. 2897, 2900, 3122 et 2971.)

3. Josse de Langerac, orfèvre, reçu en 1594, valet de chambre du Roi en 1595.
(Arch. nat., Z. 2863 et 3200. Bibl. nat., Ms. fonds français, n° 3449.)

et nous savons d'autre part que ces deux joailliers recevaient les commandes de Marie de Médicis, qui leur avait

ANNE D'AUTRICHE

D'après une estampe gravée en 1673 par Falk, d'après un tableau de Juste d'Egmont
(département des estampes, Bibliothèque nationale).

des obligations, mais aucun détail de leurs travaux ne
nous est parvenu.

De ces quelques renseignements, qui forment la totalité de ce que nous avons trouvé sur les parures d'Anne d'Autriche, nous passons au récit des trois anecdotes fournies par les ambassadeurs de la Sérénissime République.

Il s'agit d'abord de diamants de la Couronne que l'on aurait trouvés, soit chez le maréchal d'Ancre, soit chez sa femme. A la fin de l'année 1616, à l'instigation d'un cordonnier nommé Picard, la foule ameutée se rua sur l'hôtel du maréchal d'Ancre, en brisa les portes et envahit les appartements. Après avoir saccagé les meubles, les tableaux, les statues et les coffres contenant les bijoux, la multitude se livra au pillage, et, dit l'ambassadeur Ottaviano Bon[1] : « la robe que portait la reine au sacre du roi, qui était couverte de diamants de grande valeur, a été trouvée dans cette maison et l'on s'en est arraché les lambeaux. »

Il est vraisemblable, par suite de la confiance inexplicable que Marie de Médicis avait en Léonora Galigaï, qu'elle lui avait remis des diamants lui appartenant personnellement, et peut-être même des diamants de la Couronne : elle les aurait ainsi détournés de leur destination, qu'elle avait cependant solennellement reconnue dans les clauses de son contrat de mariage.

Huit mois après, un fait presque identique se renouvela lors de l'assassinat du maréchal d'Ancre. « On trouva chez lui, écrit l'ambassadeur, outre des lettres de change en son nom et au nom de sa femme, pour plus de cinq millions d'écus, des joyaux, des pierres précieuses, et des objets d'orfèvrerie évalués à plus d'un million d'or, *et la plus grande partie de ces joyaux et de ces pierres appartenait à la Couronne[2]!* »

Le roi se fit remettre les joyaux et les pierres, et les envoya à la reine sa femme, tandis qu'un arrêt de son

---

1. Bibl. nat., Ms. fonds italien. *Dispacci degl' ambasciatori veneziani.* filza 49. Dépêche du 2 septembre 1617.

2. Bibl. nat., Ms. fonds italien. *Dispacci degl' ambasciatori veneziani.* filza 5o. Dépêche du 2 mai 1616.

Conseil, en date du 26 septembre suivant, donnait à de Luynes[1] tous les biens du maréchal d'Ancre et de sa femme, « excepté les canons, armes, *bagues*, *joyaulx*, meubles, dont le roi avait déjà disposé ».

Le jeune connétable, si l'on devait en croire l'ambassadeur vénitien, aurait aussi fait main basse sur la partie de la succession qui ne lui était point allouée, car dans la dépêche du 15 janvier 1622 on lit[2] : « Aussitôt après la mort du connétable de Luynes, le roi, désirant connaître l'importance de la fortune qu'il laissait, ordonna de dresser l'inventaire de ses biens. Lorsqu'on le lui soumit, il remarqua que parmi les joyaux désignés il y avait des perles qui appartenaient à la reine mère, et d'autres à la Couronne. Sa Majesté a ordonné que l'on fît une enquête pour découvrir comment le connétable avait pu être en possession de ces joyaux. »

Là s'arrêtent les renseignements fournis par l'ambassadeur vénitien, et nulle part ailleurs nous ne trouvons des détails complémentaires sur cette possession injustifiée.

Enfin Simon Contarini, autre ambassadeur de Venise, rapporte une troisième anecdote qui a trait au vol de plusieurs perles d'un collier de la reine[3].

« Anne d'Autriche, écrit-il le 21 septembre 1618, se trouvant dans sa chambre avec les dames attachées à sa personne, posa sur une table un collier de quatre-vingts perles qu'elle venait d'ôter de son cou. A peine la reine eut-elle le dos tourné, que le collier disparut. Surprise et indignée d'un pareil fait, elle fit fermer les portes et rechercher la coupable. On s'aperçut alors qu'une Espagnole nommée Isabelica, seconde dame de la reine, jetait quelque chose par la fenêtre. Cette dame avait enlevé le collier qui était sur la table, et, de l'air le plus indifférent du monde, elle

---

1. Arch. nat., P. 2349, p. 438. Arrêt du conseil des finances enregistré par la Chambre des comptes.

2. Bibl. nat., Ms. fonds italien. *Dispacci degl' ambasciatori veneziani*, filza 52.

3. Bibl. nat., Ms. fonds italien. *Dispacci degl' ambasciatori veneziani*. filza 51. Dépêche du 21 septembre 1618.

lançait les perles sur un buisson qui se trouvait sous la
fenêtre. On envoya ramasser les perles, mais on n'en trouva
que quarante-cinq : les autres manquaient. » Chacune de
ces perles valait huit cents écus.

Ces détails peuvent avoir leur côté amusant, mais ils ne
reconstituent pas l'histoire des joyaux de la Couronne.
Cette époque se retrouve si peu que c'est à peine si nous
pouvons suivre les modifications apportées par la mode
dans le montage des diamants.

Dans la joaillerie, l'émail disparaît de plus en plus; les
arabesques noires ne décorent que les dessous, mais nombre de filets à angle vif, soit en or, soit en argent, forment
l'entourage de décoration des pierres.

Les broches se portent sur le devant du corsage en
forme d'étoile ou de croix radiée; les jupes se couvrent de
perles comme le pourpoint des hommes, suivant la mode
que Buckingham a rendue populaire. Mais que l'on ne croie
pas que ces masses de perles fussent de grande valeur :
elles ne coûtaient souvent que trois sols pièces; elles sont
barocques, petites, et se vendent par masse de dix mille à
la fois. Il y a des robes qui en portent jusqu'à quatre-vingt-
douze mille[1]. Cette prodigalité de perles ne dura qu'un
moment, mais l'usage d'en appliquer des colliers sur les
coutures du corsage resta en vigueur jusqu'au milieu du
règne de Louis XIV[2].

Les boucles d'oreilles d'Anne d'Autriche ont encore plus
d'ampleur que celles de Marie de Médicis; elles sont formées
d'un motif ornemental au bout duquel est un crochet qui
pénètre dans le lobe de l'oreille. A ce motif pendent trois
perles ou trois brillants de forme pendeloque. Le brace-

1. Bibl. nat., Ms. fonds Clairambault, n° 803, fol. 622.

2. Témoin le portrait de la belle Charlotte de Montmorency, épouse de Henri II de
Condé, et celui de sa fille la duchesse de Longueville. Dans le portrait de Regnesson
ou celui de Ducayer, qui représente cette princesse, on voit la confirmation de ce que
nous disons relativement à la décoration des corsages par des colliers de perles; les
busquières en sont couvertes, et la ceinture se terminant en pointe est également dessinée par une suite de perles.

let est encore rare. Les diamants sont souvent taillés en roses.

La multiplicité des filets d'or et d'argent, les contours peu naturels, la masse des arabesques d'émail noir qui remplissent les parties vides ou les dessous, font que la joaillerie de cette époque est presque toujours de mauvais goût. Le siècle de Louis XIV devait donner à la joaillerie plus de fermeté et plus de puissance dans ses formes, et sous Louis XV cette industrie artistique devait prendre l'élégance et le charme qui l'ont rendue incomparable.

Venons maintenant à l'étude de l'administration des joyaux de la Couronne. Nous avons vu sous François Ier un grand seigneur ou une dame d'atour de la reine avoir la garde des pierreries de la Couronne. Les orfèvres-joailliers n'étaient chargés que de la monture des pierres. Peu à peu le rôle de ces derniers augmente, et, dans la seconde partie du seizième siècle, François Dujardin, orfèvre de la reine mère et de Charles IX, prend en garde les joyaux de la Couronne, et est constamment occupé, non seulement de leur monture, mais encore de leur estimation, qui se faisait toutes les fois que les joyaux étaient donnés en gage.

Lorsque Henri IV reconstitua le Trésor, il ne nomma pas encore un joaillier de la Couronne, ni même un garde des pierreries de la Couronne; mais, en 1604, les arrêts du Conseil nommèrent un certain nombre d'orfèvres, valets de chambre de la garde-robe du roi ou de la reine, en leur donnant l'administration et la garde des coffres des joyaux.

La fonction d'orfèvre valet de chambre du roi devait avec le temps se perpétuer, le titre seul devait se modifier. Colbert, dans les institutions dont il dota la France, régla définitivement le service du trésor de la Couronne sans y apporter de grands changements, et institua les joailliers dits de la Couronne, dont les fonctions subsistèrent jusqu'en 1870.

Le 18 décembre 1604, Henri IV ordonnait par lettres patentes[1] que les pierreries du cabinet du Louvre « seroient mises ès mains de Nicolas Rogier et de Pierre Courtois, valletz de chambre ordinaires de la reine, qui ont la charge et garde de sondict cabinet du Louvre dont auroit esté faict inventaire, en fin duquel ils se seroient chargéz d'icelles pièces ».

Quatre ans après, le même roi donnait au Louvre vingt logements à vingt artistes divers, qu'il attachait ainsi à son service[2]. Ces logements conservèrent cette destination jusqu'en 1806, et jusqu'à cette date un orfèvre-joaillier de la Couronne y habita constamment.

Pierre Courtois, que nous venons de voir appelé à la garde des pierreries de la Couronne, fut le premier des joailliers qui vinrent habiter le palais du roi. Au moment de la Révolution, c'était l'un de nos grands-pères qui, avec le même titre, occupait encore le même appartement.

Au commencement du règne de Louis XIII, d'autres orfèvres, les deux frères Rogier, François Dujardin et Josse de Langerac, déjà valets de chambre du roi, reçurent, comme le démontrent leurs quittances, le titre d'*orfèvre du roy* ou de *joaillier du roy*.

Si nous ne trouvons pas trace des commandes faites par la Couronne, en dehors de la corbeille d'Anne d'Autriche, nous savons que ces quatre joailliers reçurent des commandes considérables personnelles au roi ou à la reine. Nous savons aussi qu'ils prêtèrent de l'argent à Marie de Médicis, et que les commandes exécutées pour cette reine, comme les avances d'argent, restèrent plus de vingt ans sans être remboursées.

---

1. Bibl. nat., pièces originales, reg. n° 2526, pièce n° 29.

2. En 1611, Pierre Courtois étant mort, « le Conseil du Roy désirant recognoistre les services dudict feu Courtois, donne la jouissance des deux maisons et des deux boutiques qu'il occupoit, assavoir l'une audict Courtois, frère du deffunct, pour y travailler de son mestier d'esmail, et l'autre à son compagnon Bimby, pour en jouir et en user ainsi que les autres artisans logez en ladicte gallerye, et aux mesmes charges et conditions. » (*Anciennes Archives de l'Art français*, tome V, Documents, p. 189)

Le cardinal de Richelieu n'avait pas voulu rester étranger à cette augmentation continuelle du trésor des joyaux de la Couronne. En 1636, par un acte passé devant Mᵉ Guerreau et Parque, notaires à Paris[1], il faisait donation d'une partie de ses biens à la Couronne. En tête des détails contenus dans cet acte, il était stipulé que la donation ne serait valable qu'autant que les objets donnés demeureraient inaliénables. Les deux principales pièces comprises dans cette donation étaient un grand diamant que Richelieu avait acheté au sieur Lopès[2], et sa chapelle de pierreries composée de plusieurs objets, dont les principaux étaient une croix émaillée, un calice avec sa patène, deux burettes, une figure de saint Louis, un ciboire, une paix, le tout enrichi de diamants, de rubis et de perles, et s'élevant à une valeur de sept cent soixante-cinq mille huit cents livres[3].

1. Bibl. nat., Ms. fonds français, n° 18552, p. 53. « Contrat de donation faite au roy Louis XIII par le cardinal de Richelieu, le 6 juin 1636, autorisée par le Roy, qui en a accepté les conditions par arrest du premier dudict. »

2. Lopès était un marchand de pierres, vraisemblablement un israélite portugais, auquel Richelieu donna nombre de missions financières, peut-être même diplomatiques. (Voir *Documents inédits de l'Histoire de France : Lettres et Instructions diplomatiques de Richelieu*, tome II, p. 690, et tome VI. p. 889.)

3. Voir l'Inventaire de 1791. Septième armoire :

« 1° Une grande croix avec crucifix d'or émaillé, à fond d'écaille brune, avec des larmes de diamans ; les trois extrémités sont terminées par des fleurs de lys enrichies de superbes diamans ; le pied de la croix est porté sur quatre marches, avec des larmes d'émail blanc et d'autres en diamans. Le Christ est d'or massif ; il a huit pouces de hauteur ; sa couronne est de diamans ainsi que l'écharpe qui est sur son corps. Au-dessus de la tête du Christ est une auréole de diamans, terminée par l'inscription *INRI*, dont les lettres sont aussi en diamans. Ce crucifix a vingt-cinq pouces neuf lignes de haut ; il est enrichi de diamans ; estimé cent mille livres.

« 2° Deux chandeliers d'or émaillé, enrichis de diamans, dont le pied triangulaire est porté par trois corps de chérubins ; sur les pieds en consoles sont trois anges d'or émaillé ; ces chandeliers ont vingt pouces et demi de haut et sont enrichis de deux mille cinq cent seize diamans, estimés deux cent mille livres.

« 3° Un calice d'or émaillé ; la patte est à jour et ornée de quatre médaillons qui représentent les quatre Pères de l'Église. Ce calice a neuf pouces dix lignes de haut et trois pouces dix lignes de diamètre ; il est enrichi de diamans. Sa patène est en or émaillé bleu avec une auréole de cent trente diamans, estimée avec le calice cent cinquante mille livres.

« 4° Deux burettes d'or émaillé ayant chacune un médaillon sur le devant. Elles ont

Quant au grand diamant appelé, du nom de son donateur, *Richelieu*[1], c'était une pierre en forme de cœur, de
fort belle eau, blanche et vive, taillée en rose avec une
petite table à la partie supérieure des facettes ; elle pesait
dix-neuf carats ; elle était estimée cent mille livres.

La chapelle et le diamant, comme nous le verrons plus
loin, furent volés au Garde-meuble en 1792. Les objets de
cette chapelle furent pour la plupart cassés, et les débris,
retrouvés par la police révolutionnaire, servirent à payer
les fournitures de nos armées victorieuses. Il est probable
que le diamant qui prit à partir de 1636 le nom de *Riche-*

six pouces de haut sur deux pouces et demi de diamètre. Elles sont enrichies de
mille deux cent soixante-deux diamans ; estimées trente mille livres.

« 5° Deux figures d'or émaillé : l'une représente la Vierge tenant l'enfant Jésus, dont
les cheveux ainsi que ceux de la Vierge sont d'or ; le manteau bleu de la Vierge ainsi
que la robe de l'enfant Jésus sont parsemés d'étoiles formées de mille deux cent
cinquante-trois roses ; l'autre figure debout représente Louis XIII tenant d'une main
un sceptre et de l'autre la main de justice ; ses cheveux sont d'or et sa couronne est
ornée de diamans, ainsi que son manteau bleu parsemé de fleurs de lis. Ces figures
ont onze pouces et quelques lignes de haut. La figure de Louis XIII est enrichie de
diamans au nombre de cinq cent soixante-treize ; on lit sur les marches : *Ludo-
vicus XIII. Tollite me propria ferie, nonumque referte, ordine si minuat nomine major ero.*

« Au-dessous se trouve cette réflexion : « Le cardinal, comme on le voit, pour faire
« sa cour au prince, l'assimiloit à saint Louis et le plaçoit sur l'autel. » Estimées cinquante mille livres.

« 6° Un ciboire d'or émaillé, de quatre pouces et demi de haut sur deux pouces de
large ; il est enrichi de diamans et de rubis ; estimé vingt-quatre mille livres.

« 7° Une paix, ornée de rubis et de perles montés en or émaillé. Elle a un pied de
haut sur six pouces de large ; estimée douze mille livres.

« 8° Son grand buffet d'argent blanc ciselé, pesant trois mille marcs, désigné dans
l'inventaire sous le nom d'un coffre de bois, ayant cinq de ses faces chargées de rinceaux de fleurs et de palmes d'or massif très bien travaillées ; les ornements d'or qui
enrichissent ce coffre sont à jour et posés sur un taffetas bleu ; ils rendent ce coffre
un chef-d'œuvre d'orfèvrerie et de goût ; estimé cent cinquante mille livres.

« Et enfin plusieurs autres faisant partie de ladite chapelle, tels que bénitiers, gou-
pillons, livre d'heures, boule de cristal de roche, canon de la messe, etc., s'élevant
ensemble à quarante-neuf mille huit cents livres, soit, pour la totalité des objets composant la chapelle de Richelieu, sept cent soixante-cinq mille huit cents livres. »

1. Troisième pierre du pendant à l'inventaire des diamants de la Couronne
de 1691, chap. VIII. En 1774, elle est désignée ainsi à l'inventaire, art. 17, n° 11
(épaulette) : « Diamant taillé en rose, la couronne plate en forme de cœur de belle eau,
estimé soixante-dix mille livres. » A l'inventaire de 1788, art. 14, n° 3 : « numéroté 7
sur la monture, estimé soixante-dix mille livres. » En 1791, p. 227, n° 3 : « Un diamant fort épais, forme chapeau, d'eau crystalline, taillé en rose, pesant dix-neuf
carats, estimé soixante-dix mille livres. »

lieu, eut le même emploi. Si par hasard cette pierre restée inconnue[1] avait été vendue aux enchères publiques par l'État en ces derniers temps, le jeune duc de Richelieu, en vertu de la clause d'inaliénabilité imposée par le grand cardinal comme condition *sine qua non* de sa donation, aurait aujourd'hui le droit et le devoir de demander l'annulation de la vente et la réintégration du diamant *le Richelieu* dans le Trésor de l'État, c'est-à-dire à la galerie d'Apollon, non loin du portrait de son grand-oncle dû au pinceau de Philippe de Champaigne.

1. Il est bon de noter que lorsque Napoléon devint empereur, les trois joailliers de la Couronne qui furent chargés des montures des pierres du Trésor n'étaient pas des archéologues, et que sous l'Empire comme sous tous les gouvernements qui suivirent on demanda aux joailliers de la Couronne de monter les parures et non de faire des travaux de restitution historique. C'est ce qui explique comment des pierres historiques conservées au Trésor après la Révolution furent confondues sous l'Empire et depuis avec des pierres entrées nouvellement et sans histoire. On comprend aussi que nombre de pierres comprises dans des montures n'ont pu être identifiées par nous, faute de renseignements. Mais si nous n'avons pu retrouver d'une façon certaine quelques pierres, par contre nous en avons identifié d'autres, et surtout démontré, par les différences de poids, que certaines pierres présentées par l'administration des Domaines lors de la vente, sous des noms historiques, ne pouvaient être celles qui portaient autrefois ces noms. Pour toutes ces restitutions ou identifications, comme nous présentons les pièces à l'appui, le lecteur jugera.

APPENDICE

DU CHAPITRE II

Nous ne donnons ici, comme pièces justificatives, que des quittances de l'époque du mariage d'Anne d'Autriche et de sa belle-sœur Élisabeth, qui toutes se rapportent à des fournitures de milliers de perles destinées à l'ornementation des jupes[1].

I

Audict Nicolas Roger, orphevre, la somme de quarante-deux mille deux cens trente-six livres à luy ordonnée pour les parties et fournitures qu'il a faictes, assavoir :

Pour avoir fourny la quantité de dix mil perles de compte pour mettre sur une robbe de satin blanc à double queue qui sera faicte toute en broderie de perles, à trois sols pièce, xv⁰ livres.

Pour avoir fourny la quantité de dix mil autres perles de compte pour mettre sur ladicte robbe à ij⁵ 6ᵈ pièce, cy xij⁰ l. livres.

Pour avoir fourny la quantité de cens soixante-neuf mil autres perles de compte pour mettre sur ladicte robbe à ij⁵ pièce, xvjᵐ ix⁰ livres.

Pour avoir fourny quatre-vingt-quinze onces de perles baroecques pour mettre sur ladicte robbe à trente livres l'once, iijᵐ v⁰ lx livres.

Pour avoir fourny douze onces d'autres petites perles pour mettre sur ladicte robbe à xviij livres l'once, cy ij⁰ xxvj livres.

1. Bibl. nat , Ms. fonds Clairambault n° 803, fol. 622 à 629. Extraits des Comptes de l'argenterie de 1614.

Pour avoir fourny la quantité de dix mil perles de compte pour mettre sur une robbe de satin incarnadin à double queue qui sera toute en broderie de perles à trois sols pièce, cy xve livres.

Pour avoir fourny la quantité de dix mil autres perles de compte pour mettre sur ladicte robbe à deux sols six deniers pièce, cy xij^e livres.

Pour avoir fourny la quantité de quatre-vingt-douze mil autres perles de compte aussi pour mettre sur ladicte robbe, à deux sols pièce, ix^m ij^e livres.

Pour avoir fourny cinquante-quatre onces de perles barocques pour mettre sur ladicte robbe, à xxx livres l'once, xvj^e livres.

Pour avoir fourny dix onces d'autres perles pour mettre sur ladicte robbe, à xviij livres l'once, cy ix^{xx} livres.

Pour avoir fourny la quantité de huict mil perles de compte pour mettre sur une devanture de thoile d'argent et manchons à mettre aux bras qui sera le tout en broderie de perles à iij^s pièce, cy xij^e livres.

Pour avoir fourny la quantité de six mil autres perles de compte pour mettre sur ladicte devanture et manchons à ij^s vj^d pièce, cy vij^e l. livres.

Pour avoir fourny la quantité de six mil autres perles de compte aussy pour mettre sur ladicte devanture et manchons à ij^s pièce, cy vj^e livres.

Pour avoir fourny la quantité de iiij^{xx} onces de perles à xxx livres l'once pour faire les bandaiges en broderie de perles pour mettre sur deux robbes, l'une de lames d'argent à frisons d'argent avec les piccadilles des haultemanches et collets desdictes robbes, cy ij^m iiij^e livres.

Pour avoir fourny les perles pour mettre sur deux paires de souilliers et patins, l'une de satin blanc, et l'autre de satin incarnadin qui seront faietz en broderies de perles, cy lx livres.

LIVRE VI

CHAPITRE PREMIER

Minorité de Louis XIV. — Engagement des diamants de la Couronne entre les mains des colonels suisses. — La Fronde. — Mazarin et ses collections, sa donation à la Couronne.

A l'avènement de Louis XIV la guerre était sur nos frontières, et la victoire, souriant au jeune duc d'Enghien et à Turenne, couronnait l'œuvre immense du cardinal de Richelieu. L'argent du Trésor passait à l'entretien des troupes; les fêtes, du reste, ne pouvaient guère se multiplier avec un roi de cinq ans et une reine mère régente en deuil; aussi le trésor de la Couronne ne fut-il pas augmenté et les joyaux restèrent momentanément dans leurs coffres.

Lorsque la paix avec l'Empire, signée à Munster, diminua l'intensité de la guerre, la Fronde mit le roi dans l'obligation d'entretenir jusqu'à la paix des Pyrénées des troupes aussi nombreuses que celles qu'il avait eues à l'époque de Rocroy ou de Fribourg. Aucun fonds ne pouvait donc encore servir à l'augmentation de la collection des joyaux; d'un autre côté, les guerres empêchèrent

quelque peu les fêtes, et les diamants de la Couronne
n'eurent pas encore l'occasion de briller ; mais les circonstances les mêlèrent aux événements politiques, et leur
assurèrent dans la guerre de Trente ans un rôle identique
à celui qu'ils avaient déjà eu lors des guerres de religion.

Durant la minorité de Louis XIV, l'histoire du Trésor,
telle que nous l'ont laissée les documents, se résume en
deux faits distincts : l'engagement en 1649 de diamants
de la Couronne entre les mains des colonels des régiments
suisses, et l'augmentation du Trésor par une des clauses
du testament du cardinal Mazarin.

Nous étudierons d'abord la mise en gage des joyaux et
nous raconterons ensuite comment Mazarin forma sa collection de pierres précieuses et comment il en disposa
par son testament.

Depuis 1570 les rois de France avaient contracté par
voie d'emprunt des dettes envers les cantons suisses[1]. De
leur côté les cantons fournissaient, depuis François Ier, des
troupes aux rois de France[2]; ces troupes devaient être soldées régulièrement, d'après les capitulations passées entre
leurs colonels et les représentants du Roi.

En arrivant au trône, Henri IV garda dans son armée
les Suisses qu'il avait trouvés au service de Henri III; mais
les difficultés de ses premières années de règne l'empêchèrent d'abord de rembourser les emprunts contractés
par ses prédécesseurs, et même l'obligèrent à en faire de
nouveaux. En 1602, les dettes, au lieu d'être diminuées,
s'étaient augmentées des intérêts impayés d'une part et de
nouveaux prêts de l'autre. En outre, le régiment des gardes

1. Archives du Ministère des affaires étrangères. Suisse, vol. XXXIV, pièce n° 73.
« concernant les sommes qui ont esté prestées à la couronne de France dont on a promis de payer le cinq pour cent annuellement : L'an 1570 a été prestée la somme de
cinquante mil escus à quatre testons; l'an 1571, douze mil escus de quatre testons; l'an 1590, cent mil escus d'or. La ville de Basle a presté cinquante-trois mil
escus sol. »
2. Cependant Louis XI avait signé une première capitulation avec les cantons de
Berne, Lucerne, Zurich, etc., en août 1480. En vertu de cette capitulation six mille
Suisses commandés par Guillaume de Diesbach se rendirent au camp de Pont-de-l'Arche.

suisses et les régiments de ligne levés dans les cantons n'avaient pas touché entièrement leur solde. Il fallait mettre un terme à cette situation. Henri IV envoya alors Sillery et de Vić auprès des délégués des cantons pour régler leurs comptes, et il fut décidé d'un commun accord que le roi payerait annuellement aux cantons une somme de quatre cent mille livres pour éteindre sa dette[1]; de leur côté les cantons continueraient à fournir au roi des troupes qui seraient soldées suivant des conventions particulières.

Au point de vue militaire comme au point de vue financier, les Suisses furent d'une honnêteté et d'une fidélité absolues[2]. Tandis que les bourgeois de Paris prêtaient de l'argent au roi, au moyen des rentes sur l'hôtel de ville, à raison du denier douze d'intérêt, c'est-à-dire à plus de huit pour cent, les Suisses prêtaient à raison du denier vingt, c'est-à-dire à cinq pour cent[3]. Comme soldats, jamais ils n'abandonnèrent leur poste, et sur le champ de bataille comme dans les marches ils n'épargnèrent ni leur sang ni leurs fatigues; mais, durant les trois siècles où ils combattirent dans les rangs de l'armée française, leur solde ne fut pas toujours régulièrement payée : alors ils menaçaient de rentrer dans leur pays, disant que la France ne tenait pas à leur égard les engagements qu'ils tenaient, eux, strictement et même avec dévouement[4].

Le 23 février 1649, un certain nombre de régiments suisses n'ayant point touché leur solde, malgré les ordonnances de payement signifiées au trésorier général de l'extraordinaire des guerres, les colonels de ces régiments, les

---

1. Archives du Ministère des affaires étrangères. Suisse, vol. XIV, p. 10 à 194. Traité du 20 février 1602, ratifié par Henri IV le mois suivant. Ce traité fut exécuté intégralement jusqu'en 1616. Voir la lettre de M. de la Barde, ministre de France près des cantons suisses, en date du 11 mars 1651. (Archives du Ministère des affaires étrangères. Suisse, vol. XXX.)

2. Général Susanne. *Histoire de l'Infanterie française*, vol. 1, p. 275.

3. Archives du Ministère des affaires étrangères : Suisse, vol. XXXIV, pièce n° 73, et vol. XXXI. Lettre de de la Barde, ambassadeur de France près des cantons suisses, au Ministre des affaires étrangères, le 22 octobre 1649.

4. De là est venu le proverbe : *Point d'argent, point de Suisses.*

sieurs Molondin[1], Wateville[2], Louis Lochmann[3], de Rhon[4]
et Reynold[5], ainsi que les capitaines d'un certain nombre
de compagnies franches, acceptèrent, pour patienter, une
partie des diamants de la Couronne comme garantie de
trois cent mille livres représentant la solde impayée de
leurs troupes durant les six premiers mois de l'année 1648[6].

Si nous ignorons l'histoire des *compagnies franches*
précitées que les cantons avaient fournies, nous connaissons par contre les hauts faits des *régiments suisses* qui
reçurent en garantie de leur solde les diamants de la
Couronne. L'un d'eux, celui de Molondin, levé le 8 juillet 1635, avait surtout de beaux états de services. Il avait
participé à la prise de Corbie en 1636, à celle de Saint-
Omer, de Hesdin et d'Arras en 1638, 1639 et 1640 ; il com-
battit sous les ordres du grand Condé à Rocroi et à Lens.
Trois ans après avoir reçu ces diamants, il essuyait des
pertes terribles à la bataille du faubourg Saint-Antoine,
sous les ordres de Turenne[7].

Les régiments de Rhon, de Lochmann et de Wateville
s'étaient battus en Flandre et sur le Rhin de 1639 à 1649.
Ils furent licenciés quelques années après sans recevoir

---

1. Jacques d'Estavallyer de Molondin, de Soleure ; son régiment fut congédié le
16 février 1654.

2. Jean-François Wateville, de Berne ; son régiment donna à Rocroi, passa en 1648
à Albert de Wateville de Diesbach, et sa compagnie-colonelle avec celle de Rhon
passa en 1653 dans les gardes suisses.

3. Jean-Henri Lochmann prit en 1648 le commandement du régiment de Rhon, faisant partie depuis 1642 des armées du Roussillon et de Catalogne et qui fut licencié le
19 mars 1654. Sa compagnie-colonelle fut incorporée à cette date dans les gardes suisses.

4. Rhon ou Roll, peut-être Louis de Roll ; son régiment assista à la bataille de
Rocroy et fut licencié en 1650. Sa compagnie-colonelle fut alors incorporée dans les
gardes suisses.

5. Jean-Antoine de Reynold prit en 1648 le régiment de Parromann, qui avait assisté à la bataille de Fribourg et qui fut licencié en 1653.

6. Archives du Ministère des affaires étrangères, Suisse, vol. XXXI, pièce n° 75 :
« Inventaire des diamants délivrés aux officiers suisses en conséquence de l'acte cy-
dessus transcript. » En regard de chaque article les officiers ont inscrit leur récépissé.

7. Fieffé, *Histoire des armées étrangères au service de la France*, tome I, p. 142. Général Susane, *Histoire de l'ancienne infanterie française*, tome VIII. p. 134.

leur solde intégrale, mais tenant comme gage de payement les diamants de la Couronne.

Le contrat du 23 février 1649, qui garantissait la solde des troupes suisses, avait été passé avec l'autorisation de la reine Anne d'Autriche par Brienne et Guénégaud. « Les diamants dont l'inventaire est transcrit à la suite, y est-il dit, seront remis par Courtois[1], garde des pierreries et du cabinet de la reine, auxdits officiers suisses par forme de nantissement, mais lesdits officiers seront tenus de les rendre au fur et à mesure qu'ils seront payés; cependant lesdits officiers pourront engager lesdits diamants pour les sommes qui leur sont deubs, en demeurant toutefois responsables de dégager et rendre lesdites pierreries aussitôt le payement achevé; et en cas que ledit payement soit retardé après l'échéance d'iceluy, le roy en payera les intérêts[2]. »

Il était donc convenu qu'au cas où le payement ne serait pas effectué à la date prescrite, les colonels pourraient engager les diamants pour en faire de l'argent, mais à charge par eux de les rapporter aussitôt leur arriéré soldé.

Durant la Fronde, la solde des troupes et l'intérêt des dettes ne furent pas payés, et un second contrat semblable

1. Le Pierre Courtois que nous trouvons ici n'était peut-être pas orfèvre, mais il fut garde des cabinets du roi et de la reine, et habita au Louvre en cette qualité depuis 1648. Il était le petit fils de l'un des deux Pierre Courtois que nous avons vus valets de chambre sous Henri IV, joailliers du Roi et logés au Louvre en cette qualité. L'un de ces deux Pierre Courtois eut un fils du nom d'Alexandre, qui, sous Louis XIII et au commencement du règne de Louis XIV, fut à son tour garde des cabinets du roi et de la reine et eut habitation au Louvre. (Voir : *Nouvelles Archives de l'art français*, année 1873, p. 38, et Arch. nat., Z. 2909.)

Tandis qu'Alexandre avait été reçu maître orfèvre, on ne trouve nulle part que son fils Pierre, en lui succédant comme garde des pierreries du cabinet du roi, ait été reçu dans la corporation. On sait qu'il habita au Louvre en 1648, et qu'il était mort en août 1652 : à cette date un brevet accordait son logement au Louvre à sa mère, fille de Jean de la Haye, orfèvre fort en réputation sous Henri IV. (*Archives de l'Art français*, tome III, p. 205.)

2. Archives du Ministère des affaires étrangères, Suisse, vol. XXVI, pièce n° 75 : « Ordonnance du Roy de iij° m. livres aux officiers suisses avec un ordre au sieur Courtois et un inventaire des diamants et pierreries à eux donnés en gage pour seureté de leur payement. »

au premier fut passé peu après dans des conditions identiques avec les mêmes colonels de régiments et capitaines de compagnies franches, pour leur livrer en gage d'autres pierreries représentant encore une somme de trois cent mille livres[1].

Ce second lot de pierreries consistait principalement en une paire de pendants d'oreilles composés de diamants d'une beauté irréprochable[2]. De tous ces bijoux donnés en gage, c'étaient ceux dont l'absence contraria le plus Louis XIV et Anne d'Autriche au moment du mariage[3] du roi avec Marie-Thérèse.

Par le traité de 1650, l'un des colonels suisses, M. Rhon, qui demeurait en France au service du roi, devait avoir la garde des pierreries remises en gage, et il était tenu de les rendre au roi aussitôt que les conditions du contrat auraient été exécutées. Mais les choses ne se passèrent point comme il avait été prévu par les diplomates, et un événement vint mettre les diamants donnés en garantie en danger d'être perdus pour la France sans espoir de retour.

En 1649 et les années suivantes, l'ambassadeur de France près des cantons suisses était un sieur de la Barde. Il avait pour principale mission de faire patienter les cantons qui attendaient toujours le payement des intérêts des sommes à eux dues. Grâce à son tact et à la droiture de son caractère, de la Barde avait su conquérir les bonnes grâces des gouvernants auprès desquels il représentait la France. Mais, malgré ses réclamations pressantes, il n'avait pu encore en 1652 obtenir satisfaction en faveur des Suisses.

A cette date, trois capitaines de compagnies franches qui n'avaient rien touché pour leur solde, malgré leurs instances, tentèrent un dernier appel auprès de de la Barde,

---

1. Archives du Ministère des affaires étrangères, Suisse, vol. XXXI : Contrat passé le 29 mai 1650.

2. Archives du Ministère des affaires étrangères, Suisse, vol. XXXVII : Lettres du 28 avril 1659 et du 26 mars 1660.

3. Même source, Suisse, vol. XXXIII : Dépêche de M. de la Barde à M. de Brienne, en date du 11 octobre 1652.

mais ils n'obtinrent rien. Résolus à avoir gain de cause,
ils se rendirent à Lyon auprès du colonel Rhon et le cir-
convinrent tellement, qu'ils réussirent à se faire remettre
les pierreries de la Couronne, qu'ils emportèrent chez eux,
à Zurich[1]. De la Barde, instruit du fait, en avisa son gouvernement et s'efforça en même temps d'obtenir des trois capitaines la restitution des diamants au colonel Rhon. Ces
derniers refusèrent; l'ambassadeur leur demanda alors,
puisqu'ils ne voulaient pas laisser rentrer les bijoux en
France, de les déposer au moins entre les mains des magistrats des cantons, leur faisant observer que le dépôt
n'appartenait pas à eux seuls et que ces pierreries, aux
termes du contrat, devaient bien rester leur gage, mais
entre les mains d'un de leurs compatriotes demeuré sur le
territoire français.

Comme il n'avait aucune réponse satisfaisante des trois
capitaines, il informa les représentants des autres cantons que l'enlèvement des pierreries était une violation des
conventions passées entre le roi de France et les cantons
suisses, et que si les diamants venaient à être vendus par
ces trois officiers, les cantons perdraient ainsi leur gage, de
sorte que lorsqu'ils voudraient obtenir satisfaction du roi
de France, celui-ci, irrité par suite de la violation du
traité, se refuserait à l'exécuter, puisque les Suisses l'auraient d'abord violé[2]. Les cantons firent des démarches
pour recouvrer leur gage, mais les trois capitaines refusèrent de rien entendre, et firent savoir à l'ambassadeur
de France qu'ils allaient se rendre à Bade ou dans toute
autre ville pour vendre les pierreries; ils ajoutaient que le
seul moyen pour le roi de France de les recouvrer était de
les désintéresser tous trois, promettant, une fois en possession de ce qui leur était dû, de rendre les joyaux, sans

1. Archives du Ministère des affaires étrangères, Suisse, vol. XXXIII : Dépêche de
M. de la Barde à M. de Brienne, en date du 11 octobre 1652.

2. Archives du Ministère des affaires étrangères, Suisse, vol. XXXIII : Lettre de
l'ambassadeur de la Barde aux seigneurs du canton de Zurich, en date du 27 août 1653.

s'occuper de leurs compatriotes également créanciers du roi[1].

De la Barde fit connaître ces détails à Mazarin et insista beaucoup pour obtenir de l'argent[2]. Il fit valoir au ministre que les Suisses avaient prêté au roi à l'intérêt de cinq pour cent seulement, c'est-à-dire à un taux moins élevé que celui des emprunts destinés à servir les rentes de l'hôtel de ville; mais Mazarin ne put ou ne voulut pas solder les alliés du roi, et ce ne fut qu'en 1665 que les pierreries rentrèrent à la Couronne[3].

Si pour ravoir les diamants Mazarin n'envoya pas d'argent aux Suisses, il tâcha de les reprendre par d'autres moyens, et dans ce but il chargea plusieurs capitaines suisses restés au service actif du roi de les retrouver et de s'en emparer coûte que coûte pour les rapporter en France[4]. Malgré leurs démarches incessantes et les courses qu'ils firent en Allemagne, où l'on savait que les détenteurs cherchaient à vendre les joyaux, les efforts des agents de Mazarin furent infructueux; mais le Trésor fut obligé de rembourser les frais occasionnés par ces recherches, dont le montant s'éleva à quinze cent vingt livres onze sols[5].

Par suite du traité des Pyrénées, Marie-Thérèse était appelée à devenir reine de France. Le premier soin d'Anne d'Autriche et de Louis XIV fut de s'occuper des joyaux de la Couronne destinés à la future reine; mais les pendants d'oreilles, formant l'une des plus belles parures du Trésor, se trouvaient encore en gage chez les Suisses. La reine mère et le roi ne purent cacher leur désir de ravoir cette

---

1. Archives du Ministère des affaires étrangères, Suisse, vol. XXXIII : Dépêches de M. de la Barde à M. de Brienne en date des 29 août, 19 septembre et 3 octobre 1653.

2. Même source, Suisse, vol. XXXIII : Lettre de M. de la Barde au cardinal Mazarin, du 19 décembre 1653.

3. Même source, Suisse, vol. XXXIV.

4. Même source, Suisse, vol. XXXIII. Dépêches de M. de la Barde à M. de Brienne en date des 11 octobre 1652 et 19 décembre 1653. Vol. XXXII. Lettre de M. de Brienne à M. Servien, en date du 15 septembre 1653, et *Mémoires du comte de Brienne*, collection Petitot, tome XXXVI, p. 226.

5. Même source, Suisse, supplément n° 5 : « Mémoire des despenses que feu le colonel Rhon a faites à la poursuite des pierreries qui luy ont esté enlevées par les capitaines Holzhalb, Werdmuller et Walkirch. »

parure pour la remettre à la jeune reine à son arrivée en France. Mazarin transmit alors à Fouquet, surintendant des finances, l'ordre du roi de faire rentrer les joyaux[1]; et malgré les démarches de ce dernier, les Suisses, si souvent lésés dans leurs intérêts, conservèrent cette fois le gage de leurs créances jusqu'à exécution complète du traité[2] : donc les pierreries ne rentrèrent au Trésor que lorsque leur solde fut entièrement payée[3].

1. Archives du Ministère des affaires étrangères, Suisse, vol. XXXVII : Lettre sans signature adressée à M. de la Barde, le 28 avril 1659; Lettre de de la Barde au cardinal Mazarin du 26 mars 1660, lui annonçant que le sieur Moustier remettra les pendants d'oreilles entre les mains de qui Son Excellence commandera.

Correspondance de Colbert publiée par Clément, tome Ier, fol. 436 :

« Paris, 23 mars 1660.

« A Mazarin.

« J'ay pressé M. le Surintendant de retirer les pierreries de la Couronne engagées aux Suisses et les trois diamants qui sont ès mains de M. Hervart. Il m'a dit qu'il retireroit ces trois derniers, et que je les porterois avec moy; que pour ceux des Suisses, il luy falloit donner quelque tems parce que le sieur Faesch, qui a pouvoir des Suisses sur cette affaire, n'est point en cette ville, joint qu'il faut quelque temps pour mesnager son esprit. »

Réponse du cardinal Mazarin, p. 437 :

« Les trois diamans sont les plus petits de ceux de la Couronne; et si on pouvoit mettre quelque autre chose en échange pour retirer les pierreries que les Suisses ont, M. le Surintendant feroit un grand plaisir au Roy et à la Reyne. Je vous dirais en passant qu'elles ne valent pas, à bien près, la somme pour laquelle elles sont engagées. »

Baluze : Papiers des armoires, vol. 328, fol. 139 (*Bulletin de la Société de l'Histoire de France*, documents originaux, 1834, I, 217).

2. Archives du Ministère des affaires étrangères, Suisse, vol. XXXVIII : Mémoire présenté au roi par les ambassadeurs des treize cantons et co-alliés des ligues de Suisse, le 11 novembre 1663 : « Supplient Sa Majesté d'envoyer annuellement les quatre cens mil escus, les censes et les pensions restantes comme aussy d'observer le traité fait avec Sa Majesté et ses ministres en 1650, lequel a esté ratifié au Parlement; de faire payer le restant des joyaux, y compris ensemble les prétentions générales et particulières tant des colonels et capitaines qui sont encore au service, et le reste de celle de l'année 1660, comme aussy de ceux qui ont esté licenciez ès années 1636, 1637, 1638, 1648, 1652 et 1653, item les sommes prestées sur les contrats et autres semblables dettes restantes. »

3. Même source, Suisse, vol. XLI : Lettre de M. Moustier, conseiller du roi et envoyé par Sa Majesté près des cantons suisses, à Messieurs du canton de Zurich, en date des 3 et 4 septembre 1665.

« Soleure, le 3 septembre 1665.

« Magnifiques Seigneurs,

« Ces lignes seront pour accompagner le consentement que vous trouverez ci-joint que MM. de Fribourg m'ont envoyé pour l'expédition de la lettre qui a esté résolue

Telle est l'histoire des diamants de la Couronne donnés en nantissement aux colonels suisses. On pense bien que les cantons n'avaient pas été seuls à recevoir en gage des pierreries durant ces temps troublés. Hervart, surintendant des finances, avait reçu trois grosses pierres en garantie des

à Bade pour la restitution des pierreries; et pour vous dire que jay esté un peu surpris d'apprendre par votre lettre du 26 du mois passé qu'il y ait encore quelqu'un dans vostre commune qui ait à prétendre quelque chose sur lesdictes pierreries, parce que j'ay de quoi justifier que MM. Escher et Rhou du régiment des gardes suisses du Roy sont payéz de ce qui leur en appartenoit et que M. le colonel Lochman et les capitaines de son régiment ont sujet d'estre satisfaits; et que MM. Wertmuller et Burkly du régiment de Molondin se sont accommodéz de ce qui leur estoit deu; M. Holtzalh n'ayant plus aussi d'intérest pour sa part à cause du payement qui en a esté fait à ses créanciers, ainsi qu'il a esté pratiqué pour celle du capitaine Miet du canton de Glaris dont les autres prétentions, aussi bien que celles dudict sieur Holtzalh et du capitaine Wiser, sont encore saisies à resquest de leurs créantiers; mais qui ne touchent point et qui ne regardent plus en façon quelconque lesdictes pierreries dont toutes les prétentions générales et particulières sont acquittées sans qu'il en reste rien deu d'ici à qui que ce soit. Le Roy n'ayant point désiré qu'auparavant il fust fait aucune instance pour la restitution d'icelles pierreries.

« Moustier. »

« Soleure, le 4 septembre 1665.

« J'ay reçu hier au soir une lettre du canton de Glaris qui me donne avis de leur consentement pour la restitution des pierreries.... Il n'y a plus que le canton de Zurich qui apporte de la difficulté pour la restitution des pierreries.

« Moustier. »

Archives du Ministère des affaires étrangères, Suisse, vol. XLI :

« *Les Bourgmaistres, Avoyers, Landamens et Conseils des treize cantons en Suisse à Sa Majesté Louis XIV.*

« Zurich, le 22 septembre 1665.

« Sire,

« Le député de Vostre Majesté en nos terres helvétiques, le sieur Moustier, proposa dans la dernière diète de Bade amplement devant nos députéz que les pierreries de Vostre Majesté donnéez en dépost l'an 1650 aux collonels et capitaines de nostre nation pour les arrérages de leurs soldes et gages estoient délivrées et deschargées par raison que personne n'y avoit rien plus à prétendre, elles viennent à estre rendues et restituées à Votre Majesté en suite de quoy pour avancer l'affaire, nous avons pris soing de sonder le sentiment desdits collonels et capitaines de nostre nation touchant la restitution dudit dépost royal, et de voir s'ils y avoient encore d'autres prétentions? Et ne s'y estant rien trouvé qui eust pu empescher ou retarder la restitution desdites pierreries très gracieusement désirée et demandée de la part de Votre Majesté, nous n'avons pas voulu manquer d'envoyer d'un commun accord nostre response et résolution au sieur collonel Montet, entre les mains duquel elles se trouvent avec ordre de rendre et livrer lesdites pierreries à Votre Majesté et en mesme temps d'avoir soing de demander et de nous faire rendre aussy les receuz qui en ont esté faits et donnéz

avances qu'il avait faites au Trésor[1]. En mai 1651, Colbert écrivait à Mazarin qu'il n'avait pu encore entrer en possession de l'ordonnance des cent mille livres expédiées pour retirer les diamants de la Couronne[2]. Enfin, M. de Montbas, l'un des plénipotentiaires du traité de Munster, avait été chargé, en 1649, d'en emporter une partie avec lui pour les engager en Allemagne. Mais laissons parler le frère de M. de Montbas, il nous racontera lui-même les faits dans

en recevant cesdites pierreries. C'est ce que nous espérons que Vostre Majesté agréera très gracieusement comme une chose juste et raisonnable, c'est aussy le très humble avis que nous luy avons voulu donner....

« Donnée au nom de nous touts scellée du scel de nos très chers alliéz et conféderéz de la ville de Zurich, ce 22 septembre, l'an 1665.

« Les Bourgmaistres Avoyers, Landamens et Conseils des treize cantons en Suisse. »

Même source, Suisse, vol. V, suppl., 1666 :

« Le capitaine Lavater supplie très humblement Votre Excellence de vouloir représenter à Sa Majesté, et appuyer de ses bons offices et puissante recommandation sa très humble requeste et juste prétention.

« L'année mil six cent cinquante-deux, les pierreries de la Couronne que Sa Majesté par sa bonté royale a fait mettre deux années auparavant entre les mains de Messieurs les Députéz des treize cantons suisses, selon le traité qui a esté conclu avec eux, touchant les prétentions que Messieurs les collonels et capitaines de la nation avoient alors des services rendües à Sadite Majesté, ont esté emporté à l'insçu dont on a eu beaucoup de peine à les r'avoir, et qui fut retardé jusqu'au mois de febvrier de l'année 1659 après quoy MM. les collonels Rohn et Lochman défunts, m'ont prié au nom de tous les intéressés de prendre la commission sur moy de les r'aporter selon le desir de Sa Majesté. Dont je me suis chargé volontiers pour tesmoigner le zèle et l'affection que j'avois toujours eu pour son service après avoir rendu mes lettres au Roy, à Son Éminence, Messieurs le conte de Soissons, de Lione, Thellier, Servien et Fouquet, et mis entre les mains de Monsieur le collonel Molendin, selon le désir de Son Éminence, les pierreries, on m'en a fait cognoistre par tout une singulière satisfaction, particulièrement Son Éminence, lorsque j'ay eu audience d'elle. »

Se plaint qu'il n'a pas été suffisamment indemnisé et ajoute en note :

« Messieurs les capitaines Wirtz et Majet m'ont esté ajouté à Paris pour m'ayder à solliciter l'exécution du traité de Messieurs les ambassadeurs de l'année 1650 : lesquels ont touché leur part de six miles livres côme moy, mais ladite somme nous a esté rabattue des six cent mille livres pour lesquelles les pierreries ont esté données.

« LAVATER. »

(Il n'y a aucune indication faisant connaître la personne à qui cette lettre était destinée.)

1. *Correspondance de Colbert*, tome I, fol. 436. Lettre de Colbert à Mazarin du 23 mars 1660 et B. N., Ms. Baluze, *Papiers des armoires*, vol. CCCXXVIII, fol. 139.

2. *Correspondance de Colbert*, tome I, fol. 82. Lettre de Colbert à Mazarin du 19 may 1651.

ses *Mémoires*, datés de 1705 et encore inédits[1] : « François Barton de Montbas, très estimé à la cour et considéré du Roi et de la Reyne mère Anne d'Otriche, fut choisy par elle pour aler avec monsieur Servien, lorsqu'il fut en ambassade à Munster et autres cours d'Allemaigne. L'on luy confia quelques années après les pierreries de la Couronne pour[2]..... et ensuite avec l'argent qu'il en pouret trouver, lever des troupes dans le Landgraviat de Hesse, dont la France avoit besoin, lors estant dans les guerres sivilles. Ledit François Barton, quoyque jeune, avet tant de crédit, de bonne foy et il s'insinuait s'y adroitement dans les espris qu'il trouva sur son crédit particulier huict cent milles livres à emprunter; à la vérité, son frère Jean Barton, dont est parlé cy-dessus, lequel avet épousé comme nous l'avons cy-devant dit, la fille de se grand Hugo Grotius, ne luy ayda pas mal, et l'on peut attribuer avec justice le crédit de cet emprunt à ses deux frères; de sorte que ledit François Barton, sur le chappittre duquel nous sommes, sans avoir engagé les pierreries de la Couronne, cela de la part du Roy et de la Reyne régente, prèz de Madame la Landgrave de Hesse, et estant convenu avec elle par ses adroittes négotiations de donner ses troupes à la France et la permition audit François Barton d'en lever d'autres dont il pourvoyret aux charges, par le pouvoir qu'il en avet du Roy son maistre et de la Reyne sa mère régente. Les affaires de la France, par une protection visible de Dieu, tournèrent bien ainsy, n'eurent pas besoin desdittes troupes; et ledit François Barton négotia sy heureusement auprèz de Madame la Landgrave de Hesse, qu'il obtint d'elle de ne point payer les sommes qu'il avait promises pour les susdittes levées, et revint de son ambassade et fut reçu du Roy et de la Reyne avec touttes sortes de bons

---

1. Ces mémoires manuscrits sont conservés actuellement dans la famille de M. de Montbas, et nous en devons la communication gracieuse à M. de Montbas, capitaine au 72ᵉ de ligne.

2. Le mot est effacé, mais on devine par la suite qu'il y avait *engager*.

aqueuils autant qu'un Roy et une Reyne en peuvent honnestement donner à un de leurs subiets.... »

A la fin de la minorité de Louis XIV, à partir de 1655, la guerre s'était calmée et la Fronde était finie; Anne d'Autriche conservait encore cette prestance et la tournure élégante qu'elle avait possédées dans ses plus beaux jours de jeunesse. Elle aimait les parures, et nous savons par le recueil des dessins de son joaillier Maréchal, qu'elle fit faire à cette époque un certain nombre de pendants d'oreilles dont les figurations sont reproduites dans le livre des croquis dudit Maréchal[1].

Maréchal n'était pas un grand joaillier de l'époque, mais un fabricant qui travaillait pour Dujardin, joaillier du roi, et Lescot[2], également joaillier du roi et du cardinal Mazarin, ce qui était beaucoup plus important. Nous savons même par une lettre de Mazarin, que vraisemblablement Lescot voulut un jour passer pour être l'auteur de l'une de ces paires de boucles d'oreilles d'Anne d'Autriche, en la présentant lui-même à la reine comme sortant de son atelier, mais que Maréchal, voulant maintenir sa situation, refusa de la lui confier, en déclarant que lui seul la remettrait en mains propres. Son ton fut si affirmatif, que Mazarin donna l'ordre à Lescot de conduire Maréchal auprès de Sa Majesté[3].

---

1. Nous devons la communication de ce petit livre à M. Bérard, architecte, qui a bien voulu nous en laisser reproduire quelques dessins. Déjà autrefois nous avons dû à l'obligeance de M. Bérard la reproduction de quelques-unes des œuvres de F. Thomas Germain, dont il possède les originaux.

Paul Maréchal a travaillé également pour la reine d'Angleterre en 1646, pour Mlle de Montpensier en 1647 et pour le roi en 1660.

Nous ne pouvons pas retrouver son nom dans les pièces de la Cour des monnaies, peut-être faut-il en conclure qu'il ne fut jamais orfèvre, mais nous ne pouvons affirmer le fait.

2. Remond Lescot, orfèvre et valet de chambre de la reine; reçu en 1615, conseiller de ville en 1639-1641, échevin en 1648, juge en 1650. Voir Arch. nat., S. 7203, Z. 2895, 2911, 2922, 3124, 3219, 3222 et K. 1037. Bibl. nat., V⁰ de Colbert, tome I, page 242. Le Roy, *Statuts des orfèvres*. Chéruel, *Histoire de France sous le ministère de Mazarin*, tome III, p. 410. « Lescot était l'orfèvre que Mazarin chargeait habituellement de faire pour lui des achats d'objets précieux. »

3. Bibl. nat., *Correspondance de Colbert*, tome I, p. 242, Lettre de Colbert à Mazarin,

En dehors de ces pendants d'oreilles, dont les dessins que l'on voit ci-contre nous ont été conservés par le cahier de croquis de Maréchal, nous ne savons plus rien sur les joyaux qu'Anne d'Autriche fit faire pour elle à cette époque. Nous en saurons un peu plus sur les collections de pierres du cardinal Mazarin.

Dans le chapitre du *Sancy* et du *Miroir-de-Portugal*, nous avons déjà parlé de la donation que le cardinal fit à la Couronne. Comme nous l'avons vu, il avait une passion pour les pierres précieuses. Ses affidés Lescot, Gabouri[1], Lopès, l'un des fournisseurs du cardinal de Richelieu, et surtout Jaback[2], achetaient pour lui les plus belles pièces qu'ils trouvaient sur les différentes places de l'Europe. Tantôt c'étaient les pierres de la Couronne d'Angleterre et les joyaux personnels de la reine Henriette de France[3] qu'il faisait entrer dans son trésor; tantôt c'étaient ceux de la reine Christine de Suède[4], qui, à court d'argent, liquidait ses bijoux que ses goûts d'homme lui faisaient considérer comme inutiles. Le cardinal collectionnait les perles autant que les diamants, et, lors de son exil, le président de Novion[5], en gardant comme sa propriété personnelle un collier de perles, lui rendit un service analogue à celui que lui avait rendu le président Tubeuf en se déclarant propriétaire du palais du cardinal.

Mais Mazarin, il faut le dire à sa louange, ne gardait pas

---

en date du 4 juin 1656, et réponse du cardinal en marge. (*Papiers des armoires de Baluze*, vol. CLXXVI, p. 214.)

1. Jacques Gabouri, porte-manteau d'Anne d'Autriche et son premier valet de chambre. Voir *Correspondance de Colbert*, tome I, fol. 367. Lettre de Colbert à Mazarin du 3 septembre 1659. (Baluze, *Papiers des armoires*, vol. CLXXVI, fol. 214.)

2. Comte de Cosnac, *les Richesses du Palais Mazarin*, p. 144 et suivantes.

3. Étude de Me Philéas Vassal, notaire à Paris. Acte de vente du *Sancy* et du *Miroir-de-Portugal* à Herwart, mandataire du cardinal Mazarin, le 30 mai 1657.

4. Bibl. nat., *Correspondance de Colbert*. Lettre de Colbert à Mazarin, en date du 30 septembre 1656.

5. Bibl. nat., *Correspondance de Colbert*, tome I, p. 172. Lettre de Colbert à Mazarin (vers le 20 novembre 1651).... « que vous sçauriez bien qu'il n'avoit fait cela que pour vous faire plaisir, et pour empescher que vos perles ne fussent vendues, » et p. 176, lettre du même au même, en date du 1er décembre 1651.

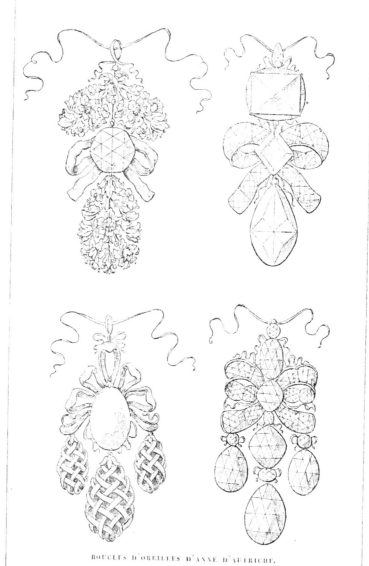

BOUCLES D'OREILLES D'ANNE D'AUTRICHE,

D'après le recueil de Maréchal, appartenant à M. Bérard, architecte.
Dessins de Lucien Hirtz.

toujours ses bijoux inutilement dans sa cassette; il les engageait quelquefois pour la cause de la France, au risque
même de ne jamais les revoir. A plusieurs reprises, pendant
la Fronde, il sut maintenir dans le devoir les troupes
qui menaçaient de se mutiner faute de payement de leur
solde, en engageant chez des banquiers des valeurs considérables de diamants[1], en échange desquels il put tou-

1. Bibl. nat., *Correspondance de Colbert*, tome Ier, p. 82. Lettre de Colbert à Mazarin
du 19 mai 1651 « pour les soixante mille livres empruntées par M. le comte de Saint-
Aignan sur les pierreries de Votre Éminence. » (Chéruel, *Mémoires sur Fouquet*.)

Lettre de Mazarin à Colbert, *Correspondance de Colbert*, p. 274 :

« Le 18 juillet 1653.

« Pour avoir la Fère et tenir la parole que j'ai donnée par le moyen de M. le maréchal d'Estrées, il faut payer cent cinquante mille livres, et afin d'achever cette affaire
sans qu'il puisse être exposé à aucun inconvénient, il faudrait que ladite somme fût
prête dans tout le jour de dimanche prochain.

« J'en écris un mot à MM. les Surintendants, et je vous prie, en leur rendant le
billet, de les conjurer de ma part à faire un effort en cette rencontre pour leur faciliter le moyen de la trouver; mais en cas qu'il ne leur fût possible de la faire ou en
tout ou en partie, je vous prie de prendre d'autres mesures et vous employer en
sorte soit en engageant mes pierreries, soit en vous prévalant de l'argent que j'ai à
Lyon, que cette somme puisse être prête dans le temps marqué ci-dessus, et nous
ferons nos diligences afin que les louis soient reçus à douze livres. Cette affaire est
si importante pour le Roi et si bonne pour moi que je m'assure que vous n'oublierez
rien pour la faire réussir.

« Le 19 juillet 1653. »

Du même au même. (Même source.)

« Je vous mande tout le détail de cette affaire, afin que vous en informiez la Reine
et les surintendants, les conjurant de ma part le plus pressamment que vous pourrez
de faire un effort pour nous assister en ce rencontre, en quoi vous contribuerez ce
qui pourra dépendre de vous, leur donnant même mes pierreries, afin qu'ils puissent
trouver de l'argent dessus ainsi que je vous en écrivis hier plus particulièrement.

« Cependant la vérité est que ce soir après payement il n'y aura plus un sou à la
Cour non seulement pour donner à l'armée ce que MM. les Surindants avaient envoyé,
mais même pour subsister. C'est pourquoi je vous prie, sans perdre un moment de
temps, de presser MM. les Surintendants de nous envoyer un prompt secours au
moins de cent mille livres, et s'ils veulent mes pierreries pour avoir plus de facilité
de les trouver sur-le-champ, vous les leur donnerez. Avec cette somme on pourvoira
à ce qui sera nécessaire pour les travaux et pour l'hôpital, pour faire quelques gratifications aux principaux officiers des régiments auxquels on l'a promis à Paris et pour
donner lieu au Roi d'employer deux mille pistoles comme il avoit résolu de le faire,
aussi bien que pour rendre une partie de ce que j'aurai emprunté aux personnes
ci-dessus qui en auront besoin pour leur subsistance. »

Chéruel, *Mémoire sur Fouquet*, p. 272.

Ainsi, en 1653, les finances, bien loin d'avoir été dans un état prospère comme le

cher comptant des sommes supérieures à cent mille écus, qu'il fit distribuer immédiatement aux régiments[1].

Lorsqu'il mourut, il légua, comme nous l'avons vu, dix-huit pierres à la couronne de France. Ces dix-huit pierres sont restées célèbres parce que, en vertu d'un testament, elles n'étaient données qu'à la condition de conserver le nom de leur donateur. Toutes nous sont connues; on peut suivre leur trace pas à pas jusqu'en 1792. A cette époque, nous verrons par quelles vicissitudes dut passer le trésor de la Couronne et comment la plus grande partie en fut dispersée; mais si l'on sait que certaines pierres disparurent, on ne peut retrouver exactement si ce fut par le fait du vol célèbre de septembre, ou si cette disparition est due à un acte régulier du gouvernement, qui payait alors les fournisseurs des armées en objets mobiliers ou en joyaux.

Nous donnons ci-après un tableau indiquant dans chaque inventaire, jusqu'en 1792, les estimations et les modifications apportées par la taille sur le poids de chacune de ces pierres dites *mazarins*.

Nous verrons plus tard que, lorsque Napoléon reconstitua le Trésor en 1804, après la Révolution, cinq *mazarins* subsistaient encore. Ces cinq survivants furent vendus il y a deux ans : quatre d'entre eux furent livrés sans désignation dans la masse des parures, tandis que d'autres pierres, dont la forme, la teinte et le poids n'avaient aucun rapport avec les propriétés des *mazarins*, furent mises en vente sous

prétend Fouquet, étaient si misérables, que dans les besoins les plus pressants on ne pouvait trouver à l'Épargne la somme de cent mille livres. Pour se la procurer, il fallait engager les pierreries du cardinal et emprunter à des partisans qui s'indemnisaient ensuite largement aux dépens du Trésor public.

1. Mazarin n'était pas seul à avoir prêté ses joyaux pour la solde des troupes. S. A. R. le duc d'Aumale a raconté, à la séance de la Société des bibliophiles tenue extraordinairement sous sa présidence, à Bruxelles, le 19 mars 1888, qu'il possédait, dans le fonds des papiers de la Maison de Condé, une quittance, signée de la main encore inexpérimentée de Louis XIV enfant, reconnaissant que le duc d'Enghien (le Grand Condé) a avancé ses diamants pour garantir la solde d'une partie de l'armée royale.

Cette quittance est une des rares pièces signées de la main du grand roi dans ses premières années de règne : le service rendu était si important, vu les circonstances, que le vainqueur de Rocroy exigea probablement la signature de Louis XIV.

ce nom historique. Le quatrième de la liste des *mazarins* (indiqués en 1887 au chapitre XLVI du Catalogue officiel[1] de la vente), pesant dix-huit carats 19/32, était le septième des véritables *mazarins* légués par le cardinal à la Couronne. Il est aujourd'hui entre les mains de M. Boucheron.

Nous n'insisterons pas davantage sur la fausseté des attributions données par le ministère des finances aux objets mis en vente. Le tableau ci-après sera plus démonstratif que tous les discours. Nous verrons plus tard l'histoire des *mazarins* se dérouler sous les règnes suivants. Il nous a suffi ici de faire connaître leur existence, leur poids et leur désignation.

Dans son testament, Mazarin léguait un bouquet de cinquante diamants à la Reine, il donnait à Anne d'Autriche un grand diamant formé d'un *agneau*[2] (anneau), appelé la *Rose-d'Angleterre*, un diamant brut pesant quatorze carats, et un anneau d'un rubis cabochon d'Orient parfait. Suivant Priolo il aurait donné un grand diamant à Condé, mais, comme le font remarquer Brienne dans ses *Mémoires* et Aubéry dans l'*Histoire du cardinal Mazarin*[3], il n'est fait aucune mention de cette donation dans son testament. Il est donc probable que cette donation n'a pris sa source que dans l'imagination de Priolo, mais ce fait vrai ou supposé n'en servit pas moins aux uns de preuve de la bonté de cœur de Mazarin, qui avait oublié ses injures, et aux autres de thème à montrer l'hypocrisie habituelle de l'Italien, qui n'avait pu l'abandonner au moment de mourir.

---

1. *Catalogue des diamants et pierreries provenant de la collection dite des joyaux de la Couronne*, p. 18, Paris, Imprimerie nationale, 1887. Nous n'avons pas lieu de nous inquiéter des appréciations bizarres données par les experts chargés de cette vente. Il suffirait, pour démontrer le peu de fondement de ces attributions, de publier la correspondance de ceux qui les firent. Dans cette correspondance, ils reconnaissent à maintes reprises ne rien savoir, ni sur l'histoire des diamants, ni sur l'état actuel des parures au moment de leur mise en vente, et ils demandent sur ces pierres les renseignements les plus élémentaires, ceux mêmes qu'un dictionnaire usuel d'histoire aurait pu leur donner.

2. Bibl. nat., Ms., *Mélanges de Colbert*, n° 74, p. 37.

3. Aubéry, *Histoire du Cardinal Mazarin*, tome II, p. 594.

LES MAZARINS (de 1666 à 1774).

INVENTAIRE DE 1666.					INVENTAIRE DE 1691.					INVENTAIRE DE 1774.				
№	Poids	Cnar	№	Estimation	№	Poids	Cnar	№	Estimation	№	Poids	Cnar	№	Estimation
1	Sans poids			600,000	1	53 3/4	1	1	600,000	1	53 3/4	1	1	700,000
2				260,000	2	33 3/8	»	2	260,000	2	33 3/8	»	2	250,000
3				150,000	3	24 3/8	»	4	150,000	3	24 1/4	18	3	150,000
4				100,000	4	24 1/4	»	8	100,000	4	24 1/4	16	4	60,000
5				130,000	5	21 3/8	»	1	120,000	5	22 3/8	11	5	60,000
6				80,000	6	18 1/4	»	4	80,000	6	19 3/4	11	6	50,000
7				75,000	7	21	»	5	75,000	7	21	»	5	75,000
8				60,000	8	18 1/4	»	6	55,000	8	15 3/8	1	6	50,000
9				75,000	9	15 1/4	»	8	75,000	9	15 1/16	»	8	45,000
10				60,000	10	17	»	9	50,000	10	17	»	9	50,000
11				50,000	11	17 3/4	»	13	50,000	11	Sans poids	»	13	50,000
12				50,000	12	17	»	11	50,000	12	12	»	11	50,000
13				60,000	13	13	»	23	40,000	13	12	»	23	30,000
14				35,000	14	11 1/3	»	24	35,000	14	9 5/8	»	24	30,000
15				20,000	15	10 3/4	»	29	20,000	15	9 5/8	»	29	20,000
16				16,000	16	8 3/4	»	30	16,000	16	6 3/4	»	30	16,000
17				70,000	17	21 1/4	3	1	70,000	17	21 1/4	3	1	50,000
18				70,000	18	22	3	2	70,000	18	22 3/4	3	2	50,000

LES MAZARINS (de 1788 à 1818).

INVENTAIRE DE 1788.

N°.	Poids.	Grav.	N°.	Estimation.
1	53 12 16	18	1	200,000
2	24 1 16	15	3	240,000
3	21 4 16	18	3	150,000
4	13 10 16	1	18	60,000
5	21	18	18	60,000
6	17 7 16	18	19	50,000
7	18 10 16	1	8	75,000
8	14 11 16	1	12	40,000
9	13 14 16	1	11	75,000
10	15 14 16	18	1	40,000
11	20 6 16	15	2	50,000
12	17	18	2	50,000
13	10 5 16	2	5	30,000
14	8 5 16	2	15	30,000
15	8 8 16	3	15	20,000
16		3	15	8,000
17	21 6 16	9	55	30,000
18	21 8 16	9	56	30,000

INVENTAIRE DE 1791.

N°.	Poids.	Grav.	N°.	Estimation.
1	53 12 16	1	346	1 million
2	24 1 16	4	3	240,000
3	21 4 16	1	348	250,000
4	13 10 16	1	13	60,000
5	22 6 16	1	365	160,000
6	19 12 16	1	366	160,000
7	18 9 16	1	8	75,000
8	14 12 16	1	1	30,000
9	14 14 16	1	11	130,000
10	16	1	343	50,000
11	20 6 16	4	2	50,000
12	17	1	350	30,000
13	10 5 16	1	30	25,000
14	8 7 16	1	31	25,000
15	8 16/32	1	30	13,000
16	6	1	30	8,000
17	21 6 16	1	343	25,000
18	21 8 16	1	322	25,000

INVENTAIRE DE 1818.

N°.	Poids.	Grav.	N°.	Estimation.
1				
2				
3	13 23 32	1	20	65,000
4				
5				
6				
7	18 19 32	1	12	82,000
8	14 5 1	1	31	51,000
9				
10				
11				
12				
13	10 14	1	35	35,000
14				
15				
16	6 18	1	63	8,000
17				
18				

NOTE EXPLICATIVE

On remarquera dans ce tableau comparatif que quelques *mazarins*, les cinquième, sixième, onzième et dix-huitième, ont, en 1691, un poids inférieur à celui qu'ils ont dans les inventaires suivants. Ce fait est de nature à faire croire qu'il ne s'agit plus des mêmes pierres.

Avant tout, il importe de constater que ces quatre pierres ne furent pas toujours pesées, étant montées, et que le poids indiqué dans quelques-uns des inventaires ne leur a été donné qu'approximativement, comme le prouvent les pièces justificatives; puis, que dans les six inventaires nous retrouvons toutes les pierres décrites d'une façon toujours identique, et chaque inventaire renvoie à l'inventaire antérieur avec l'indication du numéro du chapitre où est décrite la pierre qu'il enregistre de nouveau. On voit donc qu'il n'existe aucun doute sur l'identité de chacune des pierres que nous donnons dans ce tableau. Nous pouvons dire, pourtant, que leur véritable poids est donné par l'inventaire de 1791; à l'exception d'une seule, toutes étaient alors démontées et purent être pesées. Il est bon de remarquer aussi, comme nous le verrons dans la suite, que Louis XIV, Louis XV et Louis XVI firent continuellement retailler ou repolir les diamants dont le poids, par conséquent, diminuait à chaque mise à la meule. Du reste le rapport de Thierry, de Ville-d'Avray, sur la comparaison des inventaires de 1691, 1774 et 1791, démontre l'identité de ces pierres. (Arch. nat., O¹ 3359.)

APPENDICE

DU CHAPITRE PREMIER

—— ——

I

ORDONNANCE DU ROY

de trois cent mille livres, aux officiers suisses, avec un ordre du sieur Courtois, et un Inventaire de diamants et pierreries à eux donnés en gage pour seureté de leur payement.

23 février 1649.

Trésorier de mon espargne Me Nicolas Jeannin de Castille payez comptant au Trésorier général de l'extraordinaire des guerres et cavallerie légère Me Louis Longuet en exercice la présente année en l'absence du Sr Charron, en exercice l'année dernière, la somme de trois cent mil livres pour employer au faict de sa charge, mesmes au payement de la solde et entretennement des régimens suisses de Molondin, Watteville, Rool, Guy, Lochmann et Reynold, et des compagnies franches de la mesme nation de Stocalper, lieutenant-colonel, May, May laisné, Diesbach, Tscharner, Plante, Bouel et Comesnil, qui servent en mes armées de Flandres et Catalongne, et ce, pendant partie des six premiers mois de l'année dernière 1648.

Laquelle somme sera distribuée auxdits régiments et compagnies franches suivant et conformement à l'estat que nous en ferons dresser y compris les fraiz dudict Charron à raison de six deniers pour livres.

Faict à St-Germain en Laye le xxiije jour de febvrier 1649.

Signé LOUIS.

Et plus bas.

LE TELLIER.

Le Roy, par l'advis de la Reine Régente sa mère ayant faict expédier l'ordonnance, dont coppie est cy-dessus transcripte, aux officiers suisses y mentionnéz, de la somme de trois cent mil livres pour partie de leur payement des six premiers mois de l'année dernière 1648, a voullu et ordonné tant pour la seureté du payement des assignations qui seront données pour ladite somme de trois cent mil livres contenue en ladite ordonnance, que pour facilliter le crédit dont lesdits officiers ont besoing pour faire subsister leurs Compagnies, que les diamants de la Couronne contenus dans l'inventaire qui sera transcript à la fin des présentes seront deslivréz et mis ez mains desdits officiers par le sieur Courtois, garde des Cabinets et pierreries de la Reyne, auquel sera baillé acte de descharge vallable, chacun d'iceux diamants estans cachettéz au doz sur un ruban noir des cachetz des armes du sieur comte de Brienne et du sieur du Plessis de Guénégaud, conseiller et secrétaire d'Estat, lesquelz diamants chacun d'iceux officiers, qui s'en sera chargé au marge dudit inventaire par forme de nantissement, sera tenu les rendre audict sieur Courtois au fur et à mesure qu'il sera payé de la part qui luy appartiendra en ladite assignation principalle de m^e m^{ll} et cependant que lesdicts officiers pourront engager lesdicts diamants pour les sommes qui leur sont deubes de ladicte assignation de m^e m^{ll} en demeurant responsable de desgager et rendre lesdictes pierreries audit sieur Courtois aussytost que le payement desdites assignations sera achevé, et en cas que ledit payement soit retardé après l'eschéance d'icelluy, le Roy se charge d'en payer les intérests. En tesmoing de quoy lesdits sieurs comte de Brienne et de Guénégaud ont signé le présent acte avec lesdicts officiers. A St-Germain en Laye ce xxiij^e febvrier mil six cent quarante-neuf.

MAY, HENRI SURY, MOLONDIN
et LOCHMAN.

II

INVENTAIRE

*des diamantz desliveréz aux officiers suisses en conséquence de l'acte
ci-dessuz transcript.*

I

Un diamant d'une table longuette de belle caüe fassié par dessus pezant
dix carats et ung quart esvallué lj^m lt.

II

Une roze ronde taillée à facette de grande estendue et de belle caüe
pezant sept caratz et demy esvallué xxviij^m lt.

III

Une table longuette facée par dessus et jaulne pezant huiet caratz trois
quarts esvalluée l^m lt.

IV

Ung aultre diamant en roze fort jaulni ung peu en forme de cœur
pezant treize caratz et demy esvallué xix^m lt.

> J'ay, soubzsigné Anthoine de Reynold colonel pour les régiments de Mo-
> londin, Lokman et les quatre Compagnies franches grisonnes, confessé avoir
> receu du Sr Courtois garde du Cabinet et pierreries de la Reyne les quatre
> diamantz mentionnés aux quatre articles ey acostés, l'un de 51 000lt, l'autre
> de 28 000lt, l'autre de 50 000lt et le dernier de 19 000lt, et ce par forme de
> nantissement suivant les actes ey-dessuz.
>
> De Reynold.

V

Un autre diamant en poincte quarré de deux costés de fort belle caüe
pezant huit caratz trois quarts esvallué xxviij^m lt.

J'ay, soubzsigné Jacques Guy colonel Audanger, confessé avoir receu du

sieur Courtois le diamant mentionné au présent article pour la somme de
28 000ᵗᵗ livres y contenue et par forme de nantissement suivant l'acte
cy-dessuz.

VI

Une table facée en tirant un peu sur coulleur de foing pezant huit
caratz esvalluée lij^{m tt}.

> J'ay, soubzsigné Isaac de Lavigny, capitaine au régiment de Watteville,
> confessé, etc., pour la somme de 52 000ᵗᵗ.

VII

Un autre diamant facette longuet tirant un peu sur coulleur de foing
pezant quatorze caratz esvallué xlviij^{m tt}.

> J'ay, soubzsigné Henry Sury, capitaine commandant le régiment de Rool,
> confessé, etc., pour la somme de 48 000ᵗᵗ.

VIII

Une table foible pezant quatre carats trois quarts esvalluée xviij^{m tt}.

> J'ay, soubzsigné lieutenant colonel May, confessé avoir receu, etc., pour la
> somme de 18 000ᵗᵗ.

CHAPITRE II

·

État des diamants de la Couronne à la mort de Mazarin. — Mariage de Louis XIV
et de Marie-Thérèse. — Achats de diamants. — Augmentation du Trésor par
voie de successions et d'achats. — Parures diverses du Trésor. — Transforma-
tion continuelle des joyaux de la Couronne. — Gardes des joyaux de la Couronne. — Les duchesses de Bourgogne et de Berri.

Au moment où Mazarin léguait à la Couronne les dix-
huit diamants qui devaient porter son nom, le Trésor était
fort réduit par suite de l'engagement des parures royales
entre les mains des colonels suisses, du financier Hervart
ou d'autres traitants[1]. Aussi la jeune reine Marie-Thérèse
n'avait-elle à sa disposition, au moment de son mariage,
que quarante-trois bijoux représentant une valeur de
neuf cent trente-huit mille livres[2].

La personnalité de cette reine reste bien effacée dans
l'histoire du grand siècle. Modeste, peu jolie, femme d'intérieur, poussant la chasteté jusqu'à la simplicité, aimant
profondément le roi, elle supporta sans jamais se plaindre
les infidélités de son royal époux, et ne se révolta point
contre les succès des maîtresses du jour qui prenaient sa
place dans les fêtes. Mieux que tout, ses dernières paroles
sur son lit de mort et celles que prononça le roi à ce
moment font connaître son caractère et son rôle à la cour.

1. *Correspondance de Colbert*, publiée par Clément, tome Ier, p. 436.
2. *Correspondance de Colbert*, tome VI, p. 348, note de Clément; et Bibl. nat.,
Ms. Fonds Clairambault, n° 499, p. 139 et 401, *Mémoires concernant les pierreries
du Roy*.

Comme elle était près de rendre l'âme, Louis XIV vint la voir et lui adressa quelques mots affectueux; elle lui répondit : *Je meurs contente, s'il est vrai que vous m'aimiez encore.* Lorsqu'elle eut expiré, le roi s'écria : *C'est la première peine qu'elle m'ait causée!*

Telle fut cette reine. Elle n'était guère, on le voit, femme de plaisirs, amoureuse de luxe; et si en sa qualité de reine elle se servait des joyaux dont l'État lui accordait la jouissance, son goût ne la portait pas à s'occuper de bijoux. Aussi, non seulement elle ne poussa pas à l'augmentation du Trésor, mais elle usa peu des joyaux existants.

Dans les premiers temps de son mariage, comme les pendants d'oreilles de la Couronne étaient encore entre les mains des Suisses, le roi crut devoir lui en offrir une autre paire d'une valeur bien inférieure[1]. Ce fut un des rares cadeaux que le roi fit à Marie-Thérèse.

Louis XIV, contrairement à la reine, aimait les joyaux. Profitant de ce que Marie-Thérèse se parait peu des pierreries de la Couronne, il les appropria à son usage, les fit monter en grande partie sur des poignées d'épées et transformer en boucles de baudriers, boutons ou boutonnières de justaucorps.

Le roi acheta en outre durant son règne un nombre considérable de pierres, dont il disposa à son plaisir.

Avec cette magnificence qui ne manquait pas de grandeur, et qui fit de lui pendant près d'un siècle le souverain le plus puissant et le plus respecté du monde entier, qui lui décerna le nom de *Grand*, Louis XIV répandait les cadeaux à sa cour et au loin. Sa générosité se traduisit par des dons de bijoux et de pierres précieuses à des souverains, des ambassadeurs, des généraux, des courtisans, des serviteurs, et surtout à ses maîtresses.

Ces largesses exigèrent une comptabilité spéciale, qu'une

---

1. Bibl. nat. Ms. *Mélanges de Colbert*, 1662, tome 264, p. 9 : « *Au sieur Lescot pour le payement d'une paire de pendans d'oreilles qu'il a vendue pour la Reine* lx^m *livres.*

MARIE-THÉRÈSE D'ESPAGNE, REINE DE FRANCE.

D'après la gravure de Bonnard.

administration dut tenir journellement. A partir de 1664[1], Colbert prit en main la direction des finances ; il supprima ce qu'on appelait les *Comptes de l'Épargne*, et constitua le *Trésor royal*, dont il eut la haute main[2].

C'est dans les bureaux de cette administration que fut tenue la comptabilité des pierreries du roi. De 1663 à 1684, dix volumes d'entrées et de sorties de pierres précieuses témoignent de l'importance des achats et des libéralités de Louis XIV. Aujourd'hui, ces registres ont disparu, mais nous en possédons les tables sommaires ; et la reproduction que nous en donnons plus loin montrera leur importance[3].

D'un autre côté, si ces registres font défaut, les papiers de Colbert nous ont conservé les quittances des objets que ce ministre fut chargé d'acheter pour le service du roi. Tous ces documents, aujourd'hui publiés, suppléent donc aux volumes de comptabilité disparus. On y voit, décrites au jour le jour, les libéralités de Louis XIV : le roi répand les cadeaux autour de lui ; même à la tête de l'armée, assiégeant des places ou combattant en campagne, il n'oublie ni Mme de Fontanges ni Mme de Montespan : au mariage des princes ou de personnages de la cour, il envoie un riche souvenir aux nouveaux époux ; à tout événement, courtisans, serviteurs ou étrangers de distinction reçoivent les témoignages de sa munificence. Dans les largesses du roi, Marie-Thérèse est la moins favorisée[4].

Laissons de côté maintenant les libéralités royales et venons à l'histoire du Trésor des joyaux de l'État.

1. Bibl. nat. Ms. Fonds Clairambault, n° 449, p. 453 : Ordre observé dans la tenue des livres du compte des pierreries.

2. Arch. nat. AD. IX, 490, avril 1664 : Édit transformant l'Épargne en Trésor royal.

3. Bibl. nat. Ms. Fonds Clairambault, n° 499, p. 447 et 453.

4. Durant le règne de Louis XIV, comme sous ses successeurs jusqu'à la Révolution, les diamants de la Couronne n'eurent plus l'occasion de servir de valeurs mobilières ; cependant, en compulsant les quittances royales réglées par Colbert, on peut croire que, dans l'esprit de ce ministre, l'augmentation du Trésor n'avait pas uniquement pour mobile le décorum ou le luxe ; en homme prévoyant, il croyait créer pour l'État une dernière réserve prête à servir dans des cas extrêmes.

Les diamants de la Couronne servirent à la reine, mais surtout au roi. L'espèce de retraite dans laquelle vivait Marie-Thérèse fit que les parures montées pour elle lui furent de peu d'usage pendant sa vie; aussi Louis XIV commença d'abord par quelques pierres pour son usage personnel; il s'en attribua ensuite la moitié; puis, après la mort de Marie-Thérèse, il les fit monter presque toutes en parures d'hommes.

En 1665, le cavalier Bernin étant venu en France[2], Louis XIV ordonna qu'on lui montrât les curiosités de la capitale. Lorsqu'il vint au Louvre, Colbert l'accompagna et lui fit voir les joyaux de la Couronne dont se servait la reine, parmi lesquels se trouvaient des chaînes ou colliers, des bouquets de diamants, des nœuds dits « galants », des pendants d'oreilles, des épingles à cheveux dénommées alors « poinçons », et surtout des montres; puis quatorze *Mazarins* sans monture, renfermés dans un écrin oblong. Le *Sancy*, le *Miroir-de-Portugal* et deux autres *Mazarins*, placés à part dans d'autres écrins, conservaient encore la monture qu'ils avaient lors de leur acquisition par le Cardinal.

En 1665, la mode n'avait pas encore changé, depuis le commencement du règne de Louis XIV. Le devant du corsage décolleté formait toujours un triangle couvert de pierreries. Marie-Thérèse, dans les tableaux où elle est représentée, a en effet ce triangle dessiné au moyen de brandebourgs et de chaînes, composées de brillants mélangés de perles placées horizontalement et graduellement les unes au-dessus des autres, la plus élevée étant la plus grande, la suivante plus petite, et chacune diminuant ainsi de grandeur, la plus basse formant la pointe du triangle. Quelquefois, mais plus rarement, le devant de la jupe était orné d'une garniture de pierreries ou de broderies descendant

---

1. Inventaire de 1691. Voir plus loin.
2. *Journal du Voyage du cavalier Bernin en France*, publié par Ludovic Lalanne.

jusqu'au bas; ainsi est décorée la robe que porte Marie-Thérèse dans le portrait que nous avons donné plus haut[1]. Le tour de l'échancrure du corsage était bordé dans les grandes cérémonies d'une chaîne de diamants ou de perles; les buses du corsage étaient encore dessinés avec des chaînes ou des fils de perles; les manches, fort larges et descendant jusqu'aux coudes, formaient des plis bouffants, maintenus au moyen d'agrafes ou de nœuds. Enfin, dans les cheveux se plaçaient des aigrettes.

L'arrivée de Louis XIV au pouvoir se signale, entre autres modes, par celle de la montre pendant à la ceinture au moyen de rubans ou de chaînes de pierreries. Ces montres avaient leur dessus couvert de diamants ou de pierres de couleur; quelques-unes, vers 1680, affectèrent des formes bizarres : on en vit de carrées, d'hexagonales, d'octogonales, etc[2]....

Les croix, telles que celles qui étaient en usage depuis François Ier, disparurent peu à peu, considérées comme des bijoux de mode surannée[3].

_____

1. Bibl. nat. Recueil de Bonnard, au Cabinet des estampes.

2. Le _Mercure_, 1673, tome IV, p. 311; 1681, mai, p. 329 et 330; 1682, février, p. 328 et 329.

3. A sa mort, Anne d'Autriche avait douze croix de diamants et de perles ainsi décrites dans le récolement de l'inventaire fait le 8 février 1666 (Étude de Me Rigaud).

N° 165. — Une croix d'esmeraude toute garnie de diamants, prisée avec l'estuy 2500 livres.

N° 166. — Une croix d'un gros ruby toute garnie de diamants, prisée 3500 livres.

N° 167. — Une croix d'un ruby balet toute garnie de diamants, prisée 660 livres.

N° 168. — Une croix de filigrane garnie de diamants jaulnes, prisée 2400 livres.

N° 169. — Une petite croix de saphir garnie de quatre diamants, prisée 1200 livres.

N° 222. — Une croix de cinq diamants faibles, prisée 2200 livres.

N° 224. — Une grande croix d'un grand diamant à facettes longues en forme de lozange et à table dessous avec trois grands diamants en pandeloeques à facettes de tous costez, percez vers la pointe, prisez ensemble cent trente mille livres, cy 130000 livres.

N° 225. — Une grande croix où est au milieu un grand diamant taillé à la mode, plat dessus et à facettes dessous avec quatre grands diamants cœurs et quatre autres petits, le tout prisé ensemble 70000 livres.

N° 226. — Une autre grande croix de six forts grands diamants à facettes, prisée 250000 livres.

Du reste, les fêtes costumées et les représentations théâtrales, pour lesquelles le roi montrait un goût très prononcé, fournirent l'occasion de changements de modes continuels ; et ces changements se manifestèrent jusqu'à l'époque de nos revers, c'est-à-dire jusqu'à l'ouverture de la guerre de Succession d'Espagne.

Durant cette période, tous les deux ou trois ans les élégantes modifiaient les bijoux[1]. Tantôt, vers 1665, c'étaient des ferrets ou aiguillettes qui pendaient à des nœuds autour de la ceinture ou le long de l'épaule, tantôt des rosaces qui se plaçaient à tout endroit du costume où elles pouvaient ressortir avec avantage ; puis des bouquets de perles et de diamants venaient servir d'attaches pour remonter les jupes, remplaçant ainsi les rubans[2].

La perle, comme de tout temps, était toujours le joyau de deuil[3] ; les éventails, ainsi que les montres, s'attachaient à la ceinture, souvent par des chaînes de perles ou de diamants.

Suivant l'exemple donné par le roi, les princes et les grands seigneurs se parèrent à leur tour de bijoux, dans l'ornementation de leurs vêtements. Les ganses des boutonnières, c'est-à-dire l'agrémentation des boutons et des boutonnières, furent tressées en diamants pour les hommes comme pour les femmes[4]. Enfin, les boucles de souliers furent également ornées de pierres précieuses.

Jusqu'en 1670, les hommes portèrent en guise d'épau-

Nº 227. — Une grande croix de six grandes perles en poires avec dix diamants épais, prisée 120 000 livres.

Nº 228. — Une autre croix composée d'une couronne d'espines en triangle, où il y a un diamant en lozange et trois diamants de demy fonds à costé, prisé le tout ensemble 5000 livres.

Nº 229. — Une autre croix d'un diamant long à six pans avec quatre diamants carrez taillez à la mode, et une topaze d'Orient, un saphir violet, un rubis couleur de rose, et une esmeraude, le tout prisé ensemble la somme de 6000 livres. (*Estat des meubles et pierreries de la succession de la feue Reyne Mere.*) — Inédit.

1. Le *Mercure*, 1672, tome III, p. 294.
2. *Ibidem*, p. 295.
3. *Ibidem*, V, p. 295.
4. Bibl. nat. Ms. *Mélanges de Colbert*, tome 275, p. 9, et tome 276, p. 15.

lettes des rubans terminés par des ferrets, et, aux parements
des manches, des boutons avec des broderies simulant la
boutonnière.

Les portraits de Louis XIV et de Marie-Thérèse, dont
nous donnons ici une reproduction, indiquent le genre de
broderies alors en usage à la cour : des boutons, boutonnières et soutaches formant brandebourgs.

L'apparition de cette mode nous est signalée par le *Mercure* dès octobre 1677, à l'occasion des fêtes qui eurent lieu
à Fontainebleau[1] : *Le roi s'y fit veoir avec un habit de
lames d'or, sur lequel il y avoit une broderie or et argent;
l'arrangement des pierreries estoit en boucles de baudrier.* On y remarqua également l'habit du duc d'Orléans[2], *tout couvert de pierreries arrangées comme le sont
les longues boutonnières des casaques à la Brandebourg.*
Quelques années plus tard, en décembre 1697, on retrouve
encore le détail de la toilette du même duc d'Orléans, aux
fêtes données à l'occasion du mariage de son fils, le duc
de Chartres[3] : *Monsieur, dit le* Mercure, *avoit des brandebourgs d'argent avec des boutons de rubis et de diamants. L'habit de M. le duc de Chartres estoit de velours
noir, les brandebourgs d'or mêlés de brandebourgs de
diamants doublés de velours couleur de rose.*

Si les pierreries de la Couronne servirent à la confection
des boutons-boutonnières ou brandebourgs du roi, il ressort des quittances que les plus beaux diamants furent
employés à décorer les baudriers et la poignée de l'épée
royale[4].

Les baudriers de Louis XIV, comme nous les représentent les tableaux de l'époque, étaient fort larges et entièrement brodés. Les broderies en étaient rehaussées de pierres
précieuses; et, sur la boucle de diamants d'un de ces bau-

1. Le *Mercure*, tome VI, 1677, p. 207. — 2. *Ibidem*, p. 210. — 3. *Ibidem*, 1697, p. 251.
4. Bibl. nat. Ms. *Mélanges de Colbert :* tome 280, p. 13; tome 286, p. 7; et tome 301,
p. 259. — Louis XIV avait deux épées ornées de pierreries. Voir plus loin l'Inventaire de 1691.

driers, se trouvaient réunies les pierreries alors les plus considérables du Trésor. Au dire du *Mercure*, le baudrier et l'épée que portait le roi, en 1679, dans certaines fêtes, étaient garnis de gros diamants représentant une valeur de plus de quinze cent mille livres[1].

Louis XIV innova également l'emploi des pierreries dans les insignes des ordres de chevalerie. Jusqu'alors, l'or et l'argent, émaillés ou non, étaient les seules matières qui entraient dans le mode de fabrication des emblèmes honorifiques[2]. En 1663, le roi commanda à Lescot une croix du Saint-Esprit, en diamants montés à jour, du prix de trente-huit mille cinq cents livres. Cette croix, qui se portait sur le justaucorps[3], existait encore en 1691, avec une autre semblable[4] que de nos jours on nommerait « crachat ». A ces deux croix, venaient s'en ajouter d'autres suspendues à de grands cordons et portées sur la veste sous le justaucorps.

En 1691, la reine était morte depuis huit ans, et la presque totalité des parures montées pour elle avait été transformée pour l'usage du roi.

Les hommes portaient alors deux vêtements l'un sur l'autre : dessous, la veste, gilet long boutonné descendant jusqu'aux genoux ; dessus, le justaucorps ou redingote ouverte, tantôt boutonné à la taille, tantôt maintenu par une ceinture d'étoffe[5].

La parure de boutons, boutonnières, fleurons de boutonnières, etc., s'appliquait presque entièrement sur le justaucorps ; quelques bijoux seulement se mettaient sur la veste.

Le Trésor possédait deux parures complètes de justau-

---

1. *Le Mercure*, 1677, octobre, p. 20; et 1679, 2ᵉ partie, p. 95 et 103.

2. A moins qu'ils ne fussent brodés en paillettes ou lamés d'or et d'argent comme sur les manteaux de chevaliers du Saint-Esprit.

3. Bibl. nat. Ms. *Mélanges de Colbert*, tome 266, p. 8.

4. Vraisemblablement ces croix ne durent pas subsister, puisque dans l'Inventaire de 1691 on en retrouve trois ou quatre d'un prix beaucoup plus élevé.

5. Inventaire de 1691, chap. III.

LOUIS XIV AVEC UN JUSTAUCORPS
COUVERT DE BOUTONS ET DE BOUTONNIÈRES DE DIAMANTS

D'après la gravure de Bonnard.

corps et de veste à l'usage du roi. L'une se composait de cent vingt-trois boutons, de trois cents boutonnières et de dix-neuf fleurons de boutonnières s'adaptant au justaucorps, et de quarante-huit boutons avec leurs quatre-vingt-seize boutonnières s'adaptant à la veste[1]. A cette agrémentation des habits venait s'ajouter un crochet de sept diamants pour le chapeau, un crachat de justaucorps et une croix de grand-cordon. L'autre parure[2] consistait en cent soixante-huit boutons, trois cent trente-six boutonnières et dix-neuf fleurons de boutonnières pour le justaucorps; quarante-huit boutons et quatre-vingt-seize boutonnières pour la veste. Outre le crochet de diamants de chapeau, cette parure comprenait encore deux paires de jarretières servant à maintenir les bas au-dessus du genou, une double paire de boucles de souliers, et une épée enrichie de diamants, d'une valeur de deux cent vingt-quatre mille huit cent livres[3], avec sa garniture de baudrier.

Après les parures de diamants venaient les parures de perles, presque identiques aux précédentes.

Les parures de femmes, conservées jusqu'à Louis XVI, consistaient en une grande chaîne de quarante-cinq diamants[4], estimée à environ deux millions de livres; un collier de vingt-cinq grosses perles, estimé deux cent cinquante

---

1. Inventaire de 1691, chap. III.

2. *Ibidem*, chap. IV.

3. Cette épée avait été achetée au sieur Pitau en 1664, pour le prix de deux cent soixante-quatre mille cinq cent soixante-six livres. (Bibl. nat. Ms. *Mélanges de Colbert*, tome 268, p. 332.)

En 1672, le même Pitau ajouta à cette épée deux cent soixante-quatorze diamants pour le prix de quatorze mille six cent soixante-sept livres, et au baudrier six cent quatre-vingt-trois diamants pour sept mille neuf cent quatre livres. (Même source, tome 289, p. 366.)

En 1678, Montarsy augmenta le baudrier de cette épée de quatre-vingt-neuf diamants à facettes, pour une somme de trois mille cinq cent quatre-vingt-dix-huit livres. (Même source, tome 301, p. 258.)

Il est probable que les modifications apportées, après cette date, à l'épée et au baudrier, ont dû en réduire la valeur.

Une seconde épée d'une valeur bien inférieure, vingt-trois mille sept cent soixante-neuf livres, figure au chapitre X dudit Inventaire.

4. Inventaire de 1691, chap. VIII.

mille livres[1]; et trois paires de pendants d'oreilles, dont une, estimée cinq cent mille livres, avait la forme de celles d'Anne d'Autriche que nous connaissons; dans cette parure se trouvaient les *Mazarins*, 4, 5, 6, ainsi que le diamant légué à la Couronne par le cardinal de Richelieu. Trois épingles à cheveux, ornées chacune de diamants, terminaient la série des parures de femme.

GIRANDOLE D'ANNE D'AUTRICHE
D'après le recueil de Maréchal.

Enfin, en dernier lieu, venait une épée d'or rehaussée de cent trente et un diamants, estimée vingt-trois mille livres, et comprenant en outre vingt ferrets, prisés quatre mille livres[2].

La description que nous venons de faire de ces parures témoigne que le Trésor s'était accru depuis la mort de Mazarin, non seulement des joyaux dégagés depuis la Fronde, mais également des acquisitions de bijoux qu'il avait fallu faire; le Trésor s'était ensuite naturellement augmenté de la rentrée des pierreries données en apanage à Anne d'Autriche et à Marie-Thérèse par leur contrat de mariage, et qui devaient retourner à la Couronne au décès de ces deux reines[3]. Comme il serait trop long d'énumérer ici les acquisitions de cette époque, nous ne rappellerons seulement que les plus importantes.

En 1665, lors de la mort du duc de Guise, un instant roi de Naples, sa cousine Marie de Lorraine, tutrice du jeune duc de Guise, vendit à Louis XIV le diamant dit le *Diamant de Guise*, avec vingt-quatre tapisseries, pour la

1. Inventaire de 1691, chap. VII.
2. *Ibidem*, chap. IX.
3. Voir Bibl. nat., Ms., Fonds Clairambault, n° 499, p. 440 et suivantes.

somme de quatre cent soixante-cinq mille livres[1]. Ces
tapisseries, tissées d'or, se divisaient en deux séries de
douze chacune : l'une, dite *Chasse de Maximilien*, d'après
les dessins de Van Orley bien que la quittance les attribue
à Albert Durer[1] : l'autre, dite des *Grotesques*, d'après les
dessins de Jules Romain, représentant les douze mois de
l'année[2].

1. Voir la quittance reproduite plus loin, extraite des *Mélanges de Colbert*, tome 270, p. 8. 1665.

Suivant un acte passé le 28 septembre 1665, par devant M** Mutel et Manchon, notaires gardes-notes du roi, le prince Henry de Lorraine, duc de Guise, reconnaissait devoir au sieur Pierre Girardin, conseiller et secrétaire du roi, la somme de quatre-vingt-trois mille quatre cents livres tournois que ce dernier venait de lui prêter sous la promesse expresse du duc de Guise de lui rembourser cette somme dans le délai de deux ans. En garantie de sa créance, le sieur Girardin reçut en dépôt les deux séries de tapisseries représentant, l'une la *Chasse de Maximilien*, l'autre les douze mois de l'année appelés les *Grotesques*, un lit d'alliance et divers autres objets, à la condition toutefois qu'il serait autorisé à les vendre au plus offrant et dernier enchérisseur, s'il n'était pas remboursé de sa créance à l'époque fixée.

Ce remboursement n'eut pas lieu, et, sans doute pour empêcher la mise à exécution de la vente aux enchères stipulée dans l'acte précité, le duc de Mazarin, fils du maréchal de la Meilleraye, se substitua au premier créancier, le sieur de Girardin, et devint détenteur des objets mis en gage par le duc de Guise.

Ce n'est qu'en 1665, un an après la mort du duc de Guise, que la situation changea. Mlle de Lorraine, gérante des biens des héritiers du duc de Guise, céda ces différents objets à Colbert, représentant Louis XIV, à charge de désintéresser les créanciers du duc de Guise, qui les conservaient comme gages de leurs créances.

En conséquence, par une ordonnance royale (sans date), Louis XIV faisait payer à sa cousine Marie de Lorraine, comme tutrice de son neveu, fils du duc de Guise décédé, la somme de quatre cent vingt-cinq mille livres, à laquelle il ajoutait une gratification de cent vingt-cinq mille livres, soit en tout cinq cent cinquante mille livres, pour prix de la vente, faite en sa faveur, des deux séries de tapisseries et des objets divers compris dans l'acte sus-mentionné, plus le gros diamant de trente-trois carats. Dans cette somme étaient comprises les quatre-vingt-trois mille quatre cents livres destinées à rembourser au duc de Mazarin la somme équivalente qu'il avait payée au sieur Girardin.

Ces renseignements nous sont donnés par les deux pièces reproduites ci-dessous et par la minute ordonnancée de Dumetz de Rosnay, conservée à Beauvais, aux Archives de l'Oise. Nous en devons la communication à M. Couard-Luys, archiviste.

2. Quittance de payement du diamant, dit *Diamant de Guise*, vendu à Louis XIV par Marie de Lorraine de Guise, en 1665 :

« Item, à Mlle Marie de Lorraine de Guise, tant en son nom que comme tutrice de M. le duc de Guise, son neveu, et aiant pouvoir de Mlle Anne-Marie-Louise d'Orléans, cousine de Sa Majesté, héritière de feu Henri de Lorraine, duc de Guise, pour avec quatre-vingt-trois mille quatre cents livres que Sa Majesté a fait paier au sieur duc de Mazarin, en l'acquit de la succession dudit feu sieur duc de Guise faire la somme de

Ce joyau avait vraisemblablement appartenu à la maison de Guise dès le seizième siècle. Charles II, duc de Lorraine, l'avait eu dans son Trésor et le prêta en 1595 à la duchesse d'Elbeuf pour qu'elle empruntât dessus de l'argent à un orfèvre de Besançon, afin de solder la rançon de son mari, alors prisonnier de guerre. Lors de la remise de ce diamant à la duchesse d'Elbeuf, il fut dessiné sur l'ordre du duc de Lorraine. Ce dessin, joint à l'acte dont la Biblio-

LE BIJOU DU DIAMANT DE GUISE

D'après le dessin conservé dans le Fonds de Lorraine, au département
des manuscrits, à la Bibliothèque nationale.

thèque nationale conserve encore l'original, nous le montre dans une broche en losange que nous reproduisons ci-dessus[1]. Nous verrons plus tard, pendant la Révolution, que

quatre cent vingt-cinq mille livres pour le parfait et entier payement de deux tentures de tapisseries de laine et soie relevée d'or, l'une appelée *la Grande Chasse de l'empereur Maximilien*, dessin d'Albert Dure, composée de douze pièces qui représentent les douze mois de l'année faisant soixante aunes deux huitièmes de tour sur trois aunes demy tiers de haut, et l'autre les *Grotesques*, dessin de Jules Romain, qui représentent aussi les douze mois de l'année en douze pièces faisant quarante-cinq aunes demy quart de tour sur trois aunes demy tiers de hault et un grand diamant espais tres blanc un peu longuet qui manque d'un coing pesant trente-trois karats et un quart de karat. » (Bibl. nat. Ms. *Mélanges de Colbert*, tome 168, p. 8.)

1. Bibl. nat. Ms. Fonds de Lorraine, n° 185.

ce diamant fut volé en 1792, et comment il y a deux ans il fut vendu comme l'un des *Mazarins*, quoique n'ayant jamais appartenu au cardinal, et acheté comme tel par M. Tiphany à la vente des joyaux de la Couronne[1].

Cette acquisition de Louis XIV fut bientôt suivie d'une plus considérable faite à Tavernier[2] en 1669, lorsque celui-ci revint de Perse.

Nous avons déjà dit un mot des conditions dans lesquelles s'opéra ce second achat, en faisant mention du *Diamant bleu*, serti dans la *Toison-d'Or* avec la *Côte-de-Bretagne*. La facture de Tavernier s'élevait à la somme totale de huit cent quatre-vingt-dix-sept mille sept cent trente et une livres. Le *Diamant bleu* y figurait pour deux cent vingt mille livres, le surplus s'appliquait à quarante-quatre gros diamants et à onze cent vingt-deux plus petits.

Nous possédons une description exacte des principales d'entre ces pierres, par le tableau que Tavernier nous en a conservé dans l'une des dernières éditions de son *Voyage*, et que nous reproduisons plus loin[3].

Peu de temps après ces achats, Louis XIV en faisait encore un autre presque aussi important par l'entremise de Pitau, orfèvre du roi, à un sieur Bazu[4], qui arrivait également de l'Inde. Cet achat, d'une somme de cinq cent quatre mille trois cent quarante livres, comprenait : quatorze grands diamants, dont un seul du prix de cent dix mille livres, et cent trente et un plus petits, s'élevant ensemble à la somme de quatre cent trente-deux mille quarante livres; une boîte à portrait ornée de cent huit diamants, un rubis balais, deux belles topazes d'Orient, et

---

1. *Catalogue des joyaux de la Couronne mis en vente par l'administration des domaines* (Ministère des finances. Paris, Imprimerie nationale, in-4°, 1887).

2. Bibl. nat. Ms. *Mélanges de Colbert*, tome 281, p. 12.

3. Ces pierres, achetées par Louis XIV, étaient inégales comme taille: pour les remettre en valeur, on dut les repasser à la meule, et, par suite de cette opération, leur poids fut modifié de telle façon, qu'on ne peut les retrouver dans les inventaires de la Couronne qui suivirent.

4. Bibl. nat. Ms. *Mélanges de Colbert*, tome 281, p. 15.

trois perles fines, dont une ronde valant quarante mille livres, une autre en forme de poire de vingt et un mille cinq cents livres, et la dernière un peu plate de trois mille trois cents livres.

Le roi chargeait en même temps le même Pitau de lui acheter les pierreries et l'argenterie provenant de la succession de Marie-Louise de Gonzague, reine de Pologne, morte en 1667[1]. Ce nouvel achat s'élevait à cent soixante-dix mille livres, et se composait de deux paires de pendants d'oreilles, l'une de diamants, l'autre de perles et de diamants; d'un panache de diamants en forme d'aigrette; de neuf mille sept cent quatre-vingt-quinze perles de différentes grosseurs arrangées dans un *aprestador*[2], enrichi de perles et de diamants; de huit chaînes, dont deux ornées de rubis, deux de diamants, trois de perles, de rubis et de diamants, et une d'émeraudes et de diamants; de quatorze bagues de rubis, d'un chapelet de corail avec ses deux croix en diamant, et d'un nombre considérable de petits diamants, de rubis, de boutons, de ferrets et autres bijoux de moindre importance.

En 1678, un sieur Alvarez[3], marchand de pierreries, qui

1. Bibl. nat. Ms. *Mélanges de Colbert*, tome 281, p. 18.

2. Ou *aprétador*. Ce mot signifie en espagnol parure de tête pour femme, composée généralement de rangs de perles.

3. Alvarez, dont nous nous occupons, n'était point orfèvre, mais il eut souvent à s'occuper des joyaux de la Couronne; il rédigea avec Pierre de Montarsy l'inventaire des joyaux de Marie-Thérèse en 1683, et celui des diamants de la Couronne en 1691. (Bibl. nat. Ms Fonds Clairambault, n° 499, p. 109.) Alvarez était d'une famille connue depuis longtemps dans le commerce des pierres précieuses. Dès 1630, on citait, dans les traités sur les pierres précieuses, comme les plus belles les pierreries d'un joaillier du nom d'Alvarez. (Bibl. nat. Ms. Fonds Du Puy, n° 669 : *Mémoire des Diamants sur le Dictamen du sieur Fernand Numies, frère de Girar Guillelmo, lapidaire d'Amsterdam, et d'Alvarez de Paris, et Manuel de Costa Casseretz, du 18e juillet 1630.*) Peut-être l'Alvarez en question est-il le même qu'Alvarez de Coursa, seigneur de la Houville, trésorier des Cent-Suisses de Louis XIV, qui était créancier du roi pour des fournitures de cuivre, d'étain, de plomb, de mâts et de goudron qu'il aurait fait venir de Dantzig pour les vaisseaux de l'État. En 1690 et en 1691, il aurait également fait entrer de l'argent dans Casal pour l'entretien des troupes fournies à Jacques II par Louis XIV, pour l'expédition d'Irlande. Cet Alvarez reçut plusieurs acomptes sur sa créance, s'élevant ensemble à un million trois mille deux cents livres, dont quarante-six mille livres en pierreries, en 1679. (Bibl. nat., Cab. des Titres, Pièces originales, n° 44, dossier 973, pièce n° 21.)

avait fourni au roi une quantité considérable de joyaux,
fut chargé de faire tailler six cent soixante-cinq diamants,
dont douze grands et six cent cinquante-trois plus petits,
provenant des dernières acquisitions[1]. C'est ce qui explique
la difficulté que nous avons rencontrée pour identifier exactement ces diamants avec ceux qui figurent à l'Inventaire
de 1691, car à cette date les diamants, ayant été retaillés,
n'avaient plus le même poids qu'à l'époque de leur achat.

Ce même Alvarez était alors le joaillier le plus considérable de l'époque. Dans les Manuels, on citait ses pierres
et ses diamants comme étant les plus gros et les plus beaux.
Il s'enrichit probablement, et ses enfants ayant été ano-
blis par le roi ne perpétuèrent pas son nom dans les an-
nales de l'orfèvrerie et de la joaillerie.

A côté d'Alvarez existait un autre joaillier, garde des
pierreries de la Couronne, et qui fit avec lui l'inventaire
de 1691 : il se nommait Pierre Le Texier de Montarsy[2], et
était fils de Laurent de Montarsy, lequel avait eu sa réputation comme orfèvre en « bas-reliefs d'or ». Pierre de

---

1. Bibl. nat. Ms. *Mélanges de Colbert*, tome 301, p. 6.

2. Laurent Le Texier de Montarsy, dont nous ne connaissons pas la date de réception dans la corporation des orfèvres, fut logé au Louvre par un brevet du roi en
date du 15 octobre 1661, comme l'un des plus capables de ses orfèvres en « bas-reliefs ».
Dans plusieurs autres états il est désigné sous le titre d'orfèvre en or ou d'orfèvre en
bas-relief. Les quittances, conservées dans les *Mélanges de Colbert*, nous font voir qu'il
était aussi quelque peu joaillier et qu'il montait des pierres tout autant qu'il ciselait.
Laurent eut une grande réputation : l'abbé de Marolles le cite comme un des premiers ciseleurs de son temps. A en croire l'*Abecedario* de Mariette, il aurait eu une fort
belle collection, principalement de dessins. Il fut garde de l'orfèvrerie en 1680. Antoine Coypel fit son portrait que grava Edelinck. (*Archives de l'Art français*, tome I,
p. 198 et 440; tome III, p. 211; tome IV, p. 9. — Arch. nat. S. 7212, Z. 2971. —
Bibl. nat. Ms. *Mélanges de Colbert*, quittances royales, tome 268, p. 336.)

Pierre de Montarsy, fils du précédent, habita après son père au Louvre à la date
du 28 mars 1684. Il fut reçu membre de la corporation des orfèvres en 1672, et devint quelque temps après garde des pierreries de la Couronne. Il semble, au contraire de son père, ne plus s'être occupé dans sa charge de ciselure et d'orfèvrerie et
s'être adonné complètement au commerce et à la monture des pierreries. Comme on
le verra dans le texte, ce Montarsy, malgré sa haute position, ne fit pas de brillantes
affaires. Il avait été compromis, dans une première affaire pour introduction de marchandises en fraude, avec Tavernier et un négociant en pierreries du nom de Peau-
trier. (*Nouvelles Archives de l'Art français*, 1873, p. 77. — Arch. nat. S. 7212, Z. 2971,
2980 et 2971. — Bibl. nat. Ms. *Mélanges de Colbert*, quittances royales, tome 268, p. 336.)

Montarsy fut logé au Louvre à la suite de la mort de son père, qui y habita de 1661 à 1685 (?). Pierre de Montarsy, devenu joaillier de la Couronne, reçut des commandes considérables; cependant, soit qu'il eût fait de mauvaises spéculations ou se fût livré au jeu, sa situation commerciale se trouva des plus compromises à l'époque de sa mort, survenue inopinément le 8 mars 1710. A ce moment, comme durant tout le temps qu'il fut joaillier de la Couronne, Pierre de Montarsy avait eu en dépôt une grande quantité de diamants appartenant tant au roi qu'à la Couronne et d'une valeur pouvant s'élever à environ trois cent mille livres. Probablement poursuivi par des créanciers, il mit en gage plusieurs des diamants qui lui avaient été confiés pour le compte de Louis XIV, car en 1709, lorsqu'il dut livrer une parure que le roi lui avait commandée pour être donnée en cadeau à l'électeur de Bavière, il lui fallut acheter à Rondé, autre joaillier qui lui succéda dans sa charge de joaillier de la Couronne, les pierres dont il avait besoin pour l'exécution de cette parure, — celles qui lui avaient été remises pour y être serties ne se trouvant plus en sa possession par suite de leur mise en gage. — Bien entendu, Rondé ne fut pas payé, et peu de temps après Montarsy mourut.

Personne, ni à la cour ni dans son entourage, ne se doutait de la déconfiture de Pierre de Montarsy; seuls, une servante nommée Marie Brière et un de ses beaux-frères, le sieur Quentin de Champlot, premier valet de garde-robe du roi, avaient eu connaissance de sa position embarrassée, et savaient l'escroquerie dont il s'était rendu coupable par l'engagement des pierres commises à sa garde.

La place qu'il occupait lui avait créé par son importance, ainsi qu'aux siens, une grande situation : sa fille et sa sœur avaient épousé des personnages haut placés; lui-même menait grand train de vie et était devenu propriétaire du château de Biesvres, situé non loin de Paris, où il rendit le dernier soupir.

Avisé à temps par les médecins de l'état désespéré de son beau-frère, le sieur Quentin Champlot convoqua le nommé Ricquebourg, homme d'affaires, et, avec la servante Marie Brière, tous trois décidèrent de faire disparaître les livres de la maison de commerce, qui eussent été des preuves flagrantes de la culpabilité du moribond. En effet, le détournement de ces livres eut lieu presque immédiatement.

Quelque temps après le décès de Pierre de Montarsy, le sieur Philippe Lefèvre, conseiller et intendant du roi, nommé garde des pierreries de la Couronne par arrêt du Conseil d'État, fit apposer les scellés dans le château et la maison de commerce du défunt, et dresser l'inventaire des pierreries du roi qui devaient se trouver chez le joaillier de la Couronne. C'est à ce moment seulement que la situation de celui-ci se dévoila, lorsqu'on s'aperçut de la disparition de la plupart des pierres du roi.

Une enquête était nécessaire : Louis XIV nomma M. de Caumartin, conseiller d'État et intendant des finances, pour l'instruire et la diriger.

Cette affaire, intéressant la Couronne, fut portée devant le Conseil du roi. Bientôt des monitoires et des réaggraves, lus au prône, tant à Paris qu'à Sceaux, sommèrent sous peine d'excommunication les personnes ayant connaissance du détournement des joyaux et des livres de comptabilité, de venir en faire la déclaration à l'autorité compétente. On enregistra ainsi nombre de dépositions qui montrèrent la vérité. Les pièces judiciaires conservées jusqu'à aujourd'hui ne permettent pourtant pas d'établir si les diamants rentrèrent les uns au trésor de la Couronne, les autres au Trésor royal ; enfin, quel arrêt le Conseil rendit en cette circonstance[1].

1. Tous ces détails sur la déconfiture, la mort de Montarsy et les procès qui suivirent nous sont donnés par les pièces suivantes : Arch. nat. Arrêt du Conseil d'État : E. 1951, fol. 16, 232 et 264 ; 1952, fol. 1. — *Ibidem.* Carton V^G n° 378. — Pièces provenant de la commission temporaire du Conseil de la maison du Roi, et comprises dans les actes de l'action judiciaire introduite par le Conseil du roi après la mort de Pierre de Montarsy, survenue le 8 mars 1710. — Voir plainte de Lefebvre, conseiller

Il ne nous reste plus qu'à mentionner un seul incident se rapportant à l'histoire des diamants de la Couronne sous Louis XIV.

A partir de 1700, le roi, devenu très vieux, se parait bien encore quelquefois des bijoux qu'il avait fait approprier pour l'ornement de ses habits, mais souvent il les prêtait aux princes et princesses, qui apparaissaient dans les fêtes de la Cour couverts des joyaux de l'État.

Un passage de Dangeau nous montre que ces prêts étaient passés à l'état d'habitude[1]. Sa Majesté donna à la princesse de Conti une garniture de diamants brillants qu'on estime cinq ou six cent mille francs. Ce sont, dit le *Mercure*, les diamants que le roi avait achetés et *qu'il n'avait point donnés à la Couronne; car, s'ils avaient été donnés à la Couronne, le roi n'en pourrait plus disposer qu'en les prêtant*. On voit par là que si le roi prêtait les joyaux, il était respectueux de la propriété de l'État et qu'il considérait comme inviolable l'inaliénabilité des joyaux de la Couronne.

Nous n'avons pu retrouver toutes les circonstances dans lesquelles les diamants furent prêtés à des princesses, mais le *Mercure*[2] nous a cependant appris que la duchesse de Bourgogne et la duchesse de Berri s'en étaient parées à différentes reprises. La duchesse de Bourgogne en usa la première lors de son mariage. « L'habit de Mme la duchesse de Bourgogne, dit le *Mercure* en racontant les fêtes, était d'une étoffe d'or avec une garniture de diamants, dans laquelle, ainsi que dans sa coëffure, entraient les plus beaux diamants de la Couronne. » Un an après, en octobre 1698, au mariage de Mademoiselle avec le duc de Lorraine,

---

du roi, intendant et garde des pierreries : première requête. p. 1; signification à comparaître à quarante-sept témoins, p. 15; procès-verbal de levée des scellés et de récolement. p. 23; monitoire, p. 81; certificat du curé de Bièvre, p. 93; réaggrave de conséquence, p. 97; déposition des témoins, p. 115 et 149; deuxième requête de Lefèvre, p. 229; décret de prise de corps de la concierge Brière. p. 97; requête de Martin, de Rouen, p. 269; interrogatoire de Marie Brière, p. 297; caution des frères Brière, p. 313.

1. *Journal du marquis de Dangeau*, tome VI, p. 236.

2. Le *Mercure*, 1697. décembre, p. 231

la duchesse de Bourgogne portait sur sa tête et sur son habit force diamants ; autour de son cou elle avait un collier superbe : le tout appartenant à la Couronne. Elle était couverte de ces joyaux, lorsque, une heure avant les fiançailles, elle eut un entretien « tout de larmes » avec Mademoiselle, dans la chambre de cette dernière[1] : « Les pleurs furent tels, dit Dangeau, que de part et d'autre elles (les deux princesses) ne purent se parler et Mme la duchesse de Bourgogne sortit sans s'asseoir.... Son habit était d'un tissu d'argent avec des fleurs d'or mêlées d'un peu de couleur de feu et de vert. La parure de la tête et celle de l'habit étoient de diamants, composées, ainsi que son collier, des plus beaux diamants de la Couronne. »

Dans les années qui suivirent, la détresse étant immense, on s'occupa naturellement peu de fêtes ; mais en 1713, au mariage du prince de Conti avec Mlle de Bourbon[2] : « Le roy, dit toujours le *Mercure*, portait un habit de pluye d'or ; M. le duc de Berry en portait un de pluye d'argent ; Mme la duchesse de Berry avait un habit d'une étoffe d'or tout parsemé de perles et de diamants, et sa coëffure en était toute remplie, Sa Majesté lui ayant envoyé le 6 [juillet] toutes les pierreries de la Couronne pour s'en parer ; et l'on assure qu'elle en portait pour plus de dix-huit millions. »

On voit que ces deux princesses, qui égayèrent les dernières années du grand règne, portèrent ces joyaux dont nous allons suivre l'existence, pour quelques-uns jusqu'à nos jours, et pour les autres jusqu'à la Révolution.

---

1. *Journal du marquis de Dangeau*, tome VI, p. 438.
2. Le *Mercure*, 1713, juillet, p. 74.

APPENDICE

DU CHAPITRE II

Il était d'usage au dix-septième siècle de porter sur tout inventaire, postérieurement à la date de son récolement, ce qui pouvait venir successivement en augmenter la valeur primitive. Dans le présent inventaire, arrêté en 1666 après le règlement de la succession d'Anne d'Autriche, les parures inscrites par la suite ont été achetées et inscrites postérieurement à cette date. La liste se termine par les pierreries provenant de Marie-Thérèse. On peut donc supposer que l'Appendice a été terminé vers 1683.

On verra quel était l'état du Trésor avant la donation de Mazarin, la valeur de cette donation, celle des pierreries provenant de la succession d'Anne d'Autriche et de Marie-Thérèse, ainsi que la liste totale des achats de Louis XIV pour la Couronne depuis cette époque.

I

INVENTAIRE DE 1666[1]

Voici le bordereau du projet d'inventaire général des pierreries de la Couronne, dans lequel ne sont pas comprises celles retirées par l'ordre du roi et s'élevant à la somme de 114 292 livres.

Anciennes pierreries de la Couronne.	938,800 liv.
Diamants *Mazarins*.	1,931,000 »
Pierreries achetées par le Roy.	377,400 »
Autres provenant de la succession de la Reyne sa mère.	737,000 »
Autres pierreries achetées par le Roy.	3,260,596 »
Autres tirées de celles qui ont appartenu à la feue Reyne Marie-Thérèse	143,500 »
	7,388,296 liv.

1. Bib. nat. Ms. Fonds Clairambault, p. 399.

INVENTAIRE DES DIAMANTS DE LA COURONNE DE 1666.

ÉTAT DES PIERRERIES
EN 1666.

ANCIENNES PIERRERIES
DE LA
COURONNE

15,000
30,000
11,000
75,000
20,000
6,000
7,000
9,000
30,000
10,000
60,000

255,000
15,000
27,000
15,000
15,000
36,000
30,000
30,000
50,000
30,000

501,000
25,000
60,000

PIERRERIES
OSTÉES DE LA COURONNE
PAR ORDRE DU ROY.

1,800
15,000
1,152
2,000
48,000
1,840
15,000

116,392 bon.

MAZARINS.

600,000
200,000
150,000
100,000
120,000
80,000
75,000
60,000
75,000
60,000
50,000

APPENDICE A L'INVENTAIRE DE 1666

RELEVANT LES PIERRES ENTRÉES AU TRÉSOR DEPUIS 1666 JUSQU'EN 1683,
DATE DE LA MORT DE MARIE-THÉRÈSE.

165,000
202,500
13,550

163,950
200,000
60,000
50,000
30,000
24,000
30,000
24,000
15,000
15,000
8,000
8,000
15,000

968,950
11,000
6,000
75,000
15,000
16,000
16,000

1,125,950
28,000
15,000

Report : 3,707,111

20,000
30,000
90,000
22,810
15,000

2,884,921
16,875
7,500
12,000
6,000
15,000
18,000

2,975,296
15,000
10,500
5,000

3,035,796
20,000
6,000
14,000
30,000
90,000
30,000
18,000
15,000

3,460,596 bon.

PIERRERIES
TIRÉES DE CELLES
DE LA
FEUE REYNE (MARIE-THÉRÈSE).

13,000
13,000
3,000
4,500
15,000
13,000
10,000
8,000
6,000
4,000
5,000
50,000
143,500

7,000
4,600
1,199,050
100,000
80,000
122,570
45,491
15,000
50,000
11,000
10,000
30,000
47,800
28,000
36,000
2,468,111
11,000
80,000
30,000
40,000
50,000
30,000
40,000
40,000
20,000
200,000
40,000
10,000
15,000

A reporter : 3,792,111

PIERRERIES
ACHETÉES PAR LE ROY.

53,400
300,000
24,000
377,400 bon.

PIERRERIES
PROVENANT DE LA SUCCESSION
DE LA REYNE MÈRE DU ROY.

9,600
100,000
210,000
35,400
165,000
140,000
5,000
72,000
737,000 bon.

2,000
2,000
75,000
50,000
10,000
10,000
733,000
12,000
8,000
75,000
2,800
100,000
938,800 bon.
119,293
1,058,093

1. Bibl. nat., Ms., Fonds Clairambault, p. 401.

II

ORDRE OBSERVÉ DANS LA TENUE DES LIVRES DES PIERRERIES[1].

Premier volume, commencé le 4 may 1663. — Contient sur le recto les achats de pierreries, et en marge leur consommation.

Sur le verso, les payements faits a Pitau.

Second volume, commencé le 15 septembre 1664. — Est divisé en quatre comptes et dans le même ordre que le précédent.

Troisiesme volume, commencé le 17 septembre 1664. — Est un compte de pierreries mises en œuvre. Il sert à expliquer l'employ et consommation des pierreries achetées dans le second volume. Par exemple le 1er article dud. volume est un diamant de 1100 liv. Et ce compte marque qu'il a esté donné a un gentilhomme qui a apporté des oiseaux au Roy.

Quatriesme volume, commencé le 1er juillet 1669. — Depuis fol. 1 à fol. 22 est un inventaire des pierreries qui restoient du compte précédent.

22 à 79. — Est un journal des pierreries achetées par Pitau et autres, et des sommes qui leur ont esté payées depuis le 20 juillet 1669 jusques au 1er aoust 1672.

80 à 100. — Est un inventaire des pierreries qui restoient au 20 aoust 1672.

101 à 144. — Continuation du journal des pierreries achetées depuis le 20 aoust 1672 jusques au 25 octobre 1677.

Cinquiesme volume. — Depuis fol. 1 à fol. 3, compte des pierreries provenant, tant de l'Inventaire du 1er juillet 1669 que de celles ache-

1. Bibl. nat., Ms. Fonds Clairambault, p. 453 et suivantes.

tées depuis led. jour jusques au 15 novembre 1677, et les présens qui en ont esté faits pendant led. temps.

Fol. 4 jusques au dernier, sont des comptes particuliers de chaque espèce de pierreries, de chaque nature d'ouvrage et de chaque jouaillier.

Sixiesme volume. — Livre de rencontre, qui contient d'un costé les pierreries, tant dudit inventaire que des achats faits depuis le 1ᵉʳ juillet 1669 jusques au 20 aoust 1672.

De l'autre costé l'employ des pierreries en ouvrages et à qui elles ont esté données.

Septiesme volume. — Livre de rencontre. *Idem* que le précédent depuis le 20ᵉ aoust 1672 jusques au 15 nov. 1677.

Huietiesme volume. — Depuis fol. 1 à fol. 37. Inventaire des pierreries qui restoient en nature le 15 nov. 1677.

De fol. 38 à fol. 64. Journal des achats faits depuis le 15 nov. 1677 jusques au 13 aoust 1684.

Neufviesme volume. — Depuis fol. 1 à 3. Inventaire des pierreries restantes le 15 nov. 1677 et de ce qui en a esté acheté depuis jusques au 13 aoust 1684.

De fol. 5 à fol. 15. — Estat libellé des ordonnances expédiées pour les présens donnéz.

De fol. 44 à 48. — Estat de toutes les ordonnances expédiées depuis 1669 jusques en 1684.

De fol. 51 à fol. 64. — Estat des présens donnéz depuis 1669 jusques en 1684.

Dixiesme volume. — Livre de rencontre, rend raison de l'emploi des pierreries depuis le 15 nov. 1677 jusques au 13 aoust 1684.

III

INVENTAIRE

des Joyaux de la Couronne du 10 septembre 1691[1].

Aujourd'huy, dix septembre mil six cens quatre-vingt-onze, le Roy étant à Versailles et voulant faire ajouter à l'Inventaire des pierreries de la Couronne celles que Sa Majesté a fait acheter pour augmenter le nombre de ses boutons et en même temps en ôter quelques-uns qu'elle n'a pas trouvé assez beaux pour être compris dans ledit Inventaire, Sadite Majesté auroit donné ordre au sieur de Pontchartrain, conseiller du Roy en tous ses conseils, secrétaire du Roy et des commandements de Sa Majesté, ayant le département de sa Maison, de travailler au récolement de l'Inventaire desdites pierreries fait au mois de juillet 1687, en retrancher quelques-unes que Sa Majesté a marquées, faire la description de celles qui ont esté nouvellement achetées et d'en faire faire en sa présence la prisée et estimation, en conséquence duquel ordre il aurait dressé le présent Inventaire et fait procéder à ladite estimation par les nommés Louis Alvarès et Pierre Montarsis, orfèvres-joüailliers de Sa Majesté, ainsi qu'il suit :

C. Ier. — Un très grand diamant fort épais, appellé le *Saucy*, donné à la Couronne par feu M. le cardinal Mazarin, taillé à facètes des deux côtés de forme pendeloque, de fort belle eau blanche et vive, net et parfait, pezant 53 k° 3/4, lequel n'ayant pas son pareil est d'un prix inestimable et qui néanmoins pour suivre la forme de l'inventaire a esté estimé la somme de six cens mille livres, cy 600000 liv.

Un très grand *diamant violet* fort épais[2], taillé à facettes à la mode des deux côtes, forme de cœur court à huit pans, d'eau très vive et nette,

---

1. Cet inventaire est conservé en double copie certifiée conforme en 1774 : l'une de ces copies est conservée aux Archives nationales, O¹ 3361, et l'autre dans les archives de la maison Bapst et Falize, ancienne maison Bapst.

2. C'est le diamant violet acheté à Tavernier en 1669 ; il pesait alors 112 k° 3/16, mais en 1673 Pitau fut chargé de le faire tailler. (Bibl. nat. Ms. *Mélanges de Colbert*,

pezant 67 k⁵ 1/8, dans un baston d'or émaillé par derrière, estimé quatre
cens mille livres, cy 400000 liv.

Un saphir violet en lozange, garni d'or, pezant avec sa garniture 7 gros
et demi 12 grains, estimé quarante mille livres, cy 40000 liv.

Somme de ce chapitre : 1040000 liv.

C. II. — Une *chaîne* composée de quarante-cinq diamants marqués
des noms qui en suivent :

1. — Un grand diamant[1] épais, acheté de la maison de Guise, taillé
en table, un peu longuet, de très belle eau et vive, qui manque de pierre
en deux coins dont l'un plus que l'autre, pezant 33 k⁵ forts, estimé la
somme de trois cens mille livres, cy 300000 liv.

2. — Un grand diamant épais, demy fonds, appellé le second *Mazarin*,
taillé en table, un peu longuet, de fort belle eau blanche et vive, net,
qui manque de pierre en deux coins, pezant 33 k⁵ 3/8, estimé la somme
de deux cens soixante mille livres, cy 260000 liv.

3. — Un grand diamant[2] épais, taillé en table, ayant un fort petit cran
dessous, pezant 42 k⁵ 1/2, estimé deux cens mille livres, cy 200000 liv.

4. — Un grand diamant appelé le *Miroir-de-Portugal*, donné à la Couronne par feu M. le cardinal Mazarin, taillé en table carrée, un peu longuet, qui a fort peu de fonds, haut de biseau, qui manque de pierre en
trois coins, à l'un desquels il y a une petite glace et un éclat au dessus
et au bout une égrisure, au surplus net et de belle eau, pezant 25 k⁵ 3/8,
estimé cent cinquante mille livres, cy 150000 liv.

5. — Un grand diamant épais, donné à la Couronne par M. le cardinal
Mazarin, appelé le *Grand-Mazarin*, taillé en table carrée, de très belle eau,
un peu vineuze, net, qui manque un peu de pierre en ses quatre coins,
pezant 21 k⁵ forts, estimé soixante-quinze mille livres, cy 75000 liv.

6. — Un grand diamant épais, appelé le huictiesme *Mazarin*, taillé en
table carrée, de belle eau et net, pezant 18 k⁵ 1/4, estimé cinquante-
cinq mille livres, cy 55000 liv.

7. — Un grand diamant[3], taillé en table, longuet, demy fonds, avec

tome 281, p. 12, facture de Tavernier déjà citée au chapitre de la *Côte-de-Bretagne* :
et tome 291, p. 341, facture de Pitau pour le polissage et la taille.)
   1. Le prix de ce diamant a été payé en bloc avec les autres articles.
   2. Vraisemblablement ce diamant a été acheté en 1665 à Marie de Lorraine de
Guise. (Bibl. nat. Ms. *Mélanges de Colbert*, tome 270, p. 8.)
   3. Vraisemblablement acheté en 1679 à Alvarez. (Même source, tome 302, p. 330.)

degréz, fort bas de biseau, de bonne eau, de grande étendüe, qui manque de pierre en trois coins, dans le plus grand desquels il y a une glace qui tire jusqu'au milieu de la pierre et un cran dans un des filletés de la petite pierre, pezant 13 k[s], estimé cinquante-cinq mille livres, cy 55 000 liv.

8. — Un grand diamant en table, un peu longuet, épais, bas de biseau, fort net et de très belle eau qui manque de pierre en deux coins, dont l'un paroît avoir été écorné, avec quelques égrisures, pezant 18 k[s], estimé cinquante mille livres, cy 50 000 liv.

9. — Un grand diamant épais, appelé le dixiesme *Mazarin*, taillé en table carré, haut de bizeau, qui a tout son fonds, d'une eau tirant sur le gris de lin, net, pezant 17 k[s] scars, estimé cinquante mille livres, cy 50 000 liv.

10. — Un grand diamant épais, de très belle eau, qui manque un peu de pierre en deux coins, et a une petite glace dans un autre coin, pezant 26 k[s] 3/4, estimé soixante-quinze mille livres, cy 75 000 liv.

11. — Un grand diamant carré d'étendüe, demy fonds, appelé le douziesme *Mazarin*, bas de biseau, qui manque de pierre en un coin, de très belle eau cristaline et net, à la réserve d'une petite glace rousse dans le filletés, pesant 17 k[s], estimé cinquante mille livres, cy 50 000 liv.

12. — Un grand diamant épais appelé le onziesme *Mazarin*, taillé en table, carré, bas de biseau, qui a un grand manque de pierre en un coin jusques sur la table et des facettes tirées en deux autres coins par des jours et net, à la réserve d'une petite glace en un côté, d'eau fort blanche, pezant 17 k[s] 3/4, estimé quarante mille livres, cy 40 000 liv.

13. — Un grand diamant en table demi fonds, de grande étendüe, très beau et parfait, pesant 13 k[s] 1/2, qui manque de pierre en un coin, estimé cinquante-cinq mille livres, cy 55 000 liv.

14. — Un grand diamant en table, longuet et bas de biseau, de bonne eau et net, à la réserve de deux petites glaces vers les coins, à deux desquels manque de pierre, pezant 21 k[s] 1/2, estimé cinquante mille livres, cy 50 000 liv.

15. — Un grand diamant épais, demy fonds, de bonne eau, longuet, de grande étendüe, auquel manque un peu de pierre en deux coins, pezant 13 k[s] 1/2, estimé quarante mille livres, cy 40 000 liv.

16. — Un grand diamant en table, longuet, demy fonds, bas de biseau

1. Vraisemblablement ce diamant a été acheté en 1665. (Bibl. nat. Ms. *Mélanges de Colbert*, tome 270, p. 13.)

et de grande étendue, faceté d'un lozange par dessus, d'une eau roussâtre, qui manque de pierre en deux coins, avec plusieurs égriselures en ses filletis, pesant 8 k⁵ 3/4, estimé vingt-cinq mille livres, cy 25000 liv.

17. — Un grand diamant en table, long, demy fonds et bas de biseau et de grande étendue et de fort belle eau, dans lequel il y a deux petites glaces et un peu de manque de pierre en deux coins, pesant 11 k⁵ 1/3, estimé trente mille livres, cy 30000 liv.

18. — Un diamant en table, demy fonds un peu longuet, très bas de bizeau dessus et dessous, de très grande étendue et fort net, qui manque de pierre en trois coins, avec des égriselures, d'une eau jaunâtre, pezant 8 k⁵ 3/4, estimé trente mille livres, cy 30000 liv.

19. — Un diamant en table un peu longuet, demi fonds, fort bas de bizeau, de grandissime étendue, un peu celeste et saphieux, qui manque de pierre à un coin, et est égrésilé aux filletis en plusieurs endroits, pezant 5 k⁵ 1/2, estimé quinze mille livres, cy 15000 liv.

20. — Un grand diamant en table, long, épais, bas de bizeau, fort ouvert, fort net, mais d'eau un peu vineuze, pezant 10 k⁵ 3/4 forts, estimé vingt mille livres, cy 20000 liv.

21. — Un grand diamant en table, longuet, demy fonds, faceté par-dessus, de belle eau, dans lequel il y a quelques petits points noirs, et manque de pierre en trois coins, pezant 10 k⁵, estimé trente mille livres, cy 30000 liv.

22. — Un diamant en table, longuet, plus large d'un côté que de l'autre, épais, fort bas de bizeau, de belle eau, qui manque de pierre en deux coins et a une fausse face, a un autre avec égrésilure sur le dessus, et un petit mal, net à un de ses..... manque de coin, pezant 13 k⁵ 7/8, estimé vingt-sept mille livres, cy 27000 liv.

23. — Un grand diamant épais, appellé le treiziesme *Mazarin*, taillé en table carrée, un peu bas de bizeau, qui manque de pierre en deux coins, d'une eau un peu brune et qui a deux petites glaces en un autre, pezant 13 k⁵, estimé quarante mille livres, cy 40000 liv.

24. — Un grand diamant appellé le quatorziesme *Mazarin*, taillé en table carré, un peu longuet, épais, demy fonds, de très belle eau cristaline, qui manque de pierre en un coin, pezant 11 k⁵ 1/3, estimé trentecinq mille livres, cy 35000 liv.

25. — Un diamant épais, taillé en table, un peu longuet, de belle eau vive et nette, pezant 11 k⁵ 1/4, estimé trente mille livres, cy 30000 liv.

26. — Un diamant en table, demy fonds, bas de bizeau, de grande étendüe et de fort belle eau, qui manque de pierre en deux coins, et qui a quelques petits grains blancs, pezant 7 k^s 1/3, estimé dix mille livres, cy 10000 livres.

27. — Un grand diamant en table, un peu longuet, demy fonds, bas de bizeau, de grande étendüe, faceté d'une lozange par-dessus, net, mais d'une eau couleur de foin, qui manque de pierre en tous ses coins, avec plusieurs égriselures en ses filletis, pezant 8 k^s 1/3, estimé vingt-cinq mille livres, cy 25000 liv.

28. — Un diamant épais, carré, long, manque de deux coins, ayant une petite table, d'eau très jaunâtre, avec une égriselure au bizeau proche le bout, pezant 9 k^s 1/2, estimé vingt mille livres, cy 20000 liv.

29. — Un diamant épais, appellé le quinziesme *Mazarin*, taillé en table, carré, d'eau brune tirant sur le jaune, qui a une glace à un coin et manque de pierre à un autre, pezant 10 k^s 3/4, estimé vingt mille livres, cy 20000 liv.

30. — Un grand diamant appellé le seiziesme *Mazarin*, taillé en table carrée, épais, fort haut de bizeau, d'une eau tirant sur le jaune, qui a deux petites glaces sur un de ses filletis, pezant 8 k^s 3/4, estimé seize mille livres, cy 16000 liv.

31. — Un diamant en table, carré, demy fonds, ouvert de bizeau, net d'eau, tirant un peu sur couleur de foin, qui a quelques égriselures en ses filletis, pezant 6 k^s 1/3, estimé huict mille livres, cy 8000 liv.

32. — Un diamant en table, faible, haut de bizeau, net, et de fort belle eau, manque de pierre en deux coins et a un faux bizeau par-dessus un autre, et une égriselure au filletis, pezant 4 k^s 3/4, estimé huict mille livres, cy 8000 liv.

33. — Un diamant en table, faible, haut de bizeau, de bonne eau, qui manque de pierre en trois coins, qui a un mal net au quatriesme et une grande égriselure sur le filletis, pezant 7 k^s 1/2, estimé douze mille livres, cy 12000 liv.

34. — Un diamant faible, d'étendüe, de très belle eau vive, mais qui manque de pierre en ses coins, et qui a une petite glace, pezant 3 k^s 3/4, estimé huict mille livres, cy 8000 liv.

35. — Un diamant épais, de forme carrée, taillé en pointe, de bonne eau, ayant ses coins dont un est un peu égrisé, pezant 8 k^s 1/2, estimé dix mille livres, cy 10000 liv.

36. — Un diamant épais, demy fonds, aussi de bonne eau, longuet et de grande étendüe, qui manque de pierre en un coin, tirant sur l'incarnat, pezant 7 k^s 1/2, estimé quinze mille livres, cy 15000 liv.

37. — Un grand diamant faible, de très grande étendue, tirant sur la couleur d'eau marine, qui a une égriselure à un des bizeaux au-dessus de la culasse, pezant 4 k^s 7/8, estimé neuf mille livres, cy 9000 liv.

38. — Un diamant en table, longuet, celeste, pezant 4 k^s, estimé cinq mille livres, cy 5000 liv.

39. — Un diamant faible, carré, de très grande étendüe, de bonne eau et net, qui a un petit cran à un des coins, pezant 4 k^s 3/8, estimé sept mille livres, cy 7000 liv.

40. — Un diamant épais, bas de bizeau, fort brun, lequel manque de pierre en deux coins et en un costé il y a une glace, pezant 8 k^s 3/4, estimé quatre mille livres, cy 4000 liv.

41. — Un diamant en table, long et épais, bas de bizeau, de bonne eau, qui manque de pierre en deux coins, et a un bizeau tiré sur le troisiesme avec une égriselure sur la table, pezant 3 k^s 1/2 fort, estimé cinq mille livres, cy 5000 liv.

42. — Un diamant épais, en table, de forme carrée, de fort belle eau et net, qui manque de pierre en un coin et est écorné par-dessus en un autre, pezant 7 k^s, estimé neuf mille livres, cy 9000 liv.

43. — Un diamant épais, bas de bizeau, de fort belle eau, et net, qui manque de pierre en deux coins, pezant 5 k^s 2/4 estimé quatre mille livres, cy 4000 liv.

44. — Un diamant en table, longuet, taillé et facettes par-dessous, bas de bizeau et de très grande étendüe, un peu couleur de foin, mal net, qui a un grand manque de pierre en un coin, qui paroît avoir été écorné, et des égriselures en deux autres, pezant 2 k^s 5/8, estimé trois mille livres, cy 3000 liv.

45. — Un diamant épais, carré, haut, de la seconde eau, et pezant 10 k^s 1/4, estimé onze mille livres, cy 11000 liv.

Somme de ce chapitre : 1996000 liv.

C. III. — Une parure de diamans composée de cent vingt-trois boutons, trois cents boutonnières et dix-neuf fleurons de boutonnières de justaucorps, quarante-huit boutons et quatre-vingt-seize boutonnières de veste, deux croix de chevalier et un crochet de chapeau.

Les cent vingt-trois boutons de justaucorps composés chacun d'un diamant et marqués des noms qui ensuivent :

Savoir :

1. — Un diamant appellé le dix-septiesme *Mazarin*, taillé à facettes en forme de cœur, court, d'une eau brune couleur de foin, dans lequel il y a plusieurs glaces, pesant 21 k⁵ 1/2, estimé la somme de soixante-dix mille livres, cy 70000 liv.

2. — Un autre diamant appellé le dix-huictiesme *Mazarin*, taillé aussy à facettes, de même forme et de même eau, dans le milieu duquel il y a deux glaces à l'un des coins, une grande glace couverte dont un morceau est emporté, pesant 23 k⁵ 3/4, estimé aussi soixante-dix mille livres, cy 70000 liv.

3. — Un diamant[1] en forme d'amande, de grande étendüe d'eau, un peu brune, ayant une petite glace sur le dessus, pesant 16 k⁵ 3/8, taillé à la mode, estimé cinquante mille livres, cy 50000 liv.

4. — Un autre diamant de même forme, de même eau et net, pezant 15 k⁵ 1/4, taillé à la mode, estimé cinquante mille livres, cy 50000 liv.

5. — Un grand diamant de toute étendüe, taillé à facettes, de forme un peu ovale, d'eau un peu couleur de foin, mal net, avec une grande glace aux côtés proche l'arreste, estimé quinze mille sept cent quarante livres, cy 15740 liv.

6. — Un grand diamant[2] à facettes, de forme ovale, plus pointu d'un bout que de l'autre, de belle eau, pesant 12 k⁵ 1/2, estimé vingt-cinq mille sept cens livres, cy 25700 liv.

7. — Un diamant brillant, étroit, long d'un pouce environ, de belle eau, ayant plusieurs petites glaces, pezant 12 k⁵ 1/2, estimé trente mille livres, cy 30000 liv.

8. — Un grand diamant en forme de batteau, appellé le neuviesme

1. Vraisemblablement acheté à Tavernier en 1669, dont voici la facture : « 98000 livres pour trois grands diamants lasque, l'un en forme ovalle, pezant 20 k⁵ 1/2, et l'autre en forme d'amande avec plusieurs glaces, d'eau un peu brune, pezant 20 k⁵ 1/4, et le troisième de très belle eau en forme de cœur, pezant 16 k⁵ 1/16. » (Bibl. nat. Ms. *Mélanges de Colbert*, tome 281, p. 13.) — Il s'agit ici de la première pierre signalée dans la facture ci-dessus ; elle aurait été taillée depuis son achat pour prendre la forme sous laquelle nous la voyons.

2. Vraisemblablement acheté à Bazu en 1669. (Bibl. nat. Ms. *Mélanges de Colbert*, tome 281, p. 14.)

Mazarin, taillé à facettes des deux côtés, avec une arreste d'une pointe à l'autre, net et parfait, d'une eau cristalline et très vive, pezant 15 k⁵ 1/4, estimé soixante-quinze mille livres, cy 75000 liv.

9. — Un diamant brillant de même forme que le précédent, avec une table au lieu d'arreste et plus pointu par les bouts, de moins belle eau, ayant un petit cran à côté, pezant 13 k. 1/4, estimé trente milles livres, cy 30000 liv.

10. — Un diamant[1] à facettes longues, formé en amande, de bonne eau, dans lequel il y a une glace bleuâtre au coin du bizeau, pezant 13 k⁵ 1/2, estimé vingt-quatre mille livres, cy 24000 liv.

11. — Un grand diamant à facettes à la mode, de forme ovale, longuette, à six pans, de bonne eau, de très grande étendüe, ayant une petite glace à un bizeau de la culasse, pezant 6 k⁵ 7/8, estimé quatorze mille livres, cy 14000 liv.

12. — Un grand diamant longuet, en forme de batteau, taillé à facettes des deux côtés, net et de fort belle eau, pezant 9 k⁵ 1/2, estimé vingt-cinq mille livres, cy 25000 liv.

13. — Un grand diamant à facettes à la mode, aussy de forme ovale, longuette, à six pans, de bonne eau et même étendüe, mais qui a une petite glace dans le milieu d'un des bizeaux qui lui donne un peu de brun, pezant 6 k⁵ 5/8, estimé onze mille livres, cy 11000 liv.

14. — Un diamant lasque, de grande étendüe et de bonne eau, et net de forme de batteau, taillé à la mode, pezant 3 k⁵ 3/4, estimé six mille livres, cy 6000 liv.

15. — Un diamant à facettes en amande, de toute étendüe, net et blanc, pezant 3 k⁵ 1/2, estimé dix mille livres, cy 10000 liv.

16. — Un diamant de même en tout que celui ci-dessus, un peu moins grand, pezant 3 k⁵ 3/8, estimé huict mille deux cens livres, cy 8200 liv.

17. — Un diamant demy brillant, ovale, pointu des bouts, un peu couleur d'acier, pezant 2 k⁵ 1/2, estimé cinq mille livres, cy 5000 liv.

18. — Un diamant de même en tout, pezant 4 k⁵, estimé cinq mille livres, cy 5000 liv.

19. — Un diamant à facettes, de forme ovale, tirant sur le lozange, de

1. Vraisemblablement acheté à Bazu en 1669. (Bibl. nat. Ms. *Mélanges de Colbert*, tome 281, p. 14.)

belle eau, ayant de petits points, pezant 9 k^s 1/2, revenant à dix mille livres, cy 10000 liv.

20. — Un diamant tirant sur le cœur, haut, court et net, de bonne eau, pezant 9 k^s 1/4, estimé neuf mille trois cent soixante-quinze livres, cy 9375 liv.

21. — Un diamant[1] en cœur, court, de toute étendüe et parfait, pezant 6 k^s 1/4, estimé huict mille livres, cy 8000 liv.

22. — Un diamant à facettes, de forme ronde, d'étendüe, de belle eau et semé de petits points, pezant 10 k^s, estimé vingt mille livres, cy 20000 liv.

23. — Un diamant brun, de forme ronde et d'étendüe, très parfait au surplus, pezant 6 k^s 1/4, estimé douze mille livres, cy 12000 liv.

24. — Un diamant, demy brillant, presque rond, d'étendüe, de bonne eau, ayant un petit point noir et une vive arreste d'un bout à l'autre, pezant 8 k^s, estimé quinze mille livres, cy 15000 liv.

25. — Un diamant demy brillant, pareil au précédent, ayant de petites glaces blanches au côté, et des petits points noirs au milieu, pezant 8 k^s, estimé seize mille livres, cy 16000 liv.

26. — Un diamant, demy brillant, presque ovale, mal formé, de la seconde eau, un peu céleste, pezant 8 k^s 1/2, estimé seize mille livres, cy 16000 liv.

27. — Un diamant à facettes de forme ovale tirant sur le lozange, de grande étendüe, de belle eau et net, pezant 9 k^s 1/3, revenant à onze mille livres, cy 11000 liv.

28. — Un diamant à facettes, ovale, pointu d'un bout, ayant une arreste d'une pointe à l'autre, pezant 9 k^s, estimé seize mille livres, cy 16000 liv.

29. — Un diamant à facettes de même, pezant 5 k^s, estimé six mille cinq cens livres, cy 6500 liv.

30. — Un diamant ovale, étroit d'un bout, d'eau un peu savonneuse, de grande étendüe, pezant 8 k^s 1/2, estimé onze mille livres, cy 11000 liv.

31. — Un diamant à facettes presque rond, net et blanc, de grande étendüe, pezant 6 k^s 3/4, estimé treize mille livrez, cy 13000 liv.

1. Vraisemblablement acheté à Alvarez en 1679. (Bibl. nat. Ms. *Mélanges de Colbert*, tome 302, p. 331.)

32. — Un diamant presque rond, à facettes, de grande étendüe et mal net, pezant 7 k⁵ 3/4, estimé quatorze mille livres, cy 14000 liv.

33. — Un diamant à facettes, ovale, blanc, glaceux d'un côté, pezant 6 k⁵, estimé la somme de huict mille huict cent soixante-quinze livres, cy 8875 liv.

34. — Un diamant à facettes, ovale, tirant sur le carré céleste, pezant 6 k⁵, estimé huict mille livres, cy 8000 livres.

35. — Un diamant à facettes, ovale, net, un peu jaune, pezant 6 k⁵, estimé huict mille livres, cy 8000 liv.

36. — Un diamant demy brillant, lasque, à six pans, rond, blanc et net, pezant 5 k⁵ 1/2, estimé treize mille livres, cy 13000 liv.

37. — Un diamant brillant, lasque, à six pans, rond et blanc, ayant une glace à un coin, pezant 6 k⁵, estimé treize mille livres, cy 13000 liv.

38. — Un diamant très rond, brillant, mal net, de très belle eau, pezant 6 k⁵ 1/2, estimé quinze mille livres, cy 15000 liv.

39. — Un diamant grand, à facettes, d'eau verdâtre tirant sur le citron, mais vive et nette, de forme ovale de grande étendüe, pezant 6 k⁵ 1/4, estimé huict mille livres, cy 8000 liv.

40. — Un diamant à facettes, de forme ronde, avec une petite glace d'eau un peu brune, pezant 6 k⁵ 1/2, estimé huict mille livres, cy 8000 liv.

41. — Un diamant presque rond, d'étendue, pezant 7 k⁵ 1/2, estimé dix mille livres, cy 10000 liv.

42. — Un diamant à facettes, ovale, de belle eau, pezant 6 k⁵, estimé dix mille livres, cy 10000 liv.

43. — Un diamant ovale, lozange, net, d'eau céleste, pezant 7 k⁵, estimé huict mille livres, cy 8000 liv.

44. — Un diamant à facettes, un peu ovale, à six pans, de belle eau et net, pezant 8 k⁵ scarts, estimé quatorze mille livres, cy 14000 liv.

45. — Un diamant à facettes, de forme ronde, tirant sur le carré de belle eau, ayant un point noir, pezant 8 k⁵, estimé neuf mille cinq cens vingt livres, cy 9520 liv.

46. — Un grand diamant à facettes, de forme ovale, plus pointu d'un côté que de l'autre, ayant un peu de manque de pierre d'un côté, d'eau cristalline et parfaite, pezant 13 k⁵ 1/2, estimé vingt mille livres, cy 20000 liv.

47. — Un diamant à facettes, de forme ronde, tirant sur le carré, de belle eau et net, pezant 7 k⁵ 3/4, estimé neuf mille vingt livres, cy 9020 liv.

48. — Un diamant à facettes, ovale, jaune et mal net, pezant 5 k⁵ 3/4, estimé huict mille livres, cy 8000 liv.

49. — Un grand diamant à facettes, de forme ovale tirant sur le lozange, de grande étendüe de belle eau, ayant de petits points, pezant 8 k⁵ 1/8, estimé huict mille six cens livres, cy 8600 liv.

50. — Un diamant à facettes, de forme presque ronde, de toute étendüe, de très belle eau et net, pezant 11 k⁵ 1/4, estimé trente-quatre mille livres, cy 34000 liv.

51. — Un diamant à facettes, de forme ovale tirant sur le carré long, d'eau cristalline, ayant un petit point, pezant 12 k⁵ 1/2, estimé vingt mille livres, cy 20000 liv.

52. — Un diamant à facettes, de forme ronde tirant sur le lozange, d'eau céleste et mal net, pezant 6 k⁵, estimé la somme de neuf mille livres, cy 9000 liv.

53. — Un grand diamant à facettes, ovale, tirant sur le lozange, de grande étendüe, de belle eau, pezant 7 k⁵ 1/2, estimé sept mille neuf cens livres, cy 7900 liv.

54. — Un diamant à facettes, tirant sur le lozange, net et blanc, pezant 5 k⁵, estimé six mille livres, cy 6000 liv.

55. — Un diamant à facettes, ovale, long, de la seconde eau et net, pezant 5 k⁵, estimé six mille livres, cy 6000 liv.

56. — Un diamant à facettes, lozange, blanc et mal net, pezant 5 k⁵, estimé six mille livres, cy 6000 liv.

57. — Un diamant à facettes, presque rond, tirant un peu sur le cœur, court, de belle eau et de grande étendüe, ayant une glace du côté le plus étroit vers la pointe, une autre au coin droit, un point noir au milieu du bord du même côté, un autre point noir presque vis-à-vis de l'autre côté, pezant 12 k⁵ 1/4, estimé vingt-quatre mille livres, cy 24000 liv.

58. — Un diamant à facettes, de toute étendue, de forme ovale et de belle eau, ayant une glace à un bout, pezant 13 k⁵ 1/8, estimé vingt-neuf mille livres, cy 29000 liv.

59. — Un diamant à facettes, double, long, pointu, carré, pezant 9 k⁵ 3/4, estimé vingt mille livres, cy 20000 liv.

60. — Un diamant ovale, à petites facettes, de bonne eau, de toute étendüe, pezant 14 k⁵ 1/4, estimé vingt-deux mille livres, cy 22000 liv.

61. — Un diamant à facettes, ovale, net et de belle eau, pezant 7 k⁵, estimé treize mille livres, cy 13000 liv.

62. — Un diamant à facettes, un peu ovale, très parfait, pezant 6 k⁵ 1/4, estimé sept mille quatre cens livres, cy 7400 liv.

63. — Un diamant à facettes, de forme ovale, presque rond, un peu pointu d'un bout, de belle eau, ayant quelques petits points, pezant 9 k⁵ 3/8, revenant à huict mille huict cens livres, cy 8800 liv.

64. — Un diamant de même forme et qualité que le précédent, mais plus plat et plus net, pezant 5 k⁵ 1/2, revenant à six mille deux cens livres, cy 6200 liv.

65. — Un grand diamant en cœur, taillé à facettes, de grande étendüe, de belle eau et net, pezant 12 k⁵, revenant à vingt-neuf mille livres, cy 29000 liv.

66. — Un diamant à facettes, de même eau, forme et grandeur, mais plus faible, pezant 10 k⁵ 14, revenant à vingt-six mille cinq cent cinquante-quatre livres, cy 26554 liv.

67. — Un grand diamant à facettes, de toute étendue, de forme ovale et de belle eau, ayant une glace à un bout, pezant 12 k⁵, estimé vingt-huict mille livres, cy 28000 liv.

68. — Un diamant à facettes, presque rond, tirant un peu sur le cœur, court, de belle eau et de grande étendüe, ayant une glace et quelques petits points blancs presque imperceptibles, pezant 11 k⁵ 3/16, revenant à vingt-deux mille trois cent soixante-treize livres, cy 22373 liv.

69. — Un diamant à facettes, de forme presque ronde, de bonne eau, ayant deux glaces aux deux côtés, pezant 12 k⁵ 1/2, revenant à vingt mille trente livres, cy 20030 liv.

70. — Aléa.

71. — Un diamant de forme ronde, d'eau cristalline et parfait, pezant 9 k⁵, estimé dix mille livres, cy 10000 liv.|

72. — Un diamant de toute vüe, un peu mal, net et de |bonne eau, de forme ovale, pointu des deux bouts, pezant 6 k⁵, estimé |sept mille livres, cy 7000 liv.

73 à 75. — Aléa.

76. — Un grand diamant à facettes, de forme ronde, à six pans, de très belle eau et net, pezant 16 k⁵ 1/2, revenant à trente-trois mille cinq cent quatre-vingt-dix-neuf livres, cy 33.599 liv.

77. — Aléa.

78. — Un diamant à facettes, carré, très sale et de mauvaise eau, pezant 6 k⁵ 7/8, estimé huict mille livres, cy 8000.

79. — Aléa.

80. — Un diamant à facettes, carré, très sale, et de mauvaise eau, pezant 10 k⁵ 3/4, estimé six mille livres, cy 6000 liv.

81. — Un diamant à facettes, ovale, net et brun, pezant 6 k⁵ 3/4, estimé six mille livres, cy 6000 liv.

82. — Aléa.

83. — Un diamant à facettes, ovale, carré aux quatre coins, d'étendüe, d'eau un peu verdâtre, ayant une glace, pezant 6 k⁵, estimé cinq mille livres, cy 5000 liv.

84 à 86. — Aléa.

87. — Un diamant de forme ovale, d'étendue, un peu verdâtre, ayant une glace à côté, pezant 6 k⁵, estimé quatre mille six cent vingt-huict livres, cy 4628 liv.

88 et 89. — Aléa.

90. — Un diamant à facettes, de forme ronde, à six pans irréguliers, de toute étendüe et de bonne eau, ayant deux glaces vers une des pointes qui contiennent toute la largeur, pezant 17 k⁵ 3/8, estimé trente-six mille livres, cy 36000 liv.

91 à 93. — Aléa.

94. — Un grand diamant à facettes, ovale, de bonne eau, ayant trois grandes glaces et un point, pezant 14 k⁵ 1/4, estimé vingt-quatre mille livres, cy 24000 liv.

95. — Aléa.

96. — Un diamant à facettes, de forme ronde et parfaite, pezant 7 k⁵ 1/4, estimé huict mille livres, cy 8000 liv.

97. — Un diamant à facettes, de forme ovale et de bonne eau, ayant deux petits points, pezant 10 k⁵, estimé dix mille livres, cy 10000 liv.

98. — Un diamant à facettes, de forme ronde tirant sur l'ovale, de bonne eau et net, pezant 8 k[s], estimé huict mille livres, cy 8000 liv.

99 et 100. — Aléa.

101. — Un diamant à facettes, ovale, bien formé, de toute étendüe, d'eau foineuze et net, pesant 7 k[s] 1/2, estimé onze mille livres, cy 11000 liv.

102. — Aléa.

103. — Un diamant à facettes, de forme ovale, tirant sur le cœur, de belle eau et net, pezant 11 k[s], estimé vingt-deux mille livres, cy 22000 liv.

104. — Un diamant à facettes, fort plat, ovale, pointu d'un bout, ayant plusieurs petits points, d'eau brune, pezant 4 k[s] 1/2, estimé dix mille livres, cy 10000 liv.

105. — Un diamant à facettes, ovale, de toute étendüe, de belle eau, mais mal net, pezant 14 k[s] 1/4, estimé vingt-sept mille huict cent vingt-neuf livres, cy 27829 liv.

106. — Un diamant de même eau, forme et grandeur, pezant 12 k[s], estimé vingt-cinq mille livres, cy 25000 liv.

107. — Un diamant à facettes, d'étendüe un peu ovale, ayant une petite brèche du côté vers le bout, et une glace sur la couronne proche de la pointe, de bonne eau, pezant 6 k[s], estimé quinze mille livres, cy 15000 liv.

108. — Un diamant à facettes, de toute étendüe, bien formé, ovale, d'eau foineuze, mal net, pezant 8 k[s], estimé onze mille livres, cy 11000 liv.

109. — Aléa.

110. — Un diamant à facettes, de toute étendüe, ayant une glace longue à un bout, de forme presque ronde, d'assez bonne eau, pezant 4 k[s] 1/2, estimé six mille cinq cens livres, cy 6500 liv.

111. — Un grand diamant à facettes, tenant un peu de l'ovale, de très grande étendüe, de très belle eau, un peu mal, net, pezant 9 k[s], revenant à neuf mille vingt-deux livres, cy 9022 liv.

112. — Un diamant à facettes, ovale, bien formé, d'eau un peu foineuze, ayant une glace sur la couronne et plusieurs petits points, pezant 6 k[s] 1/4, estimé trois mille cinq cens livres, cy 3500 liv.

113. — Un diamant à facettes, ovale, pointu des deux bouts, de bonne eau, pezant 6 k⁵, estimé cinq mille livres, cy 5000 liv.

114. — Un diamant à facettes, de toute étendüe, de forme ovale, ayant un petit point noir au-dessus de la seconde eau, pezant 4 k⁵ 1/8, estimé cinq mille cinq cens livres, cy 5500 liv.

115. — Un diamant, taillé, à facettes, de forme presque ovale, de grande étendüe et de bonne eau, ayant une glace à une échancrure, dont le bout est le plus large, avec une glace rougeâtre, pezant 16 k⁵ 1/8, revenant à trente mille neuf cent quatre-vingt-cinq livres, cy 30985 liv.

116. — Un diamant à facettes, de forme ronde, mal net et d'eau noirastre, pezant 6 k⁵, estimé six mille livres, cy 6000 liv.

117. — Un diamant à facettes, de forme ovale, d'une couleur de citron savonneuse, pezant 10 k. 1/8, revenant à douze mille livres, cy 12000 liv.

118. — Aléa.

119. — Un diamant à facettes, d'étendüe, de forme ronde, net et de bonne eau, pezant 4 k⁵ 1/2, estimé six mille livres, cy 6000 liv.

120. — Aléa.

121. — Un diamant à facettes, de forme ovale, tirant sur le carré, d'eau brune, pezant 7 k⁵ 3/4, estimé sept mille cinq cens livres, cy 7500 liv.

122. — Un diamant à facettes, de même forme et de couleur, pareille au précédent, pezant 7 k⁵ 1/4, estimé sept mille cinq cens livres, cy 7500 liv.

123 à 125. — Aléa.

126. — Un diamant à facettes, de toute étendüe et de belle eau et net, formé un peu en cœur, pesant 12 k⁵, estimé quatorze mille livres, cy 14000 liv.

127-128. — Aléa.

129. — Un diamant à facettes, de toute étendüe, presque rond, d'assez bonne eau, mal net, un peu ébréché, pezant 6 k⁵, estimé huict mille huict cens livres, cy 8800 liv.

130. — Aléa.

131. — Un diamant à facettes, très plat, ovale, mal formé, d'eau brune, pezant 4 k, estimé huict mille livres, cy 8000 liv.

132. — Un diamant à facettes, d'étendüe, un peu ovale, de bonne eau et net, pezant 4 k⁵, estimé quatre mille quatre cens livres, cy 4400 liv.

133. — Un diamant à facettes, de même en tout que celui ci-dessus, estimé quatre mille quatre cens livres, cy 4400 liv.

134. — Aléa.

135. — Un grand diamant brillant, de toute étendüe, ovale, tirant un peu sur le céleste, ayant quelques petits blancs, pezant 11 k⁵, estimé quarante-cinq mille livres, cy 45 000 liv.

136. — Un diamant à facettes, plat de la couronne, ovale, coupé d'un côté avec un petit point noir, de belle eau, pezant 5 k⁵ 1/4, estimé sept mille livres, cy 7000 liv.

137. — Un diamant à facettes, à six pans irréguliers, dont un a un grand cran, mal net, pezant 7 k⁵ 1/4, estimé dix mille livres, cy 10 000 liv.

138. — Un diamant aussy taillé à facettes, de forme ovale, d'eau couleur de citron savonneuse, ayant une plume à costé de la pointe de la table, pezant 10 k⁵ 1 8, revenant à dix mille deux cent huict livres, cy 10 208 liv.

139. — Aléa.

140. — Un diamant à facettes, en cœur, moins bien formé, de bonne eau, et net, pezant 6 k⁵, estimé dix mille livres, cy 10 000 liv.

141. — Aléa.

142. — Un diamant à facettes, presque carré, de la seconde eau, net et de toute étendüe, pezant 5 k⁵ 3/4, estimé dix mille cinq cens livres, cy 10 500 liv.

143-144. — Aléa.

145. — Un diamant à facettes, d'étendüe, rond, tirant sur l'ovale, de bonne eau, ayant un point blanc, pezant 7 k⁵, estimé sept mil cinq cens livres, cy 7500 liv.

146. — Aléa.

147. — Un diamant à facettes, tirant sur le carré, de belle eau, ayant un gros point noir à un bout, pezant 8 k⁵ 1/4, estimé neuf mille cent quatre-vingts livres, cy 9180 liv.

148. — Un diamant à facettes, presque carré, mal net, ayant plusieurs

petits points, de toute étendüe, pezant 4 k², estimé quatre mille cinq cens livres, cy 4500 liv.

149. — Un diamant à facettes, de toute étendüe, ovale, pointu d'un bout, mal net, de la seconde eau, pezant 6 k², estimé quatre mille livres, cy 4000 liv.

150 à 156. — Aléa.

157. — Un diamant de forme ronde, un peu verdâtre, pezant 7 k² 1/4, estimé huict mille trois cent soixante livres, cy 8360 liv.
(Sur l'original il n'est ressorti que 8300 liv. en chiffres.)

158. — Un diamant à facettes, de forme ovale et longue, ayant une glace noire d'un côté, pezant 6 k², estimé six mille livres, cy 6000 liv.

159. — Un diamant à facettes, de même forme, mais plus net, pezant 4 k² 1/2, estimé cinq mille livres, cy 5000 liv.

160 à 162. — Aléa.

163. — Un diamant à facettes, roze, d'étendüe, ovale, de belle eau, ayant plusieurs petits points, pezant 7 k², estimé huict mille cinq cens livres, cy 8500 liv.

164. — Un diamant roze, de grande étendüe, de belle eau, aussi avec de petits points, pezant 7 k² forts, estimé huict mille livres, cy 8000 liv.

165. — Aléa.

166. — Un diamant à facettes, plus ovale et mal formé, brun, pezant 4 k² 1/4, estimé quatre mille livres, cy 4000 liv.

167. — Un diamant à facettes, en cœur, ayant une glace sur la pointe, de bonne eau, pezant 5 k² forts, estimé quatre mille livres, cy 4000 liv.

168. — Un diamant à facettes, ovale, brun, pezant 7 k² 1/4 forts, estimé six mille livres, cy 6000 liv.

Revenant les deux cent vingt-trois boutons : à la somme de dix-huict cent vingt-un mille six cent quatre-vingt-dix-huict livres, cy 1821698 liv.

Trois cens boutonnières de justaucorps, dont cent cinquante-une sont composées chacune de cinq diamants, estimées trois mille sept cent trente-huict livres pièce, l'une portant l'aultre; et cent quarante-neuf d'un seul diamant chacune, estimées deux mille cinq cens livres pièce, aussy l'une portant l'aultre; revenant à la somme de neuf cent trente-six mille neuf cent trente-huict livres, cy 936938 liv.

Dix-neuf fleurons de boutonnières composés chacun de trois diamants. Savoir :

Le premier : un grand diamant en pendeloque, taillé à grandes facettes des deux côtés, de bonne eau et bien vive, pezant 15 k⁵ 1/4, estimé cinquante mille livres ; deux autres diamants aux côtés, estimés chacun onze mille livres ; revenant ensemble à la somme de soixante-douze mille livres, cy 72.000 liv.

Le deuxième : un grand diamant à facettes, en cœur parfait, pezant 17 k⁵ 1/2, estimé cinquante mille livres ; et les deux autres estimés chacun trois mille livres ; revenant ensemble à cinquante-six mille livres, cy 56.000 liv.

Le troisième : un grand diamant couleur de rose et net, pezant 21 k⁵, estimé quarante mille livres ; et les deux autres estimés chacun sept mille livres ; revenant ensemble à cinquante-quatre mille livres, cy 54.000 liv.

Le quatrième : un grand diamant à facettes des deux côtés, en cœur, taillé en cloud, de grande étendüe et de belle eau, estimé trente-six mille livres ; et les deux autres, estimés chacun neuf mille livres ; revenant ensemble à cinquante-quatre mille livres, cy 54.000 liv.

Le cinquième : un grand diamant en pendeloque, de couleur rougeâtre, ayant une glace, très mal net, pezant 23 k⁵, estimé trente-six mille livres ; les deux autres en pendeloque, estimés chacun sept mille cinq cens livres ; revenant ensemble à cinquante-un mille livres, cy 51.000 liv.

Le sixième : un diamant lasque, demy-brillant, formé en eau mal net et très céleste, ayant de petits points noirs dans le milieu, pezant 11 k⁵ 3/4, estimé xxxᵐ... liv. ; et les deux autres estimés chacun vᴵᴵᵐ liv. ; revenant ensemble quarante-quatre mille livres, cy 44.000 liv.

Le septième : un diamant de fort grande étendüe, taillé à facettes, de forme carrée un peu longuette, de très belle eau, vers le milieu duquel il y a une très petite glace, un manque de pierre en un coin, pezant 8 k⁵ 3/8, estimé trente-trois mille livres ; les deux autres estimés chacun cinq mille livres ; revenant ensemble à la somme de quarante-trois mille livres, cy 43.000 livres.

Le huictième : en pendeloque, taillé à grandes facettes des deux côtés, d'eau couleur de foin, pezant 14 k⁵ 1/2, estimé xxxᵐ... liv. ; les deux autres estimés chacun vᴵᵐ... liv. ; revenant ensemble à quarante-deux mille livres, cy 42.000 liv.

Le neuvième : un diamant demy-brillant, en triangle, dont deux des coins sont arrondis, ayant une plume vers un bout, pezant 7 k^s 1/4, estimé xxiv^m... liv.; les deux autres estimés chacun cinq mille cinq cens livres; revenant ensemble à trente-cinq mille livres, cy 35 000 liv.

Le dixième : un diamant à facettes, en cœur, d'étendue, un peu mal net et de bonne eau, égrisé en dessous, pesant 6 k^s 5/8, estimé quatorze mille livres; les deux autres estimés chacun huit mille cinq cens livres; revenant ensemble à trente-un mille livres, cy 31 000 liv.

Le onzième : un diamant lasque, pointu d'un bout et net, pezant 10 k^s, estimé vingt-deux mille huit cent dix livres; les deux autres estimés chacun quatre mille livres; revenant ensemble à trente mille huit cent dix livres, cy 30 810 liv.

Le douzième : un diamant lasque, de bonne eau, ovale, pezant 10 k^s, estimé xviii^m xenj liv.; les deux autres estimés chacun six mille livres; revenant ensemble à trente mille livres, cy 30 000 liv.

Le treizième : un diamant brillant, d'étendue lozange, tirant sur l'ovale, de bonne eau, ayant une glace d'un côté, pezant 15 k^s, estimé seize mille livres; les deux autres estimés chacun six mille livres; revenant ensemble à vingt-huict mille livres, cy 28 000 liv.

Le quatorzième : un diamant brillant, de toute étendüe et parfait, pezant 10 k^s 1/2, estimé dix-huict mille livres; les deux autres estimés chacun trois mille livres; revenant ensemble à vingt-quatre mille livres, cy 24 000 liv.

Le quinzième : un diamant demi-brillant, carré, tirant sur le lozange, ayant un double bizeau sur la couronne, un peu brun et net, estimé douze mille livres; les deux autres estimés chacun six mille livres; revenant ensemble à vingt-quatre mille livres, cy 24 000 liv.

Le seizième : un diamant brillant, en forme de pendeloque, de couleur rougeâtre, ayant une grande glace au milieu et une à côté, pezant 14 k^s, estimé xv^m liv., les deux autres estimés chacun iiij^m liv., et revenant ensemble à vingt-trois mille livres, cy 23 000 liv.

Le dix-septième : un diamant demi-brillant, de toute étendue, pezant 6 k^s 1/2, estimé xv^m liv., les deux autres estimés chacun iiij^m liv.; revenant à vingt-trois mille livres, cy 23 000 liv.

Le dix-huitième : un diamant épais, taillé en table carrée, fort haut de bizeau et net d'eau, un peu brun, à qui il manque de pierre dans un coin, pezant 22 k^s, estimé LX^m liv., un diamant brun pezant 5 k^s, estimé iiij^m vj^c iiij^xx v liv.; et un autre diamant brillant, pezant 8 k^s 1/2, estimé x^m liv.; revenant ensemble à soixante-neuf mil six cent quatre-vingt-cinq livres, cy 69 685 liv.

Le dix-neufvième : un grand diamant faible, taillé en table, assez haut de bizeau, d'eau vineuse, tirant sur le gris de lin, pezant 16 k^s 1/4, estimé xxxv^m liv.; un autre diamant brillant, pezant 11 k^s, estimé x^m liv.; et un autre diamant aussy brillant, estimé viii^m liv.: revenant ensemble à cinquante-trois mille livres, cy 53 000 liv.

Revenant lesdicts dix-neuf fleurons à la somme de sept cent quatre-vingt sept mille quatre cent quatre-vingt-quinze livres, cy 787 495 liv.

Quarante-huict boutons et *quatre-vingt-seize boutonnières de veste*, composés, savoir :

Les quarante-huict boutons d'un seul diamant, chacun estimé deux mille quatre cens livres pièce l'un portant l'autre; quarante-huict des-dittes boutonnières aussy d'un seul diamant, chacune estimée viii^c liv. pièce l'une portant l'autre; et les quarante-huict autres de cinq diamants chacune estimées vi^c lvii liv. pièce, aussy l'une portant l'autre; revenant le tout à la somme de cent quatre-vingt-cinq mille cent trente-six livres, cy 185 136 liv.

Une *croix de chevalier* pour le justaucorps du Roy[1], composée de cent douze diamants. Savoir :

Un grand diamant au milieu de forme de pendeloque, brillant, estimé trente-cinq mille livres; deux autres diamants en forme de cœur en pendeloque, estimés quarante-deux mille livres; un grand diamant en forme de cœur, court, estimé quinze mille livres; huict brillants en forme ronde, estimés quarante-huict mille livres; quatre cœurs, quatre mille livres; huict brillants, quatre mille deux cens livres; quatre brillants, douze cens livres; quatre-vingt-quatre diamants, treize cent cinquante livres; revenant toutes lesdittes sommes ensemble à celle de cent cinquante mille sept cent cinquante livres, cy 150 750 liv.

---

1. Cette croix avait été exécutée en 1663 par Lescot au prix de 38 500 livres, et sa valeur avait atteint, en 1672, 150 750 livres, par suite du nombre considérable de diamants blancs qu'on y avait successivement ajoutés. (Bibl. nat. Ms. *Mélanges de Colbert*, tome 266, p. 8, et Fonds Clairambault, n° 499, p. 395 et 417; Lettre du président Du Metz à Colbert, en date du 17 aoust 1683.)

Une autre *croix*[1] pour le cordon bleu de Sa Majesté, composée de cent vingt diamants. Savoir :

Un grand diamant, dans le milieu d'eau cristaline, pezant 14 k' 1/2, de xxxi^m v^c liv.; un autre diamant pezant 13 k' 1/2, de xviij^m liv.; un autre pezant 13 k' 1/2 de viiij^m clxv liv.; un autre pezant 12 k' 14, de xxx^m liv.; un autre, d'étendüe, de xxiii^m liv.; quatre autres, aux côtés du Saint-Esprit, pezant 10 k', de deux mille deux cens livres; deux autres, de six mille six cens livres; trois autres, pezant environ 8 k', de ix^m n^c liv.; un diamant de deux mille livres; un autre de deux mille huict cens livres; un, de xviii^c lx liv; trois, de dix-huict cens livres; cinq, de deux mille deux cens livres; huict, de iiij^m viij^e liv.; quatre, de ij^m v^c, neuf, de iii^m vj^e liv.; vingt-quatre, de iij^m ix^c liv.; huict petits, de c. iiij^xx liv.; seize petits, de iij^c xx liv.; vingt-six plus petits, de cxvij liv. Pour la taille de cinquante-cinq diamants qui étaient bruts, pour or et la façon : iij^m vj^c iiij^xx x liv. Revenant lesdittes sommes ensemble à celle de cent cinquante neuf mille trois cent cinquante six livres. cy 159,356 liv.

Un *crochet de chapeau* composé de sept diamants. Savoir :

Un grand diamant[2], fort, haut de forme, carré, taillé à facettes, à la mode, net, d'eau grasse, un peu de manque de pierre en deux coins, pezant 42 k' 5/8, estimé deux cent mille livres, cy 200 000 liv.

Deux diamants à facettes, formés en cœur, de très belle eau, de grande étendüe, pezant l'un 10 k' 1/3, qui a deux petits crans dans le bord de la pierre au côté gauche; et l'autre, pezant 9 k' 3/4, ayant une petite glace au côté droit, et un point noir dans un cran, estimé la somme de quatre-vingt mille livres, cy 80 000 liv.

Un diamant en forme de cœur, court, taillé à la mode, de grande étendüe, de bonne eau, ayant un gros point noir sur le dessus, et une arreste au milieu de la culasse, pezant 14 k' 1/4, estimé la somme de soixante mille livres, cy 60 000 liv.

Un autre de même forme et de même eau, ayant trois petit points noirs vers la pointe, et de l'autre côté deux petites glaces, pezant

1. Cette seconde croix avait été fournie par Pitau, en 1672, au prix de 15 231 livres. Les diamants blancs, ajoutés depuis cette époque, en ont élevé la valeur à 159 356 livres. (Bibl. nat. Ms. *Mélanges de Colbert*, tome 289, p. 16; et Fonds Clairambault, n° 499.)

2. Acheté à Tavernier en 1669. Il pesait alors 51 k' 9/16; mais, probablement à la suite de la taille que fit exécuter Alvarez en 1678, son poids fut réduit à 42 k' 5/8, et sa valeur, qui n'était d'abord que de 180 000 livres, s'éleva à 200 000 livres. (Bibl. nat. Ms. *Mélanges de Colbert*, tome 281, p. 12, et tome CCCI, p. 6.)

13 k⁻ 1'¼, aussi taillé à la mode, estimé la somme de soixante mille livres, cy 60 000 liv.

Un grand diamant brillant, carré, long, pezant 20 k⁻ 1/2, estimé quarante mille livres, cy 40 000 liv.

Un grand diamant brillant, de forme ovale, tirant sur le carré, dont la table est fort petite, de toute étendüe, manque de pierre en un coin, de bonne eau, pezant 11 k⁻ 1 ¼, estimé trente mille livres, cy 30 000 liv.

Revenant lesdittes sommes ci-dessus à celle de quatre cent soixante-dix mille livres, cy 470 000 liv.

Somme de ce chapitre : 4 511 373 liv. s. d.

C. IV. — *Parures de toutes pierres.* — *Une parure* de toutes pierres, composée de cent soixante-huict boutons, trois cent trente-six boutonnières, et dix-neuf fleurons de boutonnières, pour un *justaucorps*, quarante-huict boutons et quatre-vingt-seize boutonnières de *veste*; une *croix de chevalier*, une *épée* avec sa garniture de *baudrier*, un *crochet de chapeau* et deux paires de *boucles de jarretières et de souliers* avec les huict bouts.

Savoir :

Les cent soixante-huict boutons de *justaucorps*, composés chacun d'une pierre de couleur et de sept diamants blancs, estimés vijᶜˡ liv. pièce : revenant à cent vingt-six mille livres, cy 126 000 liv.

Les trois cent trente-six boutonnières de *justaucorps*, composées, savoir : Cent soixante-huict, de trois pierres de couleur, et de cinq diamants blancs, chacune estimées xjᶜ xxmj liv. pièce, l'une portant l'autre : et les cent soixante-huict autres de trois pierres de couleur et de trois diamants, chacune estimées vijᶜ liv. pièce, l'une portant l'autre; revenant à la somme de trois cent six mille quatre cent trente-deux livres, cy 306 432 liv.

Les dix-neuf fleurons de boutonnières de justaucorps, composés chacun de trois pièces de couleur et de trois diamants blancs, estimé six mille cinq cent douze livres pièce, l'un portant l'autre; revenant à la somme de cent vingt-trois mille sept cent vingt-huict livres, cy 123 728 liv.

Les quarante-huict boutons pour la *veste*, composés d'une pierre de couleur, chacun estimés quatre cents livres pièce, l'une portant l'autre; revenant ensemble à dix-neuf mille deux cents livres, cy 19 200 liv.

Les quatre-vingt-seize boutonnières de veste, composées, savoir : quarante-huict d'une pierre de couleur et de quatre diamants blancs, chacune estimées iiij^c liv. pièce, l'une portant l'autre ; et quarante-huict autres, d'une pierre de couleur, chacune, estimées iiij^{c}viiij liv. pièce ; revenant le tout à trente-quatre mille deux cent soixante-douze livres. 34272 liv.

Une *croix de chevalier*[1] *du Saint-Esprit*, composée de vingt-cinq diamants jaunes, et de cent quarante-huict diamants blancs, estimée trente mille livres, cy 30000 liv.

Une *épée*[2] et une garniture de *baudrier :* l'épée, composée de soixante-six pierres de couleur et de cxxj diamants blancs ; et la garniture de baudrier, composée de trois grandes boucles, deux petites, quatre cœurs et un travers, enrichis de quatre-vingt-trois pierres de couleur et de cent trente-sept diamants blancs ; estimés ensemble deux cent vingt-quatre mille huit cens livres, cy 224800 liv.

Un *crochet de chapeau* composé de trois rubis, une émeraude, une topaze, un saphir, un grand diamant brillant jaune, et sept diamants brillants blancs, estimés le tout ensemble soixante-douze mille cent trente-huict livres, cy 72138 liv.

Deux paires de *boucles*[3] *de souliers et de jarretières* avec les huict bouts, composés de cinquante-six pierres de couleur, et de quatre-vingts diamants, estimées trois mille cinq cens livres, cy 3500 liv.

Somme de ce chapitre : 940070 liv. s. d.

---

1. Cette croix avait été fournie par Pitau, en 1672, au prix de 15870 livres ; les diamants ajoutés depuis en ont augmenté la valeur. (Bibl. nat. Ms. *Mélanges de Colbert*, tome 289, p. 16 ; et Fonds Clairambault, n° 499, p. 395.)

2. Ce fut également Pitau qui exécuta cette épée, en 1664, pour le prix de 26566 livres. Courtet l'avait raccommodée en 1668, mais sans y apporter de grands changements. En 1672, Pitau y ajouta deux cent soixante-quatorze diamants d'une valeur de 14567 livres, et le baudrier fut orné de six cent quatre-vingt-trois autres diamants, soit 7904 livres. En 1678, Montarsy ajouta au baudrier quatre-vingt-neuf diamants à facettes pour 3598 livres ; mais il est probable que dans les diverses modifications subies par l'épée et le baudrier, en 1691, le nombre des diamants a dû diminuer, et par suite la valeur a été réduite à 224800 livres. (Bibl. nat. Ms. *Mélanges de Colbert*, tome 268, p. 332 ; tome 280, p. 13 et 31 ; tome 289, p. 366 ; et tome 301, p. 258 ; — Fonds Clairambault, n° 499, p. 417 ; Lettre du président Du Metz à Colbert en date du 17 août 1683.)

3. Collationné sur l'original (*sic*).

C. V. — *Parure de perles*. — Une parure de perles composée de cent trente *boutonnières*, dix-neuf *fleurons de justaucorps* et un *crochet de chapeau*.

Savoir :

Les cent trente *boutonnières de justaucorps*, composées chacune de trois perles et de cinq diamants, estimées cy nj^e xix liv. pièce, l'une portant l'autre, revenant ensemble à six cent quatre-vingt-douze mille neuf cens livres, cy 692900 liv.

Les dix-neuf *fleurons de boutonnières de justaucorps*, composés, savoir : sept de trois perles et de trois diamants, et douze autres de trois perles et de deux diamants, estimés trente-un mille trois cent cinquante-huict livres, l'un portant l'autre, revenant à cinq cent quatre-vingt-quinze mille huict cent deux livres, cy 595802 liv.

Un *crochet de chapeau* de sept perles et de onze diamants brillant. Savoir :

Une perle en bouton un peu ovale, bien tournée, de belle eau, pezant 5o k, estimée quinze mille livres, cy 15000 liv.

Une autre perle un peu longuette, percée par un bout, proche lequel il y a un petit trou, avec quelque autre défectuosité, du reste fort blanche et fort belle, pezant avec sa garniture 43 k^s, estimée quinze mille livres, cy 15 000 liv.

Une perle en poire, de belle eau, un peu platte d'un côté, pezant 43 k^s 1/2, estimée trente mille livres, cy 30 000 liv.

Une perle en poire, courte, assez bien tournée, pezant 31 k^s, estimée dix-huict mille livres, cy 18 000 liv.

Une perle en poire, un peu longuette, de très belle eau et très parfaite, pezant 29 k^s scarts, compris sa garniture, estimée trente-six mille livres, cy 36 000 liv.

Une autre perle[1] en poire, bellissime et bien tournée, un peu matte au gros bout, pezant 29 k^s 1/2, estimée vingt-un mille cinq cens livres, cy 21 500 liv.

Une perle en poire bien formée, de très belle eau, un peu matte par dessus, pezant avec sa garniture 21 k^s, estimée vingt-un mille livres, cy 21 000 liv.

---

1. Acheté à Bazu, lapidaire, en 1669. (Bibl. nat. Ms. *Mélanges de Colbert*, tome 281, p. 14.)

Onze diamants brillants, pezant 70 k^s 1/4, estimés quarante-trois mille huiet cent six livres, cy 43806 liv.

Et pour l'or, l'étuy et la façon, la somme de sept cent cinq livres, cy 705 liv.

Revenant toutes les susdittes sommes à celle de deux cent un mille onze livres, cy 201011 liv.

Somme du chapitre : 1499713 liv.

C. VI. — *Crochet de chapeau non compris dans les varures.* — Un crochet de chapeau composé de sept diamants brillants.

    Savoir :

Un grand diamant de forme carrée, longuet, cy-devant taillé à l'antique, retaillé en brillant, pezant 22 k^s, estimé soixante-quinze mille livres, cy 75000 liv.

Un grand diamant épais, de forme carrée, un peu lozange, d'eau un peu couleur de foin, cy-devant aussi taillé à l'antique, pezant, retaillé en brillant, 14 k^s, estimé cinquante mille livres, cy 50000 liv.

Un diamant brillant, ovale, d'eau cristaline, parfait, pezant 9 k^s 1/2, estimé quinze mille livres cy 15000 liv.

Un diamant brillant, ovale, d'eau cristaline, parfait, pezant 11 k^s 1/2 scarts, estimé quartorze mille livres, cy 14000 liv.

Un diamant brillant, un peu ovale, de bonne eau, pezant 10 k^s, estimé treize mille livres, cy 13000 liv.

Un diamant brillant, d'eau cristaline, forme presque ronde, tirant sur le cœur, pezant 11 k^s 1/2, estimé dix mille sept cent quarante livres, cy 10740 liv.

Un diamant brillant, un peu ovale, tirant sur le carré long, de la seconde eau, pezant 11 k^s, estimé dix mille quatre cens livres, cy 10400 liv.

Pour l'or, la façon et l'étuy, cent cinquante livres, cy 150 liv.

Revenant toutes lesdittes sommes à celle de cent quatre vingt-huiet mille deux cent quatre-vingt-dix livres, cy 188290 liv.

Un autre *crochet de chapeau* d'un seul diamant, brillant, plus étroit

d'un bout que de l'autre, de belle eau, pezant 95 k⁵, estimé quarante-
trois mille huict cent soixante-six livres, cy 43866 liv.

Somme de ce chapitre : 232156 liv. s. d.

C. VII. — *Perles.* — Un *colier* composé de vingt-cinq grosses
perles rondes, de bonne eau, pezant ensemble 2 onces, 3 gros, faisant
1425 grains, qui est pour chaque perle 57 grains 1/2, estimé deux cent
cinquante mille livres, cy 250000 liv.

Une perle[1] vierge, parfaite, ronde et de belle eau, pezant 27 k⁵ 1/2,
estimée quatre-vingt-dix mille livres, cy 90000 liv.

Somme de ce chapitre : 340000 liv.

C. VIII. — *Pendants de perles et de diamants.* — Une paire de pendants composée de huit diamants.

Savoir :

Le premier : un grand diamant, appelé le cinquième *Mazarin*, taillé
à facette des deux côtés, en forme d'amande, percé par le haut, de
fort belle eau cristaline, pezant 21 k⁵ 5/8, estimé cent vingt mille livres,
cy 120000 liv.

Le deuxième : un grand diamant, appelé le quatrième *Mazarin*, taillé
à facettes, en forme de cœur, fort, net et haut, à la réserve d'une petite
glace longuette, d'eau un peu brune, pezant 24 k⁵ 1/4, estimé cent mille
livres, cy 100000 liv.

Le troisième : un autre grand diamant, appelé le *Richelieu*, donné à la
Couronne par feu M. le cardinal de Richelieu, taillé à facettes, en forme
de cœur, de fort belle eau blanche vive et net, ayant un fort petit éclat
au-dessus et à une des pointes, pezant 19 k⁵, estimé cent mille livres,
cy 100000 liv.

Le quatrième : un grand diamant, appelé le sixième *Mazarin*, taillé à
facettes des deux côtés, aussy en forme d'amande, percé par le haut, de
fort belle eau cristaline, ayant une pointe de glace à un des côtés, pezant
18 k⁵ 1/4, estimé quatre-vingt mille livres, cy 80000 liv.

Les cinquième et sixième : deux diamants en pendeloque, poin-
tus, taillés à l'antique, de belle eau, parfaits, pezant ensemble 21 k⁵ 1/2,
estimés cinquante mille livres, cy 50000 liv.

1. Acheté à Bazu, en 1669, au prix de 40000 livres. (Bibl. nat. Ms. *Mélanges de Colbert*, tome 281, p. 14.)

Les septième et huitième : deux autres diamants[1] en pendeloque, de forme longue, pezant, compris deux anneaux, 21 k[s], estimés ensemble cinquante mille livres, cy 50 000 liv.

Revenant toutes les susdittes sommes à celle de cinq cent mille livres, cy 500 000 liv.

Une autre *paire de pendants* composée de quatre diamants dont les deux de dessus sont en boucles d'oreilles. Savoir :[

Le premier : un grand diamant brillant, en pendeloque, parfait, pezant, avec un petit anneau d'acier, 22 k[s], estimé quatre-vingt mille livres, cy 80 000 liv.

Le second : un grand diamant en pendeloque, parfait, pezant 19 k[s] 1/4, estimé soixante-dix mille livres, cy 70 000 liv.

Le troisième : un grand diamant brillant, élevé, de belle eau, presque carré, ayant quelques petits points dans le fonds, pezant 17 k[s] 1/4, estimé trente mille livres, cy 30 000 liv.

Et le quatrième : un grand diamant brillant, à huit pans, haut, net et blanc, pezant 14 k[s], estimé la somme de vingt-cinq mille livres, cy 25 000 liv.

Revenant toutes les susdittes sommes, non tirées hors lignes, à celle de deux cent cinq mille livres, cy 205 000 liv.

Une paire de *pendants d'oreilles*, composée de huit perles et huit diamants, taillés à facettes des deux côtés. Savoir :

La première : une perle platte[2], de belle eau et bien tournée, pezant 21 k[s], estimée deux mille quatre cens livres, cy 2 400 liv.

La seconde : une autre perle platte[2], aussy de belle eau et bien tournée, pezant 17 k[s] 1/2, estimée douze cens livres, cy 1 200 liv.

La troisième : une grosse perle en poire[4], un peu en calebace, d'eau rougeâtre et défectueuse par le haut à l'endroit de la garniture, avec laquelle elle pèze 36 k[s] 3/4, estimée la somme de douze mille livres, cy 12 000 liv.

La quatrième[4] : une grosse perle aussy en poire, un peu platte, de forme d'amande, de belle eau, qui est travaillée par derrière, pezant avec sa garniture 31 k[s], estimée six mille livres, cy 6 000 liv.

---

1. Achetés à Tavernier en 1669. (Bibl. nat. Ms. *Mélanges de Colbert*, tome 281, p. 12.)
2. Achetée à Bazu en 1669. (Bibl. nat. Ms. *Mélanges de Colbert*, tome 281, p. 14.)
3. *Ibidem*. — 4. *Ibidem*. — 5. *Ibidem*.

La cinquième : une perle en poire[1], bien tournée, un peu longuette, de belle eau, pezant avec sa garniture 20 k^s, à l'endroit de laquelle la perle est un peu jaunâtre, estimée six mille livres, cy 6000 liv.

La sixième : une perle en poire, bien formée, qui a de petits cercles autour, de bonne eau, un peu rougeâtre et percée d'un bout à l'autre, pezant, avec sa garniture, 19 k^s 1/4, estimée six mille livres, cy 6000 liv.

La septième : une perle en poire[2], un peu en forme d'olive, de fort belle eau et bien tournée, et percée d'un bout à l'autre, pezant, avec sa garniture, 21 k^s scarts, estimée huict mille livres, cy 8000 liv.

La huictième : une perle en poire, de forme d'olive, bien tournée et de fort belle eau, pezant, avec sa garniture, 22 k^s 1/2, estimée huict mille livres, cy 8000 liv.

Deux diamants d'en bas, estimés chacun sept cens livres, faisant ensemble quatorze cens livres, cy 1400 liv.

Et les *six autres diamants*, estimés chacun quatre cens livres, faisant ensemble deux mille quatre cens livres, cy 2400 liv.

Revenant toutes lesdittes sommes, non tirées hors lignes, à celle de cinquante-trois mille quatre cens livres, cy 53 400 liv.

Une autre *paire de pendants* composée de vingt-deux diamants en pendeloque, percée par le haut, estimée quarante-quatre mille livres, cy 44 000 liv.

Somme de ce chapitre : 802 400 liv.s.d.

C. IX. — *Poinçons.* — Un poinçon d'un grand diamant à facettes, en cœur, d'eau jaune, brune, pezant 16 k^s 1/2, estimé vingt mille livres, cy 20 000 liv.

Un autre poinçon d'un diamant en rose, tirant sur la couleur de topaze, fort jaune, en forme de cœur, taillé à la mode, pezant 11 k^s 1/2, estimé onze mille livres, cy 11 000 liv.

Un autre poinçon d'un diamant épais, de forme carrée, taillé en pointe des deux côtés, d'eau un peu couleur de foin, dans lequel il y a plusieurs petits points noirs, et une égrisclure à une pointe, pezant 8 k^s 1/2, estimé dix mille livres, cy 10 000 liv.

Somme de ce chapitre : 41 000 liv.s.d.

1. Achetée à Bazu en 1669. (Bibl. nat. Ms. *Mélanges de Colbert*, tome 281, p. 14.)
2. *Ibidem.*

C. X et dernier. — *Épée de diamants.* — Une épée d'or, enrichie de cent trente-un diamants, revenant compris nye xl liv., pour la lame damasquinée, l'étuy et la façon, à vingt-trois mille sept cent soixante-neuf livres, cy 23769 liv.

Vingt *ferrets* garnis de diamants, estimés quatre mille livres, cy 4000 liv.

Somme totale du contenu au présent inventaire : 11424181 livres.

Fait à Versailles les jours et an que dessus.

Signé : LOUIS.

Et plus bas :

PHÉLYPEAUX.

Ensuite est écrit :

Aujourd'hui, quatorze juin, mil sept cent dix-neuf,

Il a été ajouté au présent inventaire un diamant acheté en Angleterre, parfait, de la première eau, pezant 546 grains, brillant, de forme carrée, un peu long, les coins arrondis, ayant tous ses degrés, une petite glace dans le feuilletis et un autre à un coin dans le dessous, lequel étant d'un prix inestimable est, par forme d'inventaire, estimé par les sieurs Rondé père et fils, six millions, lequel diamant a été surnommé *le Régent*.

Signé : PHÉLYPEAUX.

Collationné :

LE DUC DE LAVRILLIÈRE.

REPRÉSENTATION de Vingt des plus beaux DIAMM
an ROY, a son dernier retour des Indes, qui a esté le
consideration et des Seruices que ledit Tauernier a rem

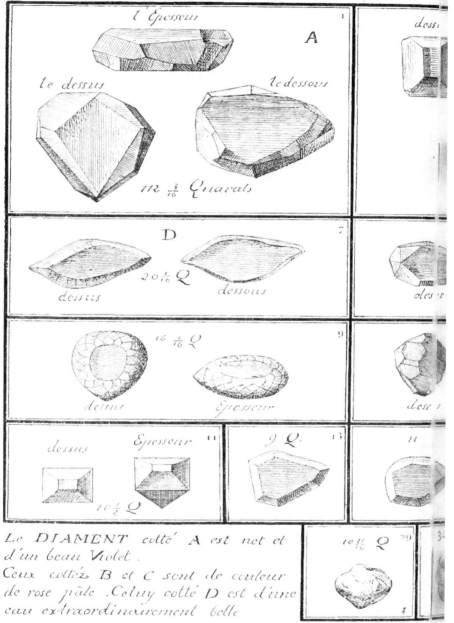

l'Epesseur   1

A

le dessus   le dessous

112 ³⁄₁₆ Quarats

D   7

20 ¹⁄₁₆ Q

dessus   dessous

16 ¹⁄₁₆ Q   9

dessus   Epesseur

dessus   Epesseur   11

10 ¹⁄₂ Q

9 Q.   13

Le DIAMENT cotté A est net et
d'un beau Violet.
Ceux cottéz B et C sont de couleur
de rose pâle. Celuy cotté D est d'une
eau extraordinairement belle

10 ¹⁄₁₆ Q   29

...usis entre tous ceux que le S.r JB Tavernier a Vendus
...bre 1668 ou il a fait six Voyages par terre. Et en cette
...Estat, sa Majesté la hennoré de la qualité de Noble.

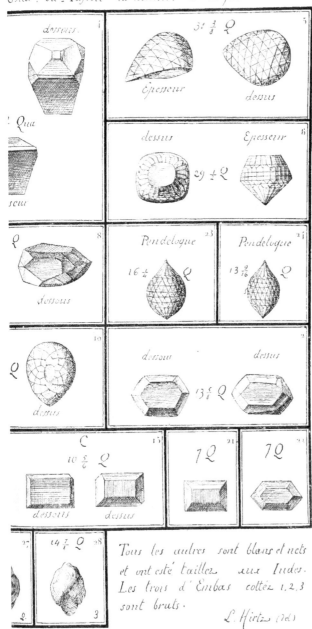

Tous les autres sont blans et nets
et ont esté taillez aux Indes.
Les trois d'Embas cottéz 1, 2, 3
sont bruts.

L. Hirtz (del)

IV

FACTURE DE TAVERNIER

La planche qui accompagne cette facture a été gravée sous la direction de Tavernier; il y donne la figuration de ses principaux diamants, et l'état de la taille où ils
étaient lorsqu'il les vendit à Louis XIV.

Les numéros de la facture correspondent à ceux de la planche ci-contre.

Au sieur Tavernier, pour son payement de plusieurs diamants qu'il a
vendus à Sa Majesté. Sçavoir :

220000 livres : pour un grand diamant bleu, en forme de cœur, court,
taillé à la mode des Indes, pezant 112 ks 3/16 (n° 1 du tableau ci-contre);

5000 livres : pour deux autres diamant bleuastres, taillez aux Indes,
l'un de forme ovalle, pezant 13 ks 5/8 (n° 2); et l'autre de forme carrée,
pezant 6 ks 1/8 (n° 3, ne figurant pas dans le tableau);

180000 livres : pour un gros diamant carré, taillé aux Indes, pezant
51 ks 9/16 (n° 4);

34000 livres : pour un grand diamant carré, taillé à facettes aux Indes,
en forme d'amande, pezant 32 ks (n° 5);

66000 livres : pour un autre grand diamant, en forme de table dessus et
en pointe dessous, taillé à petites facettes aux Indes, pezant 29 ks 3/8
(n° 6);

98000 livres : pour trois grands diamants lasques, l'un en forme ovalle,
pezant 20 ks 1/2 (n° 7); et l'autre en forme d'amande avec plusieurs
glaces, d'eau un peu brune, pezant 20 ks 1/4 (n° 8); et le troisième de
très belle eau, en forme de cœur, pezant 16 ks 1/16 (n° 9);

28 000 livres : pour trois diamants incarnats, l'un en forme de cœur, taillé à facettes dessus et dessoubs, pezant 14 k⁵ 1/8 (n° 10) ; l'autre de forme carrée, longue, demi-fonds, d'eau vive, pezant 10 k⁵ (n° 11) ; et le troisième taillé aux Indes, aussi de forme carrée longuette, pesant 3 k⁵ 1/4 (n° 12, ne figure pas au tableau) ;

36 000 livres : pour six grands diamants larges d'estendüe et très nets, pezant ensemble 39 k⁵ 1/8 (les trois premiers seulement, nᵉˢ 13, 14 et 15, sont au tableau, les numéros 16, 17 et 18, sans doute beaucoup moins importants, n'y figurent pas) ;

18 200 livres : pour quatre diamants d'eau brune, dont deux en forme de pendeloque platte, de grande estendüe, d'eau brune, pezant ensemble 20 k⁵ 1/2 (nᵒˢ 19 et 20 non compris dans le tableau) ; le troisième, de forme carrée, longue, demi-fonds, pezant 7 k⁵ 1/2 n° 21) ; et le quatrième, de forme longue, à six pans, pezant 6 k⁵ (n° 22) ;

23 000 livres : pour deux grands diamants, l'un taillé en pendeloque ronde, à petites facettes, pezant 16 k⁵ 1/4 (n° 23) ; et l'autre taillé à facettes de tous côtés, pezant 13 k⁵ 3/4 (n° 24) ;

4600 livres : pour deux diamants taillés en pendeloque ronde, à petites facettes de tous côtés, pezant 11 k⁵ 1/2 (nᵒˢ 25 et 26, non compris dans le tableau) ;

7000 livres : pour neuf petits diamants de bonne eau, taillés en pendeloque, pezant 23 k⁵ 3/4 (non compris dans le tableau) ;

18 000 livres : pour un grand diamant brut qui a une glace dessoubs, pezant 32 k⁵ 3/8 n° 27) ;

6000 livres : pour un diamant brut où il y a du mal, net, pezant 14 k⁵ 7/8 n° 28) ;

8000 livres : pour un diamant taillé aux Indes, en pierre espaisse, pezant 10 k⁵ 11/16 (n° 29) :

4000 livres : pour un grand diamant, brut, en pointe, pezant 10 k⁵ 1/2 ;

8000 livres : pour quatre diamants, dont trois *laborades* en l'Inde, l'un en forme de cœur court, pezant 8 k⁵ 1/3 ; l'autre en forme de cœur à quatre facettes, pezant 7 k⁵ 1/3 ; le troisième en forme de lozange ovalle, pezant 5 k⁵ 1/3 ; et le quatrième, lasque, d'eau brune de forme ovalle, pezant 5 k⁵ 3/4 ;

3500 livres : pour deux diamants, l'un *laborade* en l'Inde, en forme de pierre espaisse, pezant 6 k⁵ 3/4 ; et l'autre en forme carrée, d'eau vive, pezant 6 k. 1/8 :

2700 livres : pour deux diamants lasques, l'un en forme ovalle, pezant 3 k 3/4 ; et l'autre de grande estendüe, de forme ronde, pezant 2 k 3/4 ;

Et enfin, 128 731 livres : pour onze cent deux diamants divers.

Nota. — Le poids des pierres, portant les numéros 7, 10 et 11, mentionné sur la facture, et celui indiqué dans le tableau, ne sont pas identiques. Ces différences portent sur des chiffres insignifiants, et la description de l'inventaire est conforme à la figuration du tableau : il n'y a donc pas de doute sur l'identité des pierres.

LIVRE VII

LOUIS XV ET LOUIS XVI.

CHAPITRE PREMIER

La Régence : achat du diamant dit *le Régent*. — Louis XV : son sacre ; son mariage. — Marie Leczinska. — Changement des modes et des parures de la Couronne.

Avec le règne de Louis XV apparaît d'abord l'époque de la Régence : avec elle la gaieté succède à la tristesse des dernières années du grand règne, les fêtes remplacent bientôt le deuil, et les diamants de la Couronne ne restent pas longtemps sans reparaître à la Cour.

Dès la deuxième année du règne survient un événement qui accroît le Trésor de plus de la moitié de sa valeur : nous voulons parler de l'achat du diamant connu sous le nom de *Régent*, qui fut estimé douze millions dès le siècle dernier, évaluation encore acceptée de nos jours.

Saint-Simon s'attribue le mérite de cette acquisition, qu'il raconte avec complaisance dans ses *Mémoires*.

« Par un événement extrêmement rare, dit-il[1], un employé aux mines de diamants du Grand-Mogol trouva le moyen de s'en fourrer un dans le fondement, d'une grosseur prodigieuse, et, ce qui est le plus merveilleux, de ga-

---

1. Saint-Simon, *Mémoires*, tome XIV, p. 416. Édition Chéruel. — Paris, Hachette.

gner le bord de la mer, et de s'embarquer sans la précaution qu'on ne manque jamais d'employer à l'égard de
presque tous les passagers, dont le nom ou l'emploi ne
les en garantit pas, qui est de les purger et de leur donner
un lavement pour leur faire rendre ce qu'ils auroient pu
avaler, ou se cacher dans le fondement. Il fit apparemment si
bien qu'on ne le soupçonna pas d'avoir approché des mines
ni d'aucun commerce de pierreries. Pour comble de fortune,
il arriva en Europe avec son diamant. Il le fit voir à plu-

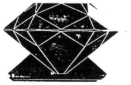

LE RÉGENT

Gravure extraite des *Pierres précieuses*. (Bib. des Merveilles.)

sieurs princes, dont il passoit les
forces, et le porta enfin en Angleterre, où le roi l'admira sans pouvoir se résoudre à l'acheter. On en
fit un modèle de cristal en Angleterre, d'où on adressa l'homme, le
diamant, et le modèle parfaitement
semblable, à Law, qui le proposa
au régent pour le roi. Le prix en
effraya le régent, qui refusa de le
prendre.

« Law, qui pensoit grandement
en beaucoup de choses, me vint
trouver consterné, et m'apporta le
modèle. Je trouvai comme lui qu'il

ne convenoit pas à la grandeur du roi de France de se
laisser rebuter par le prix d'une pièce unique dans le
monde et inestimable, et que plus de potentats n'avoient
osé y penser, plus on devoit se garder de le laisser échapper. Law, ravi de me voir penser de la sorte, me pria d'en
parler à M. le duc d'Orléans. L'état des finances fut un
obstacle sur lequel le régent insista beaucoup. Il craignoit
d'être blâmé de faire un achat si considérable, tandis qu'on
avoit tant de peine à subvenir aux nécessités les plus pressantes et qu'il falloit laisser tant de gens dans la souffrance.
Je louai ce sentiment; mais je lui dis qu'il n'en devoit pas
user pour le plus grand roi de l'Europe comme pour un

simple particulier, qui seroit très répréhensible de jeter
cent mille francs pour se parer d'un beau diamant, tandis
qu'il devroit beaucoup et ne se trouveroit pas en état de
satisfaire; qu'il falloit considérer l'honneur de la couronne
et ne lui pas laisser manquer l'occasion unique d'un diamant sans prix, qui effaçoit ceux de toute l'Europe; que
c'étoit une gloire pour sa régence, qui dureroit à jamais,
qu'en tel état que fussent les finances, l'épargne de ce refus
ne les soulageroit pas beaucoup, et que la surcharge en seroit
très peu perceptible. Enfin, je ne quittai point M. le duc
d'Orléans, que je n'eusse obtenu que le diamant seroit acheté.

« Law, avant de me parler, avoit tant représenté au
marchand l'impossibilité de vendre son diamant au prix
qu'il l'avoit espéré, le dommage et la perte qu'il souffriroit
en le coupant en divers morceaux, qu'il le fit venir enfin à
deux millions avec les rognures en outre qui sortiroient
nécessairement de la taille. Le marché fut conclu de la
sorte. On lui paya l'intérêt des deux millions jusqu'à ce
qu'on lui pût donner le principal, et en attendant pour
deux millions de pierreries en gage qu'il garderoit jusqu'à
entier payement des deux millions.

« M. le duc d'Orléans fut agréablement trompé par les
applaudissements que le public donna à une acquisition si
belle et si unique. Ce diamant fut appelé *le Régent*. Il est
de la grosseur d'une prune de la reine Claude, d'une forme
presque ronde, d'une épaisseur qui répond à son volume,
parfaitement blanc, exempt de toute tache, nuage et pail-
lette, d'une eau admirable, et pèse plus de cinq cents
grains. Je m'applaudis beaucoup d'avoir résolu le régent à
une emplette si illustre. »

Ce diamant, acheté deux millions cinq cent mille livres,
fut d'abord évalué six millions, puis douze millions dans
l'Inventaire de 1791; il acquit une renommée considérable,
et il est resté comme le type le plus pur des diamants de
l'Inde. Sauf deux légères fentes, presque invisibles, il n'a
aucun défaut; sa taille est irréprochable, et sa cristallisa-

tion est aussi éclatante par ses feux qu'elle est nette par sa pureté et sa blancheur. Il demeure encore dans les caves du Ministère des finances, d'où il sortira un jour pour être exposé au Louvre et rappeler les joyaux de la Couronne aujourd'hui dispersés.

Louis XV, quoique enfant, se para bientôt du *Régent*. Le 21 mars 1721, lorsque le jeune monarque reçut les ambassadeurs de Turquie, il portait sur un habit de velours couleur de feu la parure de boutons et de boutonnières faite avec les diamants de la Couronne pour Louis XIV; sur son chapeau était placé le *Sancy*, serti dans une grosse agrafe; enfin, sur son épaule, au milieu d'un nœud de perles et de diamants, étincelait le *Régent*. C'était la première fois que cette pierre était portée; elle avait été même montée tout exprès pour la circonstance [1].

Cette ambassade ottomane fut reçue à Paris avec le luxe et les prévenances dont on entourait alors les ambassadeurs des pays lointains. Au nombre des curiosités qu'on montra aux représentants du Grand-Turc, nous devons signaler les diamants de la Couronne. Laurent Rondé, alors garde des joyaux, en fit les honneurs. L'ambassadeur, émerveillé, ne put s'empêcher de dire que son maître n'avait pas d'aussi beaux bijoux [2].

Un an plus tard, en mars 1722, le roi, étant allé à Notre-Dame entendre le *Te Deum* célébré pour l'heureuse alliance conclue entre la France et l'Espagne, mit un habit de velours lilas avec la garniture qu'il avait à la réception des ambassadeurs ottomans; le *Régent* était à l'épaulette et le *Sancy* en agrafe de chapeau [3].

Nous ne retrouvons plus de renseignements sur nos joyaux depuis ce moment jusqu'au sacre de Louis XV.

Pour cette circonstance, Laurent Rondé [4], que nous avons

1. Le *Mercure*, 1721, 21 mars, p. 137.
2. Le *Mercure*, 1721, mai, p. 115.
3. *Ibid.*, 1722, p. 148.
4. Rondé ou Rondet : familles d'orfèvres des dix-septième et dix-huitième siècles,

vu succéder à Montarsy comme joaillier de la Couronne,
fut chargé avec son fils Claude de monter la couronne

LA COURONNE DU SACRE DE LOUIS XV, MONTÉE PAR RONDÉ PÈRE ET FILS
D'après une gravure d'Antoinne.

royale qui devait servir à cette cérémonie. Lorsqu'elle
fut terminée, Rondé invita, par la voie des annonces du

dont trois d'entre eux furent gardes des pierreries ou joailliers de la Couronne. Le
premier, Laurent, reçu maître orfèvre en 1689, habita d'abord quai des Orfèvres et

Mercure, le public à venir la voir dans ses ateliers situés au Louvre. Parmi les curieux qui répondirent à l'appel se trouva l'avocat Barbier, qui raconte ainsi sa visite dans ses *Mémoires* :

« J'ai vu ces jours-ci, dit-il[2], chez M. Rondet, joaillier du roi, la couronne que l'on a faite pour le sacre de Louis XV. C'est la chose la plus brillante et l'ouvrage le plus parfait que l'on ait jamais vu. Elle est à huit branches, dont le bas forme une fleur de lis de diamants; et en haut est une grande fleur de lis, en l'air, et isolée. Le diamant appelé *Sanci*, qui était le plus beau du temps de Louis XIV, fait le haut de la fleur de lis, et il y a quatre autres gros diamants qui font les feuilles. Cela est monté en perfection. Au milieu du front, il y a le gros diamant que M. le Régent a acheté pour le roi. Il est surprenant pour la grosseur, on l'appelle le *Millionnaire*, il vaut trois millions. On dit qu'il n'y en a pas un plus gros chez l'empereur du Mogol. On dit aussi, je ne sais s'il est vrai, que celui qui l'a ap-

ensuite au Louvre, lorsqu'il succéda à Montarsy, dont il était le neveu, comme garde des joyaux de la Couronne (1710); il fut anobli, nommé conseiller et secrétaire du roi (Bibl. nat. Ms. Cabinet des titres, n° 56800), et resta en fonction jusqu'en 1722; il monta le *Régent* dans un nœud pour Louis XV; il s'associa ensuite avec son fils Claude, et ils exécutèrent en collaboration la couronne du sacre de Louis XV. Laurent avait comme poinçon : L R et une étoile.

Claude, fils de Laurent, d'abord apprenti avec son père, lui succéda comme joaillier de la Couronne et habita au Louvre par brevet du 17 décembre 1722; il mourut vraisemblablement vers 1734, et fut remplacé par son neveu Claude-Dominique Rondé. Il avait comme poinçon : C R et un cœur.

Claude-Dominique Rondé était fils d'un autre Claude Rondé et neveu de Laurent (le premier des gardes des pierreries de la Couronne). Claude Rondé père avait été reçu maître orfèvre en 1673; il avait habité quai des Orfèvres et était mort en 1696. Son fils Claude-Dominique, dont nous nous occupons présentement, fut d'abord apprenti chez Laurent, son oncle, par brevet en date du 13 avril 1711; il fut reçu maître orfèvre, par privilège, des galeries du Louvre; il succéda à Claude Rondé, son oncle, le 31 mars 1734, et occupa son logement au Louvre le 4 janvier 1734; il mourut en 1757, après avoir, pendant plus de vingt ans, administré le trésor de la Couronne; il fut garde et grand-garde de la corporation des orfèvres.

(Arch. nat. S. 7212, Z. 3133, 3002, 2971, 2986, 3028, 3023, 3142, 3016, 3142, 3433. — *Nouvelles Archives de l'Art français*, 1873, p. 83, 85, 87, 94 et 139. — Actes de l'état civil : Champetier de Ribes, notaire à Paris, acte notarié passé par Mony le 20 janvier 1787, concernant la naissance de François-Claude Goujon.)

1. Barbier, *Chronique de la régence et du règne de Louis XV*, 1re série, tome I, p. 242.

porté, pour n'être point surpris, s'étoit fait ouvrir la cuisse, et qu'on l'y avoit enfermé dans du plomb, et que, quand il a été ici, il s'est fait ouvrir la cuisse. Il est certainement plus gros qu'un œuf de pigeon. »

On voit que l'avocat Barbier ne manquait pas de naïveté et qu'il accueillait volontiers les racontars plus ou moins fabuleux de l'époque. Voici maintenant la description de la Couronne telle que la donne le *Mercure*[1] :

« Le bandeau ou diadème de cette superbe couronne est bordé de deux fils de perles, et orné de huit pierres de différentes couleurs, très grandes et parfaites, entre chacune desquelles sont trois diamans liéz ensemble par des ornements très légers.

« Huit fleurs-de-lys de diamans s'élèvent au-dessus de chacune des pierres de couleur qui sont sur le diadème, et huit fleurons ou ornemens, composéz chacun de trois pierres de diverses couleurs et de trois diamans, sont placéz entre chaque fleur-de-lys. Les testes des huit fleurs-de-lys sont formées de diamans en tables appelléz *Mazarins*[2], les bras et corps de trois autres diamans et les travers sont chacune d'un seul diamant de forme longue.

« Le gros diamant très parfait, pesant cinq cent quarante-sept grains, appellé *le Régent*, acheté pour le Roy par M. le duc d'Orléans, sert à former le corps et la traverse de la fleur-de-lys du devant de la couronne.

« Des huit fleurs-de-lys ci-dessus naissent huit branches, qui ferment la couronne; elles sont ornées de diamans et de pierres de diverses couleurs.

« Un fil de perles, accompagné de deux rangs de petits brillants, sert à rassembler les huit branches, et de base pour la fleur-de-lys qui termine le dessus de la couronne.

---

1. Le *Mercure*, 1722, novembre, 1ʳᵉ partie, p. 218.

2. Cette mention est fausse. Comme on le voit dans le dessin de la couronne, reproduit ici, les pierres en question étaient calibrées l'une sur l'autre, tandis que les pierres dites *Mazarins* ne l'étaient pas. Du reste, en dehors du *Sancy*, les dix-sept autres *Mazarins* étaient presque tous montés avec d'autres, au moment du sacre, soit dans la grande chaine ou dans les boucles d'oreilles ou les garnitures de boutons.

« Entre ces huit branches, et de l'endroit où elles se réunissent, sortent huit gros diamans en pendeloques, qui forment comme autant de nouvelles branches naissantes, et une espèce de soleil, quand on regarde la couronne à vûe d'oiseau.

« Cette fleur-de-lys, qui domine sur toutes les autres, est isolée. La tête est composée d'un diamant en forme de poire nommé *le Sancy*; les bras et traverses sont faits avec seize diamans, adosséz et joints ensemble par de petits orne-ments, pour répondre à l'épaisseur du *Sancy*. La calotte est de satin violet, enrichie de vingt-cinq diamans, liéz ensemble par une broderie d'or très légère.

« Cet admirable ouvrage, monté à jour, pesant environ trente-deux onces, a été exécuté sous la conduite et sur les dessins de M. Rondé fils, associé avec M. Rondé son père, pour faire toutes les fournitures de pierreries dont le Roy a besoin, de la même manière qu'ont fait ci-devant les sieurs de Montarsy, père et fils, leurs oncle et cousin, en sorte que depuis plus de soixante-dix ans cette famille est honorée de la confiance du Roy, et chargée des pierreries de la Couronne ».

Cette pièce a été reproduite par la gravure, dont nous donnons ici un fac-similé.

Peu de temps après le sacre de Louis XV eut lieu son mariage avec Marie Leczinska. A cette occasion, la plupart des anciennes parures montées pour le costume du roi furent démontées afin d'être affectées à l'usage de la reine. On exécuta diverses joyaux de femme tels que colliers, girandoles, aigrettes, agrafes, broches, etc.; mais la plus importante des parures fut une couronne plus légère et plus petite que celle du roi. Aucun texte ne nous parle de cette nouvelle couronne; la gravure, cependant, en ayant été conservée, et les tableaux de la reine par Van Loo et Toqué aidant, nous pouvons non seulement la reproduire mais encore la décrire.

Sa carcasse, en vermeil, « repercée à jour, dit la légende

placée sous l'estampe reproduisant cette couronne, était composée à l'ordinaire du bandeau du cercle des branches ou diadèmes qui la ferment ou du cimier.

« Le bandeau était orné de diamans roses, entre-

COURONNE DE MARIE LECZINSKA
D'après une gravure de Ch. Duflos.

mêléz alternativement de rubis, de saphirs, de topases et d'esmeraudes, lesquels étaient accompagnéz chacun de petits ornemens d'argent représentant come une espée de broderie; deux fils de perles formaient les ourlets du bandeau.

« Le cercle était composé de huit fleurs-de-lis de diamans roses. Entre les fleurs-de-lis il y a de petits agré-

mens forméz d'une pierre de couleurs, accompagnée de
trois diamans.

« Les huit diadèmes, paraissant naître des fleurs-de-lis,
et se réunir au cimier, étaient enrichis de diamans et de
pierres de couleurs, disposéz alternativement comme au
bandeau.

« Le cimier était en double fleur-de-lis toute de diamans roses.

« On comptait à cette couronne cent trente-huict diamans
et quarante perles de couleur. Elle était haute de huit pouces
et pesait environ seize onces.

« Elle fut exécutée sous les ordres de Mr Rondé, joailler
du Roy, par le Sr Rondé son neveu. »

Cette couronne fut portée à son mariage par Marie
Leczinska, qui avait ce jour-là un grand manteau de velours violet clairsemé de fleurs de lis d'or enrichies de
quelques pierreries, une jupe dont le devant était sur-
chargé de diamants, et ses manches couvertes d'agrafes en
joaillerie[1].

La reine dut se conformer à la mode : elle porta des
colliers dits *carcans*, montés en diamants généralement
appliqués sur un velours serrant le cou. Au centre de l'un
d'eux était ordinairement fixé le *Sancy* formant pendeloque ; le *Régent*, au contraire, servait à l'ornementation
de sa coiffure.

Au mariage de Louise-Élisabeth de France, qui eut lieu
en 1739 avec l'infant d'Espagne[2], la reine portait un collier avec le *Sancy* en pendant au centre ; lors du premier
mariage du dauphin avec Marie-Thérèse d'Espagne, le
dauphin porta le *Sancy* à son chapeau, mais Marie
Leczinska rentra en possession de ce diamant les fêtes
terminées et le porta jusqu'à la fin de ses jours dans les
grandes cérémonies où elle était obligée de paraître.

1. Le *Mercure*, 1725, p. 2195.
2. Don Philippe.

Nous avons peu de détails sur les transformations des joyaux de la Couronne sous le règne de Louis XV. Une lettre, adressée le 3 février 1774 par le duc d'Aiguillon au joaillier de la Couronne d'alors, Aubert[1], démontre que, même si des documents les concernant nous avaient été conservés, nous n'aurions probablement pas pu obtenir beaucoup plus de renseignements, par suite du peu d'ordre observé alors dans la comptabilité.

En effet, Rondé avait été remplacé dans la charge de

COLLIER DE MARIE LECZINSKA, AVEC LE RÉGENT AU CENTRE

D'après un dessin conservé dans la maison Bapst et Falize (ancienne maison Bapst).

joaillier de la Couronne par Jacquemin[2] en 1752; ce dernier garda cette administration jusqu'en 1774, date de sa mort.

1. Aubert (Ange-Joseph) : reçu, comme apprenti, maître-orfèvre le 21 juillet 1762; habita d'abord quai des Orfèvres; reçut le brevet d'orfèvre et de joaillier de la Couronne le 30 mai 1773; reçut le brevet de logement dans les galeries du Louvre le 15 novembre suivant, en remplacement de Jacquemin; était joaillier, mais ne s'occupait pas d'orfèvrerie. Ses papiers, fort considérables, laissés entre les mains d'un sieur Lessonneux, furent confisqués lors de la Révolution et sont encore conservés aux Archives nationales; ils comportent nombre de détails sur son administration. Il avait comme poinçon J A et une étoile. Aubert mourut en 1776. Voir : *Archives de l'Art français*, tome I, p. 202. — Arch. nat., Z. 3063, 3071, 3142 et 3067. — Bachaumont, *Mémoires secrets*, tome VIII, 4 juin.

2. Pierre-André Jacquemin, reçu maître orfèvre, comme fils de maître, le 8 mars 1751; nommé, le 7 janvier 1753, à la place de Rondé, joaillier du roi et garde des diamants de la Couronne. Le 13 mars 1757, il obtint le logement occupé au Louvre par le même sieur Rondé, et le 8 septembre 1765 il y prenait l'appartement de Fr.-Th. Germain, déclaré en faillite. Jacquemin portait le titre de joaillier de la Cou-

C'est à cette occasion que le duc d'Aiguillon, chargé de contrôler son administration, s'aperçut de l'irrégularité des livres, au moins de l'insuffisance de la comptabilité; et dans une lettre adressée à Aubert, lors de sa nomination de joaillier de la Couronne, le duc déclarait que, vu l'impossibilité de retrouver la comptabilité des joyaux confiés à Jacquemin, il prescrivait d'abord un nouveau mode de tenue des livres et ordonnait ensuite une enquête afin de retrouver ce qui pourrait donner des renseignements sur les opérations dont il n'avait point le détail dans les pièces de Jacquemin.

Cette netteté de tenue des livres ne devait pas encore se retrouver sous le règne de Louis XVI; car dans les papiers de la Couronne[1] nous trouvons encore en 1788 une note de Thierry de Ville-d'Avray, écrivant à l'un de nos arrière-grands-pères, nouvellement nommé joaillier de la Couronne, que la comptabilité de ses prédécesseurs était incompréhensible, et lui donnant des modèles d'établissement de livres de comptabilité et d'opérations.

Puisque nous ne pouvons pas retrouver parmi les documents de l'époque les transformations que subirent successivement les joyaux de la Couronne sous Louis XV, nous raconterons premièrement les changements introduits dans le mode de travail appliqué jusqu'alors à la monture des pierres, puis en second lieu nous parlerons des formes et de l'usage des joyaux au dix-huitième siècle, en insistant sur le fait qu'à cette époque la joaillerie française fut la première joaillerie de tous les temps et de tous les pays.

Au dix-huitième siècle, les diamants étaient à peu près

---

ronne; à sa mort, il fut remplacé par Ange-Joseph Aubert, en 1773. Il laissa une riche collection d'objets d'art qui fut cataloguée et vendue la même année. Son fils Alexis occupa quelques-unes de ses fonctions. Le brevet de sa nomination et de son logement au Louvre est du 8 septembre 1769. Le rôle de capitation de 1772 nous indique que c'était lui qui faisait le plus d'affaires après Jean-Denis Lempereur. Son poinçon portait les lettres P A J et pour devise un cœur. (Arch. nat. Z. 3045, 3145, 3146, 3149 et 3025. — K. 1042. (Rôle de la capit. de 1772 et de 1773): 1090, 1219, 1236, 1689, 2136, 2465, 2390, 2767, 3828. — *Livre rouge*, p. 2. — *Almanach du Dauphin*, 1772.)

1. Papiers provenant de Thierry de Ville-d'Avray.

montés[1] comme aujourd'hui dans des chatons pleins et avec moins d'épaisseur.

Pour préparer la parure on la modelait en cire sur une petite planchette de bois, la représentant telle qu'elle devait être ; on sertissait ensuite sur des chatons des pierres fausses, calibrées sur celles qui étaient destinées à figurer dans la pièce définitive ; puis on appliquait chacun de ces chatons à la place qu'il devait occuper sur la cire : on obtenait ainsi l'effet complet de la parure avant de l'avoir commencée. Souvent, on faisait aussi de petits trous dans la planchette, au-dessous de chaque chaton, pour pouvoir les river sur le bois.

Nous avons rencontré plusieurs de ces planchettes, avec le dessin modelé à la cire et la parure en chatons complètement appliquée dessus. Nécessairement c'étaient toujours des objets de composition difficile, tels que bouquets ou pièces de corps, que l'on préparait ainsi[2].

On mêlait souvent les pierres de couleur aux diamants, et même on peignait quelquefois les brillants de différentes façons. Stras[3], qui naquit à Strasbourg en 1700, avait même réussi dans ce nouveau genre de peinture. C'était un

1. Voir l'introduction à l'*Inventaire de Marie-Joseph de Saxe*, in-4°, Paris, Imprimerie générale, 1883. — Voir aussi l'*Encyclopédie*, Fontenay, *les Bijoux anciens et modernes*, in-4°, Paris, Quentin, 1887 ; Pouget, *Traité des pierres précieuses et de la manière de les employer en parure*, in-4°, Paris, 1872 ; etc.

2. Tout fait supposer que Stras était l'inventeur de cette préparation : d'abord, les pierres d'imitation étaient certainement fournies par lui ; ensuite, dans ces planchettes, il y a beaucoup de pierres imitant le diamant coloré, dont il est aussi l'inventeur.

3. Georges-Frédéric Stras, chimiste célèbre, fut d'abord compagnon chez la veuve Prevost, puis reçu maître orfèvre et joaillier privilégié du roi le 15 mai 1734 ; il donna son nom à la composition qu'il inventa. Stras est cité continuellement dans les Mémoires du temps et dans le *Mercure* ; il se retira des affaires en 1752, laissant sa charge de joaillier du roi à son gendre Georges-Michel Bapst ; il collectionnait et fit preuve de goût. Ce fut lui qui fit exécuter à Cochin sa première gravure : c'était son enseigne ; elle est ainsi décrite par Portalis et Béraldi dans les *Graveurs du dix-huitième siècle* (tome I, 2e partie, p. 558, Paris, 1880) : « *Adresse du bijoutier Stras*, espèce de cartel dans lequel on voit une Vénus sur le bord de la mer, tenant du corail et des bijoux, accompagnée de tritons, etc., 1735 ». Voici la légende qui accompagne cette gravure : « STRAS, marchand joyalier du Roy, demeurant à Paris, quay des Orfèvres, au duc de Bourgogne, avertit Messieurs les metteurs en œuvre de tous

certain Trochus qui avait inventé les procédés de colora-
tion, et Stras en avait eu connaissance par les demoiselles
Goujon, petites-nièces de Trochus.

A l'époque dont nous parlons, la joaillerie venait de subir une révolution profonde tout à son avantage. Les
pierres, jusqu'alors montées à fond avec des entourages
grossiers d'émail, furent désormais montées à jour et
jouèrent naturellement avec plus d'éclat, et le bijou
gagna d'autant en légèreté. Nous ne savons pas à qui attri-
tribuer cette innovation, mais à coup sûr les deux joailliers
de la Couronne, Claude-Dominique Rondé et Jacquemin,
et les quatre joailliers du roi, Lempereur[1], Leblanc[2] Stras

pays, provinces et nations, qu'il possède dans la dernière perfection, le secret de
bien faire les feuilles blanches, comme aussi celles de toutes autres couleurs. Peint
toutes sortes de pierres très avantageusement égales à celles d'Orient. Vend de la
poudre d'or parfaite, et enverra à condition à quiconque souhaitera diamans et autres
pierreries précieuses 'en œuvre et hors d'œuvre en gros et au détail. Le tout à très
juste prix. » La seule épreuve de cette enseigne qui ait été connue par MM. E. et J. de
Goncourt, est celle que nous possédons; et ils en ont fait la description suivante dans
l'étude qu'ils ont publiée sur Cochin, dans la *Gazette des Beaux-Arts* (tome XXIV,
p. 249, Paris, 1868) : « Mais c'est seulement en 1735 que Cochin s'annonce par une
petite estampe, une Vénus semant le corail et les bijoux dans un encadrement de
roseaux et de madrépores, petite figure pour l'adresse de Stras, le *marchand joyalier
du Roy*, qui promet déjà le dessinateur et l'ornemaniste : planche curieuse pour l'histoire du talent de Cochin : c'est la première gravure qu'il exécute d'après un dessin
de sa composition, car le jeune artiste est déjà depuis longtemps un dessinateur. »
Ce fut Stras, notre grand-père à la neuvième génération, qui le premier de notre famille
reçut le titre de joaillier privilégié du roi. Il mourut en 1770, laissant une grande
fortune. Il faisait un commerce considérable de diamants et de pièces de joaillerie. Au
moment de sa mort, il ne s'occupait plus de chimie depuis longtemps. Son poinçon
portait G F S et une épée couronnée. (Arch. nat. Z. 3026; 1733. T. 1490¹⁰, fol. 365;
1752. Z. 75; 1734, Z¹ᵇ, fol. 113, Z 258. — *Almanach du Dauphin*, 1772.)

1. Jean-Denis Lempereur, reçu maître orfèvre comme fils de maître, garde comptable en 1744. 1745 et 1776 : faisait, avec Pierre-André Jacquemin, le plus d'affaires en
orfèvrerie; était en 1751 conseiller du roi, quartenier de ville, et demeurait Cour-
Neuve du Palais; était aussi grand amateur d'œuvres d'art; « avait (dit le catalogue
Tallard annoté)un très beau cabinet de dessins, et joignait à son amour de la collection un goût exquis et une grande connaissance »; il demeurait alors, en 1733,
rue Vivienne, près de celle des Filles-Saint-Thomas ; il signa l'inventaire des joyaux
de la Couronne de 1774, et laissa lui-même une belle collection dont le catalogue est
encore fort recherché. Son poinçon portait la marque J D L et un monde. (Arch.
nat. Z. 3139. 3137, 3139 et 3144; Zᵇ 665; K. 1042. — Bachaumont, *Mémoires secrets*,
tome Iᵉʳ, 1763, mai, 1. — Clément de Ris, *les Amateurs d'autrefois*, p. 328, 340, 365
et 380. — Avait été comptable de 1745 à 1746 (K. 1045).

2. Leblanc père et fils. — Le registre de la paroisse Saint-Gervais nous indique que

et Georges-Michel Bapst[1], ne durent pas y être étrangers[2]. Tout d'abord on ne portait pas de diadème : on décorait la chevelure par des aigrettes ayant la forme de fusées, de bouquets, de fleurs, de branches ou de nœuds de rubans.

Aux oreilles, on portait des girandoles, c'est-à-dire, comme nous l'avons déjà dit, une pierre montée en chaton à laquelle, par divers motifs, étaient attachées trois pendeloques également sur chaton. La mode n'avait pas changé depuis Louis XIV ; ce ne fut que plus tard, sous Louis XVI, que l'on prit l'habitude de porter des boucles différentes

Leblanc père (Jean-Baptiste), est mort le 17 avril 1763, à l'âge de quarante-cinq ans. Les témoins étaient Jean-Alexandre Leblanc et Pierre-Augustin Leblanc, ses fils, et Pierre-Augustin Bingard, son beau-frère. Sa veuve continua son commerce dans la boutique de son mari, place Baudoyer. J.-B. Leblanc était un artiste habile ; Pouget dit, en 1762, dans son livre sur *les Pierres précieuses*, qu'il a dédié à Lempereur, que « la pièce de corps de Mme la dauphine, faite chez M. Leblanc, est peut-être le plus beau morceau que l'on puisse rencontrer en ce genre. » Ce fut lui qui, à l'occasion de la perte d'un diamant de prix, fit découvrir Mme Binet de Boisgiroult, première femme de chambre de la Dauphine, comme auteur des vols qui se commettaient chez elle. (Barbier, *Chronique de la Régence et du règne de Louis XV*.) Son troisième fils, Gaspard-Alphonse, quoique apprenti et compagnon chez son père, et depuis chez sa mère, ne fut reçu maître que le 2 avril 1769. Il fournissait Mme du Barry. M. le baron Pichon possède un reçu de lui ainsi conçu : « Reçu de Mme la comtesse du Barry, la somme de..., pour un cœur qu'il m'a fourni de diamants jaunes (*sic*). » Il rédigea, de concert avec Lempereur et Aubert, l'inventaire des diamants de la Couronne en 1774. Son poinçon portait les lettres G A L et avait pour devise un cœur. Il faisait des fournitures assez considérables à la Couronne. Le 29 février 1776, il livra une parure pour la somme de quinze mille livres, en payement de laquelle il reçut des pièces inscrites sous différents numéros dans l'inventaire de 1774 des diamants de la Couronne. (Arch. nat. Z. 3135, 3043, 3134, 319, 51, 3042, 3039, 3101, 3072, 117 et 3064. — Caire, *la Science des pierres précieuses appliquée aux arts*, p. 35, in-8°, Paris, 1883. — Pouget, ouvrage cité plus haut, p. 1. — Inventaire de 1774. — Leblanc fut comptable en 1761, K. 1045.)

1. Georges-Michel Bapst, né en 1700, fut reçu orfèvre le 16 décembre 1752, après avoir fait son apprentissage chez son beau-père Stras ; il le remplaça cette année même (1752) dans son titre d'orfèvre privilégié du roi ; il habitait à cette époque quai des Orfèvres, paroisse Saint-Barthélemy ; son loyer annuel était de trois cents livres ; il exécuta nombre de parures pour le roi et les princesses et aida à la monture de certaines parures de la Couronne. Son fils, Georges-Frédéric, apprenti chez Jacquemin (brevet du 12 novembre 1761), s'associa successivement avec Aubert, joaillier de la Couronne, Bachmann, orfèvre, et avec Ménière, joaillier de la Couronne, en 1789 ; nous ne connaissons pas la date de sa réception de maître orfèvre ; il fut principal bailleur de fonds au moins des derniers associés que nous venons de citer, et il exécuta l'épée de Louis XVI. (Arch. nat. Z. 3047 et 3057 ; Z. 75 et 99.)

2. Georges-Michel Bapst était mort en 1770.

aux oreilles, et en particulier une seule pendeloque. Quelquefois on remplaçait les chatons par une masse de petites pierres qui en prenait la forme.

Au cou, on avait des colliers dont le milieu était généralement formé d'un grand nœud avec une ou plusieurs pendeloques. Les deux parties qui partaient du centre pour se fermer derrière la nuque s'appelaient des cintres; elles étaient souvent aussi larges que le nœud et pouvaient mesurer deux centimètres. Souvent aussi le motif central du collier supportait un ou deux petits nœuds de pierres, auxquels étaient attachées une ou trois pendeloques.

L'ornementation de la robe était fort compliquée. D'abord sur le corsage, en forme d'un long triangle dont la base était en haut, se plaçait une parure appelée pièce de corps.

C'était une suite de nœuds, plus ou moins gros, selon que leur place était plus ou moins élevée sur le corsage, et qui se mettaient suivant leur taille les uns au-dessus des autres, les plus petits à la ceinture et les plus gros à la bordure de la robe, couvrant ainsi tout le devant du corsage.

Sur les épaules se portaient des nœuds qu'on appelait nœuds d'épaule; souvent ce nœud supportait un gland qui pendait après une boucle de diamant ou bien un simple nœud de pierres.

A la ceinture était une longue suite de pierres qui venait terminer en pointe par devant et qui prenait le nom de tailles. Les tailles formaient quatre pièces séparées : deux destinées à être portées par devant, deux par derrière.

Aux manches, presque toujours en dentelles, se mettaient des pompons composés d'un diamant au centre et de plusieurs diamants autour. La suite de ces pompons s'appelait *crevée*, et ce nom venait de ce qu'au seizième siècle ces pompons se plaçaient à l'extrémité de chaque crevé.

A côté de ces pompons il y avait des boutons de compères, c'est-à-dire les pompons destinés à chamarrer la robe dans tous les endroits que l'on croyait devoir rendre un peu brillants, et qui existaient par paires et se plaçaient deux à deux.

Les bracelets existaient comme de nos jours : c'était une plaque, souvent un portrait entouré de brillants et attaché à plusieurs rangs de perles ; il y avait des bracelets de moindre valeur et plus intimes, faits avec les cheveux de personnes chères.

La robe, avec ses énormes paniers, était soutenue des deux côtés par des agrafes en brillants de différentes formes, mais généralement d'une bande de diamants avec deux crochets aux extrémités. On les appelait trousse-côtés. Une agrafe semblable supportait la queue ; elle était plus grande et s'appelait trousse-queue. Les trousse-côtés et les trousse-queues étaient quelquefois aussi en forme de nœud.

C'est ainsi que se composait la suite exacte d'une grande parure. Mais en dehors de ces joyaux existaient toutes les pièces de joaillerie journalière.

La décoration du bonnet consistait d'abord en des *rubans de tête* en diamants que l'on plaçait sur le bonnet ; on avait encore des *fontanges* ou nœuds ou des *becs de bonnet ;* c'étaient de petits motifs adaptés à l'extrémité de la pointe du bonnet au sommet du front. Dans les grandes toilettes on mettait dans les cheveux des aigrettes ou motifs d'ornementation de diamants souvent réunis par des rangs de perles. Les nœuds de cols et les nœuds de robes de chambre servaient d'agrafes ; les boucles de souliers et enfin les châtelaines, les nécessaires, les éventails, etc., complétaient la série des bijoux du jour[1].

L'Inventaire des joyaux de la Couronne de 1774, en nous ramenant à ces modes, nous apprend que nombre de parures figurant sur l'Inventaire de 1691 existaient encore

---

1. Quoique cette anecdote n'ait point trait aux diamants de la Couronne, nous la reproduisons. Elle donne des aperçus nouveaux sur les modes du dix-huitième siècle.

« Le Roy passa dans l'appartement de Mme de Mailly ; elle était éveillée, mais dans son lit, toute coiffée et la tête pleine de diamants ; elle couche toujours ainsi : elle

vers la fin du règne de Louis XV; parmi ces dernières étaient : la grande chaîne comprenant le diamant de la Maison de Guise et douze *Mazarins;* la parure d'habit du roi de cent vingt-trois boutons, dix-neuf fleurons de boutonnières et d'un crochet de chapeau. Les nouveaux bijoux exécutés sous Louis XV étaient surtout pour la

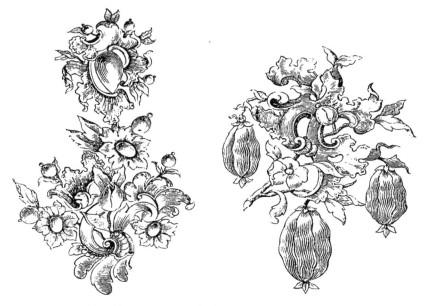

MOTIFS DE JOAILLERIE POUR LA COIFFURE

reine : une parure de pierres de couleur composée d'une épaulette, d'une ceinture, d'un trousse-queue, de trousse-robes et d'un collier; des girandoles de perles de diamants; des rangs de perles, des poires, des coulants et des pendeloques de diamants. Le roi s'était fait faire une croix et une plaque du Saint-Esprit en diamants, la fameuse Toison

avait sur son lit la jupe de son habit pour le mariage de Madame, et dans sa chambre un joaillier nommé Lemagnan, qui a beaucoup de pierreries et qui prête des parures valant deux ou trois millions. Il y avait aussi des marchands de parures d'habits que Mme de Mailly avait également fait venir pour la circonstance. » (*Mémoires de Luynes*, août 1739, édition Dussieux et Soulié, tome III, p. 7.)

d'or montée par Jacquemin, comprenant le *Diamant bleu de Tavernier*, la *Côte-de-Bretagne* gravée par Gay, et la plaque du Saint-Esprit montée également par Jacquemin, dont le centre était formé d'une colombe de rubis taillés, débris de l'*A-romain* et de l'*OEuf-de-Naples*.

A ce moment, comme le montrent les dessins que nous reproduisons, la joaillerie était à son apogée pour la monture et l'effet décoratif; sous Louis XVI elle perdit de ses qualités. Si de nos jours elle cherche à se relever, on a le grand tort de s'occuper surtout à pasticher le dix-huitième siècle, tandis que l'on devrait s'attacher à rechercher dans la nature et la forme simple quelque chose de nouveau, de personnel à notre époque et à nos modes.

APPENDICE

DU CHAPITRE PREMIER

———

I

LE *RÉGENT*, DIT AUSSI *DIAMANT DE PITT*.

Une société scientifique de Londres, la Hakluyt Society, vient de publier par la plume autorisée de son président, le colonel H. Yule, R. E[1]., l'histoire du *Régent*, plus connu en Angleterre sous le nom de *Pitt Diamond* ou *Diamant de Pitt*, nom de ce gouverneur anglais en fonction à Madras au commencement du siècle dernier, auquel on doit l'importation en Europe de cette pierre célèbre.

Cette publication contient des documents qui nous font connaître la découverte du *Régent* et son histoire jusqu'à son entrée dans le trésor de la Couronne, c'est-à-dire de 1698 à 1717, les négociations qui précédèrent son achat par le duc d'Orléans, un côté de la situation politique et financière de l'Europe et de la France en particulier à cette époque, puis les susceptibilités qu'éveillèrent à l'étranger, principalement en Angleterre, l'acquisition faite par le régent au nom de Louis XV. On jugera par là de l'admiration générale que causa ce diamant lors de sa première apparition à la cour de France.

Nous extrayons de cette brochure, pour les présenter à nos lecteurs, deux lettres de la correspondance de Thomas Pitt et ses papiers d'affaires, conservés au British Museum, qui nous montrent que, en 1701, le gouverneur mandait déjà de Madras à son représentant à Londres, sir Stephen

———

[1]. H. Yule, *The History of the Pitt Diamond*, London, 1888.

Evance, chevalier, de s'occuper du placement du *Régent* en Europe. Voici la lettre qu'il lui écrivait à se sujet :

« Fort Saint-George, 6 novembre 1701.

« Monsieur,

« La présente accompagne le modèle d'une pierre que j'ai vue dernièrement : elle pèse trois cent trois *mangelius*[1] ou quatre cent vingt-six carats; elle est d'une excellente eau cristalline, sans aucun défaut; il y a seulement à une des pointes de la partie plane une ou deux petites glaces qui disparaîtront à la taille, ne se trouvant qu'à la surface de la pierre; le prix qu'ils en demandent est prodigieux, étant de deux cent mille pagodas[2], bien que je pense qu'avec cent de moins (cent mille) on pourrait l'acheter. Si elle est destinée à rester d'un seul morceau — je crois qu'elle ne perdra pas plus d'un quart à la taille et qu'elle sera la plus grosse pierre du Mogol — je la prends. Au prorata de la situation des pierres, elle est inestimable. Depuis que je l'ai vue, j'ai pensé à celle de Tavernier, et il n'y aura pas de pierre aussi grosse que celle-ci quand elle sera taillée. J'écris ceci uniquement à vous et à nul autre; je désire que cela demeure secret et que vous soyez le premier qui, par delà les terres et les mers, m'envoyiez votre opinion sur cette pierre; car elle est d'une si grande valeur, que je crois qu'il y en a peu ou pas du tout qui puisse l'acheter. Je l'ai mis (le modèle) dans une petite boîte, marquée S. E., que le capitaine vous remettra. Mes cordialités et je suis, Monsieur, votre plus obligé et serviteur.

« T. PITT. »

A cette lettre, sir Stepen Evance lui répondait par celle-ci :

« Londres, 1er août 1702.

. . . .

« J'ai reçu votre lettre avec le modèle d'un gros diamant du poids de quatre cent vingt-six carats, dans laquelle vous détaillez son eau et sa beauté (certainement, on n'a pas encore entendu parler d'une pierre semblable) et dites qu'ils en demandent le prix de deux cent mille pagodas, bien que vous pensiez qu'on pourrait l'acheter pour moins de cent mille. Nous venons d'entrer dans une période belliqueuse; le roi de France a les bras et les jambes liés; il ne peut donc pas acheter une telle pierre. Il n'y a pas de

---

1. Mangelius ou mangelin : mesure indienne en usage pour les pierreries, variant entre un carat un quart et un carat trois quarts.

2. Monnaie divisionnaire indienne : équivalant environ, selon le cours, à huit shillings, soit douze francs quatre-vingts, le shilling valant alors, pour cette époque, un franc soixante.

prince en Europe qui puisse l'acheter. Par conséquent, je vous conseille de
ne prendre aucun engagement, vu que le fort intérêt annuel produirait une
grosse somme d'argent immobilisée, comme pour les diamants reçus par
the Duchess, que je n'ai pu vendre huit shillings le pagoda[1]. M. Alvarez
[da Fonseca] me dit qu'il a reçu quelques diamants, six shillings le pagoda, ce qui n'est guère encourageant pour l'importation des diamants. »

Par ce qui précède, on peut voir que si les Indiens estimaient déjà le
Régent à sa juste valeur, Pitt ne l'appréciait pas moins; aussi chargeait-il son fils Robert d'apporter le précieux joyau en Angleterre. Le *Loyal
Cook*, parti de Madras le 10 octobre 1702, amena le fils de Pitt et le
Régent en Europe.

Après ces deux lettres, nous reproduisons quelques pièces publiées
dans la brochure du colonel Yule, qu'il nous a paru utile de faire connaître pour l'histoire du *Régent*.

D'abord une lettre adressée à un certain M. Urban, et publiée autrefois dans le *the Gentleman's Magazine*[2] :

« Monsieur,

« Dans le *Journal des Sçavans* de juillet 1774, p. 553, se trouve un
extrait d'une lettre d'un missionnaire français, avec ce singulier passage :

« L'un des principaux diamants de la Couronne de France, acheté
d'un Anglais, était un des yeux du Jagrenat, fameuse idole placée dans
la pagode de Chandernagor, au Bengale; cette divinité a depuis conservé
son œil unique, malgré tous les efforts des Français pour l'aveugler entièrement, parce qu'elle a été mieux gardée.

« Cette version diffère, je crois, de celle, la plus communément répandue sur ce diamant, par laquelle il aurait été apporté de son lieu
d'origine, caché dans une blessure qu'un esclave s'était faite à la jambe.
Dans quel état était ce diamant lorsqu'il arriva entre les mains de M. Pitt?
S'il était brut et pas taillé, le sacrilège supposé n'est pas douteux pour
moi; car j'imagine qu'un diamant à l'état naturel n'aurait pas fait une
plus brillante figure au milieu du visage de Jagrenat qu'une pièce d'alun.

« J. C. »

Le colonel Yule rapporte ensuite, d'après le joaillier Streeter, une
anecdote dont nous n'affirmons pas l'authenticité[3].

1. Ce passage démontre que dans ce temps-là les fonctionnaires de Sa Majesté britannique savaient heureusement concilier leurs intérêts personnels avec ceux de leur pays.
2. *The Gentleman's Magazine*, vol. XLVI, p. 64, London, 1776.
3. *Precious Stones et Gems*, p. 118, London, 1777.

« On dit que Pitt a obtenu la pierre de Golconde dans l'année 1702. Elle provenait des mines de Parkal, situées à quarante-cinq milles de Golconde. Elle fut trouvée par un esclave qui, pour la cacher, se blessa à la cheville et dissimula la pierre sous le bandage. A la longue il fit part de sa découverte à un matelot, auquel il promit la pierre s'il voulait lui assurer sa liberté. Le matelot introduisit l'esclave à bord, lui prit le diamant et jeta l'esclave à la mer. Le meurtrier vendit le diamant mille livres sterling (trente-deux mille francs[1] à Pitt, les dépensa promptement dans des excès de tous genres, et de meurtrier devint un suicidé. »

Cette dernière version paraît avoir été la plus accréditée à cette époque, grâce surtout aux ennemis de Pitt qui n'allèrent rien moins jusqu'à l'accuser de complicité morale avec le matelot dans ce meurtre de l'esclave. Devant une telle accusation, Pitt publia une déclaration datée de Bergen, le 29 juillet 1710, par laquelle il affirme avoir acheté le *Régent*, de 1700 à 1701, du plus fort marchand de diamants du Mogol, nommé Jaurchund. Celui-ci demandait deux cent mille pagodas de la pierre; Pitt en offrit d'abord trente mille et monta jusqu'à quarante-huit mille pagodas, soit six cent quatorze mille quatre cents francs, somme à laquelle aurait été conclu le marché, passé régulièrement par un acte de vente signé de deux parties contractantes et de deux témoins indigènes.

Voici maintenant une note manuscrite de Philippe, deuxième comte Stanhope et petit-fils de Pitt, qui nous donne des détails circonstanciés sur la vente du *Régent* au duc d'Orléans.

« Diamant vendu en 1717 pour deux millions de livres[2]. Avant son envoi en France, quarante mille livres sterling avaient été déposées en Angleterre comme acompte sur le montant du prix du diamant. Sur cette somme payée d'avance, cinq mille livres sterling étaient allouées à mon grand-père pour le dédommager de ses frais de déplacement, dans le cas où la vente n'aurait pas eu lieu.

« Il fut taillé par Harris et non par Van Huflin. La taille coûta six mille livres sterling. Les débris furent évalués à dix mille livres sterling, bien que tous n'aient pas été vendus. C'est mon grand-père qui l'apporta à Calais; il était accompagné de ses deux fils, lord Londonderry et M. John Pitt, et de son gendre, M. Cholmondeley. Là, il se rencontra avec un joaillier du roi chargé d'examiner et de recevoir le diamant, et de remettre en échange (je crois quelques boîtes de joyaux de la Couronne

---

1. La livre sterling avait alors une valeur relative de trente-deux francs.
2. Par livres, il faut entendre livres françaises.

de France, comme garantie du payement du surplus de la somme déposée, payement qui fut divisé en trois échéances.

« Après la taille, le diamant pesait cent vingt-huit carats.

« Le surplus de la somme déposée n'a jamais été payé, — ajoute lady Stanhope, qui a bien voulu nous communiquer ce document historique; — et lorsque les enfants du gouverneur Pitt le réclamèrent au gouvernement français, la dette fut parfaitement reconnue, mais on opposa un refus de payement basé sur l'impossibilité de revenir sur les affaires passées du temps du régent. »

Nous ne chercherons pas à réfuter ici cette assertion de Lady Stanhope, que nous avons tout lieu de croire peu fondée; et nous terminerons en citant le passage d'une lettre que Pitt adressait en 1707 à Alvarez da Fonseca, mentionné plus haut.

« Je ne veux pas m'en séparer [du *Régent*], dit-il, à moins de quinze cents livres sterling le carat, ce qui n'est pas plus cher, j'en suis sûr, qu'une tranche de bœuf; car dès qu'un potentat l'aura acheté, il vaudra le lendemain un million de livres sterling. »

Pitt prophétisait juste : peu de temps après son acquisition par le duc d'Orléans, le *Régent* était estimé douze millions de francs après avoir été payé seulement le quart de ce prix.

Nous remercions ici vivement M. le colonel H. Yule de l'envoi de sa brochure avant sa publication et de nous avoir mis ainsi à même de connaître un des premiers le résultat de ses recherches sur le *Régent* en Angleterre et de pouvoir en faire profiter nos lecteurs.

CHAPITRE II

Sous ce règne, qui semble être une époque d'attente et de recueillement précédant de grands événements longtemps attendus, les diamants de la Couronne sont relégués au second plan. Les guerres, peu nombreuses, n'exigent pas leur mise en gage, et les cérémonies ne les voient plus si fréquemment. Avec l'arrivée de Marie-Antoinette, la pompe de l'étiquette de la cour semble céder le pas à la simplicité ; les fêtes de Louis XIV et de Louis XV sont remplacées par des réunions presque intimes : le hameau de Trianon a supplanté la grande galerie des Glaces du château de Versailles.

Marie-Antoinette n'aime pas les lourdes parures ; elle répond au joaillier Bœhmer, qui lui propose le fameux collier connu plus tard sous le nom de *Collier de la Reine*, que *la France a plutôt besoin d'un vaisseau que d'une parure de diamants.*

Dans le portrait longtemps attribué à Roslin le Suédois, et que Henri Bouchot[1] vient de restituer à Mme Vigée-Lebrun, la reine, en grand costume de cour, ne porte pas de collier ; sa robe n'a pas davantage de ces énormes broches qui composaient le devant du corsage de Marie Leczinska ; les girandoles à trois pendeloques s'amincis-

1. Bouchot, *les Lettres et les Arts.*

sent ; et elle n'a d'autres boucles d'oreilles que deux poires attachées à un chaton.

Les aigrettes ou les motifs ornementaux, tels que nous les avons vus sous le règne précédent, continuent à se placer dans les cheveux. Les bracelets se multiplient : ce sont généralement des plaques, composées d'une pierre

BOUQUET EXÉCUTÉ PAR G.-F. BAPST EN 1788 POUR LA REINE[1].
Collection de dessins de la maison Bapst et Falize.

de couleur entourée de diamants, fixés sur le dessus du bras par des fils de perles. On fait grand usage de bouquets au corsage dans les réunions intimes, et aux doigts on met des bagues assez volumineuses qui prennent le nom de « bagues marquises ».

En guise de broches, les chiffres en diamants entrelacés sont à la mode : le tout encadré de guirlandes de lau-

1. Arch. nat., O¹ 3359.

rier, avec des nœuds de rubans en haut et en bas, et formés de petits diamants et de roses.

C'est le type des bijoux Louis XVI.

Un médaillon de ce genre, au chiffre du roi et exécuté par G.-F. Bapst pour Marie-Antoinette, apparut pour la première fois à l'exposition du Salon de correspondance, en 1779[1].

Contrairement à l'exemple donné par la reine, quelques dames de la cour continuèrent à s'orner les épaules; elles mettaient des berthes ou plastrons qui pendaient sur la poitrine et dépassaient la bordure du corsage; le type de ces berthes, qui s'adaptaient au cou par des nœuds de rubans et pendaient en guirlandes sur la poitrine, fut le collier dit *Collier de la Reine*.

Le diadème ne doit apparaître que plus tard, vers 1788, et il n'est composé de diamants qu'au commencement du dix-neuvième siècle; jusque-là on le monte en or ciselé, quelquefois avec des camées.

La joaillerie perd dans ses montures la simplicité des lignes; les parures n'ont plus pour but de présenter les pierres dans leur éclat; la pierre est considérée comme une matière qui sert d'instrument pour obtenir un motif ornemental. C'est l'opposé du but de la joaillerie. La joaillerie doit servir à mettre la pierre en valeur; la monture n'est qu'un cadre qui présente sous les feux des rayons de la lumière la pierre précieuse, qui est l'objet à voir.

Dès le commencement du règne, Louis XVI donna à Marie-Antoinette deux girandoles composées de deux poires en brillants, pendant à quatre diamants formant attache. Elle porta constamment ces girandoles à ses oreilles[2].

Pour répondre à ces goûts de simplicité générale, de sen-

1. Expositions du Salon de Correspondance : *Nouvelles de la République des Arts e. des Sciences*, par Pohin de la Blancherie.

2. « Ce fut à ce premier voyage de Marly que parut à la cour le joaillier Bœhmer, dont l'ineptie et la cupidité amenèrent, dans la suite, l'événement qui porta l'atteinte la plus funeste au bonheur et à la gloire de Marie-Antoinette. Cet homme avait réuni

timentalité, que la nouvelle Héloïse mettait à la mode, presque toutes les parures de femme du Trésor furent démontées, et les pierres sur papier servirent pour les fêtes avec une monture provisoire faite au pied levé pour orner les vêtements de la reine.

On le voit, les objets de joaillerie disparaissaient ; les riches ornements n'existaient plus ; les grosses pierres de la Couronne, telles que le *Régent*, le *Sancy*, les *Mazarins*, étaient posées négligemment soit au milieu d'une aigrette de plumes de héron, soit comme des gouttes d'eau sur des guirlandes de fleurs.

Les parures d'homme subsistent au contraire ; Louis XVI les fait même augmenter.

Les deux principales parures du roi sont la parure blanche et la parure de couleur. Dans la parure blanche est une Toison d'or en brillants, estimée quatre cent treize mille livres ; une plaque du Saint-Esprit avec fleurs de lis, estimée trois cent vingt-quatre mille livres ; et la croix de cordon du même ordre, deux cent mille livres. Dans la parure de couleur est la Toison d'or avec la *Côte-de-Bretagne*, estimée à elle seule près de quatre millions ; une épaulette de plusieurs centaines de mille livres et enfin une épée montée en 1784.

à grands frais six diamants, en forme de poires, d'une grosseur prodigieuse ; ils étaient parfaitement égaux et de la plus belle eau. Ces boucles d'oreilles avaient été destinées à la comtesse du Barry avant la mort de Louis XV.

« Bœhmer, recommandé par plusieurs personnes de la cour, vint présenter son écrin à la reine : il demandait quatre cent mille francs de cet objet. La jeune princesse ne put résister au désir de l'acheter ; et le roi venant de porter à cent mille écus par an les fonds de la cassette de la reine, qui sous le règne précédent n'était que de deux cent mille livres, elle voulut faire cette acquisition sur ses économies et ne point grever le trésor royal du payement d'un objet de pure fantaisie. Elle proposa à Bœhmer de retirer les deux boutons qui formaient le haut des deux girandoles, pouvant les remplacer par deux de ses diamants. Il y consentit, et réduisit les girandoles à trois cent soixante mille francs, dont le payement fut réparti en différentes sommes et acquitté en quatre ou cinq années par la première femme de la reine, chargée des fonds de sa cassette. Je n'ai omis aucun détail sur cette première acquisition, les croyant très propres à jeter un vrai jour sur l'événement trop fameux du collier, arrivé vers la fin du règne de Marie-Antoinette. » (*Mémoires de Mme Campan*, édition Barrière, p. 95, Didot, Paris, 1879.)

Cette épée, qui est un chef-d'œuvre de travail pour l'époque, fut composée de grandes roses et de plusieurs diamants. Dans l'idée première du roi, elle avait été commandée pour permettre l'emploi des roses du trésor de la Couronne, qui jusqu'à présent n'avaient point eu de destination. Un joaillier célèbre alors à Paris, le sieur Bretet, fut chargé de la dessiner et de la faire monter par G.-F. Bapst[1].

Cette épée, avec tous les bijoux de la Couronne, devait être volée en 1792; mais, comme nous le verrons plus loin, elle eut dans le vol un rôle tout particulier, qui la distingua des autres joyaux[2].

Le règne de Louis XVI n'est plus marqué que par deux faits importants concernant les diamants de la Couronne.

Le premier a trait à la taille des diamants, le second à la donation d'une parure de la Couronne à la reine.

Dès 1784, l'administration des diamants de la Couronne, qui relevait du trésor royal depuis Colbert et se trouvait sous la haute direction du ministre de la Maison du roi, fut rattachée à cette date au service du Garde-meuble, dont le garde général était alors Thierry de Ville-d'Avray. Ce dernier décida que le joaillier de la Couronne serait chargé des estimations, des propositions de modifications et de la surveillance des montures; mais qu'il ne devrait plus ni exécuter ces montures, ni fournir les pierres : en un mot, les avantages de la charge disparaissaient entièrement[3].

Aubert, qui était alors joaillier de la Couronne et associé avec deux négociants, Tourtaux de Septeuil et G.-F. Bapst[4], ne voulut pas accepter cette diminution de situation qui faisait de lui un simple employé; il voulut conserver ses prérogatives; mais, ayant reconnu que la lutte était impossible avec Thierry de Ville-d'Avray, il renonça à sa charge

1. Arch. nat. O¹ 3359.
2. On verra au chapitre suivant, à l'*Histoire du vol*, la reproduction de cette épée.
3. Arch. nat., O¹ 3359.
4. Arch. nat., Papiers de Lessonneux, confisqués en 1793 (28 registres).

en faveur de Bœhmer et de Bossange, dont les noms devaient rester célèbres dans l'affaire du *Collier de la Reine*.

A ce propos, on croit généralement que ce collier a quelque rapport avec les joyaux de la Couronne; nous esquisserons en deux mots les faits, et l'on verra que le *Collier de la Reine* n'a jamais fait partie du trésor de l'État.

Bœhmer, avant d'être joaillier de la Couronne, avait employé la plus grande partie de sa fortune une somme de seize cent mille livres) à composer un collier-berthe qu'il présenta à la reine à plusieurs reprises, mais qui fut toujours refusé.

Une intrigante. Mme de la Motte, parvint à abuser le joaillier et à lui persuader que le collier si souvent refusé était enfin agréé, et elle se le fit livrer comme représentant Marie-Antoinette. Aussitôt en possession du joyau, elle fit casser et disparaître les pierres, qui furent probablement vendues en Angleterre. Pour arriver à persuader à Bœhmer que la reine achetait le collier, Mme de la Motte s'était servie du cardinal de Rohan, qui joua dans toute cette affaire un rôle de dupe ou d'escroc qu'on ne saura probablement jamais distinguer.

Lorsque Bœhmer fit demander à la reine le payement du collier, on fut aussi étonné de sa demande que lui le fut de l'étonnement avec lequel on le reçut. Mais la vérité se découvrit bientôt. Un procès retentissant eut lieu, et, entraînés par un courant politique, les magistrats acquittèrent le cardinal de Rohan par un arrêt que l'histoire impartiale a considéré comme inique[1].

A la suite de ce fait, Bœhmer et Bossange, ruinés, durent vendre leur charge de joaillier de la Couronne, que Paul-Nicolas Ménière acheta à la fin de 1788[2].

---

1. Campardon, chef de section aux Archives nationales, *Marie-Antoinette et le Procès du Collier*, Paris, Plon, 1863.

2. Paul-Nicolas Ménière, d'une famille d'orfèvres du dix-huitième siècle, était fils de Nicolas Ménière, qui, après avoir longtemps exercé en province, avait été reçu maître orfèvre à Paris en 1765 à titre privilégié, par arrêt du conseil. Deux des frères

Ménière était depuis longtemps au courant des opérations des diamants de la Couronne. Durant la gestion de Bœhmer et de Bossange, il avait été envoyé en Hollande pour surveiller la taille des diamants du Trésor; car, sur un rapport de Thierry de Ville-d'Avray, la retaille de la plupart des pierres avait été décidée. Voici comment les faits s'étaient passés[1].

En 1784, il avait été reconnu que la taille des diamants qui remontait à un siècle et demi était très inférieure à celle que l'on pratiquait; aussi avait-on décidé la mise à la meule des pierres du Trésor.

Tout d'abord on consulta Ménière, puis un amateur de pierres précieuses nommé Daugny. Sur leur proposition, on confia à des lapidaires français le soin de reprendre quelques pierres; mais Thierry de Ville-d'Avray, jaloux de son autorité, ne crut pas devoir accepter cette solution. Il fit un rapport au conseil du roi dans lequel il déclarait que les lapidaires français travaillaient moins bien que les lapidaires hollandais, et qu'il était préférable de confier la taille des diamants à des maisons d'Anvers ou d'Amsterdam.

Cette opération de taille était une œuvre considérable, qui allait coûter cher. En agissant comme il le faisait, Thierry

de Paul-Nicolas, Paul-Toussaint et Jean-Nicolas, étaient aussi orfèvres: l'un reçu en 1770, l'autre en 1775. Paul-Nicolas fut reçu par arrêt de la Cour des monnaies le 18 janvier 1775. Il avait comme poinçon : P N M, et une pomme de pin. Il habitait rue Mauconseil. Il épousa la fille de son confrère l'orfèvre Lisonnet. Assez adroit, il réussit promptement à se faire valoir dans les bureaux de la maison du roi et fut bientôt chargé de nombreuses commandes, particulièrement, comme nous le verrons, de la taille des diamants envoyés en Hollande. En 1788, après les affaires du collier de la reine, il fut nommé joaillier de la Couronne. Sous la Révolution, il fut incarcéré à plusieurs reprises, puis délivré en thermidor. Il fut alors chargé de missions diplomatiques auprès du sultan: tenu à l'écart sous l'Empire, il reprit sa charge de joaillier de la Couronne en 1814 et mourut en 1821. Il s'était associé en 1796 avec Jacques-Hébrard Bapst, qui épousa sa fille unique l'année suivante. — Les cotes des papiers des Archives nationales et du Ministère des affaires étrangères, concernant Ménière, sont beaucoup trop nombreuses pour être citées ici. Ses papiers et ses dessins sont encore notre propriété et sont conservés dans la maison Bapst et Falize.

1. Tous les détails qui suivent nous ont été fournis par les documents conservés aux Archives nationales : O¹ 3359 (carton), dans les 6 registres O¹, de 3360 à 3365, et le carton KK, 369, et dans les papiers de commerce de la maison Bapst et Falize.

de Ville-d'Avray non seulement indisposait les industriels français, qui réclamaient, mais il lésait encore les intérêts du pays. Outre qu'il n'est pas prouvé que nos lapidaires fussent de beaucoup inférieurs à ceux de la Hollande, le travail était de nature à développer les talents de nos nationaux, et partant cette industrie en France. Il eût même été préférable de créer des établissements de taillerie chez nous ; cette industrie, naissante sur les bords du Zuyderzée, se serait peut-être créée en France, elle aurait pu y devenir florissante et donner à la longue une source de revenus et de prospérité qui devait passer à l'étranger.

La taille s'opéra en Hollande, et en 1788 les pierres étaient rentrées au Garde-meuble.

La valeur du Trésor fut augmentée de la taille des pierres ; mais, d'un autre côté, le Trésor fut diminué d'une parure de brillants et de rubis d'Orient, composée d'un collier, d'une paire de boucles d'oreilles avec pendeloques et petits nœuds, de guirlandes pour la tête, et de quatre pompons[1].

Ce joyau fut porté au commencement du règne par la reine, à qui il plaisait beaucoup, et bientôt elle voulut lui donner plus d'importance et le fit augmenter de diamants et de rubis qui lui appartenaient en propre ; alors on ne put plus distinguer dans cette parure les pierres de l'État des pierres de la reine. On se rendit ainsi compte du fait lorsqu'on voulut en faire le récolement. On en prévint Marie-Antoinette, qui alors demanda au roi que la propriété des joyaux, tels qu'ils se trouvaient montés, lui fût accordée. Louis XVI céda à son désir ; et cette cession fut régulièrement reconnue par un bon du roi enregistré au conseil en date du 13 mars 1785 et de nouveau ratifié par un second arrêt rendu en 1788.

Les pierres de cette parure de Marie-Antoinette, à en croire le *Catalogue officiel*[2] de la Schatzkammer de

1. Inventaire de 1774. n° 28.
2. *Katalog der Sammlungen der Schatzkammer*. Vitrine XXII, de 27 à 31, p. 130. Vienne, 1880.

Vienne, subsisteraient encore. La parure, telle qu'elle a été donnée à Marie-Antoinette, aurait été emportée par sa fille, alors Mme Charlotte de France, lorsqu'elle fut échangée contre les conventionnels prisonniers en Autriche. François II l'aurait achetée de cette princesse, et elle serait restée intacte jusqu'en 1858; elle aurait été cassée à cette date ses pierres auraient servi à monter la parure actuelle pour le mariage de l'empereur d'Autriche, et cataloguée sous le numéro 27 dans l'inventaire de la Schatzkammer.

Pour notre part, nous n'admettons pas cette version. Il nous paraît impossible que Mme Charlotte de France ait eu entre les mains la parure de rubis de sa mère.

Lorsque le roi et la reine entrèrent au Temple, on les fouilla, ainsi que leurs enfants, et c'est à peine si on leur laissa les objets indispensables. Il aurait fallu que Mme Charlotte reçût cette parure lors de son échange, en 1796 : fait encore plus improbable.

A ce moment, la République faisait argent de tous les joyaux qu'elle avait sous la main, même de ceux qui ne lui appartenaient pas, comme les diamants du roi de Sardaigne. Comment donc admettre qu'on se fût ainsi dégarni d'un objet dont la mise en gage ou la vente aurait procuré plusieurs millions en assignats[1]!

On voit que le fait est au moins improbable.

Au moment où cette parure de rubis était donnée à Marie-Antoinette, le Trésor était encore diminué de quelques petites pierres, d'une valeur de cent mille livres, données en payement à des joailliers pour des fournitures déjà anciennes. Malgré cette diminution, en 1789, à la veille de la Révolution, le Trésor était estimé à quatorze millions neuf cent quatre-vingt-six mille cent quatre-vingt-huit livres.

Le *Régent* n'était compté dans ces chiffres que pour six millions.

---

1. On verra plus loin, dans les chapitres consacrés à l'histoire de nos joyaux durant la Révolution, que les comités de la Convention, et plus tard le Directoire, firent argent de tous les objets de l'État et même de ceux confisqués ou saisis à des tiers.

Avec l'année 1789, l'Assemblée constituante eut à créer l'édifice politique et social de la France. Parmi les nombreuses institutions dont elle dota notre pays, il faut comprendre ce que l'on appela depuis la dotation de la Couronne ou liste civile. En vertu des lois qu'elle rédigea, le roi n'avait plus la libre disposition des biens de l'État : ces biens appartenaient à la nation, le roi n'en avait que l'usufruit, et une dotation fixe lui était fournie annuellement ; l'Assemblée consacrait ainsi le principe de la fondation du trésor de la Couronne par François Ier, puisque ce trésor était inaliénable et que les rois ne pouvaient qu'en avoir l'usufruit sans droit d'aliénation.

L'administration des diamants de la Couronne fut donc peu modifiée ; néanmoins le dépôt en fut ordonné au Garde-meuble de la Couronne, sous la surveillance d'un fonctionnaire relevant du ministre de l'intérieur.

Le roi et la reine en gardèrent une partie durant les années 1789, 1790 et 1791, mais bientôt les événements se précipitant, Louis XVI et Marie-Antoinette renvoyèrent les derniers bijoux qu'ils avaient encore, et lors de la réunion de l'Assemblée législative tous les diamants étaient rentrés au Garde-meuble. C'est là qu'aux derniers jours de cette assemblée tous les diamants réunis furent volés. Le récit de ce vol, qui est demeuré un des problèmes d'histoire les plus souvent posés et restés encore sans solution, tient du roman par l'invraisemblance et l'intérêt.

Raconter le vol, suivre les objets volés et les voleurs dans leurs péripéties, telle sera la suite de ce récit.

Nous verrons ensuite comment ceux des joyaux retrouvés par la nation vinrent fournir leur contingent à la gloire immortelle que devait donner à la France cette épopée de vingt-cinq années de victoires, unique dans l'histoire du monde.

APPENDICE

DU CHAPITRE II

—————

Nous ne publions ici que le sommaire de l'inventaire de 1774, sa reproduction intégrale étant trop longue. Un grand nombre de ces pierres sont détaillées tout au long dans l'inventaire de 1691 au chapitre précédent.

—————

I

INVENTAIRE DE 1774.

ARTICLE PREMIER. — Un superbe diamant appelé « le Régent », de forme quarrée, les coins arrondis, blanc, ayant une petite glace dans le filletis et une autre au coin dans le dessous, pesant cinq cent quarante-six grains et estimé six millions. Cette pierre n'existait pas à l'inventaire de 1691 ; elle a été achetée en Angleterre le 14 juin 1710.

Le « Sancy », le « diamant bleu » et le « grand saphir ». Voir l'inventaire de 1691, chapitre premier.

ART. 2. — Une grande chaîne de quarante-cinq diamants. (Chap. 2 de l'inventaire de 1691, seulement il en manque deux, les numéros 31 et 35.)

ART. 3. — Une parure de diamans composée de cent vingt boutons de justaucorps, au lieu de cent vingt-trois existant en 1691 ; les diamans portant les numéros 21, 49 et 62 manquent. (Voir chap. 3 de l'inventaire de 1691.)

ART. 4. — Vingt fleurons de boutonnières composés chacun de trois diamants; seulement il manque le diamant du milieu, au numéro 20, et deux autres au numéro 18, ce qui réduit le nombre des fleurons de boutonnières à dix-neuf. Chap. 3 de l'inventaire de 1691.

ART. 5. — Cent huit boutons de veste en diamans. Il n'y en avait que quarante-huit à l'inventaire de 1691, chap. 3.

ART. 6. — Un crochet de chapeau composé de 7 diamans. (Chap. de l'inventaire de 1691.)

ART. 7. — Divers articles en pierres de couleur et diamants, fleurons, bagues, girandoles, entrés sous le règne de Louis XV.

ART. 8. — Une parure de pierres de couleur consistant en épaulettes et ceinture pour le Roi, et trousse-queue, trousse-robes et collier pour la Reine. Ces objets montés sous le règne de Louis XV.

ART. 9. — Un crochet de chapeau composé de onze diamans et sept perles. Chap. 6 de l'inventaire de 1691.

ART. 10. — Une paire de boucles d'oreilles de deux perles, sept grands fleurons, quatorze plus petits et cent vingt-huit boutonnières de perles et diamans.

ART. 11. — Une paire de girandoles en perles et diamans.

ART. 12. — Un collier avec pendeloque et trèfle en perles et roses. Ces trois dernières parures montées sous le règne de Louis XV.

ART. 13. — Un rang de vingt et une perles, un de vingt-cinq perles et une belle perle ronde de vingt-sept karats. Chap. 7 de l'inventaire de 1691.

ART. 14. — Neuf diamans en poire et une aigrette composée de neuf poires. Deux de ces diamans en poire pesant quarante et un karats formaient, au chapitre 8 de l'inventaire de 1691, une paire de pendants d'oreilles.

ART. 15. — Un coulant d'un brillant jaune avec sa pendeloque.

ART. 16. — Un gros diamant, deux bouts de collier en brillants, trois morceaux de petits diamans, deux bagues en diamant, une pendeloque d'un diamant et une croix de cinq diamans.

ART. 17. — Épaulette composée de douze diamans roses.

ART. 18. — Une toison d'or en diamans et pierres de couleur.

Art. 19. — Une autre toison d'or composée de quatre grands diamans, de huit moyens et de plusieurs menus diamans.

Art. 20. — Une croix du Saint-Esprit composée de dix-huit diamans et de nombreux petits brillants et roses.

Art. 21. — Une plaque du Saint-Esprit composée de dix-huit diamans et de nombreux brillants.

Art. 22. — Une croix du Saint-Esprit du cordon assortissant à la plaque ci-dessus.

Art. 23. — Une épaulette composée de diamans et de rubis.

Art. 24. — Une parure en brillants et rubis collier, boucles d'oreilles, pendeloques, guirlandes et pompons. Ces derniers objets montés sous Louis XV.

·

LIVRE VIII

LE VOL DU GARDE-MEUBLE[1]

CHAPITRE PREMIER

Les historiens et le vol du Garde-meuble: les accusations réciproques
des partis.

Le vol du Garde-meuble est encore un fait obscur de la
Révolution, que les partis se sont successivement repro-
ché, jusqu'au moment de leur chute, et dont les historiens
ont cherché, sans succès jusqu'à présent, à pénétrer le
mystère.

Il eût été cependant facile, à l'époque du vol, de découvrir la vérité et de présenter les faits tels qu'ils s'étaient
passés.

Mais les hommes politiques de 1792 avaient d'autres
préoccupations. Ce qu'ils cherchaient avant tout, c'était un
moyen d'écraser leurs adversaires, et, pour atteindre ce
but, tout leur était bon.

A peine le vol du Garde-meuble fut-il commis, que

1. Le vol du Garde-meuble a été l'objet de deux études : la première traitée d'une
façon humoristique par Charles Monselet dans son *Étude sur le Tribunal révolutionnaire* ; la seconde, d'une façon plus sérieuse, par M. Drumont dans la *Revue de la
Révolution*. Mais dans ces deux publications le vol en lui-même est moins étudié que
les procès qui en résultèrent.

chaque parti s'empressa d'exploiter cet événement à son profit; chacun en rejetait la responsabilité sur un autre, afin de le discréditer et de le faire tomber sous le mépris public.

Tandis que les documents impartiaux, preuves matérielles des faits, demeuraient ignorés, ou plutôt étaient systématiquement laissés dans l'ombre par ceux-là mêmes qui les connaissaient, les discours. pamphlets, articles de sectaires, se multipliaient et faisaient grand bruit.

Lorsque plus tard les historiens de la Révolution voulurent présenter les faits, ils ne connurent point les pièces délaissées, et n'eurent entre les mains que des écrits passionnés et par conséquent erronés, dont les contradictions les empêchèrent de retracer les événements.

Reprenant l'œuvre des historiens, nous commencerons par reproduire les accusations réciproques des contemporains, et, pour y répondre, nous les ferons suivre de l'exposé des faits tels que ces documents, encore ignorés aujourd'hui, les font ressortir avec tout l'éclat de la vérité et de l'impartialité.

Si l'on en croit Mme Roland, c'est Danton et Fabre d'Églantine qu'il faut accuser. Au dire de Fabre d'Églantine, les Girondins furent les véritables voleurs. Marat accuse les aristocrates. L'accusateur public du Tribunal révolutionnaire veut y reconnaître la main royale de Marie-Antoinette. Enfin une légende a fait voir dans ce vol un acte de gouvernement, dont le but était d'obtenir, en la payant, la retraite de Brunswick.

Mme Roland s'exprime ainsi[1]: « J'ai reçu ce matin chez moi un des voleurs du Garde-meuble qui venait voir s'il n'était pas soupçonné. — Qui donc? — Fabre d'Églantine! — Un coup si hardi ne peut être que l'ouvrage de l'audacieux Danton. J'ignore si cette vérité sera mathématiquement prouvée, mais je la sens vivement, et Fabre n'est

---

1. *Mémoires de Mme Roland*. Paris. Plon, 1864, p. 271.

venu faire que le rôle de son complice et de son espion. J'ai
appris, sept mois après, que l'on retenait dans les prisons
de Beauvais un grand coquin nommé Lefort qui avait été
saisi avec des effets du Garde-meuble et qui chargeait
Danton ; mais on n'ose le faire paraître, parce que sa faction
est trop puissante ; on aime mieux le garder pour un temps
meilleur où il sera possible de faire justice, si jamais ce
temps arrive pour la génération présente. Certes, les gens
qui ont fait une insurrection pour renverser les Douze de
la Convention, parce qu'elle tenait les fils de leurs complots, sauront bien étouffer les témoins ou renverser le
tribunal qui s'aviserait de les inculper. Il n'y a d'arrêtés
et de punis que des petits garçons voleurs, employés comme
des manœuvres à l'affaire du Garde-meuble, sans être
initiés dans le secret de son entreprise ; ils avaient été
avertis qu'il y aurait une grande aubaine dont ils pourraient profiter en prêtant la main à l'enlèvement de riches
effets ; ils étaient grimpés par le dehors de la colonnade,
avaient enlevé et remis beaucoup de choses, mettant en
poche pour eux, tant que faire se pouvait. Cinq ou
six de ces gredins furent exécutés sans donner aucune
lumière sur la trame dont ils n'étaient que des agents
secondaires. »

Roland est du même avis que sa femme[1] : « Tout le
monde sait, dit-il, que du moment où le Garde-meuble fut
mis sous ma surveillance, comme ministre de l'intérieur,
jusqu'au vol des diamants, je n'avais cessé de faire des
plaintes, de vive voix et par écrit, au commandant de la
garde nationale parisienne et à celui de la section, de ce
que ce dépôt était toujours mal gardé, et souvent ne l'était
par personne ; que j'y avais toujours ajouté la réquisition
formelle d'une force armée vigilante et permanente, sans

1. Arch. nat. F⁷, n° 4434. Note de la main de Roland trouvée dans les papiers de
Brissot. « Résumé d'une conversation secrète de l'ex-ministre de l'intérieur pouvant
servir de réponse aux calomnies de ses dénonciateurs. » — Daubau. la Démagogie en
1793. p. 137, Paris, Plon, 1868.

que mes plaintes, mes demandes, transmises plusieurs fois au Corps législatif même, eussent pu avoir aucun effet.

« Le vol s'effectue enfin; et Camus, l'archiviste, à la tête d'une patrouille, fut le premier qui s'en aperçut, prenant sur le fait deux voleurs qu'on peut soupçonner, par l'instruction de leur procès et la suite de cette affaire, n'avoir été que des agents très secondaires. »

Le secrétaire de Danton, Fabre d'Églantine, écrivait relativement à Restout, l'administrateur général du Garde-meuble, celui dont la responsabilité était le plus engagée après celle de Roland[1] : « Nommé commissaire de la Convention à la levée des scellés du Garde-meuble, je dois faire part au Comité de sûreté générale des observations que j'ai faites et des circonstances analogues à ces observations.

« 1° Il m'a paru qu'il avait été fait deux vols au Garde-meuble; un grand, par lequel les objets les plus précieux ont été soustraits; un petit, par lequel on a cherché à couvrir le premier en excitant des voleurs subalternes et inspirés à voler les restes du grand vol. Ces petits voleurs ont été si bien conduits qu'on les a pris la main dans le sac, et qu'on leur a ainsi jeté sur le corps toute la coulpe du double vol. »

Lors du procès des Girondins, en 1793, Fabre d'Églantine n'eut pas honte de s'écrier[2] : « J'appelle sur ce vol la responsabilité de Roland et de toute la coalition dont il faisait partie. » « Insinuation odieuse », dit Louis Blanc[3], que Vergniaud pulvérisa par ces paroles : « Je ne me crois pas réduit à l'humiliation de me justifier d'un vol. »

Dans l'*Ami du Peuple* du 20 septembre 1792[4], Marat

---

1. *Journal des Jacobins*. Extrait du rapport en original de la main de Restout (sans date). Arch. nat., O² 176.

2. Dauban, *la Démagogie en 1793*, p. 139, Paris, Plon, 1868.

3. Louis Blanc, *Histoire de la Révolution française*, tome VII, p. 220, Paris, 1855, in-8°.

4. *L'Ami du peuple*, journal politique impartial, par J.-P. Marat, auteur de l'*Offrande à la Patrie*, du *Moniteur*, du *Plan de la Constitution* et de plusieurs autres ouvrages.

écrit ces lignes à l'adresse de Roland et des aristocrates :
« Pour décrier la municipalité provisoire, peindre son
comité de surveillance comme incapable, affranchir de
toutes entraves les machinations, ils (les aristocrates) ont
soudoyé une troupe de brigands pour piller le Garde-meuble
et les maisons des meilleurs citoyens. »

L'accusateur public Lullier, dans une de ces harangues
ronflantes qui étaient de mise à l'époque, s'écriait[1] : « Citoyens! vous avez déjà connu les complots dangereux qui,
dans la nuit du 9 au 10 août dernier, devaient éteindre la
liberté dans le sang des meilleurs citoyens; vous avez également connu celui par lequel s'est opérée la spoliation du
Garde-meuble; eh bien! maintenant, rapprochez les faits, et
vous verrez que l'affaire a été dirigée par la même main;
partout vous verrez une femme orgueilleuse, lascive et
cruelle, secouant à la fois les flambeaux du fanatisme et
ceux de la discorde, et, dans l'excès de ses fureurs sangui-
naires, harceler, tourmenter le crime qu'elle avait tant de
fois fatigué, l'armer de nouveaux poignards, et, non contente de tant d'excès, appeler des bords étrangers les
hommes les plus atroces pour consommer tant de forfaits.

« C'est elle qui a produit la guerre civile, qui a attiré les
brigands couronnés sur nos bords; c'est elle qui a spolié le
Garde-meuble et commis tous les crimes de la Révolution. »

Quant à la légende de l'achat de Brunswick, elle a été
créée par d'Allonville dans ses *Mémoires*[2], et depuis elle a
trouvé un écho puissant dans le *Mémorial de Sainte-
Hélène*. A en croire l'écrivain royaliste, Billaud-Varennes
aurait gagné le camp prussien en emportant la plus grande
partie des joyaux volés, et, moyennant leur remise, il
aurait acheté la retraite de Brunswick.

D'après le *Mémorial de Sainte-Hélène*, Napoléon n'avait
jamais pu comprendre ni la ténacité de Dumouriez à

---

1. *Moniteur universel* du 18 octobre 1792. Audience du Tribunal criminel du 16 octobre 1792. Procès de Depeyron dit Francisque et Badarel.
2. *Mémoires secrets de d'Allonville*, tome III, p. 95.

Sainte-Menehould, ni la fuite précipitée de l'armée coalisée, et il ne pouvait s'expliquer ces deux faits que par des motifs restés ignorés et étrangers à l'art de la guerre[1]. De là est née cette légende persistante suivant laquelle Danton aurait fait enlever par Sergent et Panis les joyaux de la Couronne pour les porter au quartier général allemand.

1. *Mémorial de Sainte-Hélène.*

CHAPITRE II

La situation à Paris en septembre 1792. — La place de la Concorde,
le Garde-meuble, ses collections, sa garde.

Au lendemain des massacres de septembre, l'état de
Paris était tel que tout pillage à main armée était une
œuvre aisée, on pourrait presque dire ordinaire. Les brigands, les voleurs de profession, les repris de justice de
toutes sortes, receleurs, coupeurs de bourse, escar-
pes, etc., avaient été mis en liberté.

Comme d'habitude, ils se réunissaient dans des cabarets,
où ils causaient de leurs projets, ou bien racontaient leurs
prouesses. Plusieurs d'entre eux avaient grossi les rangs
des bandits qui, sous le nom de Marseillais, étaient accourus
à Paris à l'annonce des troubles.

La police était nulle : *Santerre en était chargé;* des
individus déguisés en officiers municipaux arrêtaient les
citoyens paisibles dans les rues et les sommaient de leur
remettre leurs chaînes de montre ou leurs boucles de souliers, pour en faire soi-disant *offrande à la patrie.*

Toutes les nuits, des hommes pénétraient par les com-
bles des Tuileries dans l'intérieur des appartements. Ils
enlevaient, en les brisant pour les emporter plus commo-
dément, les objets précieux.

Ces faits étaient connus, et se répétaient avec une telle
impunité, que dans un rapport de police[1] on déclarait que,

1. Arch. nat., O² 476. Rapport de police du 30 septembre 1792.

si l'on voulait empêcher cette dévastation continuelle, il faudrait murer toutes les fenêtres, lucarnes et autres ouvertures du Palais.

C'était à la garde nationale qu'incombait le soin de veiller à la sécurité des monuments publics, et par conséquent à sauvegarder le Garde-meuble.

La place de la Concorde était, à la fin de 1792, différente de ce qu'elle est aujourd'hui. Au milieu, à l'endroit où s'élève l'obélisque, était la statue de Louis XV, due au ciseau de Bouchardon. Tout autour de la place, sur l'emplacement occupé par les balustrades qui relient actuellement les statues des huit villes, il y avait un fossé coupé à angle droit par l'avenue des Champs-Élysées, le passage du pont de la Concorde, la rue Royale et l'allée des Tuileries passant par le pont tournant. Chacun de ces quatre passages était fort étroit.

Les Champs-Élysées étaient alors un cloaque couvert de tas de pierres, où poussaient des broussailles. En temps de pluie, des mares croupissantes en faisaient un lieu d'infection. Par sa nature, cet endroit était, à la fin du dix-huitième siècle, le repaire habituel de tous les bandits de la capitale, et le théâtre d'agressions et d'assassinats incessants.

Au nord s'élevaient comme aujourd'hui les deux chefs-d'œuvre de l'architecte Gabriel, bâtis en 1760 : l'hôtel Crillon et le Garde-meuble, devenu depuis le Ministère de la marine. Ce bâtiment avait deux entrées, l'une sur la place Louis XV et l'autre sur la rue Saint-Florentin, en face de l'hôtel de Talleyrand.

Le Garde-meuble n'était pas seulement un magasin de dépôt, mais aussi un musée destiné à contenir le trésor de la monarchie. Les salles avaient été disposées pour permettre au public de visiter ces collections une fois par semaine. On y voyait les armures des rois de France, dont une partie orne actuellement le Musée d'artillerie, et d'autres le Louvre; puis venaient des lits de parade de la

F. SÉRÉE

PLACE DE
(d'après un tableau a) et

ÉCOLE EN 1792
(... le comte Des Cars)

cour, des objets précieux, tels que la grande nef de
Louis XIV et la chapelle du cardinal de Richelieu[1].

Là, aussi, était conservée cette collection de tapisseries
unique au monde, dont le Mobilier national ne possède
plus aujourd'hui qu'une faible partie.

Dans l'une des salles du premier étage étaient enfermés,
dans des vitrines, ceux des diamants de la Couronne qui
étaient montés en parures. A la suite des derniers événements, le roi et la reine avaient renvoyé au Garde-meuble
les bijoux de l'État dont ils s'étaient servis jusqu'alors dans
les cérémonies[2].

Le matin du 20 juin, le conservateur, Thierry de Ville-
d'Avray, craignant un pillage, avait transporté les diamants
sur papier, qui formaient alors de beaucoup la partie la
plus considérable du Trésor, dans un placard de son appartement personnel. Mais, sur une observation qui lui fut
faite dans le courant d'août, il avait réintégré ces diamants
dans la commode en marqueterie où depuis 1784 étaient
ordinairement placées les boîtes enduites de cire sur lesquelles étaient fixés par classement les diamants non
montés.

Ces boîtes étaient au nombre de huit, fermées par de
simples crochets. Dans l'une d'elles se trouvaient le
Régent, le *Sancy*, les perles et beaucoup d'autres pierres
précieuses, le tout conservé dans un tiroir très épais que
fermait une forte serrure en cuivre. Cette serrure était à
secret et garnissait la face intérieure du tiroir dans toute
sa hauteur. Les boîtes étaient recouvertes de dessus de glace
à ressorts[3].

Dans cette salle du premier étage, il y avait aussi un
coffret en noyer garni de lames de cuivre et muni d'une

1. Arch. nat., O² 476. Mémoire de Restout, administrateur général du Garde-
meuble.

2. Arch. nat., O² 476, et *Bulletin du Tribunal criminel*, audience du 21 septembre
1792. Déposition du citoyen Jacques-Antoine Spol, commissaire de la section du
Ponceau, dans le procès de Douligny et de Chambon.

3. Arch. nat., O² 476. Mémoire de Restout, déjà cité.

poignée, dans lequel étaient les décorations et les boutons d'habits du roi[1]. Comme cette boîte était trop haute pour entrer dans le tiroir, elle fut laissée sur une table de porphyre qui occupait le milieu de la salle[2].

Si ces objets précieux étaient restés là où Thierry de Ville-d'Avray les avait placés le matin du 20 juin, ils n'auraient point été pillés.

La porte d'entrée du Garde-meuble sur la rue Saint-Florentin était sous la surveillance d'un poste dont le nombre d'hommes variait journellement. La garde en était fort mal faite. Il arrivait souvent que les hommes, n'étant pas relevés à l'heure fixée, abandonnaient le poste sans être remplacés.

Durant le mois de septembre 1792, le garde général Restout ne cesse de se plaindre à son supérieur, le ministre de l'intérieur, de la façon dont le service est fait : « Le Garde-meuble, écrit-il, est un objet trop important pour ne pas mériter l'attention de M. le Commandant général. Je le prie, je le requière *sic* de vouloir bien prendre les mesures que sa prudence lui indique. Je pense qu'il est besoin de vingt hommes à chaque porte, savoir à celle de la Place et à celle donnant sur la rue Saint-Florentin[3]. »

En dépit de ces observations, le service ne fut jamais régulièrement fait.

Les 2, 3, 7, 8, 9, 13 et 19 septembre, Restout et le sieur Courlesvaux ne cessent d'envoyer des lettres à Santerre et à l'adjudant général Doucet[4].

« Si je constatois chaque fois que la garde manque, dit Restout, il y auroit autant de procès-verbaux que de jours. La garde qui est venue hier a trouvé le poste abandonné. Hier au soir, j'ay trouvé en rentrant une sentinelle seu-

1. Arch. nat., O² 176.
2. Arch. nat., O², 176.
3. Arch., nat., O² 176. Lettre de Restout à Santerre en date du 3 septembre 1792 ; et O² 188.
4. Arch. nat., O² 188 et O² 190. Dossier des lettres de Restout.

lement dans l'intérieur. J'ay été prier l'officier de garde
d'en poser une en dehors, ce qu'il a fait, et j'ai cru qu'il
l'auroit ainsi continué; j'ay sçu ce matin que vers une
heure après minuit le portier, voyant qu'il n'y avoit personne ni en dedans ni au dehors, a fermé la porte.

« Vers six heures, les gens du corps de garde voulant
aller boire, ont trouvé mauvais qu'elle fût fermée ; il (le
portier) a été insulté et menacé au point d'estre prest à se
mettre en deffence, sur ce qu'il a dit qu'il avoit dû faire
son devoir, puisque la maison estoit à sa garde, il devoit y
veiller. »

Une autre fois Restout écrivait encore[1] : « Il n'y a eu
avant-hier au poste de la rue Saint-Florentin qu'un seul
homme jusqu'à hier soir. Les trois qui lui ont été adjoints
hier soir, faute d'être relevés, se retirent et le poste reste
abandonné.

Deux jours avant le vol, le 8 septembre[2], en présence
des représentations continuelles de Restout, le sieur
Doucet vint constater lui-même l'insuffisance de la garde,
et malgré les observations de l'administrateur général du
Garde-meuble, il déclara : « que les portes étant bien
fermées la nuit, il n'y avait rien à craindre », sans se préoc-
cuper davantage du danger qui lui était signalé.

Le lendemain soir, en rentrant, Restout trouva la porte
du Garde-meuble abandonnée, et, avant d'en informer le
commandant général, il demanda quelques hommes à la
section des Tuileries. « Le citoyen Laroche, commandant
de la section, dit Restout, s'offensa de ce que je le requérais
sous sa responsabilité, et répondit verbalement que je
n'avais qu'à garder les portes moi-même ou les tenir fermées », et deux jours après le citoyen Laroche se plaignit à
la section en ces termes : « Le sieur Restout a déjà le ton
d'un despote; il suce dans cette maison le lait de l'aris-

1. Arch. nat., O² 488. Lettre de Restout à Santerre en date du 9 septembre 1792.
2. Arch. nat., O² 476. Mémoire de Restout, déjà cité.

tocratie qui y a si longtemps dominé. Il lui faut des gardes[1] ! »

Le 13 septembre suivant, pendant que le vol s'accomplissait, Restout informait Santerre « que les hommes, qui tenaient le poste du Garde-meuble depuis vingt-quatre heures, se retiraient sans être remplacés, et qu'ils avaient laissé un seul factionnaire pour attendre ceux qui devaient venir les relever, ce qui a été probablement oublié[2]. « Le 19 suivant, Restout écrivait encore : « Des citoyens armés de la section des Champs-Élysées sont au Garde-meuble, au poste de la rue Saint-Florentin, depuis onze heures du matin avant-hier; ils demandent à se retirer après avoir envoyé aux Feuillants infructueusement. » Santerre répondit qu'il avait donné des ordres en conséquence à Doucet. Néanmoins, au mois de janvier suivant, le même fait se renouvelait encore[3].

Quelquefois il eût été préférable qu'il n'y eût personne au poste, car il existe une note de Restout à Roland ainsi conçue : « J'ai l'honneur de vous réitérer l'indispensable nécessité d'établir les corps de garde que j'ai proposés à l'extérieur du Garde-meuble, par la raison que ces hommes, souvent saoûls et ivres, sont susceptibles de mettre le feu avec leurs lampions et leurs chandelles[4].

« Je supplie instamment d'être débarrassé de cette garde, celle que Monsieur le Ministre a donné ordre d'arranger près l'Orangerie est plus que suffisante au moins pour le poste de la rue Saint-Florentin où il fourniroit aisément un factionnaire à l'extérieur. La porte seroit fermée jour et nuit, ce qui seroit d'autant plus sûr que quelquefois la garde n'est composée que d'enfans dont le plus âgé a dix-sept ans[5]. »

---

1. Arch. nat., O² 176. Mémoire de Restout, déjà cité.
2. Arch. nat., O² 176 et O² 188. Dossier des lettres de Restout.
3. Arch. nat., O² 176 et O² 188.
4. Ibidem.
5. Arch. nat., O² 188.

Telle était la surveillance que l'autorité accordait aux diamants de la Couronne : cependant les pouvoirs législatifs s'étaient occupés d'eux à différentes reprises.

Au lendemain de la fuite de Varennes, le projet de l'enlèvement des diamants du Garde-meuble avait été dénoncé à l'Assemblée constituante; ce bruit s'étant accrédité, Charles de Lameth, dans la séance du 22 juin 1791, crut devoir demander aux commissaires qui avaient été chargés de surveiller le Garde-meuble des renseignements sur les diamants de la Couronne. Il proposa que l'on chargeât deux joailliers d'en faire un inventaire. Fréteau, en appuyant la motion de Charles de Lameth, insista pour qu'une garde suffisante répondît de leur sûreté[1]. Trois commissaires nommés par l'Assemblée nationale, les citoyens Bion, Christin et Délattre, répondirent au désir de Charles de Lameth, mais ils se préoccupèrent peu de celui de Fréteau. Ils se rendirent au Garde-meuble le 25 juin, et firent dresser un inventaire des joyaux de la Couronne et de tous les objets du cabinet du roi. Le 28 septembre suivant, l'un d'eux présenta à l'Assemblée nationale un rapport sur la mission qu'il avait remplie de concert avec ses deux collègues, et proposa de conserver intacts, sans les changer, les différents joyaux de la Couronne. Les choses restèrent en cet état jusqu'aux événements du 10 août 1792[2]. Mais, au lendemain de la chute de la royauté, le 16 août, Cambon montait à la tribune de l'Assemblée, et proposait la vente du trésor de la Couronne : « C'était, disait-il, le moyen de donner un nouveau gage aux assignats », et il demandait que le ministre de l'intérieur fût préposé à leur garde.

Répondant en quelque sorte à la proposition de Cambon, une bande d'individus sortis de prison les 2, 3 et 4 septembre crurent plus naturel, puisque cette collection était

---

1 *Moniteur universel* du 23 juin 1791, n° 174. Séance de l'Assemblée nationale du 22 juin 1791.

2. *Moniteur universel* du 18 août 1792, n° 231. Séance de l'Assemblée nationale du 16 août 1792.

destinée à disparaître, de se charger eux-mêmes de cette opération, en s'en attribuant le profit.

Le lundi 17 septembre, à dix heures du matin, au moment où l'Assemblée venait d'entrer en séance, on annonça tout à coup un message de Roland qu'un secrétaire lut immédiatement. « Le ministre de l'intérieur informait l'Assemblée que le Garde-meuble venait d'être forcé et pillé ; deux voleurs avaient été arrêtés ; on avait requis la force publique ; mais, disait-il en terminant, les diamants avaient disparu[1]. »

Quelques instants après, Roland vint en personne confirmer ces faits. La nouvelle répandue, Thuriot s'était rendu immédiatement sur le lieu du crime, et, rentrant au moment où le ministre avait la parole, il demanda que quatre membres de l'Assemblée fussent adjoints au juge de paix chargé de l'instruction de l'affaire[2].

L'Assemblée accueillit cette proposition avec des applaudissements frénétiques, et nomma Thuriot le premier des quatre délégués. A ce moment, Santerre, qui avait été mandé à la barre de l'Assemblée, se présenta. Il déclara, dans le style prudhommesque qui lui était familier, avoir pris les mesures nécessaires pour empêcher tout attentat contre le gouvernement. Il ajouta qu'à la nouvelle du vol il s'était empressé de faire garder les barrières, puis il termina par cette phrase rassurante : « Je vais doubler la force publique ; c'est un reste d'aristocratie qui expire : ne craignez rien, elle ne pourra jamais se relever[3]. »

Le coup était fait, et de *trente millions* de diamants et

---

1. *Moniteur universel* du 18 septembre 1792, n° 262. Séance de l'Assemblée nationale du 17 septembre 1792.

2. *Moniteur universel* du 18 septembre 1792, n° 262, p. 1113 et 1115, séance de l'Assemblée nationale du 17 septembre 1792, et Arch. nat., O² 488. Requête du président du Tribunal criminel, M. Pepin-Degrouhettes, à M. le Président de l'Assemblée nationale du 21 novembre 1792, pour autoriser les sieurs Thuriot, Merlin, Laplaigne et Laporte à se présenter devant le Tribunal.

3. *Moniteur universel*, n° 263, p. 1117. Suite de la séance de l'Assemblée nationale du 17 septembre 1792.

objets précieux que contenait le Garde-meuble au commencement de septembre, Roland annonçait d'un air piteux
qu'il n'en restait pas pour plus de *cinq cent mille francs*[1].

1. *Bulletin du Tribunal criminel* du 16 octobre 1792. Déposition de Roland, ministre
de l'intérieur, dans le procès de Depeyron dit Francisque, et déposition de Lemoyne-
Crecy, gardien du Garde-meuble.

CHAPITRE III

Un voleur renommé, du nom de Paul Miette, semble avoir conçu le premier l'idée de voler le Garde-meuble[1].

Tous les lundis, jour où le public était admis à visiter les collections, cet amateur d'un genre spécial se rendait au Garde-meuble et y examinait les objets qu'il se proposait de soustraire. Il avait eu durant ses visites tout le loisir de constater le peu de surveillance dont ces richesses étaient entourées. Ceci se passait au commencement de l'année 1792.

Au printemps, Paul Miette, qui n'avait pas perdu l'habi-

---

1. Arch. nat., W 250. Déposition de Douligny et déclaration du jury dans le procès de Paul Miette. — Greffe du tribunal de Beauvais. Déclaration faite par Cottet dit le Petit Chasseur, le 23 septembre 1792, concernant le vol du Garde-meuble, en présence de MM. Lecomte, commissaire, et Brulé, greffier. Dès le lendemain du vol. Cottet affirmait que l'honneur de la conception de l'expédition du Garde-meuble revenait à Paul Miette. Douligny, qui n'avait pas connaissance de cette déclaration, disait exactement la même chose. La pièce conservée au greffe du tribunal de Beauvais est une copie portant la date du 27 septembre 1792, déclarée conforme à l'original par le sieur Paquin, secrétaire commis.

Voir aussi le testament de Meyran dit Grand C..., écrit au moment de monter sur l'échafaud, et qui dans son ensemble dénote une sincérité non douteuse.

Voir également la déposition de Sirgent en date du 18 septembre 1792, dans laquelle il est dit que les diamants du Garde-meuble avaient été volés par Paul Miette.

Audition de quatre témoins par le tribunal criminel de l'Oise, le 13 mai 1793.

Ces dernières pièces se trouvent également au greffe du tribunal de Beauvais.

tude de faire quelque coup, fut accusé d'un nouveau vol, arrêté et interné à la Force. Il y rencontra un de ses compagnons, le sieur Deslandes, auquel il communiqua ses projets.

« Il avait été pendant longtemps les lundis, disait-il, voir comment il serait possible d'effectuer le vol », et il avait fini par conclure : « qu'il n'était pas plus difficile de s'introduire au Garde-meuble que dans toute autre maison » ; à quoi Deslandes répondit « qu'aussitôt sorti de prison, il irait lui aussi examiner le terrain ».

Le complot préparé à la Force par les soins de Paul Miette, Deslandes, Tricot, Delors et autres[1] eut bientôt un grand nombre d'adhérents. Les échappés de prison des 2 et 3 septembre formèrent dans Paris un nombre considérable d'individus réunis par bandes ayant des ramifications entre elles et correspondant même avec des voleurs de province. Aussi, lorsque le coup fut décidé, plusieurs voleurs de province furent appelés à Paris par leurs camarades.

Le premier jour la bande fut peu nombreuse, mais les jours suivants elle grossit. Il serait difficile de savoir les noms de ceux qui la composaient, car la plupart de ces voleurs avaient l'habitude, comme leurs successeurs de nos jours, de changer continuellement de nom[2] ; ce qui rend leur identification fort difficile, car les pièces les désignent souvent sous des noms différents, et de deux ou trois personnes on ne doit en trouver qu'une. Mais il nous paraît vraisemblable qu'il existait deux bandes principales : la première composée de Bazile, Cadet Guillot, Larray, Tricot, Delcampo, Colin et Letort. Ce dernier, aussitôt l'affaire décidée, se serait rendu à Brest[3], où son ami Bazile était détenu à la prison de la Chaînette, et serait parvenu à le faire

1. Déclaration de Cottet au greffe de Beauvais.
2. Déclaration de Cottet, déjà citée.
3. *Journal des Girondins*, tome IV, année 1793, n° 101, p. 167. Déposition de Thuriot à la séance de la Société des Girondins du 22 avril 1793.

évader ; tous deux seraient arrivés à temps pour opérer au Garde-meuble dès le premier jour.

La deuxième bande comprenait Francisque, Chapeau-rond, Cornu, Leconte, Badarel, Cottet, Gallois dit Matelot, Meyran dit Grand C..., et Groseul de Bonne Vierge.

Cadet Guillot avait dû faire venir de Rouen les nommés Fleury-Dumoutier, Gobert et François-Auguste, qui ne paraissent pas avoir été connus de leurs camarades d'expédition.

D'autres bandes, probablement de relations moins suivies avec les deux premières, prirent part aussi au vol du Garde-meuble. Aucun de leurs membres ne fut d'abord arrêté, et comme ceux qui avaient été pris ne les connaissaient que vaguement, ils ne purent les dénoncer ; c'est ainsi que ces bandes échappèrent, au moins dans les premiers temps, aux recherches de la police.

Ce qui résulte des pièces diverses que nous avons consultées, c'est que l'expédition réunissait une cinquantaine d'individus groupés en plusieurs groupes venus de tous les points de la France, et que les journées des 2 et 3 septembre avaient mis en liberté pour leur permettre d'exécuter ce grand coup.

Le 11 septembre, vers onze heures du soir, les affidés occupèrent en partie la place de la Concorde ; quelques-uns simulaient une patrouille, tandis que les plus adroits, comme Badarel, Gallois dit Matelot, Francisque, Guillot et Gobert (ces deux derniers Rouennais), grimpèrent sur les deux pavillons situés aux deux angles du bâtiment, « à l'aide des refends des pierres, en s'aidant de la corde du réverbère placé à l'extrémité de la colonnade ». Arrivés à l'entablement de pierre, ils avaient enjambé le balustre et pénétré sur la galerie extérieure formée par la colonnade. Là, ils avaient enfoncé le volet d'une fenêtre, coupé un carreau avec un diamant de vitrier[1], et l'un d'eux, passant

---

1. Constatation du juge de paix Fantin, dans la nuit du 17 septembre. Copie certifiée conforme au greffe du tribunal de Beauvais.

la main par cette ouverture, avait fait jouer l'espagnolette
et ouvert la fenêtre par laquelle tous étaient entrés[1].

Les barres de fer fort lourdes dont chaque volet était
muni n'étaient pas en place : sans cela, vu la pesanteur de
ces barres, il eût été impossible[2] d'ouvrir les fenêtres de
l'extérieur.

Une fois entrés, leur premier soin avait été de s'occuper
de la fermeture des portes donnant sur le palier de l'escalier intérieur, par lequel les hommes du poste, placé au fond
de la cour, auraient pu venir les déranger. Ces portes
étaient scellées au moyen de bandelettes revêtues de cachets
que personne n'aurait osé briser, à cause de leur caractère
judiciaire.

Les voleurs étaient donc certains que personne ne péné-
trerait dans la salle et ne s'apercevrait de la dévastation.

D'autre part, le manque de sentinelles au dehors donnait toute sécurité à nos héros. Ils n'avaient qu'une seule
crainte, celle que le bruit qu'ils pouvaient faire n'attirât les
gardes nationaux sur le palier de l'escalier, et que ceux-ci,
en présence du vol qui s'accomplissait dans les salles,
n'hésitassent pas à briser les scellés, à forcer les portes et
à entrer. Aussi, pour se prémunir contre ce danger, qui
était le seul à craindre, avaient-ils apporté des crochets de
fer destinés à empêcher l'ouverture des portes. La résis-
tance que ces crochets auraient opposée aux efforts des
gardes nationaux, les moyens qu'il aurait fallu employer

1. Arch. nat., O² 476. Extrait du procès-verbal des commissaires nommés le
17 septembre 1792 par l'Assemblée nationale pour constater le vol du Garde-meuble.
O² 488. Déclaration de Dumontier et C. II 5, 101, Réponse faite par Camus le 25 septembre 1792 à une affiche intitulée : *la Vérité sur le vol du Garde-meuble*.

2. Arch. nat., O² 476. Mémoire de Restout, et *Bulletin du Tribunal criminel révolutionnaire*, n° 58. Déposition de Fabre d'Églantine dans le procès des Girondins en
1793, et dans la séance du club des Jacobins du 22 avril 1793. D'après les pièces envoyées par le tribunal de cassation au tribunal criminel de Beauvais, les barres de
fer, au dire du juge de paix Fantin, auraient été en place comme le prétend Restout
dans son Mémoire, mais les voleurs les auraient soulevées au moyen de pinces ou de
leviers qu'on retrouva dans les salles et qui furent produits comme pièces à conviction.

pour les forcer, étaient plus que suffisants pour prévenir les voleurs et leur donner le temps de se sauver par les fenêtres de la galerie[1].

Cette précaution prise, ils se mirent aussitôt au *travail* sans inquiétude.

Ils se dirigèrent d'abord sur les vitrines qui contenaient certains bijoux montés et qu'ils avaient étudiées les jours d'exposition publique. Francisque et Paul Miette les brisèrent, forcèrent les tiroirs et enlevèrent ce qu'ils contenaient, pendant que Gobert et Cadet Guillot prenaient des colliers de chatons, la garniture de boucles de souliers du roi, une perle enfermée dans une boîte d'or sur laquelle était écrit : *Reine des perles*, l'épée de Louis XVI, et deux grandes montres avec chaînes en diamants[2]. Quant à Gallois et à Badarel, ils éclairaient les *travailleurs*[3] avec des chandelles.

Lorsqu'ils jugèrent la récolte suffisante, ils descendirent. Francisque partagea avec ses camarades de Paris ce qu'il avait dans ses poches, tandis que Gobert et Cadet Guillot, retrouvant Bernard Salles, Auguste et Dumoutier de Rouen, partaient immédiatement pour cette ville sans attendre davantage[4].

A en croire leur déposition, ils auraient préalablement avisé quelques amis du coup qu'ils venaient de faire et de celui qui restait encore à exécuter[5].

Cette première nuit, tout était terminé à deux heures du matin; chacun regagnait son logis sans bruit, satisfait de cette bonne aubaine, et surtout alléché par l'espoir d'arriver à faire encore beaucoup mieux la nuit suivante[6].

---

1. Arch. nat., O² 476. Mémoire de Restout.

2. *Ibidem*.

3. Arch. nat., O² 488. Déclaration faite par Fleury-Dumoutier, détenu à Bicêtre, au Comité de sûreté générale, le 30 thermidor an III.

4. *Bulletin du Tribunal criminel*, audience du 16 octobre 1792. Procès de Depeyron dit Francisque et de Badarel.

5. Arch. nat., O² 488. Déclaration de Fleury-Dumoutier, déjà citée.

6. *Ibidem*.

On n'avait point touché en effet aux pierres non montées, ni aux pièces du cabinet du roi. Les parures montées, exposées dans les vitrines à la vue du public, étaient les premières désignées aux yeux des voleurs, tandis que les pierres sur cire, conservées dans les petites boîtes renfermées dans la commode en marqueterie, étaient au premier moment ignorées de nos coquins et ne devaient être découvertes que les jours suivants.

Heureux d'une aussi belle récolte, ils se réunirent comme d'habitude dans quelque cabaret borgne, chez le sieur Retour, rue des Fossés-Saint-Germain-l'Auxerrois, ou chez la veuve Noël, rue du Champ-Fleuri, et se reposèrent pendant la nuit du 12 au 13[1]; mais, dans celle du 13 au 14, l'expédition recommença, probablement dans des conditions identiques, sauf que le nombre de ceux qui y prirent part avait augmenté.

Francisque était toujours un des chefs. Ils entrèrent par la galerie, trouvèrent la fenêtre ouverte depuis la veille, et, après avoir allumé des chandelles, ils enlevèrent les petites boîtes remplies de diamants et disparurent[2]. C'est probablement cette nuit-là que furent prises les grosses pièces, telles que le *Sancy* et le *Régent*.

On se reposa également dans la nuit du 14 au 15, mais les nuits suivantes les mêmes faits se renouvelèrent.

Dans la nuit du 15 au 16, confiants dans la sécurité que leur laissait la police, nos hommes jugèrent superflu de faire des patrouilles sur la place de la Concorde et s'introduisirent tous dans le Garde-meuble.

Ce soir-là, ils avaient eu le soin de s'approvisionner de vin et de victuailles. A la lueur des chandelles, ils organisèrent un souper qui ne dut pas manquer de pittoresque

1. *Bulletin du Tribunal criminel*. Audience du 1er novembre 1792. Procès de Meyran dit Grand C... Questions posées aux jurés.

2. Déposition des sieurs Le Blond et Le Len devant Letellier, commissaire de police de la section du Pont-Neuf, en date du 17 septembre 1792. Copie de l'original signée du secrétaire greffier de la section du Pont-Neuf, nommé Sterky, conservée au greffe du tribunal de Beauvais.

étant donnés le lieu, les circonstances et les personnages qui y prirent part.

•Les tapisseries qui tendaient les murs et les armures de nos rois de France, éclairées par des chandelles, devaient former en effet un cadre saisissant à cette orgie de brigands, qui fêtaient ainsi le succès du plus beau coup de main que les temps modernes aient enregistré.

Lorsque, après le vol, Fabre d'Églantine pénétra pour la première fois dans les salles où avait eu lieu le festin, il y trouva des bouteilles vides, du pain, des pelures de cervelas et des bouts de chandelles[1].

Dans la nuit du 15 au 16, une partie de la bande s'était réunie dans le cabaret du sieur Retour, où plusieurs d'entre eux, sans doute échauffés par les boissons, en étaient arrivés à se donner des coups en se disputant les dépouilles de leur expédition. Deux surtout avaient été plus violents que les autres, et leur pugilat ne s'était terminé que sur cette réflexion mutuelle : qu'après tout, il restait encore quelque chose au Garde-meuble, et que le soir même il serait possible de réparer l'injustice dont ils croyaient avoir été victimes dans le partage[2].

Mais pendant que ceux-là festoyaient chez Retour, d'autres s'étaient retirés au milieu d'un tas de pierres qui bor-

---

1. Arch. nat., O² 476. Mémoire de Restout et *Bulletin du Tribunal révolutionnaire*, n° 58. Déposition de Fabre d'Églantine dans le procès des Girondins en 1793 et dans la séance du club des Jacobins du 22 avril 1793. (Voir *Journal des Jacobins*.) Greffe du tribunal de Beauvais. Procès-verbal dressé le 14 mai 1793, par le citoyen Maillard et les administrateurs du département de Paris, en présence des citoyens Audrain et Bohan, députés à l'Assemblée nationale.

2. *Bulletin du Tribunal criminel.* Audience du 1er novembre 1792. Procès de Meyran dit Grand C..., l'un des combattants ; l'autre était Gallois dit Matelot. (Interrogatoire de Cottet, en date du 31 octobre 1792.)

Cette boîte contenait, avant le vol, les rubis des numéros 1, 2, 3 et 4 de l'article II de l'inventaire de 1789. L'un d'eux était estimé cinquante mille livres, un autre vingt-cinq mille, quelques autres environ quinze mille et dix mille livres, le reste d'une valeur beaucoup moindre. Tous ces rubis étaient ainsi indiqués : spinelles, 2 ; rubis d'Orient, 88 ; balais, 59 ; topazes, 69.

Voir l'inventaire de 1789 aux chapitres ci-dessus désignés, et déclaration de Le Leu et Le Bond devant le commissaire Letellier, le 16 septembre 1792 ; copie certifiée conforme, conservée au greffe du tribunal de Beauvais.

dait la berge de la Seine du côté du Palais-Bourbon, et se partageaient le contenu des boîtes qu'ils avaient enlevées au Garde-meuble.

Les sieurs Le Blond et Le Leu, passant par là, virent ce partage ; ils s'approchèrent, et Le Blond acheta une boîte avec ce qui restait dedans, c'est-à-dire trois diamants, dont deux jaunes, et sept grosses perles. Il trouva à terre quelques perles qu'il remit dans la boîte, et proposa à Le Leu de lui revendre le tout pour six livres. Mais, avant de conclure le marché, tous deux se rendirent chez l'orfèvre Vittard, au pont Saint-Michel, pour le consulter sur le prix de ces objets.

Vittard, après avoir examiné ces pierres, engagea Le Blond et Le Leu à faire leur déclaration au Comité sur cette découverte. Ils se rendirent alors à la mairie, où ils ne furent pas reçus, et, dans la matinée du 16, ils se présentèrent chez le commissaire de police de la section du Pont-Neuf, le sieur Letellier. Celui-ci mit les scellés sur la boîte et, accompagné de Le Blond et de Le Leu, se rendit à l'endroit où avait eu lieu le marché.

Après quelques recherches, ils retrouvèrent deux rubis à terre et ramassèrent ensuite le sable qui se trouvait près de là, le mirent dans un sac afin qu'on pût s'assurer à la section s'il ne contenait pas d'autres pierres précieuses ; puis, après avoir envoyé le sac à la section, le commissaire et les deux témoins se rendirent au Garde-meuble. Le sieur Courlesvaux, adjoint au garde général, les reçut, et, après leur déclaration, il alla immédiatement constater l'état des scellés mis sur les portes. Il revint bientôt et leur donna l'assurance que les scellés étaient intacts : conséquemment rien n'avait pu disparaître du Garde-meuble.

La boîte cachetée fut remise le même jour au comité de surveillance siégeant à l'Hôtel de ville. Un joaillier nommé Maillard, aussitôt appelé pour donner son avis, déclara ne pouvoir rien dire sur la provenance des pierres puisque la boîte était cachetée et qu'il était impossible d'en voir le contenu[1]. Immédiatement Maillard se rendit chez le sieur Pellerin de Chantereine, contrôleur du Garde-meuble. Ce dernier répondit : « que les scellés étaient intacts sur les portes du Garde-meuble, que la garde nationale y avait des postes jour et nuit, et qu'il était impossible que ce dépôt public pût être volé; que vraisemblablement cette boîte devait provenir des vols commis aux Tuileries dans la journée du 10 août. »

Le commissaire Letellier fit parvenir aux administrateurs de la police les déclarations de Le Blond et de Le Leu, avec le résultat de l'enquête ouverte par lui au sujet de la découverte des pierres sur la berge de la Seine. En même temps il faisait afficher le placard suivant :

« Les commissaires de la section du Pont-Neuf, préviennent MM. les orfèvres-joyailliers, qu'ils soupçonnent qu'il a été volé au Garde-meuble ou au château des Thuilleries des pierres fines, des diamans d'une grande valeur, plus des perles forme pendeloque et d'autres applaties en goutte de suif.

« Il n'est pas possible de désigner les articles, mais MM. les orfèvres-joyailliers sont invités à retenir toutes les pierres et perles fines qui leur seront présentées par des personnes inconnues et notamment une pierre qui est supposée peser *cent* grains, que l'on croit être un brillant blanc, et d'en prévenir aussitôt les commissaires de la section du Pont-Neuf en retenant les personnes.

« *Signé :* PANIS, DEPLAIN. »

Mais ces avis n'eurent pas, ce jour-là du moins, de résultats positifs.

C'est surtout dans la dernière nuit, celle du 16 au 17, que l'opération prit la tournure d'une expédition organisée.

---

1. Arch. nat., O² 476. Avis imprimé donné le 16 septembre 1792, par les commissaires de la section du Pont-Neuf aux orfèvres-joailliers, sur les vols de pierreries commis au Garde-meuble ou ailleurs. Même source. Lettre du sieur Pellerin de Chantereine au sieur Restout, en date du 21 septembre 1792.

Le nombre de ceux qui y prirent part atteignit le chiffre de *cinquante* environ, tant hommes que femmes. Une partie d'entre eux, en costume de gardes nationaux et armés, occupaient les abords de la place[1]. D'autres arrivèrent en bande, également en uniforme, chantant la *Carmagnole*, de sorte que la sentinelle placée rue Saint-Florentin les vit passer et les prit pour de bons patriotes[2]. Probablement fatigué de tenir son fusil, ce factionnaire rentra au poste. Il ne s'aperçut de rien, et avoua même plus tard n'être pas resté en faction par crainte du froid.

Comme les nuits précédentes, les mêmes individus pénétrèrent dans le Garde-meuble et enlevèrent cette dernière fois tout ce qui restait, entre autres les objets d'art du cabinet du roi et les pièces de la chapelle du cardinal de Richelieu. Au fur et à mesure qu'ils mettaient la main sur un objet trop volumineux pour entrer dans les poches, ils le jetaient de la galerie en bas, et les camarades restés sur la place se précipitaient pour le ramasser. Alors commençait une lutte violente dans laquelle les plus vigoureux s'emparaient du butin[3].

Vers onze heures, le pillage devait toucher à sa fin, presque tout le monde était descendu; deux retardataires, plus avides que les autres, restaient encore, lorsque ceux qui avaient fait le guet sur la place de la Concorde entourèrent leurs camarades qui venaient de descendre, principalement Francisque, auquel ils demandèrent un partage immédiat[4]. Leurs revendications devinrent bientôt très violentes, et produisirent un si grand vacarme, qu'une patrouille de gardes nationaux du poste des Feuillants, situé rue Saint-

---

1. *Bulletin du Tribunal criminel.* Audience du 21 septembre 1792. Procès de Douligny et Chambon.

2. Même source et même audience. Déposition du factionnaire.

3. *Bulletin du Tribunal criminel.* Déposition de Francisque Depeyron dans le procès de Lyon Rouef.

4. *Bulletin du Tribunal criminel.* Procès de Depeyron dit Francisque et de Badarel. Interrogatoire de Badarel à l'audience du 16 octobre 1792. Procès de Pierre Gallois dit Matelot. Déposition de Francisque Depeyron à l'audience du 30 octobre 1792.

Honoré non loin de l'église de l'Assomption, en faisant sa ronde fut attirée par le bruit[1]; débouchant par la rue Saint-Florentin, elle arriva sur la place Louis XV. A la vue des baïonnettes que faisait scintiller la lueur des réverbères, les voleurs placés en vedettes donnèrent aussitôt l'alarme. Au signal convenu, toute la bande disparut[2].

La patrouille se partagea en deux et se dirigea par moitié vers le pavillon du coin de la rue Saint-Florentin et vers celui de la rue Royale. Camus, garde des Archives, faisait partie du second groupe[3]. Il fut tout étonné, en arrivant au coin de la rue Royale, de voir bouger le réverbère placé à l'angle du Garde-meuble; ne s'expliquant pas ce phénomène, il s'approcha et ne tarda pas à apercevoir une forme humaine. Sur l'interpellation de Camus, qui lui ordonnait de descendre et menaçait de faire feu, l'individu descendit; on s'empara immédiatement de lui. Interrogé, cet homme déclara s'appeler Chabert[4]. Au même instant, un second individu tombait de la colonnade du Garde-meuble sur le trottoir, au milieu des gardes nationaux ébahis. On le releva. Il se plaignait vivement des douleurs que lui causait sa chute et dit qu'il s'appelait Douligny.

Il était minuit et demi. Le commandant de la patrouille vint alors prévenir le chef du poste du Garde-meuble, qui ignorait encore que les richesses confiées à sa vigilance avaient disparu. Les gardes nationaux étaient endormis; on dut les réveiller les uns après les autres, et on leur remit les deux prisonniers[5].

Au même instant, Camus, qui avait été laissé en faction

1. Arch. nat., C II 5, 101. Réponse faite par Camus à une affiche intitulée : *la Vérité*, en date du 25 septembre 1792. — *Bulletin du Tribunal criminel*. Déposition de Camus dans le procès de Douligny et de Chambon, le 21 septembre 1792.

2. *Ibidem*.

3. *Ibidem*.

4. Arch. nat., C. II, 5, 101. Réponse faite par Camus le 25 septembre 1792 à une affiche intitulée : *la Vérité*.

Bulletin du Tribunal criminel. Déposition de Camus dans le procès de Douligny et Chambon, le 21 septembre 1792. Interrogatoire de Douligny et Chambon.

5. *Ibidem*.

au coin de la rue Royale, vit une voiture qui se dirigeait de son côté; il l'arrêta et demanda au cocher s'il portait du monde. Sur sa réponse affirmative, trois hommes descendirent : c'étaient les sieurs Collette, gendarme; François Ducruix, ancien militaire; et Jannicot, courrier. Le gendarme Collette avait été prévenu à minuit par les administrateurs de la police, de se rendre immédiatement au Garde-meuble avec deux hommes qu'il était autorisé à requérir, pour arrêter et mettre sous la main de la justice les brigands qui devaient venir dévaliser le Garde-meuble dans la nuit[1]. Il prit une voiture pour s'y rendre plus vite, mais il ne put arriver sur les lieux que lorsque la patrouille de gardes nationaux avait déjà découvert le vol et arrêté deux voleurs.

A leur aspect, Camus jugea prudent de les arrêter et de les conduire au poste. Là, ils exhibèrent l'ordre qu'ils avaient reçu des administrateurs de la police. A ce moment, Camus, relevé de sa faction, proposa de monter avec quelques hommes dans l'intérieur du Garde-meuble pour s'assurer s'il n'y restait pas d'autres voleurs. Sa proposition fut aussitôt adoptée, et deux des délégués de la police ainsi que quelques gardes nationaux se joignirent à lui pour faire ces recherches.

A la tête de ses hommes, Camus monta par l'escalier intérieur, arriva sur le palier, devant la porte du premier étage, et constata que les scellés qui y avaient été apposés étaient intacts, ainsi que ceux des autres portes donnant accès dans les salles. Il comprit alors que les voleurs n'avaient pu pénétrer qu'en grimpant par l'extérieur. Il retourna sur ses pas et revint au poste pour faire part de ses observations, quand il aperçut le troisième délégué qui avait pris le sabre du factionnaire et se tenait en faction

---

1. *Bulletin du Tribunal criminel.* Déposition de Talion, cocher, dans le procès de Douligny et Chambon. Audience du 21 septembre 1792.

La Vérité sur les voleurs du Garde-meuble, affiche sur papier jaune conservée au greffe du tribunal de Beauvais.

avec lui devant le poste. A ce moment Camus, le chef du poste et les gardes nationaux commencèrent à concevoir des doutes sur la réalité des ordres dont les délégués étaient porteurs, et, après en avoir fait l'examen, comme les réponses des délégués ne paraissaient pas s'accorder avec celles du cocher, on les enferma tous les quatre avec les deux voleurs arrêtés et on mit le fiacre en fourrière.

Aussitôt après, Camus, ayant fait demander des échelles, suivit la même voie que les voleurs, et, s'aidant de la corde du réverbère, monta avec deux hommes sur la galerie; il trouva sur la corniche un vase d'or massif[1] dont la ville de Paris avait fait présent à Louis XV à l'occasion de la naissance du Dauphin[2]; il pénétra ensuite dans les salles, dont le plancher était jonché de diamants. On découvrit une superbe perle dans une boîte en ivoire, un vilebrequin, une vrille et d'autres objets propres à l'effraction, tels que : « une pince en fer; une deuxième pince, plus

---

1. *Bulletin du Tribunal criminel.* Procès de Douligny et Chambon. Audience du 21 septembre 1792. Déposition de Camus.

Arch. nat., O² 476. Mémoire de Restout.

2. Nous avons longtemps cru que l'objet dont il s'agit ici était la nef du couvert du roi, exécuté par Meissonnier et reproduit par son auteur dans un livre, mais nous avons pu nous convaincre que l'objet en question était tout autre, et même nous en avons retrouvé la description dans l'inventaire des gemmes de la couronne en 1791 :

« Nef d'or dont la proue est terminée par deux amours qui supportent une couronne de diamans placée au-dessus des armes de France, composée de huit fleurs de lis produisant trente-deux diamans et pierres foibles; le cercle garni de quatorze pierres foibles, trois rubis et trois saphirs; le fleuron qui termine la couronne manque.

« Les bords de la chaloupe sont enrichis de dix gros diamans, quatre brillans, quatre demi-brillans, deux roses et douze rubis. La poupe offre un mascaron. Cette chaloupe est portée par quatre sirènes, et la base par six tortues.

« Le couvercle est terminé à une des extrémités par un mascaron; au milieu de ce couvercle est un dauphin sur lequel est assis un enfant qui porte une couronne ornée de diamans, composée de douze fleurs de lis, produisant quarante-huit diamans, partie roses et partie demi-brillans. Le fleuron qui domine le dessus de ladite couronne est garni de quatre roses et de quatre pierres foibles (la cinquième partie du fleuron manque); le cercle de la couronne est garni de six rubis, six saphirs et vingt-deux pierres foibles. L'ensemble pèse cent six marcs six onces quatre gros d'or, estimée trois cent mille livres, ci. . . . . 300 000 lt

(11ᵉ armoire, 5ᵉ tablette, n° 513.)

Dans aucun recueil ni dans aucun dépôt nous n'avons pu retrouver la reproduction de cet objet.

petite, affilée en ciseau aux deux bouts, dont l'un est recourbé; un crochet de fer rond formant à son extrémité une boucle ouverte; un ciseau à froid pour couper le fer; une scie à main montée sur un manche; un couteau de chasse, un ceinturon, un fourreau, un poignard, un couteau à tranchant, des pierres à fusil, un chapeau de peluche rond[1]. »

Après avoir constaté que les scellés avaient été brisés sur les armoires contenant les joyaux et les objets d'art, Camus rentra aussitôt au poste du Garde-meuble. A sa vue, les délégués manifestèrent hautement leur mauvaise humeur, en lui reprochant de les avoir fait arrêter, et le menacèrent de le faire afficher. Sans s'inquiéter de leurs invectives, Camus, qui, en raison de sa haute situation, avait, comme tous les gens d'importance dans la garde nationale, une autorité beaucoup plus considérable que les chefs, procéda à l'interrogatoire des deux voleurs. L'un d'eux, Douligny, ayant déclaré qu'il habitait rue Saint-Denis, 191, Camus s'y rendit avec deux hommes pour avoir quelques renseignements sur lui. Malgré tout le soin qu'il mit à rechercher la demeure qui lui avait été indiquée, il ne put la découvrir, et à cinq heures du matin il rentrait au poste de la rue Saint-Florentin en déclarant que l'adresse était fausse. Puis il fit au juge de paix qui s'était transporté au Garde-meuble les déclarations requises sur les faits auxquels il avait assisté[2].

Dès l'arrivée de la patrouille, la plupart des voleurs s'étaient enfuis à l'autre extrémité de la place et avaient passé le pont.

Francisque tenait dans son mouchoir la plus grosse partie des diamants, et sous son bras une boîte également

---

1. Arch. nat., O² 576. Mémoire de Restout, et *Bulletin du Tribunal criminel*. Procès de Douligny et Chambon. Audience du 21 septembre 1792. Déposition de Camus.

2. Arch. nat., C. II, 5, 101. Réponse de Camus à une affiche intitulée : *la Vérité*, le 25 septembre 1792.

Bulletin du Tribunal criminel. Déposition de Camus dans le procès de Douligny et Chambon. Audience du 21 septembre 1792.

pleine de pierres et de perles. Ses complices continuaient leurs revendications, et le bousculaient en le sommant de remettre à chacun sa part du butin.

Francisque, impatienté, menaça de tout jeter à la rivière. Cet argument parut les calmer, et, arrivés en face du Palais-Bourbon, ils descendirent sur la berge, près du pont de la Concorde, et se placèrent en rond autour de Francisque, après avoir déployé à terre leurs mouchoirs[1]. Celui-ci commença le partage et leur remit à tour de rôle des poignées de diamants qu'il tirait de son mouchoir ou de ses poches. Ils étaient seize autour de lui, et pendant qu'il était occupé à cette distribution, les plus adroits trouvaient moyen de soustraire de sa boîte ou de ses poches plus que leur propre part[2].

Durant le partage, un individu porteur d'un fanal s'approcha d'eux[3]. Le nommé Deslandes, qui montait la garde armé d'un sabre, en costume de garde national, cria : « Qui vive? » L'individu continuant d'avancer, ils furent tous pris de crainte et s'enfuirent derrière des tas de pierres, où le partage recommença. Mais une vieille femme vint encore les déranger. Francisque leur conseilla alors de se séparer, et leur donna rendez-vous chez Lecomte, limonadier à la Halle, pour le lendemain à neuf heures, afin de terminer la distribution du butin[4].

Ils se dispersèrent, non sans laisser sur les bords du quai de nombreux joyaux, particulièrement des perles et une caisse de couleur jaune que Francisque avait emportée avec lui et que Badarel cacha sous des pierres[5].

1. *Bulletin du Tribunal criminel*. Procès de Cottet dit le Petit Chasseur.
2. *Bulletin du Tribunal criminel*. Testament de Meyran dit Grand C..., au moment de son exécution. *Acte d'accusation* de Cottet, en date du 5 novembre 1792. *Déclaration* de Francisque dans le procès de Meyran dit Grand C..., le 1er novembre 1792.
3. *Bulletin du Tribunal criminel*. Procès de Cottet et interrogatoire dudit, à l'audience du 7 novembre 1792.
4. *Bulletin du Tribunal criminel*. Audience du 16 octobre 1792. Procès de Depeyron dit Francisque et de Badarel. Déclaration de Badarel.
5. *Bulletin du Tribunal criminel*. Audience du 30 octobre 1792. Déposition de Francisque Depeyron dans le procès de Gallois dit Matelot.

Badarel et Gallois dit Matelot, tous deux associés, emportèrent avec eux leurs parts et se rendirent d'abord dans une chambre située rue de la Mortellerie, à côté de l'hôtel de Sens, où ils déterminèrent ce qui revenait à chacun d'eux[1]. Leur butin se composait de bijoux et de pièces d'orfèvrerie cassées; c'est là qu'ils brisèrent les figures de la chapelle du cardinal de Richelieu, dont ils vendirent l'or à un sieur Marian. Lorsqu'on pénétra plus tard dans cette chambre, on y trouva encore des pierres à terre[2].

Le lendemain, ils se dirigèrent du côté des Champs-Élysées, et s'arrêtèrent dans l'allée des Veuves, devant la maison de la veuve Brulé. Matelot enterra les joyaux comprenant la part de Badarel et la sienne pendant que son compagnon faisait le guet[3].

D'autres voleurs plus malins, ou plutôt mieux nantis que les autres, au lieu d'attendre le dernier partage, qui devait se faire le lendemain chez Lecomte, limonadier, prirent leurs dispositions pour quitter immédiatement Paris, avant que la nouvelle du vol ne fût ébruitée et que la police ne se mît à leurs trousses[4]. Certains d'entre eux parvinrent à gagner l'Angleterre et à y vendre le produit de leur vol.

Telle est en quelques mots l'histoire du vol du Garde-meuble; maintenant, c'est l'histoire des voleurs et des objets volés que nous allons suivre; nous verrons comment certains joyaux rentrèrent dans le Trésor et comment d'autres au contraire furent à jamais perdus.

---

1. *Bulletin du Tribunal criminel*. Audience du 21 septembre 1792. Déposition du citoyen Clavelot dans le procès de Douligny et Chambon.

2. *Bulletin du Tribunal criminel*. Procès de Depeyron dit Francisque et de Badarel, le 16 octobre 1792.

3. Même source.

4. Arch. nat., O² 488. Déposition de Fleury-Dumontier au Comité de sûreté générale, le 30 thermidor an III.

CHAPITRE IV

Les recherches. — Les premiers interrogatoires. — Les dénonciations. — Nouvelles
recherches dans les cabarets. — Arrestation de nouveaux voleurs.

Arrivés au poste, les deux individus arrêtés furent inter-
rogés. Celui qui avait dit s'appeler Chabert reconnut avoir
voulu tromper sur son véritable nom, et déclara s'appeler
en réalité Chambon. L'autre, qui se plaignait de douleurs
violentes, s'appelait Douligny. On les fouilla, et l'on trouva
sur eux : un briquet, une pierre à fusil, un pain de bougie,
un rat de cave, de l'amadou, un vilebrequin avec sa mèche,
un marteau de vitrier avec ciseau. Douligny était armé
d'un couteau de chasse et d'un poignard. Tous deux
avaient des diamants dans leurs poches[1].

Douligny avait en outre pris, mais laissé sur la terrasse,
une nef d'or pesant cent six marcs, garnie de dix pierres,
tant roses que brillants, et de douze rubis; une couronne
ornée de roses, rubis et pierres en tables, et enfin un hochet
en or, que dans l'instruction on a prétendu avoir été celui
du jeune Dauphin[2]. C'est, croyons-nous, une erreur : la
pièce trouvée sur Douligny était un hochet couvert de diamants, le bout en corail, donné à Louis XVI par l'impéra-

1. *Bulletin du Tribunal criminel.* Procès de Douligny et Chambon. Acte d'accusation du 21 septembre 1792. Inventaire des objets trouvés sur Douligny et Chambon,
dressé par le juge de paix Fantin, le 17 septembre 1792, et conservé au greffe du
Tribunal de Beauvais.

2. Arch. nat., O² 476. Procès-verbal de dépôt des diamants retrouvés sur les
voleurs, à la caisse de l'Extraordinaire, en date du 11 décembre.

trice Catherine de Russie. Il avait été estimé dans le dernier
inventaire vingt-quatre mille livres[1].

Chambon avait sur lui les joyaux envoyés en 1790 par
Tippo-Saëb, et estimés environ dix mille livres[2]; il avait en
outre un Bacchus en or à cheval sur un tonneau en agate,
et une croix d'or garnie d'émeraudes, de topazes et autres
pierres[3].

Aussitôt après l'interrogatoire sommaire fait par Camus,
le chef du poste avait envoyé quérir les sieur Restout et le
juge de paix Fantin, qui s'étaient rendus à son appel immédiatement. A deux heures du matin, le juge de paix ouvrit
une enquête et interrogea, en présence de son greffier qui
inscrivait les dépositions, les différentes personnes présentes au moment de la découverte du vol. Ce furent d'a-
bord les gardes nationaux de la patrouille, qui racontèrent
les faits que nous connaissons déjà, puis Douligny et
Chambon, après avoir fait un inventaire sommaire des
objets trouvés sur eux[4].

Aux questions qui lui furent posées par le juge de paix,
Douligny répondit que, passant sur la place Louis XV vers
minuit, il avait rencontré deux individus inconnus qui lui
ont dit : « Venez avec nous. » Un de ces particuliers est
monté alors le long de la lanterne, l'autre l'a suivi. Quant
à lui, « il croyait, dit la déposition, monter chez des filles,
et riait ». Il déclare ensuite qu'il n'est point entré dans les
salles et qu'il est resté assis sur la balustrade, les pieds pendants ; qu'il *était dans le train* (sic), et qu'il croyait toujours aller voir des filles ; que les deux particuliers lui ont
mis des bijoux dans ses poches, mais que l'état d'ébriété
dans lequel il était lui empêchait de se souvenir d'autre
chose.

---

1. Inventaire de 1791.
2. Inventaire de 1791.
3 Arch. nat., O² 476. Procès-verbal ci-dessus désigné.
4. Tous ces interrogatoires ainsi que l'inventaire précités sont conservés in extenso
au greffe du tribunal de Beauvais, sous le titre de : Procès-verbal de Fantin, juge de
paix, dressé le 17 septembre 1792, à une heure du matin.

Chambon, interrogé à son tour, déclare que vers onze heures et demie, au sortir de la rue Royale, une vingtaine de brigands armés l'ont arrêté; les uns voulaient le sabrer ou lui brûler la cervelle, d'autres préféraient se servir de lui.

Après des menaces, ils le forcèrent d'aller chercher au coin de la rue Saint-Florentin, au pied du bâtiment, des objets qui se trouvaient par terre, pour les porter au milieu de la place, et qu'il n'avait pu se refuser à cet office, attendu qu'il était cerné de toutes parts par des hommes armés, prêts à exécuter leurs menaces de mort; enfin, que c'était au moment où il commençait à ramasser ces objets qu'il a été arrêté.

L'interrogatoire de Chambon venait d'être terminé quand un garçon de restaurant apporta à Fantin une émeraude qu'il venait de trouver. A son tour, le juge de paix monta au Garde-meuble accompagné de son greffier, d'un employé et des deux détenus Douligny et Chambon. Comme l'avait déjà fait Camus, il constata l'effraction de la fenêtre ainsi que la disparition des objets. Il était environ cinq heures du matin lorsque le juge de paix redescendit au poste, où il reçut de Camus, qui venait d'arriver, la déclaration que l'adresse donnée par Douligny était fausse. Celui-ci s'excusa en disant qu'étant depuis peu de temps à Paris, il s'était trompé par ignorance dans la désignation de son logement.

Au même moment, un ordre du ministre de l'intérieur était remis à Fantin, lui donnant avis de cesser toute instruction judiciaire jusqu'à ce que l'Assemblée nationale en eût décidé. Ainsi fut clos le procès-verbal dont nous avons donné les principaux détails.

Badarel, qui s'était rendu sur la place Louis XV pour voir ce qui s'y passait, fut arrêté au pied de la statue, par un sieur Clavelot, auquel il avait paru suspect, et conduit immédiatement à la Conciergerie[1].

1. *Bulletin du Tribunal criminel.* Procès de Douligny et Chambon. Déposition du citoyen Clavelot à l'audience du 21 septembre 1792.

Pétion, comme maire de Paris, et Roland, ministre de l'intérieur, étaient chargés de rechercher les auteurs du vol, mais leurs investigations auraient été probablement infructueuses si un nommé Lamy-Evette dit Brière[1], autrefois condamné pour fabrication de faux assignats, et relâché aux massacres de septembre sans avoir purgé sa condamnation, n'était venu à leur secours[2].

Lamy-Evette était encore sous la terreur d'être retrouvé et ramené en prison; il confia ses craintes à sa maîtresse, la femme Corbin, mulâtresse, qui fréquentait assidûment le club des Jacobins. Celle-ci se rendit immédiatement chez Pétion, qu'elle connaissait, et lui proposa de faire découvrir les voleurs et de retrouver les objets volés. Ceci se passait dans la journée du 18 septembre, c'est-à-dire le surlendemain du vol.

Pétion accepta les conditions que la veuve Corbin lui imposait pour lui faire obtenir les révélations de Lamy-Evette, et le même jour elle le lui amena habillé en garde national et le présenta au maire sous le nom de Brière[3].

Lamy-Evette raconta qu'il avait connaissance de tout ce qui avait été volé, mais qu'ayant déjà été enfermé à la Conciergerie pour fabrication de faux assignats, il craignait d'être repris. Il espérait cependant obtenir sa grâce en dé-

---

1. *Bulletin du Tribunal criminel.* Procès de Cottet dit le Petit Chasseur. Déposition de Pétion, maire de Paris, de Gerbu, orfèvre, et de Roland, ministre de l'intérieur, à l'audience du 7 novembre 1792.

2. Sergent-Marceau, ce membre de la Commune que sa probité proverbiale fit surnommer Sergent-Agathe, s'attribua, quarante-cinq ans après ces faits, dans une lettre publiée en 1834 dans la *Revue rétrospective*, le mérite de la découverte du vol. Sa lettre n'est qu'un tissu de racontars faux ou falsifiés. Nous pourrions donc la passer sous silence, mais cependant nous renvoyons ceux des lecteurs qu'elle pourrait intéresser à l'article de M. Édouard Drumont, paru dans la *Revue de la Révolution*, en 1885, sous le titre de : « Le vol des diamants de la Couronne ». On y verra comment ce célèbre publiciste, après avoir reproduit la lettre de Sergent, en démontre la fausseté et prouve que ce personnage n'était qu'un vantard, effronté menteur. La démonstration est si péremptoire qu'il est inutile d'y revenir.

3. *Bulletin du Tribunal criminel.* Procès de Cottet dit le Petit Chasseur. Déposition de Pétion, maire de Paris, de la femme Corbin et de Gerbu, à l'audience du 7 novembre 1792.

voilant les auteurs du vol du Garde-meuble, et en aidant la justice à retrouver les objets volés. Si cette assurance ne lui était pas donnée, il se tairait.

Pétion promit tout ce qu'il voulut, et lui donna même une lettre de recommandation pour Roland, qui reçut Lamy-Evette dans la soirée du même jour[1]. Après avoir fait au ministre la même déclaration qu'au maire, Brière ajouta qu'un nommé Gerbu, joaillier, demeurant rue du Harlay, venait d'acheter d'un des voleurs un certain nombre de pierres en ayant l'air de se prêter à cette acquisition, mais dans le but de découvrir d'autres joyaux et de les faire restituer à la République. Roland ordonna à Lamy-Evette d'aller sur-le-champ chercher Gerbu. Ils revinrent tous deux bientôt après, et Gerbu, ayant confirmé le récit de Lamy-Evette, remit au ministre vingt-cinq pierres sur lesquelles il avait promis de payer quinze mille livres, somme insignifiante eu égard à l'importance de l'achat. Il lui annonça en outre que son vendeur devait le lendemain lui apporter un collier[2].

Roland donna un reçu des vingt-cinq pierres, et remit à Gerbu les quinze mille livres demandées ; il délivra ensuite à Lamy-Evette et à Gerbu un papier ainsi conçu[3] :

« Je donne pouvoir au Sr Brière ou au Sr Gerbu porteur de cet écrit, de faire arrêter toute personne qu'il trouvera saisie de quelques bijoux ou diamants de ceux volés au Garde-meuble.

« Le Ministre de l'intérieur,

« ROLAND. »

« Paris, le 18 septembre de l'an IVe.

---

1. *Bulletin du Tribunal criminel*. Procès de Cottet dit le Petit Chasseur. Déposition de la femme Corbin et de Roland, ministre de l'intérieur, à l'audience du 7 novembre 1792. Arch. nat., F^7, n° 4394. Lettre de Roland au Président du Comité de surveillance en date du 26 septembre 1792.

2. *Bulletin du Tribunal criminel*. Déposition du ministre Roland et de Gerbu, orfèvre, dans le procès de Cottet, le 7 novembre 1792.

3. Arch. nat., F^7, n° 1444, fol. 195. Et extrait certifié conforme des minutes du greffe du tribunal de Beauvais.

Mais il leur était recommandé, dans le cas où le coupable ne serait pas nanti de ces objets, de se borner à le dénoncer aux officiers municipaux pour que l'arrestation se fît dans toutes les formes[1].

Voilà maintenant comment les choses avaient été préparées :

Dans la soirée du 17, veille du jour où il fut présenté aux autorités, Lamy-Evette s'était rendu dans un café, rue de la Tixeranderie, où il avait rencontré le chapelier Boutet et Cottet dit le Petit Chasseur, voleur de profession qui s'était distingué le 10 août précédent en volant des bijoux et des dentelles aux Tuileries[2]. La conversation qu'il eut avec ces deux individus le mit sur les traces du vol du Garde-meuble. Lamy-Evette offrit à Cottet, dans le cas où il aurait des diamants à vendre, de l'aider à les réaliser. Cottet accepta cette proposition, et lui donna rendez-vous pour le lendemain matin chez un traiteur de la rue du Harlay[3] ; puis Cottet se rendit chez un de ses amis du nom de Mauger, qui était possesseur d'un certain nombre de diamants de la Couronne. Ils s'entendirent pour les vendre et partager l'argent qui proviendrait de leurs opérations. Rendez-vous fut pris pour le lendemain matin chez le traiteur de la rue du Harlay où Cottet devait rencontrer Lamy-Evette. Quand ils furent réunis, Lamy-Evette conseilla à Cottet et à Mauger de se rendre chez l'orfèvre Gerbu, qu'il avait déjà prévenu. Ceux-ci s'y rendirent aussitôt ; mais, au moment d'entrer, Mauger hésita. Cottet pénétra seul, et proposa à Gerbu de lui vendre vingt-cinq pierres qu'il lui montra. On convint du prix de quinze mille livres[4].

---

1. Arch. nat., F⁷, n° 4394. Lettre de Roland, ministre de l'intérieur, au président du Comité de surveillance, en date du 26 septembre 1792.

2. *Bulletin du Tribunal criminel.* Acte d'accusation de Cottet, lu à l'audience du 7 novembre 1792. Déposition de François Desvoix à la même audience. Déclaration de la fille Leclerc, faite le 4 octobre 1792 et lue à la même audience.

3. *Bulletin du Tribunal criminel.* Interrogatoire de Cottet, en date du 30 octobre 1792, signé par lui et par René Loiseau, juge.

4. *Bulletin du Tribunal criminel.* Procès de Cottet, déposition de Gerbu, orfèvre, à l'audience du 7 novembre 1792.

Gerbu donna à Cottet un acompte de treize doubles louis et un assignat de cinq cents livres, en l'engageant à revenir le lendemain pour toucher le reste de la somme. En même temps il lui demanda d'apporter d'autres diamants s'il en avait encore, en l'assurant, ce qui aurait dû mettre Cottet sur ses gardes, qu'il ne courait aucun risque.

Aussitôt que Cottet fut parti, Gerbu allait prévenir son voisin et confrère M. Desvoix, et le priait de l'aider à faire recouvrer à la République le plus grand nombre de joyaux possible [1].

Le lendemain 19, Cottet et Lamy-Evette se rendirent ensemble chez Gerbu, qui les retint à dîner. Cottet était porteur d'une guirlande composée de trente-six chatons, faisant partie d'un collier que Mauger lui avait remis avec recommandation expresse de ne pas en accepter moins de trente mille livres [2].

Au moment du règlement, qui eut lieu vers la fin du dîner, le sieur Letellier, commissaire de la section du Pont-Neuf, se présenta. Il s'empara aussitôt du collier qui était sur la table et arrêta Lamy-Evette et Cottet ; et, chose assez bizarre, tous trois s'en allèrent, « bras dessus bras dessous », à la recherche de Mauger, qui ne se trouva pas au rendez-vous que Cottet lui avait donné [3]. Puis Letellier emmena ses prisonniers boire des petits verres dans un cabaret, au bout du pont au Change, et ensuite les conduisit au corps de garde. Brière ayant demandé qu'on les emmenât tous deux auprès de Pétion et de Roland, Letellier s'empressa d'y aller avec eux. Le ministre et le maire reçurent le commissaire et ses deux prisonniers ; ils s'entendirent avec lui pour qu'il se servît de Cottet comme de Lamy-Evette : il

1. *Bulletin du Tribunal criminel.* Procès de Cottet. Dépositions de Gerbu et de Desvoix, orfèvres, à l'audience du 7 novembre 1792.

2. *Bulletin du Tribunal criminel.* Acte d'accusation de Mauger, condamné le 30 octobre 1792, et déposition du commissaire Letellier à la même audience.

3. *Bulletin du Tribunal criminel.* et Arch. nat., W 250, pièce nº 14. Interrogatoire de Cottet, fait le 30 octobre 1792, par René Loizeau, l'un des présidents du jury d'accusation.

devait leur laisser une demi-liberté, et leur promettre leur grâce s'ils continuaient à aider la justice à découvrir les voleurs du Garde-meuble[1]. Roland remit à Cottet un pouvoir semblable à celui qu'il avait donné à Lamy-Evette et à Gerbu, et lui promit par écrit de lui tenir compte du prix de ses soins s'il faisait recouvrer le plus grand nombre possible de joyaux de la Couronne, et notamment le *Régent* et le *Sancy*[2].

En quittant le ministre de l'intérieur vers une heure du matin, ils allèrent tous trois souper chez un marchand de vin de la rue de Jérusalem, et à deux heures et demie ils rentrèrent au corps de garde, où ils passèrent le reste de la nuit[3].

A partir du lendemain matin, Cottet, Lamy-Evette et le commissaire Letellier se promènent ensemble dans les rues de Paris à la recherche des voleurs du Garde-meuble. Durant cette pérégrination, les déjeuners, dîners, cafés et petits verres jouent un rôle important dans leur mission.

Ils allèrent d'abord chez Mauger, qui, se doutant de quelque piège, n'était pas rentré chez lui; mais ils y rencontrèrent Gallois dit Matelot et Alexandre dit le Petit Cardinal, qu'ils arrêtèrent sur-le-champ. En sortant ils aperçurent Mauger rôdant autour de son domicile; ils l'arrêtèrent aussi[4]. Après les avoir fait écrouer tous les trois, ils se rendirent chez Roland, auquel Letellier remit le collier qu'il avait saisi la veille, au moment où Gerbu le marchandait; de là ils se dirigèrent vers le café de la porte de Paris, autrement dit café Charles, pour y découvrir d'au-

---

1. *Bulletin du Tribunal criminel*, pièces n° 17. Déposition de Gerbu et du commissaire Letellier dans le procès de Cottet. Arch. nat., F⁷, n° 4394. Lettre de Roland au président du comité de surveillance, en date du 26 septembre 1792.

2. Arch. nat., 4ᵉ registre. Vol du Garde-meuble. — Effets précieux. — Reçus de Roland, ministre de l'intérieur, en date des 18 et 20 septembre 1792.

3. *Bulletin du Tribunal criminel*. Procès-verbal de Letellier, commissaire, en date du 19 septembre 1792.

4. *Bulletin du Tribunal criminel*. Interrogatoire de Cottet, en date du 30 octobre 1792, et interrogatoire de Mauger, en date du 16 octobre.

tres voleurs. On leur apprit que Picard et sa femme étaient
venus et avaient parlé d'un marché de deux canons, d'un
boulet et d'un mortier garnis de diamants. Ils se transportèrent aussitôt au domicile des époux Picard, mais comme
il était fort tard, ceux-ci étaient couchés. Ils se retirèrent
sans bruit, s'en allèrent souper au café Charles, et couchèrent ensuite dans la maison meublée attenant au café.

Le lendemain 21, à sept heures et demie du matin, ils
retournèrent chez Picard. Cottet monta seul et demanda à
voir les deux canons, le boulet et le mortier que Picard
disait avoir payés trois cent cinquante livres. Après examen,
Cottet lui en offrit quatre cents livres. En même temps,
Letellier et Lamy-Evette se rendaient à la section pour
demander la mise en arrestation de Picard et de sa femme.
Ils ramenèrent des officiers municipaux qui pénétrèrent
dans la chambre des époux Picard et s'emparèrent de leurs
personnes. Ces derniers, se voyant dénoncés par Cottet,
formulèrent contre lui des accusations d'une violence telle,
que les officiers municipaux crurent devoir l'arrêter aussi.
Quelques instants après, le commissaire Letellier le faisait
relaxer.

Picard et sa femme furent conduits chez Lecomte, commissaire de la section des Quatre-Nations, où se trouvaient
déjà, depuis la veille, Gallois dit Matelot et le Petit Cardinal.

Le samedi 22, tout en continuant leurs recherches, Letellier et ses deux acolytes jugèrent utile d'aller chez Pétion
pour obtenir de lui une plus grande liberté d'action dans
l'accomplissement de leur mission, mais celui-ci mit peu
d'empressement à leur donner satisfaction [1].

Fatigué de ses courses inutiles, Letellier rentra chez lui
le soir, et abandonna Lamy-Evette et Cottet, qui s'en allèrent chez la veuve Corbin, où ils soupèrent et ensuite se
couchèrent.

---

1. *Bulletin du Tribunal criminel.* Interrogatoire de Cottet, déjà cité.

Toute la journée du dimanche fut employée par eux à boire et à festoyer chez la veuve Corbin. Plus tard, elle réclama à Pétion une somme de quatre cents livres pour la façon dont elle avait traité son amant et son compagnon [1].

Le lundi 24, Letellier n'ayant pas reparu, Lamy-Evette et Cottet se rendirent chez le commissaire Lecomte pour avoir des nouvelles de leurs prisonniers. Ce fonctionnaire s'empressa d'abord de louer leur zèle, puis il demanda à Cottet de lui faire une déclaration en forme de tout ce qu'il savait sur le vol du Garde-meuble. Cottet répondit qu'il aurait fait sa déclaration depuis longtemps si le comité de surveillance de la mairie avait voulu la recevoir. Il désigna alors les nommés Tricot, Paul Miette, Guillot, Letort, Constantin, Barraud et Colin Brèchedan comme ayant fait partie des voleurs du Garde-meuble dans la nuit du mercredi 12, Colin Deslors le vendredi 14, et enfin Baillon, Grand C..., le Matelot, Francisque, Fortin, le Cardinal, le Génois, l'Espagnol, Borge et sa femme, Cadet Fort, Marian ou Mariandy, Le Pastre et Bériquin dans la nuit du 15 au 16. Cottet ajouta « qu'il ne connaissait ces individus que pour les avoir vus quelquefois au café de la rue de Rohan, excepté cependant Collin et Tricot, qui étaient établis marchands, et qu'il n'aurait jamais supposés capables de commettre le vol auquel ils avaient pris part [2] ».

Cette déclaration, signée par Cottet, le commissaire Lecomte et le greffier Brulé, fut portée le même jour au comité de surveillance de la Convention nationale, où elle fut remise aux citoyens Bazire et Merlin.

Merlin dit à Cottet que sa déclaration serait enregistrée, et qu'il n'avait qu'à dresser une liste de toutes les personnes qu'il jugeait utile de faire arrêter pour qu'un mandat d'amener fût immédiatement lancé contre elles [3].

1. *Bulletin du Tribunal criminel*. Procès de Cottet. Déposition de la femme Corbin à audience du 7 novembre 1792.
2. *Bulletin du Tribunal criminel*. Interrogatoire de Cottet. — 3. *Ibidem*.

Le lendemain 25, sur la proposition de Cottet, Merlin envoya le citoyen Azur, chef du bureau du comité, pour surveiller la femme Baillon, pendant que Cottet et Lamy-Evette tâchaient de savoir par elle ce qu'étaient devenus leurs camarades ; mais celle-ci se renferma dans un mutisme complet.

Ils se rendirent alors chez le chapelier Boutet, que Lamy-Evette avait rencontré avec Cottet le lendemain du vol, et qui passait pour avoir la cravate de Henri IV[1].

Ils ne purent non plus rien obtenir de lui.

De là ils allèrent successivement quai de l'École, dans un café-billard fréquenté par les malfaiteurs ; chez le sieur Retour, rue des Fossés-Saint-Germain-l'Auxerrois, au coin de la rue Bailleul, mais son cabaret était fermé avec cette inscription : *Ici n'est plus le repaire des scélérats;* ensuite chez la dame Noël, tenant un café rue Champfleury ; au café Chevalier, rue de Chartres ; et enfin au café-billard, rue de Rohan ; mais nulle part ils ne trouvèrent ceux qu'ils cherchaient.

Dans la soirée du même jour, ils se rendirent dans un café du Palais-Royal, où il leur fut dit que Moulin, Tricot et sa femme s'étaient embarqués pour l'Angleterre et que Chapuis et Olivier étaient partis pour Bordeaux[2].

Cottet se plaignit au comité des Tuileries de ce qu'il n'avait pas été déployé plus d'activité pour les arrêter. Cette négligence leur avait laissé le temps de s'enfuir. Il ajoutait qu'il avait remis au comité une note dans laquelle il dénonçait Moulin comme ayant acheté une quantité de

---

1. *Bulletin du Tribunal criminel.* Interrogatoire de Cottet.

2. *Bulletin du Tribunal criminel.* Interrogatoire de Cottet.

Chapuis, Letort et Moulin étaient partis de Paris nantis d'objets précieux, mais ce n'était pas à Bordeaux qu'ils s'étaient rendus, c'était à Lorient, au moyen d'un faux certificat de civisme que leur avait donné le défunt abbé Bardy, attaché alors à l'hôtel de la Force.

Collin, Tricot et Delanges ou Deslandes étaient, eux, soit à Lyon, soit à Bordeaux. Aussitôt leur arrivée dans ces villes, ces individus formèrent des bandes résolues à se défendre dans le cas où l'un des affidés viendrait à être arrêté.

diamants volés au Garde-meuble, et le signalait comme l'un des chefs des Marseillais ayant formé le projet de piller le Palais-Royal et le trésor de Saint-Denis, à la tête de ses hommes. Il avisait en même temps le comité de prendre certaines précautions pour arrêter Moulin, attendu que les Marseillais l'aimaient comme leur père, et le défendraient énergiquement si l'arrestation s'opérait en leur présence. Il ajoutait en outre que les voleurs du Garde-meuble avaient au Tribunal criminel des gens affidés sur lesquels ils pouvaient compter en cas d'arrestation[1]. Nous retrouverons plus tard et à différentes reprises le nommé Moulin, mais nous verrons aussi combien il est difficile de restituer exactement le rôle qu'il avait eu dans cette affaire.

Enfin, le mercredi 26 septembre, Lamy-Evette et Cottet allèrent rendre compte au comité de surveillance des Tuileries du résultat de leurs démarches, et renouvelèrent leurs plaintes au sujet des arrestations qui avaient été manquées par la négligence du comité. Pour toute réponse, le commissaire Alizard, chef dudit comité, les mit en état d'arrestation et les fit écrouer à la Conciergerie sans explication[2].

En même temps que Lamy-Evette faisait arrêter quelques voleurs, un juif nommé Anselme Lion recevait les propositions d'un individu porteur de bijoux volés; mais dans sa déposition en date du 20 septembre 1792 il n'en donne aucun signalement, et nous n'avons pu retrouver son nom[3].

Lion faisait prévenir un gendarme du nom de Gérard[4], et en sa présence il acheta à cet individu un certain nom-

---

1. *Bulletin du Tribunal criminel*. Note remise par Cottet au Comité de sûreté générale, le 21 septembre 1792, et interrogatoire dudit Cottet, déjà cité.

2. *Bulletin du Tribunal criminel*. Interrogatoire de Cottet, déjà cité.

3. Greffe du tribunal criminel de Beauvais, pièce n° 12.

4. Arch. nat., O² 490. Extrait du registre des délibérations de la Commune de Paris du 20 septembre 1792. Lettre du ministre de l'intérieur au gendarme Gérard, en date de mai 1793. Lettre du même ministre à l'inspecteur général du Garde-meuble, en date du 30 janvier 1793.

bre de joyaux qu'il déposa le même jour sur le bureau de
la Commune; mais déjà le Tribunal criminel avait commencé ses opérations et les débats avaient jeté quelque
nouvelle lumière sur le mystère dont était entouré le vol
du Garde-meuble.

CHAPITRE V

Avant de commencer à raconter les débats des procès, il importe de donner une idée de ce qu'était la procédure en matière criminelle établie par la loi du 17 août 1792. L'acte d'accusation une fois établi était soumis avec toutes les pièces de l'instruction à un jury qui déclarait s'il y avait lieu de poursuivre les inculpés pour les faits dont ils étaient chargés. Lorsque ce jury répondait affirmativement, les prévenus étaient immédiatement traduits devant le Tribunal criminel, où les débats avaient lieu dans la forme qui est encore en vigueur de nos jours dans les cours d'assises.

Pour presque tous les accusés du vol du Garde-meuble, le jury d'accusation déclara qu'il y avait lieu de poursuivre. Aussi les débats publics nous ont-ils appris nombre de détails nouveaux sur l'histoire du vol.

Dans le premier temps, le Tribunal criminel jugeait en dernier ressort, mais dans le courant de novembre un tribunal de cassation fut constitué pour examiner si toutes les formes prescrites par la loi avaient été exactement observées.

Le 21 septembre eut lieu le premier procès, celui de Douligny et de Chambon[1].

----

1. *Bulletin du Tribunal criminel* du 21 septembre 1792.

L'acte d'accusation portait qu'ils avaient fait partie *d'un complot à main armée, ayant pour but de renverser le gouvernement nouvellement constitué*, quoique rien dans l'instruction n'autorisât à supposer que le vol dont ils s'étaient rendus coupables avait eu un but politique quelconque.

On procéda à l'interrogatoire des accusés : le premier déclara s'appeler Joseph Douligny, bourgeois, âgé de vingt-trois ans, né à Brescia (Italie); c'était un repris de justice marqué de la lettre V; le second, Jean-Jacques Chambon, âgé de vingt-six ans, né à Saint-Germain-en-Laye, ci-devant valet de chambre chez M. de Rohan-Rochefort.

Le président fit tous ses efforts pour amener les accusés à avouer qu'ils avaient été poussés à commettre le vol du Garde-meuble *par quelques personnes de distinction*. « Parlez avec franchise, leur dit-il. N'avez-vous pas eu des relations avec quelques grands seigneurs, des princes, par exemple, ou tous autres personnages attachés à l'ancienne cour, qui vous auraient mis en avant pour consommer ledit vol? »

Les accusés répondirent ce qu'ils avaient déjà dit lors de leur arrestation, « que des brigands armés qui se rendaient au Garde-meuble les avaient forcés à les accompagner, et que les diamants trouvés dans leurs poches y avaient été mis à leur insu par ces mêmes brigands ».

Mais l'accusateur public leur fit observer que ce système de défense ne saurait être admis : « Comment voulez-vous, dit-il, faire concevoir une pareille fable à une tête bien organisée? Quoi! des hommes armés auraient employé la force à votre égard pour ensuite vous charger d'un dépôt de plus de cent mille livres! Mais vous ne voyez donc pas que ces deux idées sont incohérentes, que la violence et la confiance sont incompatibles et que la première partie de votre défense détruit l'autre, ou plutôt qu'elles se détruisent respectivement. Vous ne devez pas espérer des lumières du Tribunal qu'il se prête à une pareille illusion.

Détruisez donc les preuves constantes et irrévocables qui existent contre vous, par un raisonnement simple et vrai qui vous montre au Tribunal et aux jurés aussi purs qu'ils désirent vous trouver? »

A ce moment, Douligny demande à être conduit dans un café, rue d'Angivilliers, afin d'y faire découvrir les auteurs du vol du Garde-meuble. Le sieur Pepin, faisant fonction de président en remplacement du sieur Lavau absent, fait droit à la demande de l'accusé et ordonne que le citoyen Desvieux, juge, un greffier et un huissier se rendront sur-le-champ rue d'Angivilliers, avec l'accusé, accompagnés d'une forte escorte de gendarmerie. Puis, s'adressant à l'auditoire, le président dit : « Citoyens, un grand délit a été commis, il s'agit de l'intérêt national, promettez de protéger le transport de l'accusé? — Oui! oui! répondirent les citoyens d'une voix unanime[1]. »

L'audience, suspendue jusqu'au retour de la délégation du Tribunal, fut reprise par la lecture du procès-verbal de la descente opérée chez le sieur Retour, traiteur et logeur, rue des Fossés-Saint-Germain-l'Auxerrois, au coin de la rue Jean-Tison. Il y était constaté que ce dernier n'avait pas son livre en règle; que les noms qui y étaient consignés appartenaient pour la plupart à des individus désignés par Douligny comme des voleurs de profession ; que cette maison jouissait de la plus mauvaise réputation, qu'elle était un lieu de débauche et de prostitution et qu'elle n'était fréquentée que par des filles de mauvaise vie et des fripons. Le juge fit arrêter tous ceux qui s'y trouvaient, et le Tribunal ordonna qu'ils seraient écroués à la Conciergerie et renvoyés devant le jury d'accusation.

On entend ensuite les dépositions des témoins Jean Béasse et sa femme, Marguerite Chobert, ainsi que celles des gardes nationaux qui étaient de service au poste de la rue

---

1. *Bulletin du Tribunal criminel*, n° 15. Allocution du président Pepin-Degrouhettes à l'audience du 22 septembre 1792.

Saint-Florentin. Ces dépositions ne font que confirmer ce que nous avons dit sur la découverte du vol du Garde-meuble.

L'heure étant avancée, l'audience est de nouveau suspendue, « pour permettre aux jurés et aux accusés de prendre leur nourriture. Ces derniers, dit le *Bulletin criminel*, ont dîné *avec un appétit et un sang-froid admirables*[1]. »

L'audition des témoins est reprise aussitôt après : Tahon, cocher de fiacre, dépose que le 16, à minuit moins un quart, il a amené sur la place Louis XV « trois employés du comité de surveillance d'une section de la rive gauche, et qu'en arrivant près du Garde-meuble il a été arrêté avec ses voyageurs par les gardes nationaux du poste de la rue Saint-Florentin[2]. »

Une vive discussion s'engage à ce sujet, dans le but de savoir si Camus n'a pas outrepassé ses droits en mettant en état d'arrestation et en traitant comme des criminels des agents revêtus d'un caractère officiel, qu'il ne lui était pas permis d'ignorer. Camus interpellé répond : « Que, simple fusilier, et non commandant du poste, ce n'est pas lui qui avait donné l'ordre de leur arrestation[3]. »

A ce moment le citoyen Lullier, accusateur public, « requiert que Douligny soit entendu à part dans une déclaration importante qu'il demande à faire ». Le Tribunal, faisant droit à cette réquisition, ordonne que Chambon soit transféré dans une autre pièce, et qu'on ne laisse sortir personne.

Douligny raconte alors que lorsqu'il était détenu à la Force « il avait fait la connaissance de Roudani, négociant espagnol, son co-détenu, et que l'ayant rencontré la veille du jour où il avait été arrêté le 16 septembre, ce dernier

---

1. *Bulletin du Tribunal criminel*. Procès de Douligny et de Chambon en date du 21 septembre 1792.

2. Nous avons vu que c'étaient les gardes nationaux du poste des Feuillants.

3. *Bulletin du Tribunal criminel*. Déposition de Camus à l'audience du 22 septembre 1792, et Arch. nat., C II 5, 101. Réponse de Camus à une affiche intitulée *la Vérité*, en date du 25 septembre 1792.

lui avait fait part du vol du Garde-meuble et lui avait dit que les nommés Marian, Delange, Delcampo (juif), Paul Miette, Deslors, Lemaître, Agard, Collin, Fratin, Bériquin et Basile y avaient coopéré, et il ajoute que ces brigands le forcèrent de monter le long du réverbère[1]. »

Sur la demande du commissaire national, des mandats d'amener sont lancés contre ces nouveaux accusés.

On entend ensuite la déposition de Jacques-Antoine Spol, commissaire de la section du Ponceau, qui déclare que quelques jours après la journée du 10 août, il a assisté à l'apposition des scellés sur les armoires, portes et fenêtres du Garde-meuble, et que Mme de Crécy, épouse du gardien de cet établissement, avait informé les commissaires que par crainte d'une émeute, et d'accord avec M. Thierry[2], conservateur du Garde-meuble, on avait jugé à propos, le matin du 20 juin, de retirer les diamants qui se trouvaient dans la dernière commode, et qu'on les avait placés dans une armoire située au bout d'une alcôve connue d'eux seuls, et où personne ne pouvait les trouver ; le citoyen Spol ajoute que les commissaires ayant voulu s'assurer de l'existence desdits diamants, la dame de Crécy leur fit observer qu'elle avait placé de nombreux paquets dans l'armoire pour mieux dissimuler la présence de ce trésor. Ils se bornèrent alors à apposer les scellés sur ce meuble. A la suite de cette déposition, des mandats d'amener sont lancés contre le sieur Pellerin de Chantereine, contrôleur du Garde-meuble, et contre la dame de Crécy[3].

Cette dernière, amenée aussitôt à l'audience, confirma la déposition de Spol, en ajoutant que ces diamants avaient été en effet mis dans l'armoire en question le 20 juin au matin, et qu'ils avaient été réintégrés à leur place, peu de temps après, en présence des commissaires du conseil gé-

1. *Bulletin du Tribunal criminel*. Déclaration de Douligny.
2. Voir à ce sujet les papiers de Thierry de Ville-d'Avray, Bibl. nat. MM. fonds français n° 11,182.
3. *Bulletin du Tribunal criminel*. Procès de Douligny et Chambon.

néral de la Commune, ainsi que le constatent les procès-
verbaux dressés à cet effet[1].

Duplain et Panis, membres du Comité de surveillance,
déposent que le 16 septembre, vers dix heures trois quarts,
un citoyen qu'ils croient être le marchand de tabac de la
rue de Rohan, est venu leur déclarer que dans un café-
billard de la même rue, tenu par Henriette, deux particuliers s'étaient disputés au sujet d'un vol de diamants, et que
l'un aurait dit à l'autre : « Tu es la cause que je n'ai point
pris telle pièce. » Sur cette information, les déposants ont
expédié, vers onze heures et demie, deux agents attachés
au Comité, avec les pouvoirs nécessaires pour les faire reconnaître[2].

Le citoyen Clavelot témoigne que c'est lui qui, le 17 septembre, a arrêté Badarel au pied de la statue de Louis XV ;
ses allures lui ayant paru suspectes, il l'a conduit à la Conciergerie.

Lecture est donnée du procès-verbal de M. Desvieux,
juge, duquel il résulte que parmi les hardes et effets saisis
chez Douligny il n'a rien trouvé de suspect, mais qu'il a découvert dans les papiers de l'accusé un exemplaire du code
pénal ; ce qui ferait supposer que quand Douligny commet-
tait quelque crime, il était curieux de savoir quelle peine
il encourait.

Badarel et Picard, tous deux détenus, viennent aussi
déposer. Le premier déclare qu'il montait la garde sur la
place pendant que ses camarades étaient occupés à voler le
trésor du Garde-meuble. Il avoue avoir reçu des nommés
Normand et Lyonnais un morceau d'or de six à sept pouces, sans pouvoir désigner si c'était un christ ou tout autre

---

1. *Bulletin du Tribunal criminel.*

2. Nous avons vu plus haut que les pièces de la police conservées au greffe du tribunal de Beauvais donnaient les indications les plus précises sur le rôle des envoyés
du Comité de surveillance, qui étaient trois et non deux. Panis et Duplain ont pu être
positivement avertis du vol par la déposition du restaurateur, mais, dès la veille, le
commissaire Pelletier, et le joaillier Maillard, les avaient avisés que des diamants avaient
dû être volés, en leur remettant ceux apportés par Le Blond et Le Leu. Voir ci-dessus.

objet ; mais, comme il ne voulait pas tremper dans ce vol, il le leur aurait rendu presque aussitôt. Il reconnaît aussi qu'il a prêté sa chambre auxdits Normand et Lyonnais, pour y faire les parts, et que pendant qu'il était aux cabinets, ces derniers ont brisé les pièces qu'ils venaient de voler, et sont partis en les emportant avec eux [1].

Picard dépose que, peu de jours avant son arrestation, Cottet était venu chez lui sous prétexte d'acheter une vieille paire de bottes ; il se serait fait apporter six sous d'eauforte dans un verre, et là, dans son domicile, le petit Chasseur aurait jeté dans l'eau-forte quelques objets, auxquels lui, déposant, n'aurait pas fait attention ; mais lorsque les commissaires vinrent pour l'arrêter, Cottet aurait pris aussitôt le verre et l'aurait jeté par la fenêtre. Le citoyen Odans, venant à passer au même instant dans la rue, avait ramassé un petit canon d'or garni de diamants avec trois fleurs de lis, et deux petites roues d'or également ornées de diamants qu'il avait remis aux agents. C'est alors seulement que lui, Picard, a connu ce que Cottet avait déposé dans le verre [2].

Le sieur Odans, chandelier, rue Bourg-l'Abbé, déclare au Tribunal avoir trouvé les objets ci-dessus dans la rue, au moment où le verre est tombé [3].

D'autres témoins sont encore entendus, mais leurs dépositions ne présentent aucun intérêt.

Après une audience de quarante-cinq heures consécutives, le Tribunal révolutionnaire prononce son jugement, et condamne Douligny et Chambon « à la peine de mort, par application des articles 2 et 3 du titre premier de la 2ᵉ section du Code pénal, ainsi conçu : *Toutes conspirations ou complots tendant à troubler l'État par une*

1. *Bulletin du Tribunal criminel.* Déposition de Badarel dans le procès de Douligny et Chambon.
2. *Bulletin du Tribunal criminel.* Déposition de Picard dans le procès de Douligny et Chambon.
3. *Bulletin du Tribunal criminel.* Déposition de Odans dans le même procès.

guerre civile en armant les citoyens les uns contre les autres, ou contre l'exercice de l'autorité légitime, seront punis de mort. »

Aussitôt après la lecture de leur jugement, les accusés demandèrent à faire des révélations, et, parlant au président, ils dénoncèrent Depeyron dit Francisque et Badarel comme ayant été les principaux meneurs de l'expédition du Garde-meuble. Un mandat d'amener fut aussitôt lancé contre Depeyron. Quant à Badarel, il fut de nouveau extrait de sa prison, et cette fois, mieux qu'il ne l'avait fait dans sa déposition au cours de ce procès, il se décida à donner des renseignements importants. Pressé par Douligny et par Chambon, il avoua qu'il avait caché, avec Matelot, des bijoux dans l'allée des Veuves (actuellement avenue Montaigne, vis-à-vis la maison de la veuve Brulé[1]. On fit immédiatement des recherches et l'on trouva : « un paquet contenant une pièce de vermeil garnie de neuf grosses perles, quatre petites perles, neuf émeraudes et rubis de différentes grosseurs, deux perles détachées, une agathonis(?), représentant la sainte face, montée en or, une figure en or avec un pavillon d'or émaillé de blanc, quinze gros brillants en chatons enfilés dans des ganses de soie, quatre-vingt-dix brillants en chatons également enfilés dans des ganses formant deux rangs, enfin neuf roses et quatre brillants[2] ».

En raison de l'importance de cette découverte et de celles que l'on espérait obtenir encore des deux criminels, la Convention nationale ordonna, par décret du 24 septembre, qu'il serait sursis à l'exécution de la condamnation à mort prononcée contre eux, et le décret ajoute, on ne sait

1. *Bulletin du Tribunal criminel.* Déclaration faite le 24 septembre 1792 par Badarel, après avoir été dénoncé par Douligny et Chambon, condamnés à mort le 23 septembre précédent, et procès-verbal du 28 septembre 1792, d'une perquisition faite par le juge Desvieux dans l'allée des Veuves. (Pièce n° 1 conservée au greffe du tribunal de Beauvais.)

2. Arch. nat. O² 476. Procès-verbal de dépôt des diamants à la caisse de l'Extraordinaire.

trop pourquoi, qu' « il n'y a que des agitateurs ennemis
du bien public et peut-être des complices qui pourraient
seuls s'élever contre cette mesure[1]. »

Avant de reprendre la suite des procès des voleurs du
Garde-meuble, le Tribunal avait pris, à la date du 6 octobre,
un arrêté invitant le Comité de sûreté générale à donner
tous pouvoirs à l'un des juges pour se rendre immédiatement à Bordeaux, dans le but d'y chercher les nommés
Tricot et Chapuis, accusés d'être également auteurs du vol.
Ce juge devait avoir les pouvoirs les plus étendus pour
arrêter les malfaiteurs et faire rentrer au Trésor tous les
diamants dont ils seraient nantis.

Ce ne fut que le 12 octobre, plus de trois semaines après
la condamnation de Douligny et de Chambon, que le Tribunal fit comparaître les nouveaux accusés, ci-après dé-
nommés :

Louis Lyre, Nanette Chardin sa maîtresse, Aaron Hom-
bergue son cousin, et Quentin-Louis Saugnier, « tous les
quatre juifs, accusés de complicité dans le vol des diamants
de la Couronne[2] ».

Ce procès nous a initié à un côté de Paris qui semble
avoir l'attrait du nouveau.

A l'époque de la Révolution, comme de nos jours, il
existait dans plusieurs quartiers, particulièrement aux
abords du Mont-de-piété, des bandes de brocanteurs juifs,
d'origine allemande, apparentés entre eux, et se livrant à
un commerce louche, à l'usure, et principalement au recel
d'objets volés.

Naturellement, les membres de cette corporation furent
mêlés, non pas à l'expédition du vol en lui-même, mais à la

---

1. Décret de la Convention nationale n° 2, et *Bulletin du Tribunal criminel*, à la
suite du procès de Douligny et Chambon, et *Moniteur universel* du 25 septembre 1792,
n° 269, reproduisant le compte rendu de la séance de la Convention nationale du
24 septembre 1792. Un autre décret n° 70, en date du 18 octobre suivant, étendait
cette mesure à tous les condamnés à mort pour l'affaire du Garde-meuble. (*Moniteur*
du 19 octobre 1792, n° 293.)

2. Arch. nat. W. 250. *Bulletin du Tribunal criminel* du 18 octobre 1792.

vente et à la disparition des objets volés : ils avaient
acheté à vil prix des pierres, et, suivant leur habitude
consommée de faire passer les valeurs d'un point à un
autre, ils les avaient envoyées à l'étranger, où ils purent les
vendre en toute sûreté.

Tandis que dans les cartons ou registres des comités
révolutionnaires des sections, dans ceux du Comité de
sûreté générale ou de police, nous avons retrouvé intacts
les dossiers des autres accusés, ceux des juifs n'ont plus
que la couverture avec les noms, le contenu a disparu.
Dans presque toutes les chemises, une fiche indique que
tantôt le dossier a été demandé par un magistrat, tantôt il
a été remis au greffe; enfin, pour une raison ou pour une
autre, rien ne subsiste aujourd'hui, et ce n'est que dans
des documents concernant d'autres accusés que l'on
trouve des renseignements sur les opérations du recel.

L'acte d'accusation de Louis Lyre[1], âgé de vingt-huit
ans, né à Londres, marchand rue Beaubourg, portait qu'il
avait vendu, le 21 septembre, quatre-vingt-dix perles fines
et vingt-quatre pierres de diverses couleurs, provenant du
vol du Garde-meuble. L'accusé était signalé comme ayant
eu déjà maille à partir avec la justice; il était en prison
depuis quatorze mois lorsqu'il fut mis en liberté, le 3 septembre 1792.

Les autres accusés étaient déclarés ses complices.

Bien que la partie des débats que nous connaissons n'ait
fait ressortir contre Louis Lyre que le seul fait d'avoir
vendu à Moïse Treunel « un certain nombre de bijoux dont
la provenance *n'a pu être justifiée* »[1], le Tribunal le
condamna à la peine de mort, toujours pour le fait de
complot à main armée, tandis que ses coaccusés étaient
acquittés et mis immédiatement en liberté.

Il nous est impossible de nous expliquer ce jugement,

---

1. Arch. nat., W. 250. Acte d'accusation daté du 11 octobre 1792, et *Bulletin du
Tribunal criminel* du 18 octobre 1792.

tous les accusés nous paraissant coupables au même chef;
les pièces qui ont disparu établissaient d'une façon positive
— à en croire des documents de police postérieurs — que
tous ces usuriers avaient acheté, trois ou quatre jours après
la découverte du vol du Garde-meuble, des bijoux à des
voleurs qu'ils connaissaient comme tels. Ils savaient la provenance des objets qu'on leur proposait. Mais nous verrons
plus loin que les compagnons de Louis Lyre avaient probablement dû employer les moyens de toucher d'une façon
irrésistible le cœur des membres du Tribunal révolutionnaire.

Le 13 octobre, quelques minutes avant d'être exécuté,
Louis Lyre demanda à faire son testament; il le rédigea en
quelques lignes, dans lesquelles il accusait formellement
Lyon Rouef et d'autres de ses coreligionnaires d'avoir été
ses complices[1].

Des mandats d'arrêt furent aussitôt lancés contre Lyon
Rouef et sa femme Leyde, Bénédict Salomon, Dacosta,
Basile, camarade de Paul Miette, Fontaine, Anglès père
et fils, et Israël père et fils. Lyon Rouef et sa femme
furent seuls arrêtés; ils passèrent en jugement devant le
Tribunal criminel, plus d'un mois après, le 17 novembre
suivant.

D'après l'acte d'accusation[2], Lyon Rouef était au nombre
des voleurs du Garde-meuble et avait vendu :

1° Une quantité considérable de diamants de la Couronne
à un nommé Fontaine, orfèvre au coin de la rue aux Ours;

2° Un grand nombre de perles fines et de gros diamants
au nommé Israël;

3° Et enfin pour environ un million cinq cent mille livres
de diamants au sieur Bénédict Salomon.

1. *Bulletin du Tribunal criminel* du 18 octobre 1792. Ce testament, signé en hébreu
par Louis Lyre, et certifié conforme par le président du Tribunal criminel, Pepin-
Desgroubettes et Binet, commis greffier, est conservé au greffe du tribunal de
Beauvais.

2. Arch. nat., W. 250. Cote n° 6. Acte d'accusation dressé par le sieur Dobsen,
l'un des directeurs du jury d'accusation, le 25 octobre 1792.

Ce même Salomon, au dire de l'accusation, avait acheté de Paul Miette et d'Anglès père et fils un grand nombre de diamants et de perles fines.

La femme Leyde était accusée d'avoir assisté son mari dans la vente qu'il fit d'un pot d'or massif avec son couvercle et d'un grand nombre de platines en vermeil.

Elle et son mari étaient présents lorsque Louis Lyre vendit les quatre-vingt-dix perles fines et les vingt-quatre pierres précieuses dont il est question dans son procès.

Les faits indiqués ci-dessus sont établis par les débats rapportés par le *Bulletin du Tribunal criminel* et prouvés par les dépositions des témoins; cependant l'accusateur public et les jurés ne sont pas convaincus.

En conséquence, le Tribunal acquitte Lyon Rouef et sa femme, et ordonne qu'ils soient immédiatement mis en liberté[1].

La culpabilité de Lyon Rouef était cependant certaine. Quelques années après, lorsqu'on retrouva d'autres voleurs du Garde-meuble, qui avaient pu jusque-là échapper aux recherches, il fut de nouveau accusé et, après enquête, mis en état d'arrestation.

A cette même époque, un rapport de police des plus curieux cite Lyon Rouef comme un de ceux qui ont eu en leur possession le plus grand nombre de joyaux provenant du vol du Garde-meuble.

Lyon Rouef avait été arrêté et mis en accusation avec un nommé Dacosta; mais ce dernier avait été mis en liberté, « sur l'intrigation *sic* du citoyen Gouchon, orateur du faubourg Antoine, au moyen d'une somme quelconque[2] ». Dacosta fut cependant recherché; mais, caché en Allemagne, on arrêta successivement plusieurs de ses parents ou homo-

---

1. *Bulletin du Tribunal criminel* du 22 novembre 1792. Arch. nat., W. 250, 12e dossier. Plusieurs pièces manquent dans cette procédure; d'après une note au crayon rouge, elles ont été enlevées par le citoyen Dobsen, l'un des présidents du jury d'accusation.

2. Arch. nat., O² 488. Comité de sûreté générale. Note du 26 fructidor an III, signée Bonnard.

nymes, que l'on dut relâcher sans les poursuivre, après leur
identité dûment constatée[1].

L'un d'eux, arrêté à Bordeaux, fut assez adroit pour se
faire relâcher par un comité révolutionnaire et pour faire
arrêter à sa place l'agent de police qui était chargé de le
conduire à Paris[2].

Peut-être Lyon Rouef et les autres recéleurs avaient-ils
eu connaissance, par Dacosta, de la façon dont l'impunité
pouvait leur être assurée, et surent-ils en profiter.

Aussitôt après avoir prononcé l'acquittement de Lyon
Rouef et de sa femme, le président Pepin crut devoir
adresser aux prévenus cette courte allocution, pour excu-
ser l'exception inexplicable dont ils venaient d'être l'objet :

« Vous devez reconnaître la justice des Français dans ce
jugement qui vous acquitte; vivez honnêtes gens, et, en
jouissant des bienfaits d'une nation libre, montrez-vous
bons républicains[3]. »

Mais il nous faut revenir un peu en arrière, et quitter la

1. Arch. nat., F⁷ 4591². Pétition de la femme Moyse Dacosta pour obtenir la mise
en liberté de son mari arrêté à Bordeaux le 19 ventôse an III. Rapport de police
du 15 ventôse an III, sur la demande de mise en liberté formulée par le défenseur
Abraham Nunès, d'un autre Dacosta, détenu à la Force depuis seize mois, et pétition de son défenseur Rippert. Pétition de la femme Moyse Dacosta et rapport de
police du 27 ventôse an III. Ordre du Comité du 18 ventôse de mettre en liberté
Moyse Dacosta, détenu au palais Brutus à Bordeaux, 28 floréal an II. A. F. II 389,
p. 60. Ordre d'arrêter tous les juifs du nom de Dacosta, à Paris, le 4 frimaire an II.
F⁷ 4694. Renseignements demandés sur Abraham Nunès Dacosta, arrêté à Bordeaux
le 1ᵉʳ nivôse, par les délégués du comité révolutionnaire de la section de l'Unité à
Paris, relâché à la fin du même mois et réincarcéré le 18 floréal suivant par le même
comité, à la Force, à Paris. Pétition (20 thermidor) de la femme Moyse Dacosta,
Pétition d'Abraham Nunès Dacosta. Suit un mémoire adressé aux citoyens Lesage,
Bourdon de l'Oise et Legendre, membres du Comité de sûreté générale.

2. Arch. nat., F⁷ 4694. Rapport du citoyen Dartigaeyte, représentant du peuple
dans les départements du Gers et de la Haute-Garonne, le 27 floréal an II, sur l'arrestation du sieur Vidam, qui était chargé de conduire Dacosta en prison à Toulouse.
Demande de mise en liberté de Vidam, par l'agent national et par le district de Toulouse, aux citoyens composant le comité de la section l'Unité à Paris. Ordre du Comité de sûreté générale, en date du 22 thermidor, de mettre en liberté Dacosta, détenu
à Saint-Lazare. (Arch. du départ. de la Gironde. — Délibération du Comité de surveillance. Série L. fᵒˢ 20, 78, 93/96, 105 et 146.)

3. Bulletin du Tribunal criminel du 22 novembre 1792, nᵒ 49. Jugement rendu dans
le procès de Lyon Rouef et de sa femme Leyde, le 17 novembre 1792.

question assez obscure du recel des diamants de la Couronne pour suivre les voleurs *actifs*.

Le 16 octobre, le Tribunal criminel eut à juger : Depeyron dit Francisque, qui venait d'être arrêté sur les indications de Chambon et Badarel[1], ce dernier pris, le lendemain même du vol, sur la place Louis XV, par le sieur Clavelot.

La principale préoccupation du comité des recherches était de retrouver le *Régent* et le *Sancy*. Il y avait présomption que ces deux accusés devaient les avoir eus en leur possession.

Il ressort de leur interrogatoire que le premier s'appelait Depeyron dit Francisque, se disant gentilhomme piémontais, ci-devant officier de marine, neveu de l'évêque de Nice, et parent du ministre des affaires étrangères de Sardaigne, âgé de vingt-sept ans et né à Turin; le second, Jean Badarel, né à Turin également, âgé de vingt-deux ans, cordonnier.

Francisque était accusé d'avoir pris part au vol du Garde-meuble et d'avoir enlevé les diamants *le Régent* et *le Sancy*; Badarel, d'avoir aidé Francisque dans l'exécution de ce vol, et de s'être emparé d'un grand nombre de pierres, diamants et perles retrouvés depuis, sur son indication, dans l'allée des Veuves[2].

Au cours des débats, la plupart des auteurs du vol du Garde-meuble défilent à l'audience comme témoins, et sont successivement confrontés avec les accusés : c'est d'abord Douligny, déjà condamné à mort, qui déclare savoir de source certaine que Francisque avait en sa possession le *Régent* et le *Sancy*; ensuite vient Chambon, autre condamné à mort, qui se vante d'avoir fait arrêter Francisque et Badarel. Paul Miette et Marian ne reconnaissent per-

---

1. *Bulletin du Tribunal criminel*. Déclaration de Chambon et Douligny dans leur procès, en date du 21 septembre, et déposition de Badarel à la même audience.

2. *Bulletin du Tribunal criminel*. Acte d'accusation de Francisque et de Badarel, lu à l'audience du 16 octobre 1792.

sonne ; par contre, Alexandre dit le Petit Cardinal et Gallois dit Matelot affirment que Douligny, Badarel, Francisque et Paul Miette étaient leurs affidés et avaient
coopéré au vol du Garde-meuble.

Le président engage Francisque à avouer son crime et à
révéler ce qu'il a fait du *Régent* et du *Sancy*. Il lui donne
lecture du testament de Louis Lyre, condamné à mort et
exécuté, dans lequel il est dit que le sieur Israël a acheté,
des nommés Francisque et Paul Miette, pour plus d'un
million de diamants et de bijoux de la Couronne. Le président ordonne de montrer cette pièce à Francisque; celui-ci
détourne les yeux pour ne pas la voir[1].

Roland, assigné comme témoin, reconnaît avoir remis à
Lamy-Evette et à Cottet des pouvoirs pour arrêter les
voleurs du Garde-meuble, et déclare que les bijoux retrouvés s'élèvent à environ trois cent mille livres; mais il ajoute
que presque tout ce qui était à l'inventaire est encore à
recouvrer, attendu qu'il n'en reste que pour cinq cent mille
livres[2].

Badarel avoue à peu près tous les faits qui se sont passés
au Garde-meuble; il dit qu'ils étaient vingt-huit ou trente,
et que Francisque a été l'un des premiers à monter par le
réverbère. Il confirme la scène de partage qui avait eu lieu
sur la berge du pont de la Concorde et a entendu dire qu'au
moment de leur fuite ses complices avaient oublié une
boîte qui était pleine de diamants. Quant à lui, il faisait le
guet à l'écart pendant que Matelot lui avait apporté sa part,
et il termine en disant que tous deux sont allés dans les
Champs-Élysées pour y cacher ce qui leur était échu en
partage. C'est sur ses indices que la justice a retrouvé les
deux parts en question, la sienne et celle de Matelot.

1. *Bulletin du Tribunal criminel.* Testament de Lyre conservé au greffe du tribunal
de Beauvais.

2. *Bulletin du Tribunal criminel.* Déposition de Roland dans le procès de Francisque
le 16 octobre 1792. Arch. nat., F7 n° 1444, fol. 195, et lettre de Roland au président
du comité de surveillance de la Convention nationale en date du 26 septembre 1792.
F7 4394.

On lui fait observer qu'il n'avait pas dû se borner à rester simple spectateur, attendu que s'il n'avait pas pris une part plus active au vol, on ne lui aurait pas remis seize à dix-sept cent mille livres d'objets précieux.

Acculé dans ses derniers retranchements, il avoue qu'il est monté, lui aussi, au Garde-meuble avec Francisque; qu'il l'a éclairé avec une chandelle pendant que ce dernier fracturait les portes et les armoires; qu'il l'a vu forcer à l'aide d'une moitié de pincettes les portes de la vitrine où étaient enfermés les objets de la chapelle du cardinal de Richelieu; qu'il les a pris, les a brisés, et en a mis les morceaux dans ses poches. Au dire de Badarel, Francisque aurait pris également plusieurs petites boîtes en carton remplies de diamants; quant à lui, il avait donné tous les objets qu'il avait trouvés à Matelot, qui les avait mis dans les poches de Francisque. Voyant cela, et dans la crainte que Francisque ne gardât tout pour lui, il s'était emparé des trois chaînes de diamants qui ont été trouvées sur lui, et qui sont actuellement au greffe[1].

De son côté, Francisque continue à nier, et fait ressortir les contradictions résultant du récit de Badarel, qui avait d'abord affirmé n'être jamais monté au Garde-meuble, et qui maintenant déclare le contraire. Il conclut en disant que Badarel et les autres condamnés se sont entendus pour le perdre.

Le citoyen Maire, l'un des juges du Tribunal, harangue l'accusé; il l'engage à mériter la clémence de la Convention nationale « par un aveu sincère, en déclarant ce qu'il a fait des diamants qu'il a pris, notamment le *Régent* et le *Sancy*, pour lesquels la nation fait les recherches les plus pénibles et les plus dispendieuses »; il lui fait entendre que la *justice ne demande pas à punir les coupables, que c'est la loi seule qui les frappe*[2].

---

1. *Bulletin du Tribunal criminel*. Audience du 16 octobre 1792, et Arch. nat., O² 476. Procès-verbal du dépôt des diamants trouvés sur les accusés.

2. *Bulletin du Tribunal criminel*. Audience du 16 octobre 1792.

« Enfin, ajoute ce magistrat, ce sera un jour d'allégresse
pour tous les bons citoyens de la République, celui où,
par un aveu franc et loyal, vous lui ferez recouvrer ses
précieux bijoux. »

L'accusé Francisque répond qu'il n'a rien à dire.

Badarel exhorte, lui aussi, Francisque à faire connaître
l'endroit où il a caché ses diamants; l'accusé lui répond :
« Si je savais quelque chose, je n'aurais pas besoin de votre
avis. »

A ce moment, le Tribunal, guidé par un sentiment d'hu-
manité, prend une décision concernant le petit Cardinal :
il « ordonne que le petit Alexandre dit Cardinal, attaqué
d'une maladie des plus honteuses, sera mis à l'infirmerie
de la Conciergerie, pour y être soigné par les médecins du
Tribunal, lesquels seront tenus de lui rendre compte, de
deux jours l'un, de l'état dudit Alexandre[1].

Le Tribunal condamne ensuite Depeyron dit Francisque
et Badarel à la peine de mort; mais, faisant droit à la demande présentée par le sieur Gobert, défenseur d'office de
Badarel, « et en considération des services importants rendus à la République par les aveux multipliés et les renseignements particuliers que l'accusé a donnés de son propre
mouvement, le Tribunal émet le vœu qu'il soit sursis à son
exécution[2] ».

Sur la motion du citoyen Thuriot, la Convention nationale ratifia ce vœu, et par décret du 18 octobre 1792 elle
autorisa le Tribunal criminel à accorder un sursis à toute
exécution de condamnés à mort lorsque l'intérêt de la
République l'exigerait. Aussi Badarel, profitant de ce décret,
fut conservé à la disposition du Tribunal, tandis que tout
était préparé pour l'exécution de Depeyron[3].

Au jour fixé, on l'amena sur la place de la Révolution.
Au moment de monter sur l'échafaud, il demanda à parler

1. *Bulletin du Tribunal criminel.*
2. *Ibidem.*
3. Décret de la Convention nationale en date du 18 octobre 1792, n° 70.

au président du Tribunal criminel, et lui proposa de faire recouvrer à la justice une somme considérable de diamants s'il voulait lui accorder sa grâce. Le président lui fit observer qu'il n'était pas en son pouvoir de le satisfaire ; mais, en vertu du décret dont nous venons de parler, il pourrait le faire bénéficier d'un sursis. Depeyron demanda alors qu'on le menât à son domicile, situé cul-de-sac-Sainte-Opportune. Il y fut conduit par le président, accompagné de Thuriot, juge, et de plusieurs gendarmes. Arrivé au sixième étage de la maison qu'il habitait, il entra dans le cabinet d'aisances, passa la moitié de son corps par la lucarne qui donnait jour à cet endroit, et, fouillant sur le toit, il en retira deux paquets de diamants d'une valeur de douze cent mille livres qu'il remit au président. Les membres du Tribunal criminel, le citoyen Thuriot et plusieurs officiers municipaux en dressèrent un procès-verbal[1].

Cette trouvaille était importante ; elle contenait en première ligne une poire en diamant de vingt-quatre carats trois quarts, estimée deux cent mille livres à l'inventaire de 1791[2], existant encore dernièrement au moment de la vente aux enchères des diamants de la Couronne[3]. La deuxième pierre était un diamant rose à cinq pans, aujourd'hui conservé au Louvre[4]; la troisième, l'un des *Mazarins*, le septième de ceux que le cardinal avait laissés à la Couronne ; et enfin on y trouva un grand nombre d'autres pierres variant de quinze à dix carats.

1. *Moniteur universel* du 21 octobre, 1795, n° 295. Séance de la Convention nationale du 20 octobre. Rapport de Thuriot fait au nom de la commission chargée de la surveillance de la procédure relative au vol du Garde-meuble. Arch. nat., O² 476. Procès-verbal du dépôt des diamants de Francisque Depeyron.

2. Inventaire de 1791, chap. 1ᵉʳ, n° 3.

3. Figure à tort comme le premier des *Mazarins* au catalogue officiel, publié par la Direction générale des domaines au moment de la vente.

4. Inventaire de 1791, chap. 1ᵉʳ, n° 5, estimé quarante-huit mille francs.

CHAPITRE VI

L'affaire de Depeyron fut suivie, le 23 octobre, de celle concernant Joseph Picard [1] dit Lorrain, âgé de vingt-neuf ans, né à Nancy, valet de chambre au Mont-de-piété ; Anne Leclerc, sa maîtresse, vingt-cinq ans, née à Sarreguemines, lingère ; François Denis, trente-huit ans, né à Paris, peintre en bâtiments, ayant déjà été condamné à trois ans de galères pour vol ; et la maîtresse de ce dernier, Anne Pègre, veuve Simonneau, âgée de trente-quatre ans.

Au moment où, sur l'indication de Cottet, on avait arrêté Picard et sa maîtresse, on avait saisi chez eux des objets qui, au dire de joailliers-experts, avaient fait partie de la collection du Garde-meuble ; c'étaient quatre montres en or, les deux petits canons et un mortier en or, montés sur leurs affûts et enrichis de diamants, dont nous avons déjà parlé et qui avaient été jetés par la fenêtre.

Un témoin, le sieur Périnet, bijoutier, vint déclarer que, le 20 septembre, Picard lui avait apporté une bague en diamants achetée, disait-il, cent quatre-vingts livres ; d'après

---

1. *Bulletin du Tribunal criminel* du 30 octobre 1792, n° 10. Procès de Picard, Anne Leclerc, François Denis et Nanette Bègue. Arch. nat., W. 350. Cote n° 15, 3ᵉ dossier.

le témoin, cette bague avait été volée, car elle valait au moins cent écus. Périnet ayant appris l'arrestation de Picard, le lendemain, s'était empressé de porter ladite bague au comité de sa section.

Quant à Denis et à sa maîtresse, l'accusation leur reproche d'avoir été vus sortant de chez Picard, le jour de son arrestation, avec une boîte en sapin, qui devait contenir des objets volés au Garde-meuble.

D'après Denis, cette boîte ne renfermait absolument rien, mais il néglige de dire ce qu'il en a fait.

Le Tribunal condamne à mort Joseph Picard et Anne Leclerc; ils devront être exécutés dans les vingt-quatre heures. Denis et Anne Pègre sont acquittés. Cette dernière est mise immédiatement en liberté; quant à Denis, comme il a déjà été condamné aux galères pour d'autres crimes et qu'il est encore sous le poids d'une accusation de vol avec effraction, il est réintégré dans sa prison[1].

Picard et sa maîtresse n'étaient pas plus coupables que les juifs que nous venons de voir mettre en liberté, et, malgré les nombreuses pièces consultées, nous n'avons pu encore expliquer pourquoi le Tribunal semblait avoir, selon les personnes, une manière de voir différente dans l'application de la justice.

Au moment de l'exécution de Picard et d'Anne Leclerc, le bruit avait couru que cette dernière était enceinte. Le Tribunal fit démentir aussitôt cette nouvelle, en déclarant que dans le testament qu'elle avait fait à la suite de sa condamnation il n'était nullement question de grossesse[1].

Le 30 octobre, ce fut le tour de Pierre Gallois dit Matelot, de François Manger, brocanteur, et d'Alexandre dit le Petit Cardinal, de passer devant le Tribunal criminel[3].

1. *Bulletin du Tribunal criminel*. Jugement rendu contre ces accusés le 23 octobre 1792. *Moniteur universel* du 27 octobre 1792, n° 301.

2. Note du *Bulletin du Tribunal criminel* mise à la suite de ce procès.

3. *Bulletin du Tribunal criminel*, n° 42. Acte d'accusation lu à l'audience du 30 octobre 1792.

Le premier déclare être né à Tessé (Normandie) et être âgé de vingt-cinq ans ; le deuxième a dix-sept ans et est né à Paris ; enfin le troisième, jockey de profession, n'a que quatorze ans et demi et est né également à Paris.

Ce procès apporte une nouvelle lumière sur le sort des joyaux de la Couronne. Nous y apprenons que la part de Gallois avait été de quatre colliers de diamants, d'un verre plein de diamants non montés et de deux beaux diamants que l'accusé avait encore en prison et qui lui ont été volés.

Le président lui montre deux pierres trouvées sur Mauger et sur le Petit Cardinal, ses codétenus ; Gallois les reconnaît pour celles qu'il a perdues en prison.

Interrogé sur ce qu'il a fait des diamants provenant du Garde-meuble, qu'il avait eus en sa possession, Gallois répond qu'il a vendu trois colliers à un nommé Moulin, chapelier, de Lyon, pour la somme de quatorze mille livres, reçue comme suit[1] : cent quatre-vingts doubles louis en or et le reste en assignats dont plusieurs ont été reconnus faux peu de temps après. Il s'était réservé un collier et quelques diamants qu'il avait confiés à Mauger. Ce dernier les a fait vendre à l'orfèvre Gerbu par l'intermédiaire de Cottet.

Malgré les instances du président, Gallois soutient énergiquement que Mauger n'est absolument pour rien dans le vol du Garde-meuble, et qu'il ignorait la provenance du collier qu'il était chargé de vendre.

Le président lui demande alors comment il avait fait la connaissance de Moulin.

L'accusé raconte que Joseph le Savoyard et lui passaient en fiacre dans la rue Saint-Honoré, quand Moulin, les ayant aperçus, fit arrêter la voiture pour leur parler. Joseph lui dit de descendre et de régler le cocher, ce qu'il fit aussitôt. Ils se rendirent tous trois au *Sabot rouge*, rue des

---

1. *Bulletin du Tribunal criminel*, nᵒˢ 43 et 44. Interrogatoire de Gallois dit Matelot et de Mauger.

Vieux-Augustins, et, après s'être fait servir à boire, Joseph engagea Gallois à montrer à Moulin les colliers et les diamants qu'il avait sur lui, parce que, disait-il, Moulin était dans le cas de les acheter. Gallois lui fit voir trois colliers ainsi que des diamants non montés. Moulin en offrit quatre cents louis, mais Gallois refusa de les lui livrer pour cette somme, et ils tombèrent d'accord sur le prix de quatorze mille livres.

Interrogé sur ce qu'il avait fait de cette somme, Gallois répond qu'il a partagé ces quatorze mille livres entre Prosper Sarra dit Brocquiart, Baillon, Meyran dit Grand C..., le petit Alexandre et lui; mais comme le petit Alexandre avait refusé sa part, Gallois l'avait gardée pour lui[1].

Douligny, présent à l'audience comme témoin, vient déclarer que le nommé Moulin, dont il est question ci-dessus, « est connu parmi les Francs, c'est-à-dire voleurs, sous le nom de coupe-jarret[2]. » Nous avons déjà dit que Moulin était chef des Marseillais, nous aurons par la suite encore l'occasion de reparler de lui et de Joseph le Savoyard, qui paraît avoir été son associé.

A la demande que l'on fait à Gallois, relativement à la possession du *Sancy* et du *Régent*, il répond que les plus gros diamants formant sa part étaient de la grosseur du petit doigt, et qu'il avait en une perle fort grosse que Roudani lui a achetée. Quant au *Régent* et au *Sancy*, il savait que Lecomte les avait eus en sa possession[3].

Pendant la nuit qui a précédé le prononcé de son jugement, Gallois tenta de s'empoisonner dans sa prison avec une liqueur qui lui avait été donnée par une personne dont il ne veut pas dévoiler le nom[4].

Quant à Mauger, l'acte d'accusation ne relevait contre lui que le fait « d'avoir reçu de Gallois un collier composé

---

1. *Bulletin du Tribunal criminel*. n°⁵ 43 et 44. Interrogatoire de Gallois.
2. *Bulletin du Tribunal criminel*. Déposition de Douligny dans le procès de Gallois.
3. *Bulletin du Tribunal criminel*. Interrogatoire de Gallois.
4. *Bulletin du Tribunal criminel*.

de trente-six diamants et beaucoup d'autres pierres détachées pour les vendre, alors qu'il savait que ces bijoux
faisaient partie de ceux volés au Garde-meuble ; qu'il les
a vendus à Cottet dit le Petit Chasseur moyennant six
mille deux cent quatre-vingt-douze livres en assignats de
cinq livres. » Il s'agit là du collier et des pierres achetés par
Gerbu et remis à Roland, ministre de l'intérieur[1].

Ni les dépositions des témoins, ni la confrontation qui
eut lieu avec les autres accusés, n'ont pu établir contre
Mauger d'autres charges que celles indiquées ci-dessus.
Aussi ne comprend-on guère que l'accusateur public n'ait
pas fait une distinction en sa faveur, surtout en présence
du drame de famille dont son arrestation avait été la cause.
Lorsque le père de Mauger apprit que son fils avait été arrêté, il entra dans une fureur profonde contre sa femme,
lui adressant les reproches les plus violents, l'accusant
d'avoir été la cause de la perte de son fils par la complaisance qu'elle avait toujours mise à cacher ses fautes. Au
milieu de la discussion, il s'élança sur elle un couteau à la
main, et, transporté par l'excitation croissante à laquelle il
était en proie, il la tua. Tout saisi de ce qu'il venait de faire,
il prit sur la cheminée une bouteille qui contenait de l'eau
forte, l'avala et tomba foudroyé ; quatre jours après, les
voisins, surpris de ne plus les voir, allèrent prévenir le commissaire de police, qui vint aussitôt. On força la porte, et
l'on aperçut d'abord la femme Mauger, la gorge presque
entièrement coupée, étendue sur le lit, qui n'était plus
qu'une tache de sang coagulé. On pénétra ensuite par une
échelle dans une soupente, où l'on trouva le cadavre livide
et déjà décomposé du mari[2].

Le commissaire de police dressa procès-verbal et fit en

1. *Bulletin du Tribunal criminel*. Interrogatoire de Mauger et de Gallois, et déposition de Cottet à la même audience du 30 octobre 1792.
2. *Bulletin du Tribunal criminel*. n° 44, et procès-verbal du commissaire de police
de la section de la fontaine de Grenelle en date du 26 septembre 1792, lu à l'audience du 30 octobre 1792.

même temps une perquisition. Une somme de quatre mille quatre cents livres en assignats fut découverte sur une planche servant d'étagère.

Le fils Mauger déclara à l'audience que c'était lui qui avait déposé cette somme à l'insu de ses parents, et qu'elle provenait des six mille livres qu'il avait reçues de Cottet, lors de la vente des diamants faite à Gerbu[1].

L'audience se termina par la déposition d'un sieur Damour, marchand de vin, *A la Petite Pologne;* il raconta que la fille Mauger, sœur de l'accusé, était à son service depuis longtemps, et dans l'intérêt de cette jeune enfant il avait dû lui défendre d'avoir des relations avec ses parents, parce que, disait-il, elle ne pouvait en recevoir que de mauvais conseils.

Dans son réquisitoire, l'accusateur public se montre impitoyable contre Gallois et Mauger, et s'exprime en ces termes au sujet du vaurien qui portait le sobriquet de Petit Cardinal : « L'état malheureux où se trouve cet enfant infortuné, milite en sa faveur; ils ont corrompu son âme, les cruels! ils ont corrompu son sang! ils ont altéré les sources de sa vie! ils l'ont enfin livré à la plus honteuse des prostitutions! Plaignons-le donc au lieu de le condamner, et faisons tomber plus lourdement le fer des lois sur les têtes coupables, qui ont ajouté à ce crime tant de forfaits. »

Et, après un long dithyrambe concluant dans le même sens, l'accusateur public requiert la peine de mort contre Gallois et Mauger, toujours par application de la loi sur les complots tendant à renverser le gouvernement établi, et demande un acquittement pour le Petit Cardinal .

Le Tribunal satisfit à ces conclusions et rendit un jugement condamnant Pierre Gallois dit Matelot et François Mauger à la peine de mort, déclarant que leurs biens seraient confisqués au profit de la République, particulièrement la

---

1. *Bulletin du Tribunal criminel*, n° 44. Interrogatoire de Mauger.

2. *Bulletin du Tribunal criminel*, n° 43. Réquisitoire du citoyen Lullier, accusateur public.

somme de quatre mille quatre cents livres trouvée chez Manger père. Il ordonna en outre qu'il serait sursis à leur exécution jusqu'à nouvel ordre. Alexandre dit le Petit Cardinal était acquitté; il devait être conduit dans une maison de santé, pour y être traité jusqu'à parfaite guérison, et interné ensuite dans une maison d'éducation jusqu'à l'âge de vingt ans accomplis[1].

Le *Moniteur* du 1er novembre, en publiant le jugement, ajoute « qu'Alexandre a été mis dans une maison de santé pour y être guéri d'une maladie qui prouve que toutes les inclinations de ce jeune homme étaient *bien prématurées* ».

Le 1er novembre, le Tribunal criminel s'occupa du procès de Thomas Laurent Meyran dit Grand C..., qui déclara être né à Saint-Vallier (Isère), avoir vingt ans, et exercer la profession de marchand forain[2]. Il avait été arrêté, non pas comme l'un des auteurs du vol du Garde-meuble, mais comme ayant donné en payement deux faux assignats de deux cents livres au sieur Mathieu Fromont[3], orfèvre, sur le Petit-Pont, auquel il avait acheté une chaîne d'or.

Il était depuis trois semaines à la Conciergerie, lorsque Douligny, l'ayant aperçu, s'approcha de lui, et dit à haute voix que Meyran devait avoir connaissance du vol du Garde-meuble, puisque lui aussi y était.

Lorsque, à l'audience, on lui demanda d'expliquer comment il se trouvait en possession des deux faux assignats de deux cents livres saisis entre ses mains, Meyran déclara « avoir reçu les deux assignats de deux cents livres en échange de louis d'or qu'il avait vendus au sieur Moulin,

---

1. *Bulletin du Tribunal criminel*, n° 15. Prononcé du jugement rendu le 30 octobre 1792 et *Moniteur universel* du 1er novembre 1792.

2. *Bulletin du Tribunal criminel*, n° 15. Procès de Thomas-Laurent Meyran dit Grand C.... Audience du 1er novembre 1792. Arch. nat., W. 250, cote n° 14. Dossier de Meyran.

3. Déposition faite devant la section permanente de la Cité, en date du 22 septembre 1792, par Fromont. Copie certifiée conforme au greffe du tribunal de Beauvais. Tous les détails sur l'arrestation de Meyran sont consignés dans la déposition du sieur Fromont et conservés au greffe du tribunal de Beauvais.

commissaire, nommé pour recueillir les collectes en faveur des veuves et orphelins de la journée du 10 août[1] ». Gallois, appelé comme témoin, déclare au contraire que ces deux assignats faisaient partie des seize ou dix-sept cents livres qu'il avait remises à Meyran pour sa part des diamants vendus au sieur Moulin, chapelier, et au sieur Joseph dit le Grand Savoyard.

Le jury est appelé à se prononcer sur ces trois questions :

1° Meyran a-t-il fait partie d'un complot?

2° A-t-il fait partie des fausses patrouilles, armé d'un pistolet de ceinture, et a-t-il partagé les diamants volés au Garde-meuble?

3° Est-ce sciemment, méchamment et à dessein de nuire à la République qu'il a agi de la sorte?

A l'unanimité le jury répond : Oui! En conséquence, le Tribunal condamne Meyran à la peine de mort, et dit qu'il sera exécuté dans les vingt-quatre heures. Après le prononcé de ce jugement, Meyran s'écria : « Je n'ai pas fait le vol! je suis condamné, je demande la mort! » Mais, réintégré à la Conciergerie, il demanda à parler au président, et lui avoua que tous les faits niés par lui étaient vrais[2].

Il fut exécuté le surlendemain. « En montant sur l'échafaud, il montra un grand courage, et, arrivé devant la guillotine, salua le peuple par trois fois, en se tournant de trois côtés[3]. »

C'est le 7 novembre que fut jugé Cottet, qui, on s'en souvient, après avoir aidé, avec Lamy-Evette, la justice à découvrir les auteurs du vol, et fait retrouver une partie des objets volés, se vit arrêté lui-même, malgré les promesses qui lui avaient été faites par les girondins Pétion et Roland[4].

Claude-Melchior Cottet dit le Petit Chasseur déclare

---

1. *Bulletin du Tribunal criminel*, n° 45. Interrogatoire de Meyran.

2. *Bulletin du Tribunal criminel*, n° 46. Déclaration faite en présence du président du Tribunal, après le prononcé de son jugement, le 1ᵉʳ novembre 1792.

3. *Bulletin du Tribunal criminel*, n° 46, et *Moniteur universel* du 6 novembre 1792.

4. Arch. nat., F⁷, n° 4394. Lettre de Roland au président du comité de surveillance de la Convention nationale en date du 26 septembre 1792.

avoir vingt-sept ans, être né à Lyon, et exercer la profession de marchand mercier.

Il est accusé[1] :

1° D'avoir participé au vol du Garde-meuble;

2° D'avoir vendu pour trente mille livres de diamants de la Couronne au sieur Gerbu, que nous connaissons également. Ces diamants se composaient de trente-six chatons, d'un paquet de vingt-trois gros brillants, de trente brillants plus petits, et d'un grand nombre d'autres, désignés sous le nom de grenaille.

3° Enfin, d'avoir cherché à tromper la justice en se portant dénonciateur de ses complices, et en promettant de faire récupérer à la nation la plus grande partie des objets volés : ce qu'il n'a pu faire.

Il fut arrêté le 27 septembre 1792, après une perquisition faite à son domicile, chez Mme Lefèvre, charcutière, rue du Temple. « On a trouvé, dit le procès-verbal de la pose des scellés, un ménage de garçon en désordre. L'alcôve de la chambre était garnie de deux lits jumeaux sous lesquels étaient plusieurs paires de souliers, dont trois avec des boucles de cuivre argenté, et trente-neuf sols dans la poussière. Un panier rempli de gros sols doubles et simples pesant trente-six livres, soit une valeur de soixante-cinq livres, fut découvert dans un cabinet formant garde-robe. Sur la cheminée, des objets de mercerie, de tabletterie, des reconnaissances du Mont-de-piété et des reçus de marchandises qui ont été placés dans une malle contenant déjà de nombreux articles de parfumerie, tels que pots de pommade, flacons d'odeurs, etc. Sur un établi de menuisier se trouvait une paire de boucles d'argent cassées dont on avait tout récemment enlevé les diamants, et des bijoux avec des diamants faux. »

Cottet, comme bien on pense, fut assez surpris de son

1. *Bulletin du Tribunal criminel.* Acte d'accusation de Claude-Melchior Cottet, lu à l'audience du 7 novembre 1792.

arrestation, car, d'après lui, non seulement Roland et Pétion lui avaient assuré qu'il ne lui serait rien fait[1], mais encore ils lui avaient promis trente mille livres à titre de récompense pour services rendus.

Le président fit observer aux jurés qu'en effet le Petit Chasseur s'était offert au comité de surveillance pour aider les recherches de la justice, et qu'il avait dénoncé plusieurs de ses complices, mais qu'on s'était aperçu qu'il les avertissait, par des signes ou des mots connus d'eux seuls, des perquisitions qu'on allait faire chez eux, afin qu'ils pussent cacher les objets volés, de telle sorte que Cottet avait trompé le ministre et le maire.

Le commissaire national demanda à Roland, de nouveau appelé comme témoin, s'il avait fait dresser des procès-verbaux des pierres qui lui avaient été remises. Le ministre répondit qu'il en avait délivré des reçus, pensant que cela devait suffire. Il lui fut observé : « que par le fait d'avoir négligé cette précaution, on pourrait l'accuser d'avoir remplacé les pierres précieuses par d'autres de même couleur, mais bien inférieures en qualité ».

L'accusateur public requiert que dorénavant le ministre ait à dresser les procès-verbaux de la remise des diamants, qui devront être déposés sur-le-champ au Garde-meuble.

La déposition de Gerbu n'ajoute rien à ce que nous connaissons déjà ; mais Devoix, son confrère, déclare que Cottet l'avait pris pour un voleur, et comme tel lui avait fait des confidences sur ses exploits ; il lui avait dit que le 10 août, aux Tuileries, il s'était emparé de quatre-vingt-quatorze marcs d'argent qu'il avait vendus depuis ; le jour du vol du Garde-meuble, il connaissait le mot d'ordre de la garde nationale, qui était *schutt*[2], il l'échangea même avec

---

1. Arch. nat., F7, n° 4394. Lettre de Roland au président du comité de surveillance de la Convention nationale, en date du 26 septembre 1792. F7, n° 4444, 39e pièce. Invitation de Roland au citoyen Claude Cottet, pour faire recouvrer les diamants volés, en date du 20 septembre 1792, et promesse de Roland d'une indemnité à Cottet pour prix de ses soins.

2. *Bulletin du Tribunal criminel.* Interrogatoire de Cottet, et déposition de Gerbu.

des patrouilles. Il avait caché de grosses perles près du Palais-Bourbon, et depuis qu'il était arrêté il correspondait par signes avec ses complices.

L'accusé avoue le vol aux Tuileries, et en exprime le plus grand repentir. Il reconnaît avoir vendu à Picard un collier ayant une pierre bleue au centre, qui avait dû appartenir à Madame Première, ainsi qu'un autre collier et plusieurs diamants à Gerbu, mais il affirme n'avoir pas eu d'autres diamants que ceux que lui a confiés Mauger.

On lui fait observer qu'il ne dit pas la vérité et que s'il n'avait pas été complice du vol du Garde-meuble il n'aurait pas été dénoncé comme il l'a été par tous les autres voleurs. Picard, sa maîtresse, et Meyran dit Grand C..., dans leur testament, « alors qu'ils n'avaient plus aucun espoir après leur condamnation à mort, ont affirmé sa culpabilité ».

De plus, un témoin nommé Brack, chasseur à cheval de la légion germanique, se trouvant à l'infirmerie de la prison avec Cottet, déclare avoir reçu de lui une montre en or et la promesse d'une fortune s'il voulait l'aider à le faire sortir de prison. Le Petit Chasseur lui a confié, sous le sceau du serment, qu'il avait chez lui, dans un pot à pommade, des diamants volés au Garde-meuble, et, dans une boîte à poudre, des dentelles volées aux Tuileries; en même temps il lui a remis les deux clefs de sa chambre et le passe-partout de l'allée qui y conduit, pour les enlever malgré les scellés apposés.

Cottet nie avec énergie d'avoir participé directement ou indirectement au vol du Garde-meuble, et déclare qu'il est victime du ressentiment de tous les accusés qu'il a fait arrêter. « Il lui est dur, dit-il, de se trouver en danger, après avoir si bien montré son zèle pour la chose publique; il n'aurait jamais imaginé que des mouvements aussi purs pussent le compromettre à ce point. »

orfèvre, signée par lui devant le juge Loyseau, chargé de l'instruction et lu à l'audience du procès de Cottet. (17ᵉ pièce, Arch. nat., W 250.)

Le président lui demande pourquoi, après que Mauger lui eut confié ses diamants, il n'a plus rendu de services malgré ses promesses. « D'après les bruits qui circulent, ajoute le président, il aurait pu diriger ses investigations de manière à retrouver le *Sancy*, et l'on soutient même que lui, Cottet, l'avait eu entre les mains. »

A cela Cottet aurait pu répondre, comme il l'avait déjà fait au comité de surveillance, que si l'on n'avait pas agi avec mollesse, le plus grand nombre des voleurs du Garde-meuble auraient été arrêtés, sur ses avis, avant de quitter la capitale. Mais, d'après le *Bulletin du Tribunal*, Cottet se borne à soutenir que jamais il n'avait eu le *Sancy*. « Baillon lui a bien dit avoir eu une grosse pierre dont il ne connaissait pas la valeur, et l'avoir remise à Francisque lors du partage qui eut lieu au bord de l'eau, mais lui, Cottet, ne sait rien de plus, si ce n'est que Francisque et Badarel, se trouvant avec lui dans la chambre du conseil du Tribunal, Francisque lui aurait dit que la pierre la plus grosse avait été emportée par un individu qu'il connaissait. »

Avant la clôture des débats, Cottet déclara que le nommé Deslandes lui avait dit que Paul Miette avait coopéré au vol du Garde-meuble, et que c'est lui qui avait eu la cravate de Henri IV.

Le jury ayant répondu affirmativement à toutes les questions posées, les mêmes que celles des affaires précédentes, complot à main armée contre l'État, etc., le Tribunal condamne Cottet à la peine de mort. A ce moment son défenseur, le sieur Julienne, insistant de nouveau sur les services rendus par le condamné à la chose publique, demande un sursis à l'exécution. Le président fait observer que, si Cottet a quelque chose à révéler dans l'intérêt public, il jouira du bénéfice de la loi. Ce dernier répond qu'il n'a rien à dire et prie le président de lui accorder un sursis.

« Malheureux jeune homme! lui dit alors le citoyen Pépin, tu demandes à prolonger les jours d'une vie coupable! Prépare-toi plutôt à la bien finir! Marche à la mort avec

courage, *et par un sincère repentir emporte avec toi l'estime de tes concitoyens*[1]. »

Le lendemain, à cinq heures et demie du soir, Cottet
demanda de nouveau à comparaître devant le président du
Tribunal. En présence d'un prêtre catholique et des gendarmes de service, il reconnut la vérité de tout ce qu'on
lui reprochait, mais il déclara qu'il n'avait point de second
domicile ni de dépôt d'objets volés; il ajouta qu'il avait mis
au Mont-de-piété quelques-uns des diamants pris par lui au
Garde-meuble et qu'il savait où l'on pourrait en retrouver
d'autres. Il indiqua les nommés Lefèvre, rue Pavée-Saint-
Sauveur, Colas, marchand orfèvre, rue Transnonain, le
marchand de vins de la rue des Blancs-Manteaux, en face le
Mont-de-piété, comme principaux possesseurs des diamants
de la République. Il expliqua que, chez ce dernier, les
joyaux volés étaient conservés dans une armoire, en entrant
à gauche dans la salle du fond. Cottet signala en outre
trois autres marchands, les nommés Petit-Brochard, le Flamant et l'Aigle, comme lui ayant dit qu'ils avaient acheté
beaucoup d'objets volés, et que Flamant avait chez lui un
grenier, au-dessus de sa chambre, dans lequel se trouvaient
enfermées des pierres précieuses provenant du Garde-
meuble[2]. Aussitôt ces déclarations signées sous forme de
testament, Cottet fut conduit sur le lieu d'exécution. « Sa
figure intéressante, dit le *Moniteur universel*, lui attira des
regrets de la part des âmes sensibles, dans les rues où il a
passé. Arrivé à la place de la Révolution, il demanda à
monter au Garde-meuble, ce qui lui fut accordé. Le président insista une dernière fois pour qu'il fît connaître l'endroit où était cachée la plus grande partie de sa part du
vol. Un instant il parut réfléchir et vouloir parler. L'exécuteur allait lui délier les mains, pour qu'il fût plus libre,

1. *Bulletin du Tribunal criminel*, n° 48. Paroles du président Pepin-Degrouhette
après la condamnation à mort de Cottet, le 7 novembre 1792.

2. Pièces concernant Cottet. Son testament conservé en original au greffe du tribunal de Beauvais.

et qu'il pût même signer une nouvelle déclaration; mais, se réveillant alors comme d'un profond sommeil, il demanda à marcher à la mort. En vain on lui imposa les principes sacrés de notre religion, rien ne put le détourner de la résolution qu'il avait prise de ne rien déclarer; ce que voyant, les citoyens président et commissaire national ont ordonné l'exécution du jugement[1]. »

Le dernier procès du vol du Garde-meuble, qui eut lieu à cette époque, fut celui de Paul Miette.

Dans son interrogatoire à l'audience du 20 novembre, il déclara être né à Paris, avoir trente-cinq ans, et exercer la profession de « marchand d'argent »[2]; sa femme, Marie-Françoise Brebant, accusée d'être sa complice, déclara être née à Argenteuil et avoir trente-quatre ans.

Ce n'était pas la première fois que Paul Miette avait eu des démêlés avec la justice. Déjà il avait été condamné pour vol en 1779 et en 1781[3]. A ce moment il fut banni pour neuf années de Paris, où sa présence était considérée comme dangereuse. Arrêté de nouveau en janvier 1790 et enfin en mars 1792, il était à la Force, où il purgeait une condamnation à quatre mois pour vol, quand les événements des 2 et 3 septembre vinrent le délivrer.

Miette prétend au contraire qu'il fut mis en liberté le 18 août 1792 par un décret de l'Assemblée nationale. Nous n'avons trouvé aucune trace de ce prétendu décret, et il nous paraît plus vraisemblable de croire que notre héros est sorti de la Force à la faveur des événements des 2 et 3 septembre.

Aussitôt libre, Paul Miette se hâte de mettre à exécution son projet de voler les diamants du Garde-meuble. A cet effet, il réunit une bande composée de Tricot, Roudany,

---

1. *Moniteur universel* du 11 novembre 1792, n° 316.
2. *Bulletin du Tribunal criminel*, n°⁵ 49 et 50. Interrogatoire de Paul Miette.
3. *Bulletin du Tribunal criminel* et Arch. nat., W 350. Acte d'accusation contre Paul Miette. Notes de police déchirées par l'agent Morel, mais dont on a retrouvé le double.
— Greffe du tribunal de Beauvais. Extrait des minutes du greffe criminel du Châtelet de Paris (pièce n° 14), et interrogatoire de Paul Miette (pièce n° 16).

Basile, Cadet Guillot, Letort, Delcampo, Delors, Barraud et Constantin, qui de leur côté amenèrent leurs camarades d'expédition.

Quand il fut en possession des objets volés, Miette les vendit à des recéleurs, ainsi que nous l'avons vu dans le procès de Louis Lyre, de Meyran, de Cottet et de Gallois, et avec le produit de cette vente il acheta au comptant, le 16 septembre, au prix de quinze mille livres, une maison à Belleville, dont le contrat fut rédigé par le notaire Rousseau[1].

Le 21 septembre, Miette, apprenant l'arrestation et la mise en jugement de deux voleurs du Garde-meuble, rentre précipitamment chez lui rue Bossu, et, selon l'habitude des voleurs de profession, changeant souvent de domicile, il paye seulement un terme d'avance pour pouvoir déménager sur-le-champ sous prétexte que des ennemis cherchaient à le compromettre dans de mauvaises affaires, et il vend tous ses meubles à deux amis, qui les enlèvent aussitôt.

On sait que c'est ce même jour que le Tribunal ordonna l'arrestation de Paul Miette, effectuée seulement le 3 octobre suivant.

Les agents se rendirent rue Bossu : n'y trouvant personne, ils s'informèrent et finirent par savoir qu'il demeurait rue de Belleville, 20, dans la maison nommée *la Maison-Rouge*, qu'il venait d'acheter. Ils y allèrent aussitôt et frappèrent à la porte; mais, ne recevant pas de réponse, ils firent sauter la penture d'une fenêtre. Voyant cela, Paul Miette se décida à ouvrir et se constitua prisonnier.

On entend ensuite de nombreux témoins :

C'est d'abord Douligny, déjà condamné à mort, qui vient confirmer la dénonciation qu'il a faite contre Paul Miettte le 3 octobre précédent. Il déclare tenir de Roudany que

---

1. *Bulletin du Tribunal criminel*, n° 50. Déposition de M. Rousseau, notaire, qui a fait le contrat d'achat de ladite maison. Déposition du citoyen Dubertret, traiteur, qui a servi d'intermédiaire pour cet achat. Greffe du tribunal de Beauvais.

Paul Miette lui aurait montré un *crachat en diamants*, avec une monture d'épée également en diamants, ayant appartenu à Henri IV, plus d'autres bijoux dont la valeur totale dépassait deux millions. Les attributions historiques ci-dessus étaient erronées, à ce moment aucun des joyaux de la Couronne n'avait appartenu à Henri IV.

Paul Miette, interpellé, affirme n'avoir jamais été au Garde-meuble et ne pas connaître Roudany, mais les témoins et les testaments de Louis Lyre et de Meyran ne laissent aucun doute sur sa culpabilité.

De son côté, Marie-Françoise Brebant, sa femme, ne pouvant expliquer comment, avec son métier de couturière, elle avait pu gagner les trois mille livres qu'on a trouvées chez elle, s'écrie : « Faut-il que je m'humilie au point de dire l'état que j'ai fait ! je n'ai fait de tort à personne, j'ai gagné cet argent *au prix de mon sang!* »

Le témoin Rhinsfeld déclare avoir reçu de Paul Miette en mars dernier un portefeuille contenant dix-neuf mille livres. L'accusé le reconnaît et dit que cette somme provenait de son commerce d'argent et de onze mille livres qu'il a gagnées au jeu.

La partie la plus intéressante de ce procès concerne un sieur Morel, ci-devant officier de paix, grand ami de Paul Miette, assigné comme témoin d'abord, puis arrêté sous l'accusation d'avoir arraché, moyennant cinquante louis, trois feuillets du livre noir ayant trait à l'accusé.

Interpellé à ce sujet par le président, Morel nie d'un air embarrassé.

Un témoin, Antoine Durand, agent de police, affirme avoir vu Morel vivre en intimité avec Paul Miette; il sait qu'il a fait sortir de prison en 1791 le nommé Letort, moyennant vingt-cinq louis, et qu'un autre voleur du nom de Cousin n'est resté que trois jours à la Force parce qu'il avait donné vingt-cinq louis à Morel.

Revenant à Paul Miette, Durand l'accuse d'avoir commis plusieurs vols, dont il indique toutes les circonstances, par-

ticulièrement un vol considérable commis chez un banquier,
rue du Four-Saint-Honoré, et dans lequel Paul Miette aurait
eu pour sa part quatre-vingt-dix-huit mille livres.

Douligny dépose que, le jour où Lonchamps fut arrêté
aux Tuileries, ce dernier avait sur lui cent quatre-vingt-
seize doubles louis. Il donna trois mille livres à Morel, qui le
fit aussitôt relàcher. « En général, dit Douligny, il faisait
punir sévèrement ceux qui n'avaient pas le sou, et servait
avec le plus grand soin ceux qui le payaient et le régalaient. »

Douligny ajoute que lui aussi avait été arrêté en même
temps que Longchamps, mais « il fit remettre à Morel par
sa maîtresse une tabatière d'or et deux doubles louis pour
qu'il ne dise rien lorsqu'il paraîtrait devant le Tribunal.
Morel accepta, et à l'audience il déclara qu'il s'était trompé,
et que ce n'était pas celui qu'il cherchait; Douligny, qui
avait donné un faux nom, fut mis immédiatement en
liberté sur la déclaration de Morel ».

Le président fait observer à Morel qu'il y a sur son livre
des notes contre les meilleurs patriotes de Paris, qualifiés
d'incendiaires du Palais-Royal.

Morel répond qu'il a copié ces notes sur les procès-verbaux dressés par les commissaires des sections.

Le président ne continue pas l'interrogatoire, et le Tribunal, se trouvant édifié sur la conduite de Morel, ordonne
de le mettre en prison[1].

Quant à Paul Miette, après une réponse affirmative du
jury sur tous les chefs d'accusation, il est condamné à mort.
Sa femme, Marie-Françoise Brebant, est acquittée.

Aussitôt après le prononcé du jugement, Paul Miette déclara se pourvoir en cassation.

Ainsi, sur cinquante individus environ qui avaient pris
part au vol du Garde-meuble, dix-sept d'entre eux étaient
passés en jugement devant le Tribunal criminel : cinq

---

1. *Bulletin du Tribunal criminel*, n° 51. L'arrestation immédiate de Morel est ordonnée sur les conclusion de l'accusateur public à l'audience du 20 novembre 1793.

avaient été acquittés, douze condamnés à mort, dont cinq
exécutés. Les trente-trois autres (?) s'étaient sauvés ou
avaient pu échapper aux premières recherches de la police.

Ceux qui avaient été condamnés à mort l'avaient été,
comme nous l'avons vu, pour le fait de conspiration politique.

Douligny, Chambon, Badarel, Depeyron, Gallois, Mauger,
Paul Miette, condamnés à mort, mais non encore exécutés,
en raison du sursis qui leur était accordé, demandèrent à
se pourvoir en cassation. Leur pourvoi ayant été accueilli,
ils furent renvoyés devant le tribunal de Beauvais, où les
débats eurent lieu dans le courant de mai et de juin 1793.

Les accusés, se basant pour obtenir la cassation sur un
vice de forme, ou plutôt sur une condamnation erronée,
reconnaissaient bien avoir exécuté un vol par effraction,
mais niaient avoir rien fait qui eût un caractère politique :
« et, ajoutaient-ils dans leurs requêtes, on ne pouvait
trouver trace dans leurs actes d'un complot contre la
République ».

Ce moyen eut un plein succès. Tandis que Louis Lyre,
Picard et sa maîtresse, Cottet dit le Petit Chasseur et Meyran
dit Grand C... avaient été exécutés, les cinq autres condamnés à mort furent acquittés ou virent leur peine
commuée en détention. Plusieurs de ces derniers, durant
leur captivité, parvinrent même à s'échapper, sans être davantage poursuivis.

Si l'on tient compte du changement qui s'était opéré dans
les esprits pendant la période écoulée entre ces deux jugements, on comprendra pourquoi, portant sur les mêmes
faits, ils sont si dissemblables.

En septembre 1792 l'étranger avait envahi le sol français. Partout le peuple surexcité se soulevait, des milliers de
volontaires s'enrôlaient. A Paris surtout, la fermentation
était à son comble ; elle se traduisait aussi bien par le départ de braves gens pour la frontière que par des massacres de gens inoffensifs.

Le gouvernement n'était plus maître de la capitale : les clubs, les sections, la Commune, agissant révolutionnairement et sans aucun contrôle, toujours sous l'obsession de trahisons, s'arrogeaient les pouvoirs les plus étendus, faisaient arrêter des masses de citoyens et, par suite d'excitations, provoquaient des massacres comme ceux de septembre.

Sous l'influence de cette anarchie et sous la pression des clubs, d'où étaient sortis les membres du Tribunal comme ceux de la Commune, les magistrats, encore novices, crurent voir dans nos brigands des agents politiques cherchant à rétablir la monarchie et à rendre à nos anciens rois leurs richesses, ou bien disposés à livrer à l'ennemi nos trésors nationaux.

Notons encore que les services administratifs n'étaient pas moins troublés que les esprits, que les chefs en étaient aussi inexpérimentés que les nouveaux magistrats, et nous connaîtrons la cause de l'inégalité des recherches et de l'infériorité de la police. Sur cinquante voleurs, plus de la moitié s'étaient enfuis ou vivaient tranquillement à Paris et en province.

Huit mois plus tard, l'ennemi avait été repoussé, la situation était moins grave, et les habitants de Beauvais étaient moins violents que les Parisiens en septembre 1792. Les magistrats, un peu plus habitués à la jurisprudence, virent les événements avec plus de calme et peut-être plus de soin ; aussi rendirent-ils un jugement qui, avec plus de bon sens, avait surtout comme résultat considérable de faire jaillir la vérité.

Les débats du tribunal d'appel de Beauvais ne nous ont rien appris de nouveau sur les circonstances mêmes dans lesquelles avait été fait le vol.

Les dossiers des accusés sont les mêmes que ceux du Tribunal criminel de Paris, mais plusieurs témoins ne vinrent pas déposer. Les audiences n'eurent donc aucun intérêt nouveau.

Mauger fut acquitté, ainsi que Paul Miette[1]; il y avait quelques raisons pour que la culpabilité du premier ne parût pas suffisante ou au moins fût de beaucoup atténuée; quant à Miette, il se défendit avec une énergie inouïe, il fit imprimer un long mémoire[2] qui démontrait les contradictions des pièces de son dossier et celles résultant des dépositions des témoins à charge. Aussi, probablement soutenu par quelque personnage influent, obtint-il du tribunal son acquittement. Mais il n'est pas douteux pour nous, d'après les pièces des débats, qu'il fut réellement l'instigateur et même l'inventeur du vol. Ce fait était tellement avéré aux yeux des agents de police, qu'un an après son acquittement on arrêta comme voleurs du Garde-meuble des bijoutiers borgnes de Paris[3], sous la seule inculpation d'avoir eu des relations de commerce avec Paul Miette, retiré dans la maison qu'il avait achetée à Belleville[4] aussitôt après le vol du Garde-meuble.

Les autres accusés furent condamnés à des peines variant de quinze à seize ans de réclusion, et dans ses considérants le tribunal déclarait que, conformément à la requête d'appel, rien dans le vol du Garde-meuble ne permettait de supposer qu'il y eût une conspiration politique, par suite les jugements du Tribunal criminel de Paris portaient condamnation pour un crime qui n'avait pas été commis[5].

Le tribunal reconnaissait que les accusés n'étaient cou-

---

1. Greffe du tribunal de Beauvais. Le jugement qui acquitte Mauger (pièce n° 12) est du 16 mai 1793; celui qui acquitte Paul Miette est du 15 mai 1793 (pièce n° 28).

2. Greffe du tribunal de Beauvais (pièce n° 21). Mémoire justificatif présenté par Paul Miette au tribunal de Beauvais (pièce n° 20). Moyens de défense invoqués par le même.

3. Arch. nat., F⁷ 2507. Journal des opérations du comité de la section l'Unité. Procès-verbal de la séance du 21 nivôse an II.

4. Greffe du tribunal de Beauvais (pièce n° 15). Procès-verbal d'arrestation de Paul Miette le 3 octobre 1792. *Bulletin du Tribunal criminel*, n° 50. Déposition de M° Rousseau, notaire, qui a fait le contrat d'achat, le 16 septembre 1792.

5. Greffe du tribunal de Beauvais. Cassation des jugements contre Gallois et Mauger le 8 mars 1793 (pièce n° 9). Cassation du jugement contre Paul Miette, le 23 février 1793 (pièce 29).

pables que de vol avec effraction et les condamnait pour ce motif.

Ces jugements du tribunal d'appel de Beauvais, qui étaient encore inconnus il y a quelques jours, répondent déjà en partie à la question posée par les historiens de la Révolution.

La première juridiction s'était trompée, nos héros n'étaient que de vulgaires voleurs.

Mais, à côté de cette solution qui nous est donnée par des actes judiciaires, nous pouvons encore répondre au problème historique du vol du Garde-meuble d'une façon plus matérielle, en recherchant chacun des objets volés et en constatant qu'ils ne passèrent jamais entre les mains d'hommes politiques, ni entre celles de Brunswick.

CHAPITRE VII

Tandis que le tribunal criminel jugeait les coupables, la police recherchait dans Paris les objets volés; elle en avait retrouvé un certain nombre, qui furent déposés au greffe comme pièces à conviction. Ces bijoux n'étant pas connus des juges, il fallut instituer une commission de joailliers pour constater si les objets rapportés avaient été volés au Garde-meuble ou ailleurs.

A la demande du Tribunal criminel, Bapst, Minier et Devoix furent appelés à donner leur avis sur les objets déposés au greffe[1]. En même temps la commission nommée par la Convention, en vue d'examiner ce qui restait au Garde-meuble, s'adjoignit les orfèvres Masson et Devoix pour faire l'inventaire de ce que les voleurs avaient laissé[2]. Puis le sieur Auguste, le plus célèbre des orfèvres de la fin du dix-huitième siècle, proposa au ministre de l'intérieur[3] de

1. Arch. nat., W. 250. Réquisition des membres du directoire du jury du Tribunal criminel, en date du 20 octobre 1792, et procès-verbal de comparution des citoyens Bapst, Minier et Devoix, le 11 novembre 1792.

2. Décret de la Convention nationale, en date du 8 décembre 1792, n° 276.

3. Arch. nat., O² 488. Correspondance et Mémoires concernant les démarches faites à Anvers, Amsterdam et en Angleterre par le sieur Auguste, orfèvre.

faire opérer des recherches à l'étranger au moyen de ses correspondants.

Les experts nommés par le Tribunal criminel reconnurent comme ayant fait partie de la Couronne un certain nombre d'objets, dont la plus grosse part était représentée par les pierres trouvées sur le toit de la maison de Depeyron, et les joyaux enterrés dans l'allée des Veuves par Badarel[1].

Quant aux recherches opérées sous la direction d'Auguste, elles n'amenèrent aucun résultat, mais le gouvernement dut payer fort cher les services de deux négociants anglais, correspondants d'Auguste, qui furent intraitables sur la question de leurs honoraires[2].

Les délégués de la Convention nationale, Fabre d'Églantine et Audrein, assistés de Fantin, juge de paix, et de Masson et Devoix, joailliers, se réunirent le 23 décembre et jours suivants au Garde-meuble, et dressèrent l'inventaire, par vitrine et par tiroir, de ce qui restait. Ce document, échappé par miracle à la voracité des rats, qui en ont rongé la partie supérieure, est venu s'échouer, après avoir passé dans bien des dépôts différents, aux Archives de la Seine, où nous l'avons retrouvé. On y voit que, dans la commode où étaient les diamants sur papier, représentant plus de vingt millions, il ne se trouvait plus que cent quatre-vingt-douze carats répartis entre quatre-vingt-une pierres ; dans la vitrine où étaient étalés les joyaux montés, il n'y avait encore que quelques pierres et perles sans valeur, et un saphir fort gros, mais de mauvaise qualité, pesant cent trente-deux carats[3].

La partie de l'inventaire concernant le cabinet du Roi

---

1. Arch. nat. Procès-verbal dressé le 23 décembre et jours suivants, clôturé le 8 janvier 1793.

2. Arch. nat., O² 488. Rapport de Garat, ministre de l'intérieur, daté du 6 février 1793. Les frais de recherches s'élevèrent à Anvers à quatre-vingt-trois livres sterling dix deniers, à Amsterdam à cent soixante-sept livres tournois trois sols trois deniers et en Angleterre à cent vingt-huit livres sterling sept shellings quatre deniers, ce qui correspond à trois mille deux cent dix livres tournois dix-neuf sols quatre deniers, non compris leurs dépenses personnelles, pour lesquelles ils s'en rapportent à l'estimation d'Auguste.

3. Arch. nat. Procès-verbal dressé le 23 décembre et jours suivants, jusqu'au 8 janvier 1793.

est encore plus éloquente, parce qu'elle signale, armoire par armoire, tablette par tablette, les objets qui manquaient. En dehors des pièces de la chapelle du cardinal de Riche- lieu, rapportées de l'allée des Veuves, le cabinet du roi était absent.

Depuis la fin de l'année 1792 jusqu'au mois d'avril de l'année suivante, on ne retrouve plus aucune trace des poursuites faites à propos du vol du Garde-meuble. A cette date le club des Jacobins s'occupa de rechercher sur qui devait retomber la responsabilité du crime. La discussion[1] qui eut lieu le 22 avril 1793 n'apprend rien de nouveau. Fabre d'Églantine reprocha à Restout d'avoir favorisé le pillage ; un autre membre du club l'accusa d'avoir dénoncé Thierry, son prédécesseur, pour se substituer à lui dans les fonctions d'administrateur général du Garde-meuble, [et d'avoir, par lâcheté, été cause de sa mort lors des massacres du 2 septembre. Restout se disculpa mal, et une lettre[2] qu'il publia peu de jours après pour sa défense montre que cette dernière accusation n'était point une calomnie.

La discussion se termina aux Jacobins par un discours de Thuriot, dans lequel il exposa ce que nous avons dit, que le vol avait été prémédité dans les prisons quelque temps avant son exécution : « Il faut savoir, ajoute-t-il, qu'il y a à Paris une grande ramification de voleurs; ils écrivent aux hommes qu'ils croient les plus propres à l'exécution de leurs desseins, on assigne les heures, on distribue les rôles, on marque le point de ralliement[3]. »

Thuriot était le premier des hommes politiques qui voyait juste et ne rejetait pas la responsabilité du crime à la tête de ses adversaires.

La plupart des joyaux, le *Régent*, le *Sancy*, n'avaient

---

1. Arch. nat., O² 476. Extrait du Mémoire de Restout, et *Journal des Jacobins* du 24 avril 1793, tome IV, n° 401, p. 167.

2. Arch. nat. O² 476. Dossier des lettres de Restout.

3. *Journal des Jacobins*, tome IV, n° 401, p. 167. Déposition de Thuriot à la séance de la Société des Jacobins du 22 avril 1793.

point encore été retrouvés ; mais, à la suite de la séance des Jacobins, des recherches plus actives furent exercées, et cette fois elles réussirent. Le 20 frimaire an II, Voulland, au nom du comité de sûreté générale, se présenta à la Convention, et annonça en ces termes la découverte du *Régent* :

« Votre comité de sûreté générale ne cesse de faire des recherches sur les auteurs et complices du vol du Garde-meuble. Il a découvert hier le plus précieux des effets volés : c'est le diamant connu sous le nom de *Pitt* ou *Régent*, qui dans le dernier inventaire de 1791 fut apprécié douze millions. Pour le cacher, on avait pratiqué dans une pièce de charpente d'un grenier un trou d'un pouce et demi de diamètre. Le voleur et le recéleur sont arrêtés ; le diamant porté au comité de sûreté générale doit servir de pièce de conviction contre les voleurs. Je vous propose, au nom du comité, de décréter que ce diamant sera transporté à la trésorerie générale, et que les commissaires de cet établissement seront tenus de le venir recevoir séance tenante[1]. »

Ces conclusions furent adoptées, et le décret suivant fut aussitôt rendu :

« La Convention nationale, après avoir entendu le rapport de son comité de sûreté générale, décrète, que deux commissaires de la trésorerie nationale se rendront séance tenante dans le sein de la Convention pour recevoir et déposer à la trésorerie nationale le diamant connu sous le nom de *Régent*, découvert par suite des recherches du comité de sûreté générale, et qui en sera retiré au besoin pour servir de pièce de conviction, dans le procès qui aura lieu, contre les personnes prévenues du vol ou recèlement des effets du Garde-meuble. »

Un autre décret du même jour portait que « deux membres du comité de sûreté générale se transporteront à la

---

1. *Moniteur universel* du 21 frimaire an II. Séance de la Convention nationale du 20 frimaire an II (10 décembre 1793).

2. *Moniteur universel* du 21 frimaire an II. Décret de la Convention nationale du 20 frimaire an II.

trésorerie nationale, et y déposeront dans une caisse à trois clefs le paquet contenant le diamant dit du *Régent*. Procès-verbal sera dressé de ce dépôt, et l'une des trois clefs sera déposée aux Archives nationales[1]. »

Voulland annonçait bien à la Convention que le voleur et le recéleur du *Régent* étaient arrêtés, mais il est difficile, en présence de la disparition presque totale des pièces de cette époque, de retrouver leurs noms et de connaître les circonstances qui permirent d'arriver à leur découverte.

Cependant, les papiers du comité révolutionnaire de la section de l'Unité semblent nous mettre sur une trace. Il s'agit du procès-verbal de la condamnation à mort et de l'exécution d'un nommé Bernard Salles, coupable de fabrication de faux assignats[2]. A en croire les membres du comité, sa maîtresse et la sœur de cette dernière, les femmes Lelièvre et Morée, auraient été compromises dans le vol, ou au moins dans le recel de la fameuse pierre[3].

Ce qui nous confirme dans ce dernier fait, c'est que le *Régent* semble avoir été découvert chez les femmes Lelièvre et Morée. Parmi les papiers conservés pêle-mêle dans les cartons de la Couronne, on trouve un extrait du registre du dépôt et du versement à la caisse de la trésorerie nationale, en date du 20 frimaire an II, dans lequel il est dit que le diamant *le Régent* a été apporté à la trésorerie dans un petit paquet scellé de cinq cachets, avec l'inscription : *Ne varietur*, et les noms : Femme Lelièvre, femme Morée, Voulland, Jagot, Albert et Copié, écrits sur l'enveloppe[4].

Pour quelle cause les noms des femmes Lelièvre et Morée

---

1. *Moniteur universel* du 21 frimaire an II. Décret du 20 frimaire an II.

2. Arch. nat., F⁷ 2507. *Journal des opérations de la section l'Unité*. Procès-verbaux des 27 et 29 frimaire an II. Lettre de l'accusateur public de la Seine, en date du 2 pluviôse an II.

3. Arch. nat., F⁷ 2507, déjà cité.

4. Arch. nat., F⁷ 4650. Extrait du procès-verbal de la Convention nationale, sur la découverte du *Régent*, en date du 1ᵉʳ germinal an II. O² 488. Extrait du registre des dépôts de versements dans la caisse à trois clefs de la trésorerie nationale, le 20 frimaire 1793. Même source. Dépôt par le citoyen Vadier, député à la Convention nationale, d'une clef de la caisse à trois clefs où est renfermé le *Régent*.

se seraient-ils trouvés à côté de ceux des commissaires de la Convention et de ceux de la section de l'Unité, si elles n'avaient pas été mêlées au recel de notre diamant? Au surplus, elles furent interrogées dans la huitaine et écrouées à la prison de Sainte-Pélagie, tandis que le mari de cette dernière, Jean-Baptiste Morée, était conduit aux Madelonnettes [1]. Elles ne passèrent en jugement que deux ans après, le 1er brumaire an IV, en compagnie de vingt-cinq autres individus, accusés d'avoir participé au vol du Garde-meuble [2].

Mais auparavant de nouvelles découvertes avaient eu lieu.

Trois mois après la découverte du *Régent*, le 1er germinal an II, le comité de sûreté générale saisissait, chez un sieur Tavenel et chez sa sœur la veuve Leblanc, un grand nombre de pierres, les plus belles de la Couronne, en dehors du *Régent*; c'étaient le *Sancy* et le diamant de la *Maison de Guise*, achetés par Colbert à Marie de Lorraine, les deux plus célèbres diamants de la Couronne par leur histoire [3].

Outre le *Sancy* et le diamant *de Guise*, cette trouvaille faisait rentrer au Trésor nombre d'autres pierres moins célèbres, mais représentant néanmoins plusieurs millions.

Quel était ce Tavenel, chez qui la découverte avait eu lieu? Nous ne retrouvons aucune procédure le concernant en l'an II, mais sous le Consulat, en l'an IX, un nommé Tevenel dit Durand est arrêté pour un vol de quatre cent soixante-dix mille livres fait à un banquier de Lyon [4].

---

1. Arch. nat., F7 n° 1444. Procès-verbal dressé par le citoyen Abert, membre du comité révolutionnaire de la section *l'Unité*, concernant les femmes Morée et Lelièvre, le 10 frimaire an II; autre procès-verbal du 19 frimaire an II, F7 4507. Procès-verbal de perquisition, en date des 10 et 19 frimaire an II. Interrogatoire de la femme Lelièvre, en date des 2 à 12 pluviôse, et 3 nivôse an II.

2. Arch. nat. F7 n° 1444. Lettre de Dameuve, l'un des directeurs du jury composant le Tribunal central, aux membres du comité de sûreté générale, en date du 11 brumaire an IV.

3. Arch. nat., F7 C II, 145. État des diamants trouvés chez Tavenel, remis au comité de sûreté générale par le comité révolutionnaire de la section *l'Unité*, le 1er germinal an II, et procès-verbal du dépôt de ces joyaux à la Trésorerie générale, en date du 8 germinal an II.

4. Arch. nat., O² 488. Notes de police concernant les voleurs du Garde-meuble, établies par le comité de sûreté générale, le 26 fructidor an III.

Dans les notes de police jointes à son dossier, il est signalé comme voleur et recéleur du Garde-meuble; de plus, comme chef d'une célèbre bande d'égorgeurs qui avait opéré aux environs de Montargis. Une note envoyée par le ministre de la police recommande, pour le faire arrêter, un choix particulier d'agents : *car presque tous le connaissent depuis longtemps et sont ses amis*[1]! Dans différentes pièces, Tevenel est souvent désigné sous le nom de Durand[2] et de Le Turc. Faut-il identifier cet individu avec celui qui en qualité d'agent de police a déposé comme témoin dans le procès de Paul Miette (le 20 novembre 1792), et qui dès le 7 du même mois, étant détenu à la Force, avait fait d'importantes déclarations contre plusieurs voleurs du Garde-meuble? Nous ne pouvons le certifier. Mais nous croyons que Tevenel est le même personnage que Tavenel. Sa sœur, sa complice, passa probablement devant le Tribunal central en l'an IV, sous le nom de Marguerite Thevenet ou Thevenel, veuve Leblanc[3].

Le premier jour du vol du Garde-meuble, cinq individus venus de Rouen avaient, nous l'avons dit, formé une bande particulière, et, le vol accompli, s'étaient empressés de disparaître, la première nuit même, sans attendre les recherches de la police. Pendant la Terreur, on n'entendit plus parler d'eux; mais, le 30 thermidor an III, l'un des membres de cette bande, *Fleury-Dumoutier*[4], s'était fait maladroitement arrêter et écrouer à Bicêtre pour

1. Arch. nat., O² 488. Déclaration faite à la Force par le nommé Durand, en date du 7 novembre 1792. Signalements de plusieurs voleurs du Garde-meuble donnés par Durand et F⁷. Dossier 6312.

2. Arch. nat., O² 488. Interrogatoire de Durand en date du 13 prairial an X, sur le vol du Garde-meuble. — Arch. nat. F⁷ 6312, dossier 6532. Thevenet, dit Durand, dit Le Turc, était en prison aux massacres de septembre 1792; arrêté de nouveau le 12 nivôse an IV, il avait été condamné à dix-huit années de fer par le Tribunal criminel, le 19 floréal de la même année. Il se sauva après être resté sur les toits pendant cinq jours.

3. Arch. nat., F⁷ n° 1111. Lettre de Dameuve, directeur du jury, aux membres du comité de sûreté générale, le 11 brumaire an IV.

4. Arch. nat., O² 488. Rapport du comité de sûreté générale, en date des 29 et 30 thermidor an III. Dénonciation de Dumoutier, datée de Bicêtre, le 14 messidor an III.

émission de faux assignats. Interrogé, on découvrit qu'il avait pris part au pillage du Garde-meuble. On apprit par lui que Salles dit Masson avait été son compagnon et que les trois autres Rouennais étaient Cadet Guillot dit Lordonner, marchand forain, François Auguste et François Gobert. On s'occupa de les rechercher. Les cabarets de Rouen furent fouillés, particulièrement l'un d'eux, situé rue Eau-de-Robec, rendez-vous ordinaire des voleurs et receleurs. Les recherches n'eurent pas de résultat, et Dumoutier, fort malin, joua longtemps les membres du comité de sûreté générale[1]. Il ne voulut d'abord donner qu'à eux seuls les renseignements qu'on lui demandait. Il refusa de parler aux commissaires et aux délégués de la police venus pour l'interroger.

Amené enfin devant le comité, il raconta les faits tels qu'ils s'étaient passés sur la place de la Concorde dans la nuit du 11 septembre 1792, et fit savoir que le sieur Joseph dit le Savoyard, que nous avons déjà vu acheter un certain nombre de diamants aux voleurs du Garde-meuble, et que nous supposons avoir été associé avec Moulin, était venu exprès de Lyon à Rouen pour acheter les pierres que les Rouennais avaient emportées[2]. Dumoutier dit qu'on lui en vendit une partie pour la somme de huit mille louis, qui furent immédiatement partagés entre eux ; mais, n'ayant pu s'entendre sur les prix offerts par le Savoyard pour la majeure partie des diamants restants, qui, suivant Dumoutier, valaient plus de dix millions, ses complices les avaient encore en leur possession.

Il offrait donc au comité de faire rentrer ces dix millions

Rapport sommaire du comité de sûreté générale du 23 thermidor. Interrogatoire de Dumoutier à Bicêtre, les 19 et 26 thermidor an III.

1. Arch. nat., O² 488. Rapport du conseil général de la commune de Rouen au comité de sûreté générale de Paris, en date du 19 thermidor an III. Même source. Rapport du citoyen Almain, membre du comité de sûreté générale, à Paris, envoyé à Rouen pour rechercher lesdits voleurs.

2. Arch. nat., O² 488. Interrogatoire de Dumoutier à Bicêtre, les 19 et 26 thermidor an III, et déclaration du même en date du 14 messidor an III.

de joyaux au Trésor, si l'on voulait l'envoyer à Rouen. Le comité ne se décida pas, et il eut raison, car, à la date où Dumoutier faisait cette déclaration, le *Régent*, le *Sancy* et un grand nombre d'autres diamants avaient été recouvrés, il n'en restait pas plus de six millions dispersés en France et à l'étranger entre de nombreuses mains.

Devant le refus du comité, Dumoutier ne voulut plus rien dire, mais il fit fort habilement intercepter[1] par les gardiens de la prison des lettres qu'il adressait à Rouen, ou d'autres qu'il se faisait envoyer de cette ville. Leur contenu avait pour but de mettre la police sur une fausse piste. Dans ces lettres, il parlait entre autres d'une horlogère nommée Mme Lamare, demeurant rue du Vieux-Palais, précédemment rue du Grand-Pont à Rouen, et d'une somme de trente mille livres que Guillot devait lui envoyer[2]. Immédiatement, on expédia à la Commune de Rouen exprès sur exprès pour communiquer les renseignements trouvés dans les lettres de Dumoutier[3], mais les signalements ne se rapportaient à aucun individu de la ville, et, malgré les recherches, qui durèrent cinq mois, les délégués de la commune de Rouen firent savoir au comité de sûreté[4] générale que les indications fournies étaient erronées.

On fit de nombreuses perquisitions chez la dame Lamare. Ses antécédents étaient honorables, et l'on acquit la conviction, après enquête, que là encore on était dans l'erreur[5].

---

1. Il en avait remis une entre autres à un nommé Bertaut, détenu comme lui, mais qui devait être mis en liberté le lendemain. Ce Bertaut confia mystérieusement la chose au concierge de la prison, qui en référa aussitôt au comité de sûreté générale. Un commissaire vint et somma Bertaut de lui remettre cette lettre. Celui-ci, faisant mine d'être furieux de ce que le concierge avait divulgué son secret, sortit la lettre de sa poche, la déchira avec les dents en plusieurs morceaux et en avala quelques-uns. On se jeta sur lui pour l'empêcher de la faire disparaître, et, les morceaux rassemblés et collés, on put lire assez difficilement son contenu. (Arch. nat., O² 488.)

2. *Ibidem.* — 3. *Ibidem.* — 4. *Ibidem.*

5. Arch. nat. O² 488. Rapport du citoyen Almain, membre du comité de sûreté générale, envoyé expressément à Rouen, en date du 9 fructidor an III.

Après ces recherches, il demeura vraisemblable qu'excepté l'épée de Louis XVI, montée avec des pierres taillées
en roses par F. Bapst, qui furent retrouvées sur l'indication
de Dumoutier, tout ce qui avait été volé par les Rouennais
avait dû passer en Angleterre par les soins de Cadet Guillot,
que l'on s'obstinait à rechercher à Rouen.

Nous en trouverons plus loin la preuve, dans les indications que nous fournissent d'autres papiers de la police,
relatifs à la *Toison-d'or*, dite *la Côte-de-Bretagne*, montée
en 1749 par Jacquemin.

Mais, avant de nous occuper de ce qu'était devenue cette
pierre, sortie du trésor d'Anne de Bretagne, il nous faut
parler d'un autre procès, qui nous paraît avoir eu une importance aussi considérable que ceux de 1792. Une lettre
de l'un des présidents du jury d'accusation du Tribunal
central de Paris, en date du 11 brumaire an IV, rendant
compte au comité de sûreté générale de l'audience consacrée
à cette affaire, est la seule pièce qui nous ait fait connaître
ce procès, qui devait être d'un haut intérêt, étant donné le
nombre des accusés et l'importance de certains d'entre
eux[1]. Vingt-sept individus prévenus de complicité dans le
vol du Garde-meuble comparaissaient devant le jury d'accusation, le 1er brumaire an IV. « Les jurés décidèrent qu'il
n'y avait pas lieu de poursuivre contre neuf d'entre eux,
et maintinrent en état d'arrestation les dix-huit suivants :
Marie-Louise Lelièvre, femme Morée, Jeanne Lelièvre (re-
céleuses du *Régent*), Moïse Deschamps ou Delcampo, déjà
connu de nous comme l'un des auteurs du vol du Garde-
meuble; Marguerite Thevenet ou Thevenel, veuve Leblanc,
vraisemblablement compromise dans l'affaire du *Sancy*;
Moyse et Abraham Nunès Dacosta, Horace Molin ou Moulin, dont nous avons déjà parlé, et un certain nombre d'autres individus dont les noms ne nous rappellent rien; enfin,

---

[1]. Arch. nat., O² 488, n° 1444. Lettre de Dameuve, l'un des directeurs du jury
d'accusation du Tribunal criminel de Paris, du 11 brumaire an IV, adressée aux
membres du comité de sûreté générale.

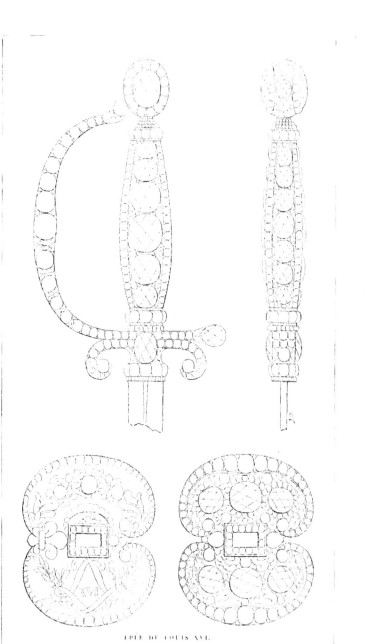

ÉPÉE DE LOUIS XVI.

Dessinée par Bretet et montée par G.-F. Bapst.

Dessins conservés dans la maison Bapst et Falize (ancienne maison Bapst).

un nommé Guillaume Robert, qu'une évasion avait rendu célèbre dans le monde de la police et des prisons[1].

Moulin et Robert sont les plus intéressants de ces voleurs. Nous avons vu que Moulin s'était fait passer comme membre de la municipalité à Paris, arrêtant des citoyens dans les rues pour leur réclamer des offrandes nationales. Il était à cette époque chef d'une bande de Marseillais; il se sentait tout-puissant et assuré de l'impunité de la part de la police et du gouvernement, qui le redoutaient.

Aussitôt après le vol, Moulin semble s'être associé avec Joseph dit le Savoyard, et à eux deux ils achètent le plus grand nombre des diamants de la Couronne vendus par les voleurs. Ils trafiquent sur une grande échelle; ils ont sur eux une valeur considérable en or ou en assignats vrais et faux, qui leur permet d'acheter comptant, pour des sommes importantes, comme nous l'avons vu dans les procès de Gallois, de Meyran et d'autres. Ils se dirigent rapidement d'un point à un autre, comme Joseph le Savoyard, qui arrive en poste à Rouen pour traiter avec Fleury-Dumontier. Ils volent les voleurs en les payant en fausse monnaie.

En l'an IV[2], Moulin fut arrêté sur les rapports réitérés de

1. Arch. nat., F7 2507. Rapports de police adressés de Limoges à la section révolutionnaire de l'Unité, les 21, 22 nivôse an II. Procès-verbal des sieurs Albert et Copie, daté de Paris, 7 pluviôse an II. O² 488. Lettre de Dameuve, déjà citée, n° 795. Lettre du citoyen Aubreton au représentant du peuple Lacoste, en date du 29 nivôse an II. Lettre de Maublanc, accusateur public du tribunal criminel de Limoges, au président du comité de sûreté générale, le 24 nivôse an II.

2. Arch. nat., F7 6312, Dossier d'Horace Molin, et N² 488. Rapport de Bonnard au comité de sûreté générale en date du 4 frimaire an III. Nous en extrayons le passage suivant : « Molin n'a point d'état, depuis quinze ans il a toujours été complice des voleurs; il a été inculpé dans l'affaire du fameux Théveuel, lors du vol de Fingrelin de Lyon; il a subi dix à onze mois les prisons; il n'en est sorti que sur la *promesse qu'il fit à l'assesseur Rey, alors à Lyon, d'être utile à ce tribunal*, et d'après les indications qu'il a données relativement à ce même vol.

« Il a été mis nue comme la main à Marseille relativement à des vols de portefeuille. Qu'on écrive à ce sujet encore de même à la municipalité de Chalon-sur-Saône ont recevrat une jolie réponse.

« Il y a un fait bien precize en 1792 le comité dont il faizoit nombre luy firent une quette de trois cents francs. Depuis le voilà riche tant en mobilier, effets, immeubles et argent, à cinq cent mille livres. *Le Garde-meuble eut bon dos.* »

l'agent de police Bonnard. Condamné ou non, il est bientôt relâché, ou bien il trouve moyen de s'évader, puisque nous le retrouvons en l'an IX ayant volé quatre cent soixante-dix mille livres à un banquier de Lyon.

C'est entre ses mains que l'on doit supposer que passèrent la plupart des joyaux qui existaient en 1792 au Trésor national, et qui ne rentrèrent que plus tard au Garde-meuble.

Quant à Robert, nous ignorons quel fut son rôle dans le vol des diamants; arrêté antérieurement à l'an II, par le comité révolutionnaire de la Haute-Vienne, il fut écroué à la prison de Limoges. Il s'était sauvé par la croisée parce qu'il avait entendu dire par d'autres prisonniers que l'on se préparait à massacrer les détenus de Limoges comme on l'avait fait à Paris au mois de septembre. De là il s'était rendu à Calais, où il avait rencontré dans une auberge le nommé Delcampo.

Après avoir passé tous deux la Manche et séjourné quelque temps en Angleterre, ils revinrent à Paris, où la police les arrêta et les envoya devant le tribunal central[1].

Mais les recherches que l'on avait faites pour retrouver Robert avaient donné lieu à une correspondance fort volumineuse, entre les tribunaux, le comité de sûreté générale et les bureaux de la police. On y voit à chaque page combien l'on était préoccupé de mettre la main sur l'évadé de Limoges, et quelle quantité d'ordres et de recommandations étaient envoyés de toutes parts à son sujet.

Rien de plus sur ce procès, qui dut être fort curieux. Nous n'en aurions même pas eu trace si la lettre égarée du président du tribunal central n'était venue, comme beaucoup d'autres pièces concernant ce vol, échouer dans un dépôt public, où elle n'aurait pas dû se retrouver.

---

1. Parmi les pièces de cette correspondance, une lettre du citoyen Aubreton, agent de police, qui avait arrêté Robert, au représentant du peuple Lacoste, pour lui demander d'ordonner des recherches, contient un *post-scriptum* assez original pour être reproduit : « Si tu étais *bon sans-culotte*, tu viendrais quelque jour demander un plat de fèves à ma ménagère. » (Arch. nat., F7 reg. B, n° 795. Lettre du 29 nivôse an II.)

Venons maintenant à l'histoire de la *Toison-d'or*.

Cadet Guillot, on s'en souvient, était parti aussitôt après le vol avec des joyaux, dont le principal était la *Toison-d'or*.

Cette décoration représentait une valeur de trois millions trois cent quatre-vingt-quatorze mille livres, d'après l'inventaire de 1791.

Nous avons vu, lorsqu'on la monta, qu'à son centre était le *Diamant bleu* en triangle acheté par Louis XIV à Tavernier lors de son retour de Perse : la *Toison-d'or* était tenue dans la gueule du dragon fait du grand rubis gravé par Gay, qui avait reçu, dans le trésor de Marguerite de Foix et de sa fille, la duchesse Anne, le nom de *Côte-de-Bretagne*.

Cadet Guillot avait probablement pris ce bijou. La *Toison-d'or* fut cassée, et le *Diamant bleu*, estimé trois millions, fut vendu en Angleterre et coupé en deux morceaux, pour échapper aux revendications qui auraient pu se produire.

La plus grosse moitié, au dire d'un lapidaire émérite, M. Forster, serait entre les mains de M. Hope, à Londres, tandis que la seconde partie, beaucoup plus petite, aurait figuré à la vente de la collection du duc de Brunswick. Mais le *Dragon*, qui à lui seul personnifie l'histoire des joyaux de la Couronne, ne devait pas être perdu pour la France.

En 1796, un peintre nommé Brard, en mission à Hambourg, envoyait un rapport au ministre de la police, à la date du 20 floréal an V, lui faisant savoir qu'un émigré du nom de Lancry était arrivé à Altona porteur d'un rubis appelé *le Dragon*, et provenant des joyaux volés au Garde-meuble[1]. D'après Brard, c'était Cadet-Guillot dit Lordonner qui l'avait remis à Lancry[2]. Cadet-Guillot, après le vol du

1. Arch. nat., F⁷ 3300¹. Relations extérieures. Correspondance du citoyen Reinhard, ministre plénipotentiaire de la République française près les villes hanséatiques, avec le ministre des relations extérieures à Paris, 6 ventôse an V.

2. Arch. nat., F⁷ 3300¹. Lettre des citoyens Brard, peintre, correspondant du Jardin des plantes, en mission à Hambourg, au citoyen Cochon, ministre de la police, le 20 floréal an V.

Garde-meuble, ne s'était pas dirigé sur Rouen comme Du-moutier et les autres membres de la bande des Rouennais, mais il s'était rendu à Nantes, où il avait trouvé un bateau qui l'avait conduit au Havre. Après un séjour assez long dans cette ville, il serait allé à Londres. Il avait, paraît-il, dans ces deux villes, montré des bijoux renfermés dans des étuis de maroquin[1]. A Londres, il avait pris comme commis et confident l'émigré Lancry et l'avait envoyé à Altona pour affaires, particulièrement pour négocier la vente de la *Côte-de-Bretagne;* Lancry avait trouvé moyen de faire arrêter Cadet-Guillot et de le faire mettre en prison pour dettes; c'était dans ces conditions qu'il était arrivé à Altona[2], où il rencontra les sieurs Brard, Panel et Roubet.

Il se lia avec eux et leur demanda leur concours pour la vente du rubis, qu'il proposait au gouvernement français[3]. Brard, Panel et Roubet en informèrent aussitôt le consul de France, qui prévint Reinhardt, le ministre plénipotentiaire à Hambourg. Immédiatement des pourparlers s'engagèrent dans lesquels chacun tira de son côté.

Brard et Panel, dans leur correspondance adressée au ministre de la police à Paris, accusent Reinhardt de maladresse et vont même jusqu'à parler de trahison[4].

Lancry, voyant que l'on tenait beaucoup à avoir son rubis, éleva ses prétentions. C'est alors que Reinhardt jugea utile de faire arrêter Lancry par le préteur de Hambourg; mais, s'apercevant qu'il ne pourrait rien obtenir par la violence, il le fit relâcher le lendemain.

Reinhardt adressa aux ministres des finances et de la

---

1. Arch. nat., F⁷, n° 3500[?]. Rapport, en date du 26 ventôse an V, transmis par Reinhard, ministre de la République française à Hambourg, au ministre des relations extérieures à Paris, et archives du Ministère des affaires étrangères, n° 111.

2. Même source. Lettre de Brard au ministre de la police, en date du 6 ventôse an V.

3. Arch. nat., F⁷ 3500. Mémoire transmis au ministre de la police par les citoyens Brard, Roubet et Panel, les 6 et 7 pluviôse an V.

4. Même source. Lettre de Reinhardt au ministre des relations extérieures, en date du 27 pluviôse an V, et archives du Ministère des affaires étrangères, n° 111.

police un long rapport sur cette affaire ; il les informait que
le prince de Wirtemberg avait offert une somme considérable pour avoir ce rubis, et il manifestait la crainte que
les cours de Russie et d'Autriche ne fussent en instance
pour se le procurer[1].

En réponse, il reçut du ministre des finances Ramel
l'autorisation d'offrir cinquante mille livres pour recouvrer
« cette pierre unique en son espèce et qui est estimée
cent mille écus[2] ».

Dans la lettre suivante, Reinhardt annonce que Lancry
n'est plus en possession du rubis, que c'est un autre émigré, le général royaliste Danican, qui en est porteur, et
l'on suppose qu'il est allé à Blankenbourg pour l'offrir au
prétendant Louis XVIII[3] ; puis la correspondance diplomatique des villes hanséatiques cesse tout à coup de parler de
cette affaire. Le rubis rentra-t-il à ce moment, ou bien fut-
il remis à Louis XVIII, qui l'aurait rapporté en 1814 ? Nous
l'ignorons encore, mais aujourd'hui le rubis *Dragon* est
conservé à la galerie d'Apollon, au Louvre. Lorsqu'on désigna, il y a quatre ans, les pièces soi-disant historiques qui
devaient être conservées comme telles dans notre Musée
national, le rubis *Dragon* n'y figurait pas. La commission
d'expertise l'avait classé parmi les pierres destinées à être
envoyées au Muséum d'histoire naturelle pour servir aux
expériences, et sur le papier qui l'enveloppait était écrite
la mention : *Pierre sans valeur*[4]. La *Côte-de-Bretagne*
avait été estimée au seizième siècle cinquante mille écus, et
au dix-septième siècle soixante mille livres !

1. Arch. nat., F⁷, n° 3300, et archives du Ministère des affaires étrangères, n° 111,
p. 33 et 39, du 1ᵉʳ pluviôse an V.

2. Même source, p. 216. Le ministre des finances au ministre des relations extérieures, le 14 floréal an V.

3. Même source, p. 39 et 51. Reinhardt au ministre des Relations extérieures, les
1ᵉʳ, 11 et 27 pluviôse an V.

4. La commission avait été instituée et ses membres nommés par M. Antonin
Proust, alors ministre des beaux-arts ; le dossier fort considérable réuni par cette
commission nous a été communiqué avec la plus grande obligeance par M. Edmond
Turquet, sous-secrétaire d'État au Ministère de l'instruction publique.

Nous avons suivi les principales pièces du trésor de la Couronne depuis le moment où elles ont été volées jusqu'à celui où elles ont été retrouvées ou vendues. Qu'on ne s'étonne pas si la plus grande partie, comme le *Sancy* et la plupart des Mazarins, n'étaient plus au Trésor l'année dernière, lors de la vente. C'est qu'en l'an V le budget de la guerre était considérable, qu'alors le numéraire manquait, et que dix-huit millions de diamants environ aidèrent, comme nous le verrons plus loin, à solder les frais de l'immortelle campagne de 1796.

Aujourd'hui, la vente des diamants de la Couronne a produit six millions dont les fonds n'ont pas encore d'affectation.

Puissent ces six millions, comme en l'an V, servir un jour à solder un nouvel Arcole ou un nouveau Rivoli!

Après avoir suivi les pierres volées, nous suivrons aussi leurs voleurs, et nous indiquerons ce que sont devenus ceux de nos héros dont l'existence a laissé des traces après les jugements dont ils avaient été l'objet. Gallois dit Matelot parvint à s'échapper trois fois; Douligny et Chambon semblent être morts en prison; quant aux autres prisonniers, nous les perdons de vue, et leur vie ne paraît plus présenter aucun intérêt.

Lamy-Evette, qui, avec la femme Corbin, avait le premier dénoncé les voleurs, avait été arrêté à son tour le 26 septembre 1792, et emprisonné sans jugement. Sa maîtresse, la femme Corbin, ayant réclamé une note exagérée pour la nourriture et les consommations que Lamy-Evette et Cottet avaient prises pendant les deux jours qu'ils étaient restés chez elle, fut également internée par ordre du tribunal[1]. Elle resta en prison, ainsi que Lamy-Evette, durant l'époque de la Terreur; ce ne fut qu'en l'an III que tous deux, après avoir constamment demandé leur élargis-

---

1. *Bulletin du Tribunal criminel*, audience du 7 novembre 1792. Procès de Claude-Melchior Cottet, dit le Petit Chasseur, et Arch. nat., O² 176 et F⁷, n° 4441.

sement, parvinrent à l'obtenir. La femme Corbin, aussitôt en liberté, réclama, avec une persévérance qui devait la faire réussir, une somme considérable pour les services qu'elle avait rendus à la justice, en dénonçant les coupables du vol du Garde-meuble.

A la suite de nombreuses démarches restées infructueuses, la femme Corbin se décida à adresser, le 21 novembre 1796, un long mémoire aux membres du Directoire Rewbell et Barras. Dans ce mémoire, elle exhalait ses plaintes les plus amères sur la façon brutale dont elle avait été traitée en prison et sur l'ingratitude dont on avait usé à son égard, alors qu'on aurait dû au contraire lui témoigner une grande reconnaissance pour tout ce qu'elle avait fait en faveur de la justice. « Enfin, ajoutait-elle, j'ai été ruinée, accablée sous le poids du discrédit par suite des vexations infâmes d'un tribunal honteux qui n'a pas craint de se noircir du charbon de l'arbitraire et de l'infamie, en me constituant criminellement prisonnière, sous le scélérat prétexte de complicité dans le vol du Garde-meuble, dont j'avais, au contraire, en partie réparé le désastre. Mon crédit est perdu, mes meubles ont été vendus à l'encan, voilà le fruit que j'ai retiré des services que j'ai rendus à la République. » Se basant ensuite sur les termes du décret du 23 brumaire an II[1], qui accordait des récompenses à ceux qui découvriraient des diamants enfouis, elle demandait une indemnité « pour avoir procuré au gouvernement la découverte des voleurs du Garde-meuble et avoir fait recouvrer une grande partie des diamants qui y avaient été volés. »

Le Directoire envoya ce mémoire au ministre de la police, qui le transmit de son côté à son collègue de l'intérieur, « comme étant plus que personne à même d'en apprécier le mérite[2]. »

---

1. Ce décret avait été abrogé le 10 floréal an IV (29 avril 1796)

2. Arch. nat., O² 476 et F⁷, n° 1443. Mémoire de la citoyenne Luridor, femme Corbin, en date du 1ᵉʳ frimaire an V. Lettre de Cochon, ministre de la police, au ministre de l'intérieur, du 26 frimaire an V.

Sur la proposition de Cochon, ministre de la police, le Conseil des cinq-cents fit droit à la demande de la femme Corbin et lui accorda six mille livres d'indemnité. Cette résolution fut approuvée par le Conseil des anciens dans sa séance du 9 février 1797[2]. A partir de ce moment, nous n'entendons plus parler de Lamy-Evette ni de la femme Corbin.

Restout mourut subitement en 1798, après avoir été emprisonné durant la Terreur[1]. Les autres voleurs disparaissent complètement, on ne les retrouve plus dans aucun papier de police.

Nous avons vu les accusations portées par les partis les uns contre les autres, et nous pouvons conclure qu'aucun

1. *Moniteur universel*, n° 154.

2. A différentes reprises mille fables ont été publiées sur l'histoire du vol du Garde-meuble. Nous avons déjà parlé de la lettre écrite cinquante ans après cet événement par Sergent, qui, probablement fort vieux, ne se souvenait plus exactement des choses et n'était pas fâché de s'attribuer un beau rôle dans cette circonstance, en ayant eu généralement de vilains dans tout ce qu'il avait été appelé à faire. Nous avons renvoyé pour toute cette affaire à l'étude de M. Drumont parue dans la *Revue de la Révolution*; du reste, les détails les plus circonstanciés que nous venons de donner sur ce vol répondent suffisamment aux allégations de Sergent.

A en croire M. Dieulafait, dans son traité sur les *pierres précieuses* (page 92, Paris, Hachette, 1871, bibliothèque des Merveilles), le *Régent* aurait été retrouvé dans l'allée des Veuves avec le *Calice-de-Saint-Denis* ou *Coupe-des-Ptolémées*. Pour le *Calice-de-Saint-Denis*, nous renvoyons au *Cabinet des médailles*, par M. Ernest Babelon ; quant au *Régent*, nous savons par les documents précités comment il a été retrouvé. En second lieu, M. Dieulafait, d'après un article de la *Gazette des tribunaux*, prétend que les objets furent retrouvés sur la dénonciation d'un nommé Baba, fabricant de faux assignats; que ce dernier, condamné par la cour criminelle en 1804, aurait déclaré qu'il avait été l'une des causes du gain de la bataille de Marengo.

Pour notre part nous avons recherché dans les papiers de l'époque conservés aux Archives nationales, et dans les documents de la police où il est accusé de fabrication de faux assignats (Arch. nat. F⁷ 6312), mais nulle part nous n'avons trouvé que le susdit Baba ait été compromis dans le vol du Garde-meuble. De plus cet article de la *Gazette des tribunaux* nous renvoie au *Journal de Paris* de 1804. Or nous avons compulsé toute la collection de ce journal de l'année 1804 et nous n'y avons point trouvé relaté le fait précité.

Enfin nous savons que l'agate dite *Coupe-des-Ptolémées* n'a pas été retrouvée dans l'allée des Veuves, le *Régent* non plus, et que la découverte qui y fut faite est due aux dénonciations de Badarel et de Gallois dit Matelot, qui avaient enterré dans cet endroit les objets dont nous avons donné le détail.

On voit donc que l'article de la *Gazette des tribunaux* peut être considéré, ainsi que la lettre de Sergent, comme une fable destinée à amuser le lecteur.

n'était coupable du vol. La preuve existe dans un fait matériel : que l'on compare l'inventaire détaillé de la collection du Garde-meuble de 1791 avec la liste des objets retrouvés après le vol, et l'on verra que tous ou presque tous les diamants ont été retrouvés, les uns chez les voleurs ou les recéleurs, les autres chez des particuliers dont nous connaissons les noms, qui les ont achetés aux voleurs : il est donc impossible de soupçonner Brunswick de les avoir possédés. Il est également impossible de laisser planer sur Danton les soupçons ineptes dont voulaient l'accabler Roland et la coterie des Girondins.

C'est sur ces derniers seuls que doit retomber la responsabilité de la disparition des trésors du Garde-meuble, responsabilité que dans leur lâcheté ils ont tenté de rejeter sur d'autres. Leur chef était alors ministre de l'intérieur ; il avait dans ses attributions le devoir de veiller au maintien du respect de la propriété, et surtout de sauvegarder la vie des citoyens. Du jour où il sentait qu'il n'avait plus le pouvoir de se faire obéir, il n'avait qu'à se retirer, en déclarant l'impuissance dans laquelle il était d'obtenir l'exécution des lois.

Par leur incapacité, par l'impuissance de leur gouvernement, par leur manque d'autorité, les Girondins, qui n'avaient pas eu un mot de blâme pour les massacres de septembre, favorisèrent en quelque sorte, par leur imprévoyance, l'exécution de ce vol mémorable. Après, ils voulurent faire croire que cette entreprise était l'œuvre d'un parti politique, tandis qu'elle n'avait été qu'un hardi coup d'adresse de quelques voleurs de métier.

LIVRE IX

CHAPITRE PREMIER

Payement des fournisseurs avec les diamants de la Couronne. — Les joyaux de roi de Sardaigne confisqués à la banque d'Amsterdam et envoyés à la trésorerie nationale. — Les sieurs Perrin et Cablat envoyés en Orient pour y vendre une partie des diamants de la Couronne. — Les fournisseurs de l'armée Treskow et d'Iranda. — Traités d'emprunts sur gages avec Carrier, Bezard et Cⁱᵉ, Vanlenberghem et autres. — Le *Régent* et le *Sancy*.

Nous venons de voir comment les joyaux de la Couronne furent volés et comment ils furent, pour la plupart, retrouvés et versés à la trésorerie nationale. Nous allons voir maintenant comment nombre de joyaux de provenances diverses vinrent les y rejoindre, puis comment ces richesses mélangées, sans distinction d'origine, furent mêlées aux événements des derniers jours de la Révolution.

A cette époque comme dans toutes les périodes troublées, on manqua de numéraire ; mais à aucun moment, en raison des quatorze armées mises sur pied pour la défense du sol, on n'en eut un plus pressant besoin. En l'an IV, le budget de la guerre se soldait par plus d'un milliard de dépenses[1].

1. *Dictionnaire des finances*, par Léon Say, p. 540. Budget de l'an IV. Les dépenses de la guerre sont évaluées à onze cents millions.

Les compagnies qui fournissaient au gouvernement les munitions, les vivres et les chevaux, ne parvenaient plus à être payées, et pour rentrer dans leurs fonds elles ne trouvaient plus que le moyen de refuser tout nouveau marché; lorsqu'elles consentaient encore à traiter, elles exigeaient, avant de faire aucune livraison, un gage qui pût les garantir contre toute éventualité.

Au commencement du Directoire, le ministre des finances Ramel conçut l'idée de donner, comme gage ou comme payement, aux fournisseurs des guerres, ce que le mobilier national ou la trésorerie contenait d'objets d'art ou de pierres précieuses.

Le mobilier national était alors composé de collections d'objets d'art et de meubles de provenances diverses. On sait que la Convention avait confisqué les biens des émigrés, des abbayes et des églises, fait verser les objets d'art en provenant dans les dépôts du Garde-meuble national, puis, ces objets mélangés avec ceux des collections royales, elle avait décidé la vente du tout. En même temps elle créait un musée d'histoire et constituait une commission de savants chargés de choisir, avant la vente, ceux des objets qui paraîtraient les plus dignes d'être conservés comme modèles pour l'industrie ou comme monuments pour l'étude de l'histoire[1].

1. A différentes reprises la Convention nationale avait envoyé des ambassades au sultan de la Porte ottomane; et chacune d'elles avait été chargée d'offrir à ce souverain, le seul qui ne fût pas en guerre alors avec la République, des cadeaux composés surtout de pierres précieuses. A cette époque l'un de nos grands-pères, Ménière, ancien joaillier de la Couronne, fut arrêté par ordre du comité de salut public et jeté en prison. Il en fut bientôt tiré et envoyé en mission à Constantinople, porteur des joyaux que la République française envoyait au Grand Turc. Arrivé à Bâle, il se présenta devant Barthélemy, ambassadeur de la République en Suisse. Ce dernier, voyant un individu muni de bijoux qui venait de quitter la France, ne voulut jamais admettre qu'il fût en présence d'un envoyé du gouvernement français chargé d'une mission officielle; il crut, au contraire, qu'il avait devant lui un voleur qui s'enfuyait ou un émigré. Il le fit arrêter, et ce ne fut que sur des ordres formels venus de Paris environ quinze jours après qu'il consentit à le mettre en liberté et à le laisser continuer son voyage.

Il nous paraît que ces cadeaux envoyés au sultan n'étaient point composés de

Bientôt les ventes commencèrent dans tous les districts où étaient les palais. Celle de Versailles dura plus d'un an, et l'on y vendit plus de trois mille numéros. A Paris, on vendit en plusieurs endroits les objets emmagasinés dans divers dépôts. Alexandre Lenoir, garde de l'un de ces dépôts — les Petits-Augustins — sut habilement conserver nombre d'objets et de pièces d'art pour le muséum qu'il devait créer sous le nom de Musée des monuments français. Enfin, lorsque le Directoire remplaça la Convention, les ventes s'étaient quelque peu arrêtées par suite du défaut d'acheteurs, et les dépôts du Garde-meuble contenaient encore un grand nombre d'objets dont la source était inconnue.

Ramel, alors ministre des finances, examina avec son collègue à l'intérieur, Benezech, le parti que l'on pourrait tirer de ces objets. Il crut d'abord devoir faire brûler les tapisseries tissées d'or pour en extraire cette matière précieuse, et en second lieu faire choisir aux fournisseurs des armées, encore impayés, parmi les objets subsistants, ceux qui leur conviendraient le plus pour l'acquittement des dettes de l'État envers eux. Un certain nombre de ces fournisseurs se rendirent dans ces dépôts et y prirent des bronzes et des boiseries; les glaces tirées des boudoirs et des salons paraissent avoir surtout tenté leur cupidité[1].

Le mobilier ainsi employé, on s'occupa des diamants conservés dans la trésorerie nationale. Cette caisse conte-

pierres précieuses faisant partie des joyaux de la Couronne, mais provenaient soit des objets versés à la Monnaie, soit de tout autre fonds contenant des bijoux confisqués.

1. Arch. nat. AF III, registre 532. dossier n° 114. Mobilier de la liste civile : lettre du 6 nivôse an IV, du ministre des finances Faytpoul au Directoire exécutif: rapport au Directoire exécutif du ministre des finances Faytpoul, sur la disposition et l'emploi de la ci-devant liste civile, comprenant le mobilier national, les propriétés foncières à vendre, et les revenus à engager : rapport au Directoire exécutif du ministre des finances Faytpoul, sur l'emploi et la consistance de ce qui n'a pas encore été vendu, comprenant le Garde-meuble de Paris, les Tuileries, Versailles, Trianon, etc., Rambouillet et Saint-Hubert, Marly, Meudon, Saint-Cloud, Bellevue, Fontainebleau, Compiègne et Saint-Germain. — AF III, registre 532, dossier n° 114 : lettre du 6 vendémiaire an VI, du ministre des finances Ramel au président du Directoire exé-

naît alors les diamants de la Couronne, presque tous retrouvés après le vol du Garde-meuble, et nombre de parures confisquées à des particuliers ou bien prises entre les mains des voleurs après les pillages de maisons privées.

Tous ces diamants avaient été successivement reversés dans la caisse du Trésor public sans que leur origine fût constatée; mais il n'est pas douteux que la plus grande partie, au commencement de 1795, provenait encore cependant de l'ancien trésor de la Couronne.

A ce moment, une circonstance fortuite vint augmenter de moitié le trésor déposé dans les caisses de l'État. Au commencement de 1795, l'armée française conquit la Hollande. A peine les troupes eurent-elles occupé Amsterdam, que l'agent de la marine et du commerce de la République française résidant en cette ville apprit que le roi de Sardaigne avait, à la date du 25 juin 1794, suivant acte passé chez Me Van Homrigh, notaire[1] à Amsterdam, fait un emprunt de sept cent soixante mille florins à la maison Re-

cutif. — A F IV, registre 215, dossier n° 280 : rapport du 24 ventôse an VIII au ministre des finances, sur le compte des citoyens Perrin et Cablat. — A F IV, registre 204, n° 4021 : lettre du ministre des finances au premier consul, et réponse du premier consul.

Quoique la Convention ait peu usé des payements au moyen du mobilier national, nous retrouvons une pièce concernant Mme Dubarry, qui nous paraît encore inédite, et qui nous fait voir que le procédé de Ramel a été employé par le comité de salut public :

« Du 15 pluviôse an II de la République.

« Le comité de salut public, informé par le ministre de l'intérieur que parmi les effets précieux composant la succession de la femme Dubarry il existe une grande quantité de pièces de soyeries et d'étoffes précieuses et de dentelles, dont la valeur peut s'élever à deux cents mille livres; que la vente de ces effets, si elle avait lieu, ne donnerait pas tout le produit dont ils sont susceptibles :

« Arrête que, dans le plus bref délai, le ministre de l'intérieur donnera des ordres nécessaires pour que tous ces effets soient mis à la disposition des commissaires aux subsistances et approvisionnements, qui en donneront leur reçu au bas de l'inventaire qui en sera dressé et dont copie sera remise tant à la commission qu'à l'administration des domaines et biens nationaux.

Signé : BILLAUD-VARENNES,
BARÈRE, ROBESPIERRE. »

(Arch. nat., A F. II, 58-62, dossier n° 30. Comité de salut public. Finances.)

1. Archives du Ministère des affaires étrangères. Hollande, registre n° 587, pièce 256.

nouard et compagnie, et que, en garantie du remboursement de cette somme, le roi de Sardaigne avait déposé entre les mains des sieurs Renouard et Compagnie, qui les avaient eux-mêmes mis en dépôt à la Banque d'Amsterdam, des perles et des diamants représentant le double de la somme empruntée.

Cet agent en référa secrètement au gouvernement à Paris, et avisa en même temps les trois représentants du peuple à l'armée du Nord, Cochon de Lapparent, Alquier et Ramel[1] (8 ventôse an III, correspondant au 26 février 1795).

Alquier, de la Haye où il était, se rendit immédiatement à Amsterdam pour examiner les choses, afin d'informer le comité de salut public. Là il apprit que l'emprunt avait été fait à quatre pour cent d'intérêt, et qu'il devait être remboursé en six ans, c'est-à-dire le 1er janvier 1800[2]. Les remboursements devaient commencer par quart, à partir de 1797, et être effectués en 1800[3]. En même temps Alquier

1. Archives du Ministère des affaires étrangères, Hollande, registre n° 586, pièce 191.

2. Extrait des déclarations fournies par la municipalité de la ville d'Amsterdam au citoyen Toufait, agent de la marine française :

« Les soussignés Renouard et compagnie, marchands à Amsterdam, déclarent par ces présentes, pour satisfaire à la proclamation des représentants du peuple français près les armées du Nord et de Sambre-et-Meuse, du 11 pluviôse (30 janvier 1795), et à la publication des représentants provisoires de la commune d'Amsterdam, du 8 février, qu'il y a dans la banque de cette ville, une boëte de bois en renfermant une autre de fer-blanc, qui contient différentes perles, bijoux et diamants taxés icy dans leur tems par des courtiers-jurés, à la valeur de un million quatorze mille sept cent soixante-seize florins, appartenant à Sa Majesté Victor-Amédée, roi de Sardaigne, de Chypre et de Jérusalem; lesdits perles, bijoux et diamants ayant été déposés pour servir d'hypothèque spéciale et sûreté des payeurs dans certaine négociation établie par Philippe Colla, en vertu d'une procuration et pour le compte dudit roi, l'année dernière, au bureau des soussignés.

« Amsterdam, le 13 février 1795.
« *Signé :* RENOUARD ET COMPAGNIE.
« Pour extrait : TOUFAIT. »

(Archives du Ministère des affaires étrangères, Hollande, registre n° 586, pièce n° 190.)

Lettre du représentant du peuple au comité du salut public, en date du 14 ventôse an III (4 mars 1795). — (Même source, registre n° 586, pièce 310.)

3. Archives du Ministère des affaires étrangères, Hollande, registre n° 586, pièce n° 240.

se fit remettre toutes les pièces. A leur examen il put s'apercevoir que, sur les sept cent soixante mille florins, deux cent mille seulement avaient été versés jusqu'alors au roi de Sardaigne[1]. Muni de ces renseignements, il retourna à la Haye retrouver ses deux collègues, Cochon de Lapparent et Ramel.

Une fois réunis, le 22 ventôse an III (12 mars 1795), ils prirent l'arrêté suivant :

« ARTICLE PREMIER. — Les diamants, perles et autres bijoux appartenant à Victor-Amédée, roi de Sardaigne, et déposés à la Banque d'Amsterdam, ainsi qu'il est constaté par la susdite déclaration faite, le 13 février 1795, par Renouard et compagnie d'Amsterdam, seront séquestrés provisoirement et demeureront à la Banque sous la conservation et la responsabilité personnelle de l'administration de ladite Banque.

« ART. II. — L'agent de la marine Touffait est chargé de notifier le présent arrêté aux administrateurs de la banque d'Amsterdam et d'en assurer l'exécution.

« ALQUIER, CHARLES COCHON. »

En même temps, les représentants avisèrent le comité de salut public qu'il eût à se concerter avec le comité des finances pour savoir ce qu'il y avait lieu de faire avec ces bijoux[2].

Le comité de salut public décida, avec le comité des finances, qu'il y avait lieu de vendre ou d'emprunter sur ces valeurs[2], et en donna avis aux représentants. Mais lors-

---

1. Arch. nat., A F III, 69, dossier 279, registre n° 5080, et archives du Ministère des affaires étrangères, Hollande, registre 586, pièce n° 275. Dépêche des représentants du peuple près les armées du Nord et de Sambre-et-Meuse au comité du salut public, en date du 22 ventôse an III (12 mars 1795).

2.   Paris, le 19 germinal an III (8 avril 1795)
               de la République française une et indivisible.

Le comité des finances de la Convention nationale au comité du salut public.

« Vous nous avez communiqué, citoyens collègues, votre lettre du 22 ventôse et les

que ceux-ci connurent cette décision, ils s'étaient emparés
du trésor, qu'ils avaient déjà mis sous séquestre le 22 ventôse précédent.

En effet, craignant que ces diamants ne leur échappassent,
les représentants déclarèrent, le 21 floréal an III (11 mai 1795,
que, suivant les lois de la guerre, tous les objets appartenant aux gouvernements ennemis de la République française se trouvant dans les Provinces-Unies, étaient acquis
à la France, et que les municipalités des villes ayant en
leur garde des objets de cette nature devaient en faire la
déclaration à l'agent principal de la marine[1]. Puis, à cette
même date, ils transmettaient au citoyen Daudibert-Caille,
agent de la marine à Amsterdam, l'ordre de remettre entre

pièces y jointes relatives aux diamants, perles et autres bijoux appartenant au roi
de Sardaigne, et déposés à la banque d'Amsterdam, la République française devant
tirer le parti le plus avantageux possible de cette propriété ennemie qui est tombée
en son pouvoir, nous pensons qu'il convient de les vendre ou d'emprunter sur ce
gage une somme plus forte que celle qui a été prêtée, et qu'il faudra alors rembourser. Nos collègues auront à choisir entre ces deux partis celui qui leur paraîtra préférable d'après les circonstances.

« Nous joignons ici les pièces.

« Les membres du comité des finances :
« Monnot, Vernier, Dyzès. »

Archives du Ministère des affaires étrangères, Hollande, registre n° 587, pièce
n° 21, et Archives nationales, A F. III. 69, n° 5077.

1. Quoique la pièce soit datée du 1ᵉʳ floréal, il résulte de la correspondance et des
pièces suivantes qu'il y a eu erreur ; on a sans doute oublié le 2 qui précède le 1, ce
qui aurait fait 21 floréal. Voici cette pièce :

« A Amsterdam, le 1ᵉʳ floréal,
l'an troisième de la République française, une et indivisible.

« Les représentants du peuple près les armées qui sont dans les Provinces-Unies,
considérant qu'au terme du précédent arrêté et suivant les loix de la guerre, tous les
objets appartenant à des gouvernements ennemis de la République française qui se
trouvent dans les Provinces-Unies sont acquis de droit à la France, et instruits que
plusieurs municipalités ont fait déposer dans les magazins soumis à leur surveillance
plusieurs de ces objets, arrêtent, sur la proposition de l'agent principal de la marine :

« Les municipalités des villes des Provinces-Unies qui auroient disposé des objets
appartenant à des gouvernements ennemis de la République française, ou qui les auroient fait déposer dans des magazins soumis à leur surveillance, sont tenus de faire
leur déclaration de ces objets entre les mains de l'agent principal de la marine, qui
en poursuivra le recouvrement.   « Charles Cochon. Alquier. »

(Archives du Ministère des affaires étrangères, Hollande, registre n° 587, pièce
n° 65.)

les mains du payeur de l'armée[1] les diamants, perles et
bijoux appartenant au roi de Sardaigne, en lui enjoignant
de prendre les mesures nécessaires pour la prompte exécution de cet arrêté.

Les représentants lui faisaient savoir en outre qu'ils
étaient dans l'intention de ne compromettre en rien la
situation des sieurs Renouard et compagnie, et que, comme
ceux-ci n'avaient encore payé au roi de Sardaigne qu'une
somme de deux cent mille florins, il y avait lieu de retirer de
la caisse des diamants une valeur égale, d'en faire un nouveau
dépôt à la banque d'Amsterdam, destiné à garantir la maison
Renouard et compagnie de son découvert, et de laisser le
surplus des joyaux chez le payeur de l'armée.

Daudibert-Caille, muni du premier arrêté, se présenta
devant la municipalité d'Amsterdam, siégeant en la maison
commune, en fit convoquer tous les membres sur-le-champ
par le président, et requit le notaire public, Pierre Fraissinet,
de dresser les procès-verbaux de ce qui allait intervenir, puis
il fit mander le notaire Van Homrigh, qui avait passé l'acte
d'emprunt du roi de Sardaigne avec les sieurs Renouard et
compagnie, et les trois courtiers experts jurés qui avaient
fait l'estimation des pierres lors de leur dépôt en gage[2].

Lorsque ces différentes personnes furent assemblées, le
citoyen Daudibert-Caille donna lecture de l'arrêté des représentants en date de la veille, lui intimant l'ordre de se
faire remettre lesdits bijoux par la municipalité. Le président répondit qu'il ne pouvait se dessaisir de la caisse des
bijoux qu'autant qu'on lui rendrait en échange le reçu que
les bourgmestres avaient délivré lorsqu'on leur avait déposé
cette caisse, lequel reçu était alors entre les mains du notaire Van Homrigh.

Daudibert-Caille, se tournant vers ce notaire, le pria de

---

1. Arch. nat. A F. III, 69, dossier 279, registre 6785. Dépêche de La Haye, le
22 floréal an III (11 mai 1795).

2. Archives du Ministère des affaires étrangères, Hollande, registre nº 587, pièce
nº 119, du 23 floréal an III (12 mai 1795).

lui remettre la pièce en question. Le notaire fit observer qu'il ne s'y refusait point, mais qu'il lui fallait au préalable le consentement par écrit des bourgmestres qui le lui avaient remis ou de la municipalité qui les avait remplacés.

Le président de la municipalité ainsi interpellé déclara qu'il n'avait aucune autorisation à donner, et que le notaire devait savoir ce qu'il avait à faire.

Daudibert-Caille fit observer au notaire que les diamants étaient actuellement confisqués entre les mains des administrateurs de la Banque, que le reçu réclamé constatait un dépôt qui, par le fait de la confiscation, n'existait plus aujourd'hui, et que la possession qu'il avait de ce reçu était devenue inutile. Il l'engageait donc à le rendre, en le prévenant que, s'il s'y refusait, il se verrait contraint d'employer la force; puis Daudibert-Caille enjoignit au notaire Fraissinet, chargé de rédiger le procès-verbal de remise, de se rendre à l'étude de ce dernier pour prendre possession du reçu. Van Homrigh suivit son confrère, et, après avoir demandé une copie certifiée de l'arrêté confisquant les diamants du roi de Sardaigne et un ordre par écrit du citoyen Daudibert-Caille lui enjoignant de remettre le reçu en question, il consentit à donner cette pièce au notaire Fraissinet, mais il exigea qu'il fût inséré dans le procès-verbal : 1° que la municipalité était au courant de ce fait; 2° qu'il avait protesté contre la violence qui lui était faite, et qu'il n'avait consenti à remettre ledit reçu que pour prévenir toutes voies de fait dont il était menacé.

Ainsi nanti, Fraissinet se rendit de nouveau à la municipalité et remit le reçu au sieur Huyghens, secrétaire de la Commune. Le président fit alors apporter la caisse contenant les bijoux, et la délivra au sieur Daudibert-Caille, qui la fit transporter chez le payeur de l'armée française, le sieur Destrées, où elle fut déposée avec ses cachets intacts, en présence dudit payeur, de deux de ses employés, du notaire Fraissinet et des trois experts jurés; puis, comme l'heure était avancée, on s'en tint là. Daudibert-Caille convoqua pour le lendemain 24 floréal (13 mai 1795), lesdits experts, et le notaire Fraissinet, pour assister à l'ouverture de la caisse, afin de pouvoir exécuter la seconde partie de l'ordre des représentants.

Le 25 floréal (14 mai 1795), quand les personnes convoquées furent réunies chez le payeur de l'armée, Daudibert-Caille voulut immédiatement faire ouvrir la caisse, mais les experts jurés lui présentèrent une lettre du président de la municipalité lui demandant de surseoir à cette opération jusqu'à l'arrivée des nouvelles de la Haye. L'agent de la marine, en présence des ordres formels qu'il avait reçus, ordonna de passer outre. Les experts voulurent alors se retirer, Daudibert-Caille insistant, ils consentirent à assister à l'ouverture, mais seulement après avoir signé une protestation par laquelle ils déclaraient qu'ils n'avaient cédé qu'à une réquisition en règle[1].

Les experts jurés reconnurent parfaitement exacts les diamants qu'ils avaient déjà estimés six mois auparavant, et, sur l'avis de Daudibert-Caille, ils en firent un lot d'une valeur de deux cent mille sept cent cinquante-trois florins, qu'ils renfermèrent dans « un seul paquet bien fermé, ficelé et cacheté[2] » sur lequel ils apposèrent leurs cachets, ceux de l'agent de la marine et du notaire Fraissinet. L'heure tardive à laquelle cette opération fut terminée n'ayant pas permis d'effectuer le dépôt de ces diamants à la banque d'Amsterdam le même jour, on remit le paquet dans la grande caisse qui contenait les autres bijoux, et l'on prit rendez-vous pour le lendemain à dix heures du matin.

A l'heure dite, l'assistance étant au complet, et les cachets ayant été reconnus intacts, on retira le paquet de la caisse, et on le mit dans une boîte scellée de la même façon. Daudibert-Caille fit écrire sur le couvercle : « Diamants

---

1. Archives du Ministère des affaires étrangères, Hollande, registre n° 587, pièce n° 119. Procès-verbal de reconnaissance des bijoux du roi de Sardaigne, dressé par Mʳ Pierre Fraissinet junior, notaire à Amsterdam, le 15 mai 1795.

2. *Ibidem.* Procès-verbal dressé par le même notaire le 30 mai 1795.

et perles à la concurrence de deux cent mille sept cent cinquante-trois florins, servant de sûreté pour effectuer le
dépôt prescrit par l'arrêté des représentants du peuple
français en date du 21 floréal l'an III de la République française (ou 10 may 1795)[1] ».

Ensuite, les assistants se transportèrent à la maison commune de la ville, dans la salle des séances de la municipalité
assemblée, et là, en présence des témoins, Daudibert-Caille,
montrant la boîte qu'il portait, adressa ces paroles au président : « En continuation d'exécution du même arrêté des
représentants du peuple français dont vous avez connaissance, nous avons procédé à la séparation d'une portion des
diamans et perles dont il s'agit, jusqu'à la concurrence de
deux cent mille florins, qui, suivant ce même arrêté, doivent être de nouveau déposés à ladite banque. Cette portion de diamans et perles se trouve dans la boëte que
nous vous présentons duement cachetée sous divers cachets. J'invite et requiers au besoin, en madite qualité, la
municipalité de cette ville d'Amsterdam, de vouloir bien
donner ses ordres pour que ladite boëte soit reçue en
dépôt à la Banque comme la première caisse qui contenait
la totalité desdits diamans et perles y avoit été reçue[2]. »

Le président lui répondit que les « diamans et autres
pierreries renfermés dans cette boëte ou caisse, étant une
suite de la prise faite des diamans ci-devant déposés dans
la banque, ladite municipalité ne pouvait, dans cette occurrence, reprendre le nouveau dépôt sans se compromettre ».

Daudibert-Caille insista pour l'acceptation du dépôt,
faisant valoir que la municipalité ne pouvait pas avoir
moins d'égards pour la nation française qu'elle en avait
eus pour une maison de commerce.

---

1. Archives du Ministère des affaires étrangères, Hollande, registre n° 587, pièce
n° 119. Procès-verbal dressé, le 15 mai 1795, par Me Pierre Fraissinet junior, notaire
à Amsterdam.

2. Archives du Ministère des affaires étrangères, Hollande, registre n° 587, pièce
n° 119, du 26 floréal an III (15 mai 1795).

Le président demanda alors une réquisition par écrit, afin qu'il pût en conférer avec l'assemblée municipale. Daudibert-Caille promit de la lui adresser le jour même, mais il insista de nouveau pour que ce dépôt fût reçu, même provisoirement, en attendant la décision de la municipalité. Le président ayant déclaré ne pouvoir accéder à sa demande, Daudibert, devant ce dernier refus, se retira en emportant la cassette, et se rendit avec le notaire Fraissinet et les trois experts jurés chez le payeur de l'armée, où il la laissa en dépôt.

Trois jours après, il reconvoqua de nouveau les experts et le notaire Fraissinet, et leur fit faire l'inventaire des bijoux qu'ils n'avaient point encore examinés. Cette vérification faite, et après que tout fut reconnu exact, suivant l'inventaire dressé lors de la signature de l'emprunt, les bijoux furent remis dans la caisse, sur laquelle on apposa de nouveaux cachets. Cette caisse resta, avec la boîte contenant les deux cent mille sept cent cinquante-trois florins destinés à couvrir la maison Renouard et compagnie, chez le payeur de l'armée jusqu'au 30 mai suivant 11 prairial an III[1].

Daudibert-Caille s'était empressé d'informer les représentants du peuple près les armées du Nord, du refus de la municipalité de prendre en dépôt les diamants du roi de Sardaigne[2]. Ceux-ci prirent un arrêté à la date du 29 mai, par lequel ils déclaraient que les diamants formant ensemble une valeur de deux cent mille florins, qui devaient être déposés à la banque d'Amsterdam, ne pouvant l'être par suite du refus de la municipalité de les recevoir, seraient envoyés à la trésorerie nationale à Paris, ainsi que la seconde partie des diamants du roi de Sardaigne, et que le comité de salut public devrait prendre des me-

---

1. Archives du Ministère des affaires étrangères, Hollande, registre n° 587, pièce n° 119. Procès-verbal dressé, le 18 mai 1796, par M. Pierre Fraissinet junior, notaire à Amsterdam.

2. Arch. nat. A. F. III, 69, dossier 270, registre n° 6488, et archives du Ministère des affaires étrangères, Hollande, registre n° 587, pièce 172.

sures pour rembourser les sieurs Renouard et compagnie
des sommes prêtées par eux au roi de Sardaigne sur l'hypothèque de ces diamants[1].

Le lendemain de la promulgation de cet arrêté, le 3o mai
(11 prairial an III), le notaire Fraissinet et les experts se
rendirent encore chez le payeur de l'armée, réunirent dans
une même caisse les paquets de diamants, tant ceux s'élevant à la somme de deux cent mille florins affectés à la
garantie de Renouard et compagnie, que le surplus destiné à devenir propriété nationale, « firent couvrir et
emballer la caisse avec de la toile cirée et de la toile ordinaire, et prirent enfin toutes les précautions convenables
pour en faciliter sans danger le transport à destination[2].

En même temps que la caisse partait pour Paris, les
représentants du peuple adressaient au comité de salut
public la lettre suivante[3] :

« Alquier, Ramel et Cochon, représentants du peuple
près les armées qui sont dans les Provinces-Unies :

« Annoncent au comité que leur arrêté du 21 de ce mois
pour faire retirer de la banque d'Amsterdam les diamants,
perles et bijoux du roi de Sardaigne, a été exécuté sans
qu'on ait été obligé d'en venir à des voies de rigueur, mais
bien à des menaces et des dispositions.

« Annoncent en outre que le payeur à qui on les a remis
va prendre des moyens pour faire parvenir les diamants à
la trésorerie nationale, et que ce qui reste en leurs mains
est estimé plus de huit cent mille florins. »

Ainsi s'était opérée la prise de possession des diamants
du roi de Sardaigne et leur amalgamation avec ceux de
l'ancienne Couronne et des émigrés.

Victor Amédée III fut probablement remboursé, à moins
qu'il n'ait concédé la propriété de ces joyaux à la République

---

1. Archives du Ministère des affaires étrangères, Hollande, registre n° 587, pièce n° 172.

2. Archives du Ministère des affaires étrangères, Hollande, registre n° 587, pièce n° 119.
Procès-verbal du 3o mai 1795, dressé par M° Fraissinet junior, notaire à Amsterdam.

3. Arch. nat. A F. III, 69, dossier 270, registre n° 6.488.

française par le traité de Paris, signé le 15 mai 1796[1]. Toujours est-il que les diamants du roi de Sardaigne entrèrent au Trésor, et qu'au commencement de 1796 ils étaient mêlés à ceux de l'ancienne Couronne. C'est ainsi que, lorsque furent vendus, le 12 mai 1887, tous les joyaux de la Couronne de France, le tiers des bijoux mis en vente provenait du trésor du roi de Sardaigne, que les représentants du peuple à l'armée du Nord avaient fait saisir, en 1795, à la banque d'Amsterdam.

Lorsque les cinq directeurs, cette même année, prirent en mains le pouvoir exécutif, on fit estimer la totalité des pierres conservées dans les caisses de l'État. Le *Régent* fut compté pour une somme de six millions, le reste des pierres fut évalué dix millions.

Déjà la Convention avait, au moyen des diamants déposés à la trésorerie, fait des payements sur des arrêtés et des ordonnances de ses comités, pour une somme de trois millions sept cent vingt-quatre mille francs. Les diamants représentant cette somme avaient été confiés, sur l'avis de la commission d'approvisionnement et du commerce, à la compagnie Perrin et Cablat, qui, aux termes de son traité, devait les emporter dans le Levant pour les vendre à un prix déterminé entre ses représentants et les membres du

---

1. Il est supposable également que la maison Renouard et compagnie fut entièrement désintéressée. Le comité du commerce et de navigation d'Amsterdam fut chargé d'établir son compte, et nous avons retrouvé un certain nombre de lettres qui discutent le plus ou moins fondé de leurs prétentions. Ce comité eut surtout à s'occuper du payement d'une commission de six pour cent qui avait été promise aux sieurs Renouard et compagnie, comme rémunération sur la totalité de l'emprunt, mais ceux-ci prétendaient que cette commission de six pour cent devait être applicable au chiffre nominal de l'emprunt, c'est-à-dire sur sept cent soixante mille florins, soit une somme de quarante-cinq mille florins qui leur aurait été due, tandis que le comité maintenait que cette commission de six pour cent ne pouvait s'appliquer qu'aux sommes réellement avancées et versées par eux. (Archives du Ministère des affaires étrangères, Hollande, registre n° 587, pièce n° 257.) Nous ne savons encore quelle solution fut donnée à cette affaire contentieuse, mais tout nous fait supposer que dans le compte dûment établi par le comité du commerce les sieurs Renouard et compagnie ne furent point lésés dans leurs intérêts.

Quant au roi de Sardaigne, il ne recouvra jamais ses bijoux, et certainement le tiers de ceux qui ont été vendus le 12 mai 1887 était composé de ceux-là mêmes dont nous venons de raconter la saisie.

comité d'approvisionnement. A l'avènement du Directoire, Perrin et Cablat étaient toujours à Constantinople et n'avaient pas encore réalisé le dépôt[1].

Durant le Directoire, les diamants furent employés à un certain nombre d'opérations de finances, dont quatre nous sont connues, mais il est probable, à en croire le rapport de Noguier-Malijay, membre de la commission des dépenses[2], lu dans la séance du 1er germinal an V au Conseil des cinq-cents, qu'il aurait été fait d'autres dépôts de diamants antérieurement à ceux dont nous allons nous occuper.

En même temps que l'on traitait avec les sieurs Perrin et Cablat, que nous laisserons en dehors des quatre opérations dont nous faisons l'historique, l'adjudant général Parceval, chargé des remontes au Ministère de la guerre, passa un double traité d'emprunt basé sur le gage des diamants de l'État, l'un à Berlin avec le banquier Treskow, et l'autre à Madrid avec un marquis du nom d'Iranda.

Treskow fournissait, comme Iranda, des chevaux aux différentes armées de la République; mais, dans le courant de l'an IV, ils refusèrent l'un et l'autre de faire de nouvelles livraisons à moins d'une garantie. Parceval obtint l'autorisation du Directoire de remettre pour un million de diamants à Iranda et pour quatre millions à Treskow.

La négociation avec Iranda ne souffrit aucune difficulté; parmi les diamants qui lui furent remis était le *Sancy*.

Avec Treskow il fut obligé de s'y reprendre à deux fois avant de réussir. Parceval ne devait pas remettre directement à ce dernier les diamants, mais les déposer seulement en son nom à la banque de Bâle. La valeur du dépôt devait être de quatre millions. Parceval reçut le *Régent*, puis il partit pour Bâle pour se faire remettre par Barthélemy,

1 Arch. nat. A F. III, n° 460, dossier n° 2638, et A F IV, n° 215, dossier n° 280.

2. Bibl. nat. L.45°, 828-1056. Conseil des cinq-cents. — Extrait du rapport fait au nom de la commission des dépenses, par Noguier-Malijay, sur le message du Directoire exécutif relatif à la comptabilité des rentes. Séance du 1er germinal an V (21 mars 1797).

ambassadeur de la République en cette dernière ville, les diamants dont ce dernier était dépositaire, nous ne savons par suite de quelles circonstances. Lorsque ces diamants furent montrés par Parceval aux représentants de Treskow, ceux-ci les déclarèrent d'une valeur bien inférieure à quatre millions. Parceval dut en référer au Directoire, qui leur donna immédiatement l'ordre de déposer ce qui restait de diamants dans les caisses du Trésor. Parceval put retourner à Bâle avec ce nouveau gage, qui fut naturellement accepté. D'après l'estimation du gouvernement français, la garantie remise à Treskow représentait une somme de seize millions[1].

Peu de temps après cette double négociation, le ministre des finances s'occupa d'arrêter les comptes de Perrin et de

1. Arch. nat. A F. II, 53-62, Dossier n° 20, A F. III, 432, dossier n°ˢ 23 et 2346, et A F. III, 539, dossier n° 3443, pièce n° 103.

A propos de Treskow, nous trouvons une note de Noël, ministre plénipotentiaire de la République française en Hollande, adressée au ministre des relations extérieures et transmise au Directoire le 17 mai 1796. Nous avons cru devoir la reproduire, mais il nous paraît inutile de revenir sur l'appréciation qu'il fait de Treskow dans cette pièce. Que Treskow fût sérieux ou non, toujours est-il qu'il fournit les chevaux demandés et qu'il reçut en gage les seize millions de diamants dont nous avons parlé.

« 14 may an IV (1796).

« J'ai été hier au Cazino (club des ambassadeurs) où un usurier de Berlin a apporté le grand diamant *le Régent*. Cet homme est aussi marchand de liqueurs, et s'appelle Tresco ; il va de maison en maison pour montrer le fameux bijou, sur lequel il demande à emprunter trente mille dalers (*sic*) ; il dit que le Directoire le lui a donné en gage pour sûreté d'un contrat qu'il a fait pour livrer dix mille chevaux à la République.

« Cette histoire divertit beaucoup MM. Elgin, Eliot, Reüs et autres ministres ennemis ou en guerre avec la France, et aide à la digestion du comte Enard, du jeune Bouillé, de Mende-Maupas, et d'une légion d'autres marquis émigrés, par les gouttes de bile que cela leur fait tomber de l'estomac.

« Si l'on veut me donner les trente mille dalers, peut-être l'aura-t-on pour dix mille, je le rapporterai au Directoire, qui s'arrangera comme il voudra avec l'usurier marchand d'eau-de-vie *Tresco*, car pour des chevaux, *il est hors de mesure d'en fournir cinquante de passables*, et si on lui doit déjà par avance de grosses sommes, le Directoire sera la dupe de ce *Tresco* pour son diamant. « Fr. Noël. »

Arch. nat. A F. III, 69. Dossier 280, registre 5104. Reçue le 11 prairial an IV. Relations extérieures. Pour le Directoire, objet important, 9 prairial an IV, B, n° 498, Hollande, cette lettre est aussi conservée aux archives du Ministère des affaires étrangères, Hollande, registre n° 591, pièce n° 252. Fr. Noël, ministre plénipotentiaire de la République française en Hollande, au ministre des relations extérieures, le 25 floréal an IV (14 mai 1796).

Cablat[1]. Il proposa donc au Directoire, à la fin de thermidor an V, de terminer ainsi cette affaire : les citoyens
Perrin et Cablat devaient vendre les objets qui leur restaient au prix le plus avantageux, sans s'inquiéter du prix
d'estimation fixé antérieurement ; mais ils étaient tenus de
conclure le marché avec la chancellerie et de le faire ap-
prouver par l'ambassadeur.

Le Directoire approuva cette mesure le 25 thermidor de
l'an V. Il est donc probable que les diamants, ainsi confiés,
ne rentrèrent plus en France.

En fructidor de l'an VI, Treskow étant remboursé de la
somme en gage de laquelle il avait le *Régent*, consentit à
le rendre, et le Directoire crut pouvoir le retirer de ses
mains pour l'employer autrement.

Des pourparlers d'emprunt avec gages avaient lieu à ce
moment avec les citoyens Carrier, Bezard et compagnie.
Ramel fit savoir que les propositions de ces banquiers
étaient acceptables. Il fut donc conclu qu'ils verseraient
en numéraire et en traites une somme de trois millions,
remboursable[2] en un temps déterminé. Ils devaient recevoir
en gage le *Régent* jusqu'à leur remboursement.

Parceval fut de nouveau envoyé à Berlin pour dégager le
Régent et le rapporter afin qu'on pût le remettre à Carrier,
Bezard et compagnie ; mais, avant même le retour à Paris
de Parceval, les prêteurs s'étaient déjà refusés à satisfaire
à certaines conditions du traité. Le Directoire annula alors
ses arrêtés précédents des 3, 7 et 15 du même mois, concernant cette affaire, et le *Régent* ne dut plus leur être remis.

Il ne devait pas cependant rester inutile, car dès avant
l'an VI il était de nouveau remis en gage entre les mains
de Vanlenberghem comme garantie d'une suite d'emprunts
faits par ce banquier et d'autres, associés à cet effet avec lui[3].

Vanlenberghem, dans une lettre adressée aux directeurs,

---

1. Arch. nat. A F. III, 460, dossier 2638.
2. Arch. nat. Arrêts des 3, 7 et 15 fructidor an VI.
3. Arch. nat. A F. III, 544, dossier n° 3694, pièces 169 et 170.

faisait valoir tous les services qu'il avait rendus au gouvernement ; il promettait de faire encore plus dans l'avenir. Confiant dans ces paroles, le Directoire, le 27 prairial an VII, prit une décision par laquelle il reconnaissait implicitement les services rendus par Vanlenberghem, déclarait accepter certaines de ses offres et s'engageait à le rembourser des avances qu'il avait faites pour fournitures de toutes sortes et particulièrement pour les remontes au Ministère de la guerre. Enfin, comme garantie de ses remboursements, il recevait en dépôt le *Régent*, que Parceval avait retiré de la banque de Bâle et rapporté à Paris. Vanlenberghem garda le *Régent* jusqu'au 3 ventôse an IX. A cette date, les consuls avaient remplacé les directeurs : ils décidèrent le remboursement intégral de Vanlenberghem et firent revenir le *Régent* à Paris[1].

Ainsi, en 1797 comme en 1800, la cavalerie française était montée sur des chevaux que les diamants de la Couronne avaient procurés. C'est donc un peu à ces joyaux, aujourd'hui dispersés, que l'on doit, à Rivoli, cette brillante charge des hussards de Lasalle, et, à Marengo, celle des cavaliers de Kellerman, qui décida de la victoire en écrasant la colonne du général Ott.

Durant le temps que Vanlenberghem était dépositaire de cette pierre historique, sa maison était ouverte à toutes les personnes importantes d'Amsterdam, qu'il recevait dans des fêtes somptueuses. Dans la vitrine la plus en vue de ses salons était exposé le *Régent*, que l'on venait admirer. Lorsqu'il l'eut rendu au gouvernement français, un de ses amis lui demanda comment il n'avait point en peur qu'on ne volât ce diamant d'une si grande valeur, ce qui eût été bien facile, puisqu'il n'y avait qu'une vitre à casser pour pouvoir le prendre. Le financier répondit qu'il n'avait exposé ainsi qu'un fac-similé du *Régent;* que le diamant lui-même, pendant tout le temps qu'il en avait été déposi-

---

1. Arch. nat. A F. III, 608, dossier n° 4103, pièces n°ˢ 31 et 33, et A F. IV, 172, dossier n° 4.

taire, n'avait jamais quitté sa femme, qui le portait suspendu à son cou sous son corsage.

Ce fait m'a été raconté par un de nos savants les plus illustres. M. Faye, président du Bureau des longitudes, dont le père avait intimement connu l'un des associés de Vanlenberghem. Cette anecdote appartient à l'histoire, et nous remercions M. Faye d'avoir bien voulu nous l'apprendre.

Bonaparte faisait, vers la même époque, avec le ministre des finances le compte définitif de Treskow et ordonnait la rentrée au Trésor public des derniers diamants donnés en gage au banquier de Berlin. Enfin, le 15 thermidor de la même année, le ministre des finances ayant fait savoir aux consuls que le marquis d'Iranda avait été entièrement remboursé, mais que dans les diamants qu'il avait rendus il en manquait un de cinquante-trois carats trois quarts qui était estimé dans les gages pour une somme de trois cent mille francs, les consuls décidèrent que ce diamant serait remboursé au prix de l'estimation pour laquelle il avait été confié[1].

Ce diamant perdu n'était autre que le *Sancy*. Il est probable que le marquis d'Iranda ou ses héritiers l'avaient

1   « Paris, le 15 thermidor an IX de la République, etc.

« Les consuls de la République, sur le rapport du ministre des finances, arrêtent ce qui suit :

« Le ministre des finances est autorisé à faire recevoir par le Trésor public des héritiers de feu M. d'Iranda la somme de trois cent mille francs pour valeur d'un diamant pesant cinquante-trois carats trois quarts, et estimé à la même somme au *minimum*, suivant facture et procès-verbal du 30 pluviôse an IX ; lequel diamant n'a pu être représenté par les héritiers de M. d'Iranda, lors de la remise par eux faite, le 6 messidor dernier, de ceux dont il étoit dépositaire.

« Le ministre des finances est chargé de l'exécution du présent arrêté.

                                                        « BONAPARTE. »

Arch. nat. A F. IV, registre 191, n° 8. Minute de l'arrêté des consuls du 17 floréal an IX, et feuille d'exécution dudit arrêté en date du 14 vendémiaire an X ; A F. IV, registre 222, n° 2. Feuille d'arrêté du 15 thermidor an IX, et feuille d'exécution dudit arrêté en date du 14 vendémiaire an X ; A F. IV, registre 222, n° 3. Feuille d'arrêté du 15 thermidor an IX, et feuille d'exécution dudit arrêté en date du 14 vendémiaire an X ; A F. IV, registre 222, n° 4. Arrêté du 15 thermidor an IX ; A F. IV, registre 229, n° 4. Minute d'arrêté du 7 fructidor an IX, et feuille d'exécution dudit arrêté en date du 14 vendémiaire an X.

cédé à Godoï, car ce personnage paraît l'avoir possédé. Comme nous l'avons déjà vu lorsque nous avons raconté son histoire, le *Sancy* était en Espagne, en 1809, entre les mains de Joseph Bonaparte, et ce dernier a dû le tenir ou du dernier roi ou de son favori.

Qu'est-il devenu depuis cette époque jusqu'en 1828? nous l'ignorons, mais à cette date il était de nouveau entre les mains de la famille Godoï, dont l'un des membres chargeait M* Rousse, notaire à Paris, père du célèbre avocat, membre de l'Académie française, de le remettre à notre arrière-grand-père, alors joaillier de la Couronne, pour en proposer l'achat à Charles X moyennant six cent mille francs[1]. L'affaire n'eut pas lieu, et quelque temps après le *Sancy* entrait dans la famille Demidoff, où il est resté jusqu'en 1860.

1.   « Paris, le 28 juillet 1828.

« Je soussigné Évrard Bapst, joaillier du roi et de la Couronne, reconnais que M* Rousse, notaire à Paris, m'a à l'instant remis un diamant en forme de poire, entouré d'un cercle en argent, terminé par une virole et un anneau en or, dans lequel se trouve inséré un plus grand anneau aussi en or, destiné à suspendre le diamant au milieu d'un cercle de forme elliptique, et terminé en forme de cœur, le tout en or. Au bas du cercle se trouve un écusson gravé en lettres émaillées, le poids du diamant ci-dessus annoncé de deux cent quatorze grains trois quarts; le tout renfermé dans une petite boëte en maroquin rouge fermée d'un seul crochet; ledit diamant estimé huit cent mille francs.

« Lequel diamant m'a été ainsi remis par M* Rousse, qui m'a déclaré le tenir à titre de dépôt d'un de ses clients qui a désiré n'être pas nommé et être néanmoins autorisé à me le confier pour être par moi présenté aujourd'hui à Sa Majesté, roi de France, qui m'a manifesté l'intention d'en faire l'acquisition; m'obligeant aussitôt après avoir fait ladite présentation à Sa Majesté, à rendre ledit diamant et à le rétablir entre les mains de M* Rousse, et au plus tard dans trois jours à compter d'aujourd'hui, à Paris.   « ÉVRARD BAPST. »

                                                 « Paris, le 12 août 1828.
          « Monseigneur,
« J'ai l'honneur de vous mettre sous les yeux les circonstances qui sont relatives au diamant nommé *le Sancy*, qui formait avec le superbe *Régent* le principal ornement des joyaux de la Couronne.

« Ce fort diamant, par les souvenirs qui s'y rattachent et qui a coûté un million, est sur le point d'être vendu à Sa Sainteté le Pape qui fait faire des offres en valeurs de terres, qui se rapprochent des limites fixées, dont le prix primitif était de huit cent mille francs.

« Le propriétaire, désirant terminer la vente de ce diamant en d'autres valeurs pour causes d'engagements, je me suis proposé comme acquéreur afin de pouvoir prolon-

A son arrivée au pouvoir, Bonaparte avait trouvé la totalité des diamants de l'État engagée à l'étranger, et un an après il les avait fait rentrer en France, en apportant du premier coup l'ordre dans les finances du pays. Au moment de la signature de la paix de Lunéville et de la paix d'Amiens, il décida que, conformément aux usages de la diplomatie d'alors, une partie de ces diamants, s'élevant à quatre cent mille francs, serait employée en cadeaux pour les plénipotentiaires qui étaient venus signer la paix en France ; puis, pour consacrer sa prise de possession du pouvoir, il se fit monter, par Nitot, une

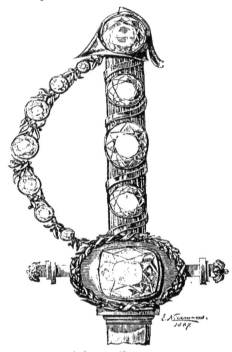

ÉPÉE DE 1er CONSUL
Dessin conservé dans la maison Bapst [1]
(aujourd'hui Bapst et Falize).

épée à la garde de laquelle était le *Régent*. C'était la pre-

ger cette négociation et l'obtenir à un prix plus modique que ne pourrait faire une cour. J'ai fait réduire aujourd'hui la prétention à six cent mille francs.

« Depuis que ce diamant a été présenté à Sa Majesté, Sa Sainteté ayant fait faire des propositions plus positives, je me trouve par conséquent forcé de me prononcer ; n'ayant fait toutes ces démarches que dans l'intérêt de la Couronne, j'ose vous prier, Monseigneur, de vouloir bien prendre les ordres de Sa Majesté et lui soumettre que si l'on renonce à faire cette acquisition dans ce moment, il faudra y renoncer pour toujours, car une fois placé dans un des trésors d'une cour étrangère, ce diamant sera à jamais perdu pour la France.

« Je pense qu'en offrant cinq cent cinquante mille francs on pourrait l'obtenir, moitié comptant, et le reste à des termes pour que le payement présente des facilités.

« J'attendrai les ordres de Votre Excellence.   « ÉVRARD BAPST. »

NOTA. — Ces deux pièces sont extraites des papiers de la maison Bapst, aujourd'hui Bapst et Falize.

1. Ce dessin a été reproduit dans *Napoléon et son époque*, de Peyre, publié par la maison Firmin Didot.

mière fois que le *Régent* quittait une parure de souveraine pour venir orner le sabre d'un soldat ; mais ce soldat était le vainqueur d'Arcole et de Marengo, et devait quelques années plus tard se servir de son épée, ornée du *Régent*, pour inscrire sur les tables de l'histoire de France les noms d'Austerlitz et d'Iéna.

CHAPITRE II

Le trésor de la Couronne sous le Consulat et l'Empire. — Montures des parures à l'occasion du couronnement et du sacre. — Mariage de Napoléon avec Marie-Louise. — Achats de diamants et de parures nouvelles s'élevant à plus de six millions six cent mille francs. — Les camées de la Bibliothèque nationale. — Réorganisation de l'administration des joyaux de la Couronne.

Au fur et à mesure de leur rentrée en France à la suite de leur désengagement, les diamants de la Couronne étaient versés dans la caisse de la trésorerie. C'est là qu'en 1803 furent prises les pierres qui servirent à la monture de l'épée de Napoléon.

Au moment où l'on montait ces pierres, la trésorerie contenait dans ses caisses une collection de joyaux de trois provenances distinctes. Le premier lot venait de l'ancien trésor de la Couronne : le second était le produit de la confiscation des biens des émigrés; le troisième se composait des diamants du roi de Sardaigne saisis à la banque d'Amsterdam.

Le premier lot, celui des anciens joyaux de la Couronne, ne comprenait pas la totalité des joyaux retrouvés après le vol. On se souvient que Perrin et Cablat en avaient vendu, dans le Levant, pour une somme d'environ trois millions, et certaines pierres, comme le *Sancy*, avaient été gardées par les prêteurs qui les avaient reçues en gage. Cependant, malgré ces diminutions, la caisse de la trésorerie contenait, parmi les joyaux de l'ancien fonds de la Couronne, outre le *Régent*, des pierres importantes, comme le diamant de la *Maison de Guise*, le *Diamant rose* à cinq pans, aujourd'hui conservé au Louvre, et cinq *Mazarins*.

Nous ne savons rien sur le second lot, représentant les diamants saisis chez les émigrés, si ce n'est qu'il contenait une paire de brillants pesant chacun seize carats et demi[1], qui furent montés dans l'épée de Napoléon; quant à ceux du roi de Sardaigne, nous en avons un inventaire détaillé[2] : ce sont des parures qui ne semblent pas avoir été remarquables, ni par l'importance des pierres, ni par la supériorité du travail des montures. Il y avait des parures

---

1. Ces deux brillants ont été vendus par les Domaines en mai 1887; le premier, à M. Tiffany avec les douze autres lots composant la parure *Tour du corsage*, n° 11 du catalogue de la vente; et le second, sous le nom de *Mazarin* (n° 16, 6ᵉ du catalogue), pour le prix de quatre-vingt-douze mille francs, à M. Boucheron, qui l'a revendu à M. Dervis, de Saint-Pétersbourg.

2. Archives du Ministère des affaires étrangères. Hollande, reg. n° 587, pièce 256. Évaluation des diamants de Victor-Amédée, roi de Sardaigne, faite le 25 juin 1791 devant Mᵉ Van Homrigh, notaire public à Amsterdam, par Philippe Colla, joaillier de Sa Majesté, assisté de trois courtiers jurés.

Le détail de chacune de ces pierres, tel qu'il figure à l'inventaire, étant beaucoup trop long pour être reproduit, nous n'en donnerons qu'un résumé par chapitre, chaque chapitre concernant une parure complète.

CHAPITRE PREMIER. — Une boîte contenant des agrafes, des nœuds, des rangs de perles, des boucles d'oreilles, des aigrettes, deux épaulettes en brillants et perles. . . . . 162,352 florins.

CHAP. II. — Une boîte contenant trois colliers, deux paires boucles d'oreilles, une aigrette, quatre bouquets et quatre crochets et rubis, une grande chaîne et deux épaulettes, le tout en diamants. . . 196,186 »

CHAP. III. — Une boîte contenant des colliers, des boucles d'oreilles, des épingles, des bracelets, et deux croix en brillants et perles. . . . . 229,759 »

CHAP. IV. — Une boîte contenant des colliers, des boucles d'oreilles, des nœuds, des garnitures de bonnet, des aigrettes, des bracelets, des croix de Saint-Maurice et Saint-Lazare et autres, le tout en brillants, saphirs et perles. . . . . 190,259 »

CHAP. V. — Une boîte contenant des rangs de perles, des agrafes, des nœuds, des aigrettes, des croix, etc., en brillants. . . . . . . 172,883 »

CHAP. VI. — Une boîte contenant des boucles d'oreilles, des boucles de ceintures, des nœuds, des aigrettes, un carcan, des bracelets, perles, émeraudes, diamants, etc. . . . . 630,57 »

Total général. . . . . 1,014,776 florins.

de femme et d'homme, composées de boucles d'oreilles, de colliers, d'agrafes, d'épingles à cheveux, de nœuds, de boucles de ceinture, des croix de l'ordre de Saint-Maurice et autres, des crochets de chapeau, des épaulettes, etc. A l'exception d'un diamant de dix-sept carats[1], il y avait peu de grosses pierres. On y voyait une collection considérable de pendeloques perles, de rubis et de saphirs, mais nous avons tout lieu de supposer que ces pierres étaient de seconde catégorie. On les voyait encore dans les nombreuses parures existant au moment de la vente des diamants de la Couronne, le 12 mai 1887, accompagnées d'autres pierres de couleur plus belles, que Napoléon Ier avait achetées lors de son mariage avec Marie-Louise.

Malgré la diminution résultant de l'exécution de l'épée de Bonaparte, les diamants conservés en 1803 à la trésorerie formaient une masse importante. Aussi Joséphine désirait en avoir la jouissance.

Le premier consul consentit volontiers à ce que sa femme eût, comme lui, l'usufruit de ces joyaux ; il fit prier Barbé-Marbois, alors ministre du Trésor public, de les faire estimer.

Les joailliers Foncier et Marguerite[2], connus personnellement de Mme Bonaparte, firent l'estimation de quelques-

1. Ce diamant se trouvait au nombre de ceux qui ornaient le grand peigne au moment de la vente qui eut lieu le 12 mai 1887. Il a été adjugé pour la somme de dix-huit mille quatre cents francs au baron de Horn. Il avait été estimé à Amsterdam, le 25 juin 1791, quinze mille florins.

2. Edme-Marie Foncier, fils de Jean-Louis-Nicolas, orfèvre sous Louis XVI, était depuis longtemps en rapport avec la famille Beauharnais, et fut, pour cette raison, choisi par Joséphine, pour les fournitures à faire, à partir du traité de paix d'Amiens. Par suite des nombreuses commandes qu'il avait exécutées, Foncier devint fort riche et se retira bientôt, laissant sa maison à l'aîné de ses gendres. Bernard-Amand Marguerite. On raconte aussi que Foncier, quelque temps après le 18 brumaire, acheta des rentes françaises pour une somme de cent mille livres, et que le premier consul, ayant appris ce fait, nomma Foncier son joaillier ordinaire, en raison de la reconnaissance qu'il lui gardait, pour avoir eu ainsi confiance dans son gouvernement. Plus tard, Foncier, ayant encore deux autres filles à marier, fut un jour appelé par Napoléon, qui lui annonça, sur le ton de boutade qui lui était familier, qu'il avait décidé le mariage de ses deux filles avec deux de ses aides de camp, les généraux Duhesme et Defrance. Le général Defrance, petit-fils de Foncier, possède encore un

uns des joyaux qui se trouvaient alors dans les caisses du Trésor public, ceux que la citoyenne Bonaparte désirait particulièrement. Cette opération faite, Barbé-Marbois les remit au citoyen Estève, trésorier particulier du gouvernement : c'étaient des colliers de perles estimés deux cent vingt-six mille cinq cents francs, et des parures de rubis et d'émeraudes évaluées chacune quinze mille francs[1].

Comme tous ces bijoux représentaient une valeur totale de deux cent cinquante-quatre mille cent quatre-vingt-dix-huit francs dans les caisses de l'État, le premier consul ordonna que cette somme fût remboursée au Trésor public par le trésorier particulier du gouvernement consulaire[2]. C'est ainsi que Joséphine eut la jouissance de plusieurs joyaux de l'État avant qu'elle fût impératrice.

Lors du couronnement et du sacre de Napoléon, toutes les pierres qui restaient au Trésor furent mises à la disposition de l'impératrice. Foncier et Marguerite d'une part, et Nitot de l'autre, en montèrent plusieurs parures, entre autres une ceinture de corsage dans laquelle étaient employées les grosses roses qui restaient encore de l'ancien trésor. Nous n'avons retrouvé aucun autre détail sur l'exécution de ces joyaux que dans le tableau de David conservé à Versailles : *le Couronnement de Napoléon*, mais nous avons tout lieu de croire qu'il ne faudrait pas absolument s'appuyer sur ce document, qui, à notre avis, doit manquer d'exactitude[3].

billet de Joséphine écrit à son grand-père, ainsi conçu : « Citoyen Foncier, apportez-moi immédiatement mes diamants, parce que Bonaparte est persuadé que je les ai vendus. »

Marguerite, qui lui avait succédé, devint en 1811 joaillier de la Couronne.

1. Arch. nat. O² 31. Procès-verbal d'estimation des perles, rubis, émeraudes, etc., en date des 2 et 4 fructidor an XI (19 et 21 août 1803), savoir : les perles à 226 500 francs ; les rubis à 13 500 francs ; les émeraudes à 14 198 francs ; ensemble 254 198 francs.

2. Arch. nat. O² 31. Lettre du caissier général du trésor public au citoyen Estève, trésorier du gouvernement, en date du 4 vendémiaire an XII (25 septembre 1804). Cette somme de 254 198 francs fut versée en deux fois : 237 000 francs, montant du premier procès-verbal d'estimation, le 8 fructidor an XII (25 août 1804), et les 17 198 francs restants en vendémiaire de la même année.

3. Pour nous, le diadème et le collier portés par Joséphine, dans ce tableau, sont

En 1805, Napoléon fit plusieurs commandes pour son usage personnel. La principale fut une ganse et un bouton de chapeau, dont le prix total s'éleva à la somme de 362,060 francs[1]. La plus grosse pierre de ces objets était un diamant pesant vingt-cinq carats cinq huitièmes : il avait été payé 180 000 francs. Toutes ces pièces furent fournies par Marguerite.

Les 6 germinal et 6 prairial de la même année, Marguerite et Nitot fournirent la chaîne et les plaques de la Légion d'honneur pour une somme de 188 221 fr. 68[3].

En mars 1807, Nitot apporta à l'impératrice un diadème en diamants de 86259 fr. 87, un peigne de 27702 fr. 31, une paire de boucles d'oreilles de 46578 fr. 43, une paire de bracelets de 28431 fr. 87, une rivière avec deux rangs de diamants de 107055 francs et une guirlande d'hortensia de 51777 fr. 46, en tout 347 800 francs.

Enfin, nous savons aussi, par le dessin qui nous en a été conservé, que Napoléon fit exécuter, avec des pierres de la

parfaitement exacts; ils ont dû être copiés d'après nature, mais ce sont des parures qui devaient exister vers 1809 ou 1810, au moment où David l'exécutait. Ce qui nous confirme dans ce fait, c'est qu'il y figure un officier de dragons de la garde impériale : or, le sacre eut lieu en 1804, et les dragons de la garde ne furent créés qu'en 1806. Nous sommes donc fondé à supposer que les accessoires reproduits dans le tableau, quoique d'une exactitude méticuleuse, sont des objets copiés au moment où il a été fait, et n'ont pas la prétention de se rapporter à ceux qui existaient en 1804.

1. Arch. nat., O² 1187, p. 39. Papiers du grand chambellan et O² 30. Procès-verbal de reconnaissance en date du 28 novembre 1810.

2. Cette pierre a été adjugée comme étant un *Mazarin*, le 21 mai 1887, à Mme Asselin, au prix de cent cinquante-deux mille francs. On voit qu'elle n'a jamais appartenu au cardinal et qu'elle a été achetée en 1805. Pour qu'il n'y ait aucun doute possible nous en donnons ci-après la facture :

« 26 frimaire an XIII. Acheté à Marguerite. Un brillant carré long, les coins arrondis, bien proportionné, de bonne eau, légèrement laiteuse, pesant 25 carats 5/8, à 180 000 francs. » Elle fut estimée le même prix dans le procès-verbal de reconnaissance des diamants composant la ganse du chapeau de l'empereur, en date du 28 novembre 1810, et de nouveau annotée comme ayant été achetée à Marguerite. (Arch. nat., O² 30.)

3. Arch. nat., O² 41. Papiers du grand chambellan. Ces décorations consistaient en un grand collier de la Légion d'honneur, 144289 francs; une plaque de la Légion d'honneur, 27340 fr. 82; une grande étoile, 15585 fr. 80; et une étoile en or, 1006 fr. 37.

Couronne, un diadème de rubis à feuilles de laurier, que Joséphine porta à plusieurs reprises.

Jusqu'au moment du mariage de Napoléon avec Marie-Louise, les achats de bijoux avaient été peu importants relativement à ce qu'ils furent à partir de cette date. A l'occasion des fêtes continuelles qui eurent lieu en 1810, 1811 et au commencement de 1812, Napoléon fit des acquisitions pour une somme d'environ six millions de francs.

On acheta d'abord des colliers de perles rondes pour

DIADÈME RUBIS EXÉCUTÉ EN 1807 POUR L'IMPÉRATRICE JOSÉPHINE

(Dessin de l'ancienne maison Bapst, aujourd'hui Bapst et Falize.)

317915 francs[1]; ce premier achat fut bientôt suivi d'un second consistant en une parure de perles de 178 408 francs[2]. Quelque temps après, Nitot fournissait quatre cent huit perles de seize grains environ pour la somme de 326 400 francs[3]. Un autre joaillier du nom de Chaine offrit au comte de Montesquiou, premier chambellan de l'empereur, un nombre

1. Arch. nat., O² 30. Procès verbal d'estimation des bijoux livrés par Nitot, en date des 4, 5 et 8 mars 1807, par MM. Lefèvre, joaillier, rue Sainte-Avoye, 36, et Cloquemin, également joaillier, quai Pelletier, 12, sous la direction du sieur Jacques Le Scène Desmaisons, secrétaire de l'intendance générale de la maison de l'empereur, assisté d'un des chefs de bureau. En double dans les papiers de la maison Bapst et Falize (ancienne maison Bapst).

2. Arch. nat., O² 31.

3. Arch. nat., O² 31.

considérable de diamants qui devaient entrer dans l'exécution d'une parure composée d'un diadème revenant à 336200 francs, d'un collier de vingt-quatre brillants du prix de 409000 francs, et d'une paire de boucles d'oreilles de 68000 francs : en tout 813200 francs[1]. Le comte de Montesquiou en proposa l'achat à l'empereur, qui l'approuva. Ces pierres furent employées dans différentes parures que nous allons énumérer.

D'abord Nitot monta une grande parure de diamants de la valeur de 1645446 francs[2], composée d'un diadème de 407404 francs, d'un collier de 875292 francs, d'un peigne de 127501 francs, de boucles d'oreilles de 56846 francs, des bracelets de 101150 francs, et enfin d'une ceinture de 77252 francs.

Le diadème que nous reproduisons ici avait au centre une pendeloque[3] de vingt-quatre carats qui provenait de l'ancien fonds de la Couronne; au-dessous de cette pendeloque était une grande pierre de vingt-cinq carats un huitième, ovale, très étendue, légère, eau aigue marine, achetée à cette occasion à Nitot au prix de cent trente-sept mille francs. C'était une pierre considérable par son poids et sa valeur, et la plus belle, avec celle du bouton de chapeau achetée en frimaire an XIII, de toutes celles que l'empereur fit entrer au Trésor[4].

---

1. Arch. nat., O² 3o, et inventaire de 1811; supplément, titre 5, article 1er. C'est de cet achat que provenaient presque entièrement les rangs de perles de seize grains adjugés par les Domaines, le 18 mai 1887, à M. Lowenstein, à M. Leverson, à MM. Morel et Cie, à M. Taub, et à M. Lug. pour la somme totale de 307400 francs. Ces rangs sont possédés aujourd'hui par plusieurs personnes connues, comme Mme Cahen (d'Anvers), M. Sassoun, etc.

2. Arch. nat., O² 3o. Rapport du comte de Montesquiou à l'empereur, en date du 1er juillet 1810.

3. Arch. nat., O² 31. Intendance générale n° 9. Procès-verbal d'expertise d'une parure en diamants, livrée par MM. Nitot et fils, le 10 avril 1810.

4. Ce diamant, qui a été vendu par les Domaines en 1887 comme étant un *Mazarin*, ne l'a jamais été. Il appartenait à l'ancien fonds de la Couronne : on peut le voir dans les inventaires successifs de 1691, 1774, 1788 et 1791; on acquerra ainsi la certitude qu'il n'a jamais été à Mazarin et qu'il n'a jamais été désigné comme tel.

5. Cette pierre qui, on le voit, est entrée le 10 avril 1810, a été vendue par les

Puis successivement on fit monter une série de parures de pierres de différentes couleurs, rubis, saphirs, émeraudes, turquoises, toutes composées de la série de mêmes bijoux que la grande parure en diamants.

En même temps, Napoléon faisait monter vingt-quatre camées dans une grande parure de perles.

D'où venaient ces camées?

Ils n'étaient pas dans le Trésor en 1791. La recherche à laquelle nous nous sommes livré, pour retrouver leur origine, nous a révélé des faits qu'il importe de faire connaître.

Le cabinet de France était passé en 1790, comme le reste du domaine royal, de la propriété du roi à celle de l'État, en vertu d'une loi de l'Assemblée constituante. Les camées qui en faisaient partie restaient à la Bibliothèque nationale, où ils avaient été transportés, de Versailles, sous le règne de Louis XV : c'est encore là qu'ils sont aujourd'hui.

En 1808, Napoléon trouva que, puisque les camées antiques avaient été exécutés, pour la plupart, dans le but de servir à l'ornementation de bijoux, il était logique de rendre à un certain nombre d'entre eux leur destination première.

Domaines en 1887, comme étant celle dont nous avons écrit l'histoire, appelée le *Miroir-de-Portugal*, pierre qui, à la suite des événements que nous avons racontés, n'était plus rentrée dans le trésor de l'État. Lorsque l'administration des Domaines vendit ce diamant, avec la qualification de *Miroir-de-Portugal*, nous avons cru devoir protester par la lettre suivante, adressée à M. Tiphaigne, directeur général de cette administration :

« Paris, le 15 mai 1887.

« Monsieur le Directeur général des Domaines,

« A la troisième vacation de la vente des diamants de la Couronne, les Domaines ont présenté au public, sous le numéro 29, une *boucle de ceinture*, en indiquant verbalement que la pierre qui en formait le centre était le *Miroir-de-Portugal*. Cette attribution est fausse. Le *Miroir-de-Portugal* pesait en 1791 vingt et un carats deux seizièmes; la pierre en question pèse vingt-cinq carats un huitième, c'est-à-dire quatre carats de plus. Je ne suppose pas que le *Miroir-de-Portugal* ait pu augmenter de poids depuis 1791.

« Du reste, je connais l'origine de la pierre que vous avez vendue hier comme étant le *Miroir-de-Portugal*; elle a été achetée le 10 avril 1810 à M. Nitot. Quant au *Miroir-de-Portugal*, vous en trouverez l'historique dans les articles que j'ai publiés dans la *Gazette des Beaux-arts* les 1er janvier et 1er mars derniers.

« Veuillez agréer, etc.   « GERMAIN BAPST. »

A la suite de cette lettre, l'acquéreur, Mme Gal, refusa d'en prendre possession, et c'est M. Tiffany qui consentit à se substituer à cette dernière.

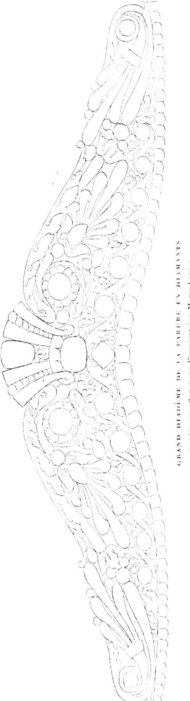

GRAND DIADÈME DE LA PARURE EN DIAMANTS
montée en 1810 pour l'impératrice Marie-Louise.

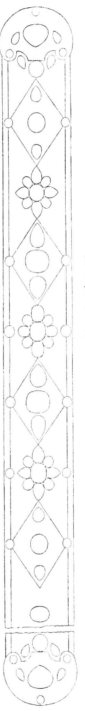

BAUDRIER DU GLAIVE DE NAPOLÉON Ier

Ces deux dessins sont conservés dans les papiers de l'ancienne maison Bapst, aujourd'hui Bapst et Falize.)

Aussi rendit-il un décret, à la date du 4 mars 1808, par lequel l'administration de la Bibliothèque impériale devait en remettre plusieurs au grand maréchal du palais pour qu'ils fussent montés en parure. Par ce fait, sans en modifier la propriété, il changeait ces camées d'administration et les faisait passer de la Bibliothèque impériale au mobilier de la Couronne[1].

Duroc, grand maréchal du palais, Dacier, administrateur de la Bibliothèque, et Nitot, joaillier, choisirent quatre-vingt-deux camées ou intailles. L'état en fut dressé par Dacier et certifié par Cretet, ministre de l'intérieur. Le 9 mars suivant, c'est-à-dire cinq jours après, Duroc en donna un reçu détaillé qui est encore conservé à la Bibliothèque nationale. (Nous donnons aux pièces justificatives tous les documents concernant cette affaire.)

En 1810, vingt-quatre de ces camées (dont on trouvera la description exacte dans l'inventaire publié en appendice) furent montés en une parure complète, composée d'un diadème, d'un collier, d'un peigne, de bracelets, de boucles d'oreilles, d'une plaque de ceinture et d'un médaillon, le tout ornementé de petites perles au nombre de deux mille deux cent soixante-quinze[1]. En déduisant des quatre-vingt-deux camées reçus les vingt-quatre employés dans cette parure, il devait donc en rester cinquante-huit dans les coffres de la Couronne.

Comme nous le verrons plus loin, en 1815, lors des Cent-Jours, Louis XVIII quitta précipitamment Paris à l'arrivée de Napoléon, et emporta avec lui les diamants de la Cou-

1. Arch. nat., A F. IV, 298, plaquette 2125, n°s 11 à 24. Décret du 4 mars 1808.
2. M. Marion du Mersan, dans son *Histoire du cabinet des médailles* (p. 179), accuse Napoléon d'avoir dilapidé la Bibliothèque nationale pour faire présent à l'impératrice Joséphine de cette parure de camées. Il importe de rétablir la vérité des faits. Le décret signé par l'empereur, le 4 mars 1808, avait pour résultat de transporter d'une administration de l'État dans une autre administration de l'État quatre-vingt-deux camées dont la propriété n'était nullement menacée par ce fait. Aucun de ces camées ne fut donné à Joséphine, elle n'en eut que l'usufruit durant le temps qu'elle fut impératrice. Si plus tard vingt-quatre de ces pierres ont disparu, ce n'est pas le fait de Napoléon, on en verra la preuve plus loin.

ronne à Gand, où il se réfugia, tandis qu'il faisait partir pour l'Angleterre ses diamants *particuliers* avec la parure des vingt-quatre camées et perles. C'est ce que démontre d'une façon irréfutable cette mention consignée dans l'état des bijoux de la Couronne, dressé par le baron Hue au retour du roi à Paris[1] :

« Une parure en perles et camées ne faisant point partie des diamans de la Couronne, mais qui se trouvait chez M. de la Bouillerie, a été envoyée en Angleterre, ainsi que les diamans particuliers du Roi. » (M. de la Bouillerie était trésorier de la Couronne.)

A partir de cette date, ces vingt-quatre camées ne se retrouvent plus. Louis XVIII les a-t-il considérés comme sa propriété particulière et sont-ils aujourd'hui entre les mains des héritiers du comte de Chambord? Si ce fait était prouvé, l'État devrait en réclamer la réintégration à la Bibliothèque nationale, car il n'y a pas de prescription pour les objets appartenant à cet établissement, et peut-être arriverait-on à un résultat aussi satisfaisant que celui qu'a obtenu M. Léopold Delisle, par sa persévérance et sa science irréfutable, dans la réintégration des manuscrits de lord Ashburnham.

Quant aux cinquante-huit camées et intailles (vingt-deux camées, trente-six intailles) qui devaient rester dans le trésor de la Couronne, nous trouvons dans les procès-verbaux de l'inventaire de 1832 leur nombre réduit à cinquante-six. Mais nous devons être en présence d'une erreur de copiste, et il faut lire cinquante-huit au lieu de cinquante-six[2] : car cinquante-huit camées et non cinquante-six furent, en vertu

---

1. L'original de cet état est conservé dans la maison Bapst et Falize (ancienne maison Bapst).

2. Ce qui ne nous permet pas d'hésiter, c'est que M. Marion Du Mersan, qui était en 1832 conservateur adjoint du cabinet des médailles, lors de la restitution de ces camées, déclare dans son livre qu'il en a bien reçu cinquante-huit et non cinquante-six. (*Histoire du cabinet des médailles*, p. 180.)

De plus la pièce ci-jointe, dont nous possédons l'original, ne laisse plus le moindre doute sur le chiffre réel :

Note remise à M. Maréchal, inspecteur général des services de la maison du roi.

« D'un procès-verbal, du 9 novembre 1813, dressé par M. Lecoulteux de Cantelen,

de la loi du 2 mars 1832, rendus à la Bibliothèque nationale, où ils sont encore.

M. Ramel-Rochette, qui était alors administrateur de la Bibliothèque, écrivit à M. Royer-Collard pour réclamer les vingt-quatre camées qui, comme nous l'avons dit, avaient été emportés par Louis XVIII. M. Royer-Collard répondit, comme représentant de la liste civile, que les vingt-quatre camées n'étaient signalés nulle part dans la correspondance du trésor de la Couronne et de la liste civile, que l'inventaire de 1818 ne les mentionnait plus, et enfin il affirmait que depuis 1815 ces pierres n'existaient plus dans l'ancien Trésor[1].

AIGLE DE LA COURONNE
EN PERLES
appart[t] à M. Edmond Bapst.

Revenons aux parures remontées pour Marie-Louise. Les deux dernières furent un diadème et une

auditeur au Conseil d'état, inspecteur général de la comptabilité et des bâtiments de la Couronne, il appert, que, le 9 mars 1808, il a été extrait des camées de la Bibliothèque impériale afin de les déposer au trésor de la Couronne; que ces mêmes camées ont été confiés, le 27 juin 1810, à MM. Nitot et fils, qui en auraient employé vingt-quatre, représentant des sujets, pour en former une parure complète à l'usage de S. M. l'Impératrice.

« Que cette parure aurait été expertisée le 2 juillet 1812 et décrite au titre 7 de l'inventaire général supplémentaire des diamants de la Couronne, arrêté le 8 octobre 1813; et que, le 9 novembre 1813, MM. Nitot et fils auraient rapporté au trésor de la Couronne vingt-deux camées et trente-six intailles restés sans emploi entre leurs mains.

« Ces mêmes vingt-deux camées et trente-six intailles ont été extraits du trésor de la liste civile, le 18 juin 1819, et déposés au garde-meuble de la Couronne, ainsi qu'il résulte du procès-verbal dressé ce jour par M. de Combes, chef de la 2ᵉ division du Ministère de la maison du roi. Postérieurement, les diamants de la Couronne ayant été rapportés au trésor de la Couronne, pour y rester déposés, les vingt-deux camées et les trente-six intailles y sont restés comme simple dépôt sans qu'il ait été dressé de procès-verbal, par la même raison que ces camées ne faisaient pas partie des diamants de la Couronne.

« Quant à la parure de camées composée de vingt-quatre pierres gravées représentant des sujets, expertisée le 2 juillet 1812, on ignore ce qu'elle est devenue; elle n'a pas été inventoriée en 1815 et 1816.

« Paris, le 6 novembre 1832.

J. LAZARD,   E. BAPST,
inspecteur des diamants de la Couronne.   joaillier du Roi et de la Couronne. »

1. C'était sur la déclaration formelle du joaillier de la Couronne et de l'inspecteur

couronne. Le diadème était composé de perles poires et valait deux cent vingt et un mille cinq cent quarante-sept
francs; le centre était formé par une des plus grosses perles
connues. Cette perle, du poids de trois cent trente-sept
grains, était en forme d'œuf et avait été payée quarante
mille francs à Nitot[1] en 1811.

La couronne était en perles et fermée, d'une valeur de
cent dix mille deux cent soixante-dix-neuf francs trente-
cinq[2]. Elle était surmontée d'un petit aigle en demi-perles
qui n'appartenait pas à la Couronne et qui a été conservé.

Les pierres qui entraient dans la composition de ces parures n'étaient pas toutes des fournitures nouvelles. On y employait d'abord les pierres existant au Trésor, et l'on achetait
celles qui étaient nécessaires pour parfaire l'exécution[3].

Pendant que ces achats s'effectuaient, Napoléon recom-
mandait à Daru la plus stricte économie : « Je n'ai pas besoin, écrivait-il le 8 juillet 1810[4], d'avoir ces parures sur-
le-champ, ni de sacrifier pour cela plusieurs centaines de

des diamants de la Couronne que M. Royer-Collard avait répondu par cette lettre.
(Voir le procès-verbal ci-dessus en date du 6 novembre 1832.)

1. Arch. nat., O² 34. Extrait de la facture de Nitot du 28 novembre 1811 : « Une
très grosse perle vierge, forme œuf, pesant 337 grains, 40 000 francs. »

Cette perle a été vendue le 20 mai 1887, par l'administration des domaines, sous
un faux nom historique qu'elle n'avait jamais eu et qu'elle ne pouvait avoir, par ce
seul fait qu'elle ne possédait d'autre histoire que celle d'avoir été fournie à Napoléon Iᵉʳ il y a seulement soixante-dix ans. M. J. Rossel l'a achetée pour le compte de
la princesse Youssoupoff, qui en est aujourd'hui propriétaire.

2. Arch. nat., O² 31. Facture de Nitot du 22 juillet 1812.

3. Comme on le voit par la liste des bijoux ci-dessus désignés, la parure était fort
différente de ce qu'elle était aux derniers jours de la cour de France à Versailles. Le
diadème qui, sous le règne de Marie-Antoinette était infiniment petit sans être décoré
de pierres précieuses, était devenu une grande pièce de tête, très lourde et d'un effet
de décoration majestueux.

Les colliers étaient formés généralement de rangs de chatons avec des pendeloques: il y avait quelquefois trois ou quatre rangs, et à chacun de ces rangs pendaient
des poires en diamants. Les girandoles ne s'étaient guère modifiées depuis Louis XVI.
Les bracelets étaient des bandes, de dessin régulier, en diamant: quelques-uns sont
restés des types de bon goût. On portait au-dessous du corsage, très court, une ceinture de pierres précieuses qui soutenait la poitrine.

4. Arch. nat., O² 36. Lettre de Napoléon Iᵉʳ à Daru, en date du 8 juillet 1810.
Cette lettre nous paraît inédite: elle n'a pas été publiée dans la « Correspondance de
Napoléon I ».

mille francs. Je désire que ces acquisitions se fassent, au contraire, sans précipitation et au meilleur marché possible. »

Enfin, après avoir fait remonter les parures destinées à Marie-Louise, Napoléon fit compléter et modifier celles qui lui appartenaient.

Le 15 juin 1811, l'épée qui avait été montée pour lui sous le Consulat fut cassée, et avec les pierres qui l'ornaient on lui fit un glaive qui porta au pommeau le *Régent*. Ce glaive était supporté par un baudrier en velours blanc couvert de roses qui avaient d'abord été mises sur une ceinture que portait Joséphine à la cérémonie du couronnement[1].

Jusqu'au 16 février 1811, les diamants achetés l'avaient été avec les fonds provenant de la cassette particulière de Napoléon. A cette date, un décret impérial affecta un fonds spécial de six millions pour couvrir les dépenses faites à l'occasion du mariage de Marie-Louise et celles qui restaient à effectuer.

Or, conformément à ce décret, tous les diamants furent incorporés à la Couronne et inscrits dans les inventaires. La cassette impériale, qui en avait fait la dépense, fut donc remboursée jusqu'à concurrence de cette somme; mais, comme les achats s'étaient élevés à plus de six millions six cent mille francs, l'État était par suite débiteur envers Napoléon de six cent mille francs environ. Nous verrons que ces six cent mille francs ne furent jamais payés et que l'État les doit encore aux héritiers de Napoléon Ier.

L'administration des joyaux de la Couronne n'était pas encore réglementée; cependant, en 1809, Daru, intendant général de la maison de l'empereur, s'était occupé de faire dresser les inventaires des joyaux et d'en reconstituer l'historique. Une lettre de Mollien, en date du 30 décembre de cette année[2], montre qu'au Trésor public on n'avait retrouvé

---

1. Arch. nat., O² 31. Facture de Nitot du 16 novembre 1812, s'élevant pour le glaive à 74 036 fr. 62, et pour le baudrier à 8874 fr 32, ensemble 82 910 fr. 94.

2. Arch. nat., O² 30. Lettre du ministre du Trésor public à M. le comte Daru, intendant général de la maison de l'empereur.

à cette époque aucuns papiers concernant l'origine de ces joyaux. On croyait que, à l'exception du *Régent*, presque tous provenaient du trésor du roi de Sardaigne[1].

Daru fut plus heureux que Mollien. Les inventaires qu'il fit dresser sont un modèle de précision, tant au point de vue de l'estimation qu'à celui de l'origine des pierres. Chacune d'elles y a sa valeur et son poids désignés; en regard est indiquée sa provenance, de sorte que l'on voit si ces pierres viennent de la trésorerie nationale ou si elles ont été achetées depuis l'empire; dans ce dernier cas, le nom du vendeur et la date de l'achat sont inscrits. C'est sur l'ordre de Napoléon que ce travail a été fait; mais cela ne suffisait pas à son prodigieux génie d'organisation : il lui importait de descendre dans les moindres détails de l'administration publique et d'y introduire l'ordre et la régularité qu'il apportait en toutes choses.

Aussi l'empereur s'inquiéta des joyaux de la Couronne, et, le 23 novembre 1811, il dicta au duc de Cadore l'ordre suivant, qui consacrait leur réunion à la Couronne et établissait leur administration[2] :

« De dimanche en huit, il sera tenu un conseil privé pour la discussion du sénatus-consulte relatif aux réunions à faire à la Couronne.

« Il faut aussi s'occuper d'un sénatus-consulte pour la réunion aux biens de la Couronne des diamants qui sont en ma possession. J'en ai acquis pour six millions depuis mon mariage, et j'en avais déjà une certaine quantité. L'inventaire des diamants, comprenant leur valeur, leur désignation et même le dessin des parures, pour servir à les reconnaître, devra être déposé dans les archives du Sénat.

« Le duc de Cadore examinera s'il n'est pas possible de

---

1. C'était aussi l'opinion de Mme la générale Durand, dans ses *Mémoires sur Napoléon, l'impératrice Marie-Louise et les Tuileries*. Paris, Ladvocat, 1828, in-8º.

2. Arch. nat., O² 3o. Extrait d'un ordre de l'empereur, dicté à Saint-Cloud, par Sa Majesté, le 23 novembre 1811. Cette note paraît être inédite, elle ne se trouve pas dans la « Correspondance de Napoléon ».

prendre une disposition semblable relative aux meubles de
la Couronne et aux objets déposés dans les musées.

« Il importe de tout mettre en règle pour prévenir jusqu'à la possibilité des dilapidations.

« *Contresigné :* Duc de Cadore. »

Champagny, pour obéir aux prescriptions de l'empereur,
rédigea un projet[1] qui précisait longuement les attributions
de chacun des joailliers de la Couronne. L'un était chargé,
sous sa responsabilité, de la garde des diamants à l'usage
de l'empereur ou de l'impératrice; les deux autres avaient
pour mission, l'un d'acheter les diamants et pierres précieuses, et l'autre de les monter.

Cette règle fut immédiatement adoptée, et Marguerite,
gendre de Foncier, reçut le titre de joaillier de la Couronne;
on lui assigna un logement près du Trésor. Nitot continua
les fournitures.

Le garde des joyaux de la Couronne devait tenir deux
registres cotés et paraphés[2] : sur le premier devaient être
inscrits tous les diamants, perles et pierreries existant au
moment de son entrée en fonctions, ceux provenant d'a-
chats, et enfin toutes les mutations qui surviendraient dans
les parures. Il était expressément prescrit de dresser un
procès-verbal pour chaque nature d'opération. Le second
registre concernait la sortie ou la rentrée des bijoux confiés
entre les mains des personnes chargées de les extraire du
dépôt : chaque fois qu'une parure était retirée, la personne
qui la recevait devait en signer un reçu sur ce registre, et
quand elle la rapportait, le garde des joyaux lui en donnait
décharge. Dans la pratique, les choses se passaient exactement comme l'ordonnance le prescrivait[3].

1. Arch. nat., O² 3o. Projet de décret contenant règlement pour l'administration
des diamants de la Couronne.

2. Arch. nat., O² 3o. Articles 11 et 12 du règlement pour l'administration des diamants de la Couronne.

3. Voir Mme la générale Durand, *Mémoires sur Napoléon, l'impératrice Marie-Louise
et les Tuileries.* Paris, Ladvocat, 1828, in-8°.

Ainsi donc, comme on le voit, le trésor des joyaux de la Couronne venait d'être encore une fois reconstitué. Aux diamants trouvés dans la trésorerie, dont nous avons indiqué la provenance, au commencement de ce chapitre, venaient s'ajouter toutes les pierres que Napoléon avait achetées et dont nous avons désigné les montures au cours de ce récit.

A partir de 1812, il n'y eut plus de commandes de joyaux, et nous n'aurons à reprendre leur histoire qu'aux derniers jours de cette belle campagne de France, lorsque le plus grand général dont l'histoire ait enregistré le nom fut à son tour vaincu, comme il l'a dit lui-même, « par le général hasard ».

CHAPITRE III

L'impératrice et le roi de Rome quittèrent Paris dans la journée du 29 mars 1814, se rendant d'abord à Rambouillet, pour se diriger ensuite sur Blois.

Fidèles dans l'adversité, Mme de Montesquiou accompagnait le roi de Rome, MM. d'Haussonville et de Gontaut, tous deux chambellans, et plusieurs dames de la cour accompagnaient l'impératrice. Dix lourdes berlines vertes aux armoiries impériales et une foule de voitures et de fourgons formaient le convoi impérial, emportant les diamants de la Couronne, ceux de l'impératrice et ceux que l'empereur avait achetés sur la liste civile.

L'impératrice arriva le 2 avril à Blois et y séjourna jusqu'au 10. Dans cet intervalle, Paris avait été pris, les combinaisons du génie de Napoléon, l'héroïsme et le dévouement des troupes, étaient devenus inutiles par le fait du duc de Raguse qui avait trahi son bienfaiteur et manqué à son devoir, comme homme d'honneur et comme soldat, en faisant abandonner ses positions à un corps d'armée en présence de l'ennemi.

La lutte étant devenue impossible, Napoléon abandonnait le pouvoir, et Caulaincourt traitait avec les puissances alliées au nom d'un gouvernement provisoire.

Le 8 avril, le général Schouvaloff, qui avait été envoyé de Paris par l'empereur de Russie auprès de l'impératrice, se présenta devant elle à Blois[1], et lui donna connaissance de l'ordre qu'il avait de la conduire, ainsi que le roi de Rome, à Orléans. Le 9 avril, la souveraine se leva de grand matin ; elle paraissait inquiète des conséquences que pouvait avoir ce voyage, effectué au milieu des cosaques qui inondaient alors la région. Craignant le pillage des voitures qui la suivaient, par les hordes ennemies, Marie-Louise se fit apporter les diamants de la Couronne, et prit le parti d'en porter le plus possible sur elle, convaincue que l'on n'oserait manquer de respect à sa personne au point de la fouiller.

La pièce la plus importante de ces joyaux était le glaive impérial, sur la poignée duquel le *Régent* se trouvait monté, et dont la lame embarrassante était très difficile à dissimuler. M. de Meneval, qui comme MM. d'Haussonville et de Gontaut avait suivi l'impératrice dans sa fuite, fut chargé par Marie-Louise de démonter cette épée. Il raconte, dans ses *Souvenirs historiques*[2], qu'il se résolut, pour l'emporter, à séparer la lame de la poignée. N'ayant aucun instrument à sa disposition, il mit la lame sous un des chenets de la cheminée de l'appartement de l'impératrice et, en faisant une pression pour obtenir la rupture ou séparation, il put facilement la briser, car elle était en laiton. M. de Meneval put ainsi cacher sous son vêtement cette poignée représentant une valeur de plus de douze millions, et rejoindre l'impératrice, qu'il accompagna jusqu'à Orléans.

A Beaugency, quelques-unes des voitures furent arrêtées et pillées par les cosaques. On voit que les précautions prises n'avaient pas été inutiles. A six heures du soir, Marie-Louise entrait avec sa suite à Orléans aux cris répétés de : *Vive l'empereur ! vive l'impératrice !*

A ce moment, 9 avril, les maréchaux Ney, Macdonald et

---

1. Voir à ce sujet le livre de M. Arsène Houssaye : « 1815 ». Paris, Perrin, 1887.
2. Meneval. *Napoléon et Marie-Louise*, tome II, p. 74, Paris, Amyot, 1843.

le duc de Vicence signaient un armistice avec le prince de Schwarzenberg, à la suite duquel des pourparlers s'engagèrent pour l'éloignement de Napoléon et sa séparation d'avec Marie-Louise.

Le 11, Napoléon, toujours à Fontainebleau, et instruit de la décision qui lui donnait pour résidence l'île d'Elbe, et à Marie-Louise Parme et Plaisance, faisait parvenir ses dernières instructions à Meneval pour les transmettre à l'impératrice, en vue d'éviter toute difficulté aux plénipotentiaires chargés de préparer la paix.

« L'empereur, est-il dit dans cette lettre du 11 avril, croit se souvenir qu'il a remis au roi d'Espagne son sabre, dont les diamants appartiennent à la Couronne. L'empereur désire que vous lui en parliez, pour qu'il le remette à M. de la Bouillerie.

« Il faut aussi que tous les diamants de la Couronne que l'impératrice aurait soient remis à M. de la Bouillerie, parce que tous les diamants de la Couronne doivent être restitués[1]. »

Aussitôt la réception de cette lettre, M. de Meneval fit savoir à l'empereur que « le glaive sur la garde duquel était monté le *Régent*, et toutes les parures de la Couronne, avaient été remis, selon son désir, à M. de la Bouillerie; que parmi ces diamants, qui avaient servi à composer différentes parures, se trouvaient mêlés d'autres diamants appartenant à la liste civile, c'est-à-dire à l'empereur, et dont la valeur s'élevait à six ou sept cent mille francs; que M. de la Bouillerie en était convenu, et avait assuré qu'on en tiendrait compte; qu'il existait aussi des diamants qui étaient la propriété de l'impératrice, mais qu'on n'avait ni le temps ni les moyens de démonter les parures pour en retirer les pierres qui n'appartenaient pas au trésor de la Couronne. Cette propriété, ajoute Meneval, ne fut pas plus respectée que celle de l'empereur, et rien ne fut restitué[2]. »

1. Meneval, ouvrage déjà cité, p. 85.
2. *Ibidem*, p. 87.

Tandis que Napoléon s'occupait de la rentrée des diamants de la Couronne au Trésor :

« M. Dudon, ancien maître des requêtes au Conseil d'État, auquel la protection de l'archichancelier [Talleyrand] avait procuré un avancement rapide, arriva à Blois. Il avait encouru la disgrâce de l'empereur pour avoir abandonné son poste en Espagne. Le gouvernement provisoire, qui considérait comme d'excellents instruments les mécontents du régime impérial, le jugea propre à la mission d'aller s'emparer du trésor de l'empereur. Pour justifier cette odieuse spoliation, le gouvernement provisoire feignit d'avoir été informé que des fonds considérables avaient été enlevés de Paris avant l'occupation de cette ville par les alliés; que ces fonds s'étaient grossis par le pillage des caisses publiques, municipales, et même des hôpitaux. L'arrêté qu'il rendit à cet effet ordonnait à tous dépositaires de ces fonds d'en faire la déclaration et le versement immédiat dans les caisses des receveurs généraux et municipaux, sous peine d'être déclarés eux-mêmes spoliateurs des deniers publics, et, comme tels, poursuivis judiciairement dans leurs personnes et dans leurs biens. Cet arrêté, daté du 9 avril, était signé par les cinq membres du gouvernement provisoire, le prince de Bénévent, le duc d'Altberg, François de Jaucourt, Beurnonville et l'abbé de Montesquiou[1]. Muni de cette pièce, M. Dudon se rendit directement à Orléans, où se trouvait le trésor impérial, objet de l'arrêté des membres du gouvernement provisoire. Il descendit chez le baron de la Bouillerie, trésorier général de la Couronne, étranger à tous maniements de fonds publics, déclina sa qualité de commissaire du gouvernement, et se fit présenter les registres du Trésor. De là il se rendit chez le général Caffarelli, et lui notifia l'arrêté qui confisquait le trésor de l'empereur, comme produit de la spoliation des caisses publiques.

---

1. Voir le *Moniteur* du 7 avril 1814.

Malgré les protestations de ce général et du duc de Cadore, qui persistaient à nier que l'arrêté dont M. Dudon était porteur fût applicable au trésor impérial, dont la propriété exclusive appartenait à l'empereur, comme étant le produit des économies de sa liste civile, dûment constatées, M. Dudon, aidé par l'officier de gendarmerie d'élite préposé à la garde du trésor, fit enlever, le soir, les fourgons qui le contenaient. Ces fourgons étaient stationnés sur la place, et renfermaient une dizaine de millions en pièces d'or et d'argent, trois millions d'argenterie et de vermeil, une valeur d'environ quatre cent mille francs en tabatières et en bagues enrichies de diamants, destinées à être données en présents, les habillements et ornements impériaux chargés de broderies d'or, et jusqu'aux mouchoirs de poche de l'empereur, marqués d'un N couronné. Le général russe Schouvaloff, dont l'intervention fut réclamée, ne mit aucune opposition à l'exécution d'un acte aussi révoltant[1]. »

Lorsque M. Dudon eut ainsi enlevé les fourgons stationnés sur la place, il se présenta à la dame de service auprès de Marie-Louise, « et lui réclama un esclavage de perles que l'impératrice avait au cou dans le moment. Ce collier, composé d'un seul rang, avait coûté cinq cent mille livres et avait été donné à l'impératrice par l'empereur, peu de temps après ses couches; il avait toujours fait partie de son écrin particulier; jamais M. de la Bouillerie ne l'avait réclamé; il le fut par M. Dudon.

« La dame de service alla soumettre la discussion à l'impératrice, alors dans son salon au milieu de beaucoup de monde. Au premier mot qu'elle entendit, elle ôta le collier et, le donnant à la dame : *Remettez-le, dit-elle, et ne faites aucune observation*[2]. »

On voit quels étaient les procédés qui furent employés à

---

1. Meneval, ouvrage déjà cité, p. 97, 98 et 99.
2. Extrait des *Mémoires sur Napoléon, l'impératrice Marie-Louise et les Tuileries*, par Mme veuve du général Durand. Paris, Ladvocat, 1828, in-8°. Reproduit, dans la *Revue rétrospective*, par Paul Cottin (juillet-décembre 1885, p. 281).

cette occasion. En réalité on enlevait à Marie-Louise une partie de ses diamants personnels; nous ne savons si l'empereur d'Autriche, son père, les lui fit rendre plus tard, mais ce qui est certain, c'est que ceux de Napoléon ne furent jamais restitués. Dans son testament, comme nous le verrons plus loin, la valeur des diamants qu'on lui avait enlevés était de six cent mille francs.

Durant la première restauration, Louis XVIII fit indistinctement usage des joyaux de la Couronne et de ceux de Napoléon. L'un de ses premiers soins fut de démarquer les N[1] qui se trouvaient sur les tabatières[2] achetées des deniers de l'empereur et destinées à être données en présent par lui. En même temps, il ordonnait de faire démonter diverses parures, entre autres la grande parure de diamants de un million six cent quarante-cinq mille francs qui avait été montée en 1810, et la parure d'émeraudes datant de la même époque[3]. On y employa pour quatre cent soixante-dix-huit mille cent dix francs de brillants. Quant à la parure d'émeraudes, elle fut remontée de la même façon et l'on y ajouta quatre-vingt-onze émeraudes pour la somme de treize mille trois cent cinquante-six francs[4].

Il restait entre les mains du joaillier de la Couronne une valeur de six cent quatre-vingt-dix-huit mille quatre cent quarante-huit francs vingt centimes en diamants démontés non encore employés[5].

Lorsque l'empereur, débarquant au golfe Juan, arriva à Paris, porté par un unanime élan d'enthousiasme,

---

1. Louis XVIII abandonna à mon grand-père la propriété des portraits de Napoléon ou des autres membres de la famille impériale qui se trouvaient sur ces tabatières; mais, lors du retour de l'empereur, M. Bapst les fit immédiatement déposer chez le ministre de la police.

2. *Journal des opérations de la Couronne.* Articles des 31 mai et 2 septembre 1815. (Registre A in-f°, relié en maroquin vert, propriété de la maison Bapst et Falize.)

3. *Ibidem.* Article du 11 au 25 juillet 1815. Cette parure transformée fut livrée le 24 août suivant; article du 2 novembre 1815.

4. État général de situation des diamants reçus du trésor de la Couronne et leur emploi.

5. *Ibidem.* Article du 1er, 21 septembre, et 1er novembre 1815.

Louis XVIII s'enfuit nuitamment à Gand, en emportant les diamants de la Couronne, ceux de Napoléon et les camées de la Bibliothèque nationale.

Quoique la plupart de ces objets fussent la propriété de l'État et les autres celle de Napoléon, cet enlèvement n'avait pas été fait au pied levé. Le 13 mars, c'est-à-dire sept jours avant l'arrivée de l'empereur à Paris, Louis XVIII avait ordonné à l'intendant du Trésor et de sa liste civile de faire remettre au baron Hue tous les diamants, bijoux, perles et pierres précieuses appartenant à la Couronne et au *Domaine extraordinaire*[1].

1. Procès-verbal (extrait du *Moniteur universel* du mercredi 20 mars 1815).

L'an mil huit cent quinze, le vingt-huit mars, à une heure de relevée, nous, ministres des finances et du trésor impérial, soussignés, nous nous sommes, en vertu des ordres de l'empereur, transportés à la trésorerie de la Couronne, pour constater ce qui s'est passé à cette trésorerie, relativement à l'enlèvement des diamants qui y étaient déposés.

Nous avons trouvé M. le baron de la Bouillerie, ex-trésorier de la Couronne, lequel nous a exhibé en original l'ordonnance du roi du 13 mars courant, dont la teneur suit :

« Louis, par la grâce de Dieu, roi de France et de Navarre,

« Sur le rapport du ministre et secrétaire d'État de notre maison,

« Nous avons ordonné et ordonnons ce qui suit :

« Art. 1er. L'intendant du trésor de notre liste civile fera remettre immédiatement par le caissier général dudit trésor, au sieur Hue, trésorier de notre maison militaire, et l'un de nos premiers valets de chambre, et sur son récépissé, tous les diamants, bijoux, perles et pierreries appartenant à notre Couronne et au domaine extraordinaire.

« Art. 2. La présente ordonnance, appuyée du récépissé de notre susdit premier valet de chambre, servira de décharge à l'intendant et au caissier général du trésor de notre liste civile.

« Art. 3. Le ministre et secrétaire d'État de notre maison est chargé de l'exécution de la présente ordonnance.

« Donné en notre château des Tuileries, le 13 mars 1815.

« *Signé* : LOUIS.

« *Et contre-signé* : BLACAS D'AULPS. »

En exécution de l'ordonnance ci-dessus, la remise qu'elle prescrit a été effectuée audit M. Hue, suivant deux récépissés, dont le premier a été apposé au pied d'un état comme suit : *Pour récépissé. Paris, le* 15 *mars* 1815. Signé : *Hue*. Le second a également été apposé à la suite d'un état dans les termes ci-après :

« Je, soussigné, l'un des premiers valets de chambre du roi, et trésorier de la maison militaire de Sa Majesté, reconnais avoir reçu de M. Georges, caissier général du trésor de la liste civile, en exécution de l'ordonnance royale du 13 mars courant, les bijoux mentionnés à l'état ci-dessus et d'autre part, lesquels forment avec ceux

Le 15 mars, l'ordre avait été exécuté, et le récépissé signé « Hue » mis à la place des diamants, dans les caisses du trésor de la Couronne. Gaudin et Mollien, l'un ministre des finances et l'autre ministre du Trésor public, firent constater, à l'arrivée de Napoléon, qu'il ne restait à la trésorerie qu'une partie des diamants, représentant six cent cinq mille francs : il en manquait donc pour treize millions huit cent trente-quatre mille francs. Dans ce chiffre n'étaient

dont la remise m'a été faite le 15 dudit mois courant, et dont j'ai fourni un récépissé particulier, la totalité des diamants, perles, pierres précieuses, etc., tant montés que non montés, appartenant au trésor de la Couronne et au domaine extraordinaire, et décrits à l'inventaire général du 15 mai 1811, aux deux suppléments à cet inventaire arrêtés, le premier le 23 avril 1812, et le second le 8 octobre 1813, et au procès-verbal concernant le domaine extraordinaire, arrêté le 2 avril 1812.

« A Paris, le 19 mars 1815. »   « *Signé :* HUE. »

Nous avons reconnu par l'inventaire où ces objets précieux sont évalués et décrits, et que nous nous sommes fait représenter, qu'ils formaient une valeur totale de 14393881 fr. 60 (le diamant dit le *Régent* entre dans cette évaluation pour 6 millions); à quoi il convient d'ajouter 477763 fr. 61, montant du prix des diamants et perles provenant du domaine extraordinaire, décrits au procès-verbal du 2 avril 1812, dont copie certifiée de M. de la Bouillerie a été mise sous nos yeux.

Il nous a encore été représenté deux ordres de M. Blacas, ministre de la maison du roi, en date des 9 et 25 juillet 1814, pour remettre au sieur Ménière, joaillier du roi : 1º le diadème et le peigne de la parure en diamants, appartenant au trésor de la Couronne, décrits aux pages 24 et 37 de l'inventaire général; 2º la couronne en saphirs et diamants, décrite pages 104 et 124 du même inventaire, lesquels figurent dans l'évaluation ci-dessus de 14393881 fr. 60 pour la somme de 1176558 fr. 42.

Sur ces objets, confiés au sieur Ménière, qui en a donné ses récépissés, les 11 et 25 juillet dernier, annexés aux ordres du ministre de la maison du roi, ledit sieur Ménière, mandé par nous, a déclaré en avoir employé pour une somme d'environ 572959 fr. 91; ceux qu'il a rendus à la trésorerie de la Couronne étant évalués à 605598 fr. 51, qui, joints à la somme précédente, forment l'évaluation ci-dessus de 1176558 fr. 42, extraits de l'inventaire général.

La valeur désignée par l'inventaire général, pour les objets précieux qui y sont décrits, est de. 14,393,881 60
Celle relative aux diamants et perles provenant du domaine extraordinaire, est de 477,63 61
Total de la valeur des diamants, perles et pierreries, etc., qui existaient à la trésorerie de la Couronne avant leur enlèvement. . . 14,441,645 21
Il n'en reste plus à ladite trésorerie que pour 605,598 51
Il en manque pour. 13,834,046 70

Clos et arrêté, à la trésorerie de la Couronne, ledit jour et an.

Le ministre des finances,   *Le ministre du trésor,*
DUC DE GAETE.   MOLLIEN.

pas compris les diamants personnels de Marie-Louise, ni les
tabatières de Napoléon données durant la première Restauration aux généraux alliés qui venaient d'envahir la France.

Au moment où Mollien et Gaudin constataient le déficit,
Napoléon, acclamé par la France entière, pouvait s'emparer
de la personne du duc d'Angoulême, qui s'enfuyait malade
à travers la France : il préféra protéger sa fuite, et écrivit à
Grouchy, en cette circonstance, la lettre suivante[1] :

« Monsieur le comte Grouchy, l'ordonnance du roi, en
date du 6 mars, et la déclaration signée le 13 à Vienne par
ses ministres, pouvaient m'autoriser à traiter le duc d'Angoulème comme cette ordonnance et cette déclaration voulaient qu'on traitât moi et ma famille. Mais, constant dans
les dispositions qui m'avaient porté à ordonner que les
membres de la famille des Bourbons pussent sortir librement de France, mon intention est que vous donniez des
ordres pour que le duc d'Angoulème soit conduit à Cette,
où il sera embarqué, et que vous veilliez à sa sûreté et à
écarter de lui tout mauvais traitement.

« Vous aurez soin seulement de retirer les fonds qui ont
été enlevés des caisses publiques et de demander au duc
d'Angoulème qu'il s'oblige à la restitution des diamants de
la Couronne, qui sont la propriété de la nation. Vous lui
ferez connaître en même temps les dispositions des lois des
Assemblées nationales qui ont été renouvelées et qui s'appliquent aux membres de la famille des Bourbons qui en-
treraient sur le territoire français.

« Vous remercierez en mon nom les gardes nationales, du
patriotisme et du zèle qu'elles ont fait éclater, et de l'attachement qu'elles m'ont montré dans ces circonstances importantes.

                         « *Signé* : NAPOLÉON. »

---

1. Cette lettre, dont l'original se trouve en notre possession, a été reproduite dans
la *Correspondance de Napoléon Ier*, tome XXVIII, p. 103, n° 21796. Paris, 1859.

Malgré cette réclamation, on ne rendit jamais à Napoléon les diamants qu'on lui avait pris ; et, dans un des codicilles de son testament daté de Longwood, le 15 avril 1821[1], il écrivait ces lignes :

« Parmi les diamants de la Couronne qui furent remis en 1814, il s'en trouva pour cinq à six cent mille francs qui n'en étaient pas et faisaient partie de mon avoir particulier ; on les fera rentrer pour acquitter mes legs. »

Ces six cent mille francs de diamants que Napoléon réclamait sont restés au trésor de la Couronne et ont été vendus il y a un an comme appartenant à l'État. Or l'empereur est toujours créancier de ces six cent mille francs : ils auraient dû lui être rendus comme le furent les achats personnels de Napoléon III et de l'impératrice en 1873.

Il y aurait donc lieu de prélever sur le produit de la vente des diamants du 12 mai 1887 cette somme de six cent mille francs au profit des représentants de Napoléon Ier.

Quels sont ces représentants ?

« Napoléon III ayant renoncé à toute réclamation au sujet des confiscations prononcées en 1814 et 1815 contre la famille Bonaparte, les représentants actuels de Napoléon Ier sont, aux termes du testament et des codicilles de l'empereur, *les officiers et soldats qui ont combattu pour la gloire et l'indépendance de la nation depuis 1792 jusqu'en 1815.*

« Quand bien même, en vertu d'une raison d'État que, pour notre part, nous n'admettons pas, on laisserait de côté ceux qui sont morts de 1800 à 1815, on se trouverait encore en présence des soldats qui tombèrent pour la défense de la patrie envahie, de 1792 à 1800, de ces volontaires, de ces héros de Sambre-et-Meuse, de ces Mayençais, des soldats de Marceau, de Kléber et de Hoche, qui ont laissé des

---

1. *Correspondance de Napoléon Ier*, tome XXXII, p. 591. Troisième codicille du testament de Napoléon, daté du 15 avril 1821.

veuves, des enfants et des petits-enfants. Il en est aujour-
d'hui qui meurent de faim. L'intention formelle, manifestée
par l'empereur dans ses dernières volontés, était justement
de les secourir. S'arrogera-t-on le droit de les priver de leur
pain, lorsque ces six cent mille francs leur ont été laissés
pour assurer leur existence[1]? »

Au moment de la vente récente des diamants de la Couronne, le général Boulanger, alors ministre de la guerre,
avait reconnu l'authenticité des faits, et il comptait réclamer ces six cent mille francs sur le produit de la vente, au
profit de la Caisse de secours des blessés militaires.

Quel est aujourd'hui l'avis du gouvernement?

Quoi que l'on puisse dire, cet argent appartient à tous
ceux qui sont morts pour la patrie, aux enfants des héros
de Sambre-et-Meuse comme à ceux du Tonkin.

Osera-t-on le leur enlever?

---

1. *Revue des Deux Mondes*, 56e année, 15 février 1886.

APPENDICE

DU CHAPITRE III

I

MINUTE DE DÉCRET IMPÉRIAL[1]

·

Au Palais des Tuileries, le 4 mars 1808, NAPOLÉON, Empereur des Français et Roi d'Italie, et protecteur de la Confédération du Rhin.

Nous avons décrété et décrétons ce qui suit :

ARTICLE PREMIER.

L'administration de la Bibliothèque impériale remettra à notre Grand Maréchal du Palais, sur son récépissé, les pierres gravées énoncées en l'état joint au présent Décret.

ARTICLE 2.

Ces pierres seront annexées au mobilier de la Couronne, et notre Trésorier en fera recette.

ARTICLE 3.

Notre Ministre de l'Intérieur est chargé de l'exécution du présent Décret.

NAPOLÉON.

1. Arch. nat. AF IV, 298. Plaquette 2125, pièces nᵒˢ 11-24. Expédié le 7 mars au ministre de l'intérieur (avec l'état) et des expéditions-copies au grand maréchal du palais avec l'état, et au trésorier de la Couronne le 8 mars. Reg. 14. — 4 mars 1808.

ÉTAT

DES PIERRES GRAVÉES CHOISIES PAR ORDRE DE SA MAJESTÉ L'EMPEREUR ET ROI POUR ÊTRE EXTRAITES DE LA BIBLIOTHÈQUE IMPÉRIALE ET ANNEXÉES AU TRÉSOR DE LA COURONNE.

Nᵒˢ	CAMÉES.	MATIÈRES.	DIMENSIONS.
	TÊTES :		
253	Agrippine (au recto Vénus en intaille)..	Sardoine onyx à 3 couches	11 lignes sur 8
138	Méduse.	Sardonyx à 3 couches	12 — 9
145	Hercule.	— —	12 — 10
192	Une Sibylle (selon l'ancien Catalogue)..	— —	13 — 8
52	La Victoire.	— —	14 de diamètre
132	L'Afrique.	— —	14 lignes sur 10
42	Minerve.	— —	13 — 10
183	Arsinoé.	— —	11 — 9
266	Titus.	— —	9 — 7
135	Méduse.	— —	10 — 7
294 bis.	Faustine jeune.	— —	10 — 8
12	Junon.	— —	11 — 9
37	Minerve.	— —	10ˈ — 8
94	Cérès.	— —	10 — 8
244	Claude.	Sardonyx à deux couches collée et enchâssée dans une sardonyx à grand nombre de couches, non montée.	12 — 9

CAMÉES.	MATIÈRES.			DIMENSIONS.
Claude	Sardonyx à 3 couches.			9 lignes sur 8
Agrippine, femme de Germanicus. . . .	—		—	10 — 8
Cybèle	—		—	8 — 6
Cérès	—		—	12 — 10
Agrippine, femme de Claude.	—	i	—	11 — 8
Agrippine en Diane.	—	3	—	21 — 17
Tête barbue inconnue..	—		—	7 — 5
Sujets :				
Deucalion et Pyrrha, dans une barque dont l'Amour dirige la voile.	—		—	14 — 11
Nymphe de fontaine, assise sur un rocher, tenant de la droite des roseaux, de la gauche une urne qu'elle renverse. . .	—		—	12 — 10
Amour assis jouant de la lyre	—	2	—	6 — 5
Thétis habillant Achille en femme.. . .	—	3	—	11 — 7
Apollon vêtu d'un manteau, appuyé sur un tronc d'arbre, tenant à la main une branche de laurier	—	2	—	9 — 6
Minerve casquée et armée du bouclier sur un char traîné par deux chevaux..	—	3	—	16 — 14
Apollon couché auprès d'une petite statue, portant la main droite sur un loup couché; dans le lointain on voit les débris d'une lyre et la tête d'un sanglier.	—		—	9 — 7
La Victoire debout sur un char traîné par quatre chevaux.	—	5	—	20 de diamètre
Vénus marine couchée sur un cheval marin.	—	2	—	9 lignes sur 7
L'Amour assis jouant avec un cygne. . .	—		—	5 — 4

Nᵒˢ	CAMÉES.	MATIÈRES.	DIMENSIONS.
11	L'Amour accroupi, la jambe droite prise dans un trébuchet sur lequel il y a un papillon.	Sardonyx à 2 couches.	7 lignes sur 6
84	Les Trois Ages faisant à Vénus l'offrande d'un bélier accompagné de l'Amour et d'une suivante.	— 3 —	13 de diamètre
	(Au recto) La Victoire. Une femme pinçant de la lyre, un vieillard assis jouant de la syrinx et un petit enfant.		
56	La Victoire debout sur un char traîné par deux chevaux.	— 2 —	12 lignes sur 7
83	Hermaphrodite couché auprès d'un arbre entouré de trois Amours.	— —	9 — 6
113	Silène, une Bacchante et un Génie, couchés sur une panthère.	— —	9 — 6
126	Faune assis sur un rocher couvert d'une peau de panthère, s'appuyant d'une main sur le rocher, tenant de l'autre le canthare dans l'attitude de verser la liqueur qui y est contenue dans une coupe que tient un petit faune qui est couché à ses pieds.	— —	12 — 10
114	Jeune Faune ivre tenant d'une main la canthare, de l'autre un thyrse ; sur son bras gauche est une peau de panthère, à ses pieds un vase renversé.	— —	20 — 16
116	Bacchante tenant le thyrse.	— —	10 — 8
87	Génie assis tenant une grappe de raisin qu'un cygne veut lui enlever.	— —	7 — 4
90	Trois Génies du gymnase, deux tiennent le troisième en l'air pendant qu'un vieux Silène, faisant l'office de gymnasiarque, va le frapper avec un bâton.	— —	12 — 10
86	Génie de la Mort, appuyé sur une amphore.	— —	7 — 4

Nᵒˢ	CAMÉES.	MATIÈRES.	DIMENSIONS.
149	Hercule tenant sa massue et couronnant Minerve armée.	Sardonyx à 2 couches.	14 lignes sur 10
68	Deux Femmes au bain, une colonne entre les deux.	— —	12 — 9
27	Un Histrion.	— —	9 — 6
	Intailles :		
18	Tête d'Apollon.	Améthyste.	9 — 7
20	Têtes d'Apollon et de Diane en regard avec les lettres C. V. M.	Cornaline rayonnante. .	6 — 5
*74	Apollon assis sur un rocher; devant lui le trépied; derrière, un arbre.	Cornaline.	5 — 4
34	Apollon et une Muse debout, entre eux une colonne sur laquelle est un buste de Satyre ou du dieu Pan.	Cornaline.	9 — 7
20	Le Génie de la Poésie tenant une lyre posée sur un trépied, un griffon à ses pieds.	Améthyste.	10 — 8
*124	Un Guerrier debout, casqué, appuyé d'une main sur la lance, de l'autre sur le bouclier; près de lui la Victoire tenant une palme de la main droite et de la gauche lui présentant une couronne.	Agathe onyx.	6 — 3
173	Athlète demandant le prix de la victoire. Sujet composé de trois figures debout.	Cornaline.	9 — 8
35	Vénus victorieuse tenant le *parazonium* et un dard; à ses pieds l'Amour lui présentant un casque et un bouclier. .	Cornaline.	11 — 7
46	L'Amour sur un cheval marin	Onyx Nicolo.	7 — 6
34	Vénus victorieuse tenant un dard et un casque, appuyée sur un tronc d'arbre au pied duquel est un bouclier. . . .	Sardonyx à 3 couches. .	" — "

Nos	CAMÉES.	MATIÈRES.	DIMENSIONS.
42	Cérès couronnée d'épis, tenant d'une main un flambeau, de l'autre une faucille, à ses pieds deux serpents. . . .	Jaspe sanguin.	13 lignes sur 11
63	Le dieu Bonus eventus tenant d'une main une patère remplie de fruits et de l'autre des épis.	Onyx Nicolo.	9 — 7
57	Tête de Bacchante	Cornaline.	7 — 5
60	Sacrifice composé de quatre figures et d'une statue de Priape avec une colonne.	Cornaline de vieille roche.	9 — 6
60 bis.	Têtes accolées d'un vieux faune et d'un plus jeune; au-dessous le pedum et la syrinx; dans le champ M.CESI. . . .	Améthyste.	6 — 5
*250	Un Bouc et un Satyre combattant avec leurs cornes : à terre un panier plein de petits fruits ronds et un pedum. .	Cornaline.	5 — 4
73	Repos d'Hercule. Ce héros, assis sur une peau de lion, s'appuie sur une épée ; son arc est suspendu à un arbre; à ses pieds sa massue, le sphinx, la hure du sanglier d'Érymanthe et trois pommes. (Au recto). Un homme couronné par un génie et placé sur un cippe tend la main à une femme qui est à genoux et qu'accompagne une autre femme portant sur sa tête une corbeille et un enfant; derrière elle, sous un arc à deux colonnes, est une autre femme tenant un vase. Sur le portique sont deux figures dont l'une tient une haste et un bouclier, et l'autre un bâton court auprès d'un vase.	Cornaline.	15 — 12
77	Laocoon et ses enfants enlacés par les serpents auprès du frontispice d'un temple.	Cornaline.	2 — 17
79	Ajax relevant le corps de Patrocle. . . .	Onyx Nicolo.	17 — 13
105	Tête de Jules César couronnée de laurier. Dans le champ, le lituus et une étoile.	Jaspe sanguin fragmenté.	13 — 9

N°⁵	CAMÉES.	MATIÈRES.	DIMENSI
106	Tête de Jules César couronnée de laurier; dans le champ le lituus; (au recto) une tête de Jupiter ceinte du diadème.	Onyx Nicolo	10 lignes s
115	Tête de Mécènes, on lit derrière ΔIO-CKOYPIΔOY	Améthyste	9 —
122	Tête de Tite-Live (selon l'ancien Catalogue)	Cornaline	7 —
139	Tête de Maximin couronnée de laurier.	Onyx Nicolo	9 —
147	Têtes en regard d'Hadrien et de Sabine.	Onyx Nicolo	7 —
187	Tête de Henri IV dans une couronne de laurier	Émeraude octogone . . .	6 —
537	Tête de Femme à gauche (sic).	Sardonyx à 3 couches . .	5 —
37 bis.	Tête de jeune Femme couronnée de lierre.	— —	5 —
110	Tête de Femme voilée	Améthyste	8 —
155	Une femme couronnée de laurier, assise, tenant un bouclier sur lequel on voit la tête de Méduse	Cornaline	14
169	Sculpteur travaillant à un vase.	—	8 —
130	Deux Figures nues sous une tente mettant des pavots sur un autel; au fond un temple sur un rocher	—	6 —
229	Un homme debout tenant un pedum devant un autel allumé au pied d'un arbre; de l'autre côté un quadrupède . . .	Jaspe sanguin	5 —
150	Une Vache marchant	Sardoine barrée	6 —
578	Vache marchant	Sardoine	6 —
582	Un Cerf poursuivi par deux lévriers . . .	Cornaline	6 —

L'administrateur de la Bibliothèque impér

Signé : Dacier.

Pour copie conforme,

Le ministre de l'intérieur :

Cretet.

II

INVENTAIRE

DES DIAMANTS DE LA COURONNE

1811, 1812 et 1813.

RÉSUMÉ DE L'INVENTAIRE

DES DIAMANTS, PERLES ET PIERRES PRÉCIEUSES DE LA COURONNE DONT L'IN-
VENTAIRE A ÉTÉ DRESSÉ PAR ORDRE DE S. EX. MONSEIGNEUR LE DUC DE CADORE,
MINISTRE D'ÉTAT, INTENDANT GÉNÉRAL DE LA COURONNE.

Articles.	DÉSIGNATION.	Quantité de Pierres.	ÉVALUATION.
	TITRE PREMIER. DIAMANTS NON MONTÉS.		
»	Diamants non montés.	822	158,888 20
	TITRE 2. BIJOUX A L'USAGE DE L'EMPEREUR.		
1	Épée[1].	12	6,360,952 82
2	Ganse de chapeau..	26	362,060 »

1. Le *Régent* vaut seul six millions.

ARTICLES.	DÉSIGNATION.	QUANTITÉ DE PIERRES.	ÉVALUATION.

TITRE 2.

BIJOUX A L'USAGE DE L'EMPEREUR (*Suite*).

3	Grand collier de la Légion d'honneur	671	144,288 99
4	Plaque de la Légion d'honneur.	1,753	27,340 82
5	Grande étoile de la Légion d'honneur. . . .	128	15,585 50
6	Étoile d'or de la Légion d'honneur	138	1,006 37
7	Plaque de la Couronne de fer.	708	11,478 »
8	Décoration de la Couronne de fer.	248	1,027 50
9	Gause d'épaulette.	38	169,531 12
10	Garniture de boutons d'habit	375	308,553 75
11	Paire de boucles de souliers	64	70,464 »
12	Paire de jarretières	36	2,815 »

TITRE 3.

PARURES A L'USAGE DE L'IMPÉRATRICE.

1	Couronne.	2,045	258,643 59
2	Diadème.	1,514	988,319 06
3	Collier.	32	1,119,500 »
4	Peigne.	245	147,751 24
5	Boucles d'oreilles	56	318,606 75
6	Brasselets.	104	197,135 »
7	Ceinture en rose	73	385,752 50
8	Dix fleurons.	90	70,970 78
9	Un rang de vingt chatons	20	70,000 »
10	Deux rangs de chatons.	83	145,250 »
11	Cinq rangs de chatons.	498	177,705 »
	(Les articles qui suivent sont les diamants compris dans la parure en rubis d'Orient.)		
12	Diadème	2,686	80,747 48
13	Couronne.	1,312	35,576 37
14	Collier	658	34,363 12
15	Peigne.	248	10,821 64
16	Boucles d'oreilles.	156	1,987 50
17	Brasselets.	511	7,007 50
18	Ceinture	922	21,599 87

ARTICLES.	DÉSIGNATION.	QUANTITÉ DE PIERRES.	ÉVALUATION.

TITRE 3.

PARURES A L'USAGE DE L'IMPÉRATRICE (*Suite*).

	(Diamants compris dans la parure en turquoises) :		
19	Diadème.	2,726	42,534 67
20	Couronne.	1,871	24,503 67
21	Collier.	360	25,602 62
22	Peigne.	324	8,043 25
23	Boucles d'oreilles.	50	5,178 36
24	Brasselets.	250	8,343 49
25	Plaque de ceinture.	156	4,627 24
26	Diamants compris dans une paire de boucles d'oreilles en perles.	64	96 »

TITRE 4.

PERLES NON MONTÉES.

»	Perles non montées	123	29,840 »

TITRE 5.

PERLES MONTÉES.

1	Collier à trois rangs	170	115,330 »
2	Collier à un rang.	46	69,000 »
3	Peigne.	104	61,332 »
4	Paire de boucles d'oreilles.	4	32,400 »
5	Un rang pour coeffer.	63	39,235 »
6	Un rang pour coeffer.	176	96,800 »
7	Un rang pour coeffer.	160	48,800 »
8	Paire de brasselets.	160	48,990 »
9	Couronne du sacre de l'impératrice	551	58,220 »

TITRE 6.

PIERRES DE COULEUR NON MONTÉES.

»	Pierres de couleur non montées.	203	10,162

ARTICLES.	DÉSIGNATION.	QUANTITÉ DE PIERRES.	ÉVALUATION.

TITRE 7.

PIERRES DE COULEUR MONTÉES.

ARTICLES.	DÉSIGNATION.	QUANTITÉ DE PIERRES.	ÉVALUATION.
1	Diadème	104	77,737 50
2	Couronne	120	21,700 37
3	Collier	50	47,200 »
4	Peigne	19	15,875 »
5	Boucles d'oreilles	10	9,472 »
6	Brasselets	24	11,625 »
7	Ceinture	59	17,200 »
8	Diadème	187	16,686 »
9	Couronne	56	4,120 »
10	Collier	52	12,960 »
11	Peigne	33	6,090 »
12	Boucles d'oreilles	4	2,410 »
13	Brasselets	72	3,500 »
14	Plaque de ceinture	3	3,820 »
15	Émeraude	176	500 »

RÉCAPITULATION

	QUANTITÉ DE PIERRES.	ÉVALUATION.
e 1er. (Diamants non montés)	822	158,888 60
— 2. (Bijoux à l'usage de S. M. l'Empereur) . .	4,227	7,505,103 87
— 3. (Parure à l'usage de S. M. l'Impératrice) . .	16,934	4,090,546 68
— 4. (Perles non montées)	123	29,840 »
— 5. (Perles montées)	1,234	570,107 »
— 6. (Pierres de couleur non montées)	203	10,162 »
— 7. (Pierres de couleur montées)	929	250,904 87
	21,462	
Total général		12,615,552 62

Ce 15 mai 1811.

SUPPLÉMENTS DE L'INVENTAIRE DE 1811 A 1813.

	1er SUPPLÉMENT. (23 avril 1812.)		2e SUPPLÉMENT. (8 octobre 1813.)	
	PIERRES.	VALEUR.	PIERRES.	VALEUR.
TITRE 1er. Diamants non montés . . .	Mémoire.	Mémoire.	Mémoire.	Mémoire.
TITRE 2. Bijoux de l'empereur. . . .	Néant.	Néant.	6,403	65,050 74
TITRE 3. Bijoux de l'impératrice . . .	28.772	601,643 99	663	238,973 50
TITRE 4. Perles non montées.	Néant.	Néant.	Néant.	Néant.
TITRE 5. Perles montées	705	544.810 »	3,508	152,838 50
TITRE 6. Pierres de couleur non montées.	Mémoire.	Mémoire.	Néant.	Néant.
TITRE 7. Pierres de couleur montées.	515	175,012 25	24	Mémoire.
	29,992	1,321,466 24	10,538	456,862 74

RÉCAPITULATION GÉNÉRALE

	PIERRES.	VALEUR.
Total de l'inventaire du 15 mai 1811	24,462	12,615,552 62
— du 1er supplément du 23 avril 1812.	29,992	1,321,466 24
— du 2e — du 8 octobre 1813.	10,538	456,852 74
Totaux	64,992	14,393,881 60

CHAPITRE IV

Les diamants de la Couronne pendant la seconde Restauration. — Cadeaux aux généraux des armées alliées. — Nouvelles montures des parures de 1816 à 1820. —
Couronne du sacre et épée de Charles X. — Révolution de 1830. — Les diamants
de la Couronne à Rambouillet; leur retour à Paris. — Ils sont déposés d'abord au
Ministère des finances, ensuite dans la maison du joaillier de la Couronne, et enfin
aux Tuileries, dans les bureaux de la Liste civile. — Révolution de 1848. — Vol
d'une parure de trois cent mille francs, le 26 février 1848.

Nous avons vu que de 1811 à 1813 on avait fait un relevé
de la totalité des diamants de la Couronne. En 1818, lorsqu'on fit un nouvel inventaire, le nombre des pierres et des
perles avait considérablement diminué. Nombre de gros
diamants, dont le poids variait de deux à treize carats, n'y
étaient plus, et cependant le Trésor aurait dû être augmenté de
la plus-value des pierres appartenant personnellement à Napoléon et à Marie-Louise, qui leur avaient été prises en 1814.

A la deuxième rentrée de Louis XVIII, on fit un inventaire des joyaux, et il y fut constaté que les parures étaient
au complet[1], à l'exception de deux : celle de diamants et celle
d'émeraudes qui avaient été démontées l'année précédente;
ce n'est donc qu'à partir de ce moment que ces vides ont
se sont produits dans le Trésor. Il nous faut chercher maintenant comment ils ont pu se faire.

Après la première invasion, Louis XVIII avait distribué
aux plénipotentiaires et aux généraux des armées alliées
un certain nombre de cadeaux ; à la seconde invasion, les
cadeaux aux généraux des armées alliées furent encore plus

---

1. Voir inventaire de 1815 dressé par M. le baron Hue. Recueil des opérations de
la Couronne conservé dans l'ancienne maison Bapst, actuellement Bapst et Falize.

nombreux : argent et joyaux leur furent distribués avec
largesse. Blücher, dont les soldats avaient assassiné des prisonniers français au lendemain de la bataille, eut pour sa
part plus de trois millions en espèces. Wellington reçut en
cadeau une croix du Saint-Esprit en diamants d'une valeur
de six cent cinquante mille francs. Cette croix est encore en
la possession du duc de Wellington actuel ; le Saint-Esprit
a ses deux ailes formées par une paire de poires en brillants,
pesant l'une neuf carats trois quarts et l'autre huit carats
trois quarts. Ces diamants appartenaient à la Couronne
en 1815 et faisaient partie du Trésor au moins depuis
Louis XIV[1].

1. Ce qui est curieux, c'est que ces diamants avaient été montés successivement
dans plusieurs croix du Saint-Esprit. Nous les trouvons :

A l'inventaire de 1691.

Chap. III. — Croix de chevalier du Saint-Esprit.

. . . .

Deux autres diamants en forme de cœur en pendeloque, estimés 42 000 livres.

A l'inventaire de 1774.

Art. 20, n° 3. — Croix pour mettre au bas du cordon du Saint-Esprit.

Deux diamants pendeloques aux ailes, dont une des deux a un point noir vers la
pointe, estimés ensemble 60 000 livres.

A l'inventaire de 1791.

Chap. IV. — Croix du cordon de l'ordre du Saint-Esprit.

N° 5. Aile droite. — Un diamant brillant de grande étendue, blanc, ayant une glace
noire, pesant 9 carats 4/16, estimé 36 000 livres.

N° 6. Aile gauche. — Un diamant brillant, de grande étendue, de bonne eau, forme
pendeloque, annoncé peser 8 carats 14/16, estimé 26 000 livres (n° 3 de l'art. 20 de
l'inventaire de 1774).

En 1803, ils étaient montés dans l'épée du premier consul, et en 1811 dans la ceinture de l'impératrice, sans poids indiqué ; en 1813, ils étaient placés à l'extrémité du
quillon du glaive de Napoléon, et ils figurent à l'inventaire sous le titre 2, art. 1er.

N° 26. — Une pendeloque bien formée et bien proportionnée, de belle eau (haut
de la poignée).

N° 27. — Une pendeloque bien proportionnée, assortie avec la précédente, de
bonne eau, un peu rosée (bas de la poignée), pesant les deux ensemble 18 carats 1/4,
estimés 60 000 francs ensemble.

Ces deux diamants furent démontés en août 1815, et remontés dans la plaque du
Saint-Esprit dont nous venons de parler.

L'identification de ces pierres ne serait pas complète si l'on s'en rapportait uniquement au poids mentionné dans les inventaires ; heureusement que chaque inventaire
indique que ce sont les mêmes pierres désignées à l'inventaire précédent.

Les joyaux de la Couronne disparus à l'inventaire de 1818 étaient passés dans les montures des bijoux offerts à cette occasion; mais comme ces cadeaux avaient été faits sous l'inspiration de Fouché et de Talleyrand, toutes les preuves en ont disparu, car on sait que l'ancien ministre de la police et l'évêque d'Autun détruisirent derrière eux tous les dossiers des affaires auxquelles ils avaient été mêlés, et nous n'aurions pas trouvé la preuve de ces faits sans des documents conservés ailleurs que dans les dépôts publics[1].

Si la comptabilité du trésor de la Couronne n'a pas été conservée, celle des opérations de la Couronne est au contraire complète. Par opérations de la Couronne nous entendons tous les travaux de joaillerie exécutés par les joailliers de la Couronne. Le journal de ces opérations relate, jour par jour, le détail précis des parures entrées chez le joaillier, l'usage qu'il en a fait, l'emploi des pierres et la remise des parures nouvelles, ou des anciennes simplement modifiées, au trésor de la Couronne; malheureusement, dans ce journal, il n'est pas question de l'usage que le roi a fait de ces joyaux.

Aussi est-ce seulement des montures que nous allons parler. Il serait facile de retracer ici une à une toutes les parures qui furent montées durant la Restauration, mais la liste en serait longue et par conséquent monotone et fastidieuse. Le fac-similé de quelques-uns de ces objets suffira pour donner une idée de l'exécution de ces pièces et des façons de la joaillerie d'alors.

Lorsque, peu de temps après sa rentrée en France, vers le mois d'août 1815, Louis XVIII avait fait revenir les diamants de la Couronne qu'il avait emportés à Gand, on dut les retirer des caisses et en dresser un inventaire, qui fut fait par Ménière et Bapst, joailliers de la Couronne, en présence du baron Hue.

---

1. Papiers de la maison Bapst, aujourd'hui Bapst et Falize. Dans les recueils de dessins est la croix de Saint-Esprit, d'une valeur de six cent cinquante mille francs, donnée au duc de Wellington.

Les deux parures, celle d'émeraudes et celle de diamants, n'étaient plus là; elles avaient été démontées, comme nous l'avons vu, pendant la première Restauration. Les autres parures existant en 1813 étaient au complet, mais elles avaient toutes subi de telles détériorations qu'elles ne pouvaient plus servir[1].

A partir de 1815 ces parures furent toutes démontées et successivement refaites; en 1820, presque toutes étaient terminées et rentrées au Trésor. Les objets à l'usage du roi se composaient du glaive, de la couronne royale, de la ganse de chapeau, de l'épée, d'une aigrette, d'une contre-épaulette, d'une agrafe de manteau, d'une paire de boucles de souliers et jarretières, de rosettes de chapeau et de souliers, des croix et plaques du Saint-Esprit et des décorations étrangères; ceux à l'usage des princesses, qui, en l'absence de reine, portaient les joyaux de la Couronne, étaient au nombre de six parures[2]; il y en avait une en brillants, une en rubis, une en perles, une en saphirs, une en turquoises et une en émeraudes. Chacune de ces parures était formée d'un diadème, d'un ou de plusieurs colliers[3], d'un peigne, d'une paire de bracelets, d'une ceinture et de trois agrafes de robe. Les dessins en ont été faits sous la direction d'Évrard Bapst, joaillier de la Couronne, tandis que l'exécution des parures était confiée à Frédéric Bapst, qui durant plus de cinquante ans dirigea les ateliers de la maison. C'est à lui que l'on doit la couronne du sacre de Charles X, chef-d'œuvre de joaillerie, qui ne fut démontée qu'en 1854. A

---

1. Nous donnons en appendice, à la fin de ce chapitre, la liste complète de ces parures.

2. *Journal des opérations de la Couronne*. Reg. A, articles des 5 mai, 9, 13, 21 juin 1816; 25 mai, 20 et 21 août, 1er, 15, 18, 19 octobre, 7, 19, 20, 26, 30 novembre 1818; 1er, 13, 18 mars, 10 juillet, 10 août, 13, 14, 22 décembre 1819; 25 juillet, 14, 15, 25, 27 septembre, 1er, 13, 15 novembre, 7 et 20 décembre 1820; 20 janvier, 25 mars et 25 mai 1821. Ce journal est la propriété de la maison Bapst, aujourd'hui Bapst et Falize.

3. La parure de perles remontée le 25 juillet 1820 comprenait huit colliers, savoir: un de 142 perles, un de 167, un de 178, un de 148, un de 140, un de 54, deux de 64. (*Journal des opérations de la Couronne*, article du 25 juillet 1820.)

cette date, on conserva la monture privée de ses pierres ;
elle était encore il y a deux ans dans les caves du Ministère
des finances et nous demandions l'autorisation de racheter

COURONNE DU SACRE DE CHARLES X

exécutée par Frédéric Bapst sur le dessin d'Evrard Bapst, joaillier du roi et de la Couronne.
(Ce dessin est conservé dans les papiers de l'ancienne maison Bapst, aujourd'hui Bapst et Falize.)

cette couronne, nous engageant à l'orner de fac-similés à la
place des pierres absentes, et à en faire don au musée du
Louvre, où elle avait sa place marquée à côté de la couronne
de Louis XV. Mais le gouvernement a préféré faire dispa-

raître, en sous-main[1], cet objet d'art, qui était en même temps un monument d'histoire[2].

A côté de la couronne, il faut ajouter l'épée, autre chef-d'œuvre de Frédéric Bapst, actuellement conservée au Louvre. Aux expositions de 1855 et de 1878, les délégués étrangers purent l'admirer et en furent émerveillés.

Durant la période de 1818 à 1824, au moment où le plus grand nombre des parures furent exécutées, Louis XVIII disposa de treize pierres d'une valeur totale de cent quarante mille six cents francs et voulut qu'elles fussent remplacées. Il acheta alors au joaillier de la Couronne[3] deux diamants, l'un du poids de vingt-deux carats un quart et d'une valeur

1. Nous insistons sur le fait qu'on brisa cet objet subrepticement, car, comme nous le disons dans le texte, nous avions adressé une demande à M. Tiphaigne, directeur général des Domaines, et il avait promis de nous répondre à ce sujet. La couronne fut brisée sans qu'aucune réponse nous ait été adressée. Nous croyons devoir signaler ce fait au moment où le gouvernement crée des commissions, et où des sociétés privées s'organisent de toutes parts, pour empêcher la destruction des monuments et objets d'art de notre pays.

2. Les employés des Finances appelaient cette couronne le *panier à salade* et s'amusaient souvent à jouer à la balle avec. Lorsqu'il fut décidé qu'on la briserait et qu'on la ferait fondre, l'un des experts chargés de la vente fit confectionner deux petits marteaux, avec lesquels il comptait la briser. Dans son intention, il espérait pouvoir ensuite vendre ces marteaux à un prix respectable, en faisant valoir qu'ils avaient servi à la destruction du dernier emblème de la monarchie. Les employés des Domaines brisèrent de leurs mains ce monument d'histoire, et les marteaux restèrent inutiles.

3. Évrard Bapst. En voici la facture : du 29 novembre 1818, fourni à M. le comte de Pradel, directeur général du Ministère de la maison du roi, par Bapst, joaillier du roi et de la Couronne, les diamants ci-après spécifiés, déposés au garde-meuble de la Couronne, tant à titre d'acquisition faite par Sa Majesté qu'à titre de réintégration en même qualité et nature, savoir :

Acquisition.

1 brillant de 89 grains.	97,000 francs.
1 » de 62 grains.	65,000 »
2 brillants ensemble de.	162,000 francs.

(Extrait du livre de factures, de 1810 à 1820, de la maison Bapst, actuellement Bapst et Falize.)

L'inventaire de 1818 signale, dans un supplément spécial, ces deux brillants sous les numéros 285 et 286, savoir :

N° 285. — Un brillant de forme ovale, très étendu, bonne eau, vif et net, ayant une petite glace sur l'un des flancs, pesant 22 carats 1/4, estimé 120 000 francs.

N° 286. — Un brillant de forme ronde bien proportionné, eau un peu rosée, très vif et très net, pesant 15 carats 1/2, estimé 72 000 francs.

de cent vingt mille francs, l'autre de quinze carats et demi,
du prix de soixante-douze mille francs, et les fit entrer tous
deux au trésor de la Couronne en échange des treize qu'il

ÉPÉE DE CHARLES X

exécutée par Frédéric Bapst sur le dessin de Évrard Bapst, joaillier du roi et de la Couronne,
d'après un plomb appartenant à M. Charles Bapst.

avait pris. La première de ces pierres, celle de vingt-deux carats un quart, a été vendue quatre-vingt-un mille francs, le
21 mai 1887, par les soins des Domaines, à M. Tiffany[1],
comme venant de la donation de Mazarin à la Couronne !

1. Cette pierre a été vendue, le 21 mai 1887, à M. Tiffany, comme étant un *Mazarin*
(n° 46, 2° du catalogue).

Au sacre de Charles X, toutes les parures, remontées à nouveau, brillèrent à la fois avec leur éclat accoutumé.

Le jour du sacre, le roi portait l'épée, la couronne et le bouton de chapeau. Chacune des princesses portait une des parures de diamants, de perles ou de pierres de couleur.

Certaines de ces parures n'avaient pas encore été détruites en 1887, au moment de la vente des diamants de la Couronne, et l'on pouvait les voir dans leurs montures datant du règne de Louis XVIII.

Les fêtes furent nombreuses sous Charles X, et les joyaux de la Couronne y brillèrent plusieurs fois ; mais, jusqu'au 28 juillet 1830, nous ne voyons aucun fait saillant les concernant ; ce jour-là, au moment où l'émeute commençait à devenir victorieuse, on fit charger dans la voiture[1] spécialement affectée au transport des joyaux de la Couronne la caisse qui contenait le trésor, et M. de la Bouillerie, qui en était demeuré le trésorier sous tous les régimes, les emporta à Rambouillet, où se trouvaient Charles X et le duc d'Angoulême : ils n'allèrent pas plus loin.

Le 4 août, l'émeute victorieuse à Paris forma une colonne de cinquante à soixante mille individus, armés de piques, de hallebardes, de carabines, etc., les uns à pied, les autres à cheval ou dans des voitures. Cette masse se dirigea sur Rambouillet, à l'effet d'attaquer la famille royale, défendue par quelques troupes réunies autour de la ville. La colonne était commandée par le général Pajol ; mais, lorsque son avant-garde parvint à quelque distance de Rambouillet, les commissaires envoyés par le duc d'Orléans avaient déjà obtenu de Charles X sa retraite et son départ de France, et avaient traité de la remise des joyaux de la Couronne. Aussi le général Pajol, informé du fait, envoya le jour même le colonel de la garde nationale de Gousée, le capitaine d'état-major de Servières et l'élève de l'École polytech-

---

1. Arch. nat., O³ 75. Cette voiture était entretenue et remisée chez le sieur Cottard, carrossier, et fut vendue aux enchères avec toutes celles qui appartenaient à la liste civile, en février 1831.

nique Tuyot, avec mission de les reprendre. Les caisses leur furent remises, ils en donnèrent décharge à M. de la Bouillerie et ils les ramenèrent à Paris au milieu de la cohue qui rentrait triomphante.

Les diamants de la Couronne furent transportés au Ministère des finances, où ils furent confiés à la caisse centrale du Trésor. On les déposa dans une caisse fermée à cinq clefs, dont deux étaient entre les mains de M. Évrard Bapst, deux dans celles de M. Lazard, inspecteur des diamants de la Couronne, et une chez M. Kessner[1], caissier central du Ministère des finances.

Cette caisse fut placée dans la maison du joaillier de la Couronne située quai de l'École, et pour en assurer la sauvegarde on établit à la porte même de cette maison un poste de troupe de ligne avec une sentinelle veillant jour et nuit. Jusqu'en 1832, les diamants de la Couronne restèrent ainsi dans les bureaux de la maison de commerce.

A cette date, une nouvelle loi[2] sur la liste civile fut votée par les chambres, et les diamants de la Couronne furent déposés au Louvre, avec toutes les formalités d'usage, dans les caisses de la liste civile, où ils demeurèrent dans le même état pendant tout le règne de Louis-Philippe. Ni la reine, ni madame Adélaïde, ni la duchesse d'Orléans ne s'en parèrent durant le gouvernement de Juillet.

En 1840, lors de la rentrée des cendres de Napoléon, le général Bertrand fit hommage à Louis-Philippe des armes de l'empereur. Le roi ne voulut pas les garder pour lui et en fit don à la Couronne le 4 juin 1840. A cet effet, le général Bertrand et le lieutenant général Gourgaud, aide de camp du roi, se transportèrent aux Tuileries et remirent à M. le comte de Montalivet, intendant général de la liste civile, et à M. Jannet, trésorier de la Couronne, les armes ci-après désignées, qui furent immédiatement

---

1. Le 11 janvier 1832, M. Kessner fut remplacé dans ses fonctions par M. Bocquet de Saint-Simon, caissier central par intérim.

2. Loi du 2 mars 1832 sur la liste civile, art. 5.

déposées dans l'armoire contenant les diamants de la Couronne, savoir[1] :

1° L'épée que portait habituellement l'empereur Napoléon, qu'il a portée jusqu'à sa mort, et sur la lame de laquelle il avait fait inscrire ces mots encore très lisibles : « Épée que portait l'empereur à la bataille d'Austerlitz, 1805. »

2° L'épée-glaive que l'empereur Napoléon a portée au Champ de Mai en 1815.

3° Un poignard fort riche, qui a été donné par le pape Pie IV à Lavalette, grand-maître de l'ordre de Malte, à la suite de la levée du siège par les Turcs, en 1563.

4° Une boîte plaquée en acajou et filets d'ébène, contenant deux paires de grands pistolets à double détente, de la manufacture d'armes de Versailles.

5° Le sabre demi-courbé.

Un procès-verbal en fut dressé le même jour, et l'on y joignit un état descriptif de ces armes, coté et paraphé par chacun des signataires.

Jusqu'à la Révolution de 1848, nous n'avons rien d'intéressant à signaler sur les joyaux de la Couronne. A cette époque, l'administration de la liste civile[2] était installée dans l'aile des Tuileries longeant la rue de Rivoli, dans le bâtiment situé actuellement entre la rue de l'Échelle et la rue de Rohan. Les bureaux se trouvaient au rez-de-chaussée et avaient leur entrée sur le Carrousel; à l'entresol était le bureau dit « des Secours ». On y pénétrait par un escalier secret. Le trésorier, M. de Verbois, habitait au premier étage. A la gauche du Trésor, en face de la rue de Rohan, étaient, toujours dans le même bâtiment, les bureaux de l'état-major de la garde nationale.

Au rez-de-chaussée, étaient conservées et placées sous la

---

1. Papiers de la maison Bapst, aujourd'hui Bapst et Falize. (Archives et brevets, n° 17.)

2. Voir le rapport de M. de Verbois dans le *Compte de liquidation de la liste civile*, par Vavin, p. 185.

surveillance personnelle de M. de Verbois des valeurs
appartenant au roi : environ trente mille francs en billets
de banque, quarante mille francs en espèces, les bijoux de
la princesse de Joinville, et des titres et diamants appartenant à Louis-Philippe ou à des membres de sa famille.

Les joyaux de la Couronne étaient enfermés dans une
caisse spéciale dissimulée dans la muraille. Trois clefs
étaient nécessaires pour l'ouvrir, MM. de Verbois, Maréchal, inspecteur honoraire, et Constant Bapst, joaillier de la
Couronne, en gardaient chacun une.

Le 24 février, à midi[1], l'émeute était triomphante et le
gouvernement ne résistait plus. Les troupes placées aux
abords du Palais-Royal et des Tuileries reçurent alors
l'ordre de rentrer dans la cour du Carrousel, et les portes
du guichet furent fermées. Apprenant la retraite des troupes
et le succès de l'insurrection, M. de Verbois, qui n'avait
reçu aucune instruction, prit, avec Mme de Verbois et une
femme de chambre, quelques-unes des valeurs qu'il avait
reçues en dépôt de la famille royale, et les transporta chez
un de ses amis qui habitait la rue des Pyramides. M. de
Verbois voulut ensuite demander au général Jacqueminot
un piquet de gardes nationaux pour préserver le Trésor. Il
chercha le général à l'état-major de la garde nationale, et
ensuite chez la duchesse d'Orléans, où on lui avait dit qu'il
était. Ne l'ayant pas rencontré, M. de Verbois quitta les
Tuileries pour rentrer au Trésor. C'est alors qu'il vit le
peuple pénétrer dans la cour des Tuileries et dans le Carrousel, refoulant les troupes, qui levaient la crosse en l'air.
Ne pouvant parvenir à traverser cette foule, M. de Verbois
retourna rue des Pyramides, chez son ami.

Le peuple venait d'envahir les appartements et les sous-
sols. Il pouvait être deux heures de l'après-midi lorsqu'un
groupe se présenta devant la porte de la cave située au-

---

1. D'après les notes de M. Nô et de M. Bex, tous deux témoins oculaires des événements relatés ici. Nous devons ces renseignements à l'obligeance de M. Bex, stuca-
teur, à Paris, auquel nous adressons nos remerciements.

dessous des caisses de la Couronne. Un coup de fusil fut tiré
contre cette porte. Le Trésor n'était pas gardé; un homme
de peine nommé Nô, qui se trouvait encore là, entendant le
coup de feu, descendit dans la cave et se dirigea vers la
porte que l'on enfonçait. Loin de les arrêter, Nô cria aux
gens de l'extérieur qu'il allait les aider, et, saisissant un
merlin, il souleva la porte, qui céda et tomba de son côté.

Se trouvant en présence d'individus surexcités, il leur
demanda ce qu'ils voulaient. « Du vin! » répondirent-ils.
— Nô leur montra la cave où était le vin de M. de Verbois.
Ils s'y précipitèrent; mais, n'ayant trouvé que quelques
bouteilles, ils se présentèrent devant la porte de l'escalier
qui conduisait au Trésor. Armé d'un sabre et les manches
retroussées, Nô leur en imposa en affirmant qu'un poste
était au-dessus. Ils entrèrent alors dans les caves du général
Jacqueminot et de là dans la cuisine, où ils mangèrent le
dîner qui était préparé, et se jetèrent sur les dix mille bouteilles du commandant de la garde nationale.

Dans cette orgie, il y eut des scènes violentes, car le lendemain 25, lorsqu'on pénétra dans les caves, on trouva
douze cadavres sur le sol jonché de débris de bouteilles et
inondé de vin. « Parmi ces cadavres était celui d'une jeune
fille de dix-neuf ans, convenablement mise et d'une beauté
remarquable. »

Profitant d'un moment favorable, Nô s'était rendu aux
Tuileries pour obtenir un poste de garde nationale. Il en
revint accompagné d'un sergent et de six grenadiers de la
1re légion, qu'il fit entrer dans les bureaux du Trésor par la
porte du Carrousel. On forma un poste avec ces grenadiers
et quelques employés ou ouvriers attachés à l'administration.

Vers sept heures du soir, à la faveur du trouble général,
des individus intéressés s'introduisirent dans le bureau des
secours. C'était là qu'était conservé l'état des dons et gratifications accordés par Louis-Philippe aux gens de tous les
partis. On y gardait les dossiers des demandes de secours,

qui toutes contenaient des protestations de dévouement au roi et à « son impérissable dynastie ». Plusieurs de ces pièces étaient signées de membres de l'opposition qui depuis la veille étaient arrivés au pouvoir : il était donc important pour les parvenus du jour de faire disparaître des papiers aussi compromettants. Les livres de la correspondance et les dossiers furent lacérés et brûlés. On vit un homme, au courant de l'ordre et de l'état du bureau, s'emparer de certains registres numérotés par lettres, sans s'inquiéter des autres précédents ou suivants. Cet autodafé amena un commencement d'incendie, qui fut bientôt éteint par les hommes du poste et les pompiers. Il avait fallu vider le bureau, et dans la bagarre des coups de feu furent échangés : le sergent Bex eut son épaulette traversée par une balle, mais grâce à son sang-froid il put contenir ses hommes et faire évacuer la pièce.

Pendant le pillage des caves, qui eut lieu le 24, un employé, M. Lacour, avait couru prévenir M. Schefer, caissier central, de ce qui se passait au Trésor. Celui-ci, empêché par maladie de se rendre à son poste, confia la clef à son fils, qui vint ouvrir une des caisses du Trésor en présence de plusieurs personnes étrangères à l'administration. Il en retira trois cent trente et un mille francs en billets de banque et trente-quatre mille francs en numéraire. Un des assistants prit deux sacs d'écus et les mit dans les poches de son paletot, disant qu'il fallait que chacun en fît autant pour les transporter à la Banque sans danger ; puis un grenadier de la 5e légion mit dans son bonnet à poil les trois cent trente et un mille francs en billets de banque. Au moment de partir, on chercha l'individu porteur des deux sacs, il avait disparu…. Heureusement, le bonnet à poil arriva avec son contenu à la Banque de France, où M. d'Argout le reçut.

Il restait encore, outre les diamants de la Couronne, ceux de la princesse de Joinville et environ trois ou quatre millions de valeurs diverses.

M. de Verbois, retiré rue des Pyramides, avait vu l'incendie de ses bureaux; il y était alors revenu et y avait trouvé son gendre, M. Harenbourg, et le baron Fain. Tous trois tinrent conseil en présence du sergent Bex et décidèrent d'opérer le lendemain matin 25 le transport au Trésor public des objets ci-dessus. Bex proposa d'emporter le tout sur un brancard. « Personne ne songerait, disait-il, à arrêter les porteurs, on croirait voir passer un blessé. » Cette proposition fut acceptée.

Le lendemain matin, le sergent Bex fit apporter un brancard; on y plaça les joyaux de la princesse de Joinville et des sacs d'écus, que l'on recouvrit d'épaisses couvertures, et, avec une escorte de grenadiers, le sous-lieutenant Denghen et Bex transportèrent le tout au Trésor public.

On a cru que ce transport, commandé par le sous-lieutenant Denghen, avait été celui des diamants de la Couronne. Le *Journal des débats* et une affiche rédigée à l'état-major de la garde nationale attribuèrent à cet officier[1] le mérite d'avoir sauvé les joyaux. C'est une erreur : les diamants de la Couronne étaient toujours dans leur caisse, et pour les en tirer il fallait réunir les trois clefs nécessaires. Or, le transport des valeurs sur le brancard fut opéré le 25, et ce n'est que le 26 qu'on put ouvrir la caisse. Dans l'intervalle, c'est-à-dire pendant toute la journée du 25, M. de Verbois s'était occupé d'obtenir des ordres, soit du ministre des finances, soit du commandant de la garde nationale. A quatre heures seulement il trouva à l'état-major général M. Guinard[2], chef d'état-major, en conférence avec M. de Wailly, inspecteur général des finances. Tous trois résolurent de convoquer pour le lendemain matin à dix heures les trois détenteurs des clefs, afin d'ouvrir la caisse en présence de M. Goudchaux, ministre des finances.

Pendant la nuit du 25 au 26, le Trésor, toujours gardé

1. *Journal des Débats* des 1er et 7 mars 1848.
2. Rapport du chef d'état-major général Guinard, en date du 26 février 1848. Le *Constitutionnel* du 29 février 1848.

par les grenadiers de la 1ʳᵉ légion, ne fut point menacé.
Le 26, à dix heures du matin, MM. de Verbois, Maréchal et
Constant Bapst se trouvaient exacts au rendez-vous. On
attendait encore à midi le ministre des finances. A ce moment, le général Courtais se présenta et déclara que,
« vu l'état des choses », il fallait procéder de suite au
transport des joyaux à l'état-major de la garde nationale.

La caisse fut alors ouverte, et le général Courtais, s'empa-
rant de la collection des procès-verbaux et inventaires, les
mit sous sa tunique ; puis il ordonna de sortir les écrins et
de les déposer sur la table ou à terre.

M. Constant Bapst protesta[1], et, voulant une responsabilité pour chacun, il proposa de dresser un état descriptif
des objets extraits de la caisse. Refus du général Courtais.
Nouvelle insistance du joaillier de la Couronne, qui déclara
que cette façon de procéder était de nature à favoriser un
vol, et que s'il avait pu prévoir que les choses se passeraient
ainsi il aurait jeté sa clef dans la Seine. Le général Courtais, sans tenir compte de ces observations, fit entrer un
certain nombre de gardes nationaux et leur ordonna de
prendre les bijoux. Les uns et les autres, y compris le
général Courtais, les mirent dans leurs poches. M. Bapst
s'écria : « Rien dans les poches. » Mais il ne fut pas écouté,
et la promptitude avec laquelle tout fut enlevé ainsi que le
tumulte qui en résulta empêchèrent toute surveillance.
Une douzaine de personnes environ étaient nanties des
écrins : MM. Carson et Lacour, employés du Trésor ;
Laurat et Baroin, garçons de caisse ; Pessar, garçon de
bureau ; Nô, homme de peine ; Allary, employé de la poste,
et quelques gardes nationaux. MM. de Verbois et Constant
Bapst n'avaient aucun objet.

Le général Courtais, ayant à la main la couronne royale,

---

1. La minute de cette protestation, écrite de la main de M. Constant Bapst, existe
encore dans les papiers de la maison de commerce de l'ancien joaillier de la Couronne, aujourd'hui Bapst et Falize.

surmontée du *Régent*, ordonna qu'on le suivît. On se rendit par un souterrain, dont le sol jonché de bouteilles faisait trébucher à chaque pas, au bureau de M. Guinard, chef de l'état-major, où le général Courtais fit déposer les joyaux dans un coin de la pièce et ordonna qu'on les couvrît avec un tapis de table. Ils restèrent là jusqu'à quatre heures sous la garde des employés de la liste civile et de plusieurs gardes nationaux. M. de Codrosy, inspecteur des finances, arriva alors; il fit dresser séance tenante un procès-verbal constatant le nombre des écrins, les fit enfermer ensuite dans cinq sacs, lesquels furent chargés sur une voiture de déménagements. MM. Degousée, colonel de la 3ᵉ légion, les lieutenants Samson et Denissel, Carbonnel, élève de l'École polytechnique, Maréchal, de Wailly et Prudomme, avec une escorte de gardes nationaux, accompagnèrent la voiture.

A cinq heures du soir le convoi arriva au Ministère des finances, où MM. de Colmont, secrétaire général, Thomas, caissier central, et Levasseur, contrôleur général, reçurent les diamants dans leurs sacs, sur lesquels ils apposèrent de nouveaux sceaux. Aucune autre reconnaissance n'avait été faite. Le 12 mars suivant, M. Garnier-Pagès, alors ministre des finances, fit procéder à la vérification des diamants de la Couronne. On constata alors en présence de MM. Duclerc, sous-secrétaire d'état aux finances, Adam, inspecteur général des finances, de Verbois, Maréchal, de Wailly, Constant Bapst, Saladin, de Codrosy, Thomas et Levasseur, qu'une boîte contenant un bouton de chapeau en brillants et deux pendeloques en roses, le tout d'une valeur de trois cent mille francs environ, mentionnés dans l'inventaire de 1832, manquait[1].

C'est dans cette réunion que M. Garnier-Pagès, examinant les diamants de la Couronne, remarqua le *Régent* et demanda quelle était sa valeur. « Douze millions », lui fut-

1. Rapport de M. de Verbois, ex-trésorier de la Couronne, sur la translation des diamants des Tuileries au Ministère des finances (et Vavin, *Compte de liquidation de la liste civile*, p. 185 et suivantes).

il répondu. « Eh bien! nous le vendrons à l'empereur de Russie », ajouta l'homme au faux-col.

Le lendemain, MM. de Verbois et Bapst inspectèrent le souterrain à travers lequel avait été opéré le transport des joyaux. On ne trouva rien. Cependant M. Constant Bapst affirmait que, le 26 février, au moment de l'ouverture de la caisse, il avait bien vu l'écrin du bouton de chapeau placé sur la table.

La police de Paris fit des recherches et ne découvrit rien. Le joaillier de la Couronne écrivit à tous les principaux lapidaires d'Europe pour les engager à retenir les diamants perdus, dans le cas où ils leur seraient présentés. Ces démarches n'eurent pas de résultat. Un joaillier de Londres crut être cependant sur la trace du vol et en prévint M. Constant Bapst, qui partit pour l'Angleterre; l'ancien joaillier de la Couronne ne tarda pas à se convaincre, sur place, que les bijoux dont on l'avait entretenu n'étaient pas ceux qu'il cherchait[1].

Telle est, d'après les rapports, les procès-verbaux et les dépositions des témoins oculaires, l'histoire du sauvetage[2], du trésor de la Couronne en février 1848.

On a souvent fait retomber la responsabilité et le profit de la disparition de ces trois cent mille francs de joyaux sur celui qui avait ordonné le transport avec tant de précipitation. Pour nous, nous avons reproduit les faits tels que les témoins oculaires les racontent. Au lecteur le soin de juger quelle part de responsabilité incombe à chacun des acteurs de cet événement.

---

1. Communiqué par M. Schefer, membre de l'Institut, fils du trésorier central du Trésor en 1848. — *Compte de liquidation de la liste civile*, par M. Vavin, Paris, in-4°, p. 66 et suivantes.

APPENDICE

DU CHAPITRE IV

—

I

COMPARAISON DE L'INVENTAIRE

DE 1811-1813 AVEC CELUI DE 1818.

	NOMBRE		DIFFÉRENCE EN 1813.	
	EN 1813.	EN 1818.	EN PLUS.	EN MOINS.
Brillants montés ou non	15,723	13,632	2,091	»
Diamants roses	11,971	11,340	631	»
Rubis	513	502	11	»
Perles	5,570	2,952	2,618	»
Pierres de couleur, saphirs, améthystes, opales, turquoises, etc.	1,191	955	236	»
Camées	24	»	24	»
Totaux	64,992	59,381	5,611	»

RÉSUMÉ.

L'inventaire de 1813 présente 5611 pierres en plus qu'en 1818.

II

DÉSIGNATION DES DIAMANTS INVENTORIÉS EN 1811 ET 1813

qui ne le sont plus dans l'inventaire de 1818.

Titre 1ᵉʳ, art. 7, nᵒ 101. — Un diamant forme carré long, coins émoussés, très élevé et d'une très belle eau, ayant une égrisure sur l'un des coins, pesant 13 c. 17/32, estimé 36 000 francs.

Titre 1ᵉʳ, art. 7, nᵒ 102. — Un diamant très mince, forme ovale, un peu aplati sur les flancs, eau céleste et laiteuse, eu égard à son étendue, avec des glaces, points noirs et égrisures au filetis, pesant 11 c. 3/4, estimé 25 000 francs.

Titre 1ᵉʳ, art. 1ᵉʳ, nᵒ 32. — Un diamant brillant carré, arrondi, lourd, dépoli, avec des points et glaces, eau laiteuse, pesant 6 c. 9/32, estimé 2400 francs.

Titre 2, art. 1ᵉʳ, nᵒˢ 26 et 27. — Une pendeloque bien formée et bien proportionnée, de belle eau, présumée pesant 9 c. 1/8 ; une pendeloque bien proportionnée, assortie à la précédente, de bonne eau, un peu rosée, présumée pesant 9 c. 1/8. Ensemble les deux, 18 c. 1/4, 60 000 francs.

Ce sont les deux poires qui formaient les ailes du Saint-Esprit de la croix de cet ordre que Louis XVIII donna en 1815 au duc de Wellington. Cette croix est aujourd'hui possédée par le duc de Wellington actuel.

Titre 2, art. 2, nᵒ 35. — Un brillant carré long, presque vif, beaucoup de dessous, d'assez bonne eau, un très petit point au milieu de la table, pesant 8 c. 4/64, estimé 17 000 francs.

Titre 2, art. 2, nᵒ 38. — Un brillant carré long, arrondi, très étendu, culasse large, de bonne eau, pesant 5 c. 19/64, estimé 8000 francs.

Titre 3, art. 1ᵉʳ, nᵒ 51. — Un brillant pesant 6 c., estimé 8000 francs.

Titre 3, art. 1ᵉʳ, nᵒ 57. — Un brillant pesant 6 c. 1/4, estimé 8000 francs.

Titre 3, art. 1ᵉʳ, nᵒ 56. — Un brillant pesant 6 c., estimé 8000 francs.

Titre 3, art. 1ᵉʳ, nᵒ 66. — Un brillant carré, presque vif, pesant 6 carats, estimé 8000 francs.

Titre 3, art. 2, nᵒ 61. — Deux brillants lourd carrés, presque vifs, d'une eau jaunâtre et savonneuse, non recoupés en dessous, pesant ensemble 19 c. 15/16, présumés peser chacun la moitié, soit 9 c. 31/32, estimés l'un 24 000 francs et l'autre 24 000 francs.

Titre 3, art. 3, nᵒ 84. — Un brillant carré arrondi, pesant 7 c. 9/16, estimé 23 000 francs.

Titre 3, art. 3. — Un brillant carré arrondi, très étendu, pesant 9 carats 1/8, estimé 30 000 francs.

Titre 3, art. 3, nᵒ 90. — Un brillant carré, arrondi, pesant 9 carats 15/16, estimé 36 000 francs.

Titre 3, art. 3, nᵒ 91. — Un brillant carré long, arrondi, pesant 9 c. 1/8, estimé 27 000 francs.

Titre 2, art. 1ᵉʳ (2ᵉ suppl.). — Un brillant ovale, allongé, de très belle eau, vif et net, pesant 6 c. 7/8, estimé 14 000 francs.

Titre 3, art. 1ᵉʳ, nᵒ 125 (2ᵉ suppl.). — Un brillant pesant 5 c. 7/8, estimé 8500 francs.

Titre 3, art. 1ᵉʳ, nᵒ 123. — Un brillant pesant 5 c. 1/4, estimé 8000 francs.

Enfin, deux diamants de 5 carats, deux de 5 c. 1/2, un de 4 c. 1/8, deux de 4 c. 3/4, deux de 4 c. 1/2, un de 4 c. 1/4, un de 4 c. 1/8, quatre de 3 c. 1/8, deux de 3 c. 3/4, deux de 3 c. 25/64, un de 3 c. 3/16, un de 3 c. 1/4, un de 3 c. 5/64, deux de 2 c. 1/32, vingt-deux de 2 carats environ, et 2027 petits brillants n'atteignant pas 2 carats.

III

Il est bon de remarquer que la valeur des diamants est augmentée dans l'inventaire de 1818 de six millions de francs par suite de l'estimation du *Régent*, qui de six millions qu'elle était en 1813 a été élevée à douze millions en 1818, mais le nombre des pierres a diminué de cinq mille six cent onze dans cet intervalle de cinq ans : soixante-quatre brillants variant de deux à treize carats, deux mille vingt-sept petits brillants et six cent quatre-vingt-onze roses manquent. Enfin, la parure de vingt-quatre camées, contenant plus de deux mille perles inscrites dans l'inventaire de 1813, ne figure plus dans celui de 1818.

Pour indiquer les péripéties des pierres les plus importantes du Trésor, nous donnons ici trois autres tableaux : le premier donne l'origine des plus grosses pierres que possédait le Trésor en 1791, 1813 et 1818, jusqu'au 12 mai 1887, date de leur vente aux enchères depuis 1818. cette collection n'a subi aucune modification, on peut donc la suivre exactement jusqu'au moment de sa disparition ; le second fait connaître les cinq Mazarins restants sur les dix-huit que le cardinal a légués à Louis XIV ; le troisième signale spécialement l'origine des sept pierres que les Domaines ont vendues, il y a un an. comme étant des Mazarins. Il sera facile de se convaincre que nous avions raison de soutenir qu'une seule de ces sept pierres était réellement un Mazarin.

A ce sujet. l'un des experts, dans un catalogue qu'il a publié récemment sur cette vente, croit devoir ajouter la note suivante pour donner de la valeur à son affirmation :

« Ces pierres de choix. qui enrichissaient autrefois la couronne de Louis XV, ont toujours été désignées. dans tous les inventaires. comme diamants *Mazarins*. L'écrin les renfermant, et *assez ancien*, portait cette inscription : *Les Mazarins*, on n'aurait donc pas osé les offrir sous une autre dénomination sans risquer de leur porter un préjudice considérable. puisque, connus sous ce titre, ils avaient toujours été fort estimés. »

Nous avons cru devoir répondre à cette note par la lettre suivante :

« Paris, le 5 mars 1888.

« Monsieur,

. . . .

. . . .

« Permettez-moi une seule observation : A propos des sept pierres qui ont été vendues comme *Mazarins*, vous dites que ces diamants enrichissaient la couronne de Louis XV. Il vous eût été facile de constater, comme vous pouvez le faire encore, sur le fac-similé de cette couronne, qui est à la galerie d'Apollon, au Louvre, que les sept pierres qui l'ornent n'ont rien de commun avec celles que vous appelez des *Mazarins*. Vous voyez une fois de plus que vous êtes dans l'erreur.

« Veuillez recevoir, etc.

« GERMAIN BAPST. »

L'argument tiré de l'écrin tombe du reste de lui-même, attendu que l'écrin en question ne date que de 1854 : il avait été commandé par un joaillier, alors chargé des diamants de la Couronne, qui, depuis, est mort atteint d'aliénation mentale. Quant à l'affirmation donnée par l'expert que ces diamants ont toujours été connus sous le nom de *Mazarius*, elle ne saurait non plus être admise, puisque deux de ces pierres ont été vendues par Marguerite et Nitot en 1805 et 1810, et une troisième[1] par mon grand-père en 1818[2]. Cette inscription ne peut donc qu'être postérieure à cette dernière date.

Dans un livre *Notice historique sur les joyaux de la Couronne*, publié en 1889 par l'Imprimerie nationale, et ayant un caractère officiel, le second des experts a présenté les huit pierres comme venant du cardinal Mazarin en ces termes page 42 : « Il est impossible en effet d'établir l'authenticité des *Mazarins*, ces diamants ayant été volés en 1792. On a cherché à les reconstituer, mais il est douteux qu'on y soit parvenu. »

On le voit, l'affirmation donnée par les experts eux-mêmes est déclarée douteuse par eux en 1889. Les acheteurs ont donc payé sur le dire des experts des brillants qui leur ont été vendus comme des pierres historiques, et, deux ans après, ces mêmes experts déclarent qu'ils se sont trompés dans leur affirmation.

1. Inventaire de 1811. Titre 2, art. 2, n° 35. — Un diamant de 25 c. 5 8, estimé 180 000 francs, fourni par Marguerite, le 26 frimaire an XIII.

Même inventaire, titre 3, art. 3, n° 85. — Un diamant de 18 c. 1/16, estimé 85 000 francs, vendu par Nitot, le 10 avril 1810.

2. Facture du 29 novembre 1818. Fourni un brillant de 89 grains, ci 97 000 francs. (Extrait du livre de factures de la maison Bapst, aujourd'hui Bapst et Falize.)

Laissons donc les experts patauger et montrons que, s'ils avaient recherché la vérité, ils l'auraient trouvée.

Pour que le lecteur en soit convaincu, nous donnons plus loin la justification de l'emploi qui a été fait, en ces derniers temps, des *Mazarins* subsistant au Trésor, ainsi que le nom de leurs acquéreurs en 1887.

IV

ÉTAT

DES PARURES DE LA COURONNE TELLES QU'ELLES ÉTAIENT EN 1830.

DESCRIPTION DES OBJETS.		ÉVALUATI
Une boîte contenant	La couronne.	14,702,78
d° d°	Le glaive.	261,16
d° d°	L'épée militaire.	241,87
d° d°	Le glaive du Dauphin	71,5?
	La grande plaque de l'ordre du Saint-Esprit.	102,80
	Le bandeau et l'aigrette	273,19
	La paire de boucles de souliers	56,87
d° d°	La paire de boucles de jarretières.	
	L'agrafe de manteau en opale de brillants. .	68,10
	Trois rosettes de chapeau et de souliers. .	89,10
	Le bouton du Saint-Esprit.	3,90
	La plaque et la croix de l'ordre du Saint-Esprit.	355,0
	La plaque et la croix de l'ordre de Saint-Louis	20,6
d° d°	La plaque et la croix de l'ordre de Saint-Lazare.	12,0
	La plaque et la croix de l'ordre de la Légion d'honneur	34,6
	La ganse de chapeau.	299,1
	La contre-épaulette	191,8
	La plaque, la croix et la jarretière de l'ordre de la Jarretière.	34,1
	La décoration de la Toison d'or.	73,1
d° d°	La plaque et la croix de l'ordre de Saint-André de Russie	16,5
	La plaque et la croix de l'ordre de Saint-Alexandre, de Russie.	18,9
	A Reporter	16,925,0

NUMÉROS.	DESCRIPTION DES OBJETS.			ÉVALUATIONS.
			Report	16,925,018 64
8	Une boîte contenant	{	La plaque et la croix de l'ordre de l'Aigle-noir de Prusse	16,362 96
			La plaque et la croix de l'ordre de l'Éléphant de Danemark.	15,585 96
			La plaque et la croix de l'ordre de Saint-Étienne d'Autriche	19,168 15
9	dº	dº	La parure de rubis et brillants. . . .	393,758 59
10	dº	dº	La parure saphirs et brillants [1]	283,816 09
11	dº	dº	La parure turquoises et brillants.	130,820 63
12	dº	dº	La parure perles d'Orient.	1.165,163 »
13	dº	dº	Le collier de 26 chatons brillants. . . .	133,900 »
14	d	dº	Deux bouts de ceinture en brillants. . . .	8,352 50
15	dº	dº	Vingt-six rangs de chatons et rosettes. . .	432,396 06
			Chatons en brillants (709)	266,175 94
16	dº	dº	Un peigne en brillants.	17,151 87
17	dº	dº	Le diadème émeraudes et brillants.	49,709 45
18	dº	dº	Quarante-deux épis droits. ⎫	
19	dº	dº	Quarante-deux épis. . . . ⎬ 156 épis . . .	191.475 62
20	dº	dº	Trente-six épis . . . . . ⎪	
21	dº	dº	Trente-six épis. . . . . . ⎭	
22	dº	dº	Un bouton de chapeau. . . . . ⎫	293,112 50
			Deux pendeloques de quatre roses. . . . . ⎭	
23	1 calotte provenant		De la couronne garnie de perles.	1,399 29
1	Une boîte contenant		La montre garnie de roses provenant du Dey d'Alger.	»
2	Une pierre			»
			Diamants, pierres de couleur et perles sur papier.	533,692 76
			Total.	20,900,260 01

Dressé par Évrard Bapst, joaillier du roi et de la Couronne.

A Paris, le 6 novembre 1827.

Évrard Bapst.

1. La parure saphirs existant à l'inventaire de 1832 contient *vingt-deux saphirs doublés*, c'est-à-dire dont la partie supérieure seule est en pierres fines et le reste en verre. Pour exécuter cette parure, telle qu'elle avait été commandée, les saphirs existant au trésor de la Couronne n'étaient pas en nombre suffisant. On doit mettre aux places où ils manquaient des pierres ainsi préparées.

Dans tous les inventaires postérieurs, ce détail est signalé. Sous aucun règne on n'eut la prétention de faire passer ces pierres pour vraies. Lorsque l'administration des Domaines mit en vente cette parure de saphirs (17 mai 1887), elle ne signala pas la présence de ces vingt-deux saphirs doublés, et, sans l'avis d'un journal qui dévoila le fait, les Domaines, sous la garantie des experts, vendaient ces vingt-deux saphirs comme des pierres fines.

Voici du reste la facture de cette parure telle qu'elle existe dans les livres de la maison Bapst, aujourd'hui Bapst et Falize :

Du 1er février 1819.

Mémoire remis à M. le comte de Pradel, pour les ouvrages ci-après désignés, savoir :

Pour façon d'une grande parure en saphirs et brillants contenant en totalité :

3227 brillants, pesant	517e 14/32.	Valeur d'inventaire, fr.	119.664 21
50 saphirs,	— 720e 9/32.	— —	148.555 62
3277 pierres.	— 1237e 23 32.	— —	268,219 85

Composée comme suit :

Un diadème à grands ornements, contenant.

Savoir :

1305 brillants, pesant 244e 9 32 }
14 saphirs, — 264e 2 32 } Montés à jour et en or . . . . . . 4.500 »
6 *doublés saphirs.* }

Un grand collier, contenant :

315 brillants, pesant 91e }
16 saphirs, — 194e 1 32 } Montés à jour et en or . . . . . . 1.500 v
8 *doublés saphirs.* }

Un double peigne, formant couronne, contenant :

742 brillants, pesant 81e 10 32 }
8 saphirs, — 61e 30 32 } Montés à jour et en or . . . . . . 2,000 »
8 *doublés saphirs.* }

Une paire de boucles d'oreilles, forme pendeloque, contenant :

82 brillants, pesant 8e 26 32 }
4 saphirs, — 34e } Montés à jour et en or . . . . . . 850 »

Une plaque de ceinture, contenant :

210 brillants, pesant 31e 16/32 }
3 saphirs, — 102e 4 3 } Montés à jour et en or . . . . . . 600 »

Une paire bracelets, contenant :

510 brillants, pesant 50e 12 32 }
2 saphirs, — 17e 22 32 } Montés à jour et en or . . . . . . 1.360 »

Trois rosettes pour nœuds de robes, contenant :

53 brillants, pesant 10e 5 31 }
3 saphirs, — 46e 14 32 } Montés à jour et en or . . . . . . 180 »

(22 *doublés saphirs employés dans la totalité de la parure.*)

Façons . . . . 540 »

Montant total des façons . . . . 10.830 »

INVENTAIRE DE 1791.	INVENTAIRE DE 1811 A 1813.
Le *Régent*, 136 1 j 16, 12,000,000 fr (Chap. 1er, n° 1, p. 5.)	Le *Régent*, 136°, 6,000,000 fr. (Trésorerie, n° 25, titre 2°, art. 1er
Un grand diamant carré long, 28 6 16, 250,000 fr, (Chap. 1er, n° 347.)	Un brillant monté dans un collier, carré long, eau rosée, p¹ 28° 2 j 5,000 fr. (Trésorerie. Diamant de Guise. n° 75. Titre 3°, art.
	Un brillant monté dans une ganse de chapeau, carré, eau laitée 2 j 5,8, 180,000 fr., fourni par M. Marguerite, le 26 frimaire an XI (N° 33. Titre 2, art. 2.)
	Un diamant monté dans un diadème, ovale, étendu, eau aigue-mar 25 1 8, 137,000 fr., fourni par M. Nitot le 10 avril 1810. (N° Titre 3, art. 2.)
Un grand diamant forme poire, 2 j 13 16 1 3 2, 200,000 fr., (N° 5.)	Un brillant étendu, pendeloque, monté d'un diadème, eau fleu pêcher, 2 j 7 8, 14,000 fr. N° 58. Titre 3, art. 2.)
	Un brillant ovale étendu, 18 17 6 j, 110,000 fr., fourni par M. Nit 8 avril 1810, monté dans un collier. (N° 75. Titre 3, art. 3.)
Un grand diamant, couleur de rose, forme à cinq pans, 20° 12 16, 8,000 fr. (N° 5.)	Un brillant couleur hortensia, forme à cinq pans, 20 3 j, 108,00 Trésorerie. (N° 19. Titre 2, art 9.)
	Un brillant carré long, eau cristalline, 16° 1 2, 100,000 fr. Trésor monté dans l'épée. (N° 25. Titre 2, art. 1.) Provenant des émig
	Un brillant ovale étendu, 18° 1 16, 85,000 fr., fourni par M. Nit 10 avril 1810, monté dans un collier. (N° 83. Titre 3, art. 3.)
Un diamant carré arrondi, eau vineuse, 18 9 16, 75,000 fr. (7 Mazarin. Art. 1er, n° 8.)	Un brillant carré, eau vineuse, 18° 1 2, 84,000 fr. Trésorerie, m dans un diadème. (N° 59. Titre 3, art. 3.)
	Un brillant carré arrondi, 19 1 2, 78,000 fr., fourni par M. Nit 10 avil 1810, monté dans un peigne. N° 96. Titre 3, art. j.)
	Un brillant carré long, eau bonne, 16 1 2, 78,000 fr. Trésor monté dans l'épée. (N° 24. Titre 2, art. 1er. Provenant des émi
	Un brillant non monté, forme huit pans, couleur chrysolite orien 27 3 j, 77,000 fr. Trésorerie. (Titre 1er, n° 1.)
	Un brillant carré, eau jaune verdâtre, 17 1 16, 70,000 fr. Tréso monté dans un diadème. (N° 60. Titre 3, art. 2.) Provenan diamants du roi de Sardaigne.
Un diamant rose, forme chapeau, eau brune, 21 8 16, 25,000 fr., et un diamant rose forme chapeau, 21 6 16, 25,000 fr., ensemble j 2 14 16, 50,000.	Deux diamants roses, forme triangle, l'un moins brun que l'autre sumé pesant chacun 21 13 30, pesant j 2 13 16, 75,000 fr. T rerie, monté dans une ceinture en roses. (N° 101. Titre 3, a

INVENTAIRE DE 1818.	CATALOGUE DE LA VENTE.
Régent, 136° 7/8, 12,000,000 fr. (Chap. 1ᵉʳ, n° 1.)	Le *Régent* est conservé au musée du Louvre.
brillant carré long, eau rosée, 28°5/8, 2 45,000 fr. (hap. 1ᵉʳ, n° 2.)	Ce brillant figure sous le nom de Mazarin, n° 46, 3°, du poids de 28° 7/16. En réalité c'est le *Diamant de Guise*. Il a été acheté par M. Tiffany 150,000 fr.
brillant carré long, eau laiteuse, 25°5/8, 40,000 fr. (Chap. 1ᵉʳ, n° 3.)	Ce brillant figure sous le nom de Mazarin, n° 46, 5°, du poids de 25°5/8. Il a été acheté par Mme Asselin pour 152,000 fr.
brillant ovale étendu, eau aigue-marine, °3 16, 137,000 fr. (Chap. 1ᵉʳ, n° 5.)	Ce brillant était au centre de la boucle de ceinture n° 29. Il a été acheté 132,500 fr. par Mme Gal d'abord et ensuite par M. Tiffany.
brillant étendu pendeloque, eau fleur de cher, 24° 7/8, 124,000 fr. (Chap. 1ᵉʳ, n° 6.)	Ce brillant figure sous le nom de Mazarin n° 46, 1°, du poids de 24° 7/8. Il a été acheté par M. Tiffany 128,000 fr.
brillant ovale étendu, eau cristalline, 18° 47 64, 0,000 fr. (Chap. 1ᵉʳ, n° 7.)	Diamant du peigne n° 47, le 4° du bandeau côté gauche, pesant 18° 5/8, acheté par M. Boucheron 56,500 fr.
brillant couleur hortensia, forme à cinq pans, °3 4, 108,000 fr. (Chap. 1ᵉʳ, n° 8.)	Grand diamant du centre du bandeau du peigne, Conservé au Louvre, comme huitième « Mazarin » désigné par les experts.
brillant carré long, eau cristalline, 16° 1/2 (hap. 1ᵉʳ, n° 9) 100,000 fr. (réduit à 16° 1 4 3o).	Diamant du tour de corsage, n° 44, pesant 16° 1 4/32, acheté par M. Tiffany.
brillant ovale, eau brunâtre, 18° 1/16, 85,000 fr. (hap. 1ᵉʳ, n° 11.)	Ce brillant figure sous le nom de Mazarin, n° 46, 7°, pesant 18° 4/32; il a été acheté par M. Tiffany 71,000 fr.
brillant carré, eau vineuse, 18° 19/32, 82,000 fr. (hap. 1ᵉʳ, n° 12.)	Ce brillant est le seul véritable Mazarin figurant sous le n° 46. 4°. Il pèse 18° 19/32. C'est le septième de ceux que le Cardinal a légués à Louis XIV. Il a été acheté par M. Boucheron 101,000 fr.
brillant carré arrondi, eau vive, 19° 1/2. ,000 fr. (Chap. 1ᵉʳ, n° 13.)	Ce diamant se trouvait dans la broche Sévigné n° 43, pesant 19° 1/16. Il a été acheté par M. Tiffany.
brillant carré long, eau un peu grasse, 16°5/8 (hap. 1ᵉʳ, n° 14) 78,000 fr. (réduit à 16° 20 32 ible).	Ce brillant figure sous le nom de Mazarin, n° 46, 6°, pesant 16° 9/16. Il a été acheté pour 92,000 fr. par M. Boucheron, qui l'a revendu à M. von Dervis de Saint-Pétersbourg.
brillant forme huit pans, couleur chrysolite ientale, 27° 3/4, 77,000 fr. (Chap. 1ᵉʳ, n° 15.)	Ce brillant se trouvait dans la broche en diamants de fantaisie n° 36. La broche entière a été achetée 20,500 fr. par M. le baron de Horn.
brillant carré, eau colorée, 17° 1/16, 70,000 fr. (hap. 1ᵉʳ, n° 19.)	Diamant du peigne n° 47, le premier du bandeau côté droit. Il a été acheté par le baron de Horn 18,400 fr.
x diamants roses, forme triangle, eau bru-âtre, pesant ensemble 42° 28/32, 72,000 fr. (hap. 3, n° 175.)	Ces deux roses, pesant 21° 12/32 et 21° 16/32, ensemble 42° 28/32, se trouvent dans la broche-reliquaire conservée au Louvre.
brillant ovale étendu, bonne eau, 22° 1/4, 0,000 fr. (Supplément de l'inventaire n° 285, urni par M. Bapst en 1818 pour 97,000 fr., timé 120,000 fr.	Ce brillant figure sous le nom de Mazarin n° 46, 2°. Son poids est de 22° 1/4; il a été acheté 81,000 fr. par M. Tiffany.

INVENTAIRE DE 1791.	INVENTAIRES DE 1811 ET DE 1813.
	4e MAZARIN.
LES MAZARINS.	Un brillant pesant 18e 3/4, estimé 62,000 francs. (Titre 3, art. 3, lier n° 86.)
Ainsi qu'on l'a vu dans le tableau page 339, les dix-huit Mazarins, qui figuraient encore à l'inventaire de 1791, disparurent en septembre 1792, dans le vol du Garde-meuble, mais un certain nombre d'entre eux furent retrouvés dans les deux années qui suivirent. Par le fait de ce vol et des ventes qui eurent lieu quelque temps après par ordre du Gouvernement, il ne restait plus au Trésor en 1811 que cinq Mazarins qui sont désignés ci-contre et dont nous donnons la situation jusqu'à l'époque de leur vente aux enchères du 12 mai 1887.	**7e MAZARIN.**

Un brillant carré, eau vineuse, 18e 1/2, 82,000 francs, monté dans diadème. (N° 59. Titre 3, art. 3.) |
| | **8e MAZARIN.**

Un brillant lourd, carré, vif, d'une eau très légèrement brune, n vive, non recoupé en dessous, égrisé à l'un des angles, pes 14e 3/4, estimé 54,000 francs. (Titre 3, art. 2, diadème, n° 61.) |
| | **13e MAZARIN.**

Un brillant ovale pesant 10e 1/4, estimé 35,000 francs. (Titre 3, art. collier, n° 79.) |
| | **16e MAZARIN.**

Un brillant pesant 6e 1/8, estimé 9000 francs. (Titre 3, art. 1er, couronne, n° 52.) |

INVENTAIRE DE 1818.	CATALOGUE DE LA VENTE.
Un brillant, forme ovale, allongé, de belle eau, une petite glace à l'un des coins près le filetis, vif et net, pesant 13ᵉ 25/32, estimé 62,000 francs. (Chap. 1ᵉʳ, n° 20.)	Ce brillant se trouvait dans le tour de corsage en feuilles de lierre (n° 44). Cette parure de 13 lots a été vendue à M. Tiffany, qui est devenu ainsi possesseur d'un « Mazarin » sans le savoir.
n brillant carré, eau vineuse, 18ᵉ 19 32, 82,000 fr. (Chap. 1ᵉʳ, n° 12.)	Ce brillant est le seul des Mazarins indiqués comme tels par l'administration des Domaines lors de la vente sous le numéro 46, 4°. Il pèse 18ᵉ 19 32; c'est le septième de ceux que le cardinal a légués à Louis XIV. Il a été acheté par M. Boucheron 101,000 francs.
1 brillant carré, vif, eau brunâtre, très légèrement recoupé en dessous, égrisé à l'un des angles, pesant 14ᵉ 3 4, estimé 54,000 francs. (Chap. 1ᵉʳ, n° 21.)	Ce brillant se trouvait dans le peigne, le troisième du bandeau, côté gauche (n° 47). Retaillé le 15 juin 1821, son poids ne s'élevait plus qu'à 14ᵉ 1,2 1/32. Il a été adjugé 18,100 francs à M. Boucheron, qui possède ainsi deux véritables Mazarins.
1 brillant ovale, forme régulière, vif, ayant deux points noirs, dont un au coin du dessous près le filetis du dessus, pesant 10ᵉ 1 4, estimé 35,000 francs. (Chap. 1ᵉʳ, n° 27.)	Ce brillant se trouvait dans le tour de corsage en feuilles de lierre (n° 44). Cette parure, composée de treize lots, a été adjugée à M. Tiffany, qui est devenu possesseur d'un second Mazarin sans le savoir.
1 brillant de forme irrégulière, ayant un restant de brut au filetis, un petit point noir au milieu de la table qui réfléchit dans les facettes de la culasse, pesant 6ᵉ 1,8, estimé 9000 francs. (Chap. 16, n° 64.)	Nous avons tout lieu de croire que ce brillant est le troisième des six placés dans le bouquet de corsage (n° 25 du Catalogue). Son poids n'est plus que de 6ᵉ 1,32; il a été vendu avec le deuxième de la même parure à M. Boin-Taburet pour 16,500 francs les deux.

CATALOGUE DE LA VENTE	INVENTAIRE DE 1818.	INVENTAIRE DE 1811 A 181
1° Un brillant forme poire rosée, 2 j° 27/32, acheté 128,000 fr. par M. Tiffany.	Un brillant étendu pendeloque, eau fleur de pêcher, 2 j° 7/8, 124,000 fr. (Chap. 1er, n° 6.)	Un brillant étendu. pendeloq monté dans un diadème, · fleur de pêcher, 2 j° 7 124,000 fr. (N°58. Titre 3. art
2° Un brillant blanc forme poire blanche, 22° 1/4, acheté 81.000 fr. par M. Tiffany.	Un brillant ovale étendu, bonne eau, 22° 1/4, 120,000 fr. (Supplément de l'inventaire n° 285.) Acheté à M. Bapst le 29 novembre 1818, pour 97.000 fr.	
3° Un gros brillant carré étendu, 28° 7/16, acheté 155,000 fr. par M. Tiffany.	Un brillant carré long, eau rosée. 28° 5/8, 245,000 fr. (Chap. 1er, n° 2. Diamant de Guise.)	Un brillant carré long monté d un collier, eau rosée, 28° 5 245.000 fr. (Titre 3, art. n° 74. Diamant de Guise.)
4° Un brillant carré, 18° 19/32, acheté 101,000 fr. par M. Boucheron (seul véritable Mazarin).	Un diamant carré, eau vineuse, 18° 19/22, 82,000 fr. (Chap. 1er, n° 12.)	Un brillant carré, eau vine 18° 1/2. 82.000 fr., monté d un diadème, 7e Mazarin. (Ti art. 3, n° 59)
5° Un brillant coins arrondis, 25° 5/8, acheté 152,000 fr. par Mme Asselin.	Un brillant carré long, eau laiteuse, 25° 5/8, 180,000 fr. (Chap. 1er, n° 5.)	Un brillant monté dans une ga de chapeau, carré, eau laite 25° 5/8, 180,000 fr., fourni Marguerite, 26 frimaire XIII. (Titre 2, art. 2, n° 3
6° Un brillant oblong, 16° 9/16. acheté 92,000 fr. par M. Boucheron, appartenant actuellement à M. von Dervis, de Saint-Pétersbourg.	Un brillant carré long, eau un peu grasse, 16° 5/8, 78,000 fr. (Chap. 1er, n° 14.)	Un brillant carré long, eau bru 16° 1/2. 78.000 fr., monté d l'épée. (Titre 1er, art. 1, n° 1 Provenant des confiscati des émigrés.
7° Un brillant ovale, 18° 1/32, acheté 71,000 fr. par M. Tiffany.	Un brillant ovale, eau brunâtre, 18° 1/16, 85,000 fr. (Chap. 1er, n° 11.)	Un brillant ovale étendu, 18° 1 85,000 fr. fourni par M. Nit le 10 avril 1810, monté d un collier. (Titre 3, art. n° 85.)

VENTAIRE DE 1791.	INVENTAIRE DE 1774.	INVENTAIRE DE 1691.
rand diamant fort étendu, ne poire, tirant sur la fleur pêcher, n° 13 16 1 3, ,000 fr. (Chap. 1er, n° 5.)	Une pendeloque d'un diamant brillant, eau fleur de pêcher, n° 5 8, 150,000 fr. (Art. 6, n° 6.)	Un diamant plus étroit d'un bout que de l'autre, 25, monté dans un crochet de chapeau, 15,806 fr. (Chap. 6 à la fin.
aud diamant carré loug, 6/16, 250,000 fr. (Chap. 1er 347. Diamant de Guise.)	Un grand diamant acheté de la maison de Guise, monté dans la chaine, 18 3 8, 250,000 fr. (Art. 9, n° 3.) Ce diamant avait été retaillé et avait perdu 3 3 8.	Un grand diamant acheté de la maison de Guise, pesant 33, fut retaillé plus tard, 300,000 fr. (Chap. 9, n° 1.)
illant carré arrondi, eau fuse, 18 9 16, 75,000 fr. Mazarin. (Chap. 1er, n° 8.) diamant avait été retaillé et et perdu par suite a 7 16.	Un brillant forme carrée, belle eau un peu vineuse, 21, 75,000 fr. 7e Mazarin. (Chap. 9, n° 5.)	Un brillant carré, le cinquième de la chaine, 21, 75,000 fr. 7e Mazarin. (Chap. 9, n° 5.)

CHAPITRE V

Avant même que les diamants de la Couronne aient été reconnus par le gouvernement provisoire et qu'on ait constaté la disparition du bouton de chapeau, un décret avait été rendu, le 9 mars 1848, par lequel : « considérant que les diamants de la Couronne appartenaient à la nation, et attendu que la circulation du numéraire était insuffisante », le ministre des finances était autorisé à les aliéner aux prix qui devaient être fixés par des experts assermentés.

Une commission fut en effet nommée, le 2 juin 1848; elle se composait de MM. Guillemarden, inspecteur général des finances, de Saint-Vigor, Thomas, trésorier général des finances, et Constant Bapst, joaillier de la Couronne, assistés de M. Degenne comme secrétaire. Elle fit le colationnement de toutes les parures existant sur l'inventaire de 1832, et, cette opération terminée, elle clôtura ses séances. Le décret du 9 mars 1848 n'eut pas d'autres suites[1].

Lorsque, en 1852, l'empire fut proclamé, un sénatus-

---

1. Papiers de M. Degenne communiqués par son fils.

consulte, en date du 12 décembre de cette année, déclara que la dotation mobilière de la Couronne comprenait les diamants, perles et pierreries existant au Trésor. Ces joyaux furent donc mis à la disposition du souverain.

Au mariage de Napoléon III avec l'impératrice Eugénie, le 29 janvier 1853, on commença à démonter les anciennes parures pour en faire de nouvelles, plus appropriées aux modes du jour. Ce travail fut confié à un certain nombre de joailliers, MM. Lemonnier, Kramer, Mellerio, Beaugrand, Ouizille-Lemoine, Viette et Fester, qui exécutèrent la couronne impériale et les décorations de l'empereur, la couronne de l'impératrice, le diadème, le peigne, la ceinture, les broches, le bouquet, la coiffure et l'éventail.

Les autres parures furent exécutées par Frédéric Bapst sur les dessins d'Alfred Bapst, joaillier de la Couronne. Elles se composaient d'un diadème à palmettes, de deux grands nœuds d'épaule, d'une berthe, d'une grande ceinture, d'aiguillettes et culot style Marie-Antoinette, d'une guirlande avec seize aiguillettes, d'un tour de corsage à feuilles de lierre, d'une broche Sévigné, d'une broche reliquaire et d'une autre grande broche fantaisie, d'un peigne, d'une chaîne de trente-deux maillons, d'une boucle de ceinture, et enfin d'un grand diadème russe et d'un autre grand diadème à la grecque. Ce dernier avait une place évidée permettant d'y mettre le *Régent* et de le retirer lorsqu'on voulait lui donner une autre destination. Le tour du corsage en feuilles de lierre contenait deux des Mazarins restants : le quatrième et le treizième. Il y en avait un autre, le seizième, dans le bouquet de corsage; le fameux peigne portait au centre du bandeau le diamant à cinq pans, et au côté gauche le huitième Mazarin[1]. Enfin la

---

1. Il restait, comme nous l'avons vu dans le tableau (p. 559), cinq Mazarins sur les dix-huit que le cardinal avait légués à Louis XIV. Ces cinq étaient les quatrième, septième, huitième, treizième et seizième. Le quatrième et le treizième, montés dans le tour de corsage, portaient les numéros 21 et 29 dans le *Journal des opérations de la Couronne*, à l'article concernant cette parure. Le septième a été vendu par les Domaines en 1887 comme Mazarin; c'était le seul véritable Mazarin figurant sous le

grande broche composée de perles et de brillants avait au centre une grande perle que les Domaines ont vendue sous le nom de *Régente*. Cette perle avait été achetée à Nitot en 1801[1].

GRANDE PERLE ACHETÉE A NITOT.
(Dessin conservé dans la maison Bapst, aujourd'hui Bapst et Falize).

Nous insisterons seulement sur la broche-reliquaire, qui fut terminée le 16 juillet 1855. Rien ne justifie le nom de *reliquaire* qu'on a donné à cette broche; elle est du genre rocaille, forme ovale, avec pendeloque[2]; elle a été dessinée par Alfred Bapst et inspirée par un modèle en plomb du dix-huitième siècle que nous possédons encore.

Dans un rapport administratif[3] et dans les rapports de la commission des diamants de la Couronne, lus à la Chambre des députés et au Sénat, les 6 mai 1882 et 12 février 1884[4], il est dit que la monture de cette broche *est visiblement un travail de l'époque de Louis XV!!!*

numéro 5 dans la liste du catalogue (n° 47). Le huitième, qui était dans le peigne, avait été retaillé le 15 juin 1821, suivant la facture existant dans les livres de la maison Bapst; il fut monté en juin 1856 dans le grand peigne à aiguillettes sous le numéro 17; il était alors estimé cinquante mille francs. Enfin le seizième Mazarin était probablement monté dans le tour de corsage, mais nous ne pouvons l'affirmer. Il avait été retaillé, et son poids, qui était de six carats un huitième, avait été réduit à six carats un trente-deuxième. (Voir le tableau à la fin de ce livre.)

1. Arch. nat. O² 32. Facture de Nitot en date du 28 novembre 1811 : « Une très grosse perle vierge forme œuf pesant 337 grains pour 40000 francs. »

2. Nous reproduisons la facture de cette pièce, d'après les livres de la maison Bapst, aujourd'hui Bapst et Falize :

« Le 16 juillet 1855.

« Fourni une grande broche agrafe rocaille le haut composé de 9 gros brillants à doubles corbeilles et petits chatons autour du milieu, et de 9 grandes roses à fonds ciselés, et de 9 pendants briolettes avec calotte, 11 chatons, 46 roses, total 85 pierres dont 46 roses, façon 800 francs. »

3. Rapport de la commission nommée par M. Antonin Proust, le 20 janvier 1882. Ce rapport n'a pas été publié; il nous a été obligeamment communiqué par M. Turquet, alors sous-secrétaire d'État.

4. Voir le *Journal officiel* du 23 mai 1882 et celui du 13 février 1884.

Le rapport de la commission d'expertise indique en outre que les Mazarins sont

La description des parures exécutées durant l'empire et dont nous avons donné la liste serait trop longue et fastidieuse; nous dirons seulement qu'en 1867 le diadème en grecque fut de nouveau remonté; le *Régent* n'y figurait plus, mais cette pièce et le diadème russe furent très remarqués au moment de l'Exposition universelle[1].

A aucune époque peut-être les diamants de la Couronne n'avaient brillé avec autant d'éclat; mais, hélas! trois ans après, ils devaient quitter les fêtes pour être précipitamment empilés dans une caisse d'où ils ne sortirent que pour se voir dispersés par une vente aux enchères.

Dès le 10 août 1870, le ministre de la maison de l'empereur, intendant général de la liste civile, crut devoir, en

les diamants qui ont été le plus anciennement taillés. Mais il ajoute plus loin que la broche-reliquaire est montée avec des brillants taillés en 1476! Ces experts paraissent bien affirmatifs, ce qui n'empêche pas le rapporteur de la Chambre des députés de faire observer que les deux suppositions, si on les rapproche, ne s'accordent guère : de 1476 à Mazarin il y a deux cents ans de distance. Pour notre part, après avoir compulsé nombre de papiers concernant les pierres et les bijoux du cardinal Mazarin, nous croyons devoir tirer cette conclusion, que le ministre d'Anne d'Autriche acheta ses diamants tout taillés et ne s'occupa jamais de les faire modifier. Mais ce qui est certain, c'est que plusieurs d'entre eux furent retaillés aux dix-septième et dix-huitième siècles; à l'heure qu'il est, leur taille, pour la plupart, date de 1785, année où furent retaillées à Amsterdam presque toutes les grosses pierres de la Couronne.

On lit encore dans le rapport de la Chambre des députés : « L'ex-impératrice, assistant à la représentation de la *Biche au bois*, fut frappée de la ceinture de chrysocale que portait l'actrice chargée de représenter le rôle d'Aïka; elle ne fut satisfaite que lorsqu'elle s'en fut commandé une pareille, qui fut faite avec les diamants de la Couronne .»

« L'impératrice Eugénie, ajoutait le rapport, confia immédiatement ce désir au joaillier de la Couronne et lui recommanda de la confectionner (la ceinture) avec les Mazarins notamment. »

Le fait est inexact : la parure en question fut commandée le 23 juin 1864, livrée et facturée le 31 décembre suivant. Pendant cette année on ne joua pas une seule fois à Paris la *Biche au bois*. Les Mazarins réels, ni ceux indiqués comme l'étant par l'administration des Domaines dans son catalogue, ni même aucun brillant leur ressemblant, n'ont jamais été montés dans cette parure; il était facile au rapporteur de le constater sur pièce.

1. Ces deux objets ont été exécutés sous la direction de Frédéric Bapst. La monture dessertie du premier diadème en grecque était encore conservée à la direction des Domaines au moment de la vente aux enchères; il est fort regrettable que cette pièce n'ait pas été donnée à un musée des arts industriels, comme le Musée des arts décoratifs, par exemple.

présence des graves événements qui se précipitaient à la frontière, ne pas garder aux Tuileries les joyaux de la Couronne. D'accord avec le ministre des finances, il fit mettre, en présence du joaillier de la Couronne, la totalité de ces bijoux dans une caisse en sapin, marquée d'une ancre aux quatre coins; puis, quand elle fut solidement fermée et scellée avec les cachets du Ministère de la maison de l'empereur, du Ministère des finances, du trésorier de la cassette de Sa Majesté, et celui du joaillier de la Couronne, il la fit transporter à la caisse centrale du Trésor public, où elle fut reçue par le caissier central et le contrôleur central, et placée dans la resserre principale du Trésor public au Ministère des finances. Un procès-verbal en fut immédiatement dressé en six expéditions et signé par les six personnes qui avaient assisté à cette opération[1].

Le 30 août suivant, les deux ministres précités firent prévenir M. Rouland, gouverneur de la Banque de France,

---

1. Une expédition de ce procès-verbal est conservée dans les papiers de la maison Bapst, aujourd'hui Bapst et Falize. Nous le reproduisons en entier :

« Aujourd'hui, mercredi, dix août mil huit cent soixante et dix, Nous, Ministre de la maison de l'empereur, assisté du trésorier de la cassette de Sa Majesté et d'un des joailliers de la Couronne, et Nous, Ministre des finances, assisté du caissier central du trésor public, ainsi que du contrôleur central, avons procédé au dépôt dans la resserre principale à deux clefs, de la caisse centrale du Trésor public :

« D'un colis en sapin marqué d'une ancre aux quatre coins, d'une hauteur de cinquante centimètres, d'une longueur de un mètre dix-sept centimètres, d'une largeur de soixante-deux centimètres.

« Nous, Ministre de la maison de l'empereur, avons déclaré que ce colis, sur lequel ont été apposés les cachets des deux ministères, du trésorier de la cassette de Sa Majesté et du joaillier de la Couronne, contient les diamants et bijoux de la Couronne qui ont été remis à la liste civile impériale en exécution de l'article 4 du sénatus-consulte du 12 décembre 1852, et selon l'inventaire dressé les 26 janvier, 30 janvier et 4 février 1854.

« En foi de quoi, nous avons rédigé et signé le présent procès-verbal qui a été dressé en sextuple expédition.

Le maréchal de France	*Le ministre des finances,*	*Le trésorier*
ministre de la maison de l'empereur,	SEGRIS.	*de la cassette de Sa Majesté,*
VAILLANT.		CH. THÉLIN.
Le joaillier de la Couronne,	*Le contrôleur central.*	*Le caissier central*
A. BAPST.	A. TOURNUS.	*du trésor public,*
		THOMAS. »

ainsi que le joaillier de la Couronne, et les avisèrent que, par décision du conseil des ministres[1], il avait été convenu que, pour parer aux éventualités de la guerre, la caisse contenant les diamants de la Couronne serait transférée à la

1. Un procès-verbal relatant tous ces faits fut dressé le 30 août 1870, et signé par les mêmes personnes que dans le procès-verbal précédent, auxquelles vint s'adjoindre M. Rouland. Une expédition authentique de ce procès-verbal est également conservée dans les papiers de la maison Bapst, aujourd'hui Bapst et Falize. Nous le reproduisons ici :

« D'un procès-verbal dressé le 10 août présent mois, entre les ci-après, savoir : M. le maréchal Vaillant, ministre de la maison de l'empereur, assisté du trésorier de la cassette et d'un des joailliers de la Couronne, et M. Segris, ministre des finances, assisté du caissier central du Trésor public et du contrôleur central,

« Il appert ce qui suit :

« Ledit jour, dix août, a été déposé au Trésor public, par le ministre de la maison de l'empereur, administrateur de la liste civile, un colis qu'il a déclaré contenir les diamants et bijoux de la Couronne, remis à la liste civile impériale, en exécution de l'article 4 du sénatus-consulte du 12 décembre 1852; ce colis a été scellé et revêtu des cachets des deux ministères, du trésorier de la cassette de Sa Majesté et du joaillier de la Couronne.

« D'une décision prise ceiourd'hui, trente août mil huit cent soixante-dix, par le conseil des ministres réuni au palais des Tuileries, sous la présidence de Sa Majesté l'impératrice, il résulte que, pour parer aux éventualités de la guerre, il convient de transférer le colis ci-dessus indiqué à la Banque de France, qui prendra pour la sûreté et la conservation de ce dépôt les soins et les précautions qu'elle prend pour la sûreté et la conservation de son encaisse.

« En exécution de cette décision :

« Nous, maréchal Vaillant, ministre de la maison de l'empereur, assisté du trésorier de la cassette de Sa Majesté, et d'un de ses joailliers de la Couronne, avons retiré à la resserre du Trésor public, pour en faire la remise au gouverneur, la caisse dont la description précède, et nous avons reconnu que les cachets y apposés sont intacts.

« Nous, Ministre des finances, assisté du caissier payeur central du Trésor public et du contrôleur central, avons reconnu également l'intégrité des cachets.

« Et Nous, Rouland, sénateur, gouverneur de la Banque de France, avons reçu ladite caisse revêtue des cachets ci-dessus indiqués, et en recevant ce dépôt nous avons déclaré et déclarons que nous prendrons pour sa conservation et sa sûreté les soins et précautions que nous prenons pour les valeurs de la Banque, entendant d'ailleurs ne répondre en aucune façon des événements de force majeure, tels que cas de guerre.

« Et le présent procès-verbal a été dressé en sept expéditions et revêtu des signatures qui suivent :

Le maréchal de France	*Le ministre des finances,*	*Le trésorier*
ministre de la maison de l'empereur,	P. MAGNE.	*de la cassette de l'empereur,*
VAILLANT.	*Le joaillier*	CH. THÉLIN.
Le caissier central du trésor public,	*de la Couronne,*	*Le contrôleur central,*
THOMAS.	A. BAPST.	A. TOURNUS. »

Le gouverneur de la Banque,
ROULAND.

Banque de France, chargée par cette même décision de prendre, pour la conservation et la sûreté de ce dépôt, les mêmes soins et précautions que ceux dont elle entourerait son encaisse.

M. Rouland déclara prendre cet engagement, toutefois sans répondre des événements de force majeure, tels que cas de guerre; mais, et c'est là le point le plus important, le colis des diamants de la Couronne ne fut point envoyé à la Banque de France.

M. Rouland demanda à M. Magne, alors ministre des finances, de vouloir bien le garder encore dans la resserre de la caisse centrale du Trésor public jusqu'au soir, afin qu'il pût donner les ordres nécessaires pour faire partir les diamants de la Couronne avec l'encaisse métallique de la Banque de France, attendu que le conseil de la Banque venait de décider aussi l'envoi en province de tout le numéraire existant dans cet établissement.

M. Magne accepta, et dans la soirée du même jour M. Rouland envoyait M. Chazal, contrôleur central de la Banque, prendre au Ministère des finances la caisse des diamants de la Couronne[1]. M. Thomas, caissier central, fit apporter la caisse dans son cabinet et en fit la remise à M. Chazal, qui, après y avoir apposé des bandes avec son propre cachet, la fit renfermer dans une seconde caisse par l'emballeur de la Banque qu'il avait amené avec lui. Aussitôt après, M. Chazal écrivait à l'encre sur cette seconde caisse ces mots : *Chaînes d'assemblage*, qui se rapportaient au transport de lingots qu'il faisait en même temps avec cette mention : *Projectiles spéciaux*, et son nom écrit en caractères arabes. Cette seconde caisse, une fois fermée, fut immédiatement chargée sur un camion du chemin de fer de l'Ouest, venu exprès, sur lequel montèrent un garde

---

1. Rapport fait au nom de la commission d'enquête sur les actes du gouvernement de la Défense nationale, par M. Boreau-Lajanadie. — Déposition de M. Magne. (Annexe au procès-verbal de la séance de l'Assemblée nationale du 20 décembre 1872.)

municipal et deux agents de la Banque revêtus d'un costume spécial. Le camion se mit en marche, et M. Chazal le suivit à quelques pas dans une voiture. Arrivée à la gare, la caisse fut aussitôt placée dans un wagon, et, toujours accompagnée des deux agents de la Banque, auxquels fut adjoint M. d'Imfreville, inspecteur des succursales, le train se dirigea directement sur Brest[1].

Dès qu'ils arrivèrent dans cette ville, les diamants de la Couronne avec les lingots et les billets de la Banque de France furent déposés à l'arsenal sous des agrès de mâture et confiés à la vigilance d'un sous-inspecteur de succursales.

Le 20 mars suivant, les lingots et les valeurs de la Banque de France ayant été rapportés à Paris, les diamants demeurèrent encore à Brest et furent placés dans la cale du *Borda*, où ils restèrent jusqu'en 1872[2].

Mais, au moment où les diamants et les lingots de la Banque partaient pour Brest, l'amiral Rigault de Genouilly, en prévision d'une attaque de l'ennemi contre cette ville, prenait des dispositions pour que ces valeurs fussent mises hors de danger. Dans ce but, il ordonnait la mise à la mer de la frégate *l'Hermione*, et ses instructions au préfet maritime portaient qu'en cas d'alarme il fît opérer le chargement des diamants de la Couronne et des valeurs de la Banque de France à bord de ce navire, qui avait l'ordre de se rendre immédiatement à Saïgon[3] en cas de danger.

---

1. Ces renseignements nous ont été communiqués par M. Chazal même, ancien contrôleur central de la Banque de France.

2. *Idem.*

3. Rapport fait au nom de la commission d'enquête sur les actes du gouvernement de la Défense nationale, déjà cité. — Déposition de l'amiral Rigault de Genouilly. Dépêches télégraphiques adressées par ledit ministre au préfet maritime à Brest.

« *Ministre de la marine au préfet maritime à Brest :*

« Mettez *l'Hermione* en première catégorie, éventualité de l'enlèvement de Brest des lingots et espèces de la Banque.

« *Signé :* RIGAULT DE GENOUILLY. »

(2° dépêche.) « Du même au même. Êtes-vous prêt à recevoir le dépôt projeté? (envoi des lingots et espèces de la Banque, tableaux du Louvre, etc.).

« *Signé :* RIGAULT DE GENOUILLY. »

Telles que les dispositions avaient été prises par l'amiral Rigault de Genouilly, et telles qu'il les avait expliquées à son collègue, M. Magne, ce dernier crut que les diamants de la Couronne avaient été déposés aussitôt leur arrivée à Brest sur le navire, qui devait rester en rade tant que la ville ne serait point menacée, et qui partirait dès qu'une pointe de l'ennemi apparaîtrait en Bretagne.

Lorsque l'insurrection du 4 septembre éclata, plusieurs personnes entrèrent aux Tuileries, et quelques malins, qui connaissaient les lieux, pénétrèrent dans les appartements affectés au service du trésor de la liste civile et de la cassette de l'empereur, où ils comptaient mettre la main sur les diamants de la Couronne. Naturellement on n'y trouva plus les joyaux, mais les fureteurs avisèrent un placard où se trouvaient encore deux modèles de joaillerie montés avec des pierres fausses. Il n'en fallut pas davantage pour qu'immédiatement on répandît partout que les parures avaient été démontées, qu'on avait mis de fausses pierres à la place des vraies, et que tous les diamants de la Couronne avaient été emportés par l'impératrice[1].

Le lendemain 5 septembre, M. Ernest Picard, ministre des finances depuis la veille, fut immédiatement prévenu du fait. Il fit prendre les deux fac-similés ainsi que tous les papiers concernant les diamants de la Couronne qui se trouvaient chez le trésorier de la cassette de l'empereur, et se montra résolu à élucider cette question. Tous ces papiers sont restés au Ministère des finances ; ils y étaient encore lors de l'incendie qui eut lieu à la fin de la Commune ; c'est par ce fait que l'État ne possède plus le double des pièces qui sont conservées dans les archives de notre maison de commerce[2].

Au moment où M. Picard faisait opérer ce transport, il avait eu avec M. Magne une conversation dans laquelle

1. Papiers de M. Thélin, trésorier de la cassette de l'empereur.
2. Lettre confidentielle de M. Mathieu Bodet, ministre des finances, en date du 30 décembre 1875.

celui-ci lui avait donné toutes les explications utiles, en
même temps qu'il lui remettait son service. Le ministre du
jour et le ministre de la veille en vinrent naturellement à
causer des diamants de la Couronne. M. Magne expliqua à
M. Picard les mesures que la Banque de France avait dû
prendre en vue de leur conservation.

M. Picard lui demanda alors : « Vos collègues connais-
saient-ils ces mesures?

— Ils savent, répondit M. Magne, que des précautions
ont été prises, mais ils ignorent quelles sont ces mesures.

— Eh bien, ajouta M. Picard, je n'en dirai rien à personne[1]. »

Telle était la situation au moment de l'investissement
de Paris, le 17 septembre 1870.

M. Magne avait quitté Paris et s'était retiré dans son
château en Dordogne, où il se trouvait encore le 20 décembre suivant. A cette date il apprit par les journaux que
l'*Hermione*, qu'il croyait chargée des diamants de la Couronne, venait de recevoir l'ordre de partir pour une destination lointaine. Il pensa que la délégation du gouvernement, alors à Bordeaux, ne connaissait pas le dépôt fait à
bord de ce navire, et pour l'en prévenir il se rendit immédiatement dans cette ville. Il alla voir M. Crémieux, dont il
avait été le collègue au Corps législatif, et lui fit part de ce
que nous venons de raconter.

« M. Crémieux ignorait tout absolument; il remercia
beaucoup M. Magne, et comme c'était la marine qui avait
été chargée de la surveillance de ce dépôt, il fut convenu
entre eux que le lendemain il verrait l'amiral Fourichon,
ministre de la marine. »

L'amiral Fourichon n'avait entendu parler que vaguement de cette affaire, et, lorsque M. Crémieux lui en fit part,
il lui promit qu'il allait sur-le-champ rappeler l'*Hermione* et

---

1. Rapport de la commission d'enquête sur les actes du gouvernement de la Défense nationale, déjà cité. — Déposition de M. Magne.

la remplacer dans le poste important qu'il venait de lui confier[1].

Comme on le voit, le gouvernement de Bordeaux ignorait les mesures prises pour la sauvegarde des diamants de la Couronne, et M. Magne lui-même ne savait pas non plus exactement les ordres donnés à leur égard par l'amiral Rigault de Genouilly, puisqu'il croyait que ce dépôt était à bord de l'*Hermione*, tandis qu'il était resté dans l'arsenal de Brest. En 1873, lors de sa déposition devant la commission d'enquête, il était encore persuadé que le gouvernement avait été prévenu par lui des dispositions prises, et qu'il avait ainsi empêché l'envoi, par méprise, des diamants de la Couronne dans une colonie lointaine. Cependant les diamants de la Couronne étaient, à ce moment-là, dans la cale du *Borda*, à Brest; ils ne retournèrent dans les caisses du Trésor public à Paris qu'en 1872.

On se souvient que, le 30 août 1870, en vertu d'un procès-verbal dressé à cet effet, M. Rouland avait pris, comme gouverneur de la Banque de France et au nom de cet établissement, possession des diamants de la Couronne, et s'était engagé à les garantir par toutes les mesures de conservation qu'il emploierait pour l'encaisse métallique de la Banque de France. Bien qu'il eût pris charge de ces joyaux, il les laissa encore dans la resserre de la caisse centrale du Trésor public, et ne les fit enlever que le soir pour les transporter directement au chemin de fer, qui les emporta à Brest avec les valeurs de la Banque; ils n'étaient donc pas entrés dans les bâtiments de la Banque de France[2].

Quand la Commune était survenue, M. Ernest Picard, toujours ministre des finances, avait quitté Paris avec tant de précipitation qu'il avait laissé dans ses bureaux des papiers qu'il aurait eu intérêt à faire disparaître. De ce

---

1. Rapport de la commission d'enquête sur les actes du gouvernement de la Défense nationale, déjà cité. — Déposition de M. Magne.

2. Nous devons ce renseignement à l'obligeance de M. Chazal, contrôleur central de la Banque de France à cette époque.

nombre étaient tous les dossiers concernant les diamants
de la Couronne. Les délégués de la Commune qui avaient
pris possession du Ministère des finances mirent bientôt
la main sur ces papiers, et, découvrant le procès-verbal que
nous venons de citer, ils crurent que la Banque de France
était dépositaire des diamants de la Couronne.

Le 13 avril 1871, Jourde, Varlin, Amouroux et Beslay,
délégués de la Commune, se présentaient à la Banque de
France et sommaient M. Mignot, caissier principal, et
M. de Plœuc, sous-gouverneur, de leur livrer sur-le-champ
les diamants de la Couronne qu'ils devaient avoir en leur
possession. Ceux-ci déclarèrent de la façon la plus formelle
qu'ils ne les avaient pas. De là discussion, menaces, vio-
lences, à la suite desquelles les délégués de la Commune
sortirent furieux, en annonçant aux fonctionnaires de la
Banque qu'ils entendraient bientôt parler d'eux, que les
diamants étaient certainement dans les caves de cet établissement et qu'ils allaient revenir en nombre pour forcer
toutes les portes.

M. de Plœuc ainsi prévenu fut fort inquiet; il craignit
que les caisses et les dépôts de titres ne fussent violés et
pillés.

Quand les délégués revinrent à l'hôtel de ville et firent
connaître à la commission exécutive l'insuccès de leur
démarche, il fut décidé qu'on allait arrêter immédiatement
M. de Plœuc, et qu'en même temps on ferait exécuter des
fouilles à la Banque de France pour retrouver les joyaux de
la Couronne; mais Beslay prit la parole le dernier, et
affirma la loyauté des agents supérieurs de la Banque. Il
demanda qu'on le laissât faire; qu'on lui remît les ordres
d'arrestation contre M. de Plœuc et ses principaux subor-
donnés; il ajouta qu'il garderait ces ordres dans sa poche,
pour en user seulement en cas de besoin, et qu'il se faisait
fort de rapporter à l'hôtel de ville les diamants recherchés.

Muni de pleins pouvoirs, Beslay se rendit aussitôt dans
le cabinet de M. de Plœuc, qui, après une longue discussion

et malgré la présentation du procès-verbal du 30 août 1870 constatant la remise des diamants de la Couronne à la Banque de France, persista à nier que ces joyaux fussent dans l'intérieur de l'établissement. Pour assurer M. Beslay de la sincérité de son affirmation, il lui proposa de surseoir à toute exécution de son mandat jusqu'à ce que l'explication de ce fait, qu'il allait faire demander à M. Rouland, alors à Versailles, lui fût parvenue.

Beslay accepta, et une heure après il obtint de Raoul Rigault un laissez-passer pour un des inspecteurs de la Banque, chargé de se rendre à Versailles.

M. Rouland remit à cet employé une longue lettre, dans laquelle il donnait tous les détails sur les faits que nous venons de raconter. Au moment où l'inspecteur de la Banque rapportait cette lettre à Paris, M. Chazal, contrôleur central, absent pour un jour, rentrait à la Banque et donnait de vive voix toutes les explications demandées sur le transport des diamants qu'il avait été chargé d'expédier lui-même au nom de la Banque de France.

Ces explications ayant paru satisfaisantes aux délégués de la Commune, la Banque ne fut plus inquiétée.

Les diamants de la Couronne, revenus à Paris en 1872, furent vérifiés en 1873 par une commission nommée à cet effet. Cette commission constata que des diamants représentant une valeur d'environ cent mille francs, qui avaient été achetés durant l'empire aux frais de la liste civile, étaient encore montés dans les parures. On en fit un lot que la commission ordonna de remettre à M. Rouher, représentant de l'impératrice.

Les diamants de la Couronne, à part le moment où ils furent exposés en 1878 à l'Exposition universelle, et en 1883 au pavillon de Flore, restèrent dans les caves du Ministère des finances, au Louvre. C'est là que les ordres étrangers furent brisés et les pierres mises sur papier pour qu'on ne pût reconnaître, au moment de la vente aux enchères, les insignes des principales puissances étrangères.

Nous passerons sous silence les différents projets de loi
qui furent successivement adoptés dans plusieurs ses-
sions parlementaires, et nous renverrons, pour les détails
concernant la vente, au tableau que nous donnons en
appendice[1].

Malgré la destruction de cette collection, le noyau du
trésor de la Couronne reste toujours. Il devrait être placé
non loin du sceptre de Charles V et de la couronne de
Charlemagne, à la galerie d'Apollon, au Louvre. Le *Régent*,
qui représente à lui seul la moitié de la valeur totale du
trésor, le diamant à cinq pans retrouvé si curieusement
pendant la Révolution, par les soins du comité de sûreté
générale, l'épée militaire qui porte la signature de mon
arrière-grand-père, la broche-reliquaire qui porte celle de
mon père, et surtout le rubis *la Côte-de-Bretagne* qui est
entré dans le Trésor au moment de sa fondation, subsistent
encore; ces objets appartiennent à l'État et demeurent
comme le souvenir d'une vieille tradition, d'une splendeur
passée, et comme gage d'un avenir glorieux.

Pour notre part, nous avons raconté au cours de ce livre
tout ce que nous avons retrouvé, sans passion, si ce n'est
celle de la grandeur de la France. A toutes les pages on
pourra voir l'enthousiasme que nous inspirait le souvenir

---

1. Nous nous bornerons à constater, la légèreté avec laquelle sont traitées par nos
représentants, les affaires de l'État, en rappelant que M. Hébrard, sénateur, qui fut
chargé de présenter au Sénat le rapport sur le projet d'aliénation des diamants de la
Couronne, est en même temps directeur propriétaire du journal *le Temps*. Or, comme
nous l'avons démontré dans la *Revue des Deux Mondes* du 15 février 1886, son rapport
presque insignifiant ne contient que trois faits sur l'histoire concernant ces joyaux, et ces
trois faits sont erronés. Mais, à la date du 23 mars 1887, son journal *le Temps* publie
un article sur l'histoire des diamants de la Couronne, commençant par ces mots : « Il
est certain que de même que l'on va à Rome trouver le Pape, quand on veut être
renseigné sur un point douteux d'orthodoxie, ainsi l'on doit s'adresser à M. Germain
Bapst quand on désire connaître la vérité sur ce royal trésor. »

Pour les lecteurs du *Temps*, M. Hébrard veut bien me demander des renseignements, que, pour le Sénat, il juge inutiles. Cependant, si l'on compare son rapport avec
l'article en question, on s'apercevra que bien des faits qui lui paraissent évidents dans
son article avaient été niés par lui quelques jours auparavant devant le Sénat, faute
d'avoir suffisamment étudié la question.

de nos gloires nationales ou les hauts faits de nos grands
hommes.

Il y a deux choses qui, dans cette étude, nous ont surtout
frappé : ce sont les génies si différents de deux de nos souverains, Henri IV et Napoléon.

Henri IV nous a surpris par l'imprévu de ses résolutions,
par l'habileté avec laquelle il trouve toujours des ressources
dans les moments les plus critiques. Jamais il n'est épuisé ;

DIADÈME DIT « A LA GRECQUE » AVEC LE « RÉGENT » AU CENTRE.
Dessiné par Alfred Bapst.

(Dessin conservé dans la maison Bapst et Falize).

un rien dans ses mains devient un puissant levier ; il tire
parti de tout ; on le croit perdu, il reparaît un instant après.
Il répare ce qui est détruit, il crée ce qui manque, il fonde
le plus florissant royaume de l'Europe, et pour cette œuvre
immense ses ressources sont presque nulles. C'est un génie
inventeur.

Napoléon, au contraire, a la partie belle ; il est tout-puissant, mais son esprit s'étend à tout. Non seulement il dirige
la rédaction des lois qui portent son nom et crée la forme
administrative qui régit aujourd'hui les États de l'Europe, mais encore il pénètre dans les moindres détails des

branches les plus ignorées de l'administration. Tout est réglé par lui ; le plus infime des employés a son travail tracé par les ordres qu'il dicte lui-même, et il s'assure, lui qui gouverne le monde, que ses ordres, même ceux qui nous paraissent futiles, sont exécutés.

Le pays qui produit de tels hommes peut subir quelquefois des défaites, mais il n'en demeure pas moins le premier pays du monde, celui qui apporte les bienfaits du progrès aux autres nations.

VENTE

N° DU CATALOGUE DE LA VENTE.	DÉSIGNATION DES OBJETS D'APRÈS LE CATALOGUE.	DÉTAIL.	MISE A PRIX.	ADJUGÉS POUR LA SOMME DE	DATE de L'ADJUDICATION
1	Deux épingles de coiffures. . . .	3 à 4 brillants, pes¹ 150	55,000¹	50,000¹	12 mai 1887
2	Deux nœuds d'é-paule.	1341 — — 282 5/16	78,600	84,000	—
3	Aiguillettes et cu-lot.	323 — — 195 15 52 / 59 — — 18 9/16	15,000	25,100	—
4	Trois roses de baies	522 — — 139 11 16 / 155 roses.	50,000	55,100	—
5	Un nœud avec deux glands.	2 538 brillants, pes¹ 156 3/4 / 196 roses.	55,000	55,200	—
6	Un chaton monté d'un brillant so-litaire.	9 carats faibles.	15,000	16,100	—
7	Un croissant. . .	89 brillants, pes¹ 50 13 16	18,000	24,500	—
8	Un pendant de coiffure	417 — — 65 11 16 / 100 roses.	15,000	17,000	—
9	Sept étoiles.. . .	215 brillants, pes¹ 49 13 16 / 45 roses.	1ᵉʳ lot, 2 étoiles, 6,000 / 2ᵉ — 2 — 6,000 / 3ᵉ — 1 — 3,000 / 4ᵉ — 2 — 6,000	8,300 / 8,300 / 5,600 / 10,600	—
10	Un collier com-posé de quatre rivières	1ᵉʳ rang, 33 brill¹ˢ, pes¹ 55 1 2 / 2ᵉ — 45 — 74 1 2 / 3ᵉ — 57 — 96 1 2 / 4ᵉ — 79 — 127 1 2 / Cadenas, 8 — 9	50,000 / 50,000 / 50,000 / 55,000 / 4,500	185,000	—

N° DU CATALOGUE DE LA VENTE.	DÉSIGNATION DES OBJETS. D'APRÈS LE CATALOGUE.	DÉTAIL.	MISE A PRIX.	Adjugés POUR LA SOMME DE	DATE de L'ADJUDICATION.
11	Une guirlande feuilles de groseillier (16 parties broches et pendentifs)...	2314 brillants, pes¹ 517 3 16 355 roses.	1ᵉʳ lot, 1 partie. 28,000ᶠ 2ᵉ — 1 — 28,000 3ᵉ — 1 — 35,000 4ᵉ — 1 — 35,000 5ᵉ — 2 — 30,000 6ᵉ — 2 — 14,000 7ᵉ — 2 — 16,400 8ᵉ — 6 — 35,000	40,000ᶠ 55,000 24,600 23,100 26,800 23,200 16,400 34,500	13 mai 1887
12	Une fleurette...	58 brillants........	2,500	2,100	—
13	Un lot de brillants sur papier...	1ᵉʳ lot 14 brillants, pes¹ 3 741,8 2ᵉ — 80 — — 57	11,000 18,000	18,600 18,300	—
14	Un lot de brillants sur papier...	1ᵉʳ lot brillants et roses. 40ᶜ 2ᵉ — brillants, pesant 100ᶜ	5,000 30,000	6,200 15,000	—
15	Six briollettes...	1ᵉʳ lot 1 briollette, pes¹ 8 carats 2ᵉ — 5 — 10 —	12,000 8,000	24,500 7,700	—
16	Petites roses...	Pesant 40 carats.....	4,000	6,800	—
17	Petits brillants, recoupés et non recoupés,....	Pesant 85ᶜ 1 52...	10,000	12,900	—
18	Une opale spécimen entourée de brillants....	....	25,000	23,000	—
19	Un saphir et autres pierres de couleur......	1 saphir pesant 10 carats..	3,000	4,600	—
20	Huit perles rondes.	Pesant 128 grains.....	8,500	8,300	—
21	Un lot de brillants.	Pesant 154 carats.....	23,000	26,300	—
22	— —	— 218 1/2.......	24,000	30,700	—
23	—	— 17 1,2......	1,200	2,300	14 mai 1887
24	Diamant sur papier.	Brillant à portrait pes¹ 6 1,2	3,200	11,800	—
25	Bouquet de corsage......	2637 brillants pes 132ᶜ 5,16 860 roses.	35,000	41,100	—

N° DU CATALOGUE DE LA VENTE.	DÉSIGNATION DES OBJETS D'APRÈS LE CATALOGUE.	DÉTAIL.	MISE A PRIX.	ADJUGÉS POUR LA SOMME DE	DATE de L'ADJUDICATION
26	Six brillants. . . .	1er lot 1 B. 7 29 32, 1 B. 6 1 34 2e —1—6 1/4 ,1 — 5 1 4 3e —1—4 29/32,1 — 5 1,16	10,000f 10,000 10,000	16,500f 11,300 17,100	14 mai 1887
27	Diadème.	1034 brillants, pes¹ 176 carats 46 émeraudes 77 —	50,000	75,900	—
28	Chaine maillons en brillants. . . .	34 maillons. 855 brillants, pes¹ 624¹ 19 34	1er lot, 50,000 2e — 50,000 3e — 50,000 4e — 50,000	75,500 75,300 75,300 75,500	—
29	Boucle de ceinture.	295 — 146 carats 1 — 35 —	140,000	154,500	—
30	Bandelette de front. Bandelette de tête.	57 — 101 — 41 — 134 —	80,000 80,000	102,500 83,500	16 mai 1887
31	Parure turquoises et pierres de fantaisie	300 — 134 — 315 turquoises et pierres de fantaisie.	1 couronnette 18,000 1 diadème. 30,000 1 collier, 15,000 2 bracelets, 10,000 1 cache-peigne et pend¹ d'oreilles. 7,000	23,100 47,800 19,100 11,500 8,300	—
32	Diadème russe. .	1200 brillants, pes¹ 305 carats 44 roses.	150,000	180,000	—
33	Diadème à la grecque.	346 brillants, pes¹ 306¹ 19 34 286 petits brillants, pes¹ 5	150,000	154,500	—
34	Berthe ou garaiture de corsage.	184 brillants, pes¹ 185¹ 7 8 27 rubis, — 18 1 8 15 saphirs, — 11 1/8 35 émeraudes — 25 29 hyacinthes 46 grenats 41 turquoises 48 améthystes 2 chrysoprases 10 topazes 765 roses	30,000	36,100	—
35	Une grande ceinture en pierreries.	34 grandes roses, 202e 2414 brillants, 343 3/4 63 perles, 1164 grains. 2 rubis, 34 1 8 4 saphirs, 39 1/8 8 émeraudes, 49 1 4	1er lot, 1 plaque 25,000 2e — 1 — 17,000 3e — 1 — 18,000 4e — 3 rosaces 18,000 5e — 2 — 9,000 6e —10 — 30,000 7e —18 — 14,000 8e —4 pendeloques 5,000 9e —1 plaque 40,000	34,200 16,300 16,000 17,200 8,100 30,000 15,300 8,100 34,200	—

N° DU CATALOGUE DE LA VENTE.	DÉSIGNATION DES OBJETS D'APRÈS LE CATALOGUE.	DÉTAIL.	MISE À PRIX.		Adjugés POUR LA SOMME DE	DATE de L'ADJUDICATION
36	Broche en diamants de fantaisie	65 brillants, pes¹ 109ᶜ 29 ³² (La pierre principale pèse 27 carats).		50,000ᶠ	20,500ᶠ	16 mai 1887
37	Parure or et mosaïques¹	»		5,000	6,300	—
38	Une parure saphirs et brillants . . .	3837 brillants pes¹ 568ᶜ 3,16 / 67 saphirs — 768 1 4	1ᵉʳ lot, 1 couronnette 35,000 / 2ᵉ — 2 bracelets 30,000 / 3ᵉ — 1 collier 60,000 / 4ᵉ — 1 diadème 100,000 / 5ᵉ — 1 cache-peig 10,000 / 6ᵉ — 2 pend⁵ d'oreilles . . 7,000 / 7ᵉ — 3 fermoirs 10,000 / 8ᵉ — 1 applique 5,000		31,600 / 37,600 / 86,500 / 135,000 / 18,000 / 22,500 / 13,700 / 5,100	17 mai 1887
39	4 broches perles et brillants . . .	266 brillants, pes¹ 166ᶜ 11 ³² / 28 perles, — 496 grains / 520 roses.	1ʳᵉ broche 50,000 / 2ᵉ — 30,000 / 3ᵉ — 35,000 / 4ᵉ — 50,000		43,000 / 21,100 / 51,100 / 18,500	—
40	Parure perles. . .	1ᵉʳ 1 collier 362 perles, 5808 grains / 2ᵉ 1 — 54 — 6752 — / 3ᵉ 1 — 47 — 684 — / 4ᵉ 1 — 58 — 524 — / 5ᵉ 1 — 58 — 392 — / 6ᵉ 1 — 38 — et 9 perles poires, 1612 grains. / 7ᵉ 2 bracelets, 2000 grains brillants. / 2 boutons. / 5 plaques. / 3 fermoirs.	Voir le détail ci-dessous :		»	18 mai 1887
—	1ᵉ Collier de perles.	1ᵉʳ rang, 56 perles p¹ 882 grains / 2ᵉ — 76 — 1212 — / 3ᵉ — 100 — 1540 — / 4ᵉ — 130 — 1992 — / 1 fermoir, 4 perles p¹ 64	70,000 / 85,000 / 80,000 / 150,000 / 2,500		48,000 / 66,300 / 84,500 / 105,000 / 3,600	—
	2ᵉ Collier de perles.	1ᵉʳ rang, 52 perles p¹ 464 grains / 2ᵉ — 54 — 628 — / 3ᵉ — 58 — 676 — / 4ᵉ — 62 — 749 — / 5ᵉ — 68 — 808 — / 6ᵉ — 74 — 873 — / 7ᵉ — 79 — 952 — / 8ᵉ — 85 — 85 — / 1 fermoir, 16 perles, 16 —	15,000 / 25,000 / 35,000 / 55,000 / 50,000 / 50,000 / 55,000 / 70,000 / 4,500		16,000 / 39,300 / 30,500 / 45,100 / 38,600 / 41,300 / 52,000 / 70,100 / 6,000	

1. Avec cette parure ont été vendus deux fermoirs provenant du numéro 55.

N.° DU CATALOGUE DE LA VENTE.	DÉSIGNATION DES OBJETS D'APRÈS LE CATALOGUE	DÉTAIL.	MISE A PRIX.	Adjugés POUR LA SOMME DE	DATE de L'ADJUDICATION
40	3.° Collier de perles.	17 perles. pes.¹ 684 grains.	35,000¹	34,600¹	18 mai 1887
—	4.° — —	1 rang, 58 perles. 544 grains.	15,000	22,500	17 mai 1887
—	5.° — —	1 — 58 — 392 —	10,000	15,000	—
—	6.° — —	1 rang, 58 perles rondes et 9 perles poires, pesant 1612 grains.	120,000	74,300	—
—	7.° Deux bracelets en perles et brillants avec perles boutons, . . .	Perles, environ 2000 grains. Brillants, — 40 carats.	60,000	90,200	—
—	Cinq plaques. . .	Perles.	4,000	5,100	18 mai 1887
41	Un grand diadème en perles.. . .	1998 brillants, pes.¹ 64 17 32. 212 perles, pes.¹ 252 grains Brillants, 8 carats. . . . . . 274 perles, 984 grains. . . . Roses, 2 carats	Diadème 100,000 / Couronnette 30,000	78,100 / 38,000	—
42	Broche. perles et brillants. . . .	1 grosse perle, la Régente. 4 poires de 100 grains chacun. 2 boutons perles. . . . . . Différentes perles . . . . 4 gros brillants.. . . . . Divers brillants, 100 carats	225,000	176,000	30 mai 1887
43	Broche Sévigné. .	541 brillants, pes.¹ 168 5/16 5 — 36	125,000	130,100	—
44	Parure, tour de corsage en brillants.	1 pendeloque, pes.¹ 16 carats 1 — — 14 — 1 — — 14 — 2 — — 20 — 4 — — 32 — 8 — — 18 — 14 — — 50 — 1 brillant ovale. 14 — 1 pendeloque — 12 — 1 — — 10 — 2 — — 16 — 2 — — 7 — Pendeloques — 150 — Brillants — 2884 15 5.	1.er lot¹ 120,000 / 2.° 70,000 / 3.° 50,000 / 4.° 45,000 / 5.° 35,000 / 6.° 35,000 / 7.° 25,000 / 8.° 25,000 / 9.° 22,000 / 10.° 22,000 / 11.° 20,000 / 12.° 20,000 / 13.° 60,000	551,000 / 113,000 / 48,500 / 54,500 / 47,000 / 42,000 / 45,000 / 30,500 / 37,000 / 30,500 / 29,800 / 25,300 / 70,500	
			Tous ces lots adjugés successivement.		

DE LA VENTE	DÉSIGNATION DES OBJETS D'APRÈS LE CATALOGUE.	DÉTAIL.	MISE A PRIX.
15	Parure, rubis et brillants. . . .	6043 brillants, pes¹ 793 1/32; 399 rubis, 110 carats . . .	1er lot diadème 175 2e — couronnette 100 3e — 2 bracelets 25 4e — grand collier 70 5e — petit — 30 6e — fermoir 2 7e — 2 appliques 6 8e — 14 boutons 3 9e — rosace 15 10e — pendt d'oreilles.... 20 11e — pendentif 12 12e — plaque milieu 12 13e — 2 plaques 8 14e — 2 — 5 15e — 2 — 5 16e — 4 — 4 17e — 2 — 4 18e — 4 — 8 19e — 4 — 6 20e — 6 — 8 21e — 44 chatons 4 Ceinture
16	Les Mazarins (sept grands brillants).	1er rosé forme poire, p¹ 24 4/32 27 3/32 2e blanc — 22 1/4 3e carré — 28 7/16 4e — 18 15/32 5e coins arrondis, 25 5/8 6e oblong, 16 9/16 7e ovale, 18 1/32	70,000 80,000 100,000 70,000 125,000 60,000 75,000
17	Grand peigne en brillants. Bandeau. Côté gauche. Côté droit. Pampille ou aiguillette centrale.	1 brillant, pesant 10 1/32 1 — 8 5/8 1 — 14 1/2 1 — 18 5/8 1 — 17 1 — 9 5/32 1 — 10 21/32 1 — 8 6/32 1 — 15 16/32 1 — 13 10/32 1 — 6 28/32 1 — 8 2/32 9 2 aiguillettes, 28 brillants 2 — 28 2 — 26 2 — 24 La galerie 35	15,000 16,000 30,000 40,000 34,000 15,000 15,000 12,000 30,000 20,000 15,000 16,000 10,000 80,000 70,000 55,000 25,000 3,000

N° DE CATALOGUE DE LA VENTE.	DÉSIGNATION DES OBJETS D'APRÈS LE CATALOGUE.	DÉTAIL.	MISE À PRIX.	MONTANT DE L'ADJUDICATION	DATE de L'ADJUDICATION
58	Un lot de saphirs faux et doublés.		500	500	
	Une croix	10 brillants. . .	6,000	11,500	
	Deux gerbes. .	Rubis.	1,500	5,100	
	Un petit aigle. . .	Roses.			
	Deux fermoirs barrettes.	Brillants.	500	2,100	23 mai 1887
	Écrin des pierres de la Couronne.	Fac-similes en cristal de roche	1,500	5,100	
	Débris d'or et d'argent.	3 lots.		5,500	

Total général du produit de la vente : 6,865,050 francs.

TABLE ALPHABÉTIQUE

A

W

Y

Z

TABLE BIBLIOGRAPHIQUE

A

TABLE DES GRAVURES

TABLE DES MATIÈRES

LIVRE II

RÔLE FINANCIER DES DIAMANTS DE LA COURONNE
CATHERINE DE MÉDICIS. CHARLES IX ET HENRI III

CHAPITRE PREMIER

CHAPITRE II

LIVRE III

HISTOIRE DU « SANCY » ET DU « MIROIR-DE-PORTUGAL »

CHAPITRE PREMIER

CHAPITRE II

LIVRE IX

LES DIAMANTS DE LA COURONNE, DEPUIS LA TERREUR JUSQU'A NOS JOURS

CHAPITRE V

ERRATA

.

Page 5o, suite de la note de la page 49, à la 3ᵉ ligne. *Lire :* MM. Courajod et Molinier. *au lieu de :* MM. Conrajod et Molinier.

Page 71. *Lire :* Robertet, *au lieu de :* Robert.

Page 176, 17ᵉ ligne. *Lire :* somme de ladicte augmentation M.iiij²² écus, *au lieu de :* jᵐiiij²² écus.

Page 229, lettre de La Brosse au duc de Mantoue, à la 10ᵉ ligne. *Lire :* S. M. lui a fait offrir 70 000 écus comptant, *au lieu de :* 70 000 comptant.

Page 397, 6ᵉ ligne. *Lire :* vᵐiij² xix livres, *au lieu de :* ev nj² xix livres.

Page 402, 2ᵉ ligne. *Lire :* revenant compris à iiij²xl livres, *au lieu de :* ny²xl livres.

Page 402, 7ᵉ ligne. *Lire :* 11 420 j81 livres, *au lieu de :* 11 424 181 livres.

Page 419, note 1, 4ᵉ ligne. *Lire :* 1762, *au lieu de :* 1872.

Page 428, après la signature T. PETIT. *Lire :* à cette lettre sir Stephen, *au lieu de :* à cette lettre sir Stepen.

Page 441, 6ᵉ ligne. *Lire :* 1854, *au lieu de :* 1858.

Page 469, fin de la note 2. *Lire :* Le Leu et Le Blond, *au lieu de :* Le Leu et Le Bond.

Page 575, au-dessous du dessin. *Lire :* Épée du premier Consul, *au lieu de :* Ép.

Page 578, note 1. *Lire :* von Dervis *au lieu de :* Dervis.

Page 589, 3ᵉ ligne. *Lire :* Raoul Rochette, *au lieu de :* Ramel-Rochette.

ACHEVÉ D'IMPRIMER

PAR A. LAHURE

le vingt-cinq novembre mil huit cent quatre-vingt-huit

POUR M. GERMAIN BAPST

VIGNOT, prote à la composition. — FRUYTS, metteur en pages
HEMMINGER, prote aux machines. — FRANSSENS, conducteur.